Jens Jacobsen, Lorena Meyer

Praxisbuch Usability & UX

Liebe Leserin, lieber Leser,

vermutlich ist Ihnen der Begriff »Usability« schon häufig begegnet. Am ehesten lässt er sich wohl mit Gebrauchstauglichkeit übersetzen. Komplizierte Wörter sind es aber eigentlich beide für eine einfache Sache: Webseiten und Apps so zu gestalten, dass sie mit möglichst geringem Aufwand die Aufgabe erledigen, wofür sie gedacht sind. User Experience (UX) geht noch einen Schritt weiter und schließt alle Erfahrungen des Nutzers mit einem Produkt ein. So fließen auch Empfindungen einer Person im Umgang mit einer Website ein.

Usability und User Experience sind wichtig. Beide bestimmen, ob Ihre Website oder Ihre Smartphone-Anwendung erfolgreich sind. Genau hierbei unterstützen Sie unsere beiden Autoren Lorena Meyer und Jens Jacobsen mit ihrem Buch, das nun in der zweiten Auflage erscheint. Profitieren Sie von ihrem Expertenwissen und der jahrelangen Erfahrung, die sie mit digitalen Produkten sammeln konnten. Neben vielem Hintergrundwissen zu Methoden und Nutzungsverhalten erhalten Sie zudem Praxiswissen an die Hand, das Sie wirklich weiterbringt. Sortiert nach Anwendungsgebiet finden Sie in den Usability-Guidelines Antworten zu all Ihren Umsetzungsfragen.

Um die Qualität unserer Bücher zu gewährleisten, stellen wir bei Rheinwerk stets hohe Ansprüche an Autoren und Lektorat. Falls Sie dennoch Anmerkungen und Vorschläge zu diesem Buch formulieren möchten, so freue ich mich über Ihre Rückmeldung.

Ihr Stephan Mattescheck
Lektorat Rheinwerk Computing

stephan.mattescheck@rheinwerk-verlag.de
www.rheinwerk-verlag.de
Rheinwerk Verlag · Rheinwerkallee 4 · 53227 Bonn

Auf einen Blick

TEIL I
Was brauche ich, wenn ich anfange zu konzipieren,
zu gestalten oder zu programmieren? 29

TEIL II
Nutzer kennenlernen und für sie konzipieren 95

TEIL III
Usability-Guidelines – Anleitung für die Umsetzung 271

Impressum

Wir hoffen, dass Sie Freude an diesem Buch haben und sich Ihre Erwartungen erfüllen. Ihre Anregungen und Kommentare sind uns jederzeit willkommen. Bitte bewerten Sie doch das Buch auf unserer Website unter **www.rheinwerk-verlag.de/feedback**.

An diesem Buch haben viele mitgewirkt, insbesondere:

Lektorat Stephan Mattescheck
Korrektorat Anna Krepper, Rommerskirchen
Herstellung Norbert Englert
Typografie und Layout Vera Brauner
Einbandgestaltung Eva Schmücker
Titelbild iStock: 73140215©aurielaki
Satz III-satz, Husby
Druck und Bindung mediaprint solutions, Paderborn

Dieses Buch wurde gesetzt aus der TheAntiquaB (9,35/13,7 pt) in FrameMaker.
Gedruckt wurde es auf chlorfrei gebleichtem Offsetpapier (90 g/m²).
Hergestellt in Deutschland.

Das vorliegende Werk ist in all seinen Teilen urheberrechtlich geschützt. Alle Rechte vorbehalten, insbesondere das Recht der Übersetzung, des Vortrags, der Reproduktion, der Vervielfältigung auf fotomechanischen oder anderen Wegen und der Speicherung in elektronischen Medien.

Ungeachtet der Sorgfalt, die auf die Erstellung von Text, Abbildungen und Programmen verwendet wurde, können weder Verlag noch Autor, Herausgeber oder Übersetzer für mögliche Fehler und deren Folgen eine juristische Verantwortung oder irgendeine Haftung übernehmen.

Die in diesem Werk wiedergegebenen Gebrauchsnamen, Handelsnamen, Warenbezeichnungen usw. können auch ohne besondere Kennzeichnung Marken sein und als solche den gesetzlichen Bestimmungen unterliegen.

Bibliografische Information der Deutschen Nationalbibliothek:
Die Deutsche Nationalbibliothek verzeichnet diese Publikation in der Deutschen Nationalbibliografie; detaillierte bibliografische Daten sind im Internet über *http://dnb.d-nb.de* abrufbar.

ISBN 978-3-8362-6953-7

2., aktualisierte und erweiterte Auflage 2019
© Rheinwerk Verlag, Bonn 2019

Informationen zu unserem Verlag und Kontaktmöglichkeiten finden Sie auf unserer Verlagswebsite **www.rheinwerk-verlag.de**. Dort können Sie sich auch umfassend über unser aktuelles Programm informieren und unsere Bücher und E-Books bestellen.

Inhalt

Usability und UX – Ihr Weg zum Erfolg 21

TEIL I Was brauche ich, wenn ich anfange zu konzipieren, zu gestalten oder zu programmieren?

1 Von der Usability zur User Experience 31

1.1 Usability als Erfolgsfaktor für gute digitale Produkte 32

1.2 User Experience als umfassendes Nutzungserlebnis 32

1.3 Abgrenzung zwischen Usability und User Experience 33

2 Erkenntnisse aus Studien, Forschung und Projekten liefern Fakten 35

2.1 Können wir nicht einfach den Nutzer fragen? 36

2.2 Wer schnell zum Ziel will, hält sich an den Weg 37

2.3 Wer setzt die Standards? 40

3 Menschliche Wahrnehmung – Gestaltgesetze & Co. 43

3.1 Kurzzeitgedächtnis nicht überfordern 43

3.2 Auswahl ist gut, aber zu viel ist schlecht 44

3.3 Menschliche Wahrnehmung – Gestaltgesetze 44

3.4 Menschliche Wahrnehmung – weitere Erkenntnisse aus der Forschung 48

3.5 Sozialpsychologie 52

4 ISO 9241 & Co. – Normen und Gesetze rund um Usability

57

4.1	ISO 9241 – Ergonomie der Mensch-System-Interaktion	59
4.2	ISO 9241-210 – Prozess zur Gestaltung gebrauchstauglicher interaktiver Systeme	60
4.3	ISO 14915 – Software-Ergonomie für Multimedia-Benutzungsschnittstellen	61
4.4	ISO 25000 – Software-Engineering – Qualitätskriterien und Bewertung von Softwareprodukten	62
4.5	ISO 9000 und 9001	63
4.6	Praxisrelevanz der Normen	63
4.7	Gibt es ein Usability-Gesetz?	63
4.8	Leichte Sprache & Einfache Sprache	67

5 Das mobile Zeitalter und die Auswirkung auf interaktive Konzepte

71

5.1	Mit responsivem Design für verschiedene Endgeräte optimieren	73
5.2	Mobile First in die Konzeption einsteigen	73
5.3	Context First – den Nutzungskontext berücksichtigen	74
5.4	Touch, Gesten und Sprache – mobile Interaktionsmechanismen	75

6 Von Smartwear, Sprachsteuerung & anderen Revolutionen

77

6.1	Gute Werkzeuge sind langlebig	78
6.2	Gute Werkzeuge sind anpassungsfähig	79
6.3	Praxisbeispiel Sprachsteuerung – Wizard of Oz	79
6.4	Alles ist testbar – von Smartwear bis zum Internet of Things	80
6.5	Herausforderungen bei der Konzeption für neue Geräte	81

7 Nutzer in die Produktentwicklung einbinden: der optimale Projektablauf 83

7.1	Nutzerzentrierte Entwicklung	83
7.2	Ein optimaler Projektablauf	84
7.3	Aller Anfang ist schwer – UX-Reifegrad im Unternehmen steigern	86

8 Agil ans Ziel: Usability Engineering in agilen Prozessen 89

8.1	Warum agile Entwicklung?	89
8.2	Wie geht agile Entwicklung?	90
8.3	Agil oder Lean?	91
8.4	Agiles Arbeiten in der Praxis	91

TEIL II   Nutzer kennenlernen und für sie konzipieren

9 Fokusgruppen und Befragungen – Erkenntnisse über das derzeitige Nutzungsverhalten 97

9.1	Was sind Fokusgruppen? Was sind Befragungen?	97
9.2	Wie führt man Fokusgruppen durch?	99
9.3	Wie setzt man Befragungen auf?	103

10 Vor-Ort-Beobachtungen und Tagebuchstudien – den Nutzer im Alltag beobachten 109

10.1	Nutzungskontextanalyse – wozu?	109
10.2	Was sind Vor-Ort-Beobachtungen und Tagebuchstudien?	110

11 Personas – aus Erkenntnissen prototypische Nutzer entwickeln 113

11.1	Was sind Personas?	113
11.2	Wie sehen Personas aus?	114
11.3	Wie macht man Personas?	117
11.4	Wann setze ich Personas ein?	122

12 Mapping-Methoden – Interaktionen des Nutzers strukturiert erfassen 125

12.1	Welche Mapping-Methoden gibt es?	125
12.2	Wann setze ich welche Map ein?	130
12.3	Wie sieht eine Customer Journey Map genau aus?	131
12.4	Wie erstellt man eine Customer Journey Map?	133

13 Card Sorting – Entwicklung der Informationsarchitektur 135

13.1	Was ist Card Sorting?	135
13.2	Wie läuft ein Card Sorting ab?	140
13.3	Wie sieht eine Informationsarchitektur aus? Was erhalten Sie als Ergebnis aus einem Workshop?	143
13.4	Wer sollte ein Card Sorting durchführen?	143
13.5	Wann setze ich Card Sorting ein?	144

14 Scribbles – erste Ideen auf dem Weg zum Design 145

14.1	Was sind Scribbles?	145
14.2	Wie sehen Scribbles aus?	146

14.3	Wie macht man Scribbles?	149
14.4	Tipps zum Zeichnen	149
14.5	Scribbeln mit dem Tablet	152
14.6	Kommentare, Dokumentation und Überarbeitung	153
14.7	Scribbeln im Team	154
14.8	Wer sollte scribbeln?	155
14.9	Wann setze ich Scribbles ein?	155

15 Wireframes – sich an das optimale Produkt annähern 157

15.1	Was heißt Wireframe?	157
15.2	Wozu Wireframes?	158
15.3	Programme für Wireframes	159
15.4	Für welche Seiten brauche ich Wireframes?	163
15.5	Was in einen Wireframe gehört	163
15.6	Was nicht in einen Wireframe gehört	165
15.7	Was manchmal in einen Wireframe gehört	166
15.8	Responsives Design und Wireframes	168
15.9	Arbeitserleichterung für die Entwickler	169
15.10	Bibliotheken zur eigenen Arbeitserleichterung	170
15.11	Wie geht es weiter mit den Wireframes?	170

16 Papierprototypen – Ideen schnell greifbar machen 173

16.1	Was sind Papierprototypen?	173
16.2	Wie erstelle ich einen Papierprototyp?	174
16.3	Was ist bei einem Test eines Papierprototyps zu bedenken?	179
16.4	Wann setze ich Papierprototypen ein?	180

17 Mockups und Prototypen – konkretisieren, visualisieren, designen 181

17.1	Was sind Mockups, was Prototypen?	181
17.2	Wie sehen Prototypen aus?	183
17.3	Wie erstelle ich einen Prototyp?	185
17.4	Wann setze ich Prototypen ein?	190

18 Design Sprints, Design Thinking und ausgewählte Ideation-Methoden: Projektideen entwickeln und validieren 193

18.1	Was ist ein Design Sprint?	193
18.2	Was ist Design Thinking?	197
18.3	Ausgewählte Kreativitäts- und Ideation-Techniken	199

19 Usability-Tests – der Klassiker unter den Nutzertests 203

19.1	Was sind Usability-Tests? Welche Formen gibt es?	204
19.2	Wie läuft ein Usability-Test ab?	212
19.3	Wer sollte Usability-Tests durchführen?	221
19.4	Wann setze ich Usability-Tests ein?	223

20 Remote-Usability-Tests – von zuhause aus testen lassen 225

20.1	Was sind Remote-Usability-Tests?	225
20.2	Wie läuft ein Remote-Usability-Test ab?	229
20.3	Wann setze ich Remote-Usability-Tests ein?	231

21 Guerilla-Usability-Tests – informell und schnell Erkenntnisse sammeln 233

21.1 Warum Guerilla?	233
21.2 Wie finde ich Probanden?	235
21.3 Was kann ich testen?	237
21.4 Tipps für die Durchführung	237
21.5 Auswerten und präsentieren	238

22 Usability-Reviews – Expertenmeinung einholen statt Nutzer rekrutieren 239

22.1 Was sind Usability-Reviews?	239
22.2 Wie läuft ein Usability-Review ab?	241
22.3 Wer sollte einen Usability-Review durchführen?	243
22.4 Wann setze ich Usability-Reviews ein?	243

23 A/B-Tests – Varianten gegeneinander antreten lassen 245

23.1 Was bringen A/B-Tests?	246
23.2 Was kann man alles testen?	246
23.3 Was kann man nicht testen?	247
23.4 Wie sieht eine gute Fragestellung aus?	248
23.5 Wie definiere ich Erfolg?	249
23.6 Bitte nicht stören – Fehlerquellen ausschließen	250
23.7 Wie viele Testpersonen/Aufrufe brauche ich?	250
23.8 Ergebnisse mit Hirn interpretieren	253
23.9 Womit testen? – Tools	254
23.10 Erkenntnisse in Verbesserungen umsetzen	254

24 Analytics – aus dem aktuellen Nutzerverhalten lernen

257

24.1	Was kann man alles messen?	257
24.2	Womit analysieren? – Tools	264

25 Metriken

265

25.1	Warum Metriken für UX?	265
25.2	Statistik auch für kleine Stichproben	266
25.3	Die richtigen Metriken auswählen	267
25.4	Signifikanz – ein Wort zur Statistik	270

TEIL III   Usability-Guidelines – Anleitung für die Umsetzung

26 Struktur der Anwendung – Informations- und Navigationsarchitektur

273

26.1	Grobsortierung der Inhalte	274
26.2	Feingliederung der Inhalte	274
26.3	Sitestruktur festlegen und darstellen	276
26.4	Zeichnen der Sitemap	277
26.5	Zeige ich die Sitemap auf der Site?	278
26.6	Navigation für den Nutzer planen	278

27 Ordnung auf den Seiten – Gestaltungsraster und responsives Design

281

27.1	Gestaltungsraster helfen beim Anordnen von Inhalten und Elementen auf den Seiten	281

27.2	Wie ein Rastersystem aufgebaut ist	283
27.3	Was bedeutet responsives Webdesign?	286
27.4	Das sollten Sie bei der Konzeption responsiver Websites bedenken	288

28 Navigationskonzepte – Mega-Dropdowns, Flyouts, Hamburger-Menü, Off-Canvas — 295

28.1	Horizontale Navigationsleisten und Tableiste	295
28.2	Navigationsmenü mit Burger-Icon, Hamburger-Menü	297
28.3	Navigationshub	299
28.4	Mega-Dropdown-Menü	300
28.5	Akkordeonmenü	302
28.6	Off-Canvas-Navigation, Off-Canvas-Flyout	303

29 Kopfzeilen – Header nutzenstiftend umsetzen — 305

29.1	Zentrale Elemente eines Headers auswählen und erwartungskonform platzieren	305
29.2	Darstellung auf mobilen Endgeräten	308
29.3	Headerverhalten im Navigationsfluss	308

30 Fußzeilen – Footer sinnvoll gestalten — 311

| 30.1 | Elemente zweckgebunden im Footer platzieren | 311 |
| 30.2 | Darstellung auf mobilen Endgeräten | 315 |

31 Farbe, Ästhetik und Usability — 317

| 31.1 | Was ist Farbe überhaupt? | 318 |
| 31.2 | Welche Wirkung hat Farbe? | 321 |

31.3	Die richtigen Farben für meine Nutzer finden	322
31.4	Fehler bei der Farbwahl vermeiden	324

32 Schriftarten und Textformatierung
327

32.1	Von Punkten und Pixeln – Grundlagen der Darstellung	328
32.2	Das Bildschirm-Grundstück – Screen Real Estate	331
32.3	Die richtige Schriftart aussuchen	332
32.4	Schriftarten gut kombinieren	334
32.5	Wie groß sollte Fließtext sein?	335
32.6	Großbuchstaben und andere Hervorhebungen	336
32.7	Blocksatz niemals, zentriert selten	337
32.8	Die richtige Zeilenbreite	338
32.9	Der richtige Zeilenabstand	338
32.10	Typografie für Legastheniker	339

33 Sprachwahl und mehrsprachige Sites
341

33.1	Sprachumschaltung bei Apps	341
33.2	Sprachumschaltung bei Websites	342

34 Nutzerfreundlich schreiben
351

34.1	Vorgehen beim Schreiben	352
34.2	Wie schreibe ich lesbaren und verständlichen Text?	355
34.3	Überschriften	358
34.4	Listen und Kästen	359
34.5	Tabellen, Diagramme, Bilder und Videos	359
34.6	Hervorhebungen	360
34.7	Text und SEO	360

35 Bilder für Benutzer auswählen 363

35.1 Was ist eigentlich ein Bild?	363
35.2 Wofür brauchen wir Bilder?	363
35.3 Vorteile von Bildern	366
35.4 Nachteile von Bildern	367
35.5 Tipps für richtigen Einsatz und Auswahl von Bildern	368
35.6 Tipps für die nutzerfreundliche Darstellung von Bildern	374

36 Bildbühne, Karussell, Slideshow – mehrere Bilder an einer Stelle 385

36.1 Was ist eine Bildbühne?	385
36.2 Wann nutzt man Bildbühnen?	385
36.3 Vorteile von Bildbühnen	388
36.4 Nachteile von Bildbühnen	388
36.5 Tipps für die Gestaltung von Bildbühnen	389
36.6 Alternativen	395

37 Audio & Video einbinden und steuern 399

37.1 Wann sind Audio & Video überhaupt sinnvoll?	399
37.2 Audio & Video zugänglich machen	400
37.3 Audio & Video steuern	401
37.4 Normen zur Steuerung von Audio & Video	402

38 Icons aussagekräftig auswählen 403

38.1 Icons nutzenstiftend einsetzen	403
38.2 Icon mit oder ohne Label – das ist die Frage	404

| 38.3 | Labels bei Icons bewusst positionieren | 406 |

| 38.4 | Icons eindeutig gestalten | 408 |

39   Links und Buttons formatieren und formulieren   411

39.1	Welche Links biete ich an?	412
39.2	Wo kommen Links hin?	412
39.3	Wie sehen Links aus?	413
39.4	Links formulieren	414
39.5	Seitennamen	415
39.6	Dateinamen, URLs und Pfade	416
39.7	Buttons – Schaltflächen, Tasten oder Knöpfe?	416
39.8	Nicht jeder ist gleich wichtig – Hierarchie	418
39.9	Man sieht nicht immer gleich aus – Button-Zustände	423
39.10	Klick – Buttons und Sound	426
39.11	Wie groß darf's denn sein?	426
39.12	Spezielle Buttons – Checkboxen, Radiobuttons, Selektoren	428

40   Formulare zielführend realisieren   431

40.1	Formulare – vielfach angewandt und bekannt	431
40.2	Wofür werden Formulare eingesetzt?	432
40.3	Tipps für die Gestaltung von Formularen	437
40.4	Tipps zur Unterstützung des Nutzers bei der Eingabe	442
40.5	Tipps zur Unterstützung des Nutzers beim Abschicken des Formulars (Aktionen)	445

41 Labels und Auszeichnungen formulieren und positionieren 449

41.1 Labels zielführend positionieren	449
41.2 Labels verständlich formulieren	455

42 Fehlermeldungen hilfreich umsetzen 457

42.1 Fehlern vorbeugen (Inline-Validierung)	457
42.2 Fehlermeldungen optimal positionieren	459
42.3 Fehlermeldungen aufmerksamkeitsstark gestalten	459
42.4 Fehlermeldungen verständlich formulieren	460

43 Listen und Tabellen formatieren 463

43.1 Listen lockern Texte auf	463
43.2 Von eindimensionalen zu mehrdimensionalen Listen	463
43.3 Von Listen zu Tabellen	464
43.4 Listen fürs Lesen formatieren	465
43.5 Was kommt nach der Liste?	467
43.6 Keine Liste ohne Sortierung	468
43.7 Lange Listen bändigen	470
43.8 Listen filtern und Spalten ein-/ausblenden	470
43.9 Vergleichstabellen, die zum Kauf motivieren	472

44 Aufklappelemente/Akkordeons richtig umsetzen 475

44.1 Akkordeons zeigen und verstecken Inhalte nach Interaktion des Nutzers	475
44.2 Akkordeons für Menüs, FAQ-Listen und komplexe Formulare – vor allem mobil im Einsatz	476

44.3	Vorteile von Akkordeons	478
44.4	Nachteile von Akkordeons	478
44.5	Tipps für die Gestaltung von Akkordeons	479

45 Diagramme auswählen & gestalten — 485

45.1	Wann Diagramm, wann Tabelle?	486
45.2	Das richtige Diagramm für meine Daten	486
45.3	Werte unterschiedlicher Skalen vergleichen	492
45.4	Formatierung nach Usability, nicht Ästhetik	492

46 (Mikro-)Animation sinnvoll einsetzen — 495

46.1	Animation belebt	495
46.2	Was ist eigentlich Animation?	495
46.3	Anwendung von Animationen	497
46.4	Wie sieht eine gute Animation aus?	499

47 Suchfunktionen zielführend gestalten — 505

47.1	Was ist eine Suchfunktion?	505
47.2	Wofür werden Suchfunktionen eingesetzt?	506
47.3	Tipps für die Auffindbarkeit von Suchfunktionen	508
47.4	Tipps für die Gestaltung der Suchfunktion	509
47.5	Tipps zur Unterstützung des Nutzers bei der Sucheingabe	510
47.6	Tipps für eine eindeutige, gut strukturierte Trefferdarstellung	512
47.7	Tipps für eine technisch zeitgemäße Umsetzung	516
47.8	Alternativen	518

48 Filter und Facetten integrieren und positionieren 519

48.1	Filter grenzen schnell ein, Facetten unterstützen bei der Suche	519
48.2	Unerlässlich im Onlinehandel und auch sonst weitverbreitet	522
48.3	Tipps für die Auswahl und Benennung von Filtern/Facetten	523
48.4	Tipps für die Gestaltung von Filtern/Facetten	525

49 Design-Systeme, Styleguides & Pattern Libraries 533

49.1	Standards berücksichtigen	533
49.2	Wie unterscheiden sich Design-System, Styleguide und Pattern Library?	537
49.3	Design-Systeme nachhaltig etablieren	542

Index 543

Usability und UX – Ihr Weg zum Erfolg

Wenn Sie dies lesen, haben Sie einen spannenden Weg vor sich. Sie werden erfahren, welche Werkzeuge wir für die nützlichsten halten, um großartige Anwendungen umzusetzen. Und Sie lesen alles darüber, wie man sie einsetzt und auch die kleinen Details perfekt hinbekommt.

Von der Notwendigkeit, Anwendungen benutzerfreundlich zu gestalten, muss man heute niemanden mehr überzeugen. Jeder Auftraggeber will für sein Produkt – ob Website oder App – optimale *Usability*. Und wer auf der Höhe der Zeit ist, der weiß auch, dass erfolgreiche Anwendungen noch mehr bieten müssen: ein rundum gelungenes Nutzungserlebnis, eine gute *User Experience*. Der amerikanische UX-Berater Fred Beecher sagt: »Früher war mein Job, dafür zu sorgen, dass die Dinge nicht nerven. Heute muss ich dafür sorgen, dass sie Spaß machen.«

Und genau darum geht es in diesem Buch. Wir wollen Ihnen zeigen, wie Sie beides erreichen: dass Ihre Anwendung die Nutzer nicht nervt und ihnen gleichzeitig sogar Spaß macht. Das ist in der Theorie gar nicht so schwierig. Aber im Tagesgeschäft müssen die Sachen dann schneller fertig sein als geplant, haben Sie doch ganz wichtige andere Dinge zuerst zu erledigen oder keine Erfahrung in einem bestimmten Bereich und keine Zeit, sich einzuarbeiten.

Auf den folgenden gut 560 Seiten geben wir Ihnen Tipps aus unserer eigenen Arbeitserfahrung, erzählen Ihnen, worauf es jeweils ankommt bei den Methoden und Techniken und worauf Sie bei der Umsetzung achten sollten. Damit schließlich eine Anwendung entsteht, die die Nutzer begeistert – und damit auch Sie und Ihre Chefs oder Auftraggeber.

Wer Sie sind

Wenn Sie *Websites konzipieren, Produktverantwortlicher für eine App* sind oder sich um die *Inhalte und den Betrieb einer Website* kümmern müssen, dann liegen Sie mit diesem Buch richtig. Auch wenn Sie als *Webdesigner, HTML-Profi, App-Entwickler* oder *Frontend-Programmierer* mehr wissen wollen darüber, wie eine Anwendung entsteht, die nicht nur pünktlich fertig wird und funktioniert, sondern die wirklich rund ist und die ihre Nutzer lieben.

Vorkenntnisse brauchen Sie keine – nur etwas Interesse an modernen Technologien, an Menschen und ihren Verhaltensweisen und an hochwertiger Umsetzung. Haben Sie Grundkenntnisse in HTML oder in Gestaltung, umso besser – Voraussetzung zum Verständnis ist das nicht. Das ist das Schöne am Bereich der User Experience: Jeder, der über sie nachdenkt, wird allein schon dadurch ein besseres Produkt entwickeln.

Warum Sie das lesen sollten

Als *Einsteiger in Usability und User Experience* lernen Sie die Grundlagen und wichtige Methoden sowie Details zu allen wichtigen Elementen der Nutzeroberfläche.

Als *erfahrener UX-Experte* finden Sie Anregungen, wie Sie Ihre Werkzeugsammlung erweitern, wie Sie noch mehr aus einzelnen Methoden herausholen und noch bessere Anwendungen konzipieren und umsetzen. Außerdem haben Sie mit diesem Buch eine übersichtliche Sammlung von *Best Practices* an der Hand. Bei Diskussionen im Team oder mit Auftraggebern bzw. Stakeholdern können Sie darauf zurückgreifen und nachlesen, wie Kollegen die jeweilige Frage sehen und welche Empfehlungen, Normen oder Untersuchungen es dazu gibt. Das alles in einem einheitlichen Stil, in der notwendigen Tiefe, praxisnah und mit hohem Qualitätsanspruch.

Wir haben mit diesem Werk ein Buch geschrieben, das wir selbst auch *als Referenz* zur Hand nehmen können, wenn wir die Details für eine konkrete Problematik nachsehen wollen. Oder wenn wir bei einem Usability-Review schnell eine Empfehlung geben wollen, wie groß ein Button sein muss, damit er auch mit dem Finger gut getroffen wird. Oder wie genau die Formulierungen der Usability-Kriterien in einer bestimmten Norm lauten.

Wichtig ist uns, zu vermitteln, dass User Experience einen umfassenden Ansatz verfolgt und viele Disziplinen für sie wichtig sind – z. B. Usability, Informationsarchitektur, Kognitionswissenschaft, Verkaufspsychologie, Marketing, Grafikdesign, Informatik und Texten.

Und wir wollen auch klarmachen, dass *User Experience Design* keine Dienstleistung ist, die man einfach dazubucht, so wie Usability nicht etwas ist, was man in seine Website »einbauen« kann.

Wenn Sie sich zertifizieren wollen

Planen Sie, ein Zertifikat zu erwerben, z. B. *Certified Professional for Usability and User Experience (CPUX)*, dann kann das Buch Ihnen helfen, die Hintergründe besser zu verstehen und damit den Lernstoff zu vertiefen. Dieses Buch ist ein Praxiswerk und erspart Ihnen nicht das Lernen für die theoretische Prüfung. Aber es kann Ihnen zeigen, wie die Methoden in echten Projekten angewandt werden, welche Hintergründe die gelernten Regeln haben und was zu beachten ist, wenn man davon ausgehend Anwendungen entwickeln will.

Im ganzen Buch finden Sie übrigens immer wieder Hinweise auf *wissenschaftliche Belege und Quellen* der Informationen in der Form von Kurzlinks *bnfr.de/ux...*. Sie können sie einfach direkt in die Adresszeile Ihres Browsers eingeben. Diese Kurzlinks sind nützlich, wenn Sie ein Thema weiter vertiefen wollen – oder wenn es Diskussionen gibt im Team, warum wir die ein oder andere Empfehlung geben. Auch Vorlagen für Ihre eigenen Projekte finden Sie hier immer wieder.

Wie Sie von Usability und UX überzeugen

Der amerikanische Usability-Experte Jared Spool sagt: »Ich konnte noch niemals einen Manager davon überzeugen, in User Experience zu investieren.« Das klingt schockierend, hat Jared Spool doch schon 1988 die Firma *User Interface Engineering* gegründet – laut Wikipedia die größte der Branche weltweit. Außerdem ist Spool begnadeter Redner, er hat unzählige UX-Projekte geleitet und Firmen auf der ganzen Welt beraten. Und zu alledem tritt er in seiner Freizeit als Zauberer auf.

Wer, wenn nicht er, könnte von der Wichtigkeit der UX überzeugen? Spool meint: Das kann niemand. Er vergleicht das mit dem Rauchen: Jeder weiß, dass Rauchen schädlich ist. Einem Raucher muss man das nicht erklären, er wird in den meisten Fällen sogar verärgert sein, wenn man es versucht. Und genauso muss man einem Manager nicht erklären, wie wichtig UX ist. Wenn er so weit ist, wird er es verstehen und wird bereit sein dafür. Sich einfach hinzustellen und zu sagen: »Ich weiß, was ihr braucht!«, funktioniert nicht.

Normalerweise hilft es nicht einmal, Zahlen zu präsentieren, dass sich die Investition in UX lohnt. Und doch hat Spool einen Tipp: Zuhören. Das ist der einzige Weg, wie man selbst etwas dazu beitragen kann, dass andere den Wert von UX erkennen. Spool sagt, er würde mit Managern nicht über UX sprechen. Sondern darüber, was sie beschäftigt, was ihre Sorgen sind, welche Probleme sie sehen. Und dann würde er überlegen, wie UX helfen kann, diese Probleme zu lösen.

Eigentlich liegt dieser Ansatz für jemanden, der sich mit UX befasst, auf der Hand. Das ist unser täglich Brot: anderen zuhören, ihre Situation verstehen, ihre Bedürfnisse erkennen und Dinge/Dienste/Produkte erarbeiten, die ihre Probleme lösen – auch die, die sie selbst gar nicht richtig formulieren können. Wenn wir uns darauf konzentrieren, machen wir uns das Leben viel leichter. Es nimmt auch den Druck heraus, wenn wir wissen: Jeder muss nach seinem Tempo zur UX kommen. Und dabei können wir mit Wissen und Erfahrung und vor allem im echten Dialog unterstützen.

Was Sie hier finden

Wir haben in dem Buch versucht, alles zusammenzutragen, was man in der Praxis wissen muss, um eine *Website* oder eine *App* zu erstellen, die leicht benutzbar ist, die geplanten Ziele erreicht und die die Nutzer lieben. Dabei haben wir aus den vielen Inhalten, die hierfür relevant sind, die ausgewählt, die uns am wichtigsten erscheinen. Diese stellen wir so ausführlich dar, dass Sie genau wissen, wie Sie jeweils bei der Umsetzung vorgehen. Andere Methoden, die weniger häufig zum Einsatz kommen, haben wir nur kurz erwähnt. Hier geben wir Ihnen Tipps, wo Sie sich weiter informieren können. Usability-Tests beschreiben wir z. B. ausführlich, weil diese in der Praxis so wichtig sind. Blickverfolgung (Eyetracking) dagegen ist hoch spannend, kommt aber selten zum Einsatz, weil es so aufwendig ist. Das spiegelt sich dann auch im Umfang wider, den wir der Methode hier im Buch widmen.

Die Abbildung zeigt die wichtigsten Methoden in der Übersicht, angeordnet nach den Projektphasen, in denen sie üblicherweise zum Einsatz kommen.

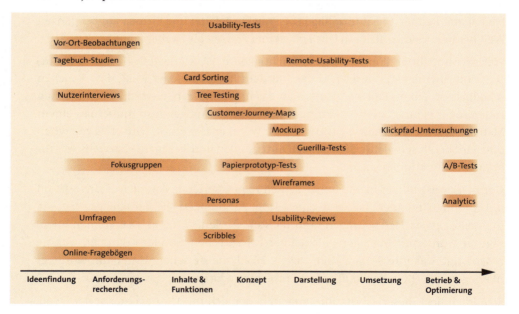

Teil I: Was brauche ich, wenn ich anfange zu konzipieren, zu gestalten oder zu programmieren?

Zunächst sehen wir *im ersten Teil*, wo die Methoden herkommen. Es geht also um Psychologie und menschliche Gewohnheiten sowie um Regeln, Normen und Gesetze, die sich daraus für die User Experience ableiten. Und vor allem darum, wie Sie diese für Ihre tägliche Arbeit nutzen. Dann zeigen wir Ihnen, dass gute Usability weder viel Zeit noch viel Geld kosten muss, wenn man es richtig angeht. Ob man in klassischen Projekten arbeitet oder in agilen Teams: Nutzerzentrierte Entwicklung führt immer zu mehr Spaß an der Arbeit, schneller Umsetzung und besseren Ergebnissen. Wir geben Tipps dafür, wie Sie in Ihrem jeweiligen konkreten Projekt effizient nutzerzentriert arbeiten, weil nun einmal nicht jede Arbeitsumgebung ideal ist.

Teil II: Nutzer kennen lernen und für sie konzipieren

Im zweiten Teil des Buches stellen wir Ihnen vor, welche Methoden Sie in den jeweiligen Projektphasen einsetzen. Von der Planung (»User Research«) über die Konzeption (»Für den Nutzer konzipieren« und »Mapping Methoden«) und die Umsetzung (»Testen und optimieren«) bis hin zum Betrieb (»Im laufenden Betrieb: für den Nutzer weiterarbeiten«).

Teil III: Usability-Guidelines – Anleitung für die Umsetzung

Der dritte Teil des Buches widmet sich ganz der praktischen Umsetzung von einzelnen Elementen wie Buttons, Formularen, Bildbühnen, Audio, Video oder auch Suchfunktionen – mit genauen Angaben zu Größe, Platzierung, Farbe und weiteren Details, die zu beachten sind. Dabei sind, wo immer nötig, Angaben zu Websites auf Desktop/Laptop, auf Tablets und Smartphones ebenso aufgeführt wie für die Umsetzung in Apps. Dieser Bereich eignet sich, um sich grundsätzlich schlau zu machen zu allen Umsetzungsfragen – aber auch zum Nachschlagen im Projektalltag.

Zur zweiten Auflage

Das Nachschlagen war tatsächlich auch etwas, wozu wir selbst unser eigenes Buch nutzen wollten. Denn es gibt so viele verschiedene gute Informationsquellen im Web oder in Buchform, aber die richtige war oft nicht schnell zur Hand. Das heißt, wir haben unser Buch für Praktiker angelegt – und das hat offenbar gut funktioniert. 2017 haben wir die erste Auflage dieses Buches geschrieben. Die ist noch besser angekommen, als wir zu hoffen gewagt hatten. Das freut uns außerordentlich, und wir danken an dieser Stelle allen Lesern, Kolleginnen und Auftraggebern – insbesondere denen, die uns wertvolles Feedback gegeben haben.

Anhand des Feedbacks konnten wir jetzt in der zweiten Auflage einiges verbessern und mehrere Themen nachliefern, die entweder noch gefehlt hatten oder sich erst in der letzten Zeit als wichtig herausgestellt haben. Dazu gehören die Kapitel zum Thema *Mapping-Methoden* und *Design Sprints & weitere Design-/Ideation-Workshop-Methoden* sowie das Kapitel *Usability-/UX-Metriken*. Auch haben wir Praxiskapitel zu *Audio, Sprachausgabe, Video* sowie zu *Diagrammen und Dashboards* ergänzt.

Sogar noch mehr Mühe haben wir in die Überarbeitung der bestehenden Kapitel gesteckt. Wir sind jede einzelne Seite durchgegangen und haben geprüft, ob die Angaben und Tipps noch die bestmöglichen sind. Und natürlich haben wir alle Abbildungen von Websites und Apps durchgesehen und, wenn nötig, aktualisiert. Auch alle Links und Vorlagen haben wir nochmals geprüft.

Wer wir sind – Jens Jacobsen

Ich arbeite seit 1998 als Konzepter und Berater für interaktive Projekte. Als Freiberufler unterstütze ich etablierte global operierende Unternehmen wie auch kleine Start-ups beim Erstellen von Websites, Apps und interaktiven Anwendungen. Es fasziniert mich, wie man mit wenigen einfachen Werkzeugen in jedem Projekt mehr über die Nutzer, deren Wünsche und Bedürfnisse, den Markt und auch die Unternehmen selbst erfährt. Die vielen Diskussionen im Team und vor allem die Arbeit mit den Nutzern bringen immer wieder hilfreiche neue Erkenntnisse zutage. Diese gebe ich regelmäßig weiter in Büchern, Seminaren und im Blog *benutzerfreun.de*. Diese Arbeit ist mir wichtig, weil sie für mich Gelegenheit ist, das eigene Tun zu analysieren, die etablierten Prozesse und Richtlinien zu hinterfragen und auf neue Ideen zu kommen.

Wer wir sind – Lorena Meyer

Seit über 12 Jahren arbeite ich im digitalen Umfeld – zunächst in der Tourismusbranche, mittlerweile branchenübergreifend. Als Projektleiterin habe ich innovative und komplexe Website-Projekte konzipiert und realisiert. Dabei entwickelte ich unter anderem Informationsarchitekturen, Content-Strategien und kreative Leitideen und verantwortete die Umsetzung in interdisziplinären Teams. In diesen Jahren habe ich umfangreiche Praxiserfahrung im methodischen Vorgehen und in der Anwendung von Usability- und UX-Methoden gesammelt. Seit 2015 bin ich für die eresult GmbH, ein Beratungs- und Dienstleistungsunternehmen im UX-Bereich, als Senior User Experience Consultant tätig und leite den Münchner Standort. Ich bin zertifizierter Usability Engineer und Mitglied im Berufsverband der German Usability Professionals Association e. V.

Auch wenn wir zusammen mehr als 30 Jahre Erfahrung im Bereich Usability und UX haben – wir wissen noch lang nicht alles. Wir lernen vielmehr jeden Tag dazu. Durch Diskussionen im Team, durch Lesen von Blogbeiträgen und wissenschaftlichen Veröffentlichungen und durch den Besuch von Tagungen. Vor allem aber dadurch, dass wir viel Zeit mit Nutzern verbringen. Sooft man auch schon im Usability-Labor war – man erfährt doch jedes Mal Neues, sieht etwas, was einen verblüfft, schockiert oder entzückt. Oder diskutiert mit Kollegen, Auftraggebern und anderen so genannten *Stakeholdern*. Wenn auch Sie mit uns diskutieren wollen, schreiben Sie uns gern unter *ux-buch@benutzerfreun.de*!

Wem wir danken

Vielen Dank an die vielen Menschen, die uns unterstützt haben bei diesem großen Vorhaben. Danke an Stephan Mattescheck, von dessen Idee für dieses Buch wir sofort begeistert waren und der uns mit seinem Team vom Rheinwerk Verlag geduldig und kompetent durch den langen Prozess begleitet hat, den ein gutes Buch eben braucht. Ein herzliches Dankeschön auch an Thorsten Wilhelm von der eresult GmbH für die Unterstützung des Projekts und auch die Abbildungen, die er dafür zur Verfügung gestellt hat. Danke auch an die Kollegen, die mit uns stundenlang über Vor- und Nachteile einzelner Anwendungen und die kleinsten Details aller Methoden gesprochen haben.

Und nicht zuletzt einen besonders großen Dank an unsere Familien und Partner, insbesondere an Cornelia (von Jens) sowie Alexander, Gundula und Peter (von Lorena), die uns während der vielen Abende und Wochenenden den Rücken freigehalten haben, die es brauchte, um das Buch von der ersten Idee über die Konzeption und die Umsetzung bis hin zum letzten Schliff zu einem glücklichen Ende zu bringen.

Jens Jacobsen und **Lorena Meyer**
München und Unterhaching

TEIL I

Was brauche ich, wenn ich anfange zu konzipieren, zu gestalten oder zu programmieren?

Im ersten Teil des Buches erfahren Sie, woher die ganzen Erkenntnisse überhaupt kommen, die wir im Folgenden vorstellen. Grundlage sind immer Beobachtungen, wie Menschen mit interaktiven Anwendungen umgehen. Dazu wurden in den letzten Jahrzehnten Abertausende von *wissenschaftlichen Studien* gemacht – und wir selbst haben Tage über Tage damit verbracht, Nutzern zuzusehen. Auch in *Normen und Gesetze* sind solche Erkenntnisse eingeflossen. Wir stellen Ihnen die wichtigsten vor und erklären, was davon relevant für die Praxis ist.

Auch zeigen wir Ihnen, wie Sie die Grundlagen für Anwendungen legen, die begeistern. Klar ist, dass dazu der Nutzer im Zentrum der Entwicklung stehen muss – das ist *User-Centered Design*, die nutzerzentrierte Entwicklung.

Wir erklären Ihnen, wie der optimale Projektablauf aussieht und wie man auch bei weniger optimalen Projekten zu guten Ergebnissen kommt. Für das Zusammenspiel von UX und *agiler Entwicklung* gibt es keine Methodik, die für jedes Projekt und jedes Team passt. Daher geben wir Ihnen dafür ein paar Tipps, wie die Zusammenarbeit in der Praxis auch hier klappt.

Und schließlich geht es darum, dass wir immer offen bleiben müssen für neue Ansätze und Methoden, aber auch für neue technische Entwicklungen. Denn diese bestimmen, was unsere Nutzer gewöhnt sind und dann auch von unseren Anwendungen erwarten.

Kapitel 1
Von der Usability zur User Experience

Usability und User Experience (UX) werden immer wieder vertauscht. Häufig wird UX gesagt, doch ist Usability gemeint. Wie sich Usability und UX unterscheiden und warum UX etwas deutlich Komplexeres ist, erläutern wir im folgenden Kapitel.

Stellen Sie sich vor, Sie haben zum Geburtstag einen Gutschein für ein Produkt Ihrer Lieblingsmarke bekommen. Sie freuen sich sehr und gehen auf die Website, um sich etwas Schönes auszusuchen. Die Website ist sehr gut strukturiert, Sie werden schnell fündig und bestellen. Kurz darauf bekommen Sie eine Mail, dass sich der Versand verzögert, weil das Produkt nicht auf Lager ist – was Ihnen auf der Website allerdings nicht angezeigt wurde. Sie warten einige Tage auf das gewünschte Produkt, endlich kommt es an. Leider müssen Sie schon beim Auspacken feststellen, dass es Mängel hat. Sie möchten reklamieren, rufen die Hotline an und werden vom Servicemitarbeiter dazu in einen Laden in der Stadt geschickt ...

Ein solcher Fall passiert vielleicht nicht häufig. Er zeigt aber sehr gut, wie *Usability* und *User Experience* miteinander zusammenhängen. Während die Usability, also die Gebrauchs- oder auch Nutzungstauglichkeit der Website offensichtlich sehr gut ist, passt die User Experience, also das Nutzungserlebnis, des gesamten Einkaufs nicht – zumindest nicht mehr nach der Bestellung. Die empfundene Vorfreude und Erwartung vor Besuch der Website war groß, sie wurde während des Besuchs der Website auch noch erfüllt bzw. bedient. Aber ab Erhalt der E-Mail brach die Freude auf das Produkt und über das Einkaufserlebnis abrupt ab.

Das **Ziel von Usability** ist es, eine Anwendung (Website oder App) so einfach wie nur möglich in der Benutzung zu machen. Sie soll intuitiv und nutzerfreundlich gestaltet sein. Die zentrale Frage ist es, ob der Nutzer seine Absicht oder sein Ziel erreichen konnte. In unserem Beispiel also, ob er das Produkt seiner Wahl schnell finden und dann zügig bestellen konnte.

Das **Ziel der User Experience** ist weitgreifender. Der Nutzer soll die Anwendung so glücklich und zufrieden wie nur möglich verlassen und idealerweise zurückkehren. Und nicht nur das: Er soll auch vor und nach der Nutzung der Anwendung emotional angesprochen werden, er soll begeistert sein. Die zentrale Frage hinsichtlich der User Experience ist demnach, ob der Nutzer mit seinem Gesamterlebnis zufrieden ist.

1.1 Usability als Erfolgsfaktor für gute digitale Produkte

Der Begriff *Usability* wird am treffendsten mit *Gebrauchstauglichkeit* oder mit *(Be-) Nutzerfreundlichkeit* übersetzt. Die Begriffe Benutzerfreundlichkeit oder Nutzerfreundlichkeit sind fachlich nicht ganz korrekt, aber üblich und in der Praxis in Ordnung. Laut der ISO-Norm 9241-11 bezeichnet sie »das Ausmaß, in dem ein Produkt, System oder Dienst durch bestimmte Benutzer in einem bestimmten Anwendungskontext genutzt werden kann, um bestimmte Ziele effektiv, effizient und zufriedenstellend zu erreichen.« Kurzum: Usability sorgt dafür, dass digitale Anwendungen einfach zu nutzen sind, und wird daran gemessen, wie direkt und schnell der Nutzer sein Ziel während der Nutzung der Website oder App erreichen kann.

Gute Usability wird in der Regel gar nicht explizit wahrgenommen, schlechte hingegen schon. Eine Anwendung besitzt ein hohes Maß an Usability, wenn sie insbesondere die Anforderungen der Leitlinie zur Gestaltung von Benutzungsschnittstellen entsprechend der DIN EN ISO 9241 erfüllt (siehe Kapitel 4, »ISO 9241 & Co. – Normen und Gesetze rund um Usability«):

▶ der Aufgabe angemessen
▶ selbstbeschreibend
▶ steuerbar
▶ erwartungskonform
▶ fehlertolerant
▶ individualisierbar
▶ lernförderlich

1.2 User Experience als umfassendes Nutzungserlebnis

Die Bezeichnung *User Experience (UX)* lässt sich am besten als Nutzungserlebnis oder Nutzungserfahrung ins Deutsche übersetzen. Auch hier definiert die ISO-Norm 9241-210 genauer: UX umfasst demnach »alle Aspekte der Erfahrungen eines Nutzers bei der Interaktion mit einem Produkt, Dienst, einer Umgebung oder Einrichtung«. Alle Wahrnehmungen und Reaktionen einer Person, die bei der Benutzung oder der erwarteten Verwendung eines Produkts, Systems oder Services entstehen, spielen eine Rolle. Um eine optimale User Experience zu gestalten, müssen Sie also mithilfe von Gestaltung, Funktionalität und Leistungsmerkmalen den Nutzer emotional ansprechen. Der Nutzer soll nicht nur schnell und reibungslos zum Ziel kommen, sondern – abhängig vom Anwendungsbereich – auch positive Gefühle wie Spaß oder Freude bei der Benutzung erleben.

User Experience umfasst den gesamten Prozess des Erlebens eines Nutzers – vor, während und nach der Nutzung der Anwendung:

Abbildung 1.1 Die User Experience beinhaltet alle Aspekte des Nutzungserlebnisses – vor, während und nach der Nutzung einer Anwendung oder eines Produkts. Die Usability beschränkt sich auf den Teil der eigentlichen Nutzung.

Vor der eigentlichen Nutzung beeinflussen Erwartungen und Aspekte wie das Markenimage. Ist es positiv, wirkt sich das positiv auf das Nutzungserlebnis aus. Aber auch die tatsächliche Nutzung der Anwendung ist relevant: Ist die Bedienung einfach, kann das Ziel schnell erreicht werden, gefällt das Design, sind begeisternde, vielleicht sogar unerwartete hilfreiche Funktionen integriert? Und nach der Nutzung der Anwendung wird der Nutzer in seinem Erleben beeinflusst. Wenn er sich mit dem Produkt identifizieren kann, baut er eine emotionale Bindung zum Produkt oder zur Marke auf. In unserem Gutscheinbeispiel von oben wird das positive Nutzungserlebnis durch die E-Mail-Nachricht zur verzögerten Lieferung, die Wartezeit und letztlich die Mängel am Produkt und Service getrübt. Die Vorfreude und die hohen Erwartungen an das Nutzungserlebnis reichen nicht, um ein positives Gesamterlebnis zu erreichen.

1.3 Abgrenzung zwischen Usability und User Experience

User Experience ist der weitgreifendere Ansatz, *Usability* nur ein Teilbereich der User Experience. Usability betrachtet insbesondere die (grafische) Oberfläche einer Anwendung, das User Interface (UI), während die User Experience sämtliche Services, Abläufe und Zusammenhänge zwischen Unternehmen, Produkt, Kommunikation und Markenbildung berücksichtigt. Entsprechend müssen Sie bei der Entwicklung einer herausragenden User Experience deutlich mehr Verantwortliche ins Team holen. Nicht nur Webdesigner und Entwickler, sondern außerdem Produktverantwortliche, Servicemitarbeiter, Marketing- und Brandmanager. Damit involvieren Sie die unterschiedlichen Disziplinen und Aspekte wie:

- *Utility*: Ist das Produkt/die Website nützlich?
- *Usability*: Ist das Produkt/die Website einfach und intuitiv zu nutzen?
- *Desirability*: Sieht das Produkt/die Website gut aus? Fühlt es/sie sich gut an?
- *Brand Experience*: Ist der Gesamteindruck der Marke/des Produkts/der Website gut und stimmig?

Alle sind Faktoren der User Experience; die Nützlichkeit und die Gebrauchstauglichkeit bilden den Kern. Gemeinsam mit der Begehrlichkeit und dem Markenerleben formen sie das Gesamterlebnis. Dieser Ansatz wurde auf einer Konferenz der Nielsen Norman Group »User Experience 2008« entwickelt (siehe Abbildung 1.2).

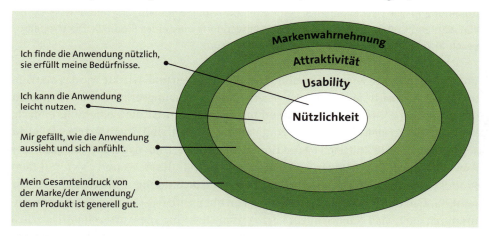

Abbildung 1.2 Verständnis und Teilaspekte der User Experience (Nielsen Norman Group)

Der Aufwand, ein derartiges Team zusammenzustellen und die unterschiedlichen Aspekte zu betrachten, lohnt sich. Sie begeistern Ihre Nutzer, anstatt ihnen lediglich zu ermöglichen, ihr Ziel zu erreichen.

Kapitel 2
Erkenntnisse aus Studien, Forschung und Projekten liefern Fakten

Alle Entscheidungen in Konzeption und Design sollten als Grundlage das Verhalten der Nutzer berücksichtigen. Dabei können Sie auf reiche Forschungsergebnisse aus den letzten Jahrzehnten zurückgreifen.

Wie der Name sagt, steht im Mittelpunkt der nutzerzentrierten Entwicklung der Nutzer. Das heißt, der Nutzer hat immer Recht. Wenn wir eine Anwendung mit guter User Experience entwickeln wollen, dann stellen wir den Nutzer und seine Bedürfnisse und Verhaltensweisen an sich nicht in Frage. Wir stellen nur die Frage, was er braucht, was er will und wie wir ihm zeigen, dass wir ihm etwas bieten können. Das heißt auch, alle Diskussionen darüber, was *uns* gefällt, sind überflüssig. Sie mögen keine Sites, die viele Farben verwenden und sehr viele Bilder? Wenn Sie eine Website für Kinder erstellen, dann sollten Sie sich damit anfreunden. Sie finden Apps mit dunklem Hintergrund und grüner Schrift scheußlich? Das kann für die Zielgruppe von Programmier-Nerds genau das Richtige sein. Allerdings gibt es nie nur eine Lösung, die funktioniert. Was wirklich funktioniert, erfahren Sie nur mit Sicherheit, wenn Sie Usability-Tests machen. Doch man kann nicht immer und alles testen – und es ist natürlich sinnvoll, mit einer Version zu starten, die man für gut hält.

Um neue Ideen zu entwickeln, muss man die ausgetretenen Pfade verlassen. Es braucht also Innovation und Intuition. Immer wieder hört man, neue Produkte müsse man einfach bauen und auf den Markt bringen. Die Nutzer kennen diese noch nicht und wüssten daher gar nicht, ob sie sie brauchen. Da ist natürlich etwas dran. Dazu gibt es das schöne Zitat von Henry Ford, dem Begründer des industriellen Automobilbaus: »Wenn ich die Menschen gefragt hätte, was sie wollen, hätten Sie gesagt: schnellere Pferde.«

Auch vom iPhone, dem ersten erfolgreichen Smartphone, heißt es, dass Steve Jobs es einfach gebaut hätte, weil er überzeugt war, dass die Menschen es haben wollen. Und doch ist es wenig sinnvoll, nur aus dem Bauch heraus zu entwickeln. Bei Produkten und Dienstleistungen, die es so in der Art vorher noch nicht gab, wissen Nutzer zwar vorher nicht, ob sie sie brauchen. Aber dennoch gibt es eine Reihe menschlicher Eigenschaften, die immer gelten. Und die bestimmen, wie wir mit Anwendungen umgehen, ob wir sie verstehen und ob wir sie gern benutzen – das sind die Grundlagen von Usability und User Experience.

Zu Usability und User Experience gibt es viele wissenschaftliche Erkenntnisse aus verschiedensten Disziplinen (siehe Abbildung 2.1). Daraus abgeleitet sind so genannte Heuristiken, also praktische Vorgehensweisen, die nicht den Anspruch haben, wissenschaftlich korrekt zu sein, aber gut funktionieren.

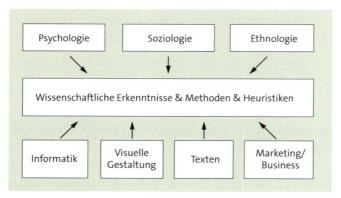

Abbildung 2.1 Wichtige Disziplinen und Wege, aus denen die UX ihre Erkenntnisse bezieht

2.1 Können wir nicht einfach den Nutzer fragen?

Die Forschung zur Motivation von Menschen aus Psychologie, Marketing und anderen Disziplinen zeigt uns: Nur weil die Nutzer im Mittelpunkt stehen, heißt das nicht, dass wir sie einfach fragen können und dann machen, was sie sagen. Es gibt unzählige Beispiele dafür, dass das zum Desaster führt. Wir Menschen sind uns vieler Motive nicht bewusst. Nutzer sagen, sie wollen einfache Office-Software nur mit den nötigsten Funktionen. Und doch kaufen sie die Software, die möglichst viel verspricht – man weiß ja nie, vielleicht will man doch irgendwann mal einen Serienbrief schreiben oder endlich lernen, wie man Makros programmiert. Nutzer sagen, sie wollen mehr Sport machen und sich gesund ernähren – und nehmen dann doch lieber den Lift in den ersten Stock und greifen zum Schokoriegel, nicht zum Salat. Aber es ist nicht Böswilligkeit oder Schwäche, warum wir Menschen nicht das tun, was wir sagen, dass wir tun würden. Oft wissen wir es vorher nicht genau, weil wir uns die Situation nicht richtig vorstellen können. Und besonders, wenn es darum geht, welche Produkte wir uns wünschen, was wir kaufen würden, wird es oft fantastisch – solche Selbsteinschätzungen liegen meist daneben.

Trotzdem haben Nutzerbefragungen durchaus ihren Wert (siehe Kapitel 9, »Fokusgruppen und Befragungen – Erkenntnisse über das derzeitige Nutzungsverhalten«). Sie helfen vor allem, Bedürfnisse oder Probleme mit bestehenden Lösungen zu ermitteln. Und sie helfen, auf Ideen zu kommen. Aber das Konzept entwickeln müssen Sie dann, indem Sie die gewonnenen Erkenntnisse interpretieren und hinterfragen und schließlich im Team basierend auf Ihren Erfahrungen und Zielen ein Konzept entwickeln. Und das testen Sie dann so früh wie möglich mithilfe von Prototypen (siehe Kapitel 17, »Mockups und Prototypen – konkretisieren, visualisieren, designen«).

Abbildung 2.2 Fragt man Menschen, sagen alle, sie hassen Spam. Und doch reagieren genug darauf, dass es sich für die Spammer lohnt, die Menschheit mit solchen Mails zu quälen.

2.2 Wer schnell zum Ziel will, hält sich an den Weg

Eigene Wege zu gehen hat seinen Reiz. Und doch dauert es meist länger. Der Untergrund ist uneben, Sträucher versperren den Durchgang, und vor allem muss man immer wieder ein Stück zurück, weil man an einer Stelle nicht weiterkommt. Genauso ist es auch bei Anwendungen. Wollen Sie auf Nummer sicher gehen, dann halten Sie sich an das, was aus Studien und Praxisprojekten als bewährt hervorgegangen ist. Gehen Sie neue Wege, müssen Sie mehr Zeit und Experimentierfreude mitbringen. Suchen Sie aber den schnellen Erfolg, beachten Sie besser die Standards (siehe Kapitel 49, »Design-Systeme, Styleguides & Pattern Libraries«). Was Nutzer gewöhnt sind, fällt ihnen leichter, und die Usability ist daher höher, wenn Sie es grundsätzlich machen wie alle anderen. Wollen Sie einen ganz neuen Ansatz ausprobieren, brauchen Sie einen langen Atem. Sie müssen die Nutzer langsam heranführen an die neuen Bedienkonzepte, und vor allem müssen Sie sehr viele Usability-Tests durchführen, um sicherzustellen, dass Ihre Ideen auch funktionieren.

Die wichtigste Regel ist also:

> *Kennen Sie die Regeln und verletzen Sie diese nur, wenn Sie dafür einen wirklich guten Grund haben.*

Leider gibt es keinen festen Regelkatalog für gute User Experience. Die Erfahrungen, Anforderungen und Gewohnheiten der Nutzer ändern sich laufend, und auch die Geräte und Anwendungen probieren immer wieder Neues – und ändern damit wieder die Erfahrungen, Anforderungen und Gewohnheiten der Nutzer. Das heißt, man muss immer am Ball bleiben.

Was sich aber nicht ändert, sind Grundprinzipien menschlichen Verhaltens. Psychologie, Biologie und Medizin, Soziologie, Arbeitswissenschaft, Marketing und Managementtheorie sind Disziplinen, aus denen die Grundlagen kommen, auf denen wir gute User Experience aufbauen. Und seit über hundert Jahren machen sich Menschen Gedanken darüber, wie Menschen mit Maschinen umgehen. Als gewaltige Dampfmaschinen und riesige Webstühle in die Produktion einzogen, kam damit auch eine große Gefahr. Bei Fehlbedienung der Maschinen passierten schreckliche Unfälle. Bei Flugzeugen, Kraftwerken oder Chemieanlagen konnte ein einziger Bedienfehler viele Menschen das Leben kosten.

Abbildung 2.3 Komplexe Benutzeroberflächen gab es auch schon 1949.

Es entstand die Disziplin *Ergonomie*, und es reifte die Erkenntnis, dass die Maschinen den Menschen angepasst werden müssen, nicht umgekehrt. Seit den 1960er Jahren, als Computer immer noch riesige Apparate waren, die im Keller von Universitäten standen und langes Training brauchten, um sie zu bedienen, beschäftigt sich die Wissenschaft intensiv mit *HCI* – Human-Computer Interaction. Die Computer haben sich seitdem stark verändert, die Menschen aber nicht. Und so sind die Grundprinzipien bis heute die gleichen.

Am bekanntesten in diesem Gebiet ist heute Jakob Nielsen, ein dänischer Informatiker, der in den USA unter anderem für IBM und Sun Microsystems gearbeitet hat. Er legte in den frühen 1990er Jahren die Grundlagen für die systematische Herangehensweise an die Usability des WWW. Von ihm stammen die *10 Heuristiken für das Interface Design*, die er 1994 erstmals postulierte. Er spricht von Heuristiken, weil es grobe Richtlinien sind, keine Regeln, die man einfach nur befolgen muss. Das bedeutet, man muss die Heuristiken jeweils für den Einzelfall interpretieren. Genau deshalb sind sie aber auch so zeitlos und noch heute gültig für praktisch alle technischen Systeme, mit denen Menschen umgehen – ob Website, App, Smart-TV, Sprachsteuerung oder Kraftwerkssteuerung.

Die 10 Heuristiken für das Interface Design

Die folgenden Punkte sollte nach Jakob Nielsen jedes technische System erfüllen:

1. **Sichtbarkeit des Systemstatus – was macht das Gerät?**
   Das System sollte jederzeit klarmachen, was es gerade macht. Jede Aktion sollte sofort eine Reaktion zeigen.

2. **Übereinstimmung von System und Realität des Nutzers**
   Das System sollte die Sprache des Nutzers sprechen und nur Begriffe und Konzepte nutzen, die er versteht.

3. **Kontrolle durch den Nutzer**
   Der Nutzer sollte das System jederzeit steuern können, und es sollte Experimentieren erlauben. Eine Rückgängig-Funktion ist dafür entscheidend.

4. **Konsistenz und Standards**
   Elemente der Nutzeroberfläche und Benennungen sollten nur unterschiedlich sein, wenn sie Unterschiedliches bewirken. Standards der jeweiligen Plattformen (z. B. Betriebssystem) sollten eingehalten werden.

5. **Fehlervermeidung**
   Wichtiger als aussagekräftige Fehlermeldungen ist, dass das System Fehler bestenfalls erst gar nicht auftreten lässt. Es muss mögliche Fehlbedienungen vorhersehen und abfangen.

6. **Selbsterklärung vor Erinnerung**
   Der Nutzer sollte nichts lernen und nichts im Gedächtnis behalten müssen. Alle aktuell notwendigen Informationen sollte er direkt einsehen können.

7. **Flexibilität und Effizienz**
   Regelmäßige Nutzer brauchen Möglichkeiten, den Arbeitsablauf für sich anzupassen (Makros, Tastaturkürzel …).

8. **Ästhetisches und minimalistisches Design**
   Das System sollte immer nur anzeigen, was für die aktuelle Aufgabe nötig ist.

9. **Hilfe beim Erkennen, Diagnostizieren und Beheben von Fehlern**
   Fehlermeldungen sollten klar formuliert sein und Hilfestellung geben, wie man das Problem löst.

10. **Hilfe und Dokumentation**
    Optimal ist ein System, das keine Hilfestellung braucht. In der Praxis klappt das selten, daher sollte die Dokumentation in der Sprache des Nutzers geschrieben, praktisch leicht nutzbar und leicht zugänglich sein.

Ebenfalls häufig genutzt sind die Anforderungen für benutzerfreundliche Anwendungen nach der Norm ISO 9241 – Ergonomie der Mensch-System-Interaktion:

▶ der Aufgabe angemessen

▶ selbstbeschreibend

▶ steuerbar

▶ erwartungskonform

▶ fehlertolerant

▶ individualisierbar

▶ lernförderlich

Diese sind in Kapitel 4, »ISO 9241 & Co. – Normen und Gesetze rund um Usability«, erklärt. Die Anforderungen der ISO 9241 oder auch Nielsens 10 Heuristiken setzt man oft ein, um z. B. Usability-Reviews strukturiert anzugehen (siehe Kapitel 22, »Usability-Reviews – Expertenmeinung einholen statt Nutzer rekrutieren«).

2.3 Wer setzt die Standards?

Die oben genannten Heuristiken leiten sich aus den wissenschaftlichen Erkenntnissen darüber ab, wie unser Gehirn arbeitet. Hinzu kommt ein wichtiger Punkt: Wir kommen mit dem gut zurecht, was uns bekannt ist. Das heißt, ein Stück weit sind es einfach auch gelernte Konventionen. Wenn wir die verletzen, sollten wir dafür einen guten Grund haben.

Wenn wir also Anwendungen gestalten, müssen wir die Konventionen kennen und berücksichtigen. Dazu gibt es zwei Mittel:

1. *Eigene Usability-Tests durchführen* – so sehe ich, was Nutzer kennen und erwarten, womit sie zurechtkommen und was sie wirklich tun.

2. *Von anderen lernen* – in Studien, Blogartikeln, Büchern oder auf Konferenzen erfahre ich, auf welche Ergebnisse andere gekommen sind.

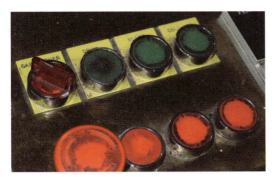

Abbildung 2.4 Rot heißt Stopp oder rückwärts, Grün heißt Start oder vorwärts. Wer diese Konvention verletzt, riskiert Fehlbedienungen.

Sie sollten beide Wege gehen – nur so kann man auf der Höhe der Zeit bleiben und kommt außerdem noch zu anderen Dingen. Zum Mittel 1 finden Sie mehr in Kapitel 19, »Usability-Tests – der Klassiker unter den Nutzertests«. Zu Mittel 2 finden Sie im Hinweiskasten eine völlig subjektive Liste an zuverlässigen Quellen im Web.

> **Empfehlenswerte Quellen, um auf dem Laufenden zu bleiben**
> - Nielsen Norman Group – *www.nngroup.com/articles*
>   Das Unternehmen von Jakob Nielsen veröffentlicht wöchentlich hochwertige Artikel zur Usability.
> - Smashing Magazine – *www.smashingmagazine.com*
>   Wertvolle Praxistipps, die in die Tiefe gehen. Teilweise auch mit Details zu Design und Programmierung.
> - A List Apart – *alistapart.com*
>   Blog von Profis für Profis rund um die Konzeption – gern auch mit grundsätzlichen neuen Ansätzen. Hier fand sich z. B. der Ansatz des responsiven Webdesigns zum ersten Mal überhaupt.
> - Measuring U – *measuringu.com/all-blogs*
>   Fundierte Artikel zu Usability und Analytics mit Schwerpunkt auf Statistik.

Aktuelle Tipps und Hinweise zu Büchern und Konferenzen auch im Blog eines der Autoren: *benutzerfreun.de*.

Kapitel 3
Menschliche Wahrnehmung – Gestaltgesetze & Co.

Die Psychologie befasst sich mit dem Erleben und Verhalten des Menschen und ist somit ein Schlüssel zum Verständnis unserer Nutzer. Erkenntnisse aus der Psychologie helfen uns, bessere Anwendungen zu erstellen.

Grundlage jeder guten Gestaltung ist die menschliche Wahrnehmung. Es gibt einige Erkenntnisse aus der Psychologie, die es uns erleichtern, Informationen so aufzubereiten, dass man sie leicht versteht, und Elemente so anzuordnen, dass man sie leicht erfasst. Im Folgenden stellen wir einige ausgewählte vor, die uns die tägliche Arbeit erleichtern.

3.1 Kurzzeitgedächtnis nicht überfordern

Für den Umgang mit interaktiven Anwendungen ist das menschliche Kurzzeitgedächtnis ganz wichtig. Es speichert die Informationen, die wir brauchen, um das System zu bedienen. Gleich ob es eine komplexe App fürs Handeln an der Börse ist oder eine einfache Website, auf der man eine E-Mail-Adresse heraussuchen will. Wichtig ist, dass wir den Nutzern so wenig wie möglich zumuten. Sie sollten sich von Teilschritt zu Teilschritt nichts merken müssen. Klickt man z. B. auf einen Link, sollte dort, wo man landet, unmissverständlich klar sein, dass man im richtigen Bereich ist. Meist geht das am einfachsten mit einer Überschrift, die den Text wörtlich wiederholt, der auf dem angeklickten Link stand.

3.1.1 Millersches Gesetz – 7 plus/minus 2

Der Psychologe George Miller veröffentlichte 1956 seinen Artikel über *Die magische Zahl sieben, plus/minus zwei*. Der Titel fasst plakativ seine Erkenntnis zusammen, dass unser Kurzzeitgedächtnis maximal *7 plus/minus 2* Elemente speichern kann (also minimal 5, maximal 9, je nach Veranlagung). Inzwischen sieht das die Forschung differenzierter, denn es kommt vor allem auf die Art der Informationen an und auf den Kontext. Aber als Faustregel eignet sich das Gesetz durchaus. Für

Menüeinträge einer App z. B. ist die 7-plus-minus-2-Regel ein guter Anhaltspunkt. Für die Anzahl verschiedener Preismodelle bei einem Onlinedienst sind 9 aber definitiv zu viel. Hier haben sich eher 3 Optionen bewährt, 5 ist normalerweise die Obergrenze.

3.1.2 Hicksches Gesetz (auch Hick-Hyman-Gesetz genannt)

Je mehr Möglichkeiten man Menschen anbietet, desto länger dauert es, bis sie sich entscheiden. Diesen Zusammenhang erkannte der Psychologe William Edmund Hick schon 1952. Denn auch wenn Nutzer sagen, sie wollen gerne möglichst viele Optionen – machen Sie es ihnen leicht, und geben Sie immer nur so viele Möglichkeiten zur Auswahl wie wirklich sinnvoll. Eine genaue Anzahl lässt sich nicht festlegen, zu sehr hängt es von der Situation und von den unterschiedlichen Optionen ab.

3.2 Auswahl ist gut, aber zu viel ist schlecht

Das *Paradox of Choice* ist ein Phänomen, das der US-Psychologe Barry Schwartz in seinem gleichnamigen Buch beschreibt. Er argumentiert, dass zu viele Optionen uns überfordern. Haben wir 24 verschiedene Marmeladensorten vor uns, dann wissen wir nicht, für welche wir uns entscheiden sollen. Sind es dagegen nur 6, fällt uns die Entscheidung leicht. Das Gleiche gilt für viele Entscheidungen, die wir auf Websites treffen müssen. Einerseits wollen wir eine möglichst große Auswahl (vor allem, wenn man uns fragt). Andererseits entscheiden wir uns eher für etwas, wenn die Auswahl kleiner ist – oder wenn uns klar ist, wie wir zur für uns besten Wahl kommen.

3.3 Menschliche Wahrnehmung – Gestaltgesetze

Die Gestaltgesetze beschreiben, wie unser Hirn aus der überwältigenden Vielzahl von Reizen, die über unsere Sinne hineinströmen, einzelne Objekte erkennt und sich einen Reim auf unsere Umgebung macht. Für uns Menschen scheint das ganz einfach, es ist aber hochkomplex – Computer tun sich bis heute schwer damit. In der Psychologie ist die Gestalttheorie heute nicht besonders wichtig, zum visuellen Gestalten ist sie aber ausgesprochen hilfreich.

3.3.1 Nähe

Dinge, die nah nebeneinanderstehen, empfinden wir als zusammengehörig. Das sollten wir beachten, wenn wir verschiedene Elemente auf einer Seite anordnen, z. B. Produktabbildungen, Textkästen oder Teaser.

Abbildung 3.1 Wir sehen zwei Gruppen von Quadraten. Man könnte aber auch sechs Spalten sehen.

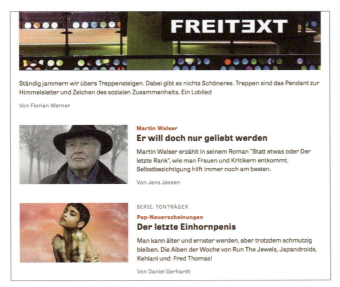

Abbildung 3.2 Oft geht es um ein paar Pixel: Die Autorennamen stehen hier auf Zeit.de gerade noch nah genug am dazugehörigen Text, dass wir den Bild-Text-Block als jeweils eine Einheit wahrnehmen.

3.3.2 Ähnlichkeit

Über das Gesetz der Nähe siegt das der Ähnlichkeit. Elementen mit der gleichen Form und/oder Farbe schreiben wir auch weitere ähnliche Eigenschaften zu – wir erwarten von ihnen in einer App z. B. die gleiche Funktion.

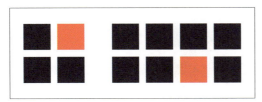

Abbildung 3.3 Ähnlichkeit geht vor Nähe. Die roten Kästen unterscheiden sich vermutlich auch in ihrer Funktion von den anderen.

3.3.3 Geschlossenheit

Unser Hirn sieht Formen, wo eigentlich keine sind. Dank dieser Mustererkennung können wir unsere Umgebung in Sekundenbruchteilen einschätzen – und Webseiten beurteilen.

Abbildung 3.4 Das weiße Dreieck, das wir hier sehen, ist eigentlich gar nicht da.

3.3.4 Figur und Grund

Es gibt unzählige Bilder, die umzuspringen scheinen, wenn wir sie ansehen. Wir können entweder die Vase sehen oder die zwei Gesichter, entweder das junge Mädchen oder die alte Frau. Das ist nicht nur faszinierend, sondern auch ein Gestaltgesetz, das man beachten muss. Das Problem dabei: Manchmal fällt es einem selbst gar nicht auf, dass ein Bild auch anders wahrgenommen werden kann. Hat man es aber einmal gesehen, kann man gar nicht mehr anders, als zwischen den beiden Bildern hin und her zu schalten.

Abbildung 3.5 Halbes Porträt einer Dame mit vollem Haar von vorn oder Silhouette eines Glatzkopfs mit Knubbelnase von der Seite?

3.3.5 Symmetrie

Unser Hirn versucht unsere Umgebung möglichst ordentlich einzuteilen. Daher sieht es wo immer möglich Symmetrie. Dieses Gesetz siegt praktisch immer über das der Nähe.

Abbildung 3.6 Wir sehen drei Paare von Symbolen, nicht zwei Paare, die von je einem Symbol links und rechts umschlossen sind.

Abbildung 3.7 Das Prinzip Ähnlichkeit sehen wir hier auf Github.com bei den grünen Buttons und den weißen Textfeldern. Diese sind zusätzlich gruppiert – das ist das Prinzip Nähe. Der weiße Text »How people ...« entsteht in unserem Hirn aus den Bereichen, in denen das Hintergrundbild fehlt – eigentlich ist da gar kein weißer Text, sondern nur Aussparungen der Farbe des Fotos.

3.3.6 Gemeinsame Region

Fast immer befolgen wir das Gesetz der gemeinsamen Region intuitiv beim Gestalten. Dinge, die zusammengehören, setzen wir in einen Kasten (mit Umrandung oder Hintergrundfarbe, die sich vom Rest der Seite unterscheidet). Das bekannte Kacheldesign folgt diesem Prinzip – alle Informationsblöcke, bestehend meist aus Bild und Texten, kommen in Kästen und diese werden wie Kacheln auf der Seite verteilt.

Abbildung 3.8 Die einfachste Möglichkeit, Elemente zu gruppieren: Kästen wie hier auf Lenbachhaus.de. So entstehen jeweils gemeinsame Regionen.

3.3.7 Weitere Gestaltgesetze

Es gibt noch ein paar weitere Gestaltgesetze, die aber nicht ganz so wichtig sind. Zu nennen ist vielleicht noch das des gemeinsamen Schicksals. Elemente, die z. B. gleichzeitig auf einem Screen bewegt werden, empfinden wir als zusammengehörig.

3.4 Menschliche Wahrnehmung – weitere Erkenntnisse aus der Forschung

Über Wahrnehmungspsychologie gibt es viele dicke Bücher. Im Folgenden nur noch einige weitere Erkenntnisse, die für die User Experience wichtig sind.

3.4.1 Banner-Blindheit

Werbebanner auf Websites sind groß und bunt, nicht selten blinken sie sogar. Und doch stellen wir bei Nutzertests immer wieder fest: Die meisten Probanden nehmen sie gar nicht wahr. Offenbar lernen wir schnell, dass alles, was oben oder rechts auf dem Screen sitzt (bzw. unten bei Apps), Werbung ist – und die interessiert uns meist nicht, daher sehen wir nicht einmal hin. Selbst wenn Sie gar keine Werbung auf der Seite haben, müssen Sie das berücksichtigen. Denn die Banner-Blindheit schlägt auch zu, wenn Nutzer Elemente wegen ihrer Form, ihrer Farbe oder ihrer Position für Werbung halten. Sie über-sehen diese dann im Wortsinn – sie richten ihren Blick nur

Sekundenbruchteile darauf und finden so mitunter sogar Elemente nicht, die sie verzweifelt suchen. Eine goldene Regel, wie Sie das vermeiden, gibt es nicht – zumal die Werbetreibenden natürlich versuchen, dieses Phänomen zu umgehen, und das Aussehen ihrer Banner anpassen (siehe Abbildung 3.9).

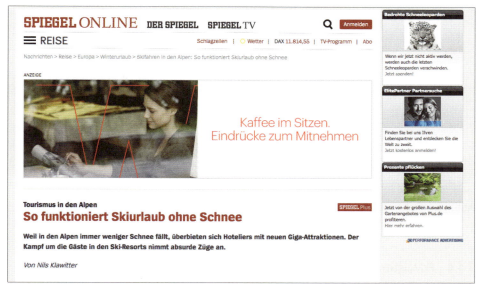

Abbildung 3.9 Auf Spiegel.de ist das obere Werbebanner in den Inhaltsbereich integriert, um mehr Blicke auf sich zu ziehen.

3.4.2 Fitts' Gesetz

Schon 1954 beschrieb der Psychologe Paul Fitts, dass man umso länger braucht, einen Zielpunkt mit dem Finger (oder dem Mauszeiger) zu treffen, je weiter weg er ist und je kleiner er ist. Das scheint offensichtlich, darf man aber nicht vergessen, wenn man die Größe der Bedienelemente festlegt (vor allem Buttons und Links). Auch bei Menüs wird es umso schwieriger, etwas auszuwählen, je länger diese sind – die Maus muss eine große Strecke zurücklegen.

3.4.3 Gutenberg-Diagramm und Z-Muster

Das *Gutenberg-Diagramm* wird wie das eng verwandte *Z-Muster* (und das davon abgeleitete Zickzackmuster) angeführt, um den Blickpfad von Menschen beim Betrachten von Webseiten zu zeigen. Alle Menschen, die von links nach rechts lesen (also alle, die Seiten auf Englisch, Spanisch oder auch Chinesisch lesen, auf denen die Texte von links nach rechts laufen), beginnen oben links. Hier ist also der Punkt der größten Aufmerksamkeit. Von dort aus gleitet der Blick nach unten – in Form eines Z bzw. mehr diagonal beim Gutenberg-Diagramm (siehe Abbildung 3.10). Für die Praxis heißt das im Wesentlichen, dass links oben und rechts unten im sichtbaren Bereich die meiste Aufmerksamkeit liegt und hier wichtige Elemente wie das Logo und eine Handlungsaufforderung platziert werden sollten. Sind wichtige Elemente oben rechts oder unten links, sollten sie durch Größe, Farbe oder anderes auffälliger gestaltet sein, damit sie auch sicher wahrgenommen werden.

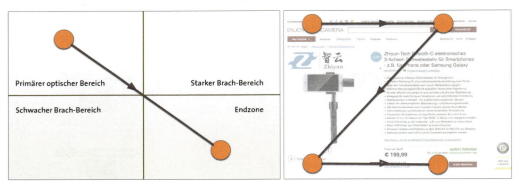

Abbildung 3.10 Gutenberg-Diagramm (links) und Z-Muster (rechts, hier vor enjoyyourcamera.com)

3.4.4 F-Muster

Den Begriff *F-Muster* hat Jakob Nielsen geprägt. Er hat in Blickverfolgungsstudien herausgefunden, dass unser Auge bei vielen Seiten in Form des Buchstabens F über die Seiten wandert (siehe Abbildung 3.11). Wir lesen die Überschrift, die ersten Worte des ersten Absatzes, sehen die Zwischenüberschrift an und lesen dann nach unten hin noch ein paar einzelne Wörter. Dieses Muster beobachtet man vor allem bei Seiten mit viel Text.

Generell eignen sich die Muster wie das Gutenberg-Diagramm oder das F-Muster am besten, um zu verstehen bzw. zu visualisieren, wie Menschen Webseiten bzw. Screens von Apps wahrnehmen. Sie eignen sich aber kaum, um anhand dieser Muster Elemente auf dem Bildschirm zu platzieren. Die Ansätze widersprechen sich ja auch teilweise: Unten links ist nach dem Gutenberg-Diagramm kein Ort, auf den die Nutzer blicken – dem F-Muster nach dagegen sieht niemand nach unten rechts. Klar ist, dass oben links immer das Wichtigste steht und dass die Dinge hier die meiste Aufmerksamkeit bekommen. Handlungsaufforderungen stehen unten gut – hier beendet der Nutzer oft sein Überfliegen der Seiten. Ob Sie dann rechts oder links wählen, hängt vom Inhalt der Seite ab: Steht hier viel Text, dann ist links besser, sind es mehr Bilder und kleine Textelemente, ist rechts vielleicht besser. Und Zwischenüberschriften sowie kurze Absätze erleichtern das Erfassen von Texten auf der Seite immer (siehe auch Kapitel 34, »Nutzerfreundlich schreiben«).

Abbildung 3.11 Beispielhafte Heatmap der Blickverfolgung einer Seite. Rot sind die Bereiche, auf denen der Blick am längsten ruhte, weiße Bereiche wurden überhaupt nicht angesehen.

3.4.5 Wir sind darauf geprägt, Gesichter zu erkennen

Mit das Erste, worauf Menschen als Säuglinge reagieren, sind menschliche Gesichter. Unser Gehirn ist darauf geprägt, Gesichter schnell und ab einem gewissen Alter auch zuverlässig zu erkennen. Wir können gar nicht anders – Gesichter ziehen unwillkürlich unsere Aufmerksamkeit auf sich. Und wir interpretieren sofort die Stimmung des Gesichts, sogar wenn es gar nicht zu einer Person gehört – das ist auch die Grundlage von Smileys :-). Mehr zum Einsatz von Fotos mit Menschen in Kapitel 35, »Bilder für Benutzer auswählen«.

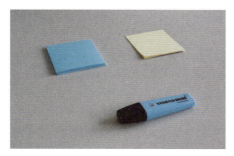

Abbildung 3.12 Wir sehen auch Gesichter, wo keine sind.

3.4.6 Wir entscheiden nicht rational

Wir gehen meistens davon aus, dass wir rationale Entscheidungen fällen. Das tun auch viele Ökonomen. Aber Psychologen wissen, dass die meisten unserer Entscheidungen zumindest einen irrationalen Anteil haben. Wir entscheiden viel mehr aus dem Bauch, als uns selbst bewusst ist. Wissenschaftler wie der Nobelpreisträger Daniel Kahneman sprechen vom *System 1* und *System 2* unseres Gehirns. System 1 ist entwicklungsgeschichtlich älter und trifft schnelle, meist unbewusste Entscheidungen. Es hilft uns in Gefahrensituationen, bringt aber auch scheinbar irrationale Entscheidungen, Vorurteile und andere Probleme mit sich. System 2 ist dagegen, verkürzt gesagt, unser logisches Denken.

Wichtig für die Umsetzung einer guten UX ist, dass wir nicht davon ausgehen dürfen, dass Nutzer rational an unsere Anwendungen herangehen. Vielmehr versuchen sie, so schnell und effizient wie möglich zum Ziel zu kommen. Die Aufenthaltsdauer auf den meisten Seiten ist nur wenige Sekunden. Das bedeutet zum Beispiel auch, dass wir fast immer auf den ersten Link klicken, der ungefähr so klingt, als würde er uns zur Lösung führen. Im Englischen spricht man vom *Satisficing* – ein Kunstwort aus *satisfying* (befriedigend), *suffice* (ausreichend) und dem Anklang von *sacrifice* (opfern). Auf Deutsch gibt es nur die weniger schönen Wörter Satisfizierung oder Anspruchserfüllung. Wir geben uns also mit dem Erstbesten zufrieden. Sehen wir auf der Suche nach einer Mailadresse ein Menü, das so beginnt: »Home, Produkte, Dienstleistungen, Ansprechpartner ...«, dann klicken die meisten von uns auf »Ansprechpartner«. Dass es danach weitergeht mit »... Anfahrt, Kontakt«, das erfahren wir zunächst nicht, weil wir schon geklickt haben. Daher ist ein solches Menü ungünstig – wenn Sie dabei bleiben, sollten Sie zumindest die Kontakt-Seite im Inhaltsbereich der Seite »Ansprechpartner« verlinken.

3.5 Sozialpsychologie

Die Sozialpsychologie ist eine Querschnittsdisziplin zwischen Psychologie und Soziologie. Einige Erkenntnisse aus diesem Bereich helfen, das menschliche Verhalten besser zu verstehen und somit eine bessere User Experience zu schaffen. Viele der Beispiele hat der Psychologie- und Marketingprofessor Robert Cialdini populär gemacht.

Wir vertrauen *Autoritäten* – zwar nicht blind und nicht alle gleichermaßen, aber dennoch glauben mehr Menschen einer Aussage, wenn sie z. B. einem Wissenschaftler zugeschrieben wird. Deshalb können Sie etwa mit Expertenzitaten auf der Website Vertrauen in Ihre Produkte aufbauen. Auch prominente Nutzer funktionieren gut.

Und nicht unterschätzen sollte man Durchschnittsnutzer als Vertrauensleute. Bilden Sie z. B. zufriedene Kunden ab, siehe Abbildung 3.13 – man spricht hier von *Social Proof*, auf Deutsch *soziale Bewährtheit*.

Abbildung 3.13 Referenzen von echten Menschen sind mit Foto und vollem Namen am überzeugendsten, hier auf jugend-gruendet.de.

Abbildung 3.14 Kundenbewertungen sind für viele Nutzer ein wichtiges Entscheidungskriterium, hier bei cyberport.de. Auch wenn nicht auf allen Sites klar ist, wie die Bewertungen zustande kommen.

Von *Reziprozität* (Gegenseitigkeit) spricht man, wenn wir jemandem etwas Gutes tun, der uns etwas Gutes getan hat. Das funktioniert auch unbewusst und mit sehr kleinen Dingen. Daher verschenken viele Sites etwas (siehe Abbildung 3.15), was für den Besucher zumindest nützlich ist – dieser fühlt sich dann zwar nicht zu etwas verpflichtet, aber er hat positive Emotionen gegenüber der Site.

Abbildung 3.15 OnPage.org nutzt hier zum einen unser Vertrauen in Experten und zugleich die Reziprozität – wir bekommen etwas geschenkt und fühlen uns so automatisch mehr verbunden.

Von *Konsistenz* spricht man beim Verhalten, wenn wir uns an das gebunden fühlen, was wir zuvor gesagt haben. Wir versuchen, ein möglichst konsistentes Bild von uns abzugeben – vor anderen wie auch vor uns selbst. Deshalb können wir uns an Vorsätze am besten halten, wenn wir diese aufgeschrieben haben oder besser noch vor anderen verkündet haben. Aber auch beim Anklicken von Buttons funktioniert das. Fast alle Menschen haben zumindest eine gewisse Hemmung, etwas zu tun oder zu sagen, was gesellschaftlich nicht anerkannt ist. Und so klicken wir auch ungern auf Buttons, auf denen etwas steht, was wir nicht gut finden. Man spricht auch davon, dass wir *kognitive Dissonanz* vermeiden wollen.

Was viele Menschen haben wollen, aber nur wenige bekommen, muss gut sein. Klingt wenig überzeugend, und doch lassen wir uns unbewusst davon leiten. Wenn etwas knapp ist, wollen wir es eher haben (auf Englisch spricht man von *Scarcity*, Knappheit). Auch wird damit ein Gefühl der Dringlichkeit erzeugt – ich will ja nicht am Ende leer ausgehen (siehe Abbildung 3.17).

3.5 Sozialpsychologie

Abbildung 3.16 Kognitive Dissonanz versuchen wir zu vermeiden – daher klicken wir ungern auf solche Buttons, die Aussagen machen, die wir nicht unterstützen (»Nein danke, ich kenn mich bereits bestens aus.« – hier auf trafficdesign.de).

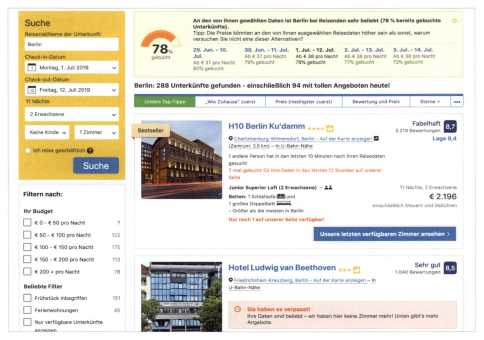

Abbildung 3.17 Booking.com arbeitet stark mit dem Prinzip Knappheit. Oben wird die Knappheit des Orts betont, beim zweiten Treffer bin ich schon zu spät.

Der *Halo-Effekt* beschreibt das Phänomen, dass bestimmte Eigenschaften andere überstrahlen. (Das kommt vom griechischen *halos*, Lichthof, auf Englisch heißt *halo* Heiligenschein.) Lernen wir jemanden kennen, der gut angezogen, höflich und charmant ist, beurteilen wir auch die Eigenschaften von ihm positiv, die wir noch gar nicht kennen. Wir halten ihn zum Beispiel für intelligent und glauben, dass er einen guten Job hat. Das funktioniert aber auch bei negativen Eigenschaften.

Und solche Effekte treten auch auf Websites auf. Kurz gesagt: Wir lassen uns vom ersten Eindruck täuschen. Gefällt uns eine Site nicht oder klappt etwas bei den ersten paar Klicks nicht, färbt das auf unser Gesamturteil ab. Wir bewerten die Site schlechter, als sie eigentlich ist – auch wenn die weiteren Erfahrungen mit ihr gut sind. Es ist wie im Leben: Der erste Eindruck ist ganz entscheidend.

Kapitel 4
ISO 9241 & Co. – Normen und Gesetze rund um Usability

Eine gesetzliche Pflicht zu benutzerfreundlichen Anwendungen gibt es nicht. Und doch macht der Gesetzgeber ein paar Vorgaben und etliche Normen unterstützen Sie, gute Anwendung umzusetzen.

Normen finden die Meisten langweilig. Und in der Tat ist die Lektüre der ISO-Normen, die für interaktive Anwendungen relevant sind, alles andere als spannend. Doch es lohnt sich trotzdem, grob über sie Bescheid zu wissen. Zum einen, weil die Normen eine Rechtfertigung für die eigene Arbeit liefern können. Zum anderen, weil man mit ihrer Hilfe sicherstellen kann, dass man nichts vergisst.

Es gibt mehrere Normen, die sich mit Usability befassen. Auf Deutsch spricht man korrekterweise von »Gebrauchstauglichkeit«. Die verbreitete Übersetzung von »Usability« als »Benutzerfreundlichkeit« ist nicht ganz richtig, doch die Unterscheidung ist unserer Meinung nach akademisch und für die Praxis nicht relevant. In den Normen findet sich meist der Begriff »Gebrauchstauglichkeit«.

Normen sind generell recht allgemein formuliert, damit sie über längere Zeit sinnvoll und weniger von technischen Neuerungen abhängig sind. Sie geben immer nur Anhaltspunkte dafür, was wichtig ist. Für praktische Tipps brauchen Sie ein Buch wie dieses.

Abbildung 4.1 Usability ist ein Teil der User Experience – eine von vielen möglichen Darstellungen

Der Vorteil von Normen ist, dass sich internationale Experten in ausführlichen Abstimmungen auf diese geeinigt haben. Sie geben im Gegensatz zu internen Handbüchern oder Vorgaben bzw. zu Büchern oder Veröffentlichungen zum Thema nicht nur die Meinung einzelner Personen wieder, sondern die eines Expertengremiums.

Kleines Glossar wichtiger Begriffe aus den Normen

Ergonomie
Die Lehre der Gesetzmäßigkeit menschlicher Arbeit. Die Ergonomie untersucht, wie der Mensch arbeitet. Sie will die Arbeitsbedingungen und -abläufe so optimieren, dass der Mensch möglichst wenig ermüdet, seine Sicherheit nicht gefährdet wird und das Arbeitsergebnis bzw. Produkt bestmöglich ist.

Software-Ergonomie
Anpassung eines interaktiven Systems an die psychischen und physischen Eigenheiten des Menschen. Die Software-Ergonomie will die Anwendung so gestalten, dass der Mensch damit gut und sicher arbeiten kann und sein Ergebnis optimal ist.

Usability
Ausmaß, in dem ein System genutzt werden kann, um ein bestimmtes Ziel effektiv, effizient und zufriedenstellend zu erreichen.

Gebrauchstauglichkeit
Formal korrekte deutsche Übersetzung des englischen Begriffs »Usability«.

Benutzerfreundlichkeit
Die vom Nutzer eines Systems empfundene Qualität des Systems beim Umgang mit demselben. Im allgemeinen Sprachgebrauch bedeutet »benutzerfreundlich« ein System mit hoher Benutzerfreundlichkeit. Auch wird »Benutzerfreundlichkeit« von dem meisten synonym mit Usability verwendet.

User Experience (UX, Nutzererlebnis)
Die Gesamtheit aller Erfahrungen eines Nutzers mit einem System. Es geht hierbei also nicht nur um die Usability, sondern z. B. auch um die Erlebnisse und Gefühle des Nutzers vor und nach der eigentlichen Interaktion (siehe Abbildung 4.1).

Nutzerzentrierte Entwicklung
Konzeption und Umsetzung eines Systems, bei dem der zukünftige Nutzer von Anfang an mit einbezogen wird – durch Gespräche, Beobachtungen, Usability-Tests und weitere Methoden. Die Aufgaben, Ziele und Eigenschaften des Nutzers stehen im Mittelpunkt der Entwicklung.

Usability-Engineering
Sicherstellung der Usability bei der Entwicklung. Der Begriff wird heute weniger häufig verwendet, meist spricht man eher von nutzerzentrierter Entwicklung (*User-Centered Design*).

4.1 ISO 9241 – Ergonomie der Mensch-System-Interaktion

Die mit Abstand wichtigste Norm für Websites ist die DIN EN ISO 9241. Sie besteht aus mehreren Teilen, die unter anderem Anforderungen an Tastaturen, Monitore und Displays, die Arbeitsplatzgestaltung und die Arbeitsumgebung enthalten. Das erklärte Ziel der Norm ist, gesundheitliche Schäden des Nutzers beim Arbeiten am Bildschirm zu vermeiden und ihm zu erleichtern, die gewünschten Aufgaben zu erledigen.

Teile 11 bis 16 sowie 110, 129 und 143 beschäftigen sich mit den für Software- und Website-Entwicklung bedeutendsten Punkten. Teil 151 enthält die »Leitlinien zur Gestaltung von Benutzungsschnittstellen für das World Wide Web«. Die Norm beschreibt eine benutzerfreundliche Anwendung mit folgenden Eigenschaften:

Der Aufgabe angemessen

Die Anwendung soll das leisten, was der Benutzer von ihr erwartet. Dabei soll sie ihn unterstützen und schnell zum Ziel führen. Die eingesetzte Technik soll für den Nutzungsfall angemessen sein. Beispielsweise verlangt ein Formular vom Nutzer keine Pflichtangaben, die für das erfolgreiche Abschließen des jeweiligen Vorgangs nicht zwingend notwendig sind.

Selbst beschreibend

Die Anwendung soll dem Benutzer deutlich machen, wie er sein Ziel erreicht und was er im jeweiligen Schritt tun soll. Klare Navigation und verständliche Anweisungen an jeder Stelle sind dazu Voraussetzung.

Steuerbar

Der Benutzer soll die Anwendung steuern, nicht umgekehrt. Das heißt etwa, dass Animationen abgebrochen und erneut gestartet werden können, es immer einen Weg zurück gibt oder dass bei Ton die Lautstärke reguliert werden kann.

Erwartungskonform

Die Anwendung soll den Benutzer nicht überraschen. Konsistenz innerhalb der Anwendung ist daher Pflicht, aber auch die Berücksichtigung weit verbreiteter Konventionen. So sollten beispielsweise Links aussagekräftig formuliert sein, so dass der Nutzer vor dem Klick sicher sein kann, wohin dieser ihn führt. Zudem sollten die Links unterstrichen dargestellt werden, so wie es als Standard etabliert ist.

Fehlertolerant

Das System soll mit falschen Benutzereingaben umgehen können und bei Fehlern klare Rückmeldung geben. Der Korrekturaufwand für den Benutzer soll minimal sein. Näheres dazu auch in Kapitel 42, »Fehlermeldungen hilfreich umsetzen«.

Individualisierbar

Der Benutzer soll die Möglichkeit haben, die Anwendung an sein Vorwissen bzw. an seine Vorlieben anzupassen. Üblicherweise wird das mit »Personalisierbarkeit« bezeichnet, z. B. indem eine Website die Voreinstellungen bzw. Angaben des Benutzers speichert, so dass er sie beim nächsten Besuch nicht erneut eingeben muss.

Lernförderlich

Die Anwendung soll den Benutzer dabei unterstützen, den Umgang mit ihr schrittweise zu erlernen. Bei Programmen kann das beispielsweise durch die Anzeige von Tastaturkürzeln direkt bei den Menüpunkten (z. B. $\boxed{\text{Strg}}$+$\boxed{\text{P}}$ für Drucken) erfolgen.

4.2 ISO 9241-210 – Prozess zur Gestaltung gebrauchstauglicher interaktiver Systeme

Teil 210 der ISO 9241 beschreibt den »Prozess zur Gestaltung gebrauchstauglicher interaktiver Systeme«. Den schematischen Ablauf zeigt Abbildung 4.2. In der Norm ist übrigens meist vom »Menschen« die Rede, seltener vom »Nutzer«. Statt dem bekannten und üblichen »nutzerzentrierten Design« heißt es hier »menschzentrierte Gestaltung«.

Kernpunkte von Teil 210 sind:

Die Gestaltung gründet darauf, dass man seine Nutzer, deren Aufgaben und ihre Umgebung kennt.

Bevor Sie mit der Konzeption einer Anwendung loslegen, sollten Sie also recherchieren: Wer sind Ihre Nutzer überhaupt? Welche Aufgaben wollen diese erledigen, was sind ihre Interessen bezüglich Ihrer Anwendung? In welcher Umgebung führen sie diese durch – also welche Geräte nutzen sie, an welchem Ort sind sie, wie ist ihre Anbindung ans Internet, und was geht um sie herum vor?

Nutzer werden in Gestaltung und Entwicklung einbezogen.

Auch während das Konzept entsteht und umgesetzt wird, sollten Sie Nutzer immer wieder einbeziehen. Möglichkeiten sind etwa Fokusgruppen, Card Sorting, Tests mit Papierprototypen, Usability-Tests mit Mockups und Klickdummies oder 5-Sekunden-Tests.

Die Gestaltung wird getrieben und gesteuert durch Nutzertests.

Usability-Tests während der Konzeptionsphase dienen nicht dazu, Ihre Ideen abzusegnen. Vielmehr sollten die Tests immer ergebnisoffen sein – das heißt, Sie sollten bereit sein, alles nochmal grundsätzlich zu überarbeiten, wenn in Nutzertests herauskommt, dass es so nicht funktioniert.

Die Gestaltung ist iterativ.

Mit einem Test ist es nicht getan. Sie sollten immer wieder während der gesamten Konzeption und Umsetzung Tests vorsehen, deren Erkenntnis dazu dient, das Konzept zu verbessern. Die Verbesserungen werden dann wieder getestet – so lange, bis das Ergebnis gut ist.

Die Gestaltung umfasst die gesamte User Experience.

Den Autoren der Norm ist wichtig, dass nicht nur die Usability sichergestellt ist. Die Anwendung muss also nicht nur gut funktionieren, sie soll den Nutzer auch befriedigt zurücklassen und insgesamt eine runde Erfahrung sein.

Im Team sind mehrere Fähigkeiten/Fachgebiete und Perspektiven vertreten.

Arbeiten nur Grafik-Designer oder nur Konzepter zusammen, ist die Gefahr groß, dass eine Anwendung herauskommt, die nicht ausgewogen ist. Um das zu vermeiden, sollten Sie mehrere verschiedene Experten im Team haben. Ideal ist auch Diversität bezüglich Herkunft, Geschlecht und Alter.

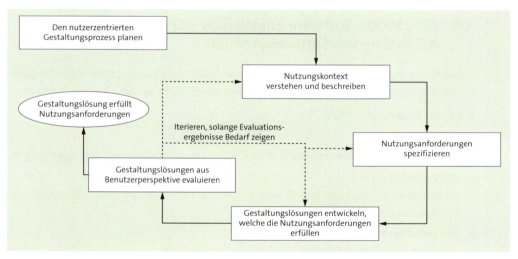

Abbildung 4.2 Der nutzerzentrierte Design-Prozess nach ISO 9241-210 (eigene Darstellung)

4.3 ISO 14915 – Software-Ergonomie für Multimedia-Benutzungsschnittstellen

Diese Norm geht besonders ein auf die Eigenheiten von Multimedia – also etwa die Besonderheiten beim Umgang mit Animationen, Film und Ton. Es finden sich Gestaltungsgrundsätze, Rahmenbedingungen und Empfehlungen zur Kombination von Medien, zur Steuerung/Navigation und zur Gestaltung.

Eine Anwendung soll folgende Eigenschaften haben:

Eignung für das Kommunikationsziel

Das heißt, die eingesetzten Medien sind in der Lage, das zu vermitteln, was die Anwendung vermitteln möchte.

Eignung für Wahrnehmung und Verständnis

Die Inhalte sind so aufbereitet, dass die Nutzer sie sehen und richtig verstehen können.

Eignung für die Exploration

Alles ist so aufbereitet, dass sich der Nutzer nach Belieben durch die Inhalte bewegen kann und je nach Interesse erkunden kann. Er findet, was er sucht.

Eignung für die Benutzungsmotivation

Die Anwendung soll den Nutzer ansprechen und ihn dazu bringen, sich mit ihr auseinanderzusetzen.

4.4 ISO 25000 – Software-Engineering – Qualitätskriterien und Bewertung von Softwareprodukten

Diese Norm legt Kriterien für die Messung von Softwarequalität fest. Softwarequalität definiert sie als die Eignung, die Aufgaben zu erfüllen, für die sie erstellt wurde.

Die Qualitätskriterien sind:

▸ **Funktionalität**
Die Anwendung muss technisch die Aufgaben angemessen und richtig erledigen.

▸ **Zuverlässigkeit**
Es sollen keine technischen Fehler auftreten, Benutzungsfehler sollen toleriert werden und leicht korrigierbar sein.

▸ **Verwendbarkeit**
Das System soll leicht verständlich und erlernbar sein

▸ **Effizienz**
Die Aufgaben sollen angemessen schnell und mit möglichst wenig Verbrauch von Rechenzeit und Speicherplatz durchgeführt werden.

▸ **Pflegbarkeit**
Die Anwendung muss gut dokumentiert sein, im Ablauf leicht nachvollziehbar sein und sich problemlos ändern lassen.

▸ **Portierbarkeit**
Es soll möglich sein, das System an andere Gegebenheiten anzupassen und es gegebenenfalls auch zu ersetzen.

4.5   ISO 9000 und 9001

Diese bekannten Normen für Qualitätsmanagement sind für Software und insbesondere Websites weniger relevant. Sie beschreiben allgemein Vorgehensweisen für Organisationen, die durch eine Strukturierung ihrer Arbeitsprozesse die Qualität ihrer Produkte oder Dienstleistungen sicherstellen wollen.

4.6   Praxisrelevanz der Normen

Die oben erwähnten Normen und Richtlinien sind eine Orientierungshilfe für die Konzeption benutzerfreundlicher Websites und anderer Anwendungen. Sie geben sinnvolle Anregungen und sind eine lohnende, wenn auch ziemlich trockene Lektüre. (Diese können Sie bei *beuth.de* kaufen.)

Die Normen sind keine Checklisten, die Sie abarbeiten können. Und sie enthalten vor allem in klar strukturierter Form die Dinge, die ein Konzepter, Designer oder UX-Berater meist nach etwas Erfahrung weiß. Die Normen versuchen, eine Struktur für die Erstellung und Beurteilung benutzerfreundlicher Anwendungen zu schaffen. Somit können sie Ihnen helfen, Ihre eigenen Kriterienkataloge zu erstellen, außerdem eine breit akzeptierte Grundlage für die Beurteilung von Usability zu schaffen und Zweifler von der Bedeutung von Usability zu überzeugen.

4.7   Gibt es ein Usability-Gesetz?

Prinzipiell kann jeder als Unternehmen oder Privatperson so gute oder so schlechte Anwendungen erstellen, wie er möchte. Nur die Behörden sind verpflichtet, ihre Internet- und Intranetseiten barrierefrei anzulegen (siehe auch Abbildung 4.3).

Und doch gibt es einige gesetzliche Regelungen zur Usability. Auf unsere Nachfrage hin teilte uns eine Sprecherin des deutschen Bundeswirtschaftsministeriums (BMWi) mit:

> *Eine generelle gesetzliche Verpflichtung, welche die Nutzerfreundlichkeit bzw. Usability von Software und/oder Websites vorschreibt, gibt es nicht.*

Die folgenden Erkenntnisse stammen aus weiteren Details dieser Auskunft, kombiniert mit denen aus einer parallelen Auskunft einer Sprecherin des Ministeriums für Arbeit und Soziales.

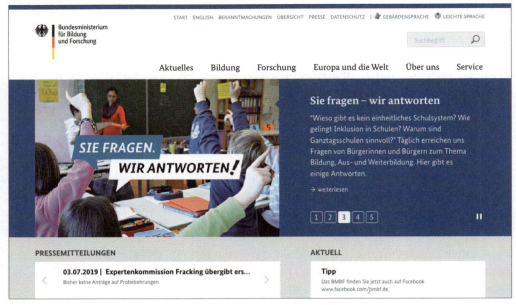

Abbildung 4.3 Für Sites der Regierung und der öffentlichen Verwaltung gibt es die Pflicht zu Barrierefreiheit. Diese wird z. B. umgesetzt durch korrekte Programmierung, nachvollziehbare Struktur, verständliche Texte – und durch Angebote in Gebärdensprache und Leichte Sprache (oben rechts; hier bmbf.de).

4.7.1 Gesetzliche Regelungen

Wie gesagt, eine direkte gesetzliche Regelung, die zu Benutzerfreundlichkeit verpflichtet, gibt es nicht. Was es aber sehr wohl gibt, sind Vorschriften, die implizit Vorgaben machen, dass benutzerfreundliche Produkte zu erstellen bzw. zu verwenden sind. Diese Vorschriften kommen vor allem aus zwei Bereichen:

1. Arbeitsschutz
2. Barrierefreiheit

Allerdings sind die Vorgaben generell sehr allgemein gehalten. Konkreter werden Informationsschriften auch staatlicher Organisationen wie der Deutschen Gesetzlichen Unfallversicherung (DGUV) oder auch die oben in diesem Kapitel aufgeführten Normen. Diese sind aber nicht rechtlich verbindlich. Das heißt, jeder kann selbst entscheiden, ob er sich an die Normen hält, oder ob er eine andere Herangehensweise wählt, die gesetzlichen Vorgaben zu erfüllen.

Der **Bereich Arbeitsschutz** ist ein weites Feld mit vielen Gesetzen und Verordnungen. Für die Usability sind vor allem die folgenden drei interessant:

Arbeitsstättenverordnung (ArbStättV)

In die Arbeitsstättenverordnung ist seit 2016 die Bildschirmarbeitsverordnung (BildscharbV) integriert. Genauer gesagt in *Abschnitt 6, Maßnahmen zur Gestaltung von Bildschirmarbeitsplätzen.*

Darin finden sich unter anderem allgemeine Anforderungen an die ergonomische Gestaltung von Arbeitsplätzen (z. B. Tastatur und Software). Konkretisierungen liefert die Normenreihe ISO 9241 (siehe oben). Diese gilt nach EU-Rechtsprechung auch als Standard zur Bewertung der Forderung nach Benutzerfreundlichkeit aus Gesetzen und Verordnungen (siehe *bnfr.de/ux045*).

Betriebssicherheitsverordnung (BetrSichV)

Im Hinblick auf die Nutzerfreundlichkeit und Barrierefreiheit von allen Arbeitsmitteln ist generell die Betriebssicherheitsverordnung (BetrSichV) zu berücksichtigen.

Die BetrSichV soll die Sicherheit und den Schutz der Gesundheit der Beschäftigten garantieren. Jeder Arbeitgeber hat dafür zu sorgen, dass die sogenannten Arbeitsmittel auch gebrauchstauglich sind. Dabei hat er nach § 3 Absatz 2 BetrSichV Folgendes zu berücksichtigen:

▶ Die ergonomische, alters- und alternsgerechte Gestaltung

▶ Die ergonomischen Zusammenhänge zwischen Arbeitsplatz, Arbeitsmittel, Arbeitsverfahren, Arbeitsorganisation, Arbeitsablauf, Arbeitszeit und Arbeitsaufgabe

▶ Die physischen und psychischen Belastungen der Beschäftigten, die bei der Verwendung von Arbeitsmitteln auftreten

Nach § 6 Absatz 1 BetrSichV muss der Arbeitgeber dafür sorgen, dass die Arbeitsmittel sicher verwendet und dabei die Grundsätze der Ergonomie beachtet werden. Umfangreiche Erläuterungen dazu enthält die Technische Regel für Betriebssicherheit (TRBS) 1151 – Gefährdungen an der Schnittstelle Mensch-Arbeitsmittel. Nach § 11 Absatz 1 BetrSichV muss der Arbeitgeber auch Maßnahmen ergreifen, die unzulässige oder instabile Betriebszustände von Arbeitsmitteln verhindern. Das bedeutet, dass z. B. Software Fehlbedienungen vermeiden muss.

Maschinenrichtlinie (MRL)

Für Maschinen, die in Europa in den Verkehr gebracht werden, ist die EG-Maschinenrichtlinie 2006/42/EG (MRL) zu beachten.

Die 9. Verordnung zum Produktsicherheitsgesetz Maschinenverordnung (9. ProdSV) setzt die europäische MRL in deutsches Recht um. Darin stehen z. B. Anforderungen hinsichtlich Ergonomie (Teil I Nr. 1.1.6) und spezifischere Anforderungen an »Informationen und Warnhinweise an der Maschine« sowie an »Informationseinrichtungen« (Teil I Nr. 1.7). Demnach müssen Informationen und Warnhinweise »leicht verständlich« sein. Der Nutzer darf nicht mit Informationen überlastet werden. Interaktive Mittel müssen leicht zu verstehen und zu benutzen sein.

Wie die Anforderungen der MRL umzusetzen sind, konkretisiert der unverbindliche europäische Leitfaden für die Anwendung der Maschinenrichtlinie 2006/42/EG.

Gesetzesgrundlage Barrierefreiheit

Gesetzliche Grundlage für die Umsetzung der **Barrierefreiheit** ist das Behindertengleichstellungsgesetz (BGG). Dieses ergänzt die Verordnung zur Schaffung barrierefreier Informationstechnik (BITV, siehe *bnfr.de/ux004*).

Seit 2005 mussten alle öffentlich zugänglichen Webauftritte des Bundes barrierefrei sein. Seit 2012 müssen sie die verschärften Anforderungen der BITV 2.0 erfüllen.

Die Anforderungen und Bedingungen sind in der Anlage 1 der BITV 2.0 zusammengefasst. Diese stammen aus den internationalen Empfehlungen Web-Content-Accessibility-Guidelines (WCAG 2.0, siehe *bnfr.de/ux005*). Und die wiederum sind eine Empfehlung der Web Accessibility Initiative (WAI) des World Wide Web Consortiums (W3C). Teil der Anforderungen sind z. B. Informationen in Gebärdensprache und in *Leichter Sprache* (siehe Abschnitt 4.8.2, »Schreiben in Leichter Sprache«, später in diesem Kapitel).

Die WCAG 2.0 sind inzwischen als ISO/IEC 40500 und EN 301 549 in die internationale bzw. europäische Normung aufgenommen worden (siehe DIN EN 301549:2015-11).

Die BITV gilt für alle Internetauftritte von Bundesbehörden. Die Bundesländer haben eigene Verordnungen dazu erlassen, die aber im Wesentlichen das Gleiche fordern. Unternehmen sind »aufgerufen«, diese Anforderungen ebenso umzusetzen. Vorgaben für diese gibt es aber keine.

4.7.2 Freiwillige Vereinbarungen & Förderung

Das Bundesministerium für Wirtschaft und Energie fördert seit 2012 insgesamt 17 Forschungsprojekte im Rahmen der Initiative »Einfach intuitiv – Usability für den Mittelstand« (siehe *bnfr.de/ux007*). Die Initiative soll Qualität und Gebrauchstauglichkeit der in Unternehmen eingesetzten betrieblichen Software verbessern und so die Wettbewerbsfähigkeit von Unternehmen stärken. Laut der Sprecherin des Wirtschaftsministeriums »geht die Bundesregierung somit nicht den Weg einer gesetzlichen Regulierung von Nutzerfreundlichkeit, sondern unterstützt die deutschen Unternehmen darin, ihre Produkte nutzerfreundlich zu gestalten und sich somit auf den internationalen Märkten für digitale Produkte, auf denen die Nutzerfreundlichkeit ein zunehmendes Auswahlkriterium darstellt, zu behaupten.«

Die Verordnung zur Schaffung barrierefreier Informationstechnik (BITV) gilt nur für Internetauftritte von Einrichtungen der Bundesverwaltung, die Länder haben vergleichbare Regelungen. Für Unternehmen, Vereine und Privatleute gilt diese Verordnung nicht.

Allerdings gibt es im § 5 des Behindertengleichstellungsgesetzes (BGG) das Instrument der Zielvereinbarung. Danach können Verbände von Menschen mit Behinderung mit Unternehmen oder Wirtschaftsverbänden Zielvereinbarungen treffen. Diese legen fest, wie Barrierefreiheit in bestimmten Bereichen erreicht werden soll.

4.7.3 Sonderfall Medizin

Einen Bereich gibt es, in dem nutzerzentriertes Design gesetzlich vorgeschrieben ist: beim Bau von Medizingeräten.

Nach den Normen DIN EN 60601-1-6 und DIN EN 62366 sind Hersteller von Medizingeräten und In-vitro-Diagnostika verpflichtet, einem formalen Usability-Engineering-Prozess zu folgen und diesen zu dokumentieren.

4.8 Leichte Sprache & Einfache Sprache

Bei Accessibility/Barrierefreiheit denken die meisten, die Apps oder Websites gestalten, nur an Blinde. Doch gibt es eine Reihe von anderen Einschränkungen, die Sie berücksichtigen sollten bzw. müssen, wenn Sie für Sites öffentlicher Stellen zuständig sind.

Abbildung 4.4 Auf der Site www.leichte-sprache.org finden sich umfangreiche Informationen über diese Variante des Deutschen.

7,5 Millionen Deutsch sprechende Erwachsene können nur eingeschränkt lesen und schreiben (laut leo.-Studie 2011, siehe *bnfr.de/ux008*). Das heißt: Gut 14 Prozent der möglichen Besucher schließen Sie aus, wenn Ihre Texte zu kompliziert sind. Und den anderen Besuchern machen Sie das Leben damit unnötig schwer. Generell können Sie nur gewinnen, wenn Sie darauf achten, dass die Texte auf Ihrer Site leicht verständlich sind. Das ist eine der Maßnahmen zur Optimierung Ihrer Anwendung, die schnell, kostengünstig und immer lohnend ist. Worauf Sie bei Ihren Texten generell achten sollten, siehe Kapitel 34, »Nutzerfreundlich schreiben«.

Um aber Menschen mit schwerwiegenden Leseschwierigkeiten den Zugang zu Ihren Inhalten zu ermöglichen, braucht es mehr als guten Text. Denn guter Fachtext ist mitunter zu kompliziert. Will man hier etwas ändern, steht man vor ähnlichen Fragen wie bei anderen Bereichen der Accessibility, der Barrierefreiheit.

Gerade im mobilen Kontext sind leicht verständliche Texte mit kurzen Sätzen für alle Nutzer wichtig. Hier sind die Bildschirme kleiner, die Aufmerksamkeitsspanne ist kürzer und die Umgebung lenkt mehr ab. Wer seine Texte großzügig und in ausreichender Schriftgröße gestaltet, hat schon den ersten Schritt gemacht. Eine gute Gliederung durch Zwischenüberschriften, Listen etc. hilft auch. Doch wer auch Menschen mit ausgeprägter Leseschwäche helfen will, der muss mehr tun.

4.8.1   Schreiben in Einfacher Sprache

Einfache Sprache ist ein feststehender Begriff. Er beschreibt eine Variante des Deutschen, die speziell für Menschen mit geringen Lesefähigkeiten gedacht ist. Also für funktionale Analphabeten, für Menschen mit geringer Bildung oder auch für Nicht-Muttersprachler.

Kernpunkte bei Einfacher Sprache sind:

- ▶ Kurze Sätze (maximal ca. 15 Wörter) machen.
- ▶ Einfache Sätze (maximal ein Nebensatz/Komma) verwenden.
- ▶ Möglichst wenige Fremdwörter nutzen.
- ▶ Wenn Fremdwörter gebraucht werden, sie beim 1. Auftreten erklären.

4.8.2   Schreiben in Leichter Sprache

Leichte Sprache ist eine spezielle Ausdrucksweise, die noch leichter verständlich sein soll als *Einfache Sprache*. Solche Texte in Leichter Sprache sollen auch Menschen mit geistiger Behinderung verstehen können.

Neben den Regeln für Einfache Sprache gibt es für Leichte Sprache u. a. folgende zusätzliche Vorgaben:

- Sehr kurze Sätze (ca. acht Wörter maximal) schreiben.
- Nur eine Aussage pro Satz machen.
- Nur im Aktiv formulieren.
- Sätze immer nach dem Schema Subjekt – Prädikat – Objekt aufbauen (»Der Mann trinkt den Tee.«).
- Genitiv ersetzten durch Satzkonstruktion mit »vom« (»Der Hund vom Polizisten« statt »Der Hund des Polizisten«).
- Keine abstrakten Begriffe verwenden.

Hinzu kommen Regeln zu Schreibweise und Typografie:

- Zusammengesetzte Wörter mit Bindestrich gliedern (»Polizei-Hund«, »Fenster-Putzer«).
- Jeden Satz in eine eigene Zeile setzen.
- Keine kursive Schrift, keine Kapitälchen/durchgehende Großbuchstaben nutzen.

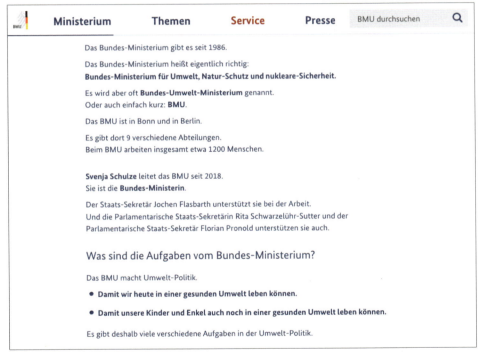

Abbildung 4.5 Beispiel eines Textes in Leichter Sprache auf der Site des Bundesumweltministeriums

Durch diese Vorgaben machen Texte in Leichter Sprache auf Menschen mit normalen Lesefähigkeiten einen eigenartigen Eindruck. Texte in Einfacher Sprache dagegen fallen in vielen Fällen neben Alltagstexten wenig auf. Wer Texte in Leichter Sprache schreiben möchte, findet beim Netzwerk Leichte Sprache (*www.leichtesprache.org*) alle notwendigen Informationen. Ganz wichtig: Vorgeschrieben ist für Leichte Sprache auch eine Überprüfung der Texte – das heißt, Sie müssen sozusagen einen Usability-Test bzw. -Review mit Ihren Texten machen.

Eine Verpflichtung, Texte in Leichter Sprache anzubieten, leitet sich aus der Verpflichtung zu Barrierefreiheit nur für öffentliche Stellen ab. Aber Texte in Einfacher Sprache sind fast immer und für jede Anwendung sinnvoll.

Kapitel 5

Das mobile Zeitalter und die Auswirkung auf interaktive Konzepte

Mobile Endgeräte sind Teil unseres Alltags. Wir nutzen sie ständig und überall – in den öffentlichen Verkehrsmitteln zum Informieren, zu Fuß oder im Auto zum Versenden von Sprachnachrichten und zum Navigieren oder auch zuhause auf dem Sofa als Fernbedienung für Smart Home-Anwendungen. Unsere Anforderungen an mobile Anwendungen sind entsprechend hoch.

Sie kennen das: Ein Bekannter berichtet begeistert über ein neues Produkt und Sie zücken umgehend Ihr Smartphone, um sich darüber näher zu informieren. Oder Sie sind auf Reisen und möchten vom Bahnhof zum Hotel laufen, kennen sich aber in der Stadt nicht aus. Sie holen Ihr Smartphone heraus und lassen sich dorthin navigieren. Das Smartphone ist längst Nummer eins bei der Nutzung digitaler Endgeräte (siehe Abbildung 5.1). Es wird immer länger und auch immer häufiger am Tag in die Hand genommen als alle anderen Dinge.

Eine britische Studie hat die tägliche Smartphone-Nutzung von jungen Erwachsenen (18–22 Jahre) im Laufe von 15 Tagen untersucht. Dabei kam heraus, dass das Smartphone von den Befragten durchschnittlich 85 Mal am Tag genutzt wurde. Die Nutzungsdauer lag bei insgesamt 5 Stunden, wobei mehr als die Hälfte der Interaktionen (55 Prozent) bei weniger als 30 Sekunden lagen (siehe Abbildung 5.2). Das Spannende daran: Die Teilnehmer schätzten die Häufigkeit ihrer eigenen Interaktionen mit dem Smartphone auf die Hälfte.

Angesichts der rasanten Entwicklungszahlen der mobilen Internetnutzung überrascht es nicht, dass 62 % der Nutzer in Deutschland (laut einer Studie von Google) angeben, dass sie bei einer schlecht gestalteten mobilen Website zu einer besseren Alternative wechseln würden. Tendenz steigend. Je unbewusster, häufiger und kürzer die Nutzungsintervalle mit dem Smartphone sind, desto essenzieller ist die Nutzerfreundlichkeit. Bleibt doch kaum Zeit, um dem Nutzer die zentralen Funktionalitäten und Inhalte der Anwendung zu verdeutlichen. Damit Sie nicht zu denjenigen gehören, deren Website verlassen wird, legen Sie Ihre Anwendung konsequent und von Anfang an auch auf die mobile Ausgabe aus.

5 Das mobile Zeitalter und die Auswirkung auf interaktive Konzepte

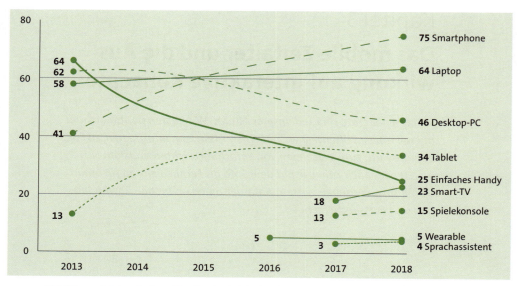

Abbildung 5.1 Laut einer Studie der Initiative D21 nutzten 2018 75 % der Deutschen ab 14 Jahren ein Smartphone privat oder beruflich.

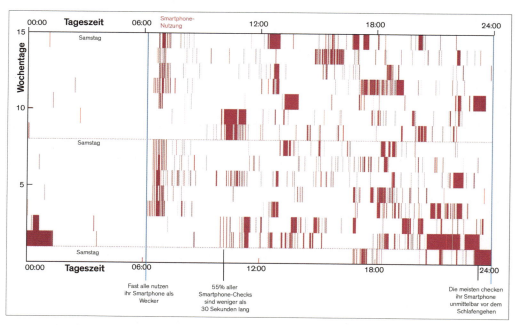

Abbildung 5.2 Durchschnittlich 85 Mal am Tag wird das Smartphone genutzt, wie eine britische Studie mit jungen Erwachsenen ergab (Andrews et. al, Zukunftsinstitut).

5.1 Mit responsivem Design für verschiedene Endgeräte optimieren

Immer mehr Menschen sind ständig und überall online. Jeder Fünfte kann sich einen Alltag ohne Smartphone gar nicht mehr vorstellen. Drei Viertel der deutschen Bevölkerung nutzen aktuell ein Smartphone, etwa 70 % gehen damit auch ins Internet. Auch Tablets werden zunehmend für das mobile Surfen genutzt. Damit haben Smartphone und Tablet nicht internetfähige Endgeräte wie das »normale« Handy praktisch völlig verdrängt. Und der Desktop-PC verliert an Bedeutung. Das ist auch im Zuwachs der mobilen Endgeräte erkennbar: Smartphones, Tablets, Phablets (eine Mischung aus Phone und Tablet), E-Reader, Netbooks, Laptops – von diversen Herstellern, in unterschiedlichen Größen und mit verschiedenen Betriebssystemen. Und dieser Markt entwickelt sich rasant weiter: Hardwarehersteller bieten mittlerweile ein faltbares Smartphone an, das dann eine Mischung aus Phablet und Tablet sein soll, aber durch das Falten kompakt genug ist, um es in der Hosentasche zu tragen.

Damit haben Sie es bei der Konzeption Ihrer Anwendung mit unzähligen verschiedenen Bildschirmgrößen zu tun, für die Sie Ihre Anwendung optimieren sollten. Da dies aufgrund der Vielzahl an Endgeräten schier unmöglich ist, sollten Sie Ihre Anwendung unbedingt *responsiv* umsetzen. Responsiv bedeutet so viel wie »reagierend«. Die Website passt sich flexibel an verschiedene Bildschirmgrößen an. Mehr dazu finden Sie in Kapitel 27, »Ordnung auf den Seiten – Gestaltungsraster und responsives Design«.

5.2 Mobile First in die Konzeption einsteigen

Angesichts dieser Entwicklungen steht nicht mehr zur Diskussion, *ob* Sie eine mobile Ausgabe (mithilfe des responsiven Designs) entwickeln sollten oder nicht, sondern *wie* Sie sie entwickeln. Konzeptionell mit der mobilen Version zu starten, weil diese eine derart hohe Relevanz besitzt, liegt auf der Hand. Dieser Ansatz wird auch *Mobile First* genannt. Dabei geht es nicht zwingend darum, aufgrund des geringeren Platzes Inhalte oder Funktionalitäten wegzulassen, die Sie dann auf der Desktop-Variante anbieten. Vielmehr sollten Sie die relevanten Anwendungsfälle und den Nutzungskontext beleuchten, um dem Nutzer die passenden Inhalte und Interaktionsmöglichkeiten zum richtigen Zeitpunkt anbieten zu können. Eben genau die, die er in der jeweiligen Situation braucht und erwartet. Das kann dann im extremsten Fall darauf hinauslaufen, dass Sie auf der mobilen Variante die eigentlichen Services anbieten und die Desktop-Seite lediglich für Einstellungen und zur Verwaltung dieser Services genutzt wird – so wie es beispielsweise bei Spotify der Fall ist (siehe Abbildung 5.3). In diesem Fall mag das auch mit dem Geschäftsmodell dieses Anbieters zu tun haben. Häufiger sieht es allerdings so aus, dass Sie bei der Konzeption mit dem kleinen Mobilgerät anfangen und die Anwendung darauf auslegen, dass sie auf diesen kleinen Bildschirmen perfekt funktioniert. Und dann skalieren Sie sie schrittweise auf größere Endgeräte hoch.

Abbildung 5.3 Während die App von Spotify die Möglichkeit bietet, direkt Playlisten zu erstellen und zu hören, kann der Nutzer in der Desktop-Ausgabe lediglich Kontoeinstellungen verwalten, Upgrades durchführen, Passwörter einrichten oder Playlisten wiederherstellen.

5.3 Context First – den Nutzungskontext berücksichtigen

Smartphones und Tablets werden nicht nur unterwegs zum Surfen genutzt, sondern insbesondere auch zuhause auf dem Sofa – als Alternative zu Desktop-Bildschirm oder Laptop. Aber ob Sie nun unterwegs sind, es möglicherweise eilig haben, in jedem Fall aber häufig unterbrochen oder abgelenkt werden oder ob Sie gemütlich zuhause auf dem Sofa sitzen und mit Muße recherchieren und Artikel lesen können: Der Nutzungskontext macht einen enormen Unterschied.

Doch mobile Geräte werden nicht nur alternativ zu stationären Geräten genutzt. Die steigende mobile Internetnutzung bedeutet nicht zwingend, dass stationäre Geräte komplett verdrängt und nicht mehr genutzt werden. Letztere haben weiterhin ihre Existenzberechtigung, beispielsweise der Desktop-Arbeitsplatz oder Video-on-Demand-Angebote am TV. Allerdings werden die Nutzungssituationen zunehmen, in denen ein mobiles Endgerät für den Einstieg einer Aktion oder parallel, als so genannter *Second Screen*, genutzt wird. So entwickeln beispielsweise TV-Sender Anwendungen, die den Zuschauer während einer Sendung live begleiten, etwa mit Zusatzinformationen zu Magazinsendungen oder zu bestimmten Darstellern aus regelmäßigen Sendungen. Der zweite Bildschirm eben. Auch übernimmt das Smartphone mehr und mehr – etwa die Steuerung von Smart Home- und Internet of Things-Anwendungen oder die Bezahlung im Geschäft. Manch einer sagt voraus, dass das Smartphone als Hardwarekomponente verschwinden wird. Dessen Funktionen würden dann unsichtbar in unseren Alltag integriert und wir würden alles über Sprache oder Gesten steuern. Bis dahin ist es aber noch ein weiter Weg.

Abbildung 5.4 Second Screen – mit der Tatort-App können Sie während der laufenden Sendung Hintergrundinformationen zu den Ermittlern einholen oder auch selbst live ermitteln.

Heute ist das Smartphone häufig der Einstieg zu einer Recherche, die dann später auf dem Tablet, dem Notebook oder dem Desktop-PC weitergeführt wird. Wie beispielsweise eine Suche nach einem Produkt, das anschließend über das Tablet gekauft wird. Oder die Recherche für einen Urlaub, die noch mobil durchgeführt wird, während die Reise selbst dann aber auf dem Desktop-PC gebucht wird. Häufig ist dies der Beginn einer längeren *Customer Journey* mit zahlreichen Berührungspunkten (*Touchpoints*) über mehrere Endgeräte hinweg. Man spricht auch von *Cross-Device-Nutzung*, also der Nutzung bestimmter Inhalte und Dienste auf verschiedenen Endgeräten. Ein überzeugendes Konzept hierfür berücksichtigt, wie der Nutzer möglichst ohne Bruch von einem zum anderen Endgerät wechseln und dann auf die schon gesammelten Informationen zurückgreifen kann.

5.4 Touch, Gesten und Sprache – mobile Interaktionsmechanismen

Aber nicht nur die Vielfalt der Endgeräte und mobilen Nutzungskontexte ist zu bedenken. Auch die Bedienmechanismen einer mobilen Nutzeroberfläche müssen bei der Konzeption berücksichtigt werden. Anders als bei stationären Endgeräten, die mithilfe von Tastatur und Maus bedient werden, funktioniert die Bedienung auf mobilen Endgeräten per Berührung (*Touch*), Gesten und zunehmend auch per Sprache. Auch bei Notebooks werden mittlerweile Touch-Displays eingebaut, längst üblich sind sie bei Displays von Alltagsgegenständen oder im Automobilbereich. Die Touchbedienung setzt sich immer mehr durch. Elemente der Nutzeroberfläche müssen daher ausreichend groß gestaltet und mit genügend Abstand zueinander positioniert werden, damit der Nutzer nicht versehentlich den falschen Button erwischt.

Außerdem funktionieren altbewährte Mechanismen wie Mouseover oder auch Scrollen per Mausrad dort nicht. Dafür haben sich mittlerweile etliche Gesten zur Steuerung etabliert. Neben dem einzelnen Touch auf den Bildschirm gibt es Gesten wie beispielsweise das Ziehen nach unten (Aktualisieren der Inhalte), das Bedienen mit dem Zangengriff, also Berühren der Oberfläche mit zwei Fingern und Zusammen- oder Auseinanderführen der Finger (zum Zoomen von Inhalten), oder auch das seitliche Streichen (Löschen oder Bearbeiten von einzelnen Inhaltselementen) – siehe Abbildung 5.5.

Abbildung 5.5 Gesten zur Steuerung von mobilen Anwendungen haben sich längst etabliert.

Es ist eine Kunst, diese Gesten in das Interaktionskonzept zu integrieren, so dass die Nutzer sie auch erkennen und anwenden. Häufig sind diese Gesten unsichtbar auf der Nutzeroberfläche und erst durch das Erlernen bekannt. Eine große Herausforderung, wenn man die Gebrauchstauglichkeit der Anwendung gewährleisten möchte, und gleichzeitig ein schmaler Grat zu einem innovativen Interaktionskonzept.

Die Aspekte der mobilen Nutzung müssen Sie bei der Konzeption Ihrer Anwendung bedenken, wenn sie nicht nur nutzerfreundlich und nützlich sein soll, sondern Ihre Nutzer auch zufriedenstellen soll. In diesem Buch haben wir daher diesen mobilen Anwendungsfall konsequent mitgedacht und zeigen – gerade in Teil III mit den Usability-Guidelines – wichtige Aspekte für die mobile Nutzung immer mit auf.

Die Nutzung per Sprache bedingt noch weit andere konzeptionelle Überlegungen. Gelungene Sprachbedienkonzepte basieren darauf, dass dem Nutzer klar ist, wonach er gefragt wird, wonach er suchen kann oder was er ausführen lassen kann. Außerdem müssen Sie bei der Konzeption herausfinden, wie Ihre Nutzer kommunizieren und wie sie sich ausdrücken, um systemseitig die richtige Interaktion vorzusehen. Dies ist ein breites Feld und erfordert eine deutlich andere Herangehensweise bei der Konzeption als für grafische Oberflächen. Daher werden wir dies im vorliegenden Buch nicht vertiefen. Ein paar Tipps finden Sie jedoch in Kapitel 6, »Von Smartwear, Sprachsteuerung & anderen Revolutionen«.

Kapitel 6
Von Smartwear, Sprachsteuerung & anderen Revolutionen

Neue Technologien bringen neue Herausforderungen für die Usability mit sich. Glücklicherweise können wir auf etablierte Methoden zurückgreifen, um praktisch jedes Gerät und jede Anwendung zu optimieren.

Das World Wide Web ist erst gut zwanzig Jahre alt, Smartphones werden erst seit zehn Jahren von einer größeren Nutzergruppe verwendet. Und doch sind die Änderungen überwältigend, die diese beiden Technologien mit sich gebracht haben. Zusammen haben sie Geschäftsmodelle obsolet gemacht, neue eröffnet und vor allem den Alltag von uns allen entscheidend verändert.

Und es stehen weitere große Veränderungen an. So wie das Internet (mit z. B. E-Mail) weit älter ist als das World Wide Web und es Smartphones länger gibt als das iPhone, so können wir auch heute schon Technologien sehen, die in ein paar Jahren vielleicht Alltag sein werden. Smartwatches, Geräte mit Sprachsteuerung, selbstfahrende Autos, vernetzte Geräte, virtuelle Realität – in all diesen Bereichen tut sich aktuell sehr viel. Manche glauben, diese Technologien stehen kurz vor dem Durchbruch in den Massenmarkt, andere behaupten, sie seien dort schon angekommen. Die spannende Frage für uns ist dabei aber: Was bedeuteten diese neuen Technologien für Usability und User Experience?

Abbildung 6.1 Die Anzeige auf Smartwatches ist winzig – die Bedienung mit dem Finger birgt viele Herausforderungen hinsichtlich der Usability.

Es bedeutet einerseits, dass wir uns ständig anpassen müssen. Wir müssen neue Nutzungsgewohnheiten berücksichtigen, neue Ansprüche der Nutzer kennen lernen und sich neu etablierende Standards beachten. Die weite Verbreitung von Smartphones mit kleinen Bildschirmen und die Anpassung der Bedienung auf Fingertipps statt Mausklicks vor einem Jahrzehnt zum Beispiel haben die Gestaltung von Websites und Anwendungen stark verändert – auch bei Programmen, die klassisch auf dem Desktop-PC mit Tastatur und Maus bedient werden.

Auch deshalb wird der Bedarf an Menschen, die sich mit Usability und UX befassen, weiter zunehmen. Glücklicherweise ist es dabei so, dass die meisten der UX-Methoden, die wir heute kennen, auch in Zukunft wichtig und aktuell bleiben.

6.1 Gute Werkzeuge sind langlebig

Fast alle Methoden, die wir Ihnen in diesem Buch vorstellen, sind schon seit mehreren Jahrzehnten bewährt. Seit den 1970er Jahren wird im Bereich der *Mensch-Computer-Interaktion (Human-Computer Interaction, HCI)* geforscht. Und die ersten Untersuchungen zur Usability fanden schon vor über hundert Jahren statt – große Industriemaschinen, Flugzeuge und Kraftwerke konnten bei Fehlbedienung nicht nur frustrieren, sondern ihre Nutzer im Extremfall sogar das Leben kosten.

Abbildung 6.2 Konzipieren Sie für ein Gerät, welches es noch nicht gibt, sind solche selbst gebastelten Prototypen hervorragend, um dennoch schon Nutzertests machen zu können.

Das vielseitigste und wichtigste Werkzeug im Koffer jedes Usability-Experten ist sicher der Usability-Test. Keine andere Methode erlaubt es, so einfach, schnell und zuverlässig Informationen darüber zu sammeln, wie Nutzer mit einem Produkt umgehen. Und das Schöne dabei ist: Usability-Tests können Sie mit jedem Produkt machen. Ob das eine Website ist, eine App, eine VR-Brille für medizinische Anwendungen oder ein Bedienpanel für ein selbstfahrendes Auto. Das Prinzip ist immer das gleiche: Sie nehmen Ihr Produkt, überlegen sich, welche Fragen Sie dazu beantworten möchten, entwickeln einen Testplan und lassen Nutzer Aufgaben mit dem Produkt durchführen. Aus den Beobachtungen dabei lernen Sie immer etwas, was Sie vorher noch nicht wussten. Trotz vieler Jahre Berufserfahrung und ungezählter Tests, bei denen wir dabei waren, ist es uns noch nie passiert, dass wir ohne neue, praktisch hochrelevante Ergebnisse aus einem Usability-Test gekommen sind.

6.2 Gute Werkzeuge sind anpassungsfähig

Gerade die Methoden, die früh im Projekt zum Einsatz kommen, können Sie sehr einfach für alle möglichen Projekte einsetzen, ohne etwas an Ihrem Vorgehen zu ändern. Denken Sie an:

- ▶ Vor-Ort-Beobachtungen
- ▶ Nutzerbefragungen
- ▶ Personas

Einige andere Methoden müssen Sie nur wenig anpassen:

- ▶ Card Sorting
- ▶ (Papier-)Prototyp-Tests
- ▶ Usability-Reviews

Je mehr Methoden Sie kennen, desto leichter wird es Ihnen fallen, auch für neue Technologien einen Ansatz zu finden, mit dem Sie eine gute User Experience sicherstellen können.

6.3 Praxisbeispiel Sprachsteuerung – Wizard of Oz

Kürzlich sollten wir z. B. ein Gerät mit Sprachsteuerung testen. Dieses nahm Befehle in gesprochener Sprache entgegen und gab die Ergebnisse wiederum als Sprache per Computerstimme aus. Das war ein Gerät ganz ohne Display, insofern etwas ganz anderes als die typischen Websites und Apps, die wir sonst meist testen. Und doch konnten wir damit einen Usability-Test durchführen, ohne dass es die beschriebene Anwendung überhaupt gab. Wir nutzten dazu die so genannte *Wizard-of-Oz*-Methode. Sie ist benannt nach dem Zauberer in dem gleichnamigen Buch, der einfach ein normaler Mensch hinter einem Vorhang war. Bei unserem Test hörte ein Moderator (der *Wizard*) die Spracheingaben der Testperson an und las von einem Zettel die jeweilige Antwort ab, welche die Sprachausgabe im entsprechenden Fall geben würde. So konnten wir prüfen, ob die Formulierungen und die Länge der Antworten von den Testpersonen als zufriedenstellend beurteilt wurden. Und, am wichtigsten, ob die Probanden die Aufgaben mit dem System lösen konnten, die wir ihnen gestellt hatten.

Mit dieser einfachen Methode haben wir mit wenig Aufwand herausgefunden, ob die Probanden unsere Grundidee verstehen und wie die sprachliche Interaktion mit dem Gerät abläuft. Wir merkten schnell, dass einige unserer Fragen nicht eindeutig waren. Und vor allem, dass die Antworten zu lang waren. Die Probanden wurden ungeduldig, wenn sie die Antworten mehrfach hintereinander anhören mussten, obwohl ihnen schon klar war, was kommt. So konnten wir sehr früh im Projekt Erfahrungen sammeln, wie gute Dialoge für Sprachsteuerung aufgebaut sein sollten.

Die Probanden merkten in unseren Wizard-of-Oz-Tests natürlich, dass sie eigentlich mit einem Menschen sprachen, nicht mit einer App. Daher war unser nächster Schritt, die Sprachausgabe weniger menschlich zu machen – weiterhin ohne programmieren zu müssen. Ein einfacher Ansatz wäre, eine Übertragung via Mikrophon und Lautsprecher zu nutzen, am einfachsten ginge das mit einem Laptop und einer Konferenz-Software wie Skype. Wir wollten aber einen noch realistischeren Klang und entschieden uns daher für die folgende Lösung: Unter MacOS kann man im Programm *Terminal* einfach das Kommando »Say« eingeben – das Gerät liest dann den folgenden Text vor. Ein paar Tipps, wie man damit noch eleganter umgeht, und Links zu kostenlosen Websites, welche für andere Betriebssysteme die gleiche Funktion bieten, finden Sie unter *bnfr.de/ux045*. Dort finden Sie auch weitere Links zur Konzeption von Skills/Sprachsteuerungsanwendungen.

Abbildung 6.3 Inzwischen ist Alexa, die Sprachassistentin des Amazon Echo, in Millionen Haushalten angekommen. Aber noch immer ist das Testen von Sprachanwendungen kein Kinderspiel.

6.4 Alles ist testbar – von Smartwear bis zum Internet of Things

Das Beispiel Sprachanwendung ist nur eines von vielen möglichen. Auch z. B. Smartwear, also intelligente Kleidung, können Sie testen, bevor Sie einen funktionierenden Prototyp in den Händen halten. Ein Lauf-T-Shirt etwa, das integrierte Messgeräte für Puls und Hautwiderstand hat, muss noch nicht funktionieren, um mit ihm in einen Usability-Test zu gehen. Erstellen Sie einen Prototyp der dazu gehörigen Smartwatch- oder Smartphone-App zur Anzeige der Messwerte und simulieren Sie die Ausgaben des smarten T-Shirts darauf. Dabei lernen Sie schnell sehr viel darüber, wie Menschen mit solch einer noch nicht entwickelten Anwendung umgehen, welche Anforderungen und Wünsche diese daran haben.

Oder auch Anwendungen mit vernetzten Geräten (*Internet of Things*) können Sie testen, ohne diese zu konstruieren. Überlegen Sie sich, wie die Nutzer mit diesen Geräten umgehen, über welche Schnittstellen diese mit ihnen interagieren. Und dann erstellen Sie Prototypen für genau diese Schnittstellen.

Abbildung 6.4 Bestehende Geräte, Klebeband, Kordel und Phantasie ermöglichen Nutzertests für neue Produktkategorien. So finden Sie möglicherweise vor der Serienproduktion heraus, dass Nutzer den Vorteil eines smarten Kühlschranks nicht erkennen.

6.5 Herausforderungen bei der Konzeption für neue Geräte

Die Methoden, die wir einsetzen, bleiben die gleichen – auch wenn wir ganz andere Konzepte umsetzen. Je weniger verbreitet eine neue Technologie oder eine neue Klasse von Geräten ist, desto wichtiger ist es, so früh wie möglich mit User Research zu starten.

Denn gerade bei innovativen Ansätzen ist die Gefahr groß, dass man sich als Entwicklungsteam von seiner eigenen Begeisterung davontragen lässt. Als sich Amazons Sprachassistent Alexa/Echo z. B. für Entwickler öffnete, entstanden ungezählte Erweiterungen, die erstmal sinnvoll wirkten – aber völlig unbenutzbar waren. Und sie gingen vielfach auch völlig an den Interessen der Nutzer vorbei. Grund war, dass Unternehmen das Feld der Sprachsteuerung einmal als Spielwiese für ihre Produktteams nutzten, die neue Ansätze ausprobieren wollten. Und einige Unternehmen wollten sich außerdem als modern und fortschrittlich darstellen. Doch das funktionierte oft überhaupt nicht – die sehr negativen Besprechungen vieler Erweiterungen für Alexa (»Skills«) zeigen das nur zu deutlich.

Was war schiefgelaufen? Und was können wir in Zukunft besser machen? Hauptproblem der Konzepter vieler dieser Sprachsteuerungsanwendungen war, dass sie zu sehr von dem ausgingen, was sie kannten: Websites und Apps. Für einen Musikfan liegt der Nutzen einer Funktion auf der Hand, mit welcher er sich auf Zuruf die aktuellen Konzerte in seiner Stadt ansagen lassen kann. »Alexa, welche Heavy-Metal-Konzerte gibt es dieses Wochenende?« oder »Alexa, welche Konzerte werden diesen Monat in der Philharmonie gegeben?« Klingt gut und sinnvoll. Mit solch einer Idee sind viele gestartet – und baden gegangen.

Denn beim Nutzen eines solchen Dienstes per Sprache wird schnell klar: Für die Ausgabe von langen Listen ist das Medium Sprachausgabe nicht geeignet. Wir Menschen können eine Liste mit Konzerten in gedruckter Form sehr schnell überfliegen. Liest sie uns dagegen jemand vor, dauert das viel zu lang. Ein weiteres Problem war technischer Natur: Eigennamen wie etwa die von Komponisten, Interpreten oder Bands verstehen die meisten Sprachsteuerungssysteme noch viel zu schlecht. Eine Suche nach diesen ist also nicht möglich. Der praktische Nutzen einer solchen Sprachsteuerungsanwendung für Konzerttermine ist wegen dieser Einschränkungen sehr gering. Das hätte man mit einem einfachen Prototyp schon sehr früh herausgefunden – und so rechtzeitig umsteuern können und eine Anwendung mit einem anderen Fokus entwickeln können.

Tipps zum Testen neuer Technologien

Arbeiten Sie mit Technologien, die noch nicht weit verbreitet sind, achten Sie auf Folgendes:

▶ Recherchieren Sie Nutzererwartungen besonders gründlich und hinterfragen Sie, ob die Nutzer die neue Technologie wirklich nutzen wollen bzw. bereit sind, dafür Geld auszugeben.

▶ Gehen Sie nicht davon aus, dass die Nutzer wissen, was die Technologie überhaupt ist.

▶ Recherchieren Sie gründlich, welche verwandten Technologien Nutzer schon kennen, welche Erwartungen sie an diese stellen und welche Probleme diese hinsichtlich Usability, Akzeptanz und Verbreitung haben.

▶ Rechnen Sie nicht damit, dass Nutzer bereit sind, die neuen Bedienkonzepte zu lernen, nur weil Sie oder die Entwickler begeistert von dem Produkt und seinen Möglichkeiten sind.

▶ Nur weil Ihre Nutzer *sagen*, sie finden eine neue Technologie spannend und würden sie gern nutzen, heißt das nicht, dass sie das in der Praxis dann auch wirklich tun – und dafür Geld ausgeben.

▶ Achten Sie bei der Rekrutierung der Testpersonen darauf, nicht nur technikaffine Menschen einzuladen, die sich für Neues begeistern.

▶ Planen Sie noch mehr Zeit als üblich ein für Usability-Tests. Und vor allem: Rechnen Sie damit, manchmal auch ganz fundamentale Ansätze überarbeiten zu müssen, wenn diese sich in Nutzertests als ungeeignet herausstellen.

Kapitel 7

Nutzer in die Produktentwicklung einbinden: der optimale Projektablauf

Nutzer in Ihre Produktentwicklung einzubinden lohnt sich: Es spart Ihnen langfristig Zeit, Geld und viel Mehrarbeit. Doch zuerst müssen Sie investieren.

Über den Erfolg jeder Anwendung entscheiden letztlich diejenigen, die sie benutzen – oder das eben nicht tun. Wenn Sie Nutzer in den Entwicklungsprozess einbinden, gewährleisten Sie, dass ihnen das, was Sie entwickeln, gefällt und es von ihnen angenommen wird. Ist das nämlich nicht der Fall, können Sie von vorne beginnen. Und wieder Zeit investieren und Geld in die Hand nehmen. Planen Sie darum frühzeitig, wie Sie Nutzer von Anfang an einbinden können.

7.1 Nutzerzentrierte Entwicklung

Es gibt idealtypische Projekte, bei denen der Nutzer in den Mittelpunkt der Entwicklung gestellt wird. Die *nutzerzentrierte Entwicklung* – häufig wird auch der englische Begriff *User-Centered Design* oder kurz *UCD* genutzt – sieht vor, dass der zukünftige Nutzer von Anfang an in die Konzeption und die Umsetzung einer Anwendung einbezogen wird. Die Ziele, Aufgaben und Eigenschaften der Nutzer liegen der gesamten Entwicklung zugrunde. Dieser Prozess ist in der ISO-Norm DIN EN ISO 9241-210 »Prozess zur Gestaltung gebrauchstauglicher interaktiver Systeme« definiert. Weitere Informationen hierzu in Kapitel 4, »ISO 9241 & Co. – Normen und Gesetze rund um Usability«.

Diese ISO-Norm definiert die wesentlichen Aspekte, die bei der nutzerzentrierten Gestaltung berücksichtigt werden sollten. Der Nutzer spielt, wie zuvor beschrieben, eine zentrale Rolle: Seine Aufgaben und Umgebung beeinflussen die Gestaltung der Anwendung. Aber er wird auch in den Gestaltungsprozess einbezogen, indem man ihn in Nutzertests zu verschiedenen Stadien der Entwicklung befragt und sein Feedback im weiteren Prozess berücksichtigt. Dies wird in der Regel so lange gemacht, bis die Anwendung vom Nutzer positiv und zufriedenstellend bewertet wird. Es ist also ein iteratives Vorgehen.

7.2 Ein optimaler Projektablauf

Nicht jedes Projekt verläuft idealtypisch und bindet in allen Phasen den Nutzer ein. Vielmehr sind Projekte sehr unterschiedlich ausgerichtet und abhängig von den spezifischen Anforderungen an die geplante Anwendung:

▸ Ein Onlineshop beispielsweise wird verstärkt auf eine umsatzsteigernde Nutzeroberfläche Wert legen und die Optimierung der Konversionsraten im Fokus haben. Aus diesem Grund testet man solch eine Anwendung in ihren verschiedenen Entwicklungsstadien (vom frühen Prototyp bis hin zum interaktiven High-Fidelity-Prototyp) ausführlich mit Nutzern. Insbesondere A/B- und multivariate Tests (siehe Kapitel 23, »A/B-Tests – Varianten gegeneinander antreten lassen«) zum Vergleichen zweier oder mehrerer Varianten einer Lösung versprechen Erfolg im Detail in späteren Projektphasen.

▸ Die Entwicklung einer Website zur Darstellung einer Marke wird sich stark mit visuellen Aspekten und Dialogmöglichkeiten mit den Nutzern beschäftigen. Scribbles, Wireframes und Mockups (siehe gleichnamige Kapitel in Teil 2) durchlaufen bei derartigen Projekten viele Iterationen und werden sukzessive zum Endergebnis ausgearbeitet.

▸ Websites mit sehr umfangreichen Inhalten werden viel Augenmerk auf die Informationsarchitektur der Seite legen. Die Methode des Card Sortings (siehe Kapitel 13, »Card Sorting – Entwicklung der Informationsarchitektur«) mit Nutzern stellt sicher, dass die Struktur und die verwendeten Begriffe auch verstanden werden.

▸ Bei der Entwicklung von Unternehmens-Software bedarf es einer sehr genauen Anforderungsanalyse, beispielsweise mithilfe von kontextuellen Interviews oder Vor-Ort-Beobachtungen (siehe Kapitel 10, »Vor-Ort-Beobachtungen und Tagebuchstudien – den Nutzer im Alltag beobachten«), um die Anwendung genauestens auf die Bedürfnisse, Arbeitsabläufe und weiterer Anforderungen der Anwender auszurichten.

Allein diese Beispiele zeigen schon, wie individuell der nutzerzentrierte Entwicklungsprozess ausgelegt werden kann und muss. Das heißt nicht, dass Sie in Ihren Projekten bestimmte Phasen auslassen sollen. Sie werden sie nur möglicherweise schneller durchlaufen und den Nutzer verstärkt in den Phasen einbinden, auf die Sie den aktuellen Schwerpunkt legen. Den einen optimalen Projektablauf gibt es nicht.

Mit diesem Buch möchten wir Sie daher ermutigen, die relevanten Methoden der nutzerzentrierten Entwicklung für *Ihr* Projekt auszuwählen und diese anzuwenden. Binden Sie den Nutzer dabei so früh wie möglich in Ihr Projekt ein, um unnötige und aufwendige Entwicklungsarbeit am Ende nicht verwerfen zu müssen. Aber planen Sie auch Iterationen ein.

Wir haben es noch nie erlebt, dass durch Einbinden der Nutzer keine Erkenntnisse gewonnen wurden, die in die weitere Entwicklung einflossen und zu einem besseren Ergebnis führten. Und auch wenn es sich manchmal so anfühlt, als würden Sie nochmal einen oder mehrere Schritte zurücktreten: Das Einbinden der Nutzer bringt Sie am Ende viel schneller an Ihr Ziel – eine optimale, nutzerzentrierte Anwendung.

Im zweiten Teil dieses Buches stellen wir Ihnen einige Methoden der nutzerzentrierten Entwicklung vor, die wir als besonders wertvoll erachten und die sich erfahrungsgemäß in der Praxis bewährt haben. Die Methoden aus Tabelle 7.1 haben wir für Sie ausgewählt, um in jeder der vier Phasen des nutzerzentrierten Entwicklungsprozesses den Nutzer sinnvoll einbinden zu können.

Phase	Schritte/Aktionen	Ausgewählte Methoden
Nutzungskontext verstehen und beschreiben (Analyse)	Beschreibung der Nutzer aller Nutzergruppen mit deren Aufgaben, Zielen, Arbeitsmitteln sowie deren physischer und sozialer Umgebung	Fokusgruppen, Umfragen oder Befragungen Vor-Ort-Beobachtungen und Tagebuchstudien Personas Mapping-Methoden
Nutzungsanforderungen spezifizieren (Konzeption)	Definieren der Systemunterstützung aus Nutzersicht	Card Sorting Scribbles Wireframes
Gestaltungslösungen entwickeln, die die Nutzungsanforderungen erfüllen (Design, Umsetzung)	Interaktionsspezifikation erstellen Navigationspfade festlegen Prototyp erstellen	Papierprototypen Mockups und Prototypen Design Sprints und ausgewählte Ideation-Methoden
Gestaltungslösung aus Nutzerperspektive evaluieren (Testing)	Testen der erarbeiteten Gestaltungslösung anhand der Anforderungen	Usability-Tests Remote-Usability-Tests Guerilla-Usability-Tests Usability-Reviews A/B-Tests

Tabelle 7.1 Übersicht über mögliche Schritte und anzuwendende Methoden im Zuge des nutzerzentrierten Entwicklungsprozesses

7.3 Aller Anfang ist schwer – UX-Reifegrad im Unternehmen steigern

Die Nutzer systematisch und produktübergreifend in die Entwicklungsprozesse einzubinden, ist nichts, was Sie in kurzer Zeit schaffen. Es dauert, bis ein Unternehmen die Idee der nutzerzentrierten Entwicklung verinnerlicht hat. Denn es ist nicht damit getan, von Zeit zu Zeit Nutzertests durchzuführen – das ist zwar sinnvoll und empfehlenswert, aber es gehört mehr zu einer »UX driven company«, also einem Unternehmen, das den Nutzer konsequent in den Mittelpunkt seiner Prozesse und seines Geschäftsmodells stellt. Auf dem Weg dorthin müssen unter anderem

1. Mitarbeiter geschult und ihnen der Ansatz und Nutzen der nutzerzentrierten Gestaltung vermittelt werden,
2. Prozesse angepasst werden, die bisher ohne Einbeziehen des späteren Nutzers ausgelegt waren,
3. das Management eingebunden und Ressourcen bei Budget und Personal bereitgestellt werden,
4. bestehende Metriken und Ziele von Projekten angepasst oder erweitert werden.

In der Regel durchlaufen Unternehmen eine stufenweise Entwicklung in Richtung Nutzerzentrierung. Dabei lassen sich Muster erkennen, die in sogenannten UX-Reifegradmodellen (*UX Maturity Models*) beschrieben sind. Es gibt unterschiedlich Modelle, die sich in ihrer Grundidee gleichen. Sehr bekannt ist das achtstufige »Corporate UX Maturity«-Modell der Nielsen Norman Group aus dem Jahr 2006. Ein daraus abgeleitetes und auf sechs Stufen vereinfachtes Modell stammt von Charlie Kreitzberg, Senior UX Berater an der Universität Princeton.

Er definiert die einzelnen Phasen so:

► **Stufe 1: Fehlendes UX-Bewusstsein**

User Experience spielt keinerlei Rolle im Unternehmen. Im Gegenteil: Man denkt, Nutzertests kosten wertvolle Zeit, die man nicht hat, und die Produktfunktionalität steht im Vordergrund. Wenn User Experience überhaupt thematisiert wird, wird es meist mit visuellem Design verwechselt. Das Risiko, dass Projekte nach langer Entwicklungszeit scheitern, ist hoch.

► **Stufe 2: Ad-hoc-Design**

Das Unternehmen entwickelt ein Bewusstsein und Interesse für UX. Allerdings fehlt es noch an Wissen, passenden Prozessen und Rollen für die Umsetzung. Erste Ansätze, UX in die bestehenden Prozesse zu integrieren, sind nur bedingt erfolgreich.

► **Stufe 3: Projektbezogene UX**

Erste nutzerzentrierte Projekte verlaufen erfolgreich. Das Management erkennt den Wert von UX und plant bei neuen Projekten, Nutzer miteinzubeziehen und ihnen UX-Budgets sowie UX-Experten zuzuweisen. UX wird zunehmend als strategischer Vorteil betrachtet.

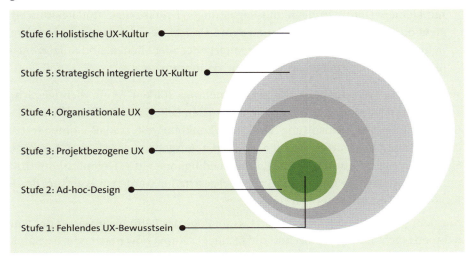

Abbildung 7.1 Das Reifegradmodell ist additiv, das bedeutet die einzelnen Stufen bauen aufeinander auf. Es ist nicht möglich, eine oder mehrere Stufen zu überspringen: Die Entwicklung braucht Zeit. Im Zuge ihrer Reifung profitieren Unternehmen von den in niedrigeren Reifegraden gesammelten Erfahrungen und Fähigkeiten.

▶ **Stufe 4: Organisationale UX**

UX wird projekt- und abteilungs-/bereichsübergreifend betrachtet und gesteuert. Von der Durchführung von Einzelprojekten, wie es in Stufe 3 noch der Fall ist, geht das Unternehmen dazu über, gezielt User Research zu betreiben und daraus Potenziale für alle Produkte und Anwendungen abzuleiten. Dieser Schritt geht meist damit einher, dass ein UX-Manager und oft auch ganze Inhouse UX-Abteilungen eingesetzt werden. Damit entstehen neue Möglichkeiten und eine größere Schlagkraft als bisher. Prozesse werden angepasst und Personen gezielt in diesem Bereich geschult.

▶ **Stufe 5: Strategisch integrierte UX-Kultur**

In dieser Stufe ist UX bereits integraler Bestandteil von Projekten. Die Einbindung des Nutzers in die Entwicklung ist eine Selbstverständlichkeit geworden und die Prozesse und Ressourcen sind auf UX ausgerichtet. UX wird auf alle Projektphasen ausgeweitet und der Methodenbaukasten stark ausgeweitet. UX wird in der Vision und den strategischen Planungen des Unternehmens berücksichtigt. Einige Unternehmen strukturieren in dieser Stufe von einer zentralen UX-Abteilung zur dezentralen Organisation um.

▶ **Stufe 6: Holistische UX-Kultur**

In Stufe 6 ist der wesentliche Veränderungsprozess abgeschlossen und es erfolgen nur kleinere Optimierungen und Anpassungen bei Prozessen und Ressourcen. Es steht die Erfolgsmessung im Vordergrund. UX ist integraler Bestandteil der Unternehmensstrategie, des Denkens der Mitarbeiter aller Ebenen, und nutzerzentriertes Design ist der Treiber jeglicher Entwicklungsprozesse.

Wollen Sie die Rolle der UX in Ihrem Unternehmen stärken, ist ein wichtiger Schritt, zunächst den Status quo zu bestimmen – also den Reifegrad in Sachen UX & UCD im Unternehmen. Diese Einstufung hilft Ihnen, konkrete weitere Maßnahmen festzulegen und damit Ressourcen gezielt einzusetzen. Ausgehend vom Status Quo können Sie die Frage beantworten, welche Rahmenbedingungen (u. a. Organisationsstrukturen, Kompetenzen, Teams, Rollen, Prozesse) geschaffen werden müssen, um den Reifegrad Ihres Unternehmens zu steigern.

Aus dem Reifegradmodell wird klar, dass im Zuge des Reifungsprozesses des Unternehmens nicht nur methodisches und fachliches Know-how notwendig ist. Sondern es ist auch organisatorisches und kommunikatives Geschick für das Gelingen relevant – mit zunehmender Komplexität. Konzentrieren Sie sich daher stets darauf, die nächste Reifegradstufe zu erreichen. Die Organisation braucht Zeit, um in einen professionellen nutzerzentrierten Entwicklungszyklus hineinzuwachsen.

Kapitel 8

Agil ans Ziel: Usability Engineering in agilen Prozessen

Agile Entwicklung führt bei großen Software-Projekten nachweislich zu größerem Erfolg – und zu mehr Zufriedenheit im Team. Als UX-Experte muss man dabei allerdings einiges beachten, damit das Ergebnis auch in diesem Bereich stimmt.

Wer heute etwas auf sich hält, sagt von sich, er arbeitet agil. Agil klingt modern und erfolgreich – und das ist es auch in vielen Fällen. Aber was heißt das für Konzeption, Usability und User Experience?

8.1   Warum agile Entwicklung?

In den 1970er Jahren konnten selbst Betriebssysteme von einem einzelnen Programmierer in wenigen Wochen entwickelt werden. Mit zunehmender Komplexität der Programme über die Jahre hinweg arbeiteten mehr und mehr Entwickler zusammen – und das über eine immer längere Zeit.

Es etablierte sich ein Vorgehen, bei dem man zunächst so klar wie möglich definiert, wie das fertige Produkt aussehen soll. Die Idee dahinter: Je besser man plant, desto besser ist das Ergebnis. Ein Schritt wird nach dem anderen ausgeführt, und erst, wenn einer abgeschlossen ist, beginnt der nächste. Dieses Vorgehen nennt sich *Wasserfall-Modell* (siehe Abbildung 8.1).

Das hat auch für einige Projekte gut funktioniert. Doch irgendwann kam der Punkt, an dem mehr und mehr Entwickler unzufrieden waren. Immer wieder scheiterten große Software-Projekte. Dutzende von Programmierern haben jahrelang an unterschiedlichen Teilen des Codes gearbeitet und einige Wochen vor dem Abgabetermin alles zusammengesetzt. Nicht selten war es dann so, dass erst dann grundlegende Missverständnisse aufgefallen sind, Fehler in der Produktdefinition klar wurden oder Inkompatibilitäten auftraten, weil nicht alle mit den gleichen Standards gearbeitet hatten.

Die Folge: Man musste länger als geplant an dem Projekt weiterarbeiten, auf Funktionen verzichten oder Fehler in Kauf nehmen – nicht selten sogar alles davon. Einige

Projekte wurden niemals abgeschlossen, sondern nach Monaten abgebrochen, als klar wurde, dass es weniger Arbeit wäre, nochmal von vorn zu beginnen.

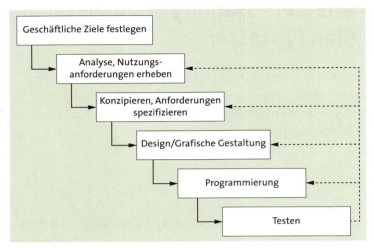

Abbildung 8.1 Schema des Wasserfall-Modells der Software-Entwicklung

8.2 Wie geht agile Entwicklung?

So entstand in den 1990er Jahren ein Konzept, das auf ein *agiles* (lateinisch für flink, beweglich) Vorgehen setzt. Dabei versucht man, so wenig wie möglich vorher festzulegen, möglichst schnell lauffähigen Code zu produzieren und *iterativ* (also in wiederkehrenden Zyklen) zu arbeiten – siehe Abbildung 8.2. *Scrum* und *Extreme Programming* gehören zu den bekanntesten agilen Vorgehensmodellen.

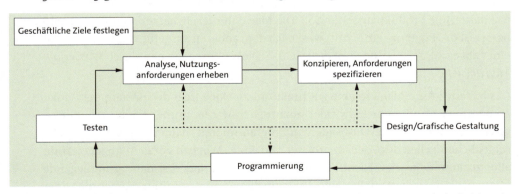

Abbildung 8.2 Ablauf der agilen Entwicklung. Der Zyklus wird so lange wiederholt, bis Zeit oder Budget verbraucht sind.

In der agilen Entwicklung sind *Sprints* üblich. Das sind Phasen von meist zwei Wochen, an deren Ende ein lauffähiges Stück Software steht.

Ähnlich wie bei einer Arbeit in einer modernen Fabrik arbeitet jeder Programmierer bzw. jedes Team eigenständig an einem Stück des Ganzen. Am Ende des Sprints setzen sie es zusammen und testen, ob das funktioniert. So ein Vorgehen fördert die Teamarbeit, Fehler werden früh entdeckt. Und: Die Motivation ist höher, weil man immer wieder direkt sieht, wie etwas funktioniert. Die Projektverantwortlichen haben so auch viel früher die Möglichkeit zu Korrekturen, wenn das Ergebnis nicht ihren Erwartungen entspricht.

Bei der Software-Entwicklung in mittelgroßen Firmen ist agile Entwicklung inzwischen weit verbreitet. Apps und Webservices werden häufig so umgesetzt. In großen Unternehmen tun sich die Verantwortlichen damit teilweise noch immer etwas schwer – agiles Arbeiten heißt auch, weniger Kontrolle von oben. Und bei der Website-Entwicklung kommt agile Entwicklung nur gelegentlich bei sehr großen Sites mit komplexen Funktionen vor. Manche Projekte sind in so kurzer Zeit umgesetzt, wie sie in großen IT-Projekten nur ein einziger Sprint einnimmt.

8.3 Agil oder Lean?

Lean wird häufig in einem Atemzug mit *agil* genannt. Es wird ebenso vielfach als Modewort gebraucht und meint meist, dass man möglichst effizient und schnell arbeitet. Lean UX ist deshalb für die agile Entwicklung relevant, weil hier keine Zeit bleibt für zeitraubende Methoden. Alles soll hier besonders schnell gehen. Daher verzichtet man auf schöne Ergebnisbände und aufwendige Dokumentation. Die Erkenntnisse werden idealerweise sowieso im Team gewonnen und müssen daher nur in Stichpunkten festgehalten werden – vielleicht reichen ja sogar Fotos der Notizen auf Flipchart oder Whiteboard.

Eine wichtige Idee in dem Zusammenhang ist das *Minimum Viable Product (MVP)* – das unaufwendigste brauchbare Produkt. Ziel ist es, bei der Produktentwicklung so schnell wie möglich ein Produkt zu haben, das sich sinnvoll einsetzen lässt. Damit kann man dann testen und z. B. auch schnell die UX verbessern. Man bekommt so früh wie möglich Feedback und erkennt schnell, wenn man umsteuern muss.

8.4 Agiles Arbeiten in der Praxis

Es gibt verschiedene Varianten der agilen Entwicklung, für Konzepter und UX-Experten sind aber stets die folgenden Punkte entscheidend:

▶ Man erarbeitet die UX nicht allein bzw. im UX-Team, sondern mit dem *gesamten* Entwicklungsteam.

▶ Ziel ist es, so früh wie möglich eine lauffähige Anwendung/nutzbare Seiten zu produzieren.

- Nach der Definition der Kernfunktionen startet gleich die Umsetzung, weitere Konzepte entstehen erst im späteren Projektverlauf.
- Es sind regelmäßig Tests vorgesehen (z. B. am Ende jedes Sprints). Dabei geht es zunächst nur um die Technik, aber Usability-Tests lassen sich hier gut integrieren. Vor jedem Sprint wird am besten festgelegt, was am Ende mit Nutzern getestet werden soll. Es werden also die Testfälle definiert – zusammen mit den Anforderungen für den nächsten Sprint.

Die Herausforderung ist, die User Experience immer im Blick zu haben. Sie besteht aus vielen Details, die an verschiedenen Stellen relevant sind. Das kann bei der iterativen, kleinteiligen Arbeitsweise in agilen Teams manchmal problematisch sein.

Der wichtigste Tipp ist: Nehmen Sie sich am Anfang trotz der Vorgabe, dass möglichst wenig festgeschrieben werden soll, ausreichend Zeit für das Festlegen der Nutzergruppen, die Recherche der Nutzerbedürfnisse und die Entwicklung von Lösungsansätzen. Manche nennen diese Phase den *Sprint Null*.

Und während der weiteren Entwicklung ist es am besten, wenn UX und Design den Entwicklern immer einen Sprint voraus sind. Das heißt, Sie planen im aktuellen Sprint die Teile, welche die Entwickler erst im nächsten Sprint umsetzen. Und Sie testen mit Nutzern das, was die Entwickler im vorigen Sprint umgesetzt haben.

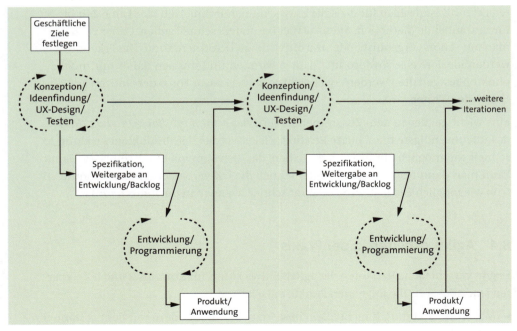

Abbildung 8.3 Bei Dual Track Agile laufen Konzeption und Entwicklung parallel – und befruchten sich gegenseitig.

> **Beispiel für den Einsatz von UX-Methoden in agilen Projekten**
>
> Folgende Methoden funktionieren nach unserer Erfahrung gut im agilen Kontext:
>
> 1. Nutzerinterviews & Vor-Ort-Beobachtungen (im Sprint Null)
> 2. Personas (mit dem gesamten Team erstellt)
> 3. Card Sortings
> 4. Papierprototyp-Tests (von Funktionen/Seiten, die im nächsten Sprint entwickelt werden sollen)
> 5. Usability-Tests (von bereits umgesetzten Teilen)
>
> Es hat sich bewährt, ein kleines Panel auszubauen, also eine Liste von Personen, die man kurzfristig für Tests rekrutieren kann. Die Testtage kann man bereits weit im Voraus festlegen, etwa alle zwei Wochen am Ende jedes Sprints oder alle vier Wochen. So kann man schon langfristig Termine mit den Testpersonen ausmachen. Verzichten Sie auf aufwendige Dokumentation, gehen Sie am besten Ihre Aufzeichnungen von den Tests mit den Entwicklern im Team durch und erarbeiten Sie gemeinsam direkt Lösungen.
>
> Versuchen Sie so flexibel (agil) wie möglich zu sein und erarbeiten Sie für jedes Projekt und jedes Team ein Vorgehen, welches in genau dem Fall funktioniert. Natürlich sollte man die Grundregeln des agilen Arbeitens kennen und nicht einfach nur behaupten, dass man agil arbeitet. Dennoch bringt es gerade bei kleineren Projekten nichts, sich an Regeln zu klammern, die für sehr große, komplexe Programmierungen gedacht sind. Es ist durchaus in Ordnung, nach dem Wasserfall-Prinzip vorzugehen, wenn sich das bewährt hat. Kleine Web-Projekte sind damit durchaus gut beherrschbar.

Wenn Sie erstmals in einem agilen Projekt arbeiten, lesen Sie sich am besten etwas ein. Empfehlenswert ist das Buch *Get Agile! Scrum for UX, Design & Development* von Pieter Jongerius und Kollegen. Es bietet auf 144 Seiten eine gute Einführung in Scrum und zeigt, wie man sich als UXler sinnvoll in solche Projekte einbringen kann.

Die Konzeption (UX und Design) läuft also parallel zur Entwicklung. Daher spricht man von *Dual Track Agile*. Ganz wichtig: Dabei sind die beiden Bereiche nicht strikt voneinander getrennt. Es ist entscheidend, dass zum einen Entwickler in die Konzeption einbezogen werden. Und zum anderen müssen die Ergebnisse der Entwicklung immer wieder getestet werden. Die Ergebnisse aus diesen Nutzertests fließen dann in die weitere Konzeption ein. Mehr zum Thema Dual Track Agile bei einem der Mitbegründer der Methode, Jeff Patton, unter *bnfr.de/ux046* sowie bei Jakob Nielsen, dem bekannten UX-Experten, unter *bnfr.de/ux047*.

TEIL II

Nutzer kennenlernen und für sie konzipieren

In Teil II geht es darum, wie wir bei der Entwicklung versuchen, unsere Nutzer so gut wie möglich kennen zu lernen. Wir stellen Ihnen die Methoden des *User Research* vor – wie *Fokusgruppen*, *Interviews* und *Umfragen*, *Vor-Ort-Beobachtungen* und *Tagebuchstudien*. Sie sehen, wie Sie daraus *Personas* (Nutzerprofile) erstellen, die während des ganzen Projekts und darüber hinaus hilfreich sind.

Schließlich zeigen wir Ihnen, wie Sie von einfachen Skizzen (*Scribbles*) über *Wireframes* und *Mockups* bis hin zu *Prototypen* immer konkreter werden. Dabei sehen Sie, wie man mit wenig Aufwand schon früh Dinge entwickelt, die man zeigen und diskutieren, ja sogar schon mit Nutzern testen kann. Nicht in jedem Projekt braucht es alle diese Schritte – Sie können auswählen, welche im jeweiligen Fall am besten passen.

Zum Thema Tests lesen Sie, wie Sie *Usability-Tests* professionell vorbereiten, durchführen und auswerten – oder sie beauftragen. Sind Zeit und Budget begrenzt, können *Guerilla-Tests* das Mittel der Wahl sein. Auch *Remote-Usability-Tests* stellen wir Ihnen vor, und wir zeigen Ihnen, wie *Usability-* bzw. *Expert-Reviews* ablaufen und welchen Nutzen diese in welchen Projektschritten haben.

Schließlich sehen Sie, wie Sie *A/B-Tests* richtig anwenden und *Analytics* nutzen, um die Usability Ihrer Anwendung zu verbessern und diese mit Metriken dokumentieren.

Kapitel 9
Fokusgruppen und Befragungen – Erkenntnisse über das derzeitige Nutzungsverhalten

Um erste Erkenntnisse über Ihre Nutzer und deren Anforderungen an Ihre Anwendung zu sammeln, bieten sich verschiedene User-Research-Methoden an. Zu den am häufigsten eingesetzten gehören Fokusgruppen und Befragungen.

Bevor Sie definieren, was Ihre geplante Anwendung leisten soll, sollten Sie sich die Nutzeranforderungen Ihrer Zielgruppe näher ansehen. Nur so können Sie etwas entwickeln, was tatsächlich jemand haben will. Aus den Bedürfnissen und Wünschen Ihrer Nutzer können Sie dann später *Personas* generieren und die ersten konzeptionellen Überlegungen ableiten (siehe Kapitel 11, »Personas – aus Erkenntnissen prototypische Nutzer entwickeln«). Die Recherche über die Zielgruppe (*User Research*) ist ein sehr wertvoller erster Schritt, auf dessen Ergebnisse Sie im späteren Projektverlauf immer wieder zurückgreifen. Um die Nutzeranforderungen zu erheben, gibt es verschiedene Methoden zur Datensammlung. Neben *Vor-Ort-Beobachtungen* und *Tagebuchstudien*, die im nächsten Kapitel kurz erläutert werden, stellen wir Ihnen in diesem Kapitel die folgenden weit verbreiteten und häufig angewandten *User-Research*-Methoden vor: *Fokusgruppen* und *Befragungen*.

9.1 Was sind Fokusgruppen? Was sind Befragungen?

In *Fokusgruppen* arbeitet man mit einer kleinen Gruppe potenzieller Nutzer im Gespräch allgemeine Einstellungen und Erwartungen von Nutzern an eine Anwendung heraus. Oft entstehen dabei auch gleich erste konzeptionelle Ideen und Ansätze. Bei *Befragungen* können Sie hingegen sehr große Stichproben sammeln, sind dabei allerdings auf die Fragestellungen begrenzt, die Sie in Ihrem Fragebogen mit aufgenommen haben.

9.1.1 Fokusgruppen

Eine *Fokusgruppe* ist eine Gruppendiskussion, bei der fünf bis maximal zehn Personen aus Ihrer Zielgruppe unter Anleitung eines Moderators ein definiertes Thema ausführlich besprechen. Der Moderator orientiert sich dabei an einem vorbereiteten Leitfaden. Es ist empfehlenswert, für repräsentativere Ergebnisse zwei oder mehrere *Fokusgruppen* zu einem Thema durchzuführen. Mithilfe von Fokusgruppen können Sie bestehende Anwendungen oder Produkte verbessern oder Ideen für neue Anwendungen evaluieren, konkretisieren und auch weiterentwickeln. Sie können als Grundlage auch ein erstelltes Konzept oder eine Idee nutzen, für das gezielte Optimierungsvorschläge oder auch neue Lösungsansätze erarbeitet werden sollen. In der Gruppendiskussion können Zusammenhänge zwischen den Aussagen und Handlungen der Teilnehmer sowie auch emotionale Hintergründe und versteckte Annahmen aufgedeckt werden.

Fokusgruppen sind in der Regel sehr kreativ, da der Austausch mit anderen Teilnehmern anregend wirkt und die Entwicklung von Ideen fördert. Gleichzeitig besteht aber auch die Gefahr, dass sich Teilnehmer der Gruppenmeinung anschließen und ihre eigene Meinung nicht äußern. Hier kann eine Vorbereitung durch die Teilnehmer im Vorfeld zur Fokusgruppe hilfreich sein, die die Teilnehmer zwingt, ihre Meinungen und Überzeugungen zu einem Thema im Voraus zu durchdenken und zu dokumentieren.

9.1.2 Befragungen

Bei einer *Befragung* werden auf Basis eines Fragebogens die individuelle Meinung, Einstellungen und Gewohnheiten von Einzelpersonen erfragt. Je nach Ausrichtung des Fragebogens erhalten Sie neben diesen Daten über die Nutzer selbst auch Informationen über ihre Anforderungen und Einschätzungen zu Ihrer aktuellen oder einer neu konzipierten Anwendung. Eine derartige Befragung kann sowohl mündlich (also persönlich oder telefonisch) als auch schriftlich (meist online oder aber auch papierbasiert) erfolgen. Bei der schriftlichen Erhebungsart spricht man häufig von *Umfragen*. Um eine große Stichprobe zu erzielen, eignet sich die Durchführung einer *Onsite-Befragung* oder *Onlineumfrage*. Hierbei werden potenzielle Nutzer per E-Mail zur Umfrage eingeladen (Onlineumfrage). Oder aber Sie binden eine entsprechende Aufforderung als Layer oder Pop-up auf Ihrer laufenden Website ein und bitten Ihre aktuellen Nutzer, an der Umfrage teilzunehmen (Onsite-Befragung).

Weiterhin unterscheiden sich Befragungen durch die Erhebungsfrequenz. Bei einer einmaligen Befragung (man spricht von einer *Querschnittstudie*) erhalten Sie eine Momentaufnahme von aktuellen Gegebenheiten. Führen Sie eine Befragung zum gleichen Thema mehrmals durch (man nennt dies eine *Längsschnittstudie*), können

Sie entweder Veränderungen messen, wenn Sie dieselben Teilnehmer wählen, oder aber Trends analysieren, wenn Sie unterschiedliche Teilnehmer befragen.

Befragungen können standardisiert, teilweise oder komplett unstandardisiert erfolgen. Unstandardisierte Befragungen haben keine Struktur, sind frei in der Fragenformulierung und sind sehr flexibel – Beispiel ist ein Experteninterview zu einem bestimmten Thema. Bei einer standardisierten Befragung hingegen ist die Struktur sehr starr, der Wortlaut der Fragen ist vorgegeben. Standardisierte Befragungen verlaufen immer einheitlich – ein Beispiel ist die klassische Onlineumfrage zur Kundenzufriedenheit.

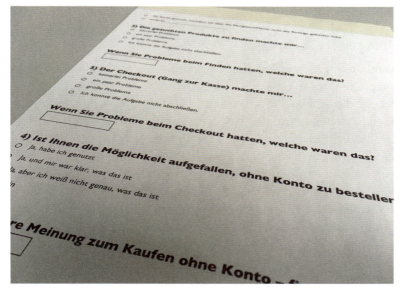

Abbildung 9.1 Ein Fragebogen beinhaltet meistens unterschiedliche Frageformen.

9.2 Wie führt man Fokusgruppen durch?

Wie Sie Fokusgruppen vorbereiten und Fragebögen für Befragungen aufsetzen, ist entscheidend für den Nutzen Ihrer *User Research*. Die erhobenen Daten bilden die Basis für Ihr späteres Konzept und damit den Erfolg Ihrer Anwendung.

9.2.1 Rolle und Aufgaben des Moderators

Für die erfolgreiche Durchführung einer Fokusgruppe spielt der Moderator eine zentrale Rolle. Seine Hauptaufgabe besteht darin, eine offene und vertrauensvolle Atmosphäre zu schaffen und Struktur und Rahmen vorzugeben. Durch aktive Moderation soll er alle Teilnehmer der Fokusgruppe zu einem aktiven Beitrag bewegen. Auch muss er motivieren und aktivieren oder in schwierigen Situationen zwischen den Gruppenteilnehmern vermitteln. Kurzum: Der Moderator muss gute Fähigkeiten in der Führung von Gesprächen haben. Das ermöglicht ihm, an interessanten Punkten die Diskussion weiter zu vertiefen, immer wieder auf das eigentliche Thema zurückzuführen, wenn die Diskussion abzuschweifen droht, oder auch auf die Stimmung innerhalb der Gruppe einzugehen. Nicht zuletzt ist der Moderator auch dafür zuständig, passende Moderationsmaterialien einzusetzen. Auf Flipcharts oder an Pinnwänden können beispielsweise Zwischenergebnisse dokumentiert, mithilfe von Zeichnungen oder Grafiken komplexe Sachverhalte verständlich dargestellt und Endergebnisse in einem Protokoll aufbereitet werden.

9.2.2 Vorbereitung einer Fokusgruppe

Neben der Auswahl des Moderators ist die Entwicklung des Moderationskonzepts zentral beim Vorbereiten der Fokusgruppe. Ist das Thema für die Diskussion definiert, formulieren Sie die Schlüsselfragen – meist 3 bis 5 Fragen – und wählen eine jeweils dazu passende Moderationstechnik. Nutzen Sie unterschiedliche Techniken, die die Gruppe aktivieren und motivieren und für Abwechslung bei der Diskussion sorgen. Erstellen Sie dann einen Ablaufplan inkl. der jeweils vorgesehenen Zeiten und testen Sie dies idealerweise im Vorfeld in einem sogenannten Pretest. Eine Fokusgruppe sollte 90 bis 120 Minuten dauern. Planen Sie dabei Zeit für das Ankommen und Verabschieden der Teilnehmer sowie einen Puffer ein. In einem Pretest können Sie nicht nur prüfen, ob der zeitliche Rahmen stimmt. Sie merken auch, ob wichtige Materialien fehlen oder Sie eine Moderationstechnik anpassen sollten.

Moderationsmethoden in Fokusgruppen

Die britische Organisation Seeds for Change (*www.seedsforchange.org.uk*) hat einen übersichtlichen Leitfaden in deutscher Sprache mit verschiedenen Moderationsmethoden zusammengestellt: *bnfr.de/ux044*

Neben zentralen Moderationsmethoden enthält dieser Methoden für unterschiedliche Phasen bei einem Workshop und bei Fokusgruppen:

- ▶ einsteigen und abschließen
- ▶ Vertrauen bilden
- ▶ teilnehmen und diskutieren
- ▶ sich Themen nähern und Konflikte lösen
- ▶ priorisieren und planen
- ▶ aufwachen, aufwärmen und runterkommen
- ▶ evaluieren

Planen Sie ausreichend Zeit fürs Rekrutieren der Teilnehmer ein. Je nach Thema und Fragestellungen müssen Sie Personen mit ganz konkreten Erfahrungen, Fachwissen oder besonderen Eigenschaften finden. Denken Sie auch an ein angemessenes Incentive für die Teilnehmer. Empfehlenswert sind etwa fünf bis zehn Teilnehmer pro Fokusgruppe. Diese Gruppengröße ist klein genug, dass sich alle beteiligen und groß genug, um unterschiedliche Perspektiven und Meinungen zum Thema zu bekommen.

Finden Sie für Ihre Fokusgruppe einen komfortablen Raum und schaffen Sie dort eine angenehme, lockere Atmosphäre für die Diskussion. Smalltalk vor Beginn der eigentlichen Veranstaltung hilft dabei, auch Getränke und kleine Snacks lockern die Stimmung auf.

Sie sollten Fokusgruppen möglichst auf Video aufzeichnen und unbedingt von einem Protokollanten dokumentieren lassen. Das erleichtert Ihnen später die Auswertung. Richten Sie bei Bedarf auch die Übertragung in einen Beobachtungsraum ein. Bei sensiblen oder heiklen Themen kann es ratsam sein, nur Audio aufzuzeichnen, weil die Teilnehmer sich durch Videokameras möglicherweise unwohl und gehemmt fühlen könnten.

9.2.3 Durchführung einer Fokusgruppe

Der Ablauf einer Fokusgruppe hat typischerweise fünf Teile:

1. **Eröffnung:** Stellen Sie sich, den Protokollanten sowie den Ablauf der Fokusgruppe vor. Erklären Sie den Teilnehmern die Regeln. Bitten Sie dann die Teilnehmer, sich ebenfalls vorzustellen. Für ein erstes Kennenlernen und eine lockere Atmosphäre ist es hilfreich, auch etwas Persönliches zu erzählen. Sie können die Teilnehmer also bitten, ihren Namen und Wohnort zu nennen und beispielsweise von ihren Plänen für ihre nächste Reise zu erzählen.

2. **Einleitung:** Führen Sie anschließend kurz in das Thema und die Zielsetzung der Fokusgruppe ein. Ein möglicher Einstieg kann sein, dass sich die Teilnehmer über ihre Erfahrungen mit einer bestehenden Anwendung austauschen. Am Ende der Einleitung sollten alle Teilnehmer gedanklich beim Thema sein.

3. **Überleitung:** In der Überleitung grenzen Sie das Thema dann ein und leiten zu den Schlüsselfragen hin. An dieser Stelle sollten die Teilnehmer die jeweils anderen Sichtweisen ausgetauscht und verstanden haben.

4. **Schlüsselphase:** Mit der Schlüsselphase startet die eigentliche Diskussion, mit der Sie spätestens zur Halbzeit der Fokusgruppe starten sollten. Für jede der vorab definierten Schlüsselfragen planen Sie etwa 10 bis 15 Minuten ein. Als Moderator haben Sie die essenzielle Aufgabe, die Teilnehmer zu führen und gegebenenfalls auf das Thema zurückzuführen. Dabei halten Sie sich mit Ihrer eigenen Meinung

zurück und versuchen, die Teilnehmer nicht zu beeinflussen. Auch sind Sie dafür zuständig, die Teilnehmer zu motivieren, ihre Gedanken frei zu äußern und sich aktiv in die Diskussion mit einzubringen. Fragen Sie bei interessanten Äußerungen nach und fassen Sie Teilergebnisse (auch für das Protokoll) zusammen.

5. **Zusammenfassung:** Abschließend werden die zentralen Erkenntnisse gebündelt und offene Fragen beantwortet. Jeder Teilnehmer hat dann die Möglichkeit zu einem persönlichen Fazit.

Verläuft die Diskussion sehr oberflächlich und sind die Aussagen der Teilnehmer sehr abstrakt, können Sie folgende Methoden einsetzen, um zu konkreten, greifbaren Aussagen zu kommen:

▶ **Stimuli:** Sie zeigen den Teilnehmern Konzeptideen und Entwürfe einer neuen Anwendung – zur Ideenanregung oder als Denkanstoß.

▶ **Aktiv-Phasen:** In einer solchen Phase geben Sie den Teilnehmern – manchmal in Teilgruppen – die Möglichkeit, mithilfe von bereitgestellten Materialien oder zeichnerisch Ansätze für eine neue Anwendung oder erste Skizzen/Scribbles zu entwerfen.

▶ **Projektionen:** Sie fordern die Teilnehmer auf, sich in die Lage des Website-Betreibers zu versetzen. Geeignet hierfür sind Fragestellungen wie beispielsweise: »Was würden Sie ändern, wenn Sie für diese Anwendung verantwortlich wären?«

9.2.4 Auswertung der Fokusgruppen

Bei der Analyse des Datenmaterials der Fokusgruppe und einem darauf aufbauenden Bericht orientieren Sie sich stark an der Zielsetzung, den Fragestellungen und den gewählten Moderationstechniken. Diese bestimmen letztlich, wie Sie die Ergebnisse aufbereiten und darstellen. In den meisten Fällen ist es eine Mischung aus qualitativen Anteilen (z. B. interpretative Analysen, inhaltliche Zusammenfassung von Aussagen und Meinungen), quantitativen Anteilen (z. B. Häufigkeiten von konkreten Statements, Votings) sowie reiner Dokumentation (z. B. Fotoprotokoll von Scribbles, Zeichnungen zu Ideen der Teilnehmer).

Tauschen Sie sich als Moderator mit Ihrem Assistenten/Protokollant direkt nach der Fokusgruppe aus und gleichen Sie Ihre Aufzeichnungen und Beobachtungen ab. Wichtig ist, dass Sie ein gemeinsames Verständnis davon entwickeln, wie die Teilnehmer letztlich auf die Schlüsselfragen geantwortet haben. Erstellen Sie eine Zusammenfassung (häufig *Feldnotizen* genannt), die alle zentralen Themen aus der Diskussion und auch beobachtete Verhaltensweisen (Stimmung, Körpersprache, Charakteristika der Teilnehmer) beinhalten. Zusammen mit den Video- oder Audioaufzeichnungen bildet dies die Grundlage für die weitere Analyse.

Konzentrieren Sie sich auf die Schlüsselfragen und bündeln Sie alle zentralen Aussagen dazu. Unter Berücksichtigung des jeweiligen Kontextes können Sie auch häufig verwendete Wörter zählen und so bestimmte Themen gewichten. Je nach Fragestellung kann es auch interessant sein, gezielt nach Brüchen in der Diskussion zu suchen, um daraus möglicherweise Ideen und neue Ansätze herauszufiltern.

9.3   Wie setzt man Befragungen auf?

Eine Befragung steht und fällt mit einem professionell aufgesetzten Fragebogen und einer sinnvoll gewählten Stichprobe.

9.3.1   Vorgehen bei quantitativen Befragungen

Bevor Sie den Fragebogen anlegen, sollten Sie das zu untersuchende Problem bzw. die zentrale Fragestellung genau definieren. Idealerweise sammeln Sie zunächst alle Aspekte und mögliche Einflussfaktoren zu Ihrer Thematik und formulieren Hypothesen. Dann erst überlegen Sie sich, wie Sie die einzelnen Merkmale aus Ihrer Hypothese prüfen können. Überspringen Sie diesen Schritt und gehen die umgekehrte Richtung, laufen Sie Gefahr, dass Sie nur das fragen, was leicht abzufragen ist, nicht aber das, was möglicherweise für die Beantwortung Ihrer Fragestellung viel wichtiger ist. Auf dieser Basis können Sie dann die Testfragen wählen und ausformulieren. Mehr dazu in Abschnitt 9.3.2, »Erstellung eines Fragebogens«.

Danach bestimmen Sie Ihre Zielgruppe. Definieren Sie ganz klar, welche Kriterien die Befragten erfüllen müssen. Ist die *Grundgesamtheit*, also die Anzahl der Personen, die in Ihre Zielgruppe fällt, nicht zu groß und können Sie diese leicht befragen, können Sie eine so genannte *Vollbefragung* durchführen. Dies ist aber in den wenigsten Fällen möglich, so dass Sie eine *Stichprobe* nehmen müssen. Für eine repräsentative Studie muss die Stichprobe in ihrer Zusammensetzung und in der Struktur der relevanten Merkmale der Grundgesamtheit möglichst ähnlich sein. Das setzt voraus, dass Sie alle wichtigen Merkmale von den Befragten kennen, diese also erfasst sind. Zur Auswahl der Personen für die Stichprobe wäre ein Zufallsverfahren ideal, bei dem jeder Einzelne aus der Grundgesamtheit die gleiche Chance hat, in die Stichprobe zu kommen. Eine solche Chancengleichheit werden Sie aber in der Praxis nicht realisieren können. Daher wird in der Regel mit einer Kombination aus Zufallsverfahren und Quotensteuerung gearbeitet. Eine Quote legt fest, mit welchen Anteilen Personen mit bestimmten Merkmalen in der Stichprobe vertreten sein sollen. Sie können auch die Größe der Stichproben berechnen. Dies bietet sich an, wenn Sie konkrete Vorstellungen davon haben, wie genau die Ergebnisse sein müssen. Für die Berechnung gibt es verschiedene Formeln und Übersichten. Bei einer Studie, die sich auf die deutsche Bevölkerung und eine Kombination der Merkmale Alter, Bundesland, Bildung und

Berufstätigkeit bezieht, brauchen Sie mindestens 500, besser bis zu 1.000 Personen. Bei einer B2B-Studie über verschiedene Branchen, Größenklassen und Regionen ist eine Stichprobe von mindestens 120, besser 200 Befragten empfehlenswert.

Machen Sie sich schon bei der Entwicklung des Fragebogens Gedanken zur Auswertung. Für die Beantwortung Ihrer Fragen kann es wichtig sein, Gruppenunterschiede zu finden. Haben Sie also die Hypothese aufgestellt, dass sich bestimmte Gruppen in Verhaltensweisen, Meinungen oder Einstellungen erheblich unterscheiden, können Sie das bei der Auswertung überprüfen. Relevante Gruppen können nach demographischen Merkmalen gebildet werden (z. B. Alter, Geschlecht, Wohnort) oder nach sonstigen, für die Fragestellung relevanten Merkmalen (z. B. Bestandskunden vs. potenzielle Neukunden, Online-Shopper vs. Offline-Shopper). Bedenken Sie das schon, wenn Sie die Stichprobe festlegen.

Vor der Einladung der Stichprobe zur Befragung sollten Sie in einem Vorversuch den Fragebogen durchspielen, um mögliche Stolperstellen/Abbrüche aufzuspüren und die Länge des Fragebogens zu testen. Bedenken Sie bei der Einladung der Stichprobe auch, dass nicht alle eingeladenen Personen an Ihrer Befragung teilnehmen werden. Rücklaufquoten (engl. *Response Rate*) um die 10 Prozent sind gängig.

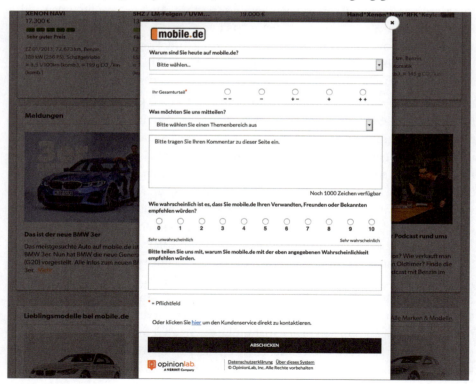

Abbildung 9.2 Ein typischer Fragebogen zur Erhebung der Gründe für den Website-Besuch und der Kundenzufriedenheit, hier auf mobile.de.

9.3 Wie setzt man Befragungen auf?

9.3.2 Erstellung eines Fragebogens

In einem Fragebogen können Sie *offene* oder *geschlossene Fragen* stellen. Auf offene Fragen kann frei geantwortet werden, also mit einem frei formulierten Text. Damit können Sie neue Erkenntnisse gewinnen und Zusammenhänge entdecken, an die Sie zuvor nicht gedacht hatten. Allerdings ist der Aufwand der Erhebung und Auswertung höher als bei geschlossenen Fragen. Auch ist die Qualität der Antworten stark abhängig von den Teilnehmern an der Befragung. Bei geschlossenen Fragen geben Sie die Antwortoptionen vor. Damit können Sie die Antworten vergleichen, und die Ergebnisse bzw. Aussagen lassen sich validieren. Allerdings besteht auch die Gefahr, dass sich manche Teilnehmer in den vorgegebenen Antworten nicht wiederfinden. Damit können Sie eine derartige Befragung auch verzerren. Überlegen Sie genau, was Sie von den Teilnehmern erfahren möchten und welche Frageform sich dafür jeweils eignet. Weitere Fragetypen finden Sie im Kasten.

Fragetypen und Skalenarten in Fragebögen

In Fragebögen können Sie auf unterschiedliche **Fragetypen** zurückgreifen – abhängig davon, was Sie in Erfahrung bringen möchten.

- **Einfachauswahl/Radiobuttons:** Aus mehreren Antwortoptionen kann nur eine ausgewählt werden.
- **Mehrfachauswahl/Checkboxen:** Aus mehreren Antwortoptionen können mehrere, also alle zutreffenden, ausgewählt werden.
- **Texteingabe:** Bietet die Möglichkeit, einen frei gewählten Text zu einer meist offenen Frage einzugeben. Auch ergänzend als Begründung für eine vorangegangene Antwort.
- **Begründungen:** Erläuterungen, warum eine Antwort gewählt wurde, können als Freitext eingegeben oder aus mehreren Auswahloptionen ausgewählt werden.
- **Rankingfragen:** Die Antwortoptionen sollen in eine Reihenfolge gebracht werden, um eine Präferenz abzubilden.
- **Ratingfragen:** Man kann zwischen den zwei Extremen einer Skala wählen, also beispielsweise einen Wert zwischen »schlecht/gut« oder »voll zustimmen/überhaupt nicht zustimmen«.
- **Semantisches Differenzial (Polaritätenprofil):** Eine Ratingskala, bei der die Pole aus verbalen Gegensatzpaaren (z. B. modern/traditionell, sympathisch/unsympathisch) bestehen.

Beim Einsatz von Ratingfragen können Sie unterschiedliche **Skalenarten** verwenden:

- **Verbalskalen:** Die Bewertung einer Aussage oder eines Sachverhalts erfolgt über Begrifflichkeiten in fünf oder sieben Stufen.
  - Zufriedenheit (voll und ganz unzufrieden – weitgehend unzufrieden – teils, teils – weitgehend zufrieden – voll und ganz zufrieden)

- Zustimmung (stimme überhaupt nicht zu – stimme eher nicht zu – stimme teilweise zu – stimme eher zu – stimme voll und ganz zu)
- Wichtigkeit (überhaupt nicht wichtig – eher nicht so wichtig – durchschnittlich – eher wichtig – sehr wichtig)
- Zutreffen (trifft überhaupt nicht zu – trifft nicht zu – trifft eher zu – trifft voll und ganz zu)
- Bewertung (schlecht – eher schlecht – durchschnittlich – eher gut – sehr gut)

▸ **Numerische Skalen:** Die Bewertung einer Aussage oder eines Sachverhalts erfolgt über feste Zahlenwerte (1 bis 5, 0 bis 10 etc., –5 bis +5, Schulnotenskala).

▸ **Visualisierte Skalen:** Die Bewertung einer Aussage oder eines Sachverhalts erfolgt über grafisch dargestellte Skalen (z. B. mit Flächen = Flächenskalen, Smileys = Smiley-Skala, Farben = Intensitätsskala).

Bei der Ausgestaltung des Fragebogens sollten Sie die folgenden Fragen im Hinterkopf haben und die Fragen dahingehend überprüfen:

1. Wird durch die Frage und die dazugehörigen Antwortkategorien klar, worum es genau geht?
2. Sind alle Fragen so kurz und prägnant wie möglich formuliert?
3. Sind alle Fragen neutral formuliert? Sind die Fragen nicht suggestiv formuliert, damit Sie bei der Beantwortung keine Präferenz vorgeben oder in eine Richtung lenken?
4. Sind alle Begriffe einfach und eindeutig, so dass die befragte Zielgruppe Sie versteht? Werden Zweideutigkeiten vermieden?
5. Sind unklare Begriffe erläutert?
6. Werden Verneinungen vermieden?
7. Können alle Teilnehmer auf die Fragen antworten?
8. Sind die Antwortkategorien ausreichend für die Befragten, so dass jeder sich in einer Antwortoption wiederfindet?
9. Sind die Antwortkategorien eindeutig und trennscharf gewählt?
10. Passen die Antwortkategorien zur Art der Frage?

Bedenken Sie auch die Anrede der angesprochenen Gruppe. Bei Jugendlichen ist es möglicherweise besser, diese mit Du anzusprechen; im geschäftlichen Umfeld sollten Sie siezen. Und vor allem sollten Sie bei der einmal gewählten Anrede bleiben.

9.3.3 Feldkontrolle, Datenbereinigung & Auswertung

Während der Feldzeit, also solange die Umfrage aktiv ist, sollten Sie regelmäßig einen Blick in die Daten werfen und die Rückläufe und deren Datenqualität überprüfen.

Sind die Rückläufe zu gering, können Sie bei Onsite-Befragungen durch Erhöhen der Einblendungen gegensteuern (z. B. jeder fünfte statt jeder zehnte Websitebesucher sieht die Aufforderung zum Mitmachen). Bei Panelumfragen können Sie eine Erinnerung verschicken oder eine weitere Welle starten.

Ist die gewünschte Stichprobe komplett und die Befragung abgeschlossen, kontrollieren Sie die eingegangenen Daten und bereinigen Sie diese bei Bedarf. In jedem Fall streichen Sie so genannte »Durchklicker« – sprich Personen, die die Umfrage einfach durchgeklickt und wahllos Antworten ausgewählt haben, ohne darüber nachzudenken. Das erkennen Sie vor allem daran, dass diese bei der benötigten Zeit für die Befragung deutlich unter dem Durchschnitt lagen. Außerdem neigen »Durchklicker« dazu, oft die gleiche Skalenoption auszuwählen. Prüfen Sie schließlich die Plausibilität aller Daten. Hier geht es darum, Antworten zu identifizieren, die sich widersprechen. Nehmen wir als Beispiel eine Befragung zu einem Onlineshop: Hat ein Teilnehmer angegeben, er sei dort Kunde, darf er später auf die Frage, wie oft er bei diesem Onlineshop schon bestellt habe, nicht mit »nie« antworten. Auch Freitextfelder sollten Sie überprüfen. Sind dort Antworten dabei, die keinen Sinn ergeben oder jemand hat nur wahllos auf der Tastatur getippt, löschen Sie diese Antwort.

Verschaffen Sie sich dann einen Überblick über die Befragungsergebnisse. Sehen Sie sich zunächst für einen ersten Eindruck die zentralen Fragestellungen an, die Ihnen Antworten auf Ihre Kernfragen geben. Im Anschluss filtern Sie die Ergebnisse, um weitergehende Erkenntnisse (z. B. aus Gruppenunterschieden) zu gewinnen. Dazu setzen Sie verschiedene Fragen miteinander in Verbindung oder Sie werten bestimmte Gruppenunterschiede aus. Ein Beispiel: Sie haben kürzlich ein Redesign Ihrer Website online gestellt und möchten nun über eine Onsite-Befragung herausfinden, wie dieses ankommt. Sie haben diese Befragung schon einmal vor dem Redesign durchgeführt und möchten nun die Entwicklung betrachten. Bei der ersten Analyse erhalten Sie ganz positive Bewertungen über die gesamte Stichprobe. Nun möchten Sie noch wissen, ob das für alle Teilnehmer gleichermaßen gilt oder ob es hier Unterschiede gibt. Daher setzen Sie die Frage nach dem Gefallen der neuen Website in Verbindung mit dem Kriterium Bestandskunde beziehungsweise Neukunde. Nun sehen Sie, dass das Redesign bei den Neukunden deutlich besser ankommt als bei Bestandskunden. Sie filtern noch weiter nach Alter und können daraus schließen, dass die neue Website besonders von den etwas älteren Bestandskunden schlechter bewertet wurde.

Haben Sie diese detaillierte Analyse abgeschlossen, sehen Sie sich die Freitextantworten an. Die Auswertung der offenen Fragen kann sehr zeitintensiv sein. Mit den zuvor gewonnenen Erkenntnissen sind Sie nun aber in der Lage, viel gezielter nach konkreten Aussagen und in unserem Beispiel nach Gründen für die Bewertung zu suchen. In jedem Fall erhalten Sie ein besseres Bild davon, warum einige Ergebnisse positiv oder eher negativ ausgefallen sind. Zudem erhalten Sie durch die Kommentare einige Anregungen und Ansätze für Ihr Vorhaben. In unserem Beispiel etwa, was Sie konkret tun können, um Ihre neue Website für Bestandskunden weiter zu verbessern. Je nach Frage kann es sich anbieten, die Häufigkeit von bestimmten Begriffen in den Antworten auszuzählen. Dies gibt Ihnen einen Anhaltspunkt, welche Themen Sie näher ansehen sollten und wo möglicherweise Handlungsbedarf besteht. Als Darstellung bietet sich hier eine so genannte Tagcloud, also eine Wortwolke an. Darin werden die am häufigsten verwendeten Wörter am größten dargestellt, seltener genannte entsprechend kleiner. Eine Wortwolke eignet sich auch gut für Präsentationen, da sie eine Abwechslung zwischen Grafiken und reinen textlichen Aufzählungen bietet und den Zuhörern einen schnellen Überblick über relevante Themen gibt.

Kapitel 10

Vor-Ort-Beobachtungen und Tagebuchstudien – den Nutzer im Alltag beobachten

Nicht nur Informationen über den Nutzer selbst, sondern auch über sein Umfeld, seine Tätigkeiten und weitere Einflussfaktoren im Alltag sind wertvoller Input für Ihre Anwendungsentwicklung. Vor-Ort-Beobachtungen oder Tagebuchstudien liefern Ihnen solche Informationen.

Die Gebrauchstauglichkeit und das Nutzungserlebnis bestimmter Produkte oder Anwendungen kann man nur dann beurteilen, wenn man weiß, wie Menschen sie im Alltag wirklich nutzen, beispielsweise bei Smart-Home-Produkten wie einem smarten Thermostat inklusive der App zur Heizungssteuerung. Fokusgruppen, Tests oder Interviews im Usability-Labor liefern Ihnen zwar wertvolle Erkenntnisse. Informationen zum *Nutzungskontext*, u. a. zur Umgebung, in der ein Produkt genutzt wird, zu alltäglichen Gewohnheiten eines Nutzers oder weiterer Einflussfaktoren finden Sie dabei aber kaum heraus. Insbesondere solche nicht, die dem Nutzer nicht bewusst sind.

10.1 Nutzungskontextanalyse – wozu?

In diesen Fällen bietet es sich an, über *Vor-Ort-Beobachtungen* oder *Tagebuchstudien* die Nutzungssituation im Alltag kennen zu lernen. Beides sind empirische Methoden der *Nutzungskontextanalyse*: Nutzer werden in ihrer gewohnten Umgebung zuhause, am Arbeitsplatz oder unterwegs bei ihren alltäglichen Gewohnheiten beobachtet (Vor-Ort-Beobachtung), oder sie sollen diese dokumentieren (Tagebuchstudie). Tagebuchstudien sind auch wertvoll als evaluierende Methode (siehe Abschnitt 10.2.2).

Der *Nutzungskontext* ist in ISO 9241-11 definiert und umfasst »die Benutzer, Arbeitsaufgaben, Ausrüstung (Hardware, Software und Materialien) sowie physische und soziale Umgebung, in der das Produkt genutzt wird«. Es geht also darum, die Nutzer und ihre täglichen Aufgaben, Routinen, Bedürfnisse, Wünsche und Ziele, ebenso aber auch Schwierigkeiten und Hürden kennen zu lernen und zu verstehen. Sie alle haben Einfluss auf das *mentale Modell* der Nutzer, also ihre Denkmuster und Vorstellungen von der Umwelt und damit ihre Erwartungen und das daraus resultierende Verhalten. Analysieren Sie den Nutzungskontext, dann lernen Sie den Nutzer kennen, und zwar:

- ▶ wie er sich verhält und warum er sich so verhält,
- ▶ wie er Anwendungen versteht bzw. verstehen lernt,
- ▶ wie seine Bedürfnisse und Wünsche aussehen,
- ▶ wie seine Erwartungen an ein Produkt oder eine Anwendung sind und
- ▶ welche Probleme oder Schwierigkeiten er mit einem Produkt oder einer Anwendung hat.

Dieses Wissen ermöglicht es Ihnen, Anforderungen an Ihre Anwendung abzuleiten. Und Sie können damit vor allem sicherstellen, dass der Nutzer diese auch langfristig im Alltag gern und problemlos verwendet.

10.2 Was sind Vor-Ort-Beobachtungen und Tagebuchstudien?

Beide Methoden für die *Nutzungskontextanalyse*, die wir Ihnen vorstellen, haben ihre Stärken: Vor-Ort-Beobachtungen decken vor allem auch unbewusste Verhaltensmuster und Bedürfnisse des Nutzers auf. Bei Tagebuchstudien sind die Nutzer unbeeinflusst von anderen Probanden, wie es beispielsweise bei Fokusgruppen, Kundenblogs oder Beobachtungen der Fall sein kann. Sie können jeweils ihre ganz persönlichen Erfahrungen und auch Schwierigkeiten bei der Nutzung im Tagebuch dokumentieren.

10.2.1 Vor-Ort-Beobachtungen

Bei einer Vor-Ort-Beobachtung begleiten Sie einen Nutzer während einer typischen Nutzungssituation in seiner natürlichen Umgebung – beispielsweise zuhause oder am Arbeitsplatz. Als Beobachter halten Sie sich im Hintergrund, um den Nutzer so wenig wie möglich in seinen alltäglichen Abläufen zu beeinflussen oder auf die Situation einzuwirken. Sie protokollieren alle Aspekte der Nutzung einer Anwendung oder eines Produkts sowie auch Zusatzinformationen zum Umfeld und sonstigen einwirkenden Faktoren. Dies ist später die Grundlage für die Analyse. Sofern möglich, filmen Sie das Geschehen zusätzlich mit einer Videokamera. Auch der Ton wird mitgeschnitten, um später bei der Auswertung unterstützendes Material zu haben.

Eine derartige Vor-Ort-Beobachtung ist in der Regel zwar aufwendig, bietet dafür aber einen ganzheitlichen Eindruck des natürlichen Umfelds des Nutzers und einen tiefen Einblick in dessen tatsächliches Nutzungsverhalten. Der Aufwand ist stark abhängig von Faktoren wie der Beobachtungsdauer und dem Umfang der Auswertung.

Diese Methode rentiert sich gerade dann, wenn auch unbewusste Arbeitsabläufe oder Nutzungsmuster in Erfahrung gebracht werden sollen. Anforderungen und Bedürfnisse des Nutzers werden nachvollziehbar, so dass Sie ein gutes Verständnis für den Nutzer bekommen.

Sonderform Contextual Inquiry

Eine Sonderform der Vor-Ort-Beobachtung ist die so genannte *Contextual Inquiry*, also eine Mischung aus Beobachtung und Interview. Man spricht auch von *teilnehmender Beobachtung, Apprenticing* oder vom *Meister-Lehrling-Prinzip*. Der Beobachter kann während der Nutzungssituation direkt Verständnis- oder Nachfragen stellen oder sich die Tätigkeiten vom Nutzer detailliert erklären lassen – so wie ein Lehrling den Meister fragen kann. Das Gespräch wird durch die Erzählung der Nutzer geleitet. Der Beobachter oder auch Interviewer baut darauf auf und stellt immer wieder Fragen. Ziel ist es, die Gründe für das Verhalten des Nutzers, seine Erlebnisse, Erfahrungen und Einstellungen zu erforschen. So bekommen Sie einen noch tieferen Einblick, als es bei der Vor-Ort-Beobachtung möglich ist.

> **Checkliste zur Vor-Ort-Beobachtung**
>
> Eine Liste mit Fragestellungen, auf die Sie bei der Beobachtung vor Ort im Hinblick auf das Umfeld, die Personen und deren Arbeitsabläufe achten sollten, finden Sie unter *bnfr.de/ux056*

10.2.2 Tagebuchstudien

Mit einer *Tagebuchstudie* gewinnen Sie umfangreiche Daten über Ihre Nutzer und deren Umgang mit Ihrem Produkt/Ihrer Anwendung, wenn Sie diese Methode zur Evaluierung heranziehen. Oder Sie erfahren etwas über das Verhalten der Nutzer in Situationen, für die Sie ein Produkt/eine Anwendung planen, wenn Sie noch keine Anwendung haben. Bei einer solchen Studie dokumentieren die Probanden ihr Verhalten über einen längeren Zeitraum in einem *Nutzertagebuch*. Diese Langzeit-Datensammlung ist interessant, da sie die Nutzung in unterschiedlichen Situationen und Kontexten erfasst und vielfältige Nutzungsszenarien aufdecken kann. Von der ersten Bedienung bzw. Einrichtung bis hin zum alltäglichen Gebrauch eines Produkts oder einer Anwendung entsteht ein klares Bild von dem ganzheitlichen Nutzungserlebnis. Entwicklungen und Veränderungen im Nutzungsverhalten werden so erkennbar. Das kann beispielsweise die Installation und langfristige Nutzung eines smarten Thermostats sein. Der Nutzer berichtet über seine Erlebnisse bei der Inbetriebnahme, bei der täglichen Interaktion mit dem Thermostat über die dazugehörige App und über die damit zusammenhängenden positiven wie negativen Erfahrungen.

Auswahl der geeigneten Technik und Methode

Die Tagebucheinträge können die Nutzer auf unterschiedliche Weise festhalten und übermitteln – klassisch auf Papier, digital per App/Smartphone oder Tablet, per Diktiergerät und Kamera oder über Onlinefragebögen bzw. eine webbasierte Tagebuch-Anwendung. Als moderne Alternative für die Durchführung einer Tagebuchstudie, die auch einen schnellen Einstieg ermöglicht, ist eine Kurznachrichten-App wie WhatsApp. Zahlreiche potenzielle Studienteilnehmer nutzen die App täglich, sind mit ihr vertraut und haben keine Berührungsängste oder Verständnisfragen zur Nutzung. Zudem bietet WhatsApp die Funktionen der Kommentare genauso wie Kamera und Diktiergerät, die alle für das Führen des Tagesbuchs hilfreich und sinnvoll sein können. Welche Erhebungsform Sie wählen, hängt von dem Untersuchungsgegenstand, dem vermuteten Nutzungskontext und auch der Zielgruppe ab. Wichtig ist, dass das Feedback ohne Verzögerung direkt im eigentlichen Nutzungskontext erfolgt, ohne dass Erinnerungseffekte die Wahrnehmung verzerren.

Ein Nachteil einer Tagebuchstudie ist die heterogene Datenqualität, mit der Sie häufig konfrontiert sind. Der Detailgrad und die Aussagekraft der Einträge hängen stark von den Nutzern ab und können die Auswertung erschweren. Dies führt oft zu einem hohen Betreuungsaufwand. Insofern sollten Sie bei der Rekrutierung der Teilnehmer darauf achten, wie mitteilungsfreudig diese sind und dies am Telefon verifizieren. Empfehlenswert ist es, bereits beim Einladen der Teilnehmer die Bereitschaft für ein abschließendes Gespräch nach der eigentlichen Tagebuchstudie abzuklären. In kurzen Telefoninterviews können Sie so direkt auf Fragen eingehen, die bei der Auswertung und Sichtung der Einträge aufgekommen sind. Generell ist die Betreuung der Studienteilnehmer während der Feldphase entscheidend für den Erfolg der Studie. Bieten Sie den Teilnehmern verschiedene Kanäle an, über die sie bei Fragen Kontakt aufnehmen können.

Kapitel 11

Personas – aus Erkenntnissen prototypische Nutzer entwickeln

Sie haben umfangreiche Daten über Ihre Nutzerschaft gesammelt und möchten dieses Wissen für Ihr Team greifbar machen? Personas sind eine bewährte Methode, um abstrakten Nutzergruppen Leben einzuhauchen. Es sind fiktive Nutzerprofile, die allerdings auf realen Daten basieren.

Jede digitale Anwendung – ob Website oder App – sollte für den späteren Nutzer konzipiert und entwickelt werden. Gestalten Sie diese allerdings auf Basis von Vermutungen, nach den vermeintlichen Anforderungen des Projektteams oder gar zum Selbstzweck, wird Ihre Anwendung aller Voraussicht nach nicht erfolgreich sein. Aus diesem Grund sollten Sie den Nutzer und seine Bedürfnisse während des gesamten Entwicklungszeitraums genauestens im Blick haben. Eine gute Methode hierfür ist es, den Nutzer und sein Nutzungsverhalten in Form einer *Persona* zu definieren und festzuhalten. Diese *Personas* begleiten dann jede Ihrer Design- und Funktionsentscheidungen während eines Projekts – und darüber hinaus. Basis dafür sind gesammelte Daten aus Umfragen, Beobachtung oder auch Nutzertagebücher (siehe Kapitel 9 und Kapitel 10).

11.1 Was sind Personas?

Personas sind prototypische Anwenderprofile, die Nutzergruppen und ihre unterschiedlichen Ziele, Eigenschaften, Verhaltensweisen und Motive in Bezug auf eine Anwendung genau beschreiben. Eine Persona steht stellvertretend für eine Nutzergruppe, die für Ihre Anwendung relevant ist und diese später verwenden soll. Sie werden selten nur eine einzige homogene Nutzergruppe mit einer Anwendung ansprechen, so dass Sie für Ihr Produkt sicherlich drei bis vier Personas entwickeln werden.

Bewährt haben sich kompakte Darstellungen mit Foto, Namen und stichpunktartiger Zusammenfassung der wesentlichen Eckpunkte – auch über Icons oder Grafiken, die beispielsweise den Grad der Technologiekompetenz ausweisen (siehe Abbildung 11.1).

113

Abbildung 11.1 Beispiel für eine Persona-Darstellung (Xtensio)

Personas dienen dazu, im Laufe des Projekts die Zielsetzung Ihrer Nutzer stets vor Augen zu haben und diese entsprechend in die Entwicklung der Anwendung einfließen zu lassen. Sie unterstützen dabei, Bedürfnisse und Anforderungen der Nutzer zu verstehen und die Anwendung nicht für »jedermann«, sondern speziell für Ihre Nutzer oder Anwender zu entwickeln.

Die Stärke von Personas zeigt sich aber nicht nur in der Grundlage für den Entwicklungsprozess. Vielmehr helfen sie auch bei der Kommunikation mit allen Projektbeteiligten, im interdisziplinären Team und bei der Konsensbildung. Durch ein gemeinsames einheitliches Verständnis des Nutzers kann auch der Nutzwert von möglichen Funktionen, Services und Inhalten objektiv bewertet werden. Außerdem lassen sich entsprechende Entscheidungen über den Einsatz von finanziellen und personellen Mitteln für die (Weiter-)Entwicklung treffen.

11.2 Wie sehen Personas aus?

Eine Persona soll im gesamten Projektteam ein klares Bild Ihres typischen Nutzers erzeugen. Je mehr Details und klare Informationen zur Person Sie einbringen, desto einheitlicher wird die Vorstellung von der Persona bei allen Beteiligten. Damit können diese während des Produktentwicklungsprozesses umso zielführender mit der Persona arbeiten.

Grundlegend brauchen Sie in einer Persona-Beschreibung stets Informationen zu folgenden Punkten:

- soziodemografische Angaben (Alter, Geschlecht)
- persönliche Eigenschaften und Merkmale des Nutzers
- sein Verhaltensmuster, seine Zielsetzung/Intention und Aufgaben bei der Nutzung der Anwendung
- seine Vorerfahrung und Kenntnisse hinsichtlich der betreffenden Thematik
- grundlegende Einstellungen
- Angaben zu seiner Umgebung mit Einfluss auf sein Verhalten

Was genau Sie alles in Ihren Personas beschreiben, kann je nach Produkt, Anwendungsbereich und Branche variieren – je nachdem, welche Informationen über die Person und ihre Verhaltensweisen für die jeweilige Anwendung von Interesse sind.

Entwickeln Sie zum Beispiel eine E-Commerce-Anwendung, dürften Informationen wie das monatlich zur Verfügung stehende Budget bzw. Ausgabevolumen oder auch das Einkaufsverhalten (Häufigkeit, Art der Artikel etc.) für Sie wichtig sein. Für Produkte im Automotive-Bereich sind hingegen Daten zur privaten und geschäftlichen Fahrpraxis sowie Interesse an bestimmten Funktionalitäten und Angaben rund um das eigene Fahrzeug von hohem Interesse und für die weitere Produktentwicklung relevant (siehe Abbildung 11.2).

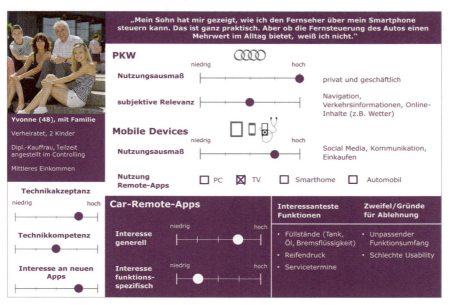

Abbildung 11.2 Beispielhafte Persona aus dem Automotive-Bereich, entwickelt aus den Befragungsergebnissen von etwa 700 Personen zur Nutzung von Remote-Automotive-Apps (www.usabilityblog.de)

Eine fixe Darstellungsform gibt es für Personas nicht, allein schon deshalb, weil der Fokus auf sehr unterschiedlichen Daten liegen kann, wie zuvor beschrieben.

Bereiten Sie die Persona in Form einer so genannten *Sedcard* auf, einer kompakten, handlichen Portfolio-Karte mit den wesentlichen Eckdaten. Mit einem oder mehreren Fotos und einem treffenden (fiktiven) Namen hauchen Sie der Persona zusätzlich Leben ein. Ein Vorname ist häufig ausreichend. Möchten Sie einen Nachnamen vergeben, vermeiden Sie solche, die die Persona charakterisieren, insbesondere dann, wenn der Nachname eine negative Assoziation zulässt (z. B. Guido Geizig). Eine Sedcard dient dazu, sich einen schnellen Überblick über die wesentlichen Merkmale der Persona zu verschaffen. Gerade ein Foto kann die emotionale Bindung des Projektteams zur Persona steigern und ein gemeinsames Bild von dem jeweiligen Anwender erzeugen. Auch helfen ein typisches Statement oder ein Lebensmotto dabei, das Bild der Persona zu schärfen.

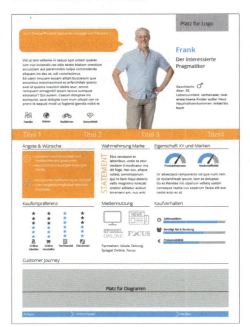

Abbildung 11.3 Beispiele für eine Persona-Sedcard sowie ein Persona-Poster, in dem alle Personas gegenübergestellt werden und damit leicht zu vergleichen sind

Als weniger praktikabel haben sich sehr textlastig dargestellte Personas erwiesen. Müssen sich die Projektbeteiligten erst lange Texte zu einer Persona durchlesen, sinkt die Bereitschaft, sich mit diesen auseinanderzusetzen. Versuchen Sie, Ihre Personas so plakativ und überschaubar wie möglich zu halten.

Hilfreich kann auch ein Persona-Poster sein, auf dem alle ihre Personas nebeneinander gezeigt werden und deren Anforderungen und Eigenschaften leicht zu vergleichen sind. Ein solches Poster hat sich insbesondere auch als Arbeitsdokument in Großformat bewährt, wenn es in den Arbeits- oder Konferenzräumen des Projektteams, das damit arbeitet, aufgehängt wird.

Visualisierung von Personas

Bei der visuellen Aufbereitung Ihrer Personas können Sie auf verschiedene Tools und Templates zurückgreifen, die Sie zum Teil kostenfrei oder für einen geringen Betrag online finden. Eine Auswahl stellen wir Ihnen hier vor:

► **Personas Online Tool** (UXPressia): UXPressia bietet eine Onlineplattform, auf der Sie individuelle Personas gestalten und Ihr eigenen Templates anlegen können. Dieses Tool können Sie nicht nur für Personas, sondern auch für Customer Journey Maps nutzen: *www.bnfr.de/ux051*

► **Xtensio**: Xtensio bietet fertige Templates sowohl für Einzel-Personas (User Personas Templates: *www.bnfr.de/ux052*) als auch für die Gegenüberstellung aller Ihrer Personas (User Persona Comparison: *www.bnfr.de/ux053*).

► **Make my Persona** (hubspot): In sieben Schritten werden Sie mithilfe konkreter Fragestellungen durch mögliche Eckpunkte einer Buyer Persona geführt. Ergebnis ist eine einfach aufgebaute Sedcard: *www.bnfr.de/ux054*

► **Sketch-Templates** (dribbble): Auf der Plattform dribbble finden Sie weitere Templates für Persona-Sedcards, unter anderem diese hier zur weiteren Bearbeitung in Sketch: *www.bnfr.de/ux055*

11.3   Wie macht man Personas?

Es gibt erfolgreiche Personas, die nachhaltig im Unternehmen zum Einsatz kommen, und es gibt solche, die in der Schublade verschwinden. Nachfolgend einige Hinweise, auf die Sie bei der Erarbeitung und der Anwendung Ihrer Personas achten können, um damit langfristig Erfolg zu haben.

11.3.1   Konsolidieren der User-Research-Daten

Um eine Persona zu erstellen, sammeln Sie zunächst so viele Informationen wie nur möglich über Ihre Nutzerschaft, also diejenigen Nutzer, die Sie mit Ihrer Anwendung erreichen möchten. Als Grundlage können Sie entweder neue Daten erheben, z. B. per Onsite-Befragung, in Fokusgruppen (siehe Kapitel 9, »Fokusgruppen und Befragungen – Erkenntnisse über das derzeitige Nutzungsverhalten«), bei Nutzerbeobachtungen vor Ort, Tagebuchstudien, oder Sie führen Tiefeninterviews mit ausgewählten Nutzern (siehe Kapitel 10, »Vor-Ort-Beobachtungen und Tagebuchstudien – den Nutzer im Alltag beobachten«).

Sollten Sie ein geringes zeitliches wie finanzielles Budget haben, nutzen Sie vorhandene Daten. Greifen Sie hier auf Auswertungen aus Ihrem Analytics-Datenpool zurück, auf Erfahrungen des Kundenservices/-supports und der Marktforschung, oder werten Sie abgeschlossene, Ihnen zugängliche Studien aus. Alle nutzerbezogenen Informationen können hilfreich sein. Je mehr Quellen Sie haben, umso valider am Ende Ihre Personas.

Unabhängig davon, welchen Weg Sie wählen, achten Sie darauf, dass die Personas auf empirisch erhobenen Daten basieren. Damit stellen Sie sicher, dass nicht die Bedürfnisse von Fantasiefiguren, sondern solche echter Nutzer herangezogen werden.

Je nach Methode werden die Daten unterschiedlich ausgewertet und aufbereitet. Bei Fokusgruppen, Tiefeninterviews und Nutzerbeobachtungen verdichten Sie die erfassten Daten zu qualitativen Aussagen über diesen Nutzer. Quantitativ vorliegende Daten, etwa aus einer Onsite-Befragung, können Sie in statistischen Verfahren auswerten. Aus den strukturiert vorliegenden Daten werden in der Regel mittels Clusteranalyseverfahren mehrere Segmente identifiziert, die möglichst verschiedenartig sind. Ebenso ist es denkbar und häufig sinnvoll, qualitative und quantitative Methoden bei der Persona-Entwicklung zu kombinieren. Über diesen Weg können Sie Erfahrungswerte sowie qualitative Aussagen durch quantitative Auswertungen stichfester machen und letztlich validieren.

11.3.2 Vorgehen bei der qualitativen Auswertung

Nachdem Sie alle relevanten Daten zusammengestellt haben, planen Sie einen Personas-Workshop mit allen Projektbeteiligten im Team. Bereiten Sie Ihren verfügbaren Datenpool so auf, dass Sie einen Überblick und die zentralen Aussagen erhalten.

Diese stellen Sie als Auftakt im Workshop allen Teilnehmern vor. Zudem sollten Sie allen Teilnehmern eine Einführung zu Struktur, Vorgehen und Anwendungsmöglichkeiten der Personas geben. Dies ist enorm wichtig, damit alle Beteiligten eine einheitliche Vorstellung vom Workshop-Inhalt und dessen Zielsetzung bekommen. Abhängig von der Teilnehmerzahl empfiehlt es sich, Gruppen von etwa drei bis vier Personen zu bilden, die jeweils eine Persona entwickeln. So ist die Arbeit effektiv, und es gelingt, im Rahmen des Workshops gleich mehrere oder idealerweise alle benötigten Personas zu entwickeln. Den Gruppen stellen Sie Ihren komprimierten Datenpool zur Recherche zur Verfügung. Bevor Sie in die Gruppenphase einsteigen, einigen Sie sich im Plenum auf die Kriterien bzw. Merkmale für Ihre Personas. Sprich, welche Informationen sollten alle Personas haben, welche Eckpunkte interessieren Sie bei Ihren Nutzern und welche sind relevant für die Anwendungsentwicklung?

Ebenso stimmen Sie im Plenum ab, welche Gruppe welche Persona definieren soll. Es ist hilfreich, vorab die Kriterien für die Personas festzuhalten, worin sich diese Personas voneinander unterscheiden. Das können beispielsweise das Alter und die Vorerfahrung mit der Thematik sein oder Kriterien wie Bestands- versus Neukunde oder auch wichtige Eigenschaften der Personas. Bei allen Workshop-Teilnehmern muss Konsens und ein klar abgrenzbares Bild der zu entwickelnden Personas existieren. In den Gruppen werden dann die zuvor vorgestellten Daten verdichtet, und die Vorlage für ihre jeweilige Persona wird befüllt. Der Moderator oder auch mit der Methode erfahrene Kollegen können die Arbeitsgruppen unterstützen und mit in die Arbeitssession gehen.

Abbildung 11.4 Mit Post-its werden die Kriterien/Merkmale für die Persona-Profile festgehalten und können in Kleingruppen befüllt werden.

Die erarbeiteten Personas stellen die Kleingruppen anschließend im Plenum vor. An dieser Stelle ist es wichtig, dass das Feedback der anderen Gruppen einfließt und die Persona angepasst oder ergänzt wird. Bedenken Sie, dass die erarbeiteten Personas die Grundlage für die weitere Verfeinerung und Ausarbeitung sind. Alle Workshop-Teilnehmer sollten vollkommen hinter den Ergebnissen stehen können, damit später auch die notwendige Akzeptanz der Personas erreicht wird. Fordern Sie das Feedback der anderen Teilnehmer daher zwingend ein.

Im Nachgang zum Workshop sollten Sie die erarbeiteten Ergebnisse validieren, z. B. durch quantitative Verfahren (siehe nächster Punkt), durch Abgleich mit Analytics-Zahlen oder durch Tiefeninterviews (siehe Kapitel 24, »Analytics – aus dem aktuellen Nutzerverhalten lernen«) mit ausgewählten Personen, die auf Basis der entwickelten

Personas rekrutiert werden. Nehmen Sie sich diese Zeit. Dadurch werden die von Ihnen entwickelten Personas weniger angreifbar. Sie haben Fakten und Zahlen zur Hand, die Sie Kollegen und möglichen Skeptikern, die selbst nicht am Workshop teilgenommen haben, an die Hand geben und damit die Akzeptanz der Personas bei allen Projektbeteiligten erhöhen können.

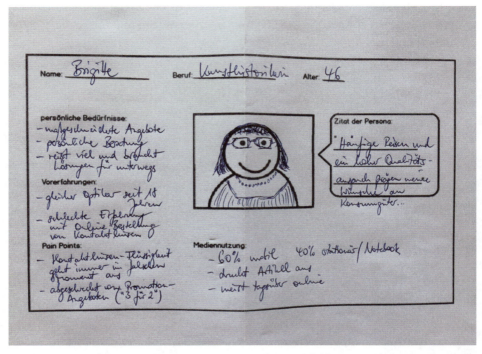

Abbildung 11.5 Sie können relevante Kriterien auch im Vorfeld zum Workshop vorbereiten und den Arbeitsgruppen dann an die Hand geben.

11.3.3 Vorgehen bei der quantitativen Auswertung

Ergänzend oder alternativ zur qualitativen Erarbeitung von Personas können Sie diese auch über ein quantitatives Verfahren entwickeln. Diese Vorgehensweise empfiehlt sich insbesondere dann, wenn Sie einen sehr umfangreichen Datenpool vorliegen haben, z. B. aus einer eigens durchgeführten Onsite-Befragung.

In diesem Fall können Sie mithilfe einer so genannten *Clusteranalyse* die Daten segmentieren und so die relevanten Nutzergruppen identifizieren. Im Vorfeld wählen Sie so genannte *aktive Variablen* als Basis für die Clusterbildung. Aktive Variablen können beispielsweise die Altersgruppe oder thematisch relevante Aspekte wie die Kaufhäufigkeit bei E-Commerce-Anwendungen sein. Idealerweise haben Sie dann bereits bei der Fragebogenerstellung für die Onsite-Befragung Hypothesen aufgestellt, d. h., es werden vorab zur Datenerhebung spezifische Annahmen für wahrscheinliches Nutzungsverhalten und entsprechende Unterscheidungsmerkmale getroffen. Die folgenden drei Fragestellungen können dabei hilfreich sein:

▶ Welche Personengruppen werden eine Anwendung voraussichtlich nutzen?

▶ Wonach unterscheiden sich deren Bedürfnisse und Verhaltensweisen?

▶ Welche situativen und personenbezogenen Merkmale der Nutzer beeinflussen die Bedürfnisse und das Nutzungsverhalten und sollten daher untersucht werden?

Mithilfe dieser Aktivvariablen können Sie dann weiterarbeiten und dieses statistische Verfahren in mehreren Stufen durchführen. Dabei wird die optimale Clusteranzahl bestimmt, die Nutzer werden den identifizierten Clustern zugeordnet und die gebildeten Cluster statistisch überprüft. Im Zuge des Clusteranalyseverfahrens entstehen üblicherweise zwischen drei und sechs Cluster unterschiedlicher Größe.

Für die weitere Ausarbeitung wählen Sie nicht zwingend nur die größten Cluster aus, sondern diejenigen, die für das Ziel der zu entwickelnden Anwendung relevant sind. Es kann sein, dass ein kleines Segment besonders wichtig für Ihren Unternehmenserfolg ist, da z. B. ein bedeutender Teil des Umsatzes durch diese Nutzer generiert wird. Berücksichtigen Sie derartige Überlegungen bei Ihrer Auswahl. Bei der Auswahl der Cluster ist es in jedem Fall wichtig, dass sie gut voneinander abgegrenzt werden können, damit klare Personas entstehen.

Sie können dieses Verfahren auch im Vorfeld zu einem Workshop durchführen. Diskutieren Sie die auf diesem Weg entstandenen Cluster bzw. Eckpunkte für die Personas mit den Workshop-Teilnehmern, und lassen Sie sie die Personas mit Namen, Fotos und qualitativen Aussagen anreichern.

11.3.4 Tipps zur Anwendung: Arbeiten mit Personas

Essenziell für die nachhaltige Etablierung der entwickelten Personas ist deren Kommunikation im Projektteam und bei allen direkt und indirekt Beteiligten im Unternehmen. Erst wenn die Personas auch außerhalb des Kernteams akzeptiert (bestenfalls auch von echten Anwendern validiert) sind, greift ihr Mehrwert.

Bereiten Sie daher die Persona-Beschreibungen so auf, dass sie in Ihre interne Kommunikationsstrategie passen. Neben einer internen Präsentation mit den oben beschriebenen Sedcards schaffen Sie eine hohe Sichtbarkeit im Unternehmen – auch über das Projektteam hinaus – durch Plakate der Personas, ergänzt durch Booklets oder Flyer, die allen Mitarbeitern bereitgestellt werden.

Für die Arbeit im Projektteam empfiehlt sich zudem eine tabellarische Gegenüberstellung der Personas mit ihren individuellen Unterschieden, Nutzungsverhalten, Anforderungen und Bedürfnissen. Diese können Sie zusammen mit den Sedcards in Ihren Projekträumen aufhängen oder zu wichtigen Terminen mitnehmen.

Denken Sie auch über die Etablierung eines internen »Botschafters« für jede Persona nach. Gerade auch in großen Unternehmen dient er als zentraler Ansprechpartner für Mitarbeiter mit Rückfragen oder gar Unsicherheiten zur jeweiligen Nutzergruppe. Denkbar sind ebenso lebensgroße Aufsteller oder Collagen, die in den Projekträumen aufgestellt bzw. aufgehängt werden.

Eigens für die Präsentation der Personas durchgeführte Fotoshootings oder Videoclips mit Original-Statements können die Strahlkraft der Personas unterstreichen. Sollten die Personas auch in die Ausgestaltung der Außenkommunikation (Werbung, Marketing, Infobroschüren) einfließen, sind eigene Foto- und Videoproduktionen unumgänglich. Wer sollte Personas entwickeln und anwenden?

Personas helfen dem Projektteam, sich in die Lage der potenziellen Nutzer hineinzuversetzen und diese Perspektive während des gesamten Design- und Entwicklungsprozesses zu bewahren. Daher sollten Sie unbedingt alle an der Anwendungsentwicklung Beteiligten in die Entwicklung, idealerweise auch in den Workshop, einbinden:

- ▶ Projektleiter
- ▶ Produktverantwortlicher/Product Owner
- ▶ Entwickler (Front- und Backend)
- ▶ Designer/Grafiker
- ▶ Marketingexperte, Verantwortlicher für Unternehmenskommunikation
- ▶ ggf. Teamleiter oder sonstige Führungspersonen

Versuchen Sie, auch Vertreter aus dem Management für die Entwicklungsphase zu gewinnen – mindestens für die Vorstellung der Workshop-Ergebnisse zum Abschluss eines Workshop-Tages. Oft erhalten Sie hier wertvolle Impulse oder Aspekte, an die das Projektteam auf operativer Ebene nicht gedacht hat. Haben Sie bereits in einer frühen Phase die Unterstützung der Führungsebene, erleichtert Ihnen das die spätere Etablierung der Personas im Unternehmen.

11.4   Wann setze ich Personas ein?

Möchten Sie Personas für die Anwendungsentwicklung einsetzen, bedeutet dies auch, dass Sie sich frühzeitig in der Planungs- bzw. Analysephase damit auseinandersetzen. Ihr hoher Nutzen entsteht insbesondere durch einen konsequenten Einsatz entlang des gesamten Prozesses – von der Analyse über Konzeption und Design sowie die Entwicklung bis hin zur Evaluation einer Anwendung. Entwickelt man eine Anwendung für bestimmte Personas, sollten Sie diese auch mit Probanden testen, die entsprechend Ihren Personas rekrutiert wurden. Der vermeintlich zusätzliche Zeit- und Budgetaufwand, der notwendig ist, um echte bzw. realistische Personas zu entwickeln, die auf selbst erhobenen Daten basieren, amortisiert sich letztlich durch diesen langfristigen Einsatz und den Erfolg einer zielgruppengerechten und getesteten Anwendung.

Verwandte Methoden

Personas bilden auch für weitere Methoden in der Analyse- und Konzeptionsphase eine wertvolle Grundlage. So können sie für die Erstellung von Nutzungsszenarien, User Stories oder auch Customer Journey Maps hilfreich sein.

▶ **Nutzungsszenarien/Use Cases**

Auch für das Erstellen von so genannten *Use Cases* sind Personas hilfreich. Use Cases sind mögliche *Anwendungsfälle* oder *Nutzungsszenarien*. Sie beschreiben, was der Nutzer konkret mit der Anwendung machen soll. Ein einzelner Anwendungsfall definiert im Detail, wie der Nutzer mit der Anwendung interagiert oder welche Problemstellung er damit lösen kann und wie diese wiederum darauf reagiert. Alle definierten Use Cases zusammen definieren also die funktionalen Anforderungen an die Anwendung.

▶ **User Stories**

User Stories sind kurze Geschichten, die sowohl die Interaktion zwischen Nutzer und Anwendung als auch den Kontext, also die Umgebung und Rahmenbedingungen, beschreiben. Letztere können Auslöser für eine Handlung des Nutzers sein oder Einfluss auf seine Interaktionen mit der Anwendung haben.

Sowohl Nutzungsszenarien als auch User Stories lassen sich individuell für die jeweilige Persona entwickeln. Damit können Sie unterschiedliches Nutzungsverhalten der verschiedenen Personas bzw. deren Anforderungen an die Anwendung identifizieren.

▶ **Customer Journey Map**

Eine *Customer Journey Map* fasst das Kundenerlebnis vom ersten Kontakt zum Produkt oder einer Dienstleistung über den gesamten Produktnutzungsprozess bis hin zu einer dauerhaften Produktnutzung zusammen. Ziel dieses Vorgehens ist es, die wesentlichen Touchpoints der Benutzer, also die Kontaktpunkte oder Momente, in denen der Nutzer tatsächlich Kontakt zum Unternehmen oder Produkt hat, zu identifizieren und für jeden dieser Touchpoints weitere Aspekte zu beleuchten. Hierzu gehören beispielsweise die zum jeweiligen Zeitpunkt relevanten Daten und benötigten Informationen sowie unbewusste Bedürfnisse und Erwartungen oder auch Enttäuschungen während der Produktnutzung.

Auf Basis von Personas lassen sich leicht individuelle Customer Journey Maps erstellen, die die individuellen Anforderungen dieser Personas berücksichtigen und damit verschiedene Perspektiven für die Anwendungsentwicklung aufzeigen.

Kapitel 12

Mapping-Methoden – Interaktionen des Nutzers strukturiert erfassen

Customer Journey Maps, Empathy Maps, Experience Maps und Service Blueprints stellen unterschiedliche Blickwinkel auf den Nutzer, seine Bedürfnisse und sein Verhalten dar. Sie alle unterstützen bei der Konzeption digitaler Anwendungen und bringen eine gemeinsame Basis in interdisziplinäre Teams.

Im Zuge von Research-Projekten bzw. in frühen Projektphasen sammeln Sie in der Regel zahlreiche Daten über Ihre Nutzer, deren Verhalten, Erwartungen und Bedürfnisse in Bezug auf Ihre Anwendung. Und das aus den verschiedensten Quellen: Usability-Tests, Fokusgruppen, Analytics-Daten, Tiefeninterviews – um nur ein paar Möglichkeiten zu nennen. Zugleich arbeiten Sie meist mit mehreren Beteiligten in einem Projektteam zusammen, denen diese Daten zwar zugänglich sind, die aber nicht immer die Zeit und Möglichkeit haben, alle diese Daten in der Tiefe zu durchdringen. Oder aber, sie kennen die gesammelten Erkenntnisse, interpretieren sie aber unterschiedlich.

Daher ist es hilfreich, die wesentlichen Erkenntnisse übersichtlich, leicht verständlich und schnell erfassbar aufzubereiten. Außerdem hilft es, ein einheitliches Verständnis im Team über Projektziele, Nutzeranforderungen und den damit zusammenhängenden Prozess zu schaffen.

Beides kann man mithilfe von UX Mapping erreichen. Generell dient dies zur Visualisierung von Erkenntnissen aus dem User Research und als Arbeitsgrundlage für die Konzeption.

12.1 Welche Mapping-Methoden gibt es?

UX Mapping-Methoden sind vielfältig, wobei jede einzelne Map – also Karte – unterschiedliche Ziele verfolgt. Zu den gängigsten gehören:

- ▶ Customer Journey Map
- ▶ Empathy Map
- ▶ Experience Map
- ▶ Service Blueprint

All diese vier Ansätze bilden einen Prozess ab (beispielsweise einen Kauf- oder Entscheidungsvorgang oder aber auch das Erledigen einer Aufgabe) und sie beleuchten jeden Prozessschritt hinsichtlich Handlungen, Gedanken und weiteren Aspekten. Darüber steht jeweils die Frage: »Wie genau nutzt unsere Zielgruppe die Anwendung?«

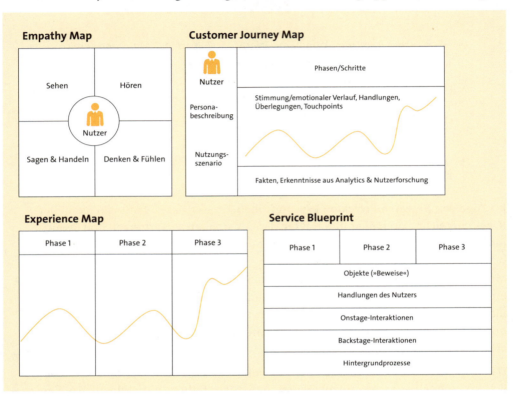

Abbildung 12.1 Ein Überblick über die gängigsten UX-Mapping-Methoden mit einer stilisierten Darstellung der Maps (nach Nielsen Norman Group)

12.1.1 Customer Journey Map

Eine *Customer Journey Map* fasst das Kundenerlebnis zusammen – vom ersten Kontakt mit dem Produkt über den gesamten Nutzungsprozess bis hin zur dauerhaften Produktnutzung. Ziel dabei ist es, die wesentlichen Kontaktpunkte (Touchpoints) der Nutzer mit der Anwendung zu identifizieren und für jeden Touchpoint weitere Aspekte zu beleuchten. Hierzu gehören beispielsweise die zum jeweiligen Zeitpunkt relevanten Daten und benötigten Informationen sowie (unbewusste) Bedürfnisse und Erwartungen oder auch Enttäuschungen während der Produktnutzung. Letztere stellen »Brüche« in der Customer Journey dar und zeigen so Potenziale, welche nutzenstiftende Services und hilfreiche Funktionen man entwickeln könnte. Ebenso können Bedürfnisse entdeckt werden, die den Nutzern selbst nicht bewusst sind und daher nicht direkt geäußert werden.

Sie können also nicht nur Probleme identifizieren und das Nutzungserlebnis Ihrer Anwendung verbessern. Vielmehr haben Sie die Möglichkeit, auf Basis der Customer Journey Map Chancen zu erkennen und neue Produktideen zu generieren. Wesentlicher Erfolgsfaktor für eine gelungene Customer Journey Map ist das Aufstellen einer Hypothese oder zentralen Fragestellung, die Sie mithilfe der Map beantworten wollen. Diese kann sehr spezifisch sein oder global die gesamte Produktnutzung betreffen: *Wem müssen wir was, wann und wie anbieten?* (mehr dazu im Abschnitt 12.4, »Wie erstellt man eine Customer Journey Map?«).

12.1.2 Empathy Map

Wie der Name schon vermuten lässt, besteht der Zweck der *Empathy Map* darin, Empathie für den Nutzer zu erzeugen. Die Empathy Map soll Einblicke in die Gedankenwelt und Wahrnehmung dieser Person bieten.

Die Empathy Map ist in vier Quadranten aufgeteilt und bezieht sich immer auf eine konkrete Persona oder Nutzertyp.

▶ **Sehen:** Was sieht die Person an einem typischen Tag oder in einer (für Ihre Anwendung relevanten) spezifischen Situation? Dies kann eine Beschreibung der physischen Umgebung sein, wie beispielsweise dem Arbeitsplatz, oder aber von Personen in ihrem Umfeld. Auch Informationen, Programme und Hilfsmittel, die die Person wahrnimmt und nutzt, können hier aufgeführt sein – von Websites, Apps über Werbung bis hin zu sonstigen Informationsquellen.

▶ **Hören:** Was hört die Person? Hier kann die Umgebung mit allen akustischen Eindrücken beschrieben werden, wie Straßenlärm oder Gemurmel der Kollegen im Hintergrund. Aber auch gezielte Informationen wie Ausschnitte aus Gesprächen oder typische Statements aus dem Umfeld können in diesen Bereich der Map einfließen.

▶ **Sagen und Handeln:** Was tut und sagt die Person? In diesem Feld werden typische Verhaltensweisen oder häufige Aussagen der Person festgehalten. Oder auch, wie sie ein bestimmtes Produkt kommentiert oder sich in einer Situation verhält. Dieser Teil der Empathy Map schildert die Außenwirkung der Person und kann zusätzlich beschreiben, wie die Person von anderen wahrgenommen wird (z. B. »selbstbewusste Macherin«).

▶ **Denken und Fühlen:** Dieser Teil erlaubt einen Einblick ins Innenleben der Person und hebt sich damit von klassischen Personas ab. Beim Erstellen dieses Feldes muss man besonders darauf achten, die Sicht der Person beizubehalten und nicht die eigene Gedankenwelt aufzuschreiben.

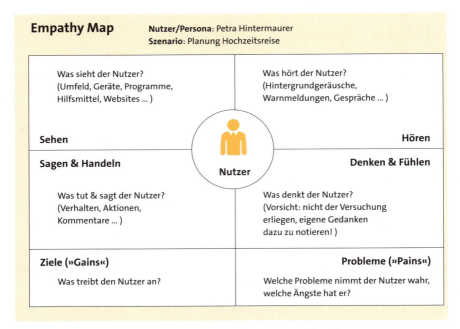

Abbildung 12.2 Ein Beispiel, wie eine Empathy Map aussehen kann

Häufig wird die Empathy Map durch zwei zusätzliche Felder ergänzt, die sich auf Ängste und Hürden (»Pains«) sowie Wünsche und Motive (»Gains«) der betrachteten Persona beziehen:

- Welche Ziele hat die Person, was motiviert sie (Gains)?
- Welche Probleme und Hindernisse sieht die Person (Pains)?

Die beschriebenen Aspekte werden in der Empathy Map einfach stichpunktartig aufgenommen, nicht chronologisch oder in einer Prozessabfolge. Damit unterscheidet sie sich von den anderen Maps, die immer den Prozess betrachten.

Die Empathy Map entsteht in Teamarbeit im Workshop. Dabei versetzen sich die Teammitglieder in die jeweilige Person hinein und halten aus deren Sicht Gefühle und Gedanken mit Blick auf die Anwendung fest. Schon dadurch erreichen sie ein gemeinsames Verständnis vom Nutzer. Bedingt durch dieses Vorgehen erhebt die Empathy Map allerdings keinen Anspruch auf Objektivität – anders als eine Persona, bei der Objektivität als hohes Gut gilt.

12.1.3 Experience Map

Die Experience Map ist von den hier vorgestellten Mapping-Methoden die allgemeinste. Ihre Struktur ähnelt der Customer Journey Map, allerdings ist sie nicht auf eine bestimmte Nutzergruppe/Persona und nicht auf ein bestimmtes Produkt ausgelegt. Die Experience Map ist allgemein gehalten und liefert Erkenntnisse zu Prozessschritten, Bedürfnissen und Verhalten von Nutzern in Bezug auf ein generelles menschliches Verhalten. Damit hilft die Map einem Projektteam, einen bestimmten Prozess zu verstehen und darauf aufbauend ein neues Produkt zu entwickeln.

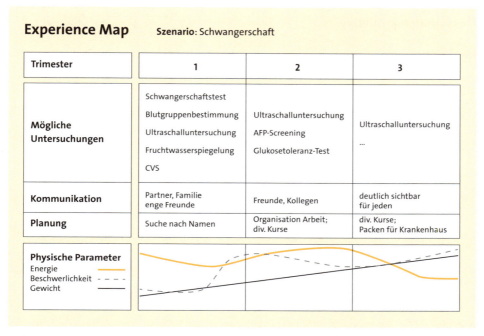

Abbildung 12.3 Eine exemplarische Experience Map (nach Nielsen Norman Group)

Ein Beispiel: Sie überlegen, ein Produkt oder einen Service im Mobilitätsbereich zu entwickeln. Eine Experience Map kann Ihnen helfen zu verstehen, wie eine Person von A nach B kommt, was sie dabei genau macht, wie sie darüber denkt und welche Einstellung sie dazu hat. Damit können Sie die Stellen identifizieren, an denen es möglicherweise noch Potenzial für ein Produkt oder einen Service gibt und wo Sie in der Produktentwicklung ansetzen können. Im Vergleich dazu würden Sie eine Customer Journey Map erst dann erstellen, wenn Sie eine konkrete Produktidee haben und bereits User Research durchgeführt haben.

12.1.4 Service Blueprint

Ein *Service Blueprint* visualisiert aus Sicht der Organisation, wie unterschiedliche Services (das können Personen, interne Systeme sowie auch Prozesse sein) zusammenspielen müssen, um dem Nutzer einen Service bereitzustellen und ein gutes Nutzererlebnis zu bieten. Während Customer Journey Maps ganz aus der Nutzersicht aufgebaut sind, zeigt der Service Blueprint die Aktivitäten und Prozesse, die sich für den Nutzer im nicht sichtbaren Bereich abspielen.

Service Blueprints eignen sich daher als Ergänzung zur Customer Journey Map insbesondere dann, wenn der Nutzer für ein Vorhaben viele verschiedene Anwendungen, Informationsquellen und sonstige Kontaktpunkte braucht und/oder wenn es für die Umsetzung eines Produkts notwendig ist, mehrere unterschiedliche Abteilungen im Haus zusammenzubringen.

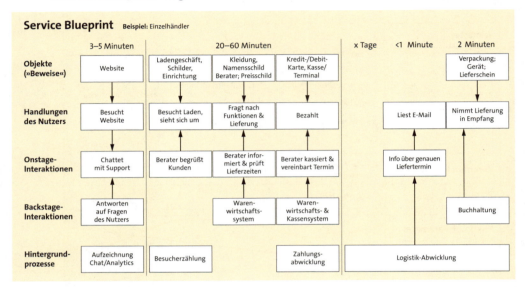

Abbildung 12.4 Ein exemplarischer Service Blueprint am Beispiel eines Geräte-Einkaufs im Laden nach vorherigem Besuch der Website (nach Nielsen Norman Group)

Denken Sie beispielsweise an einen Onlineshop: Der Nutzer sucht und bucht ein Produkt auf der Website. Dabei befindet er sich die ganze Zeit auf der Website und loggt sich möglicherweise zu einem späteren Zeitpunkt nochmal in seinen Account ein, um den Bestell- oder Versandstatus einzusehen. Sein wesentlicher Kontaktpunkt (der sogenannte Touchpoint) bleibt jedoch die Website. Im Hintergrund aber passieren vielerlei Dinge: Es müssen mindestens die Bereiche Einkauf, Lager, Digitalabteilung, Marketing, Unternehmenskommunikation, Kundenservice und Versand mit den entsprechenden Systemen zusammenarbeiten, um dieses Einkaufserlebnis zu ermöglichen.

12.2 Wann setze ich welche Map ein?

Wann Sie welche Mapping-Methode am besten einsetzen, hängt stark davon ab, was Sie erreichen möchten, um welches Produkt oder welche Anwendung es sich handelt, welche Voraussetzungen und welche Erkenntnisse Sie bereits mitbringen und wie viel Zeit (und auch Geld) Sie investieren können und wollen. Es werden nie alle Maps benötigt.

Die am besten geeignete Map sollte auf jeden Fall Hand in Hand mit Ihren bisherigen UX-Aktivitäten gehen:

▶ Die **Customer Journey Map** kann sehr gut als Ergänzung und/oder Weiterführung von Personas eingesetzt werden. Sie überträgt die personenbezogenen Informationen der Persona auf einen Prozess und zeigt ein größeres Gesamtbild.

▶ Sollten Sie auf Personas verzichtet haben, kann die **Empathy Map** oder auch die **Experience Map** aushelfen. Die Empathy Map bezieht sich stark auf den Nutzer selbst, die Experience Map auf einen Prozess.

Beide basieren auf generischem menschlichen Verhalten, für das nicht zwingend User Research benötigt wird.

▶ **Service Blueprints** eignen sich vor allem bei der Entwicklung von Software oder komplexeren Anwendungen, bei denen sehr viel Serviceleistung und/oder Systeme innerhalb des Unternehmens notwendig ist und viele Abteilungen involviert sind.

Letztlich sollten Sie sich die Frage stellen: Was will ich mit der Map erreichen? Wofür will ich sie einsetzen? Und auch: Welche Voraussetzungen sind bereits erfüllt, um eine Map zielführend entwickeln zu können?

Da die Customer Journey Map mitunter die gängigste der Mapping-Methoden ist, gehen wir nachfolgend noch näher auf sie ein.

12.3   Wie sieht eine Customer Journey Map genau aus?

Die meisten Customer Journey Maps sind unterteilt in einzelne Bereiche oder Phasen eines Prozesses oder Vorhabens, die der Nutzer durchläuft. Diese können bei einem Produkt zum Beispiel sein:

▶ Erstinformation und Erstkontakt mit dem Produkt

▶ Recherche und Entscheidungsfindung

▶ Entscheidung

▶ Kauf

▶ Erste Nutzung

▶ Weitere Nutzung

▶ Ende der Nutzungsphase

▶ Entsorgung und evtl. Neuerwerb

Bewährt hat es sich auch, die so genannten Kontaktpunkte zu kennzeichnen, also die Momente, in denen der Nutzer tatsächlich Kontakt zum Unternehmen hat. Oft werden die entscheidenden Punkte dabei gesondert hervorgehoben (*Moments of Truth*).

Pro Phase bzw. Prozessschritt betrachten Sie dann zuvor definierte Dimensionen bzw. Kriterien. Welche das sind, hängt stark von der Fragestellung und den gesuchten Lösungsansätzen ab. Die Dimensionen sollten Sie auf jeden Fall im Projektteam gemeinsam definieren. Vor allem die folgenden drei Elemente gehören auf die Customer Journey Map:

▶ Bedürfnisse/Erwartungen des Nutzers

▶ seine Interaktion (v. a. mit der Anwendung)

▶ seine Emotionen

Fragen Sie sich also bei jedem einzelnen Schritt, den der Nutzer unternimmt: Was erwartet der Nutzer, was will er? Was macht er? Was fühlt er dabei?

Dann geht es letztlich darum, vorliegende oder erhobene Daten über die Nutzer (wer?) und deren Nutzungsszenarien (was?) zusammenzuführen, entlang des Prozesses (wann?) zu beleuchten und anschließend wesentliche Ableitungen daraus zu treffen. Also Inhalte, Services oder Funktionalitäten zu identifizieren, die zum jeweiligen Zeitpunkt entlang der Produktnutzung Mehrwerte bieten (wie?).

Weitere gängige Dimensionen sind:

▶ Ziele

▶ Abbruchgründe

▶ Ängste

▶ genutzte Geräte

▶ emotionale Kurve

▶ Potenziale hinsichtlich Funktionen, Services usw.

Für die Gestaltung gibt es keine festen Regeln und kein etabliertes Format. Generell haben Sie mehr Gestaltungsspielraum, wenn Sie nicht mit PowerPoint arbeiten, sondern mit einem Grafikprogramm. Mittlerweile gibt es auch einige Tools auf dem Markt, die Sie bei der Erstellung und grafischen Aufbereitung Ihrer Customer Journey Maps unterstützen. Einige Tipps für Tools und Vorlagen finden Sie unter *bnfr.de/ ux058*.

Customer Journey Maps werden schnell recht groß und haben leicht Dutzende von Textboxen, Icons, Pfeilen, Hintergründen und Fotos. Sie sind nicht dafür geeignet, per Beamer präsentiert zu werden. Ein Ausdruck in DIN A3 ist meist das Minimum, oft braucht man sogar noch größere Formate.

Ausschlaggebend ist letztlich aber nicht die visuelle Aufbereitung der Customer Journey Map. Vielmehr ist die eigentliche Durchführung des Workshops bzw. der gemeinsamen Erstellung der Customer Journey Map im Team entscheidend. Die Diskussionen und das Annähern der Ansichten der einzelnen Teammitglieder, die aus allen Disziplinen ihren Beitrag leisten, sind der wahre Wert einer Customer Journey. Binden Sie daher alle relevanten Teammitglieder in die Erstellung mit ein – Projektleitung, Konzepter, Designer und auch Entwickler. Die unterschiedlichen Sichtweisen bereichern die Customer Journey Maps wesentlich.

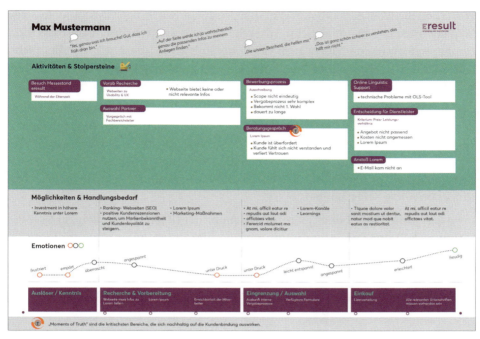

Abbildung 12.5 Beispielhafte Darstellung einer Customer Journey Map (eresult GmbH)

12.4 Wie erstellt man eine Customer Journey Map?

Erstmal vorab: Legen Sie den Customer Journey Maps am besten Personas zugrunde (vgl. Kapitel 11, »Personas – aus Erkenntnissen prototypische Nutzer entwickeln«). Damit wissen Sie genau, wer der Akteur in der Customer Journey ist. Bei der Erstellung von Customer Journey Maps gibt es grundsätzlich zwei mögliche Herangehensweisen:

▶ **Hypothese first:** Sie führen einen Auftakt-Workshop durch und erstellen eine Customer Journey auf Basis von (internem) Wissen & Hypothesen. Erst im zweiten Schritt führen Sie die notwendige Research zur Anreicherung und Überprüfung der erstellten Map durch.

▶ **Research first:** Sie sammeln umfassende Erkenntnisse in einer ausgiebigen Research-Phase und erarbeiten auf dieser Basis im Workshop die Customer Journey.

Beide Varianten haben Ihre Vor- und Nachteile. Unsere Erfahrung zeigt, dass der Ansatz *Hypothese first* häufiger gewählt wird – und das aus verständlichen Gründen: Sie können im Workshop relevante Stakeholder einbeziehen und diese idealerweise für die Mapping-Methode begeistern. Damit haben Sie die breite Unterstützung gesichert. Die Herausforderung bei dieser Herangehensweise ist es, dass Sie es nach dem

Workshop nicht bei der bis dahin erstellten, vermeintlich fertigen Customer Journey Map belassen. Es ist enorm wichtig, dass Sie das, was Sie gemeinsam auf Basis Ihrer Hypothesen erarbeitet haben, auch validieren und unterfüttern. Tun Sie dies nicht, laufen Sie Gefahr, dass falsche Annahmen (Hypothesen) in der Map dazu führen, dass in der Folge falsche Entscheidungen getroffen werden.

Um die Customer Journey mit Leben zu füllen, müssen Sie Ihre (potenziellen) Kunden kennenlernen. Dazu stehen Ihnen viele UX-Methoden zur Verfügung wie beispielsweise Fokusgruppen, Kundenbefragungen (vgl. Kapitel 9, »Fokusgruppen und Befragungen – Erkenntnisse über das derzeitige Nutzungsverhalten«) oder auch Nutzertagebücher (vgl. Kapitel 10, »Vor-Ort-Beobachtungen und Tagebuchstudien – den Nutzer im Alltag beobachten«).

Investieren Sie ausreichend Zeit in die Erhebung der Daten im Rahmen der User Research (z. B. Personas, Nutzungsszenarien). Je valider und umfangreicher die Daten, desto lückenloser und wertvoller wird Ihre Customer Journey Map Ihnen Antworten auf Ihre Fragen geben. Denken Sie daher auch an die Auswertung von Web-Analytics-Daten, bisherigen Usability-Tests, Umfragen und weiterem Feedback, das Sie z. B. aus den Social-Media-Kanälen gewonnen haben.

Kapitel 13

Card Sorting – Entwicklung der Informationsarchitektur

Bevor Sie sich mit der Gestaltung einer Website oder App beschäftigen, sollten Sie sich überlegen, wie Sie die Informationen Ihrer Anwendung strukturieren und dem Nutzer präsentieren.

Um zu entscheiden, wie Sie die vorhandenen bzw. geplanten Informationen auf Ihrer Website strukturieren, sollten Sie nicht auf interne Ansätze und Ihre eigenen Konzepte setzen. Beziehen Sie den Nutzer frühzeitig ein, und lassen Sie ihn das Konzept der Informationsarchitektur mitgestalten oder zumindest evaluieren. Hierfür gibt Ihnen das Card-Sorting-Verfahren einen bewährten, vielfach angewandten Ansatz an die Hand. Mithilfe dieser Methode finden Sie mit Ihren Nutzern unter anderem heraus, ob Sie die Inhalte nach Typ oder nach Thema gruppieren, welche Kategorien Sie einsetzen und wie Sie diese benennen sollten. Auf diese Weise können Sie beispielsweise Produkte in einem Onlineshop klassifizieren, Menüstrukturen in Apps oder auf Sites nutzergerecht aufbereiten oder auch komplexe, über einige Zeit gewachsene Sitemaps konsolidieren.

13.1 Was ist Card Sorting?

Bei einem *Card Sorting* lassen Sie Ihre Nutzer die Inhalte Ihrer Website gruppieren, in eine für sie logische Reihenfolge bringen und die jeweiligen Oberkategorien benennen. Dies erfolgt anhand von Karten, auf denen die Inhalte geschrieben werden – entweder offline mit physischen Karten auf einem Tisch oder online mit einem entsprechenden Tool, bei dem virtuelle Karten genutzt werden. Offline betreut das Card Sorting ein Moderator, online läuft es in der Regel unmoderiert ab.

Führen Sie das Card Sorting moderiert durch, bekommen Sie ein fundiertes Verständnis für die Nutzer und ihr mentales Modell der Inhalte Ihrer Anwendung. Sie verfolgen also den qualitativen Ansatz, der in der frühen Phase der User Research geeignet ist, um eine Grundlage für die Gestaltung der Informationsarchitektur zu legen (siehe Abschnitt 13.1.1, »Offenes Card Sorting (generativer Ansatz)«). Sie können ein Card Sorting auch als quantitative und evaluierende Methode einsetzen, wenn

Sie bereits eine Informationsarchitektur angelegt haben (siehe auch Kapitel 26, »Struktur der Anwendung – Informations- und Navigationsarchitektur«) und diese mit Ihren Nutzern validieren möchten. In diesem Fall setzen Sie den Fokus auf eine hohe Anzahl an Nutzermeinungen, die Sie bei einem unmoderierten Onlineverfahren leichter sammeln können (siehe Abschnitt 13.1.2, »Geschlossenes Card Sorting (evaluierender Ansatz)«, und Abschnitt 13.1.3, »Reverse Card Sorting oder Tree Testing (evaluierender Ansatz)«).

Es gibt verschiedene Ansätze, ein Card Sorting durchzuführen.

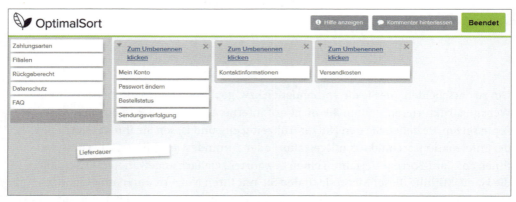

Abbildung 13.1 Die Software OptimalSort lässt den Studienteilnehmer per Drag & Drop die Unterkategorien (im Bild links) in verschiedenen Kategorien gruppieren.

Abbildung 13.2 Im nächsten Schritt kann der Teilnehmer bei OptimalSort auch die Hauptkategorien benennen.

13.1.1 Offenes Card Sorting (generativer Ansatz)

Beim so genannten *offenen Card Sorting* fordern Sie Nutzer auf, Inhalte und Themen Ihrer Anwendung in Gruppen zu organisieren und diesen Gruppen passende Kategorienamen zu geben. Die Nutzer dürfen dabei auch Begriffe umbenennen oder Vorschläge machen, falls diese ihnen plausibler erscheinen. Nutzen Sie diesen offenen, generativen Ansatz, um zu verstehen, wie Ihre Nutzer nach Themen suchen, welche Vorstellung sie von Ihren Inhalten und deren Relation zueinander haben und welche Benennungen sie für Haupt- und Unterkategorien vergeben würden.

Diese Methode wird in der Regel offline, d. h. in einem Raum mit physischen Karten auf einem Tisch und geleitet von einem Moderator durchgeführt. Der Interviewer oder Moderator kann die Entscheidungen des Nutzers hinsichtlich der Gruppierung, der Reihenfolge und Benennung von Themen hinterfragen und so detaillierte Informationen über das Denkmodell des Nutzers herausfinden.

Abbildung 13.3 Ein Card Sorting kann auch als Gruppen-Workshop durchgeführt werden. In Kleingruppen werden verschiedene Strukturen erarbeitet, die anschließend im Plenum vorgestellt und diskutiert werden.

Dieses Verfahren ist zeitaufwendig – sowohl bei der Durchführung als auch bei der Auswertung –, da Sie die gesammelten Informationen erfassen, strukturieren und manuell auswerten müssen. Sie erreichen zwar nur eine bestimmte Stichprobengröße (erfahrungsgemäß maximal 15 bis 20 Nutzer), können hieraus aber sehr wertvolle Rückschlüsse für Ihre spätere Informationsarchitektur ziehen.

13.1.2 Geschlossenes Card Sorting (evaluierender Ansatz)

Beim *geschlossenen Card Sorting* hingegen geben Sie die Oberkategorien fest vor und lassen die Nutzer die Unterkategorien zuordnen. Sie benötigen also eine bestehende oder vordefinierte Struktur und können herausfinden, wie Nutzer den Inhalt in diese Themen sortieren. Möglicherweise wird dabei ersichtlich, dass die Nutzer bestimmte Unterkategorien nicht eindeutig zuweisen können.

Dieser Ansatz eignet sich beispielsweise, wenn Sie neue Inhalte in Ihre Website oder App nehmen und die optimale Positionierung herausfinden möchten. Sie können mit diesem Ansatz auch verschiedene Varianten gegeneinander testen.

Abbildung 13.4 Die Hauptkategorien werden den Teilnehmern vorgegeben. Sie sortieren die Unterkategorien in Form von Karteikarten in die Boxen der Hauptkategorien.

13.1.3 Reverse Card Sorting oder Tree Testing (evaluierender Ansatz)

Das *Reverse Card Sorting* wird auch *Tree Testing* genannt, da mit dieser Methode eine hierarchische Baumstruktur evaluiert werden kann. Den Studienteilnehmern werden Aufgaben gestellt, die sie anhand einer bereits definierten Struktur in Form einer rein hierarchisch gelisteten Informationsarchitektur lösen sollen. Die Aufgaben beziehen sich immer auf das Auffinden einer bestimmten Information innerhalb dieser Struktur. Teilnehmern werden Kategorien oder Produktgruppen genannt, nach denen sie innerhalb einer vorgegebenen Navigationsstruktur suchen sollen. Dabei werden die Klickpfade aufgezeichnet sowie die Zeit bis zum korrekten Auffinden einer Unterkategorie, in der die Teilnehmer die gefragten Inhalte vermuten.

So können Sie validieren, ob Ihre Informationsarchitektur dem mentalen Modell und Suchverhalten Ihrer Nutzer entspricht und diese die gewünschten Informationen auf Ihrer Website oder in Ihrer App finden. Mithilfe der Klickpfade und der gemessenen Zeit können Sie auch mehrere Navigationsstrukturen miteinander vergleichen und dies mit Kennzahlen belegen.

Während die Methode ursprünglich moderiert und unter Verwendung von Kärtchen durchgeführt wurde, haben sich mittlerweile sehr gute Softwarelösungen etabliert. Das *Reverse Card Sorting* oder *Tree Testing* wird daher in der Regel onlinebasiert durchgeführt und funktioniert aufgrund der klaren Aufgabenstellung gut unmoderiert.

Im Vergleich zum *Reverse Card Sorting* oder *Tree Testing* hat das *geschlossene Card Sorting* entscheidende Einschränkungen:

- ▶ Beim Einsortieren von Informationen, wie es beim *geschlossenen Card Sorting* erfolgt, läuft ein komplett anderer kognitiver Prozess ab, als es beim Suchen von Informationen der Fall ist. Damit ist zu hinterfragen, wie valide die Ergebnisse aus diesem Test sind. Beim *Reverse Card Sorting* hingegen werden den Nutzern Aufgaben zum Suchen von Inhalten in einer vorgegebenen Struktur gestellt. Dies entspricht deutlich mehr der eigentlichen späteren Herangehensweise.

▶ Beim *geschlossenen Card Sorting* lassen sich zudem nur zwei Hierarchieebenen einer Navigationsstruktur oder Informationsarchitektur betrachten, was nicht für alle Anwendungen ausreichend ist. Mit dem *Reverse Card Sorting* können drei oder mehr Ebenen abgebildet und getestet werden.

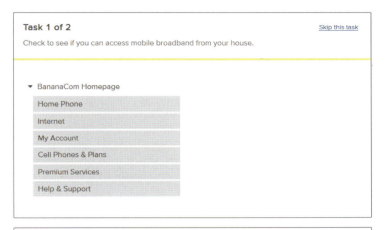

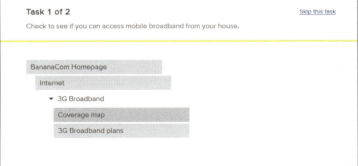

Abbildung 13.5 Der Studienteilnehmer klickt innerhalb der Informationsarchitektur auf die jeweilige Unterkategorie, in der er die gesuchte Information aus der Aufgabe vermutet.

13.2 Wie läuft ein Card Sorting ab?

Da Sie ein *evaluierendes Card Sorting* in der Regel sehr gut mithilfe von Onlinetools realisieren können und diese sehr gute Anleitungen bieten, konzentrieren wir uns im Folgenden auf die generative Methodik, also das *offene Card Sorting*.

Mit einem offenen Card Sorting legen Sie die Grundlage für Ihre Informationsarchitektur. Da die Ergebnisse aus dem Workshop auch den Meinungen und Überzeugungen von Projektbeteiligten (Stakeholdern) entgegenlaufen können, ist es umso wichtiger, dass Sie die Ergebnisse bei Bedarf verteidigen können. Sie sollten daher den Workshop umso genauer vorbereiten und sauber durchführen.

13.2.1 Stichprobengröße, Anzahl der Karten und Dauer der Session

Anders als bei einem Usability-Test sind für ein *offenes Card Sorting* mindestens 15 Probanden zu empfehlen. Manche Experten halten ein valides Ergebnis wegen der höheren Streuung der Ergebnisse, mit der zu rechnen ist, erst mit 20 bis 30 Probanden für machbar. Sie sollten daher auf jeden Fall mehr Teilnehmer rekrutieren als bei einem Usability-Test.

Beschränken Sie sich auf maximal 60 Karten mit Inhalts- oder Navigationspunkten. Mehr Karten sind kaum handhabbar, und eine Sitzung würde zu lange dauern. Da viele Informationsarchitekturen digitaler Anwendungen mehr als 60 Punkte umfassen, gehen Sie einen der folgenden Wege:

▶ Schließen Sie Teilbereiche Ihrer Anwendung oder ausgewählte Inhalte vom Card Sorting aus, wenn darüber Einigkeit besteht oder die Strukturierung eindeutig ist.

▶ Konsolidieren Sie einige Inhalte bzw. fassen Sie recht ähnliche Inhalte auf einer Karte zusammen. Dies können Sie vor allem dann machen, wenn diese voraussichtlich gleich einsortiert werden.

▶ Teilen Sie die Inhalte sinnvoll auf, oder setzen Sie auf bereits geplante Einteilungen, und führen Sie mehrere Card Sortings durch. Wählen Sie dieses Vorgehen nur, wenn Sie keine Abhängigkeit zwischen den dann getrennt betrachteten Inhalten erwarten.

▶ Betrachten Sie Ihre Webanalytics-Daten, und wählen Sie die beliebtesten und meistangesehenen Themen und Inhalte.

Planen Sie idealerweise 60 Minuten pro Einheit/Interview, bei umfangreicheren Inhalten maximal 75 Minuten. Bei längeren Intervieweinheiten fällt die Konzentration der Probanden ab, und es kommen kaum mehr Erkenntnisse zustande.

13.2.2 Planung, Durchführung und Auswertung eines offenen Card Sortings

1. **Vorbereitung der Karteikarten**

   Zentrales Medium in einem Card Sorting sind die Karteikarten, auf denen Sie die Informationen Ihrer Anwendung notieren. Beachten Sie bei der Vorbereitung der Karten folgende Punkte:

   - Beschränken Sie sich auf maximal 60 Karten (siehe Abschnitt 13.2.1). Mit mehr Karten ist eine Durchführung nicht mehr realistisch. Auch die Auswertung ist nicht mehr sinnvoll machbar. Wählen Sie also die beliebtesten Inhalte (siehe Webanalytics), oder verdichten Sie Inhalte zu logischen Blöcken.
   - Bedrucken Sie die Karteikarten, und nutzen Sie dazu eine zuvor aufgestellte Liste (idealerweise eine Tabelle in Excel). Diese ist dann auch die Basis für die spätere Auswertung.
   - Nummerieren Sie die Karten auf der Rückseite oder klein in einer Ecke. Dies hilft Ihnen bei der Dokumentation und bei möglichen statistischen Auswertungen.
   - Halten Sie Blankokarten bereit, auf denen die Probanden zusätzliche Themen oder Vorschläge für alternative Benennungen ergänzen können.
   - Halten Sie zudem andersfarbige Karten für die Kategorienamen bereit, die die Nutzer ihren Themengruppierungen geben sollen.

2. **Rekrutierung von Probanden**

   Kümmern Sie sich früh im Projektablauf um die Rekrutierung der Probanden. Am besten beziehen Sie Ihren Kunden/die Stakeholder mit ein und diskutieren in der Startbesprechung, über welche Wege die Probanden erreicht werden können. Ist das Testobjekt keine Endkunden-Website oder -anwendung, kann es schwierig sein, entsprechende Kontakte zu echten Nutzern zu generieren. Ihr Kunde kann hier ein entscheidender Partner für die Kontaktanbahnung zu seinen Geschäftspartnern und Kunden sein.

   Planen Sie eine Incentivierung (Belohnung) für die Probanden, um eine hohe Teilnahmequote zu erreichen und die Motivation für eine gute Mitarbeit zu fördern.

3. **Vorbereitung der Card-Sorting-Einheit**

   Wählen Sie einen Raum mit Platz für einen großen Tisch oder eine sonstige große Fläche, auf der die Karten angeordnet und sortiert werden können. Es sollte noch Platz für einen weiteren Usability-Experten vorhanden sein, der Protokoll führt. Nehmen Sie zusätzlich die Einheiten auf Video auf. Das hilft bei der Auswertung. Ausschnitte aus den Videos mit Originaltönen der Probanden sind für eine interne Präsentation sehr wertvoll, um kritische Stakeholder zu überzeugen. Im diesem Fall planen Sie Platz für die Videoausrüstung, ausreichend Licht sowie Stromzugang ein.

4. **Durchführung des Card Sortings**

Planen Sie zu Beginn des Card Sortings eine Einführung für den Probanden, bei der Sie auf folgende Punkte eingehen:

– Zeigen Sie dem Probanden die Karteikarten, und erklären Sie ihm, dass Sie sich von ihm Unterstützung bei der optimalen Auswahl, Gruppierung der Informationseinheiten und der Kategorisierung, also der Benennung der Hauptkategorien, für die Anwendung wünschen.

– Bitten Sie den Probanden, laut zu denken, also das auszusprechen, was ihm bei seiner Aufgabe durch den Kopf geht. Auf diesem Weg finden Sie mehr über seine Gedanken, seine Absichten und gegebenenfalls auch frustrierende Momente heraus.

– Geben Sie einen zeitlichen Rahmen vor, so dass sich der Proband beim Sortieren darauf einstellen kann.

Nach dieser Einführung lassen Sie den Probanden möglichst ungestört arbeiten. Erinnern Sie, sofern notwendig, an das laute Denken, und helfen Sie, wenn der Proband darum bittet. Haken Sie nach, wenn der Proband nicht weiterkommt oder lange zögert, um die Gründe zu verstehen. Probanden dürfen Karten hinzufügen, wenn ihnen Themen fehlen, und Karten beiseitelegen, wenn sie diese nicht in der Anwendung wünschen oder sie in keiner Gruppierung sehen.

Abschließend sollen die Probanden den gruppierten Inhaltsbereichen Namen geben; nutzen Sie dafür andersfarbige Karteikarten, auf die Sie die Begriffe schreiben. Falls nun noch Zeit bleibt, können und sollten Sie an kritischen oder auffälligen Stellen nachfragen, um so die Denkweise des Probanden bestmöglich zu verstehen.

Denken Sie nach der Auszahlung des Incentives, dem Bedanken und Verabschieden des Probanden daran, die Ergebnisse zu dokumentieren und danach die Karteikarten für den Nächsten gut zu durchmischen. Damit vermeiden Sie mögliche Reihenfolgeneffekte.

5. **Analyse der Ergebnisse**

Erstellen Sie auf Basis der Fotodokumentation pro Einheit eine eigene Sitemap, und passen Sie Ihre Basisdatei mit den gelisteten Themen an.

Werten Sie dann zunächst die qualitativen Aussagen der Probanden aus. Sammeln Sie also ähnliche Kommentare, und verdichten Sie diese zu den zentralen Aspekten. Im nächsten Schritt sollten Sie eine quantitative Analyse durchführen und die häufigsten Gruppierungen und Zuordnungen identifizieren. Nutzen Sie hierfür eine Tabellenkalkulation (z. B. Excel) oder eine Analysesoftware (z. B. SPSS). Bereiten Sie die qualitativen Aussagen und quantitativen Ergebnisse in einem Ergebnisband auf.

13.3 Wie sieht eine Informationsarchitektur aus? Was erhalten Sie als Ergebnis aus einem Workshop?

Die Ergebnisse aus den Card-Sorting-Workshops bilden die Basis für die Ausgestaltung der Informationsarchitektur. Sie geben konkrete Anhaltspunkte zur Strukturierung der Inhalte in der Anwendung. Aus den Sitemaps/Inhaltsstrukturen der einzelnen Workshops leiten Sie dann eine vereinheitlichte Sitemap ab – in der Regel mit zwei Ebenen: den Haupt- und den zugeordneten Unterkategorien. Mehr dazu auch in Kapitel 26, »Struktur der Anwendung – Informations- und Navigationsarchitektur«.

Abbildung 13.6 Ergebnis aus einem Card-Sorting-Workshop – die weißen Karten wurden unter die auf roten Karten notierten Hauptkategorien gelegt. Das Ergebnis dient als Grundlage für eine Sitemap (Loretta Neal, Papercake).

13.4 Wer sollte ein Card Sorting durchführen?

Führen Sie ein Card Sorting durch, sollten Sie vorab und so früh wie möglich in der Planung die relevanten Stakeholder im Unternehmen mit einbeziehen. Damit erhalten Sie neben der Nutzersicht aus dem Card Sorting selbst auch die Überzeugungen der internen Kollegen. Das können Verantwortliche aus den folgenden Bereichen sein, je nach Struktur und Organisation des Unternehmens:

- Marketing, Kommunikation
- Brand-Management
- SEO (Suchmaschinenoptimierung)
- Redakteure, Content-Autoren
- Entwicklung/IT

Je früher Sie diese Vertreter in das Projekt bzw. in die Entwicklung der Informations-architektur einbeziehen, desto weniger Hürden haben Sie später. Wenn möglich, ver-suchen Sie in Einzelinterviews oder Gesprächen in kleinen Gruppen von zwei bis drei Personen die unterschiedlichen Perspektiven und Herausforderungen für die Ver-antwortlichen zu verstehen. Idealerweise verdichten Sie die Erkenntnisse zu zentra-len Dos and Don'ts im Hinblick auf die Informationsarchitektur.

Binden Sie diese Stakeholder auch später, nach der Auswertung und den ersten Ansätzen für die Informationsarchitektur, durch Feedbackrunden ein.

13.5 Wann setze ich Card Sorting ein?

Ziel eines *generativen Card Sortings* ist es, losgelöst von grafischen Details, von allen Einflüssen wie dem Navigationsdesign, Direkteinstiegen auf tieferen Ebenen und Suchfunktionen, die Grundlage für die Entwicklung der Informationsarchitektur zu legen. Entsprechend müssen Sie das Card Sorting noch vor der Gestaltung von Layout/Screendesign und Navigationssystemen durchführen. Setzen Sie das Card Sorting später an, ist der Aufwand bei möglichen Anpassungen deutlich höher.

Auch das *evaluierende Card Sorting* sollten Sie unbedingt vor der Designphase anset-zen. Allerdings benötigen Sie für die Durchführung bereits eine entwickelte Informa-tionsarchitektur. Entsprechend später im Gesamtprozess wird es daher integriert. In jedem Fall sollten Sie auch hier die Auswertung und Einarbeitung der Änderungen abwarten, bevor Sie im Entwicklungsprozess weitergehen.

Kapitel 14

Scribbles – erste Ideen auf dem Weg zum Design

Scribbles sind einfache Skizzen, die helfen, Ideen zu entwickeln und Klarheit über den Aufbau und die Funktionen einzelner Seiten zu bekommen.

Ob Sie eine Website erstellen, eine App oder eine andere digitale Anwendung – am Ende steht immer etwas, was Ihre Nutzer hauptsächlich über die Augen wahrnehmen. Auch deshalb beginnen sehr viele Produktideen mit Zeichnungen. Und zwar am besten auf Papier. Unterschätzen Sie das Medium nicht – es ist schnell & billig, ermuntert dazu, viele Ideen auszuprobieren und vor allem ist es inklusiv: Jeder weiß, wie man einen Stift hält und kann die Skizzen ergänzen. Und: Ideenskizzen auf Papier kann man einfach an die Wand hängen.

Es spielt keine Rolle, ob Sie denken, dass Sie zeichnen können, oder ob Sie in der Schule gut in Kunst waren. Jeder kann mit einem Stift schnell ein paar Linien aufs Papier bringen, und das genügt, um erste Ideen zu erkunden. Vor allem, wenn es um etwas geht, was auf einem Bildschirm zu sehen ist, ist das einfach. Denn dann brauchen Sie nur zwei Dimensionen – alles ist flach.

14.1 Was sind Scribbles?

Scribble ist englisch für *Gekritzel*. Im Deutschen spricht man manchmal von (Seiten-) Skizze – wobei das feiner ausgeführt klingt, als es ein Scribble ist. Vor einer Skizze haben viele Ehrfurcht, ein Gekritzel bekommt jeder zustande. Gelegentlich hört man auch bei uns den im Englischen üblicheren Begriff *Sketch* (Zeichnung). Bei einem Scribble geht es darum, mit wenigen Linien zu visualisieren, was im eigenen Kopf steckt. Und darum, Ideen zu entwickeln. Solange wir über unsere Ideen nur sprechen, merken wir nicht, dass wir bestimmte Fragen noch nicht bedacht haben. Oder dass im Team nicht alle das Gleiche vor Augen haben.

Mithilfe von Scribbles können Sie schnell viele Varianten entwickeln, um die Anforderungen der Nutzer in eine Anwendung umzusetzen. Sie kommen auf innovative Lösungsansätze und können grob abschätzen, ob diese funktionieren. So produzieren Sie am Anfang viele Ideen, ohne lang entwickeln oder gestalten zu müssen, und haben am Ende ein Produkt, das eine gute User Experience bietet.

Ein Scribble schafft etwas Konkretes. Da muss das Foto an einer bestimmten Position platziert werden. Die Reihenfolge der Inhaltselemente muss festgelegt werden. Die relative Größe der Textbereiche zueinander muss stimmen.

Gegenüber ausgefeilten Darstellungen des zukünftigen Produkts haben Scribbles vor allem zwei Vorteile:

1. Sie entstehen sehr schnell, so kann man viele unterschiedliche Ideen entwickeln. Und es sieht jeder, dass ein Scribble noch kaum grafische Vorgaben macht. Niemand wird die Farbe Ihrer Linien in Frage stellen oder sagen, dass ihm eine von Ihnen nur angedeutete Abbildung nicht gefällt.
2. Jeder erkennt die Vorläufigkeit eines Scribbles und hat wenig Hemmungen, Änderungen vorzuschlagen und eigene neue Ideen einzubringen.

14.2 Wie sehen Scribbles aus?

Für die Gestaltung gibt es keine Vorgaben. Sie können sich richtig austoben.

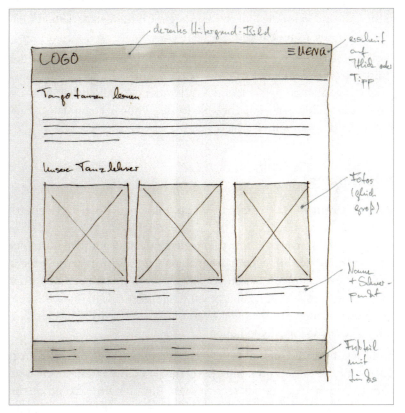

Abbildung 14.1 Scribble einer HTML-Seite mit Erklärungen

Üblicherweise zeichnet man als Platzhalter für Bilder Kästchen und setzt ein Kreuz hinein (Abbildung 14.1). So bekommen diese Kästchen mehr visuelles Gewicht als ganz ohne Inhalt. Auch wer noch so gut zeichnen kann – fast nie bildet man ab, was auf dem Bild zu sehen sein soll. Das schreibt man eher als Anmerkung neben das Scribble. Das lenkt weniger ab und geht vor allem schneller.

Ausnahme sind Seiten, bei denen ein Bild oder Icon das zentrale Element ist. In solch einem Fall skizziert man dieses ganz grob.

Texte schreibt man nur für die Überschriften der ersten und vielleicht der zweiten Ebene. Eine Differenzierung kann man z. B. machen, indem man die Überschriften der ersten Ebene in Druckschrift, die der zweiten in Schreibschrift hält. Alle weiteren Texte symbolisiert man mit einfachen Linien (Abbildung 14.2). Tipp: Parallele Striche sehen besser aus als durchgezogene Schlangenlinien, auch wenn es ein bisschen länger dauert, diese zu ziehen.

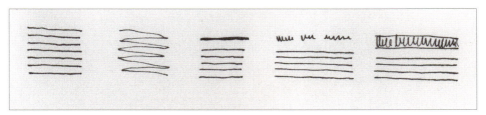

Abbildung 14.2 Textplatzhalter – Linien für Fließtext/Textblöcke, dickere Linien oder Wellen für Überschriften

Farbe setzt man beim Scribbeln nur gelegentlich ein. Mit Farbe zu arbeiten dauert ein bisschen länger, erweckt aber einen etwas professionelleren Eindruck. Einzelne Elemente kann man mit einem leichten Schatten deutlicher von anderen abgrenzen und diesen eine klarere Gewichtung geben.

Insbesondere wenn die Scribbles an Entscheider weitergegeben werden, die nicht bei deren Entstehung dabei waren, arbeiten wir gern mit farblich etwas aufgewerteten Scribbles, um trotz der vermeintlich einfachen Zeichnungen eine gewisse Ernsthaftigkeit zu demonstrieren.

Das widerspricht eigentlich der Idee von Scribbles – das sollen schnelle Skizzen sein, die mit wenig Aufwand entstehen. Und Farben setzt man oft nicht ein, damit nichts ablenkt von Struktur und Funktion der einzelnen Elemente. Und doch hat es sich in unserer Arbeit bewährt, davon manchmal abzuweichen. Wir haben sogar schon Reinzeichnungen gemacht – also Scribbles nochmal neu gezeichnet, nachdem die erste Fassung fertig war. Das geht dann schon stark in Richtung Wireframes (siehe Kapitel 15), also genaueren, ordentlichen Zeichnungen der geplanten Seiten. Normalerweise entstehen diese am Computer, doch man kann sie auch per Hand zeichnen.

14 Scribbles – erste Ideen auf dem Weg zum Design

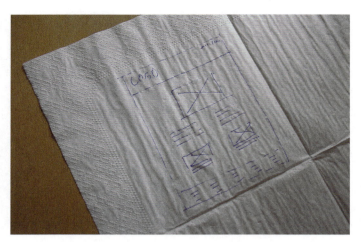

Abbildung 14.3 Manche Scribbles entstehen auf der sprichwörtlichen Serviette.

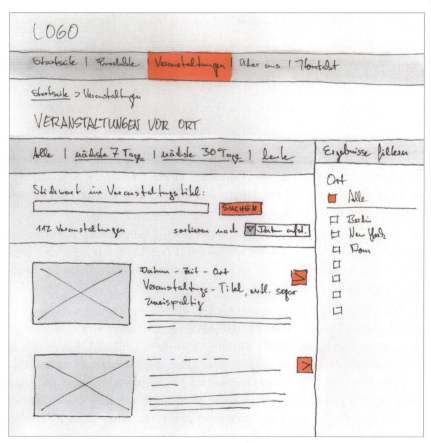

Abbildung 14.4 Andere Scribbles werden detailliert ausgeführt auf feinem Marker-Papier.

148

14.3 Wie macht man Scribbles?

Bevor Sie loslegen mit dem Scribbeln, sammeln Sie alle bisher vorhandenen Informationen zu Ihrer Anwendung, z. B.:

- Personas
- Nutzungsszenarien/Use Cases
- Anforderungen/Requirements
- Informationsarchitektur/Sitemap/Ablaufdiagramm
- Moodboards

Legen Sie fest, was das Ziel Ihrer Scribble-Sitzung sein soll: Wollen Sie neue Ideen generieren, wie ein Nutzerproblem gelöst werden kann? Wollen Sie Varianten für die Gestaltung einzelner Seiten finden? Oder möchten Sie den idealtypischen Umgang eines Nutzers mit Ihrem Produkt abbilden? Der nächste Schritt ist das Scribbeln selbst – dazu gleich noch etwas mehr.

Sind Sie fertig, sehen Sie sich das Ergebnis an. Prüfen Sie, ob die Scribbles mit den Vorgaben vereinbar sind. Ob es noch Dinge gibt, die Sie berücksichtigen sollten. Haben Sie einen wesentlichen Schritt beim Umgang des Nutzers mit der Anwendung vergessen? Widerspricht ein Scribble bestimmten Anforderungen? Oder würde eine Persona die entworfene Lösung nicht verstehen?

Achten Sie auf die Konsistenz: Nutzen verschiedene zusammengehörige Scribbles verschiedene Metaphern für dasselbe? Funktioniert die gleiche Aufgabe bei bestimmten Entwürfen unterschiedlich? Das ist nicht wichtig, wenn Sie noch Ideen für verschiedene Ansätze sammeln. Es wird aber wichtig, wenn Sie schon so weit in der Entwicklung fortgeschritten sind, dass Sie mit den Scribbles den nächsten Schritt zur Umsetzung gehen wollen.

Lassen Sie die Scribbles am besten einen Tag oder zumindest ein paar Stunden liegen. Sehen Sie sie dann nochmals an. Oft wird Ihnen dann etwas auffallen, was Sie direkt nach dem Skizzieren übersehen haben. Oder Ihnen fällt etwas Neues ein. Holen Sie sich schließlich Rückmeldung von anderen. Vielleicht von Kollegen, sicher aber von den anderen Projektbeteiligten.

Überarbeiten Sie die Scribbles mit den neu gewonnenen Informationen. Damit beginnt die nächste Runde, und es geht von vorne los.

14.4 Tipps zum Zeichnen

Wie groß sollte ein Scribble sein? Darauf findet jeder nach etwas Erfahrung seine eigene Antwort. Aber als Orientierung: Zum Erzeugen von Ideen zeichnen Sie klein.

Zwei Zentimeter breit und drei Zentimeter hoch ist eine gute Größe für HTML-Seiten in dieser ersten Phase.

Das kommt Ihnen vielleicht sehr klein vor – und das ist es auch (siehe Abbildung 14.5). Der Vorteil hier ist, dass Sie sehr schnell sind. Sie können sich ganz auf unterschiedliche Ansätze konzentrieren und werden nicht durch Details abgelenkt; denn für die ist kein Platz.

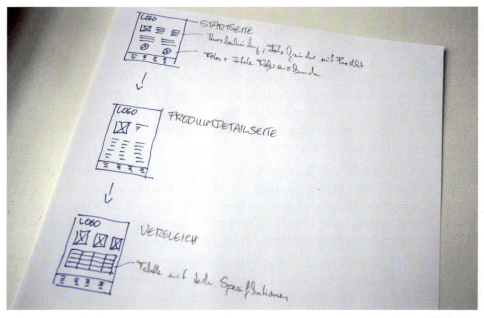

Abbildung 14.5 Solche kleinen Scribbles (»Thumbnails«) zeichnet man so klein, damit man erstens schnell ist und sich zweitens noch keine Gedanken über Details machen muss.

Wenn es darum geht, Ideen weiter auszuarbeiten oder zu überlegen, welche Elemente an welcher Stelle auf den einzelnen Seiten zu sehen sein sollen, dann machen Sie deutlich größere Scribbles. Als Faustformel gilt: Ungefähr so groß wie der Bildschirm bzw. das Fenster, auf bzw. in dem Ihre Anwendung zu sehen sein wird. Bei einer Smartphone-App sind wir dann also etwa bei 5 mal 9 Zentimetern, bei einer Website z. B. bei 20 mal 15 Zentimetern.

Zeichnen Sie als Erstes ein begrenzendes Rechteck, das den Bildschirmplatz definiert. Oder Sie nutzen eine Vorlage, die Sie ausgedruckt haben (siehe z. B. Abbildung 14.6).

Vorlagen für Scribbles

Einige Vorlagen, in denen Sie Scribbles erstellen können, haben wir hier für Sie zusammengestellt: *bnfr.de/ux001*.

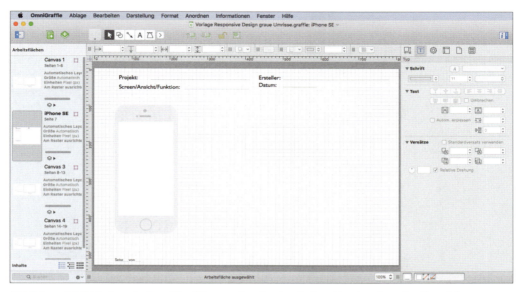

Abbildung 14.6 Vorlage in OmniGraffle zum Ausdruck mit dem Umriss eines Gerätes. Diese dient ausgedruckt als Grundlage für Smartphone-Scribbles.

Dann beginnen Sie mit großen Elementen, wie dem Logo, der Navigationsleiste und großen Abbildungen. Wichtige Elemente kommen generell zuerst, Details als Letztes.

Zeichnen Sie nur so viel, dass man versteht, worum es bei diesem einen Scribble geht. Zeichnen Sie nur so detailliert wie unbedingt nötig. Die meisten Elemente skizzieren Sie einfach als Boxen, Schatten oder gar nicht.

Stecken Sie lieber mehr Zeit in mehrere unterschiedliche Entwürfe (siehe Abbildung 14.7), als einen in der frühen Phase zu genau und zu hübsch zu zeichnen. Es kommt aktuell nicht auf Ästhetik an, es kommt auf Ideen und Kommunikation an.

Wenn Sie farbige Marker verwenden, ist es sinnvoll, jeweils mit den hellen Farben zu beginnen. So fällt kaum auf, wenn Sie sich verzeichnet haben und eine Linie etwas krumm ist. Oder wenn Sie das Element doch an einer anderen Position haben wollen. Erst nach und nach arbeiten Sie sich zu den dunkleren Farben vor und schließen mit den leuchtenden Hervorhebungsfarben ab.

Um einzelne Elemente hervorzuheben, reichen ein oder zwei Akzentfarben. Das kann Rot oder Grün sein. Persönlich finden wir aber andere Farben besser, die keine so klare Assoziation mit richtig/falsch haben, also z. B. Orange, kräftiges Braun oder leuchtendes Blau (siehe Abbildung 14.7). Schatten oder hervorstechende Farben können auch klickbare Elemente signalisieren.

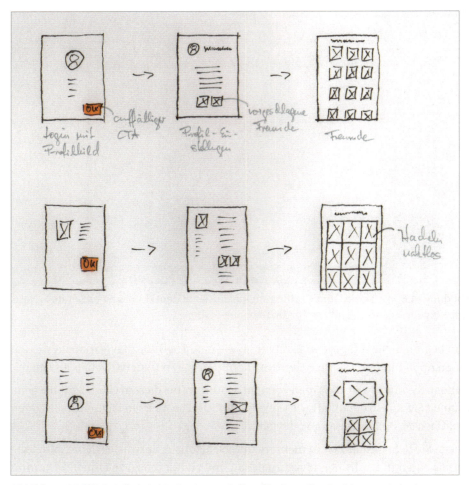

Abbildung 14.7 Schnell viele Varianten erstellen für dasselbe Problem – einer der Hauptvorteile von Scribbles

14.5 Scribbeln mit dem Tablet

Wer unbedingt meint, kann auch auf dem Tablet scribbeln. Wir empfehlen es wegen der beschriebenen Vorteile von Papier nicht: hauptsächlich wegen des schnellen Arbeitens, der Möglichkeit, Blätter weiterzugeben und anzupinnen, mehrere nebeneinanderzulegen etc.

Tablets haben natürlich den Vorteil, dass das Ergebnis gleich digital vorliegt und dass manche Apps helfen, etwas hübschere Linien zu machen, indem sie den Strich begradigen. Wer digital arbeiten will, dem sei unbedingt ein Stift empfohlen – nur mit dem Finger scribbelt es sich ausgesprochen mühsam auf dem Touchscreen.

Abbildung 14.8 Mit dem Tablet und einem Stift vereint man einige Vorteile von analogen Medien mit digitalen. Gerade im Workshop ist das Arbeiten auf Papier aber vorteilhafter.

14.6 Kommentare, Dokumentation und Überarbeitung

Wesentlicher Bestandteil jedes Scribbles sind die Beschriftung bzw. die Kommentare (Abbildung 14.9). Erklären Sie, was mit den einzelnen Elementen gemeint ist. Was soll auf den Bildern zu sehen sein? Welche Videos sehen Sie vor? Was steht in den Texten? Welche Elemente sind klickbar? Was passiert, wenn der Nutzer sie auswählt?

Ein Scribble ist im Idealfall selbsterklärend. Rechnen Sie immer damit, dass jemand Ihre Scribbles ansieht, der mit dem Projekt nur am Rande vertraut ist. Auch sich selbst tun Sie einen Gefallen, wenn Sie nach drei Wochen Urlaub noch rekonstruieren können, was Sie mit Ihren Elementen jeweils gemeint haben.

Zur Dokumentation scannen oder fotografieren wir alle Scribbles und legen sie zusammen mit den anderen Projektdokumenten ab.

Auf jedes einzelne Scribble gehören in jedem Fall (handgeschrieben):

- Projektname
- eindeutiger Titel oder Nummer des Scribbles bzw. Versionsnummer
- Datum
- Ersteller

Nur so können Sie selbst oder andere sich später auf das Scribble beziehen.

Eigentlich sollten Scribbles so einfach sein, dass es weniger Arbeit macht, sie neu zu zeichnen als sie zu korrigieren. Manchmal ist es aber leider nicht so. Dann erleichtern Sie sich das Leben, wenn Sie nur die Teile neu zeichnen, die sich ändern. Dieses Stück schneiden Sie dann aus und kleben es auf das alte Scribble. Das geht natürlich genauso digital – Sie fügen das neue Teil in der Bildbearbeitung in das eingescannte Scribble ein.

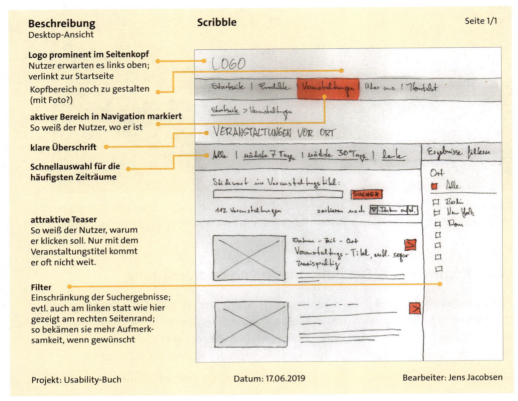

Abbildung 14.9 Eingescanntes und am Computer beschriftetes Scribble

Generell ist es eine gute Idee, Scribbles einzuscannen und auszudrucken oder zu kopieren. So können Sie z. B. auf allen Seiten vorhandene Elemente einmal zeichnen und dann zehnmal kopieren. Sie scribbeln dann nur noch das, was wirklich anders ist.

14.7 Scribbeln im Team

Scribbeln geht hervorragend im Team. Wie ein Brainstorming wird eine Scribble-Sitzung besser, wenn daran mehrere Personen teilnehmen. Natürlich sollten es nicht zu viele sein, sonst kann es schwierig werden. Wir haben gute Erfahrungen mit 4 bis 14 Personen gemacht.

Bei noch mehr Teilnehmern würden wir bevorzugt mehrere Arbeitsgruppen machen, die jeweils einen Teil der Aufgaben bearbeiten oder die parallel Ideen entwickeln und sie später gemeinsam diskutieren.

Generell gibt es zwei Möglichkeiten zum gemeinsamen Scribbeln:

1. Jeder arbeitet auf seinem Blatt.
2. Einer zeichnet, die anderen helfen.

Bei Variante 1 kann man sehr schnell sehr viele unterschiedliche Ideen generieren. Jeder arbeitet zunächst für sich, dann werden alle Ideen in der Gruppe diskutiert. Das eignet sich vor allem in frühen Projektphasen.

Ist schon klarer, wie die Lösung aussehen soll, und geht es z. B. um die Gestaltung von einzelnen Seiten, dann bietet sich der zweite Weg an. Eine Person zeichnet Scribbles auf dem Flipchart oder auf einem Whiteboard, die anderen kommentieren, kritisieren und assistieren. Dabei muss der Stift nicht immer nur in der Hand von einer Person bleiben, sondern kann jeweils an denjenigen weitergegeben werden, der gerade eine Idee/einen Vorschlag hat.

Wenn wir als Moderatoren solche Sitzungen leiten, lassen wir gern die Teilnehmer scribbeln. Das macht diesen mehr Spaß und regt die Diskussion am besten an.

14.8   Wer sollte scribbeln?

Wer immer auch den Stift in der Hand hat – an einer gemeinsamen Scribble-Sitzung sollten mehrere Projektbeteiligte/Stakeholder teilnehmen, vor allem Vertreter folgender Funktionen bzw. Bereiche:

► Projektleiter
► Projektverantwortlicher/Product Owner
► Programmierer
► Designer/Grafiker
► User-Experience-Verantwortlicher

Scribbelt eine Person allein, ist es normalerweise der UX-Experte, manchmal auch der Designer.

14.9   Wann setze ich Scribbles ein?

Scribbles sind für die frühen Projektphasen geeignet – sobald klar ist, was die Anwendung können soll, wer sie nutzen soll und warum sie gebaut werden soll. Im Projektverlauf kann man weiterhin Details oder Unterseiten scribbeln, um sich selbst über die detaillierte Anordnung klar zu werden oder sich darüber mit anderen zu einigen.

Wie bei jeder anderen Technik gilt: Je öfter Sie sie anwenden, desto besser werden Sie. Das Schöne beim Scribbeln ist: Hier sieht man die Verbesserung auf einen Blick.

Wenn Sie Ihre Scribbles von heute ein Jahr später ansehen, werden Sie überrascht sein, wie viel besser Sie geworden sind. Aber auch wenn Sie heute noch nicht zufrieden sind, trösten Sie sich: Es geht beim Scribbeln nicht um Ästhetik, sondern ums Finden und Kommunizieren von Ideen. Deshalb ist jedes Scribble besser als gar kein Scribble.

Hier noch ein paar Tipps, wie Sie aus Scribbles schnell klickbare Prototypen (»Klickdummys«) erstellen: Mit der Smartphone-App *Marvel* z. B. fotografiert man seine handgezeichneten Scribbles und kann dann in der App Hotspots, also klick-/tippbare Zonen, definieren. Sehr schnell haben Sie so eine Testversion zusammengestellt, in der Sie die gesamte Interaktion der geplanten Website oder App abbilden. Natürlich nur, sofern diese nicht allzu kompliziert wird und z. B. keine Texteingaben verarbeitet werden sollen.

Marvel gibt es für Android und iOS. Die Basisversion mit unbegrenzt vielen Projekten ist kostenlos, ohne Passwortschutz – doch kann eigentlich nur darauf zugreifen, wer die URL kennt.

Ein direkter Konkurrent zu Marvel ist *InVision*. Es bietet ähnliche Funktionen, nur sind die zur Zusammenarbeit noch etwas ausgereifter. So kann man direkt auf der Website über die Screens diskutieren – inklusive Voice-Chat und Anmerkungsfunktionen. Außerdem verwaltet InVision auf Wunsch weitere Assets wie Konzepte, Dokumentation etc. Dafür hat uns persönlich die iPhone-App nicht ganz so gut gefallen wie die von Marvel. InVision gibt es für Android und iOS; die Basisversion mit einem Projekt ist kostenlos.

Verwandte Methoden

▶ **Storyboards**
Ein Storyboard ist eine skizzierte Geschichte. Sie wird im Film eingesetzt, um den Ablauf einer Szene zu visualisieren, bevor sie gedreht wird.

Mit Storyboards in der Produktentwicklung und im Bereich UX können Sie Abläufe, Interaktionsmuster oder Nutzungsszenarien darstellen. Dazu sollten Sie ein geübter Zeichner sein, damit andere erkennen, was zu sehen sein soll.

▶ **Wireframes**
Mehr zu diesen fortentwickelten Scribbles in Kapitel 15.

▶ **Prototypen**
Prototypen sind Vorabversionen der Anwendung, die schon grundlegende Funktionalität mitbringen. Um diese geht es in Kapitel 16, »Papierprototypen – Ideen schnell greifbar machen«, und Kapitel 17, »Mockups und Prototypen – konkretisieren, visualisieren, designen«.

Kapitel 15

Wireframes – sich an das optimale Produkt annähern

Wireframes sind ein ganz wichtiges Werkzeug, um Ideen zu visualisieren, zu diskutieren, zu kommunizieren und zu testen.

Wireframes sind Seitenskizzen, auf denen Sie die wichtigsten Inhalte festhalten, die in einem bestimmten Moment auf dem Bildschirm zu sehen sein sollen. Sie sind schnell erstellt und helfen vor allem, Ideen zu konkretisieren und im Team zu diskutieren. Allein das hilft, eine Anwendung zu entwickeln, die eine bessere Usability hat. Und Nutzertests können Sie mit Wireframes auch durchführen.

15.1   Was heißt Wireframe?

Wireframe bedeutet auf Deutsch Drahtgittermodell. Solche Modelle nutzen Industriedesigner in 3D-Programmen, um schnell dreidimensionale Objekte zu erstellen, die die äußere Form eines geplanten Objekts nachbilden. Ähnlich können wir in zwei Dimensionen die Konturen der Objekte abbilden, die wir auf einer Bildschirmoberfläche erstellen wollen.

Die Grenze zwischen Wireframe und *Scribble* (siehe voriges Kapitel) ist fließend. Ein Scribble ist normalerweise handgezeichnet und dient dazu, erste Ideen zu entwickeln und zu diskutieren. Ein Wireframe ist mit Software erstellt und deutlich detaillierter als ein Scribble. Mit einem Wireframe nähert man sich dem fertigen Produkt noch weiter an. Man legt z. B. fest, wie viele Elemente genau auf einer Seite sein sollen, in welcher Reihenfolge sie angeordnet werden und wie groß sie etwa sein sollen (siehe Abbildung 15.1).

Wireframes legt man normalerweise in Originalgröße an – sie sind also so groß wie das, was später am Bildschirm zu sehen sein soll. Selbst wenn Sie diese später kleiner abbilden wollen, sollten Sie am Anfang immer in der vollen Auflösung arbeiten und die Bilder dann besser am Schluss verkleinern. Erstens haben Sie so die Möglichkeit, doch noch die größeren Versionen zu verwenden. Zweitens sehen Sie aber vor allem so, ob Elemente zu klein oder zu groß wirken – was sich nur beurteilen lässt, wenn alles in der richtigen Größe angelegt ist.

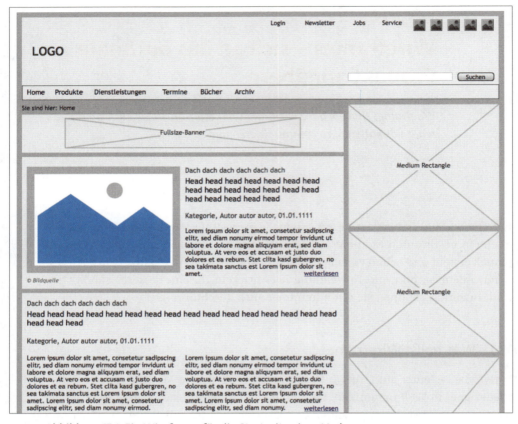

Abbildung 15.1 Ein Wireframe für die Startseite eines Verlags

15.2 Wozu Wireframes?

Bei manchen Projekten arbeiten wir nur mit Scribbles und gehen danach direkt in die Umsetzung. Zum Beispiel dann, wenn ein Grafiker oder UX-Designer im Team ist, der z. B. mit Photoshop oder Sketch die grafische Gestaltung der Seiten noch weiter ausdetailliert. Sind diese Entwürfe sehr nah am fertigen Produkt, sehen sie also fast aus wie fertige Seiten, dann spricht man von *Mockups*. Das kommt vom Wort *mock*, was so viel wie »täuschen« oder »nachmachen« heißt. Diese Entwürfe sehen wie echte Seiten aus, die programmiert wurden – sie sind aber letztlich nur Bilder.

Der große Vorteil von Wireframes ist aber, dass man mit ihnen Inhalte und Funktionen diskutieren kann, ohne über Gestaltung sprechen zu müssen. Zeigen wir einem Auftraggeber oder Vorgesetzten ein Mockup, dann wird er immer auch über die ästhetischen Aspekte sprechen. Über die Farben, die Fotos oder Illustrationen und über die Schriftarten und Schriftgrößen. Das ist eine wichtige Diskussion, doch zuvor müssen wir eigentlich die Inhalte und Funktionen festgelegt haben. Das geht einfacher, wenn wir das von der Diskussion um die Ästhetik trennen. Und genau dabei helfen uns Wireframes.

Außerdem sind Wireframes ein gutes Mittel, um die eigenen Ideen zu konkretisieren und auf neue Ideen zu kommen. Sobald man etwas vor sich sieht, fällt einem oft noch ein neuer Ansatz ein. Das gilt, wenn man allein arbeitet, und noch mehr, wenn man gemeinsam darüber diskutiert. Schließlich können wir mit Wireframes auch Usability-Tests durchführen, um bereits in einer frühen Phase das Feedback der Nutzer einzuholen. So können wir schon Probleme finden und lösen, bevor Grafik und Programmierung Arbeit in die Anwendung investiert haben. Und auch zur Dokumentation der Anforderungen an Grafik und Programmierung sind Wireframes aus unserer Sicht in größeren Projekten unverzichtbar. Nur mit Textdokumenten oder Gesprächen kommt man meist nicht weit. Beide lassen zu viel unbestimmt, und am Ende muss man sich in mehreren Überarbeitungsrunden dem annähern, was man eigentlich wollte.

15.3 Programme für Wireframes

Wireframes kann man mit sehr vielen verschiedenen Programmen umsetzen. Es bietet sich an, das Programm zu nutzen, mit dem man sich wohlfühlt und mit dem man schnell arbeiten kann. Doch spezielle Wireframing-Programme bieten Vorteile, die vor allem in der Konsistenz liegen (Wireframes einer Anwendung sehen einheitlich aus) und in der Arbeitserleichterung (man kommt schneller zum Ziel und kann Elemente leicht wiederverwenden).

15.3.1 Axure und Balsamiq

Axure und *Balsamiq* sind wohl die verbreitetsten Programme für Wireframes. Mit beiden lassen sich auch Prototypen herstellen – recht einfache mit Balsamiq und einfache bis hochkomplexe, die aussehen wie fertige Websites, mit Axure.

Mit Balsamiq sind Sie auf einen Stil festgelegt – Schriftart und Linienstil lassen sich nicht ändern. Mit Balsamiq erstellte Wireframes erkennt man daher auf einen Blick (siehe Abbildung 15.2). Bei Axure können Sie das Aussehen aller Elemente fast völlig frei bestimmen (siehe Abbildung 15.3). So hat man hier die Wahl, ob man sehr grobe Wireframes erstellen will oder Seiten, die aussehen wie das Endprodukt (Mockups). Axure erlaubt auch komplexe Programmierung mit bedingten Verzweigungen, Variablen und vielem mehr. So lassen sich interaktive Prototypen anlegen, die zur Demonstration oder für Nutzertests sehr praktisch sind. Mehr dazu finden Sie in Kapitel 17, »Mockups und Prototypen – konkretisieren, visualisieren, designen«.

Abbildung 15.2 Wireframes mit Balsamiq erkennt man auf den ersten Blick – sie haben immer den gleichen Linienstil und die gleiche Schriftart.

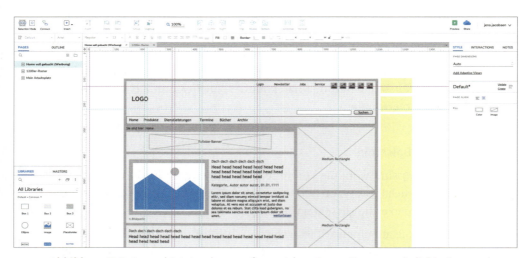

Abbildung 15.3 Axure bietet neben umfangreichen Formatierungsmöglichkeiten auch Programmierung.

Balsamiq bietet im Wesentlichen den Export als PNG-Datei und einfache Klickdummys, z. B. als PDF mit Links. Bei Axure kann man die Wireframes außerdem als HTML exportieren und direkt im Browser testen. Auch ein Word-Export steht zur Verfügung, für den man auch eigene Vorlagen definieren kann. Und Anmerkungen lassen sich getrennt von den Wireframes anlegen und verwalten. Bei Balsamiq gibt es keine eigene Funktion für Anmerkungen, hier muss man einfach mit bestehenden Grafikelementen arbeiten oder seine Anmerkungen nach dem Export hinzufügen, z. B. indem man in einem anderen Programm entsprechende Grafiken auf den exportierten Bildern anbringt.

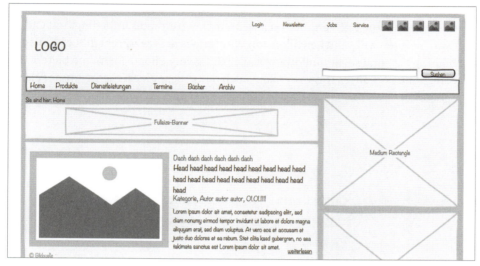

Abbildung 15.4 Auf Wunsch exportiert Axure die Wireframes auch »sketchy«, also mit leicht krummen Linien, schwarzweiß und mit Schreibschrift.

15.3.2 Grafikprogramme

Als es vor vielen Jahren herauskam, war *Microsoft Visio* für viele ein Wunder: Einfach und schnell ließen sich damit Diagramme zeichnen, flexibel mit Linien verbinden, und diese blieben tatsächlich an einem Kasten haften, wenn er verschoben wurde. Das ist inzwischen Standard für Zeichenprogramme, und sogar PowerPoint oder Word können das heute. Aber immer noch gibt es Kollegen, die auf Visio schwören – nach unserer Einschätzung ist es aber nicht besonders zugänglich für Neulinge und außerdem recht teuer.

OmniGraffle ist ein Grafikprogramm, das es nur für den Mac (und das iPad) gibt. Viele Interaktionsdesigner und Konzepter nutzen es, weshalb dafür eine Vielzahl von speziellen Bibliotheken zur Verfügung stehen – von der Sitemap-Vorlage über einfache Wireframes bis hin zu hochwertigen UI-Mockups aller bekannten Mobile- und Desktop-Betriebssysteme.

Wer eine hohe Grafikaffinität hat, der arbeitet oft mit *Adobe Photoshop* oder *Sketch*. Aus unserer Sicht für Wireframes nicht die beste Wahl, weil man bei jedem neuen Dokument vieles neu anlegen muss und zu viel mit Kopieren und Einfügen beschäftigt ist.

15.3.3 Office-Programme und Satzprogramme

Auf fast jedem Computer ist ein Präsentationsprogramm wie *Microsoft PowerPoint* oder *Apple Keynote* installiert. Manche nutzen das auch für Wireframes, weil sich hier Bilder schnell und zuverlässig beschriften lassen. Der Umgang mit Text ist hier nicht so komfortabel wie z. B. in *Word*, und doch würden wir eher zum Präsentationsprogramm raten als zur Textverarbeitung, wenn man Wireframes unbedingt mit Office-Software anlegen will. Zum Zeichnen von Wireframes in PowerPoint gibt es Vorlagen (Abbildung 15.5) und sogar Bibliotheken, die häufig verwendete Elemente bieten. Das spart nicht nur Arbeit, es sorgt vor allem auch dafür, dass die Elemente immer gleich aussehen.

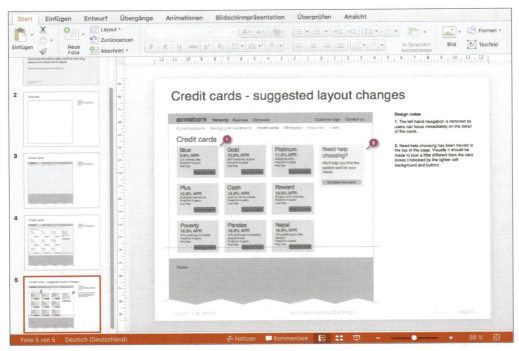

Abbildung 15.5 Mit einer gut gestalteten Vorlage lassen sich in PowerPoint ordentliche Dokumentationen erstellen – diese ist von cxpartners.

Und auch mit Satzprogrammen kann man Wireframes anlegen. *Apple Pages* ist ein Zwischending zwischen Textverarbeitung und Satzprogramm, das man auch für Wireframes nutzen kann. *Adobe InDesign* ist ein echtes Satzprogramm, mit dem man schnell schön gestaltete Wireframes und Berichte erstellen kann – wenn man das Programm schon beherrscht. Der Haken dabei: Am Ende steht normalerweise ein PDF, Interaktivität ist nur mit Tricks möglich.

> **Wireframe-Vorlagen zum Download**
>
> Unter *bnfr.de/ux013* finden Sie einige Vorlagen, die Sie für Ihre Wireframes mit verschiedenen Programmen nutzen können.

15.4 Für welche Seiten brauche ich Wireframes?

Wie viele Wireframes wir zeichnen, unterscheidet sich sehr von Projekt zu Projekt. Bei einfachen Websites kann es ausreichen, lediglich die Startseite als Wireframe anzulegen. Das ist der Fall, wenn alle Unterseiten nach dem gleichen Prinzip strukturiert sind. Grundregel ist: Existiert für eine Seite eine eindeutige Vorlage für deren Struktur, brauche ich für diese keinen eigenen Wireframe. In der Praxis sieht das dann so aus, dass man z. B. für eine größere Site jeweils einen Wireframe für folgende Seitentypen anlegt:

- ▶ Startseite
- ▶ Übersichtsseite, z. B. Produkte/Dienstleistungen
- ▶ Trefferliste/Suche/Filter
- ▶ Detailseite Produkt/Dienstleistung
- ▶ Über-uns-Seite/Kontakt (oder noch allgemeiner, z. B. Artikelseite)
- ▶ Blog/News

Bei Apps erstellt man üblicherweise für jeden *Screen* einen eigenen Wireframe. Ein Screen (Bildschirm) ist eine Ansicht, auf der die gleichen Elemente zu sehen sind, vergleichbar der *Seite* einer Website.

15.5 Was in einen Wireframe gehört

Auf jedem Wireframe brauchen Sie mindestens die folgenden Elemente:

- ▶ Logo
- ▶ Kopfzeile (Header)
- ▶ Fußzeile (Footer)
- ▶ Inhaltsbereich (Content)
- ▶ beispielhafte Elemente (Bilder, Überschriften, Fließtext, Listen, Kästen ...)
- ▶ Werbebanner, wenn solche geplant sind

Bei Scribbles schreibt man meist nur Überschriften und Navigationspunkte als Text, alle anderen Texte werden mit Linien oder Blöcken symbolisiert (siehe Kapitel 14, »Scribbles – erste Ideen auf dem Weg zum Design«). Bei Wireframes setzt man dagegen normalerweise so genannten *Blindtext* als Platzhalter ein – und zwar so viel, wie später an echtem Text auf der Seite stehen soll.

Generell gilt der Grundsatz: Jedes Element sollte einen Grund haben, warum es überhaupt auf der Seite ist. Und jedes Element sollte einen Grund haben, warum es *in genau der Größe* an *genau der Position* sitzt.

Außerdem ist ein ordentlicher Wireframe mit Anmerkungen versehen. Denn Wireframes sind immer noch abstrakt und müssen daher weiter erklärt werden. Das kann man mit Beschreibungstexten darunter oder daneben tun. Noch besser sind meist so genannte *Callouts*; das sind Erklärungen, die mit einem Strich oder Pfeil für einzelne Elemente im Wireframe gegeben werden (siehe Abbildung 15.6).

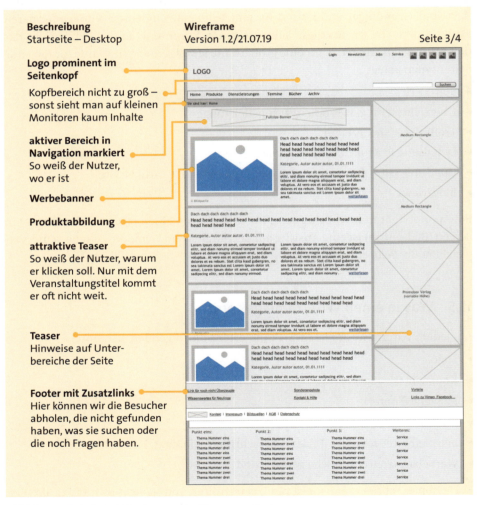

Abbildung 15.6 Gute Wireframes sind kommentiert.

Sehr hilfreich ist es auch, wenn man später nachvollziehen kann, welche Version Ihrer Wireframes welchen Diskussionsstand widerspiegelt. Daher gehört unbedingt ein Datum auf jeden Wireframe, den Sie weitergeben. Eventuell auch eine Versionsnummer. Bei Projekten mit vielen Beteiligten oder wenn die Wireframes für die Dokumentation an die Entwickler gehen, geben Sie am besten auch noch an, was sich im Vergleich zur Vorversion geändert hat. So gehen Sie sicher, dass keine Änderungen vergessen werden.

15.6   Was nicht in einen Wireframe gehört

Wireframes dienen dazu, über Inhalte, Funktionen und Struktur zu diskutieren. Daher sind sie meist schwarzweiß – Farbe soll nicht ablenken. Die Diskussion, ob die gewählte Farbe gut oder richtig ist, erspart man sich so sicher. Auch ist der Text auf Wireframes meist nicht mit der Schriftart gesetzt, die später in der Anwendung zum Einsatz kommt. So ist allen klar, dass es noch nicht um die Typografie geht. Auch die Abbildungen sind üblicherweise Platzhalter, keine echten Fotos oder Zeichnungen.

Puristen bestehen darauf, dass Wireframes immer schwarzweiß sein sollen. Man kann Farbe aber einsetzen, um die visuelle Gewichtung von Elementen zu kommunizieren. Das heißt, es geht nicht um die Farben, die die Elemente später haben werden. Vielmehr kann man ein oder zwei Farben nutzen, um unterschiedlich wichtige Elemente hervorzuheben. Bei der Gestaltung ist dann klar, dass das leuchtende Pink Elemente markiert, die auffällig gestaltet werden sollen – in den meisten Fällen dann in einer ganz anderen Farbe. Außerdem arbeiten alle Teammitglieder längere Zeit mit den Wireframes, und es soll auch etwas Spaß machen, sie anzusehen, um sich für das entstehende Produkt zu begeistern. Deshalb nutzen wir gelegentlich auch Farbe und schön gestaltete Platzhalter (siehe Abbildung 15.7).

Außerdem gehen die Wireframes manchmal an Personen, die diese Methode nicht kennen. Nicht selten sind das dann Entscheider. Ihnen ist eventuell nicht klar, wie viel Arbeit in solch einen Wireframe fließt und dass seine Entwicklung oft länger dauert als die grafische Umsetzung. Daher kommt es vor, dass Auftraggeber oder Kollegen darauf bestehen, »schöne« Wireframes zu erstellen. Das ist zwar nicht die reine Lehre, kann man aber machen, wenn es dazu dient, das Projekt voranzubringen. In solchen Fällen finden sich dann die korrekten CI-Farben aus dem Designhandbuch des Unternehmens und die korrekten Schriftarten in den Wireframes, teilweise sogar die richtigen Fotos.

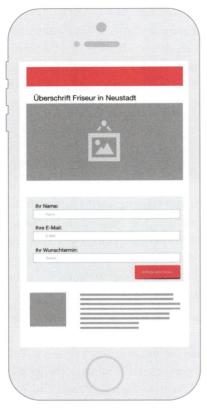

Abbildung 15.7 Wireframes dürfen auch gut aussehen.

15.6.1 Low-, Medium- und High-Fidelity-Wireframes

Solche Wireframes, die schon fast aussehen wie die fertige Anwendung, heißen auch High-Fidelity-Wireframes oder Mockups. Low-Fidelity-Wireframes bestehen nur aus Überschriften und Platzhaltern wie in Abbildung 15.7. Und Medium-Fidelity-Wireframes liegen dazwischen, etwa wie in Abbildung 15.6 zu sehen. Mehr dazu in Kapitel 17, »Mockups und Prototypen – konkretisieren, visualisieren, designen«.

15.7 Was manchmal in einen Wireframe gehört

Einige Dinge kann man schwer zeichnen, sie stehen aber dennoch oft im Wireframe. Das sind Aktionen, deren Ergebnis man erst sieht, wenn der Nutzer mit der Anwendung interagiert. Das können sein:

▶ Zustände von Buttons (inaktiv, aktiv, geklickt, Mouseover)
▶ Mouseover-Zustände wie Hilfetexte

- Fehlermeldungen, z. B. bei Formularen (Anzeige der Hinweistexte und Darstellung der Fehlermarkierung)
- Vorgabe des Typs von Interface-Elementen (Pop-up, Pull-down, Freitext, Suchfeld, Datum-Auswahlelement ...)
- Formatierung bzw. Inhaltstypen von Feldern (Zahl, Passwort, Text ...)
- Sortiermöglichkeiten von Listen
- Steuerungsgesten für die Touchbedienung

Gibt es ein technisches (Fein-)Konzept, sind solche Dinge dort besser aufgehoben.

Abbildung 15.8 Gesten brauchen immer eine Beschreibung.

Probieren Sie unbedingt auch aus, wie Ihre Seiten mit echten Inhalten aussehen. Oft hat man diese noch nicht, wenn man die Wireframes anlegt. Dann kommt das böse Erwachen, wenn die fertigen Texte und Bilder eingesetzt werden: Die vorgesehenen Texte mit »Lorem ipsum«-Blindtext sind viel zu kurz, die echten Überschriften laufen über vier Zeilen und sehen unmöglich aus. Die Produktabbildungen sind so klein, dass man nichts darauf erkennen kann. Solche Probleme sind nicht ungewöhnlich, deshalb lohnt es sich, gelegentlich mit echten Inhalten zu prüfen, ob die Wireframes auch mit diesen funktionieren.

15.8   Responsives Design und Wireframes

Websites müssen heute mobil funktionieren, Apps sollten auf verschiedenen Systemen laufen und im Hochformat wie im Querformat gut nutzbar sein. Das sicherzustellen, ist in der Konzeption viel Arbeit. Beim responsiven Design geht es darum, jede Anwendung möglichst auf jedem Gerät in jeder Einstellung gut aussehen zu lassen (siehe Kapitel 27, »Ordnung auf den Seiten – Gestaltungsraster und responsives Design«).

In der Praxis legen wir für Websites oft Wireframes für die folgenden vier Breiten fest:

▶ Smartphone hochkant – 320 Pixel
▶ Tablet hochkant (= Smartphone quer) – 768 Pixel
▶ Laptop (= Tablet quer) – 1.024 Pixel
▶ Desktop – 1.200 Pixel

Diese Werte orientieren sich an den kleinsten Smartphones und üblichen Auflösungen verbreiteter Geräte. Viele Nutzer haben heute Bildschirme mit mehr als 1.200 Pixeln, aber nur wenige ziehen die Fenster hier auf die ganze Breite auf. Und bei den meisten Websites ist es wenig sinnvoll, mehr als 1.200 Pixel zu nutzen. Der Text läuft sonst so breit, dass es für das Auge schwierig ist, die langen Zeilen zu lesen, ohne beim Zeilenwechsel den Anschluss zu verlieren (siehe Kapitel 32, »Schriftarten und Textformatierung«).

In Axure können Sie für jeden Wireframe responsive Varianten anlegen (siehe Abbildung 15.9). Dabei werden Änderungen, die Sie z. B. an Texten vornehmen, gleichzeitig in allen Versionen umgesetzt. Das spart viel Arbeit, kann aber auch zu unerwünschten Effekten führen. Wichtig ist, sich vor dem ersten Zeichnen zu überlegen, welche Breiten man unterstützen will, und diese zuallererst festzulegen. Die Ansicht BASE können Sie nicht löschen: Verwenden Sie diese entweder als die größte oder kleinste Ansicht, sonst müssen Sie eine zusätzliche Ansicht pflegen, die Sie eigentlich gar nicht brauchen.

Generell ist es sinnvoll, sich von Anfang an am Seitenraster zu orientieren, das später verwendet werden soll. So vermeiden Sie, dass später alles nochmal angepasst werden muss, und Sie erstellen von Anfang an realistische Wireframes, die von den Proportionen her schon korrekt sind. Mehr zum Anlegen von Rastern in Kapitel 27, »Ordnung auf den Seiten – Gestaltungsraster und responsives Design«.

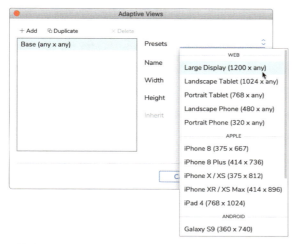

Abbildung 15.9 Axure bietet eine komfortable Verwaltung verschiedener responsiver Ansichten unter dem Namen »Adaptive Views«.

15.9 Arbeitserleichterung für die Entwickler

Im Wireframing- oder Zeichenprogramm lassen sich Elemente beliebig anordnen – was gut aussieht, funktioniert. Beachten Sie aber ein paar einfache Grundregeln, dann sparen Sie den Entwicklern mitunter sehr viel Arbeit – insbesondere beim Anlegen der responsiven Varianten.

Nehmen wir als Beispiel drei Textkästen, die in der Desktop-Ansicht nebeneinanderstehen: Diese auf dem Smartphone untereinander anzuordnen, ist bei der Programmierung kein Problem. Einen der Kästen allerdings an eine ganz andere Position auf der Seite zu schieben oder anders zu sortieren, ist für die Entwickler dagegen schon ein Problem. Natürlich gibt es Fälle, in denen genau das aus Usability-Sicht die beste Lösung ist. Dann sollte man diese so einplanen. Wenn es aber eigentlich keinen großen Vorteil bringt, das Element weiträumig zu verschieben, verzichten Sie lieber darauf – dann freuen sich die Programmierer. Ein weiteres Beispiel ist die Positionierung von Filtern: Auf dem Desktop sind sie in der Regel links und in der mobilen Version befinden sie sich häufig oberhalb der Trefferliste. Mit einem Button kann sie der Nutzer dann einblenden. Sollen die Filter ganz anders platziert werden, sollte das unbedingt mit den Entwicklern abgestimmt werden. Generell unterhalten Sie sich am besten mit Programmierkollegen über solche Dinge – Sie werden sicher viel Neues dazulernen. Und die Kollegen freuen sich garantiert, wenn Sie sich für ihre Probleme interessieren.

Je weniger Sie von Ansicht zu Ansicht ändern, desto weniger Arbeit haben Sie und auch die umsetzenden Kollegen. Überlegen Sie also z. B., ob es sinnvoll ist, unterschiedliche Schriftgrößen für alle Textelemente für alle sechs vorgesehenen Bildschirmgrößen zu definieren. In den meisten Fällen ist es das nicht. Natürlich brauchen Sie auf dem Smartphone eine andere Größe für Überschriften als auf dem Desktop. Aber braucht es für Tablets wirklich eine weitere Zwischengröße? Oder für die Ausrichtung im Querformat?

15.10 Bibliotheken zur eigenen Arbeitserleichterung

Es lohnt sich praktisch immer, eine Bibliothek mit eigenen Vorlagen für Wireframes anzulegen. Das geht in praktisch jedem Zeichen- oder Wireframing-Programm (siehe z. B. Abbildung 15.10). Arbeiten Sie mit einem Office-Programm, können Sie ein Dokument anlegen, aus dem Sie sich die benötigten Elemente jeweils herauskopieren.

Und auch eine Dokumentenvorlage mit dem eingezeichneten Grundraster ist sehr praktisch. So müssen Sie dieses nicht jedes Mal neu zeichnen und stellen sicher, dass es auch tatsächlich immer wieder das gleiche ist.

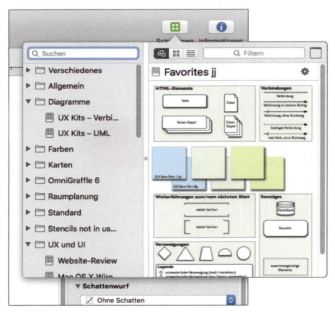

Abbildung 15.10 In OmniGraffle können Sie sehr leicht eigene Bibliotheken (Schablonen oder Stencils genannt) anlegen.

15.11 Wie geht es weiter mit den Wireframes?

Geben Sie Ihre Wireframes weiter an Grafik und Programmierung, dann kommunizieren Sie klar, was die Aufgabe Ihrer Wireframes ist: Erklären Sie, was Sie genau so umgesetzt haben wollen und wo Sie noch Spielraum sehen. Denn hier hat fast jeder unterschiedliche Vorlieben bzw. Gewohnheiten. Und die können sich auch noch von

Projekt zu Projekt unterscheiden. Normalerweise sind zum Beispiel unsere Wireframes in unseren Projekten sehr durchdacht. Wenn wir etwa ein Formular gestalten, gibt es etliche Regeln, denen wir folgen. Diese kommen aus Erkenntnissen der Nutzerforschung. Wir wissen also, wo genau die Beschriftung eines Feldes positioniert sein sollte, ob und welcher Text als Platzhaltertext in dem Feld stehen sollte, wie groß das Feld idealerweise ist und wo der Button zum Speichern angeordnet wird (siehe z. B. Kapitel 40, »Formulare zielführend realisieren«). Und dementsprechend gestalten wir unsere Wireframes. Weiß der Grafiker bzw. der Programmierer dann nicht, dass wir die Formularelemente im Wireframe bewusst genau so platziert und dimensioniert haben, dann wählt er vielleicht aus rein ästhetischen oder technischen Gründen eine andere Anordnung. Erklären Sie also vorab für alle Ihre Wireframes im Projekt, welchen Spielraum diejenigen haben, die mit den Wireframes weiterarbeiten. Das ist umso wichtiger, wenn Sie die Wireframes als Dokumentation bzw. als Briefing abgeben und dann nicht mehr weiter bei der Umsetzung des Projekts dabei sind. Ein solches Vorgehen ist zwar nicht optimal, dennoch ist es nicht ungewöhnlich. In dem Fall halten Sie Ihre Erklärungen schriftlich fest – ansonsten ist es immer besser, mit den Kollegen direkt zu sprechen.

Außerdem hilfreich ist es, wenn Sie angeben, wie die Wireframes miteinander verknüpft sind. Das geht am einfachsten mit so genannten *Wireflows* (siehe Abbildung 15.11).

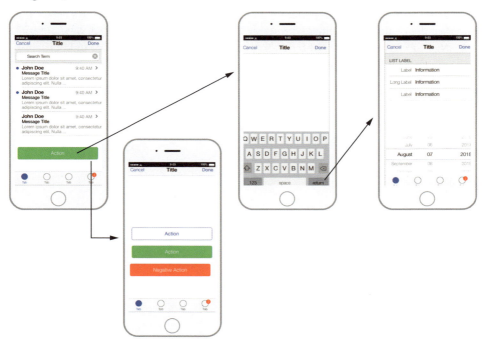

Abbildung 15.11 Wireflows, manchmal auch Storyboard genannt, zeigen, wie die Wireframes logisch miteinander verknüpft sind.

Verwandte Methoden

Die Überschneidungen von Wireframes mit anderen Techniken sind groß:

▶ **Scribbles**
Scribbles sind handgezeichnete Seitenskizzen, siehe Kapitel 14, »Scribbles – erste Ideen auf dem Weg zum Design«.

▶ **Mockups**
Als Mockups bezeichnet man Seitenskizzen, die schon aussehen wie die fertige Anwendung, siehe Kapitel 17, »Mockups und Prototypen – konkretisieren, visualisieren, designen«.

▶ **Klickdummys**
Von Klickdummys spricht man, wenn Wireframes oder Mockups mit einfachen technischen Mitteln so zusammengehängt werden, dass man sich durch die Abfolge der Seiten klicken kann, siehe ebenfalls Kapitel 17, »Mockups und Prototypen – konkretisieren, visualisieren, designen«.

▶ **Flussdiagramme/Flowcharts**
Flussdiagramme zeigen, wie die Abfolge der Seiten/Screens in der Anwendung ist. Meist geben sie auch Bedingungen an, die erfüllt sein müssen (wie z. B. Angabe von Name und Passwort).

▶ **Wireflows**
Wireflows sind eine Kombination von Wireframes mit Flowcharts und verknüpfen die beiden Darstellungsformen miteinander. Großer Vorteil ist, dass sie für Nicht-Programmierer leichter zu interpretieren sind und dass die Funktion einzelner Elemente hier direkt gezeigt werden kann.

Kapitel 16
Papierprototypen – Ideen schnell greifbar machen

Schon früh im Entwicklungsprozess können Sie Prototypen der ersten Designideen erstellen. Entweder um sie im Team vorzustellen und zu diskutieren oder auch um direkt erstes Feedback von Nutzern einzuholen.

Nicht immer muss es ein voll interaktiver, funktionaler Prototyp sein. Sie können schon Ihre ersten Ideen oder auch Designvarianten in einen Prototyp übertragen. Und das mithilfe von Papier, Stift und Schere. So werden Ideen schnell greifbar und lassen sich sogar mit Nutzern testen, auch ohne direkte Funktionalität. Dafür müssen Sie die Tests allerdings gut moderieren.

16.1 Was sind Papierprototypen?

Papierprototypen sind Papiermodelle der Screens Ihrer Anwendung (Website oder App). Sie sind einfach gestaltet und weit entfernt von einem ausgereiften Design. Ähnlich zu *Scribbles* (siehe Kapitel 14, »Scribbles – erste Ideen auf dem Weg zum Design«) ist Papierprototyping ein schneller und kostengünstiger Weg, um eine konzeptionelle Idee zu visualisieren und diese ersten Ansätze der Nutzeroberfläche zeigen, erklären und in der Gruppe diskutieren zu können. Oder auch um die Idee Nutzern präsentieren und mit ihnen testen zu können. Beim *Papierprototying* konzentrieren Sie sich meist auf die Abfolge, die Zusammenhänge und die grundsätzliche Struktur von Screens sowie auf grobe Navigations- und Interaktionsideen. Das Erstellen und Testen mit Papierprototypen können Sie iterativ tun, also in mehreren Schleifen und so lange, bis die Idee ausgereift ist und sie weiter detailliert werden kann.

Verwechseln Sie Papierprototypen nicht mit *Scribbles* oder *Wireframes*. Jede dieser Methoden hat ihre Existenzberechtigung und fokussiert unterschiedliche Aspekte in der Konzeption und Gestaltung Ihrer Anwendung. Außerdem werden sie zu verschiedenen Stadien des Entwicklungsprozesses eingesetzt. *Scribbles* ermöglichen ein erstes Brainstorming und das Entwickeln visueller Ansätze in einem sehr frühen Stadium der Konzeption. Beim *Wireframing* geht es um die Struktur und den Aufbau von Screens und die Anordnung von Screenelementen, ohne sich in Layoutdetails wie Farbe, Bildsprache oder Schriftarten zu vertiefen. Sowohl *Scribbles* als auch Wireframes können Sie testen, allerdings meist ohne oder nur mit sehr eingeschränkter Interaktivität. Genau das ist bei Papierprototypen anders: Sie imitieren manuell Interaktionen.

Abbildung 16.1 Einordnung von Papierprototypen hinsichtlich Interaktivität

16.2 Wie erstelle ich einen Papierprototyp?

Papierprototypen starten in der Regel mit einer Idee, die Sie über *Skizzen* oder erste grobe *Wireframes* zunächst auf Papier bringen. Manche starten auch direkt damit, einzelne Elemente aus Papier zu schneiden und anzuordnen. In jedem Fall aber müssen Sie sich zunächst Gedanken machen, wie Sie Ihren Ansatz visualisieren. Erst dann können Sie diese Idee in ein Papiermodell gießen und ihm durch simulierte Interaktivität Leben einhauchen.

16.2.1 Vorgehen bei der Erstellung

Papierprototypen bauen Sie natürlich nicht zum Selbstzweck. In der Regel möchten Sie Ihre Idee intern anderen präsentieren und die grobe Funktionsfähigkeit darstellen. Oder aber Sie möchten diese Idee mit Nutzern testen. Oder auch beides. Egal was auf Sie zutrifft, Sie sollten sich überlegen, was genau Sie präsentieren oder testen möchten. Denn Sie werden keine komplette Anwendung als Papiermodell nachbauen, sondern nur die zentralen Screens, Funktionalitäten und Interaktionsmöglichkeiten.

Genau diese Screens sollten Sie im nächsten Schritt *scribbeln*. Fangen Sie am besten mit der mobilen Variante (Smartphone) an. So konzentrieren Sie sich auf das Wesentliche und lassen unnötige Funktionen oder Inhalte eher weg, als wenn Sie mit der Desktop-Variante starten. Später hoch zu skalieren ist leichter. Sie können einfach auf ein leeres Papier zeichnen oder sich Vorlagen für verschiedene Endgeräte bzw. deren Browserfenster (siehe Abschnitt 16.2.3, »Unterstützende Tools und Vorlagen«) ausdrucken. Versuchen Sie aber, sich nicht zu sehr an Details aufzuhängen, und trauen Sie sich, unpassende Ansätze schnell wieder zu verwerfen. Genau darum geht es auch bei der Erarbeitung eines Prototyps. Aus diesem Grund sollten Sie auch nicht zu hochwertiges Papier und Zeichenmaterial nutzen. Dies könnte Sie darin hemmen.

Bedenken Sie, dass die Screens eine logische Abfolge haben, damit Sie Ihre Stakeholder und/oder Testpersonen sinnvoll lenken und ihnen die Interaktionen zeigen können. Erstellen Sie sich dafür eine Übersicht der notwendigen Screens, und zeichnen Sie die Abfolge ein. So können Sie die möglichen Navigationswege durch diese Screens identifizieren. Über dieses Vorgehen erkennen Sie schnell, welche Navigationselemente Sie brauchen und welche eventuell überflüssig oder zweitrangig sind. Zudem können Sie dann unterscheiden, wann Sie einen anderen oder weiteren Zustand einer Seite benötigen (z. B. Overlay, Aufklappelemente geöffnet/geschlossen) und wann es tatsächlich einer neuen Seite bedarf. Benötigen Sie mehrere Zustände einer Seite, können Sie den Basis-Screen einfach vervielfältigen, indem Sie Ihre Skizze kopieren. Das spart etwas Zeit.

Abbildung 16.2 Beispiel eines Papierprototyps für eine App im Medizinbereich mit einer orangen Haftnotiz zur Simulation eines Warnhinweises

Wenn Sie diese Schritte durchlaufen haben, beschäftigen Sie sich als Nächstes mit den Interaktionselementen. Um diese im Prototyp zu simulieren, benötigen Sie einige einzelne Elemente aus Papier. Dazu gehören beispielsweise Eingabefelder, Tastaturen, (Warn-)Hinweise oder auch Kalenderauswahlen (siehe Abbildung 16.2). Mithilfe solcher Elemente können Sie Ihren Stakeholdern und/oder Testpersonen eindrücklicher vermitteln, wie die Interaktion aussehen soll. Um den Testpersonen die

Möglichkeit zu geben, die Interaktion plastischer zu erleben, können Sie Eingaben in Textfelder, eine farbliche Hervorhebung (z. B. nach einer möglichen Fehlermeldung) oder auch die Auswahl von Checkboxen durch das Auflegen von Transparentfolie auf den Papierprototyp realisieren. Auf die Folie können die Testpersonen mit einem entsprechenden Marker schreiben. Stellen Sie Dialogfenster, Tooltips oder Elemente, die per Drag & Drop bewegbar sein sollen, als Haftnotizen oder selbstklebende Zettel bereit. Diese können Sie dann real auf dem Screen versetzen. Um auch den Scrolling-Effekt umzusetzen, bauen Sie sich einen einfachen Prototyp des jeweiligen Endgeräts (z. B. aus Pappe), und schlitzen Sie diesen oben und unten oder auch seitlich auf, so dass Sie Ihren Papierprototyp durchziehen können.

Abbildung 16.3 Online finden sich verschiedene Smartphone-Attrappen zum Testen von Papierprototypen. PAPERPROTO bietet diese auch zum Kauf oder die notwendigen Dateien für den 3D-Druck einer solchen Smartphone-Attrappe zum Download an (www.paperproto.com).

Bevor Sie nun den fertiggestellten Papierprototyp mit potenziellen Nutzern testen, machen Sie mehrere Testläufe mit Kollegen oder Freunden. Über diesen Weg finden Sie auch mögliche Schwachstellen oder Lücken im Interaktionsablauf heraus und können Ihren Prototyp vor dem ersten echten Test weiter verfeinern.

Abbildung 16.4 Nintendo etwa testet mit einer derartigen Pappattrappe (www.nintendoeverything.com).

16.2.2 Benötigtes Material

Folgende Materialien sollten Sie sich zurechtlegen, bevor Sie mit der Erstellung Ihres Papierprototyps starten:

- festeres Papier oder Pappe für die Endgeräteattrappe (alternativ: gedruckte oder gekaufte Attrappe)
- (festeres) Papier, auch in unterschiedlichen Farben für die Screens/Grundlayouts
- Schneidewerkzeuge: Schere, Cutter-Messer
- Schreibwerkzeuge: Bleistift, bunte Marker in Schwarz, Blau, Rot und Grün oder anderen kontrastreichen Farben, Textmarker (für die farbige Hervorhebung von Eingabefeldern)
- Karteikarten, kleinformatiges festeres Papier und Haftnotizen für Overlays oder Fenster auf den Screens
- Transparentfolie für die Simulation von Eingaben (siehe Abschnitt 16.2.1, »Vorgehen bei der Erstellung«)
- Klebestift, flüssiger Kleber und wieder ablösbarer Kleber
- optional: Tipp-Ex für kleinere, schnelle Ausbesserungen in Screens

Abbildung 16.5 Die Firma Sticky Jots bietet eine Komplettlösung für die Erstellung und das Testen von Papierprototypen (www.stickyjots.bigcartel.com).

16.2.3 Unterstützende Tools und Vorlagen

Es gibt mittlerweile einige Materialien und Tools auf dem Markt, die das Erstellen und Testen von Papierprototypen erleichtern. Dazu gehören Schablonen für gängige Icons und typische Screenelemente, Vorlagen von Browserfenstern und Standardelementen wie Buttons, Eingabefeldern etc. zum Ausdrucken.

Auch wenn derartige Werkzeuge hilfreich sind und es Spaß macht, sie einzusetzen, vertiefen Sie sich nicht zu sehr in detailliert und fein ausgearbeitete Screens. Papierprototypen werden in frühen Entwicklungsstadien erstellt und dienen dazu, Ideen zu visualisieren und zu testen. Es geht noch nicht um kleinste Details.

Abbildung 16.6 UI Stencils bietet zahlreiche Metallschablonen in unterschiedlichen Ausführungen an, mithilfe derer Sie gängige Elemente auf Ihre Screens zeichnen können.

Weiterhin gibt es auch Anwendungen, die Sie beim Testen von Papierprototypen unterstützen. Dabei finden wir die App »POP – Prototyping on Paper« besonders hilfreich (*www.marvelapp.com/pop/*). Sie gehört mittlerweile zum früheren Mitbewerber Marvel. Diese erlaubt es Ihnen, Ihre mobilen Papierprototypen zu digitalisieren und in klickbare Prototypen zu überführen. Sie können Teilbereiche verlinken und die Testperson so führen. Vorteil dieser Anwendungen ist es, dass Sie Ihre ersten Ideen direkt auf einem Smartphone oder Tablet abspielen können. Der Kontext wird dadurch deutlich realer. Die Testpersonen sind näher am eigentlichen Nutzungserlebnis und werden in ihrer Vorstellungskraft unterstützt.

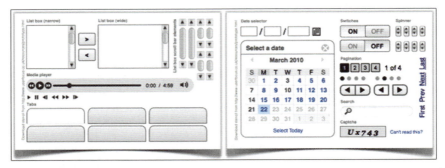

Abbildung 16.7 Alternativ gibt es im Internet einige Seiten, die Ihnen Vorlagen von üblichen Website-Elementen zum Download zur Verfügung stellen, wie in diesem Beispiel Userfocus.

16.3 Was ist bei einem Test eines Papierprototyps zu bedenken?

Testpersonen kritisieren leichter einen *Low-Fidelity-Prototyp*, also einen Prototyp mit einem noch unausgereiften Design und wenig Interaktivität, als sie das bei einem detailliert ausgearbeiteten Design tun würden. Darin liegt auch der Charme, einen Papierprototyp zu testen. Sie erhalten in der Regel sehr offenes und damit wertvolles Feedback. Also testen Sie, aber bedenken Sie die folgenden Aspekte:

▶ Erklären Sie Ihren Testpersonen die Art und den Umfang des Prototyps und das Ziel des Tests. So können sich die Testpersonen auf die wesentlichen Aspekte, also auf die Struktur und den Nutzungsfluss, konzentrieren und sind nicht überrascht über Aussehen und ein geringes Level an Interaktivität.

▶ Nutzen Sie zur Unterstützung der Vorstellungskraft der Testpersonen eine Attrappe eines Endgeräts oder aber digitalisieren Sie Ihren Papierprototyp (siehe Abschnitt 16.2.3, »Unterstützende Tools und Vorlagen«).

▶ Stellen Sie ein passendes Team für den Test zusammen. Neben der Testperson benötigen Sie mindestens zwei, besser noch drei Personen für die Durchführung:

– *Moderator*: Ein Usability-Experte präsentiert der Testperson den Prototyp, erläutert den Kontext, gibt die Aufgaben vor und stellt bei Bedarf Rückfragen an die Testperson. Zudem beobachtet und notiert er Reaktionen der Testperson sowie deren Lösungswege und Fehler bei der Bedienung des Prototyps.

– *(menschlicher) »Computer«*: Diese Person, idealerweise ein Mitglied des Entwicklungsteams mit sehr guter Kenntnis des konzeptionellen Ansatzes, handhabt den Papierprototyp und reagiert auf die Interaktion durch die Testperson. Je nach Interaktion der Testperson liefert sie passendes Feedback. So legt sie nach einem Klick auf den Pfeil nach unten in einem Dropdown-Feld die passende Dropdown-Auswahlliste auf den Screen. Optimalerweise kann der »Computer« noch während des Tests Änderungen am Prototyp vornehmen, beispielsweise neue oder veränderte Buttons oder eine weitere Option in einer Auswahlliste.

– Der (menschliche) »Computer« erklärt nicht und gibt keine Hinweise zu optimalen oder möglichen Interaktionen. Die Testperson soll alles selbst ausprobieren und unabhängig agieren. Die Aufgabe des (menschlichen) »Computers« ist anspruchsvoll und muss auf jeden Fall geübt werden.

– *Beobachter*: Als zusätzliche Person im Team unterstützt der Beobachter den Moderator darin, die Reaktionen und Aktionen der Testperson zu beobachten, zu protokollieren und zu interpretieren. Besonderes Augenmerk dabei liegt auf den Schwierigkeiten und fehlenden Aktionen der Testperson.

Abgesehen von diesen Besonderheiten eines Papierprototyp-Tests orientieren sich Ablauf, Vorbereitung und Durchführung des Tests an denen eines klassischen Usability-Tests. So können Sie bereits in diesem frühen konzeptionellen Stadium testen, ob zentrale Aufgaben lösbar sind, Elemente gefunden und Icons sowie das Labeling und sonstige Begriffe verstanden werden. Sie finden heraus, ob die Navigationslogik angenommen wird, ob Funktionalitäten erkannt und genutzt werden und nicht zuletzt auch wie Erwartungen der Testpersonen an eine derartige Anwendung aussehen.

Mehr dazu finden Sie in Kapitel 19, »Usability-Tests – der Klassiker unter den Nutzertests«.

Dieses Verfahren ähnelt sehr der so genannten *Wizard-of-Oz*-Methode, die wir in Abschnitt 6.3 vorgestellt haben. Sie wird dann eingesetzt, wenn derjenige, der ein System imitiert, von der Testperson nicht wahrgenommen oder enttarnt werden soll. Das macht beispielsweise Sinn bei Tests von Anwendungen für den Sprachassistenten oder auch Geräte-Prototypen des alltäglichen Lebens (z. B. Herd, Kaffeemaschine, Systeme im Fahrzeug), die auf Interaktionen der Testpersonen reagieren sollen, dies aber aufgrund der noch fehlenden programmatischer Umsetzung noch nicht können.

16.4   Wann setze ich Papierprototypen ein?

Papierprototypen haben ihre Grenzen. Sicherlich können Sie damit weder automatisches Nachladen oder Endlos-Scrollen noch spezielle Funktionalitäten wie Karteninteraktionen (Zoomen, Verschieben) testen. Aber eine große Menge an klick-/touchbasierten Interaktionen ist testbar. Zudem möchten Sie mit den Papierprototypen erste konzeptionelle Ideen daraufhin überprüfen, ob sie funktionieren und verstanden werden. Dabei dürfen es auch verschiedene Ansätze im Vergleich sein, so dass Sie am Ende das Beste aus jedem Ansatz mitnehmen, weiter verfeinern oder vereinen können und die beste Lösung erhalten. Wenn Sie sich mit Testpersonen noch nicht über Farben, Buttongröße oder -form, Schriftarten oder sonstige ästhetische Fragestellungen austauschen möchten, was in frühen Phasen der Konzeption der Fall ist, sind Papierprototypen ideal.

Mit Papierprototypen können Sie jegliche Bedienoberflächen bauen, die Sie für Ihr Vorhaben benötigen. Neben klassischen Screens wie die von Smartphone- oder Desktop-Anwendungen sind auch Oberflächen im Industrieumfeld oder für Internet-of-Things-Anwendungen denkbar. Mit entsprechendem Material können Sie auch andere Prototypen wie solche für intelligente Textilien (Smartwear), Haushaltsgeräte, Fahrzeuge oder sonstige Bedienelemente erstellen. Das Testing folgt dann im Wesentlichen dem oben beschriebenen Schema.

Kapitel 17

Mockups und Prototypen – konkretisieren, visualisieren, designen

Mit Mockups und Prototypen können Sie Ihr Konzept durch Visualisieren konkretisieren und anschließend auch testen, bevor Sie in die Umsetzung einsteigen.

Sie haben Anforderungen gesammelt, analysiert und in ein Konzept gegossen. Die Informationsarchitektur steht, ebenso existiert eine funktionale Spezifikation, und idealerweise gibt es erste Scribbles oder Wireframes Ihrer Anwendung. Im nächsten Schritt möchten Sie den konzeptionellen Ansatz verfeinern und auch testen. *Mockups* und *Prototypen* bieten Ihnen diese Möglichkeit. Sie visualisieren das Gesamtkonzept und sind dabei detaillierter als Wireframes oder Scribbles. Prototypen können zudem interaktiv gestaltet werden.

17.1 Was sind Mockups, was Prototypen?

Mockups und Prototypen visualisieren beide Ihr Konzept. Mockups sind dabei statische Screens, die täuschend echt wirken können. Prototypen sind detailliert ausgearbeitete, oft auch interaktive Modelle Ihrer Anwendung, die vor allem auch zum Testen geeignet sind.

17.1.1 Mockups

Wireframes konzentrieren sich auf den Aufbau von Seiten, die grundlegenden Interaktionsmöglichkeiten sowie die Inhaltsstruktur und lassen dabei bewusst visuelle Designaspekte wie Layout, Bildwelten, Farbe und Typografie außen vor (siehe Kapitel 15, »Wireframes – sich an das optimale Produkt annähern«). Genau diesen visuellen Aspekt bedienen *Mockups*. Es handelt sich um detailliert ausgearbeitete Screens, die dazu dienen, die Anmutung und das Designkonzept – unter anderem Farben, Formen, Abstände, Typografie – zu visualisieren. Sie können dabei täuschend echt wirken, wie ihr Name auch schon verrät: Der aus dem Englischen stammende Begriff *mockup* bedeutet übersetzt so viel wie »Attrappe«, das Verb *mock* etwa »täuschen« oder »nachahmen«.

17.1.2 Prototypen

Prototypen simulieren Ihre Anwendung, die mit einer Programmiersprache oder in einer speziellen Software ganz oder in Teilen umgesetzt wird. Es sind Modelle, mithilfe derer Sie die konzeptionellen Ansätze oder auch die technische Machbarkeit konkret ausprobieren und mit Nutzern testen können. Das Testen Ihrer Anwendung auf Basis von Prototypen hat den entscheidenden Vorteil, dass Sie sich unter Umständen viel Zeit und Geld für Optimierungen und Neuprogrammierungen eines finalen Produkts sparen. Und zwar dann, wenn Sie das Prototyping und Testen überspringen und nach Liveschaltung feststellen (müssen), dass die Anwendung von den Nutzern nicht so angenommen wird wie erhofft. Zudem erkennen Sie durch das Erarbeiten des Prototyps frühzeitig Schwachstellen in der Usability oder dem Konzept, die Sie dann noch vor der technischen Umsetzung ausbessern können. Spätestens dann, wenn Sie Nutzer befragen und ihnen im Usability-Test den Prototyp zeigen. Ein maßgeblicher Vorteil von *Prototypen*, gerade im Vergleich zu *Mockups*, ist es, dass sie Funktionalität transportieren können. Dennoch sind Mockups wertvoll. Sie sind häufig Grundlage für Prototypen, abhängig vom gewählten Tool (siehe Abschnitt 16.2.3, »Unterstützende Tools und Vorlagen«).

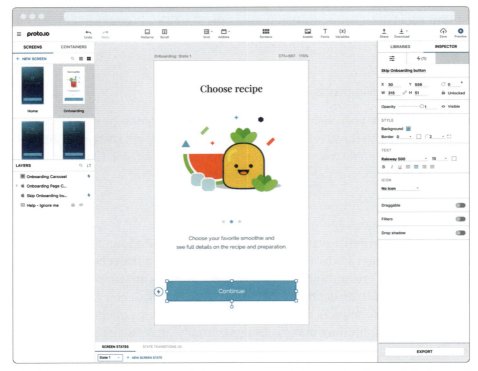

Abbildung 17.1 In Prototyping-Tools können Sie Interaktionen schnell und einfach umsetzen, ohne spezielle Programmierkenntnisse mitzubringen. Die Abbildung zeigt die Desktop-Anwendung von proto.io (www.proto.io).

17.2 Wie sehen Prototypen aus?

Es existiert eine große Bandbreite an Prototypen, wobei es mehrere Möglichkeiten der Einordnung gibt. Dabei spielen der Detaillierungsgrad hinsichtlich visueller Gestaltung, Funktionalität und Inhalt eine Rolle – je nachdem werden Prototypen als Low-Fidelity-, Medium-Fidelity- oder High-Fidelity-Prototypen bezeichnet.

17.2.1 Detaillierungsgrad des Prototyps

Neben der Erstellungsart und Ausprägung des Prototyps (z. B. aus Papier bis hin zu HTML, für mobile Screens bis hin zu Desktop) sowie dem Lebenszyklus des Prototyps (Wie viele Iterationen durchläuft der Prototyp auf dem Weg zur finalen Anwendung? Und in welcher Frequenz?) ist es nicht zuletzt der Detaillierungsgrad, der einen Prototyp ausmacht. Der Detaillierungsgrad – man spricht von *Fidelity*, also Ähnlichkeit mit dem Endprodukt – bezieht sich dabei auf die folgenden Dimensionen:

▸ **Visuelle Gestaltung:** Ist der Prototyp grob skizziert oder schon detailliert ausgestaltet? (skizziert <> ausgestaltet)

▸ **Funktionalität:** Wie viele Funktionen setzen Sie um, nur vereinzelte oder alle? (statisch <> voll funktional)

▸ **Inhalt:** Beinhaltet der Prototyp Dummytext oder ist er mit den geplanten Inhalten befüllt? (Lorem ipsum <> redaktioneller Content)

Sprich, wie weit ähnelt der Prototyp der finalen Anwendung? Beinhaltet er konkreten Inhalt, ist er visuell ausgearbeitet und hat er ein hohes Spektrum an Funktionalität, ist er auf den ersten Blick vielleicht kaum von einer echten Anwendung zu unterscheiden.

17.2.2 Ausbau des Prototyps entlang des Entwicklungsprozesses

Wichtig ist immer die Zielsetzung des Prototyps. Befinden Sie sich in einer frühen Phase, steht die Funktionalität im Vordergrund. Je weiter Sie im Entwicklungsprozess voranschreiten, umso mehr sollten Sie auch das Design des Prototyps verfeinern und konkrete Inhalte hinzufügen. Nicht zuletzt, um von den Testpersonen Feedback zu visuellen Aspekten zu erhalten. Vor diesem Hintergrund werden Prototypen in drei Kategorien eingeteilt:

▸ **Low-Fidelity-Prototypen**
Low-Fidelity-Prototypen sind noch sehr grobe, eher strukturell orientierte Prototypen und müssen noch keinerlei Funktionalität haben. Möglicherweise starten Sie zunächst auf/mit Papier, scribbeln und digitalisieren diese ersten Ideen über eine Prototyping-App (siehe Kapitel 16, »Papierprototypen – Ideen schnell greifbar

machen«). Über diese Apps können Sie mehrere Screens miteinander verknüpfen und so einen einfachen Klickdummy erstellen. Das funktioniert auch mit Wireframes (siehe Kapitel 15, »Wireframes – sich an das optimale Produkt annähern«).

In dieser frühen Phase haben Prototypen meist keine lange Lebensdauer. Sie verwerfen Ideen schnell, optimieren, bauen den nächsten Low-Fi-Prototyp, testen usw., bis Sie einen Ansatz weiterverfolgen möchten. Sie sollten sich daher nicht zu sehr mit Details aufhalten, bevor Sie nicht mit den Grundlagen zufrieden sind.

▶ **Medium-Fidelity-Prototypen**
Medium-Fidelity-Prototypen sind detaillierter, bieten bereits mehr Funktionalität und haben gegebenenfalls auch einige echte Inhalte integriert. Man sieht ihnen noch an, dass sie Prototypen sind, aber Testpersonen und auch Kunden können sich hier schon ein sehr genaues Bild des Konzepts und der finalen Anwendung machen. Wenn Ihnen Low-Fidelity-Prototypen also nicht (mehr) ausreichen, um Ihre Ideen detailliert genug darzustellen, Sie aber den Aufwand für einen High-Fidelity-Prototyp scheuen, gehen Sie diesen Schritt weiter. Das kann beispielsweise dann der Fall sein, wenn Sie bereits ein grobes Design entwickelt haben und dieses testen möchten. Es fehlen noch Details im Design, zum Beispiel einige Grafiken, oder Sie möchten zwei verschiedene Navigationslogiken gegeneinander testen. In diesen Fällen mag Low Fidelity zu wenig und High Fidelity zu viel sein.

Medium-Fidelity-Prototypen setzen Sie zum Anfang oder im Zuge der Designphase ein. Es geht also nicht mehr rein um Funktionalitäten oder Informationsarchitektur, sondern auch um Themen wie Bildsprache. Sie müssen noch keine eigens aufgenommenen Bilder nutzen. Greifen Sie auf Material von Bildagenturen zurück, um die Gestaltung zu visualisieren. Für alle Navigationselemente, Icons und weitere *User-Interface-Elemente* können Sie sich sehr gut aus den Bibliotheken der gängigen Prototyping-Tools wie z. B. Axure (siehe auch Abschnitt 16.2.3, »Unterstützende Tools und Vorlagen«) bedienen. Sie benötigen noch nicht die eigens gestalteten Elemente, um dem Look & Feel Ihrer Anwendung näher zu kommen und dieses Ihren Kunden, Stakeholdern oder Testpersonen zu vermitteln.

▶ **High-Fidelity-Prototypen**
High-Fidelity-Prototypen simulieren Ihre Anwendung so gut, dass es häufig täuschend echt wirkt. Ähnlich wie Mockups, nur mit dem Unterschied, dass Hi-Fi-Prototypen interaktiv sind und die Funktionalitäten der Seite zeigen. Sie sind entsprechend zeitaufwendig in der Erstellung und sollten daher eher zum Ende der Designphase bzw. zu Beginn der technischen Umsetzungsphase gebaut werden. Sie dienen sehr gut dazu, eine finale Freigabe für ein Gesamtkonzept inklusive des Designs zu erhalten, und gleichzeitig lassen sie sich in Nutzertests vor einer technischen Umsetzung einsetzen.

17.3 Wie erstelle ich einen Prototyp?

Abhängig von der Zielsetzung, die Sie mit Ihrem Prototyp verfolgen, legen Sie den Umfang und Detaillierungsgrad Ihres Prototyps fest. Erst dann macht es Sinn, ein geeignetes *Prototyping-Tool* auszuwählen.

17.3.1 Vorüberlegungen zum Prototyp

Das A und O vor der Erstellung eines Prototyps ist es, sich Gedanken über die Zielsetzung und den Umfang zu machen. Was möchten Sie mit dem Prototyp erreichen? Geht es Ihnen primär um das Präsentieren zwei verschiedener Designvarianten, zu denen Sie einen möglichen Weg des Nutzers durch die Anwendung zeigen? Oder möchten Sie Funktionalität vermitteln und mit Testpersonen deren Verständlichkeit und Usability überprüfen? In jedem Fall sollten Sie sich vorher überlegen, welche Teilbereiche der Anwendung Sie umsetzen. Selten oder erst in einer späteren Phase lohnt sich der Aufwand eines Prototyps, der alle Funktionen und Inhalte abbildet.

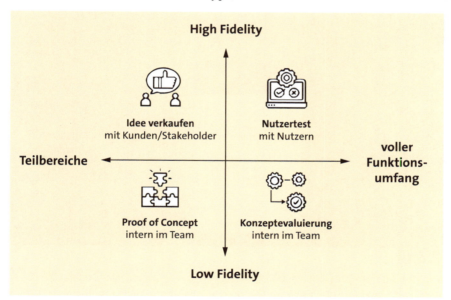

Abbildung 17.2 Ob intern oder extern getestet werden soll, ob die komplette Anwendung oder nur Teile davon – das sind relevante Überlegungen, um den Detaillierungsgrad und den Umfang der Interaktionen zu bestimmen (Icons von flaticon.com).

Den Umfang bestimmen Sie auch anhand der Überlegung, welche Funktionalitäten oder welche Seiten Sie visualisieren und greifbar machen möchten. Standardfunktionen wie beispielsweise ein einfaches Kontaktformular oder eine Auswahlliste müssen nicht zwingend durch einen Prototyp funktional umgesetzt werden. Ihre

Kunden und auch Nutzer sind solche Funktionalitäten gewohnt und können sich ihre Funktionalität sehr gut vorstellen. Spannender wird es jedoch, wenn Sie solche Standards mit einem ungewöhnlichen Design versehen. Oder aber wenn es neue (Teil-)Funktionalitäten geben soll, die weniger gelernt sind oder eine zentrale Aufgabe in Ihrer gesamten Anwendung einnehmen. Sei es beispielsweise eine facettierte Suchfunktion mit ungewöhnlichen Kategorien oder eine Vorschaufunktion aus den Suchergebnissen heraus.

Setzen Sie lieber wenige Funktionen im Prototyp detailliert um, und testen Sie diese, als zu versuchen, viele Funktionen oberflächlich anzudeuten. Hier hilft auch das Pareto-Prinzip: Konzentrieren Sie sich auf die 20 Prozent aller Funktionalitäten, die der Nutzer zu 80 Prozent seiner Besuchszeit voraussichtlich benutzen wird oder nutzen soll. Also, die zuvor angesprochenen zentralen, häufig genutzten Funktionen.

Abbildung 17.3 Auf dem Desktop gestaltet, mobil getestet – sowohl live für den UX-Designer als auch später im Test mit der Testperson. Abbildung mit freundlicher Genehmigung von Justinmind (www.justinmind.com).

Extrem hilfreich ist es, im Vorfeld zur Umsetzung *User Scenarios* zu definieren, an denen Sie sich in der Umsetzung des Prototyps entlangarbeiten können. Ein Beispiel für ein Tourismusportal wäre dann: »Brigitte, 46 Jahre alt, möchte ein exklusives Wellness-Hotel an der niedersächsischen Nordseeküste buchen. Sie sucht auf [Ihre Anwendung] zunächst in der Unterkunftssuche nach geeigneten Hotels und wechselt von dort in die interaktive Karte, um eine Unterkunft zu finden, die sehr nah am

Strand liegt.« Das hilft deshalb, weil Sie dann nicht diejenigen Screens umsetzen, die Sie im Kopf haben, sondern gezielt entlang eines möglichen Navigationswegs gestalten. Im genannten Beispiel sind dies die Unterkunftssuche sowie die interaktive Karte und diese in verschiedenen Zuständen anstelle vielleicht der Startseite und einer Unterkunftsdetailseite. Zudem können Sie genau diese *User Scenarios* dann beim Testen heranziehen. Haben Sie diese Nutzungsszenarien festgelegt, starten Sie bei der Umsetzung zunächst mit den Screens, die Sie grundsätzlich benötigen (im Beispiel: Unterkunftssuche und interaktive Karte), und gehen dann in den Screens in die Tiefe, indem Sie die Funktionalitäten entsprechend den Nutzungsschritten sukzessive umsetzen.

Abschließend sollten Sie noch definieren, für welche Endgeräte Sie den Prototyp gestalten bzw. optimieren möchten oder auf welchem Betriebssystem Ihre native App laufen soll. Hierzu finden Sie wertvolle Hinweise in Abschnitt 27.4.1.

17.3.2 Auswahl eines Prototyping-Tools

Die Auswahl an Prototyping-Software ist groß. Jede hat ihren Schwerpunkt und bietet einen unterschiedlichen Funktionsumfang. Je nach Herangehensweise im Projektteam und je nach Detaillierungsgrad des Prototyps haben Sie bestimmte Anforderungen, denen das eine oder andere Prototyping-Tool besser oder schlechter gerecht wird. Einige Fragen, die Sie sich bei der Auswahl stellen sollten – sofern Sie nicht bereits mit einem bestimmten Tool arbeiten oder aus anderen Gründen darauf festgelegt sind (z. B. Programm in Ihrem Unternehmen schon etabliert):

- Wie hoch ist der Einarbeitungsaufwand für die Beteiligten? Wie schnell können Anpassungen am Prototyp vorgenommen werden?
- Sollen die Designentwürfe direkt im Tool erstellt oder nur als Screens importiert werden?
- Welchen Funktionsumfang benötigen Sie im Hinblick auf Interaktionen und Animationen?
- Ermöglicht das Programm eine Zusammenarbeit? Bietet es die Möglichkeit, dass mehrere Personen gleichzeitig daran arbeiten? (Das ist relevant, falls im Team gearbeitet wird.)
- Gibt es eine Bibliothek mit gängigen User-Interface-Elementen und Grafiken? Können Elemente als Vorlagen abgespeichert und wiederverwendet werden?
- Gibt es eine Teilen- oder Vorschaufunktion, über die andere Kommentare und Feedback zum Prototyp übermitteln können?
- Wie einfach kann der Prototyp aus dem Tool exportiert bzw. zur Präsentation/Besprechung bereitgestellt werden?
- Welche Formen für die Lizenzierung (Einzellizenzen versus Gruppenlizenzen, webbasiert versus Desktop-Anwendungen) gibt es? Wie sehen die Kosten aus?

Sie können Prototypen auch immer auf Basis von HTML und CSS umsetzen (genauso wie Sie Mockups immer auch mit Grafikprogrammen wie z. B. Photoshop erstellen können). Haben Sie aber keine Entwicklerressourcen zur Verfügung oder niemanden im Team, der HTML beherrscht, können Sie aus einer Vielzahl an Prototyping-Tools auswählen. Der Markt verändert sich laufend, dennoch haben sich einige Tools mittlerweile etabliert.

Auswahl gängiger Prototyping-Tools

Es gibt inzwischen eine Vielzahl an Prototyping-Tools, aus denen Sie wählen können. Unter *https://collections.design* können Sie einige davon hinsichtlich verschiedener Aspekte miteinander vergleichen.

Nachfolgend finden Sie eine kleine Auswahl der bekanntesten Programme – unterschieden nach webbasierten Tools und Desktop-Anwendungen:

Webbasierte Prototyping-Programme

Webbasierte Tools eignen sich per se sehr gut bei Teamprojekten (siehe Abbildung 17.4) und bieten Funktionen zum Teilen und Veröffentlichen der erstellten Prototypen. Mit folgenden Programmen können Sie jegliche Prototypen von sehr rudimentären bis hin zu interaktiven und responsiven High-Fidelity-Prototypen erstellen:

- InVision: *www.invisionapp.com*
- Figma: *www.figma.com*
- UXPin: *www.uxpin.com*
- proto.io: *www.proto.io*
- Marvel: *www.marvelapp.com*

Abbildung 17.4 Viele Prototyping-Programme bieten Funktionen zum gemeinsamen Betrachten, Kommentieren und Anpassen des Prototyps im Team oder für Live-Präsentationen mit dem Kunden oder mit Stakeholdern. Hier am Beispiel der Funktion Live-Share von InVision (www.invisionapp.com).

Prototyping-Programme als Desktop-Anwendungen

Mit Ausnahme von Sketch und OmniGraffle, die reine Mac-Anwendungen sind, gibt es von den genannten Programmen sowohl Mac- als auch Windows-Versionen. Die folgenden Tools sind sehr mächtig mit einem hohen Funktionsumfang, mit dem sich sehr hochwertige, umfangreiche Prototypen bauen lassen. Mockplus lässt sich dabei schneller aneignen als die anderen Programme. Gerade für Axure RP, Adobe XD, Sketch und Justinmind sollten Sie Zeit für das Lernen einplanen, wenn Sie die Programme das erste Mal nutzen:

- Sketch (Mac): *www.sketch.com*
- OmniGraffle (Mac): *www.omnigroup.com/omnigraffle*
- Axure RP (Mac und Win): *www.axure.com*
- Adobe XD (Mac und Win): *www.adobe.com/de/products/xd.html*
- Justinmind (Mac und Win): *www.justinmind.com*
- OMockplus (Mac und Win): *www.mockplus.com*

Alle Tools bieten Demoversionen oder kostenfreie Probezeiträume an, so dass Sie sich ein eigenes Bild machen können. Einige bieten zudem Video-Tutorials für konkrete Anwendungsfälle, wie beispielsweise Axure (*www.axure.com/support/video-courses*) oder UXPin (*www.youtube.com/user/uxpin*).

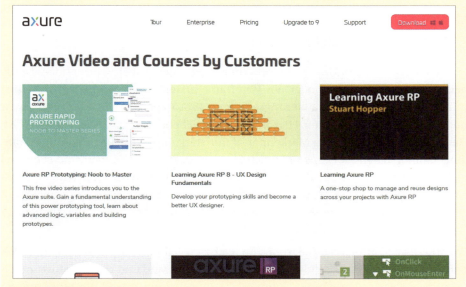

Abbildung 17.5 Video-Tutorials helfen beim Einstieg in eine Prototyping-Software, wie hier die teilweise kostenpflichtigen Videos im Support-Bereich von Axure (www.axure.com/support/video-courses).

17.3.3 Erstellen des Prototyps

Haben Sie ein geeignetes Tool ausgewählt, können Sie auf Basis der Vorüberlegungen in die Erstellung des Prototyps einsteigen.

Legen Sie zunächst Ihr *Gestaltungsraster* (auch *Grid* genannt) an. Details dazu finden Sie im Abschnitt 27.2. Haben Sie bereits Wireframes erstellt, können Sie selbstverständlich hierauf aufbauen, Gestaltungselemente einfügen und Funktionalitäten umsetzen.

Es empfiehlt sich immer, Vorlagen anzulegen. Sie speichern also wiederkehrende und häufig gebrauchte Elemente wie Bildteaser oder spezielle Widgets in der Bibliothek ab und können diese dann wiederverwenden. Genauso können Sie auch mit dem Rahmen der Screens verfahren, also Header und Footer der Seite. So können Sie neue Seiten schnell befüllen. Das spart Ihnen viel Zeit (siehe Kapitel 15, »Wireframes – sich an das optimale Produkt annähern«).

Spannend wird es bei der Umsetzung der einzelnen Funktionalitäten. Hier geht es ins Detail, und man kann alleine damit Bücher füllen. Auch professionelle Schulungen im Umgang mit den Tools werden angeboten, gerade auch für Axure. Wir empfehlen hier, zunächst die Testversionen der Programme und die angebotenen Tutorials zu nutzen, um ein Gefühl für die Umsetzung der Funktionen zu erhalten.

17.4   Wann setze ich Prototypen ein?

Die Erstellung von Mockups und Prototypen ist ab einer groben Konzeptidee, für die beispielsweise eine Skizze oder ein Wireframe erstellt wurde, denkbar. Sicherlich müssen Sie nicht alle Detaillierungsgrade an Prototypen durchlaufen und zuvor noch einen Mockup erstellen. Hier ist ausschlaggebend, was im Projekt sinnvoll ist. Handelt es sich z. B. um ein Markenportal mit starkem Fokus auf Design und Branding, dann machen Mockups sicherlich Sinn, interaktive Prototypen sind eventuell nicht oder nur in geringem Maße notwendig. Die Funktionen halten sich hier normalerweise in den Grenzen des Üblichen. Handelt es sich aber um ein stark Conversion-getriebenes Portal, z. B. einen Onlineshop, sollten Sie unbedingt interaktive Prototypen bauen und diese mit Nutzern testen.

Wichtig ist aber, immer die Zielgruppe im Blick zu behalten. Handelt es sich um Stakeholder oder Kunden, die sehr versiert und onlineaffin sind und sich die Funktionalität sehr gut vorstellen können, dann reicht zunächst ein Low-Fi-Prototyp, um die Kommunikation anzukurbeln und mögliche Fragen zu klären. Oft stellt sich dann heraus, ob alle Beteiligten dasselbe Bild der Anwendung haben und die Interaktionen klar sind. Ist dies noch nicht der Fall, konkretisieren und verfeinern Sie. Zeigen Sie, was Sie meinen, anstatt es zu erklären.

17.4.1 Rapid Prototyping

Rapid Prototyping wird häufig in den frühen Phasen, vor allem aber im Zusammenhang mit schnellen Nutzertests, eingesetzt. Hierbei handelt es sich um Prototyping mit zahlreichen *Iterationen*, bei denen die Prozessschritte beliebig oft durchlaufen werden, bis das gewünschte Ziel erreicht ist. Sie erstellen den Prototyp, lassen ihn von Stakeholdern oder Kunden bewerten und/oder von Testpersonen evaluieren, verfeinern anschließend den erstellten Prototyp und arbeiten das Feedback ein.

Die Iterationen erfolgen dabei meist schnell und in kurzen Abständen. Im Zuge von Usability-Tests kann das innerhalb eines Tages der Fall sein. Sie testen, konsolidieren noch am gleichen Tag das Feedback der Nutzer und arbeiten es – je nach Umfang der Veränderungen – gleich im Anschluss oder am nächsten Tag in den Prototyp ein. Dann gehen Sie in die nächste Testschleife mit Nutzern. So haben Sie innerhalb weniger Tage ein sehr effizientes und kompaktes Vorgehen und können Konzepte feinschleifen.

Verwandte Methoden

Einige der folgenden Methoden dienen sehr gut als Grundlage für Mockups oder Prototypen und sind so gesehen die Vorstufe:

▶ **Scribbles**
Scribbles sind handgezeichnete Seitenskizzen, siehe Kapitel 14, »Scribbles – erste Ideen auf dem Weg zum Design«.

▶ **Wireframes**
Ein Wireframe ist eine mit Software erstellte Seitenskizze und deutlich detaillierter als ein Scribble. Siehe Kapitel 15, »Wireframes – sich an das optimale Produkt annähern«.

▶ **Papierprototypen**
Papierprototypen sind Papiermodelle der Screens Ihrer Anwendung. Siehe Kapitel 16, »Papierprototypen – Ideen schnell greifbar machen«.

▶ **Flussdiagramme/Flowcharts**
Flussdiagramme zeigen, wie die Abfolge der Seiten/Screens in der Anwendung ist. Meist geben sie auch Bedingungen an, die erfüllt sein müssen (wie z. B. Angabe von Name und Passwort).

Kapitel 18

Design Sprints, Design Thinking und ausgewählte Ideation-Methoden: Projektideen entwickeln und validieren

Für Nutzerbedürfnisse oder globale Herausforderungen konkrete Lösungen zu finden, ist nicht leicht. Eine Methode, um im Team in kurzer Zeit Ideen zu generieren und konkrete Projektansätze zu entwickeln und zu testen, ist der Design Sprint.

Design Sprints und Design Thinking sind Vorgehensweisen für nutzerorientiertes Gestalten von Produkten oder Services. Sie haben einiges gemeinsam, unterscheiden sich aber darin, wann sie sinnvollerweise eingesetzt werden. Beide Methoden kommen zum Einsatz, wenn Sie vor einer Herausforderung stehen und neue Produkte oder Projektideen entwickeln und validieren möchten. Beispielsweise weil Sie auf die Marktentwicklung reagieren müssen oder im User Research Nutzerbedürfnisse identifiziert haben, die Sie mit Ihrer bestehenden Produktpalette (noch) nicht abdecken.

»*Wie können wir Menschen im urbanen Raum ein positives Nutzererlebnis im öffentlichen Nahverkehr ermöglichen?*« ist beispielsweise eine sehr offene Frage, die Sie mithilfe von Design Thinking beantworten können. Design Sprints wiederum kommen dann zum Einsatz, wenn es bereits eine konkrete Fragestellung mit engem Bezug zur aktuellen Situation gibt. In unserem Beispiel wäre das vielleicht: »*Wie können wir die geringe Nachfrage nach öffentlichem Nahverkehr am Wochenende brechen und für eine bessere Auslastung sorgen?*« Während ein wesentlicher Teil des Design Thinking ist, den Nutzer und seine Situation in Bezug auf die Kernfrage zu verstehen, Empathie für ihn zu entwickeln und darauf aufbauend eine eigentliche Problemstellung zu definieren, setzt der Design Sprint später an.

18.1 Was ist ein Design Sprint?

Design Sprints sind als beliebte Innovations-Workshops durch Google Ventures ins Leben gerufen worden. Ein Design Sprint zeichnet sich dadurch aus, dass in kürzester Zeit und in einem interdisziplinären Team ein frühes, aber fundiertes und mit Nutzern getestetes Konzept zu einem Produkt oder Service gestaltet wird. Innerhalb von einer Woche entsteht zu einer konkretisierten Idee ein realitätsnaher Prototyp, zu dem direkt Nutzerfeedback eingeholt wird. Damit eignet sich der Design Sprint gerade auch für frühe Projektphasen, in denen Sie die Entscheidung für oder gegen ein Konzept schnell und fundiert treffen möchten. Genauso geeignet ist er aber auch zu einem späteren Zeitpunkt im Projekt, um Einzelfragen im Gesamtkonzept zu bearbeiten.

18.1.1 Wie läuft ein Design Sprint ab?

Die ursprüngliche Version des Design Sprints dauert fünf Tage – also von Montag bis Freitag.

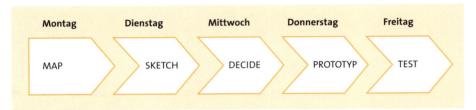

Abbildung 18.1 Die Bausteine des fünftägigen Design Sprints

- Tag 1 (Montag): Problem verstehen – Sie erarbeiten ein gemeinsames Verständnis der Zielsetzung und der in der Sprint-Woche zu klärenden Fragen. Dabei beziehen Sie bestehendes Wissen im Unternehmen mit ein. Sie erarbeiten ein Ziel und einen genauen Fahrplan für die Woche.
- Tag 2 (Dienstag): Ideen entwickeln – Sie sammeln Inspirationen und generieren in einem mehrstufigen Prozess Ideen und skizzieren diese.
- Tag 3 (Mittwoch): Lösungen auswählen – Sie entscheiden sich für eine kleine Auswahl an Lösungsansätzen, die als Prototyp umgesetzt werden sollen und erstellen ein Storyboard für die schrittweise Umsetzung des Prototyps.
- Tag 4 (Donnerstag): Prototypen bauen – Mithilfe eines aussagekräftigen Prototyps (High-Fidelity) machen Sie die Idee möglichst realitätsnah erfahrbar.
- Tag 5 (Freitag): mit Nutzern testen – Sie testen die Lösung mit fünf echten Nutzern. Das Team beobachtet und wertet die Tests in Echtzeit aus. Abschließend werden die Erkenntnisse verdichtet und weitere Handlungsoptionen besprochen.

Mittlerweile gibt es auch eine 4-Tages-Variante, vor allem aufgrund der Herausforderung, die notwendigen Personen im Unternehmen für eine ganze Woche zu blocken. In der verkürzten Variante (auch als *Design Sprint 2.0* bekannt), muss die komplette Gruppe nur an den ersten beiden Tagen verfügbar sein, statt, wie bei der ursprünglichen 5-Tages-Version, die ersten drei.

18.1.2 Wer sollte bei einem Design Sprint dabei sein?

Überlegen Sie gut, wen Sie für die Teilnahme am Sprint auswählen. Denn es mag wenig überraschen, dass der Erfolg des Sprints maßgeblich vom Team beeinflusst wird. Haben Sie eine gute Mischung aus Kompetenzen und Persönlichkeiten beisammen, entstehen neuartige Lösungen, an die womöglich ein einzelner Fachbereich nie gedacht hätte. Sie verbreitern dadurch nicht nur die Wissensbasis für die Ideenentwicklung, sondern ermöglichen auch unterschiedliche Perspektiven auf die zentrale Herausforderung.

Bilden Sie ein Team aus sieben Teilnehmern – einem Entscheider und mehreren Experten aus den Bereichen Marketing und Vertrieb, Finanzen, UX Design und Technik bzw. Logistik. Durch diese Besetzung stellen Sie sicher, dass am Ende der Woche keine grundsätzlichen Fragen mehr hinsichtlich der Realisierbarkeit der Idee offen sind. Beantworten Sie bei der Auswahl der Vertreter folgende Fragen:

- **Entscheider**: Wer trifft die Entscheidungen für Ihr Team?
- **Finanzexperte**: Wer kann erklären, wo das Geld herkommt (und wohin es fließt)?
- **Marketingexperte**: Wer formuliert die Unternehmensbotschaften?
- **Kundenexperte**: Wer spricht regelmäßig persönlich mit Ihren Kunden?
- **Technik-/Logistikexperte**: Wer versteht am besten, was Ihr Unternehmen entwickeln und leisten kann?
- **Designexperte**: Wer entwirft und gestaltet die Produkte, die Ihr Unternehmen herstellt?

Bestimmen Sie zudem einen Moderator (Facilitator), der in der Lage ist, Meetings souverän zu leiten. Er sollte nicht nur Diskussionen zusammenfassen und auf den Punkt bringen, sondern sie bei Bedarf aufgrund der vorgeschrittenen Zeit auch beenden können. Der Moderator kann von einer der Rollen abgebildet werden, doch sollte es nie der Entscheider sein.

18.1.3 Was benötigen Sie noch?

Neben einem gut funktionierenden Team und der nötigen Zeit für die Vorbereitung und Durchführung des Sprints benötigen Sie noch folgende Ausstattung:

- Raum mit großen Freiflächen und mindestens zwei Whiteboards oder Pinnwänden, optimalerweise gut zu belüften und mit Tageslicht
- Timer: außerordentlich wichtig für die Steuerung des Zeitablaufs und das hohe Tempo, das für den Sprint notwendig ist
- Bürobedarf & Prototyping-Material: Haftnotizen in mindestens zwei Größen, ausreichend Marker in verschiedenen Farben, A4-Papier, Klebeband und Klebepunkte
- Snacks & Getränke: Früchte, Nüsse, Schokolade, Säfte, Kaffee oder Tee

Abbildung 18.2 Nicht immer können Sie den bestmöglichen Raum für Ihren Sprint wählen. Werden Sie daher kreativ und nutzen Sie alle Flächen, wie hier das Fenster, zum Sammeln der Haftnotizen.

Planen Sie zudem ausreichend Zeit für die Vorbereitung des Design Sprints ein. Seien Sie nicht überrascht, wenn Sie fast genauso lange vorbereiten, wie am Ende die eigentliche Durchführung dauert.

Mittlerweile gibt es auch zahlreiche Trainings zu Design Sprints – für Anfänger wie für Fortgeschrittene. Für diejenigen, die das erste Mal einen Design Sprint durchführen, aber keines dieser Trainings besuchen möchten, haben wir weiterführende Lese- und Linktipps zusammengestellt.

> **Design Sprints: weiterführende Literatur und Linktipps**
>
> Der Erfinder der Design Sprints, Jake Knapp, hat ein lesenswertes Buch geschrieben: *Sprints – Wie man in nur fünf Tagen neue Ideen testet und Probleme löst*. Auf der Website zum Buch *http://www.thesprintbook.com* finden sich zudem
>
> - Video-Tutorials: *bnfr.de/ux059*
> - Tipps und konkrete Hinweise zur Vorbereitung und Durchführung: *bnfr.de/ux060*
> - Checkliste: *bnfr.de/ux061*
> - Facilitator's Guide: *bnfr.de/ux062*
>
> **Google Design Sprint Kit**: Einen Blick hinter die Kulissen bietet Google mit konkreten Beispielprojekten, Schritt-für-Schritt-Anleitungen, Vorlagen und einem FAQ-Bereich: *www.bnfr.de/ux064*
>
> **The Design Sprint**: Google Venture, der Venture Capital-Bereich der Google-Mutter Alphabet, stellt auf dieser Website auch ausführliche Methoden bereit: *www.bnfr.de/ux065*

18.2 Was ist Design Thinking?

Design Thinking ist ein iterativer, interdisziplinärer und nutzerzentrierter Innovationsansatz, der ein Team systematisch anleitet, Nutzergruppen sowie deren Bedürfnisse zu erforschen und darauf aufbauend neue Ideen entstehen zu lassen.

Mit Design Thinking lassen sich komplexe Problemstellungen aus allen Lebensbereichen beleuchten. Ähnlich wie bei den Methoden des Business Modell Canvas oder Lean Startup, ist das Ziel zunächst unbekannt und ergebnisoffen. Genau wie in Design Sprints werden Lösungsansätze und Ideen in Form von Prototypen möglichst früh sichtbar und erlebbar gemacht, damit potenzielle Nutzer sie testen und ein Feedback abgeben können. Ziel ist es Lösungen zu identifizieren, die technologisch machbar, wirtschaftlich tragbar und menschlich erwünscht sind.

18.2.1 Der Double-Diamond-Ansatz

Design Thinking ist eine Methodik und ein Rahmenwerk zugleich, das den Einsatz zahlreicher diverser Methoden und Techniken zulässt. Es existieren verschiedene Ansätze im Design Thinking mit vier bis sieben Phasen. Gemeinsam haben sie, dass Sie im ersten Schritt das Problemfeld mit den involvierten Menschen erforschen (Problemraum), bis Sie eine konkrete Herausforderung formulieren können. Und erst im zweiten Schritt denken Sie dann in Lösungen (Lösungsraum).

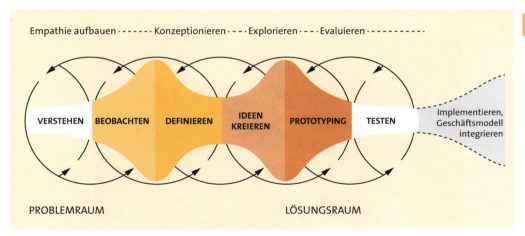

Abbildung 18.3 Das 6-Phasen-Modell des Design Thinking, in dem zunächst der Problemraum erforscht wird, bevor das Team Lösungen erarbeitet. Der so genannte »Double Diamond« ist zu erkennen (eresult GmbH).

18.2.2 Das 6-Phasen-Modell

Nun schauen wir uns das 6-Phasen-Modell näher an, das ein Team in iterativen Schleifen durchläuft und dabei das Konzept des »doppelten Diamanten« (meist bekannt als Double Diamond) verfolgt. Dabei wendet man wechselseitig zwei Denkzustände an: das Divergieren und das Konvergieren. Beim Divergieren geht man in die Breite, also man lässt zunächst allen Gedanken, Überlegungen und Ideen freien Lauf. Beim Konvergieren legt man den Fokus wieder auf einzelne Bedürfnisse oder potenzielle Lösungen und verdichtet das, was beim Divergieren gesammelt wurde, wählt also aus den zuvor gewonnenen Ideen aus.

Die Phasen des Design Thinking im 6-Phasen-Modell sind:

1. **Problemfeld verstehen:** In der Phase *Problemfeld verstehen* steckt das Team den Problemraum ab. Sie machen sich mit dem Problemfeld und den beteiligten Menschen, den potenziellen Kunden oder Nutzern vertraut.
2. **Empathie aufbauen:** In der Phase *Empathie aufbauen* geht das Team nach außen und baut Empathie für Nutzer und Betroffene auf. Mithilfe von Interviews mit relevanten Personen, Beobachtungen und auch Selbsterfahrung ergründen sie deren Benutzerbedürfnisse und entwickeln Empathie.
3. **Nutzerperspektive erfassen:** In der Phase *Nutzerperspektive erfassen* geht es darum, die Sichtweise zu definieren. Die gewonnenen Erkenntnisse werden zusammengetragen und verdichtet, indem das Team seine unterschiedlichen Perspektiven vereint und auf eine Nutzergruppe (Persona) fokussiert.

Abbildung 18.4 Ein erster Prototyp muss bei Weitem nicht ausgefeilt sein. Wichtig ist, dass Sie damit Ihr Konzept jemand anderem vermitteln können und Feedback dazu einholen.

4. **Ideen sammeln:** In der Phase *Ideen sammeln* entwickelt das Team mithilfe verschiedener Kreativitätstechniken möglichst viele Ideen und lässt sich dabei von den Erkenntnissen aus dem Problemraum und ihrer Empathie inspirieren. Bei der Ideenfindung ist alles zugelassen, außer Kritik.

5. **Prototypen bauen:** In der Phase des *Prototypings* entwickeln Sie konkrete testbare Lösungen. Ziel ist es, die besten Ideen für das Team und für die Nutzer greifbar und erlebbar zu machen. In dieser Phase wird nicht mehr diskutiert, stattdessen umso mehr gebaut, skizziert und gespielt.

6. **Prototypen testen:** Die Phase *Prototypen testen* erlaubt es, in einer sehr frühen Phase risikoarm und günstig aus dem Nutzerfeedback zu lernen (und ggf. dabei zu scheitern).

Alle Phasen können bei Bedarf wiederholt werden. Stellt das Team fest, dass eine Idee vielleicht Potenzial hat, es aber noch mehr Informationen der Nutzer zu ihren Anforderungen benötigt, kann es zurück in die Phase *Empathie aufbauen* gehen. Oder aber das Team entscheidet sich nach dem Testen dafür, den Prototyp abzuwandeln oder gar einen komplett neuen zu bauen. Iterationen sind jederzeit möglich und gewünscht.

Design Thinking – Tutorials & Materialien

HPI School of Design Thinking: Das Hasso-Plattner-Institut in Potsdam bietet an seiner School of Design Thinking ein Zusatzstudium in Design Thinking sowie an der HPI Academy auch Weiterbildungsangebote für Berufstätige und Unternehmen: *bnfr.de/ux067*.

Design Dash: Der »Design Dash«, entwickelt von Molly Wilson von der HPI d.school, ist eine praktische, schnelle und interaktive Einführung in die Methodik und die Denkweise des Design Thinking. Die notwendigen Vorlagen dazu sowie ein dazugehöriges Handbuch für die Moderation finden Sie unter *bnfr.de/ux068*.

18.3 Ausgewählte Kreativitäts- und Ideation-Techniken

Einige der Methoden, die im Zuge von Design Sprints oder Design-Thinking-Projekten zum Einsatz kommen, können Sie auch in anderem Kontext nutzen, um Ideen zu generieren und zu bewerten. Im Internet gibt es zahlreiche Methoden-Sammlungen für Kreativitäts- und Ideation-Methoden. Eine empfehlenswerte Zusammenstellung (in Englisch) finden Sie online unter *bnfr.de/ux066*, die auf dem ebenfalls empfehlenswerten Buch »This is Service Design Doing« basiert.

Ein paar ausgewählte Methoden, die sich auch in anderen Kontexten bewähren, stellen wir Ihnen in aller Kürze vor:

»Wie können wir ...?«-Fragen (WKW)

Mit »Wie können wir ...?«-Fragen (»How might we – HMW«) setzen Sie den Grundstein für die weitere Ideenfindung. Statt ein Problem einfach als Stichpunkt zu notieren, formulieren Sie es in eine Frage um. So fällt es im Anschluss leichter, eine Antwort zu finden. Die Formulierung »wie können wir ...« legt außerdem nahe, dass auf jeden Fall (mindestens) eine Lösung möglich ist. Die Formulierung der Fragen ist entscheidend dafür, wie viele Ideen später daraus generiert werden können. Die Fragen sollten nicht zu spezifisch und nicht zu vage sein. Zudem sollten nicht mehrere Aspekte in einer Frage vereint werden.

Gehen Ihnen die Ideen für weitere Fragen aus, helfen folgende Ansätze:

- Positives steigern (»Wie können wir ____ besser machen?«)
- Negatives minimieren (»Wie können wir ____ verringern?«)
- vergleichbare Situationen finden (»Wie können wir ____ so machen, dass es sich wie ____ anfühlt?«)
- ins Gegenteil umkehren (»Wie können wir erreichen, dass [Misserfolg] trotzdem motiviert?«)

Abbildung 18.5 »Wie können wir ...?«-Fragen helfen dabei, konkrete Lösungsansätze zu finden und im nächsten Schritt auch zu visualisieren.

6-3-5-Methode (Ringtauschtechnik)

Bei der Ringtauschtechnik werden A4-Blätter (oder besser A3-Blätter) in drei Spalten geteilt und jeder Teilnehmer schreibt jeweils eine Idee in die drei Spalten. Nach dem Ausfüllen der drei Spalten reicht jeder sein Blatt weiter an den jeweiligen Nachbarn, der die Ideen in der nächsten Zeile spaltenweise weiterentwickelt (jeweils in ca. 5 Minuten). Dieser Vorgang wird fünf- bis sechsmal wiederholt. Anschließend nehmen Sie eine verdeckte Bewertung im Ringtauschverfahren vor. Dann werden Kleingruppen gebildet, die die ausgewählten Ideen kreativ weiterentwickeln.

Design Studio

Im Design Studio wird in Kleingruppen in mehreren Iterationen skizziert, präsentiert und kritisiert. Über diesen Weg generieren Sie vielseitige Ideen und Lösungsansätze. Gemeinsam werden die besten Ideen in späteren Durchläufen zusammengemixt, verfeinert und verdichtet.

Crazy 8s

Die Crazy 8s helfen dabei, schnell zu vielen Ideenansätzen zu gelangen. Die Technik eignet sich gut für Teams am Anfang einer Kreativphase, um zu ermutigen und schnell zu vielen ersten Ansätzen zu kommen. Jeder Teilnehmer faltet ein DIN A4-Blatt zweimal längs und einmal quer, so dass acht Felder entstehen. In acht Minuten soll jeder Teilnehmer die acht Felder mit je einem Lösungsansatz-Scribble füllen. Dabei sollen keine perfekten Zeichnungen entstehen, sondern sehr rudimentäre Scribbles, die die Idee erkennen lassen. Crazy 8 bringt oft auch neuen Schwung ins Team, wenn es wenig neue Ideen zu geben scheint.

6-Hüte-Methode

Mit der Methode der *Thinking Hats* können Ideen aus verschiedenen Perspektiven bewertet werden. Sechs Hüte mit unterschiedlichen Farben stehen dabei jeweils für eine andere Sichtweise: weiß = Neutralität, rot = Gefühle, schwarz = Kritik, gelb = Optimismus, grün = Kreativität und blau = Prozesssteuerung. Einer oder alle Teilnehmer setzen die Hüte der Reihe nach auf und äußern je nach Farbe ihres Hutes Assoziation zu einer vorhandenen Idee.

Kapitel 19
Usability-Tests – der Klassiker unter den Nutzertests

In Usability-Tests sehen Sie, wie ein Nutzer mit Ihrer Anwendung tatsächlich umgeht. Das ist die vielseitigste und wichtigste Methode im Werkzeugkoffer eines Usability-Experten. Keine andere ist so flexibel und über den gesamten Entwicklungszyklus hinweg anwendbar.

Der Usability-Test im Labor ist die effektivste Methode, um mögliche Hindernisse oder Probleme der Nutzer im Umgang mit Ihrer Anwendung zu identifizieren. Wenn Sie diese Schwierigkeiten in der Anwendung kennen und beseitigen, helfen Sie Ihren Nutzern nicht nur dabei, die beabsichtigten Aufgaben mit Ihrer Anwendung effektiv und effizient zu erledigen, sondern Sie ermöglichen ihnen letztlich auch ein zufriedenstellendes Nutzungserlebnis.

Abbildung 19.1 Aufzeichnen eines Tablet-Tests mithilfe einer Dokumentenkamera

Setzen Sie Usability-Tests so früh wie möglich in Ihrem Entwicklungsprozess ein. Umso einfacher und am Ende auch kostengünstiger können Sie Usability-Probleme herausfinden und die Anwendung schnell und frühzeitig optimieren. Ansonsten gilt: Sie können Usability-Tests zu jedem Zeitpunkt durchführen – ob auf Basis eines ersten Papierprototyps (siehe Kapitel 16, »Papierprototypen – Ideen schnell greifbar machen«), eines funktionalen High-Fidelity-Prototyps (siehe Kapitel 17, »Mockups und Prototypen – konkretisieren, visualisieren, designen«), als finalen Freigabetest vor dem Launchen der Anwendung oder auch während des laufenden Betriebs zur Weiterentwicklung.

19.1 Was sind Usability-Tests? Welche Formen gibt es?

Bei einem Usability-Test werden Personen, die dem Nutzerprofil Ihrer Anwendung entsprechen, bei typischen Nutzungsszenarien und der Erledigung möglicher Aufgaben im Zusammenhang mit der Anwendung beobachtet und dazu befragt. Ein geschulter Interviewer führt dabei durch die Anwendung, gibt dem Nutzer notwendige Anweisungen und stellt Fragen, die er in der Regel zuvor in einem Interviewleitfaden zusammengestellt hat. Ein Protokollant und Beobachter begleitet dieses Testszenario in einem separaten Raum, von dem aus er den Nutzer und sein Verhalten einsehen kann (entweder über einen Einwegspiegel oder eine entsprechende Videoausstattung). Ziel eines Usability-Tests ist es, grundlegende Verhaltensmuster zu verstehen, mögliche Probleme bei der Nutzung und Aufgabenerledigung im Zusammenhang mit der Anwendung zu identifizieren und auch eine qualitative Einschätzung durch den Nutzer zu erhalten.

Die Stärke von Usability-Tests ist ihre Flexibilität. Sie können die Tests mit jeder Anwendung oder jedem Produkt durchführen – ob Website, App, Anwendungen für VR-Brillen oder auch Anzeige-Bedien-Konzepte im Automobilbereich, um nur einige zu nennen. Bei digitalen Anwendungen können Sie entweder mit einem bestimmten Endgerät (Desktop, Tablet, Smartphone) testen oder sich die Nutzung über mehrere Endgeräte hinweg, also die *Cross-Device-Nutzung*, ansehen (siehe Abbildung 19.2).

Abbildung 19.2 Usability-Tests können Sie mit allen Endgeräten durchführen. Neben Desktop, Smartphone und Tablet sind auch Tests mit Smartwatches, VR-Brillen oder Sprachassistenten möglich.

Und auch das Studiendesign selbst, also die Fragestellungen und den Aufbau des Interviews, können Sie passend zu Ihren Anforderungen gestalten. Usability-Tests sind zudem mit weiteren Datenerhebungsverfahren gut kombinierbar – wie *Eyetracking* (*Blickverlaufsmessung*), *Hautleitwiderstandsmessung* (auch *Aktivierungsmessung* genannt, siehe Abbildung 19.3) oder *Klicktracking* (also Messen des Klickverhaltens). Auch quantitative Werte können Sie dabei erheben, z. B. die Erfolgsquote (*Success Rate*) oder die Zeit, die der Nutzer für das Lösen der Aufgabe gebraucht hat (*Time on Task*). Diese Messgrößen geben Ihnen Aufschluss über unbewusstes Nutzerverhalten, das Sie durch Befragungen nur schwer oder gar nicht herausfinden können.

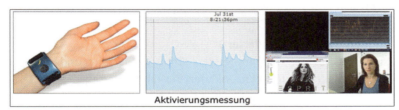

Abbildung 19.3 Die Aktivierungsmessung über den Hautleitwiderstand ermöglicht es, emotionale Auswirkungen einer Anwendung zu messen – beispielsweise Aufregung, Stress oder negative Gefühle bei der Nutzung.

Unabhängig von ihrer flexiblen Ausgestaltung folgen Usability-Tests einem Grundschema:

- Sie stellen Ihre Anwendung oder einen Prototyp bereit, überlegen sich relevante Frage- und Aufgabenstellungen und entwickeln auf dieser Basis einen Leitfaden für den Interviewer (siehe Abschnitt 19.2.2, »Studienkonzeption«, und Abschnitt 19.2.3, »Erstellen des Interviewleitfadens«).
- Sie stellen ein möglichst erfahrenes Team aus Interviewer und Beobachter zusammen (siehe Abschnitt 19.3, »Wer sollte Usability-Tests durchführen?«).
- Sie rekrutieren Testpersonen (Probanden), die zu Ihren Nutzerprofilen passen (siehe Abschnitt 19.2.5, »Rekrutierung der Testpersonen«).
- Mit diesen Testpersonen führen Sie ein Interview und lassen sie fiktive Aufgaben auf Ihrer Anwendung ausführen. Dabei beobachten Sie sie, lernen, wie sie mit Ihrer Anwendung umgehen, und erkennen Schwierigkeiten oder Hürden (siehe Abschnitt 19.2.7, »Erhebung, Durchführung der Einzelinterviews«).
- Die gesammelten Erkenntnisse aus Befragung, Beobachtung und den Aufzeichnungen analysieren Sie, identifizieren die zentralen Probleme und erarbeiten auf dieser Basis Verbesserungsvorschläge (siehe Abschnitt 19.2.8, Abschnitt 19.2.9 und Abschnitt 19.2.10).

Ziel eines Usability-Tests ist es schließlich, die Gebrauchstauglichkeit Ihrer Anwendung zu verbessern. Damit ist er ein mächtiges Werkzeug zur (Weiter-)Entwicklung und Optimierung Ihrer Anwendung.

19.1.1 Kriterien zur Unterscheidung von Usability-Tests

Je nach Rahmenbedingungen können Usability-Tests unterschiedliche Formate haben. Dabei sind die folgenden Punkte relevant:

▶ **Durchführungsort (im Labor oder im Feld)**
Usability-Tests können in einem speziell dafür ausgerüsteten Labor (siehe dazu Abschnitt 19.1.2) oder aber im *Feld*, d. h. vor Ort im eigentlichen *Nutzungskontext* durchgeführt werden. Beides hat Vor- und Nachteile. Gewöhnlich finden die meisten Usability-Tests im Labor statt. Im Feld sollte dann erhoben werden, wenn die Umgebung wesentliche Auswirkungen auf das voraussichtliche Nutzungsverhalten hat.

▶ **Moderation (moderiert oder unmoderiert)**
Moderierte Usability-Tests bieten tiefgreifendere Einblicke (*Insights*) und ermöglichen das Hinterfragen und Aufdecken unklarer Verhaltensweisen des Nutzers. Zudem kann offen gefragt werden, und der Interviewer kann Anschlussfragen stellen und dem Nutzer Zusatzaufgaben geben. Unmoderierte Tests sind hingegen meist billiger, schneller in der Durchführung und erlauben auch Tests mit räumlich schwer zu erreichenden Testpersonen (siehe Kapitel 20, »Remote-Usability-Tests – von zuhause aus testen lassen«).

▶ **Durchführungsart (persönlich oder aus der Ferne)**
Persönlich abgehaltene Tests, d. h., Testperson und Interviewer sind am selben Ort, sind häufig angenehmer für die Testpersonen. Zudem kann der Interviewer die Testperson leichter beobachten und Gestik und Mimik interpretieren bzw. darauf eingehen. So genannte *Remote-Usability-Tests*, die auf die Entfernung und mithilfe von entsprechender Software durchgeführt werden, können aber auch manchmal sinnvoll sein. So etwa bei beschränktem (Reise-)Budget oder aber zeitlicher Einschränkung, wie es in einem agilen Umfeld der Fall sein kann (siehe Kapitel 20, »Remote-Usability-Tests – von zuhause aus testen lassen«). In jedem Fall ist es die bessere Wahl, als gar keine Tests durchzuführen.

Der Großteil der Usability-Tests digitaler Anwendungen wird moderiert und im Labor durchgeführt. Wenn Sie sehr klare Fragestellungen oder Aufgaben haben, die wenig Interpretationsspielraum für die Testperson lassen, können unmoderierte und Remote-Tests eine gute Option sein.

19.1.2 Aufbau eines Usability-Labors

Für einen Usability-Test im Labor brauchen Sie passende Räumlichkeiten und technisches Equipment: ein *Usability-Labor*. Sie benötigen zwei Räume: einen Testraum und einen Beobachtungsraum. Liegen die Räume nebeneinander, sollte man im Testraum nicht hören, wenn im Beobachtungsraum gesprochen wird. Hilfreich ist hier ein Einwegspiegel (aus dem Testraum kann man nicht in den Beobachtungsraum sehen, nur umgekehrt), allerdings kann mit entsprechender Video-/Audio- und Übertragungstechnik per Netzwerk/WLAN der Test auch über eine Anzeige im Beobachtungsraum verfolgt werden. Vorteil dabei ist, dass die Testperson sich in der Regel weniger beobachtet fühlt als mit einem Einwegspiegel.

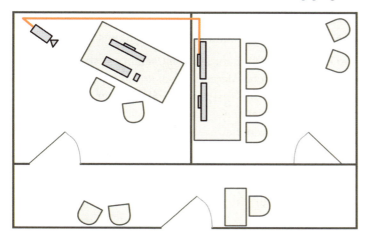

Abbildung 19.4 Schematischer Aufbau eines Usability-Labors mit Videoübertragung

Die Kameraausrüstung im Testraum ist je nach Endgerät, das getestet wird, flexibel anzuordnen. Unbedingt vorsehen sollten Sie eine Kamera, mit der Sie die Testperson aufzeichnen (also frontal, z. B. per Webcam, oder etwas seitlich versetzt). Bei Monitoren mit Eyetracking-Hardware zur Blickverfolgung der Probanden ist diese bereits integriert. Bei Tests mit mobilen Endgeräten brauchen Sie außerdem eine Kamera, die das Display des Smartphones oder Tablets zeigt und so die Aktionen der Testperson dokumentiert. Hier bietet sich eine Dokumentenkamera an, die von oben auf den Tisch zeigt (siehe Abbildung 19.4). Beim Testen einer Desktop-Anwendung zeichnen Sie in der Regel den Screen mit einem entsprechenden Programm auf.

Mit sich weiterentwickelnden Technologien und damit neuen Untersuchungsgegenständen (z. B. *Voice Interfaces*, *Smartwatches*, *Virtual-Reality-* oder auch *Smart-Home-Anwendungen*) ändert sich auch die Laborinfrastruktur für Usability-Tests. Anstelle eines klassischen Desktop-Arbeitsplatzes oder Schreibtischs sollte der Testraum flexible Einrichtungen bzw. Nutzungskontexte ermöglichen. Idealerweise können unterschiedlichste Räume wie Wohnzimmer, Essbereich oder Küche eingerichtet werden – je nachdem, welche Testgegenstände bzw. -situationen Sie untersuchen. Die Videoaufzeichnung zur späteren Analyse ist dabei essenziell und muss beim Studiendesign von Anfang an bedacht werden.

Nicht vergessen dürfen Sie aber: Noch relevanter als ein mit der passenden Technik vollausgestattetes Usability-Labor ist ein guter Interviewer (siehe Abschnitt 19.3.1,

»Anforderungen an Interviewer«). Denn wertvolle Erkenntnisse erhalten Sie *immer*, wenn Sie eine passende Testperson und Ihr Testobjekt (ob Prototyp oder ausgereifte Anwendung auf einem Endgerät) zusammenbringen – auch ganz ohne Technik oder gutes Umfeld. Weitere Informationen dazu in Kapitel 21, »Guerilla-Usability-Tests – informell und schnell Erkenntnisse sammeln«.

19.1.3 Thinking-aloud-Methode oder Protokolle lauten Denkens

Eine sehr effektive Methode, die häufig im Rahmen von Usability-Tests zum Einsatz kommt, ist die so genannte *Thinking-aloud-Methode*, auch *Protokolle lauten Denkens* genannt. Hierbei bittet der Interviewer die Testperson, während der Arbeit mit der Anwendung im Usability-Test »laut zu denken« – also ihre Gedanken laut auszusprechen. So können Sie spontane Gedanken, Bewertungen und Empfindungen direkt dann erfassen, wenn sie der Testperson in den Sinn kommen. In einer *Nachexploration*, also einem nachträglich durchgeführten Interview, kann es sein, dass sich die Testperson nicht mehr an diese spontan aufgetretenen Gedanken und Empfindungen erinnert. Diese werden oft nur kurz im Gedächtnis zwischengespeichert und dann vergessen.

Mithilfe der Thinking-aloud-Methode erhalten Sie Informationen zu Aspekten, an die Sie selbst nicht gedacht und die Sie entsprechend nicht in Fragestellungen abgefragt hätten. Das kann beispielsweise eine falsche Wahrnehmung oder Fehlinterpretation eines Bedienelements sein. Zudem ist die Methode ohne weitere Ausrüstung oder Vorbereitung anwendbar. Und vor allem: Sie ist besonders überzeugend. Kein Entwickler, Designer oder sonstiger Projektbeteiligter kann etwas gegen die Aussagen einer Testperson sagen. Sie stehen für sich.

Die Herausforderung bei der Anwendung der Thinking-aloud-Methode ist es, die Testperson dazu zu bewegen, ihre Gedanken und Eindrücke spontan zu äußern, und das über den gesamten Zeitraum des Tests. Für viele Testpersonen ist dies ungewohnt, man kommt sich vor, als führe man Selbstgespräche. Oder aber die Testpersonen konzentrieren sich auf das Ausführen einer Aufgabe und vergessen das *laute Denken* schlichtweg. Ein geübter Interviewer fordert die Testperson daher immer wieder zum lauten Denken auf.

> **Einweisen der Testpersonen in die Thinking-aloud-Methode**
>
> Sofern Ihnen die Zeit in einem Usability-Test bleibt, sollten Sie Ihre Testpersonen auf das laute Denken einstimmen. Eine gute Möglichkeit, sie damit vertraut zu machen, ist es, ihnen ein Demovideo aus einem anderen Test mit dieser Methode zu zeigen.
>
> Jakob Nielsen von der Nielsen Norman Group erläutert in einem Artikel, wie ein solches Demovideo aussehen sollte. Zugleich bietet er ein Demovideo auf der Seite an (allerdings in Englisch): *bnfr.de/ux032*.

Die Thinking-aloud-Methode können Sie praktisch bei jeder Art von Usability-Test anwenden – mit einer Ausnahme: dem Testen von Sprachsteuerungen/-assistenten. Hier kann diese Methode nur retrospektiv, d. h. in einer Nachexploration und dort eben nur eingeschränkt (siehe oben), angewandt werden. Während der Interaktion mit dem System würde lautes Denken die Spracheingaben verfälschen.

19.1.4 Eyetracking (Blickverlaufsmessung)

Das *Eyetracking,* also die *Blickverlaufsmessung*, ist eine Methode zur Beantwortung von Fragestellungen rund um die Wahrnehmung bestimmter Elemente und der Informationsaufnahme. Bei korrekter Durchführung können Sie herausfinden, wie die *Aufmerksamkeitsverteilung* auf einer Website oder dem Screen einer App ist. Zu diesem Zweck werden die Blickbewegungen der Testpersonen mithilfe einer Kamera aufgezeichnet. Eine spezielle Software wertet die Bilder aus und hält die *Fixationen*, also die Betrachtungspunkte auf der jeweiligen Seite, und deren Dauer fest.

Mit dieser Methodik können Sie die bewusste und unbewusste Informationsaufnahme der Testperson untersuchen. Ausschlaggebend ist jedoch immer eine konkrete Fragestellung, beispielsweise zu bestimmten Elementen auf der Seite:

▶ Wie erkunden (*explorieren*) die Nutzer die Anwendung, d. h., wie orientieren sie sich bei Erstkontakt mit der Anwendung?

▶ Welche Elemente werden zuerst wahrgenommen und in den ersten zwei bis drei Sekunden am intensivsten betrachtet?

▶ Wird ein bestimmtes Element auf einer Seite der Anwendung überhaupt wahrgenommen? Wird es wahrgenommen, wenn es an einer anderen Stelle platziert oder größer dargestellt ist?

▶ Wann nimmt der Nutzer ein bestimmtes Element wahr? Wie lange dauert es, bis er es wahrnimmt, und wie häufig betrachtet er es?

Ebenso können Sie Seitenbereiche, also mehrere inhaltlich zusammengehörige Elemente, definieren – so genannte *Areas of Interest*. In diesem Zusammenhang ist interessant, ob diese Seitenbereiche viel, wenig oder überhaupt keine Aufmerksamkeit erhalten.

Eine Auswertungsmöglichkeit dieser Daten sind so genannte *Heatmaps*, die besonders stark betrachtete Elemente oder *Areas of Interest* farblich visualisieren. Stark betrachtete Bereiche sind üblicherweise rot, weniger stark betrachtete gelb bis grün, gar nicht betrachtete weiß oder schwarz. So genannte *Gazeplots* zeigen die Blickverläufe auf einer Seite (siehe Abbildung 19.5).

Für eine erfolgreiche Eyetracking-Studie (meist als Teil eines Usability-Tests) müssen Sie unbedingt den Kontext der Tests berücksichtigen. Für die Blickverläufe eines Nutzers ist ausschlaggebend, ob er beispielsweise eine Website schon einmal besucht hat oder sie das erste Mal sieht. Ebenso macht es einen Unterschied, ob der Nutzer die Anwendung frei erkunden kann, also sich ohne konkretes Ziel umsieht, oder ob er eine Aufgabenstellung bekommen hat. Im letzteren Fall spielt die Erwartungshaltung hinsichtlich der Platzierung von Elementen eine große Rolle – also auch das *mentale Modell* des Nutzers einer bestimmten Anwendung.

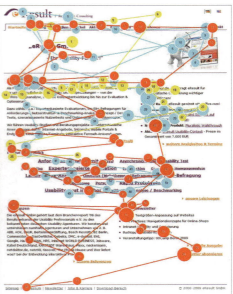

Abbildung 19.5 So genannte Heatmaps, hier in 3D, zeigen die Aufmerksamkeitsverteilung auf einer Seite (linkes Bild). Gazeplots bilden Blickverläufe auf einer Seite ab (rechtes Bild).

Unabhängig von einer klar definierten Fragestellung ist Eyetracking auch aufgrund der dazu benötigten Ausstattung und des geforderten Wissens zur Datenauswertung keine einfache oder gar schnell durchgeführte Methode. Hinterfragen Sie den Einsatz dieser Methode gut, und führen Sie einen solchen Test nicht ohne Vorerfahrung durch.

19.1.5 Quantitative Werte im Usability-Test

Über die eigentlichen Fragestellungen und Aufgaben hinaus können Sie im Rahmen eines Usability-Tests ebenso quantitative Werte erheben – *Usability-Metriken* genannt. Bedenken Sie aber, dass diese nicht repräsentativ sind. Zu den zahlreichen möglichen Metriken gehören:

▸ **Anteil der erfolgreich abgeschlossenen Testaufgaben** an der Gesamtzahl der gestellten Aufgaben (*Task Completion Rate*, TCR)
▸ **Durchschnittliche Bearbeitungszeit** pro Aufgabe (*Time On Task*, TOT)
▸ Durchschnittliche **subjektive Zufriedenheit** der Testpersonen

Den Ersteindruck (zu Beginn eines Tests) und auch den Gesamteindruck einer Anwendung (als Abschluss eines Tests) können Sie mithilfe von standardisierten Fragebögen erfassen. Sie erhalten oft einen Gesamtwert auf einer definierten Skala und/oder Einzelwerte zu definierten Dimensionen. Folgende Fragebögen haben sich hier etabliert:

- SUS – *System Usability Scale*: Bewertung der Usability auf einer Skala von 0 bis 100
- UEQ – *User Experience Questionnaire*: Fragebogen zur Erfassung der User Experience auf fünf Dimensionen
- VisAWI – *Visual Aesthetics of Website Inventory*: Fragebogen zur Erfassung der visuellen Ästhetik einer Anwendung auf vier Dimensionen und mit einem Gesamtwert

Auch die Wiederbesuchs- oder Weiterempfehlungsbereitschaft kann anhand von Skalen quantitativ eingestuft werden. Sinnvoll sind diese standardisierten Fragebögen vor allem dann, wenn Sie verschiedene Varianten einer Anwendung vergleichen oder so genannte Benchmarks (Vergleich mit anderen Anwendungen) erheben.

Für den korrekten Einsatz von Usability-Metriken und deren Auswertung bedarf es fundierten Wissens und einer gewissen Vorerfahrung im Studiendesign. Wenn Sie also Ihre ersten Usability-Tests durchführen, empfiehlt es sich daher, sich auf zentrale Bestandteile wie die Protokolle lauten Denkens und die Interviewführung zu konzentrieren. Eine tiefergehende Einführung in die Thematik der Metriken finden sie im letzten Kapitel in diesem Teil des Buches (siehe Kapitel 25, »Metriken«).

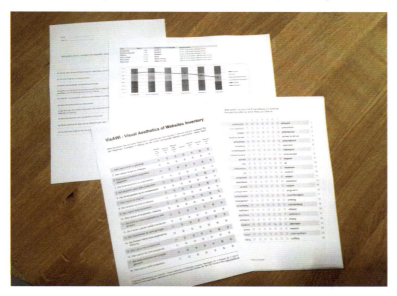

Abbildung 19.6 Standardisierte Fragebögen wie SUS, UEQ oder VisAWI liefern Ihnen quantitative Zahlen zur Nutzerbewertung der Usability, User Experience und Ästhetik einer Anwendung.

> **Weiterführende Lektüre zu Usability-Metriken**
>
> Einen sehr guten, umfassenden Einblick in die Erhebung, statistische Analyse und Aufbereitung von Usability-Metriken geben die folgenden beiden Bücher:
>
> ▶ Jeff Sauro, James Lewis: Quantifying The User Experience: Practical Statistics For User Research (*bnfr.de/ux042*)
>
> ▶ William Albert, Thomas Tullis: Measuring the User Experience (*bnfr.de/ux043*)

19.2 Wie läuft ein Usability-Test ab?

Die Durchführung eines Usability-Tests hängt immer davon ab, wie Sie das Format, das Studiendesign, die eingesetzten Methoden und nicht zuletzt die Testpersonen auswählen. Daraus definieren sich auch die Anforderungen an den Durchführungsort (Möchten Sie z. B. Testpersonen aus einer bestimmten Region haben?), die Technik (Benötigen Sie z. B. eine Dokumentenkamera für das Aufzeichnen von mobilen Endgeräten? Möchten Sie Eyetracking einsetzen?), die Dauer der Tests und davon abhängig die Planung der Testzeiten. Das sind nur einzelne Aspekte, die Sie berücksichtigen müssen und die Auswirkungen auf die Vorbereitung, die Rekrutierung, die inhaltliche Gestaltung der Interviews und die Auswertung haben. Nachfolgend skizzieren wir einen typischen Ablauf eines Usability-Tests.

19.2.1 Vorüberlegungen

Zu Beginn der Vorbereitungen für einen Usability-Test definieren Sie die Zielsetzung des Tests. Welche Fragen möchten Sie beantwortet haben? Welche Hypothesen haben Sie, und möchten Sie herausfinden, ob diese zutreffen? Liegt der Fokus auf einer qualitativen Untersuchung Ihrer Anwendung oder möchten Sie auch quantitative Ergebnisse, z. B. um intern Überzeugungsarbeit leisten zu können? Setzen Sie sich allerdings nicht zu viele Ziele. Jede weitere Frage, die Sie stellen, geht zulasten der Zeit, die sich die Testpersonen mit einer anderen Frage beschäftigen können. Der Erkenntnisgewinn ist dann höchstwahrscheinlich geringer.

Aus den Zielen und Fragestellungen leiten Sie die zu untersuchenden Seiten, Seitenbereiche und Zustände Ihrer Anwendung ab. Sind Sie noch in einer frühen Phase der Entwicklung, ist dies besonders wichtig zu wissen, da Sie möglicherweise den Prototyp noch entsprechend anpassen müssen.

19.2.2 Studienkonzeption

Ihre Ziele und Thesen sind die Grundlage für die Studienkonzeption und beeinflussen die Wahl der zu untersuchenden Anwendungsfälle (*Use Cases*) bzw. Nutzungsszenarien (*User Scenarios*) sowie auch der einzusetzenden Methoden und Verfahren (siehe dazu Abschnitt 19.1, »Was sind Usability-Tests? Welche Formen gibt es?«). Im Rahmen dieser Nutzungsszenarien stellen Sie den Testpersonen Aufgaben, die sie bei der Nutzung der Anwendung erledigen sollen. Hier reicht die Bandbreite von allgemeinen bis hin zu sehr spezifischen Aufgaben:

▶ **Allgemeine Aufgaben** zielen darauf ab, dass die Testpersonen die Anwendung erkunden. Sie möchten sehen, wie Ihre Nutzer nach Informationen suchen und dabei vorgehen. Es geht häufig um die generelle Auffindbarkeit von Informationen und die Wahl des Navigationswegs.

Ein Beispiel für eine solche Aufgabe: »Sie möchten mit Freunden ein langes Wochenende in einer Metropole Ihrer Wahl verbringen. Schauen Sie nach passenden Angeboten, die Ihnen gefallen könnten.« Die Testperson muss hier also keine spezifische Information in der Anwendung finden, sondern das Informationsangebot durchstöbern und sich inspirieren lassen.

▶ **Spezifische Aufgaben** haben ein konkretes Ziel. Solche Aufgabenstellungen können Sie auch quantitativ bewerten – sowohl die Zielerreichung selbst als auch mögliche Fehler auf dem Weg dorthin.

Ein Beispiel: »Finden Sie den Eintrittspreis des Nationalmuseums für zwei Erwachsene heraus.« Die Aufgabe bietet keinen Spielraum und kann nur eindeutig beantwortet werden. Interessant ist hier, ob, auf welchem Weg und wie schnell die Testperson die Information findet.

Die *Use Cases* sollten Sie so realitätsnah wie möglich gestalten, so dass die Testpersonen sich leicht in die Situation hineinversetzen können. Sie sollten die Aufgaben so wählen, dass die Nutzer Ihrer Anwendung diese auch tatsächlich ausführen würden, wenn sie sich nicht in einem Test befänden. Die Aufgaben sollten zudem so formuliert sein, dass der Nutzer nicht zögert oder unsicher ist, was er tun soll. Auch darf die Formulierung keine (auch keine subtilen) Hinweise enthalten, die dem Nutzer Schritte zur Ausführung verraten.

19.2.3   Erstellen des Interviewleitfadens

Erstellen Sie für jeden Usability-Test ein ausführliches Skript, das dem Interviewer als Leitfaden, vielleicht sogar zum Ablesen der genauen Fragestellungen, dient. Auch machen manche Interviewer direkt auf dem Leitfaden Notizen während der Tests, und in einigen Fällen ist er gleichzeitig die Protokollvorlage. Drucken Sie dann ein Exemplar für jede Sitzung aus. Der *Interviewleitfaden* enthält neben den eigentlichen Fragestellungen und Aufgaben auch Hinweise und Aufforderungen für den Interviewer. So stehen darin u. a. Vorgaben zu technischen Einstellungen, Zeitangaben für

Aufgaben, zum Wechsel von Endgeräten, Formulierungen für Nachbefragungen. Typischerweise ist der Interviewleitfaden so gegliedert:

- **Einführung:** Begrüßung, Einführung zum Test und zur Thinking-aloud-Methode, Ablauf des Tests, Abfragen der Einverständniserklärung der Testperson zu Audio- und Videoaufnahmen, gegebenenfalls Incentivierung (Übergabe der Bezahlung bzw. des Geschenks)
- **Einleitende Fragen/Aufwärmphase:** Abfrage der bisherigen Erfahrung der Testperson in Bezug auf die Anwendung, der Erwartungshaltung an die Anwendung
- **Exploration, Interview/Beobachtung:** Exploration der Anwendung mit offenen Fragen, begleitende Beobachtung; gegebenenfalls auch Eyetracking (siehe Abschnitt 19.1.4)
- **Nutzungsszenarien/Aufgaben:** spezifischer Fragenteil mit Nutzungsszenarien und Durchführung vorgegebener Aufgaben (siehe Abschnitt 19.2.2, »Studienkonzeption«)
- **Abschließende Fragen/Nachbefragung:** retrospektives Interview zur Klärung offener Fragen oder unklarer Aspekte aus dem Fragenteil, Abfragen des Gesamteindrucks, abschließende Gesamtbewertung; gegebenenfalls Skalen für quantitative Werte oder Fragebogen (siehe Abschnitt 19.1.5, »Quantitative Werte im Usability-Test«)

Der Interviewleitfaden durchläuft häufig mehrere Versionen – in der Vorbereitung (z. B. durch Feedback des Auftraggebers oder anderer Projektbeteiligten) und aufgrund von Erkenntnissen aus dem so genannten Pretest (siehe Abschnitt 19.2.6, »Pretest und Vorbereitungen für die Einzelinterviews«). Planen Sie daher ausreichend Zeit für diese Anpassungsschleifen ein.

19.2.4 Anzahl der Testpersonen, Größe der Stichprobe

Eine der zentralen Überlegungen beim Aufsetzen eines Usability-Tests ist die Frage: Wie viele Testpersonen brauche ich? In der Regel sind für einen klassischen qualitativen Usability-Test fünf Testpersonen ausreichend, um die meisten Usability-Probleme und Aspekte zu identifizieren und dabei in einem vertretbaren Kostenrahmen bzw. Verhältnis zum Aufwand zu bleiben. Ist Ihre Nutzerschaft allerdings eine heterogene Gruppe von Personen, die sich hinsichtlich Nutzungsverhalten oder weiterer Eigenschaften deutlich unterscheiden, sollten Sie die Anzahl der Personen auf vier bis fünf pro Anwendertyp anheben. Eventuell etwas weniger, wenn die Überlappungen bei Vorerfahrung und Verhaltensmustern groß sind.

Anzahl der Personen	Minimal gefundene Probleme	Durchschnittlich gefundene Probleme	Standard-abweichung
5	55 %	85,55 %	9,30
10	82 %	94,69 %	3,22
15	90 %	97,05 %	2,12
20	95 %	98,4 %	1,61
30	97 %	99,0 %	1,13
40	98 %	99,6 %	0,81
50	98 %	100 %	0

Tabelle 19.1 Mit fünf Testpersonen können Sie bis zu 86 Prozent aller Usability-Probleme identifizieren, mit zehn Testpersonen bis zu 95 Prozent (Sarodnik & Brau; 2011, S. 174).

Wenn Sie quantitative Fragestellungen und/oder *Eyetracking* in die Studie integrieren, brauchen Sie mehr Testpersonen für belastbare Ergebnisse. Eine Faustregel ist ein Vierfaches der Testpersonen einer qualitativen Studie, also 20 bis 30 Testpersonen pro definierter Anwendergruppe/Persona.

Vorlagen für die Erstellung eines Interviewleitfadens
▸ Vorlage für ein Testskript/einen Interviewleitfaden: *bnfr.de/ux028*
▸ Fragebogen zur Nachbefragung: *bnfr.de/ux027*

19.2.5 Rekrutierung der Testpersonen

Egal ob Sie die Rekrutierung selbst übernehmen oder einen externen Dienstleister damit beauftragen – Sie müssen zunächst die Rekrutierungskriterien für Ihre Testpersonen definieren. Typische Kriterien zur Auswahl der passenden Testpersonen sind:

▸ demografische Daten (z. B. Alter, Geschlecht, Familienstand, Einkommen), alternativ eine Persona-Beschreibung
▸ spezifische Verhaltensmuster
▸ generelle Einstellungen, Überzeugungen und Ziele
▸ Vorerfahrungen mit dem Untersuchungsgegenstand

Ausschlusskriterien können beispielsweise Berufe sein, die zu nah an der Branche/ Thematik des Untersuchungsgegenstands sind; Testpersonen würden dann nicht komplett unvoreingenommen in die Tests gehen.

Tragen Sie darüber hinaus noch die folgenden Informationen für die Rekrutierer zusammen:

- geplante *Incentivierung* (Höhe/Art des so genannten *Incentives* und Art der Auszahlung)
- geplante Zeiträume (*Slots*) und Tage für die Testsitzungen
- Kurzfragebogen zur Selektion der Testpersonen, *Screener* genannt, inklusive Ausschlusskriterien und gegebenenfalls Infos zur Kategorisierung
- Durchführungsort der Tests inklusive verfügbarer Wegbeschreibungen, Angaben zu Park- und Anreisemöglichkeiten (zur Weitergabe an die eingeladenen Testpersonen)
- Kontaktdaten und Hinweise für den Testtag

Wenn Sie die Rekrutierung an einen Dritten vergeben, überwachen Sie den Fortschritt währenddessen. Sie sollten vor allem ein Auge auf die Eignung der selektierten Testpersonen haben. Diese sollten nicht nur die Rekrutierungskriterien erfüllen, sondern zugleich auch keine »Dauertester« sein, d. h. Personen, die bereits häufig und regelmäßig an Usability-Tests teilnehmen. Derart geübte Testpersonen haben meist ein Gefühl dafür entwickelt, was von ihnen erwartet wird. Gerne nehmen sie in Tests Dinge schon vorweg oder sind übermotiviert. Damit repräsentieren sie allerdings nicht Ihre Anwender.

19.2.6   Pretest und Vorbereitungen für die Einzelinterviews

In Vorbereitung auf die Erhebung sollten Sie sich um alle benötigten Dokumente und die Technik kümmern:

- Erstellen Sie einen Testplan, in dem Sie die Interviewzeiten (Slots) mit Namen und Telefonnummer der jeweiligen Testperson eintragen.
- Drucken Sie ausreichend Leitfäden für die Tests aus, mindestens einen mehr, als Sitzungen angesetzt sind. Drucken Sie auch die Einverständniserklärungen für die Testpersonen aus sowie gegebenenfalls Quittungen für die Incentives.
- Legen Sie sich eine Vorlage für das Protokoll an. Überlegen Sie bereits jetzt, wie Sie die Analyse durchführen möchten und wie der Bericht aussehen soll. Danach richtet sich auch die Datenerfassung. Bedenken Sie dabei auch die Vertraulichkeit der Daten und ihre Sicherung (gerade auch am Ende eines Testtags).
- Bauen Sie die Technik am Durchführungsort auf, und testen Sie den Testaufbau. Sollten Sie Schwierigkeiten haben, z. B. mit der Videoaufzeichnung, bleibt Ihnen

noch etwas Zeit, eine Lösung zu finden. Erfahrungsgemäß ist die Technik ein kritischer Faktor. Gerade bei Tests mit einem Endgerätewechsel oder bei Einsatz von Eyetracking sollten Sie auf mögliche Probleme vorbereitet sein.

▶ Bereiten Sie auch die Räumlichkeiten vor. Stellen Sie Gläser und Getränke bereit, und hängen Sie je nach Räumen Schilder auf, die den Weg weisen und den Testraum als solchen kennzeichnen.

Führen Sie einen Tag vor den eigentlichen Tests einen so genannten *Pretest* durch. Dieser hilft Ihnen, Sicherheit im Ablauf und den Feinheiten des Tests zu bekommen. Sie können auch überprüfen, ob die Länge des Studienkonzepts passt oder ob Sie einzelne Aufgaben streichen müssen. Nicht selten passen Sie noch Fragen und Aufgaben an – in ihrer Reihenfolge, im genauen Wortlaut oder auch deren Anzahl. Sie stellen auch schnell fest, ob Sie alles Notwendige vorbereitet haben (Unterlagen, Incentives, Einverständniserklärung etc.).

Checkliste und Unterlagen zur Vorbereitung eines Usability-Tests

▶ Checkliste: *bnfr.de/ux025*

▶ Vorlage für die Einverständniserklärung der Testpersonen: *bnfr.de/ux026*

19.2.7 Erhebung, Durchführung der Einzelinterviews

Die Erhebung, auch *Feldphase* genannt, ist kein Selbstläufer. Es treten zwar nicht immer unerwartete oder schwierige Situationen auf. Aber allein die erfolgreiche Durchführung der Interviews, ohne die Testpersonen zu stark zu beeinflussen, um dann mit validen Daten herausgehen zu können, ist anspruchsvoll. Zu den Anforderungen an das Team aus Interviewer und Beobachter lesen Sie mehr in Abschnitt 19.3, »Wer sollte Usability-Tests durchführen?«.

Testpersonen werden unweigerlich vom Interviewer und Beobachter beeinflusst. Sie verhalten sich in einer Situation, in der sie beobachtet und befragt werden, immer etwas anders als in ihrer natürlichen Umgebung. Um diese Beeinflussung der Testperson so gering wie möglich zu halten, sollten Sie zu Beginn des Tests neben einer kurzen Einführung zum Ablauf und der Zielsetzung des Usability-Tests Folgendes klären:

▶ Erläutern Sie, dass Sie als Interviewer kein Teil des Entwicklungsteams sind und sich persönlich nicht angegriffen fühlen, wenn die Testperson kritisiert.

▶ Betonen Sie, dass die subjektive Meinung der Testperson von Interesse ist und sie keine falschen oder richtigen Antworten geben kann. Vermitteln Sie zudem, dass Sie nicht die Leistung des Teilnehmers messen und er nichts falsch machen kann.

▶ Geben Sie zudem keine persönlichen Informationen von sich selbst preis – weder vor noch während des Interviews.

Der Protokollant beobachtet und protokolliert in der Regel im Beobachtungsraum, um keinen Einfluss auf die Testperson auszuüben. Sollte eine Beobachtung aus dem Nebenraum nicht möglich sein, klären Sie die Testperson darüber auf. Während der Tests bleibt der Protokollant still, beobachtet und protokolliert ausschließlich.

Während der eigentlichen Testphase ist es dann sehr wichtig, dass Sie ausreichend dokumentieren. Das beginnt damit, dass Sie alle Dokumente datieren und die Testpersonen und ihre Unterlagen durchnummerieren, so dass Sie Namen/persönliche Angaben und erhobene Daten sauber trennen. Machen Sie im Interview so viele und so detaillierte Notizen wie möglich. Auch wenn Sie Videoaufzeichnungen von der Sitzung haben, werden Sie in der Auswertungsphase nicht immer die Zeit haben, all diese Aufnahmen durchzusehen. Und vertrauen Sie auch nicht auf Ihr Gedächtnis. Gerade bei Tests mit vielen Testpersonen verschwimmen die Details.

19.2.8 (Interner) Ergebnis-Workshop, Wrap-up

Es hat sich bewährt, im Anschluss an die Tests ein zusammenfassendes Debriefing bzw. einen internen Ergebnis-Workshop durchzuführen. In diesem Workshop werden die in den Tests identifizierten Usability-Probleme aufgelistet. Dies kann anhand der Interviewprotokolle, der Debriefings am Ende eines Tages oder aber anhand von Aufzeichnungen der Beobachter erfolgen. Sind mehrere Personen im Beobachtungsraum, bietet es sich auch an, während der Tests über Haftnotizen die auftretenden Usability-Schwächen zu sammeln und an vorbereiteten Wänden aufzuhängen. Die gesammelten Usability-Probleme werden dann nach Schweregrad eingeteilt, und es werden – angefangen bei den schwersten Problemen – für jedes konkrete Lösungsansätze erarbeitet.

Der Schweregrad eines Usability-Problems hängt von mehreren Faktoren ab:

▸ Häufigkeit: Wie oft wurde dieser Fehler von den Testpersonen gemacht?

▸ Auswirkung: Ist das Problem/der Fehler leicht oder schwer zu beheben? Ist er beispielsweise auf eine Unterseite beschränkt oder anwendungsübergreifend?

▸ Hartnäckigkeit: Wie dauerhaft ist das Problem? Tritt es vereinzelt auf oder trifft der Nutzer immer wieder darauf?

Es gibt unterschiedliche Skalen für den Schweregrad. In den meisten Fällen reicht eine Einteilung der Usability-Probleme in drei Schweregrade:

▸ **Kritischer Fehler:** Wenn das Problem nicht beseitigt wird, kann der Nutzer die Aufgabe/das Szenario nicht vollenden.

▸ **Schwerer Fehler:** Wenn das Problem nicht beseitigt wird, sind viele Nutzer frustriert und brechen möglicherweise ab.

▸ **Geringfügiger Fehler:** Bei Auftreten eines derartigen Fehlers sind Nutzer verärgert, können aber mit ihrer Aufgabe fortfahren.

Der Schweregrad eines Usability-Problems zeigt auch an, mit welcher Priorität diese behoben werden sollten. Kritische Fehler müssen als Erstes, am besten sofort beseitigt werden.

Im agilen Umfeld oder auch bei *Rapid User Testing*, also kurz aufeinanderfolgenden Tests mit jeweils angepassten Prototypen oder Anwendungen, enden die Tests mit dem Ergebnis-Workshop. Dieser ersetzt einen formal und aufwendig erstellten Testbericht. In diesem Fall sollte das Entwicklungsteam beim Workshop anwesend sein und die Ergebnisse direkt mitnehmen, um sie unverzüglich in die Arbeit einfließen zu lassen.

19.2.9 Datenanalyse und -interpretation

Bei umfangreichen Usability-Tests, also mit vielen Use Cases und/oder vielen Testpersonen, erfolgt nach einem ersten Debriefing eine tiefergehende Datenanalyse. Dies ist vor allem dann der Fall, wenn Sie quantitative Daten, also Usability-Metriken, erfasst haben. Aber auch bei sehr umfangreichen qualitativen Daten kann eine inhaltliche Datenanalyse Sinn machen.

Bei quantitativen Daten ist die Auswertung sehr klar. Sie ermitteln in der Regel Mittelwerte, Standardabweichungen und gegebenenfalls weitere statische Werte. Bei einer inhaltlichen Auswertung müssen Sie nach Mustern suchen, Trends identifizieren oder einfach die Häufigkeit von aufgetretenen Fehlern oder Bedienmustern über alle Testpersonen hinweg zählen. Aber auch Kommentare und Empfehlungen der Testpersonen müssen verdichtet und ähnliche Aussagen zusammengefasst werden. Zusammen mit Ihrem Ergebnis-Workshop ist diese Auswertung dann die Grundlage für Ihren Bericht.

> **Beispiele für die Datenerfassung und Auswertung aus einem Usability-Test**
>
> ▶ Notizen aus den Sitzungen eines Beispielprojekts: *bnfr.de/ux030*
> ▶ Auswertung in einem Beispielprojekt: *bnfr.de/ux029*

19.2.10 Bericht

Es gibt keinen festen Standard für Testberichte aus Usability-Tests, wenngleich es einige Vorgaben und Vorlagen auch von offizieller Seite gibt. So finden Sie beispielsweise von der offiziellen deutschen Vereinigung von Usability-Experten (*German UPA*) eine Vorlage, die Sie für die Erstellung des Testberichts nutzen können:

> **Vorlage zur Erstellung eines Testberichts für Usability-Tests**
>
> ▶ offizielle Vorlage für Usability-Testberichte der German UPA: *bnfr.de/ux011*

Ein Usability-Testbericht umfasst neben den eigentlichen Erkenntnissen und Empfehlungen zur Optimierung Ihrer Anwendung auch Informationen zur Methodik und zum Vorgehen. Folgende Teile sind üblicherweise in einem Testbericht enthalten:

▶ **Management Summary/Zusammenfassung:** Das Management oder auch Executive Summary enthält eine Zusammenfassung der zentralen Erkenntnisse. Es ist nicht länger als eine Seite oder zwei Folien, damit es schnell zu lesen ist. Neben den zwei oder drei wichtigsten Usability-Problemen sollten auch positive Ergebnisse genannt werden. Alle Ergebnisse, die im Management Summary enthalten sind, sollten Sie im Abschnitt »Testergebnisse« näher beschreiben und Lösungsansätze aufzeigen.

▶ **Hintergrundinformationen zum Test:** Dieser Teil gibt Hintergrundinformationen (Beschreibung des Testgegenstands, Zweck des Usability-Tests, Testzeitraum). Also Aspekte wie: Warum wurde getestet? Was und welche Ausbaustufe davon wurden getestet? Ein Prototyp? Eine Weiterentwicklung, ein Teilbereich einer Anwendung?

▶ **Methodik:** Beschreiben Sie die Testmethode: Welche Erhebungsverfahren haben Sie eingesetzt? Wie viele und welche Testpersonen wurden getestet? Gab es quantitative Teile? Welche Arten von Nutzungsszenarien bzw. Use Cases wurden dabei getestet?

▶ **Testergebnisse:** Die Testergebnisse sollten so aufbereitet sein, dass sie die Antworten zu Ihren Zielen, Thesen und Fragestellungen liefern. Beginnen Sie mit den schwerwiegendsten Usability-Problemen (siehe Schweregrad in Abschnitt 19.2.8, »(Interner) Ergebnis-Workshop, Wrap-up«). Beschreiben Sie das jeweilige Problem, idealerweise auch mit einem Screenshot, und zeigen Sie Lösungsansätze oder Optimierungsvorschläge auf. Haben Sie quantitative Daten, ergänzen Sie diese an geeigneter Stelle. Und: Greifen Sie auch die positiven Ergebnisse auf. Machen Sie das vor allem, um zu verdeutlichen, was in der weiteren Entwicklung nicht vernachlässigt werden darf bzw. beibehalten werden muss.

Achten Sie darauf, dass der Bericht nicht zu umfangreich wird. Zu viele Testergebnisse sind schwer aufzunehmen und in der Weiterentwicklung zu berücksichtigen. Maximal sollten es an die 40 Testergebnisse sein. Weniger ist in vielen Fällen mehr.

Dokumente für Usability-Tests

▶ diverse Vorlagen für die Durchführung von Usability-Tests (in Englisch): *bnfr.de/ ux012*

Arbeiten Sie im Bericht so visuell wie möglich. Bauen Sie Screenshots ein, um Testfälle und Probleme zu veranschaulichen. Nutzen Sie Wireframes oder Scribbles, um Lösungsansätze grafisch darzustellen. Je mehr Sie veranschaulichen, desto unmissverständlicher werden Ihre Optimierungsvorschläge.

Ebenfalls sehr eindrucksvoll ist ein Zusammenschnitt aus den Videomitschnitten. Mit diesen so genannten *Highlight-Videos* unterstreichen Sie inhaltliche Aussagen. Originaltöne von Testpersonen wirken sehr überzeugend, gerade für Personen, die bei den Tests selbst nicht anwesend waren. Allerdings ist es viel Arbeit, diese Videos zusammenzustellen.

Highlight-Videos

»It's propaganda, not a documentary!« – David Travis von Userfocus erläutert im Video sieben Grundregeln für gelungene Highlight-Videos: *bnfr.de/ux035*.

19.3 Wer sollte Usability-Tests durchführen?

Um Usability-Tests erfolgreich durchzuführen, brauchen Sie nicht nur sorgfältige Vorbereitung, ein rundes Studienkonzept, passende Testpersonen und geeignete Räumlichkeiten mit technischer Ausrüstung. Sie brauchen vor allem ein geschultes Team an Usability-Experten, allen voran einen erfahrenen Interviewer. Mit dessen Fähigkeiten steht und fällt der Usability-Test.

19.3.1 Anforderungen an Interviewer

Nur ein erfahrener Interviewer (auch Testleiter oder Moderator genannt) kann die persönliche Beeinflussung der Testpersonen und damit eine Verzerrung der Testergebnisse auf ein Minimum reduzieren. Das während einer gesamten Studie, gerade auch während der letzten Testsitzungen am Abend, durchzuhalten, ist eine anspruchsvolle Leistung.

Den größten Einfluss auf die Antwortqualität in einem Usability-Test hat – neben dem Interviewer selbst – die Art und Weise, wie Fragen gestellt werden. Fragen können beispielsweise zu kompliziert oder zu lang sein. Die Testperson ist dann überfordert oder vergisst einen wesentlichen Teil. Die Fragen können suggestiv sein, also der Testperson die Antwort in den Mund legen. Als Interviewer müssen Sie auch gut zuhören können. Auch wenn das bedeutet, dass Sie lange Pausen aushalten oder auf Gegenfragen erstmal nicht antworten, um der Testperson nicht zu früh etwas zu erklären. Sie sollte selbst darauf kommen – oder eben nicht. Auch das ist dann eine wertvolle Erkenntnis. Unter den Testpersonen gibt es auch solche, die vielleicht gerne und viel reden. In diesem Fall müssen Sie als Interviewer auch an bestimmten Stellen unterbrechen können, wenn es dazu notwendig ist, dass Sie einen Sachverhalt näher hinterfragen und beleuchten können.

Das sind nur einige der vielen Situationen, auf die Sie als Interviewer passend reagieren müssen. Es gibt noch zahlreiche weitere (siehe Kasten).

> **Tipps und Tricks für gelungene Interviews**
> ▶ Ulf Schubert, Leiter User Experience bei der DATEV, veröffentlicht Tipps und Tricks für das Interview im Usability-Test auf seinem Blog: *bnfr.de/ux036*.
> ▶ Michael Hawley erläutert in seinem Artikel »Preparing for User Research Interviews: Seven Things to Remember« auf UXmatters sieben Best Practices zur Interviewführung: *bnfr.de/ux037* (in Englisch).

Ein Interviewer kann noch so erfahren und exzellent in der Interviewführung sein. Auch ihm wird es passieren, dass unangenehme, überraschende oder sonstige schwierige Situationen auftreten. Allein schon die unterschiedlichsten Persönlichkeiten unter den Testpersonen sind ein Faktor, der unerwartete Situationen hervorbringt. Sich darüber im Klaren zu sein und von solchen Momenten gehört zu haben, ist eine erste Vorbereitung darauf (siehe Kasten).

Abbildung 19.7 In schwierigen Situationen richtig zu reagieren, ist die hohe Kunst der Interviewführung. Ausschnitt aus einem Beispielvideo als Ergänzung zum Handbuch »Moderator's Survival Guide« (www.modsurvivalguide.org/videos).

> **Schwierige Situationen in Usability-Tests meistern**
> Donna Tedesco und Fiona Tranquada haben in ihrem Buch »The Moderator's Survival Guide – A book about handling common, tricky, and sticky situations in user research« zahlreiche solcher Situationen aufgegriffen und stellen dar, wie Sie damit umgehen können. Einige der Situationen haben sie in Videos aufbereitet: *bnfr.de/ux033*.

19.3.2 Anforderungen an Beobachter

Auch die Beobachter sollten gewisse Regeln beachten, damit sie nicht negativ auf die Studienergebnisse einwirken. Das fängt bereits beim stillen Beobachten an, da nicht alle Räumlichkeiten schalldicht sind. Nichts irritiert eine Testperson mehr, als wenn sie Stimmen, laute Geräusche oder gar Gelächter aus dem Nebenraum hört.

Auch das Verhalten außerhalb des Beobachtungsraums, beispielsweise in der Pause auf dem Gang, sollte bedacht sein. Dort können sich Testpersonen aufhalten. Beobachter sollten sich demnach dort nicht über andere Testpersonen oder Inhalte der vorangegangenen Tests unterhalten.

Häufig können auch Beobachter Nachfragen stellen. Hier sollten aber im Vorfeld mit dem Interviewer bestimmte Regeln vereinbart werden, wie die Fragen gestellt werden (z. B. über einen Chat, sofern vorhanden) und wann dies erfolgt (z. B. in den letzten fünf Minuten vor Ende des Interviews).

> **Verhaltensregeln für Beobachter**
>
> Die Nielsen Norman Group hat einen Artikel mit Regeln für Beobachter bei Usability-Tests veröffentlicht: *bnfr.de/ux038*.

19.4   Wann setze ich Usability-Tests ein?

Wie wir anfangs schon geraten haben: Setzen Sie den Usability-Test so früh wie möglich im Entwicklungsprozess ein. Schon erste Prototypen können Sie evaluieren und daraus Erkenntnisse für die weitere Entwicklung mitnehmen. Zudem ist es deutlich einfacher und auch kostengünstiger, Usability-Probleme in einem frühen Stadium auszubessern, als nach dem Livegang einer Anwendung.

Usability-Tests können unterschiedlich aufwendig und umfangreich ausgestaltet werden. Angefangen beim Guerilla-Testing (siehe Kapitel 21, »Guerilla-Usability-Tests – informell und schnell Erkenntnisse sammeln«) über Remote-Usability-Tests oder einfache Labtests mit geringer Anzahl an Testpersonen bis hin zu großen Tests mit einem interaktiven High-Fidelity-Prototyp oder Tests mit Fokus auf quantitativen Kennziffern.

Sehr gut für frühe Phasen im Projekt geeignet sind iterative Tests mit mehreren Testschleifen, zwischen denen der Untersuchungsgegenstand (in der Regel ein Prototyp) auf das Feedback der Testpersonen hin angepasst wird. Derartige Tests bezeichnet man auch als *Rapid Prototyping* bzw. Rapid User Testing. Das Interessante daran ist, dass mehrere kleine Nutzertests (z. B. mit drei Testpersonen) mehr Fehler zum Vorschein bringen als ein einziger großer Test (z. B. mit acht Testpersonen). Erst mit den

Optimierungen des Untersuchungsgegenstands nach einer ersten Schleife stoßen die Testpersonen oft auf weitere Usability-Probleme.

Wann in Ihrem Entwicklungsprozess und in welchem Umfang Sie testen, hängt von vielen Faktoren wie der Zeitplanung, dem verfügbaren Budget und häufig auch den weiteren Projektbeteiligten ab. Lassen Sie sich aber nicht von einem beschränkten Budget oder Zeitrahmen beirren. Nutzertests zahlen sich immer aus.

Kapitel 20

Remote-Usability-Tests – von zuhause aus testen lassen

Sie haben kein Usability-Labor zur Verfügung, und Ihre Nutzerschaft ist eher schwierig zu rekrutieren, weil sie beispielsweise ortsgebunden ist. Dennoch möchten Sie Ihre Anwendung testen. Ein so genannter Remote-Usability-Test ist eine Alternative.

Sie möchten Ihre Anwendung testen – in einem frühen oder auch späteren Stadium der Entwicklung. Ihre Fragestellungen könnten mithilfe eines klassischen Usability-Tests beantwortet werden. Allerdings haben Sie kein Usability-Labor bzw. nicht die entsprechende Ausrüstung zur Verfügung. Hinzu kommt, dass die Nutzer, an die sich Ihre Anwendung wendet, schwer zu erreichen sind – beispielsweise weil sie ortsgebunden sind oder tagsüber nicht für einen Usability-Test im Labor zur Verfügung stehen. Ein Remote-Usability-Test, also ein Test, der mit einer Software über die Entfernung hinweg durchgeführt wird, kann eine Lösung sein. Beachten Sie, dass sich nicht alle Fragestellungen, die ein moderierter Labtest beantworten kann, über diese Methode beantworten lassen. Ebenso sollten Sie einige Aspekte bei der Durchführung bedenken, damit verwertbare Resultate herauskommen.

20.1 Was sind Remote-Usability-Tests?

Der *Remote-Usability-Test* ist ein ortsungebundener Usability-Test. Bei diesem Testverfahren sind Interviewer/Testleiter sowie die Testperson räumlich voneinander getrennt. Die Testperson kann in ihrer natürlichen Umgebung, also beispielsweise von zuhause aus oder an ihrem Arbeitsplatz, am Test teilnehmen. Ihr wird eine entsprechende Software zur Verfügung gestellt, mithilfe derer sie den Test durchläuft. Testumgebung und -situation sind aufgrund der gewohnten Umgebung für die Testpersonen realitätsnah, so dass sich die Testpersonen in der Regel natürlicher verhalten als in einer Laborsituation.

Remote-Usability-Tests können moderiert erfolgen, wie in einem klassischen Labtest, oder unmoderiert – dann mithilfe einer Software zur selbstständigen Testdurchführung durch die Testperson. Dies ist auch der Hauptunterschied bei den zwei Ansätzen des Remote-Usability-Testings: asynchron und synchron.

20.1.1 Asynchroner Remote-Usability-Test (aRUT)

Der *asynchrone Remote-Usability-Test (aRUT)* ist unmoderiert und erfolgt allein durch den Nutzer, der mithilfe einer speziellen Software den Test eigenständig durchführt. Den Nutzern werden vom Tool Aufgaben und Fragen zur zu testenden Anwendung gestellt. Während der Bearbeitung zeichnet die Software Mausklicks und Navigationspfade auf, die sie später für die Auswertung visualisiert. Auch gibt sie dem Nutzer die Möglichkeit, Kommentare einzugeben und gegebenenfalls gestellte Fragen zu beantworten. Diese Form des Remote-Usability-Testings ermöglicht es, nicht nur ortsungebunden und in der natürlichen Umgebung des Nutzers zu testen, sondern vor allem auch die Tests automatisiert durchzuführen. Sie profitieren bei diesem Verfahren davon, Testzeiten ausdehnen zu können (z. B. am Wochenende und in den Abendstunden) – denn der Nutzer entscheidet, wann er testet.

Sinnvoll einsetzen lassen sich asynchrone Remote-Usability-Tests (aRUT) etwa bei der Fragestellung, an welcher Stelle der Website der Nutzer bereits gut geleitet und unterstützt wird und wo es Verbesserungspotenziale gibt. Oder Sie beleuchten die Navigationswege und Prozesse und finden heraus, an welchen Stellen einer Aktion (z. B. Bestellung im Onlineshop) der Nutzer seinen Websitebesuch abbricht.

Bei der unmoderierten Variante des Remote-Usability-Tests müssen Sie sehr spezifisch fragen, damit der Nutzer konkret darauf reagieren kann. Dies hat den Vorteil, dass Sie sehr gut auch Vergleiche zwischen zwei oder mehreren Designvarianten einer Website oder Vergleiche zu Wettbewerbern ziehen können. Um den aufgabenbasierten Teil mit einer Nachexploration zu vertiefen, sollten Sie am Ende der Session entsprechende Fragen stellen oder diese im Nachgang per E-Mail an die Testperson versenden. Anders als bei einer Livesituation im Labor können Sie diese Fragen nur einheitlich stellen und aufgrund der Art der Durchführung nicht spezifisch auf den Nutzer und sein Verhalten anpassen.

Die vergleichsweise schlanke Umsetzungsform führt zu einer Herausforderung: der fehlenden Möglichkeit, den Nutzer während des Tests zu leiten. So kann hier kein Moderator bei Unklarheiten, Zögern oder Überspringen nachfassen oder unterstützen. Einige Probleme können so nicht weiter eingegrenzt und hinterfragt oder Tests im schlimmsten Fall nicht vollständig ergründet werden. Sie müssen also mit unvollständigen oder unbrauchbaren Sitzungen rechnen. Erfahrungsgemäß werden in moderierten Verfahren (sRUT oder Labtest) durch die Kommunikation mit dem Testleiter mehr Usability-Probleme identifiziert als bei automatisierten Verfahren.

Einige Aufzeichnungen sind deutlich ruhiger und von der Testperson weniger kommentiert als gewünscht. Bei moderierten Tests kann der Testleiter ruhigere Nutzer immer wieder an den Thinking-aloud-Ansatz, also das laute Aussprechen von Gedanken und Überlegungen während des Tests, erinnern. Dies ist bei der unmoderierten Variante nicht möglich. Daher bietet sich ein aRUT besser für sehr konkrete, eingeschränkte Testfälle an, weniger für allgemeingültige Evaluierungen von Websites, bei denen Sie persönliche Einschätzungen einholen möchten.

20.1.2 Synchroner Remote-Usability-Test (sRUT)

Der *synchrone Remote-Usability-Test (sRUT)* ist moderiert und damit ein Weg, den klassischen Usability-Test im Labor online durchzuführen. Mithilfe eines Screen-Sharing- oder Online-Meeting-Tools sind Testperson und Testleiter miteinander verbunden. Die Testperson wird zuhause, am Arbeitsplatz oder an einem Ort ihrer Wahl während des Tests begleitet, und ihre Aktivitäten auf dem Bildschirm werden verfolgt. Per VoIP-Verbindung können Testleiter und Testperson miteinander reden und sich idealerweise auch über Webcam gegenseitig sehen. Der Testleiter kann auch nachfragen oder unterstützen, wenn notwendig.

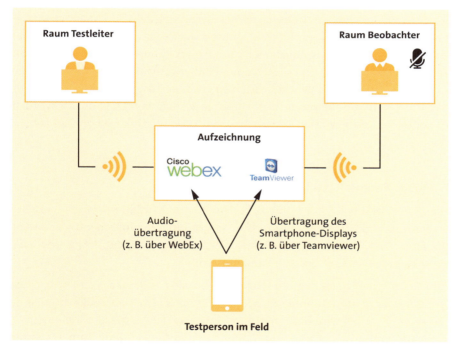

Abbildung 20.1 Schematische Darstellung eines Testaufbaus bei einem synchronen Remote-Usability-Test

Mit einem synchronen Remote-Usability-Test (sRUT) lassen sich wie beim aRUT Stärken, aber auch Verbesserungspotenziale einer Anwendung identifizieren. Bringen Sie z. B. in Erfahrung, wie erwartungskonform und verständlich Elemente auf Ihrer Website sind. Finden Sie mit passenden Fragen und Aufgaben heraus, ob Ihre App intuitiv bedient werden kann, Informationen schnell und einfach gefunden werden und Interaktionen in einer logischen Abfolge erfolgen. Im Gegensatz zum aRUT erhalten Sie auch Input zum Eindruck und zum persönlichen Empfinden bestimmter Anwendungen. Das ist auch deshalb möglich, weil der Testleiter direkte Nachfragen an die Testperson richten kann, um beispielsweise bestimmte Aspekte weitergehend zu beleuchten.

Eine zentrale Herausforderung dieser Methode – noch mehr als beim aRUT – ist es, dass die technische Ausstattung hohe Anforderungen an die Testpersonen stellt. So müssen diese eigenständig sicherstellen, dass eine Webcam (für die Videoübertragung) sowie ein Headset für die Kommunikation mit dem Testleiter korrekt installiert und funktionsfähig sind. Eine ausreichend schnelle Internetverbindung ist auch nötig. Und es können mögliche Hindernisse wie Firewalls oder Einstellungen auf dem PC den Test verzögern oder gar behindern, wenn die Testpersonen diese nicht beheben können.

Bedenken Sie zudem, dass der Interviewer bei dieser Methode durchaus Schwierigkeiten mit einem sinnvollen, gezielten Nachfragen haben kann. Trotz Videoübertragung lassen sich Körpersprache und augenscheinliche Gründe für Zögern, Schweigen oder Irritation bei der Testperson nicht immer eindeutig ausmachen. Zu unterscheiden, wann nur etwas Geduld gefordert ist, weil etwa die Testperson sich den Inhalt aufmerksam ansieht, und wann die nächste Frage gestellt werden kann, ist deutlich schwieriger als im Labor, wo sich Testperson und Testleiter direkt sehen und nebeneinandersitzen.

20.1.3 Mobile Remote-Usability-Tests

Einen Remote-Usability-Test für mobile Endgeräte durchzuführen, wird angesichts der Verbreitung und Priorisierung mobiler Anwendungen zunehmend attraktiver und gefragter. Gleichzeitig ist die technische Umsetzung dieses Vorhabens aber deutlich aufwendiger als bei Desktop-Anwendungen.

Wenn Sie einen synchronen Remote-Usability-Test, also in moderierter Form, einer mobilen Anwendung durchführen möchten, bietet sich die Methodik des so genannten *Mirrorings* an. Dabei wird das Smartphone-Display der Testperson auf einen PC gespiegelt und von dort aus über eine Videokonferenzanwendung zum Testleiter übertragen. Spezielle technische Ausrüstung (Soft- und Hardware) ist hier zwingende Voraussetzung, die Testpersonen müssen dazu Software und eventuell auch Hardware installieren. Der Testaufbau entscheidet in diesem Fall über den Erfolg der Durchführung und muss sorgfältig vorbereitet sein.

Ein wesentlicher Nachteil dieses Vorgehens ist es, dass die Testperson sich durch die Verbindung des Smartphones mit dem PC nicht frei im Feld bewegen kann und damit keine realitätsnahe Umgebung hat. Die Validität der Daten sollte deshalb hinterfragt werden.

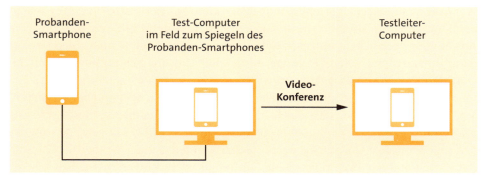

Abbildung 20.2 Stark vereinfachter Testaufbau – Darstellung des Mirrorings bei einem mobilen Remote-Usability-Test

20.2 Wie läuft ein Remote-Usability-Test ab?

Es gibt einige Full-Service-Softwarelösungen auf dem Markt, die Ihnen die Durchführung eines asynchronen Remote-Usability-Tests deutlich erleichtern. Sie verfügen über ein Panel (Datenbank mit Probanden) und übernehmen auf Basis eines bereitgestellten Screeners die Rekrutierung Ihrer Testpersonen. Häufig können Sie die Vorgaben für die Rekrutierung auch direkt online beim Erstellen der Tests hinterlegen. Haben Sie die Rekrutierungsvorgaben sowie die Testaufgaben und -fragen eingegeben, laufen die Tests in der Regel automatisiert ab, und Sie werden informiert, sobald die Aufnahmen aus den Tests und gegebenenfalls Ergebnisse und Auswertungen bereitstehen. Bei synchronen Tests müssen Sie etwas mehr Arbeit in den Testaufbau stecken, auch abhängig davon, was genau Sie testen möchten und wie der Aufgabentypus aussieht. Während *aRUTs* häufig sehr standardisiert sind, gibt es bei *sRUTs* mehr Spielraum für die Ausgestaltung.

Planen Sie in jedem Fall – ob asynchron oder synchron – ausreichend Zeit für das Testdesign, also die Entwicklung der Aufgaben und Fragen, ein. Die durchschnittliche Testdauer für einen (asynchronen) Remote-Usability-Test ist deutlich geringer als bei einem moderierten Labtest. Beschränken Sie sich auf drei bis fünf Aufgaben und damit 15 bis 30 Minuten pro Test. Bei moderierten Tests können Sie mehr Fragen, vor allem auch Follow-up-Fragen, stellen und die Testdauer erhöhen. Da der Testleiter die Testperson durch den Test führen kann, ist ein Abbruch unwahrscheinlich. Stellen Sie die Aufgaben oder Fragen so, dass es klar ist, wann sie erfüllt oder beantwortet sind. Die Testperson sollte immer wissen, wann sie im Test fortfahren kann, ohne einen Teil offen zu lassen. In diesem Zusammenhang ist die Einführung in den Test für die Testperson entscheidend.

Wenn Sie einen *Screener* (Briefing für die Rekrutierung Ihrer Testpersonen) erstellen, dann nehmen Sie dort die minimalen Systemanforderungen mit auf, die Ihre Anwendung wie auch die eingesetzte Testsoftware haben. Die Testpersonen werden dann anhand dieser Voraussetzungen ausgewählt. Um eine reibungslose technische Durchführung zu gewährleisten, muss Ihre Anwendung auch außerhalb Ihres Firmennetzwerks oder der Entwicklungsumgebung erreichbar sein und funktionieren. Stellen Sie zudem sicher, dass die Testpersonen die notwendige Software zur Testdurchführung (*Screen-Sharing-Software* oder *Full-Service-RUT-Software*) herunterladen und bei Bedarf Unterstützung einfordern können. Planen Sie (bei sRUT) etwas Puffer während der Testeinheiten ein, um mögliche Technikprobleme beheben zu können. Vereinbaren Sie dann die Testeinheiten mit den Testpersonen, oder geben Sie mögliche Termine an die Rekrutierung weiter.

Wenn Sie keine *Full-Service-RUT-Software* verwenden, vergewissern Sie sich, dass der genutzte *Screen-Sharing-Dienst* eine (Video-/Audio-)Aufnahme ermöglicht oder mit Ihrer Aufnahmesoftware kompatibel ist. Die Software sollte zudem über mehrere Video-Input-Schnittstellen verfügen, damit Sie auch Bild-in-Bild-Arrangements oder Webcam-Bilder aufnehmen können. So kann man die Nutzer und das Screenrecording ihrer Aktionen gleichzeitig im Video darstellen.

Full-Service-RUT-Softwarelösungen stellen in der Regel nicht nur die Ergebnisse/Aufnahmen als solche zur Verfügung, sondern werten quantitative Ergebnisse automatisiert aus: Werte wie Zeit für die Aufgabenerfüllung, Zeit pro Aufgabe, Besuchsdauer in der Anwendung, Klickstreams, Skalen zu Zufriedenheit oder sonstigen Einschätzungen sowie generelle Systemwerte (Browser, Betriebssystem, Bildschirmauflösung). Darüber hinaus können mithilfe der Videos zentrale qualitative Ergebnisse herausgefiltert und interpretiert werden.

Auswahl an Remote-Testing-Tools

Der technische Aufwand bei Remote Testing – sowohl auf Probanden- als auch Interviewer-Seite – ist nicht zu unterschätzen. Einige Tools bieten ein integriertes Panel, sprich die Rekrutierung der benötigten Probanden an. Ebenso gibt es mehrere Tools, bei denen Sie auch zusätzliche Services wie Review des Setups oder die Auswertung hinzubuchen können und somit nicht komplett auf sich gestellt sind.

Die Tool-Landschaft im Bereich des Remote Testings verändert sich kontinuierlich. Zu den umfangreichsten und flexibel einsetzbarsten Tools gehören UserTesting und UserZoom, mit denen Sie auch mehrere UX-Methoden durchführen können. Nachfolgend finden Sie eine kleine Auswahl bekannter Tools.

Tools für synchrone Remote Tests (moderiert)

Essenziell für moderierte Remote Tests ist das so genannte Screensharing. Über die Kommentare, Eindrücke und Erwartungen des Probanden hinaus muss der Testleiter verfolgen können, was der Proband auf seinem Screen sieht und wie er sich auf der

Anwendung bewegt und was er macht. Dem Testleiter muss demnach der Screen des Probanden in Echtzeit übermittelt werden. Videokonferenz-Tools wie beispielsweise TeamViewer oder Cisco WebEx erfüllen diese Anforderung und werden gerne für moderierte Remote-Tests eingesetzt.

► appear.in: *www.appear.in*
► TeamViewer: *www.teamviewer.com/de*
► Cisco WebEx: *www.webex.com/de*

Mit den folgenden Tools können Sie sowohl moderierte als auch selbst-moderierte Remote Tests durchführen.

► UserTesting: *www.usertesting.com*
► UserZoom: *www.userzoom.com*
► Validately: *www.validately.com*
► Lookback: *www.lookback.io*

Tools für asynchrone Remote Tests (automatisiert und selbstmoderiert)

Für klassische selbstmoderierte Tests eignet sich neben den zuvor genannten hybriden Tools dieser deutsche Anbieter:

► RapidUsertests: *www.rapidusertests.com*

Folgende Tools können für automatisiertes Testing eingesetzt werden. Hierbei werden sehr begrenzte Use Cases mit einer großen Stichprobe getestet, ohne dass Kommentare und Äußerungen der Probanden aufgezeichnet werden. Ergebnis sind verschiedene Metriken wie beispielsweise die Zeit bis zum ersten Klick, Erfolgsrate, Klickpfade.

► loop11: *www.loop11.com*
► Chalkmark: *www.optimalworkshop.com/chalkmark*
► Testbirds: *www.testbirds.de*

Einen guten Überblick über einige der oben genannten Tools mit Stärken und Schwächen sowie Besonderheiten der einzelnen Anwendungen finden Sie unter *bnfr.de/ux050*.

20.3 Wann setze ich Remote-Usability-Tests ein?

Asynchrone Remote-Usability-Tests bieten sich vor allem in folgenden Fällen oder Situationen an:

► Sie brauchen eine große Stichprobe, aus Gründen der Überzeugungskraft gegenüber Stakeholdern oder bei Vergleichsstudien (z. B. von zwei oder mehreren Designvarianten), bei denen gegebenenfalls auch Gruppenunterschiede relevant sind.

► Sie haben einen sehr engen Zeitplan, der einen Usability-Test im Labor unmöglich macht. Gerade in agilen Entwicklungsteams sind RUT mit wenigen Tagen Testzeit leichter umzusetzen als ein- bis zweiwöchige Labtests. Bevor Sie gar nicht testen, ist dies dann die bessere Option. Remote-Usability-Tests können Sie unter Umständen auch parallel laufen lassen.

▶ Ihre Zielgruppe und damit potenzielle Testpersonen sind geografisch weit verteilt und wären für einen Usability-Test im Labor nur mit langen Reisezeiten verfügbar.

▶ Sie möchten eine Anwendung testen, bei der der Nutzungskontext besonders relevant ist und in einem Usability-Lab schwer nachzustellen ist; beispielsweise Smartphone-Apps, die für die Nutzung im Gelände oder bei Outdoor-Aktivitäten in den Bergen konzipiert sind.

Treffen eine oder mehrere der genannten Rahmenbedingungen auf Ihren Testfall zu, stellt sich die Frage, in welchem Entwicklungsstadium Sie die Tests ansetzen. Grundsätzlich lässt sich diese Methode in allen Entwicklungsstadien – von der Analyse über die Konzeption, Entwicklung und Umsetzung bis hin zum laufenden Betrieb – einsetzen. Je nach Phase und Art der Durchführung (moderiert/unmoderiert) bekommen Sie unterschiedliche Erkenntnisse:

	Synchroner RUT	Asynchroner RUT
Analyse	im Vorfeld zu einer Neukonzeption, Erkenntnisgewinn und Anforderungserhebung aus qualitativem Testen der bestehenden Anwendung	aufgrund der sehr engen Aufgabenstellung nicht empfehlenswert für die Analyse
Konzeption/ Entwicklung	Identifikation von Usability-Problemen auf Basis früher (klickbarer) Prototypen, Fragestellungen zu Navigation, Nutzerführung und Interaktionsprozessen	Evaluieren und gegebenenfalls Vergleichen von Designs, Interaktionskonzepten, im Fall von High-Fidelity-Prototypen auch von Navigationswegen/-strukturen
Umsetzung	Gesamtevaluation der Anwendung (Informationsarchitektur, Navigationsstruktur, Interaktionsdesign) – quantitativ und qualitativ	Gesamtevaluation der Anwendung (Informationsarchitektur, Navigationsstruktur, Interaktionsdesign) – rein quantitativ, große Stichprobe
Betrieb	laufende Analyse des Nutzungsverhaltens und Identifikation von Usability-Problemen	laufende Analyse des Nutzungsverhaltens und Identifikation von Usability-Problemen, vergleichende Studien

Tabelle 20.1 Einsatzmöglichkeiten von sRUTs und aRUTs im Entwicklungszyklus

Kapitel 21

Guerilla-Usability-Tests – informell und schnell Erkenntnisse sammeln

Kaum eine Methode liefert bessere Erkenntnisse als Tests mit echten Nutzern. Können Sie keine klassischen Usability-Tests durchführen, greifen Sie auf Guerilla-Methoden zurück.

Der Usability-Test ist mit die wichtigste Methode der nutzerzentrierten Entwicklung. Deshalb sollten Sie Tests möglichst mehrfach in allen Ihren Projekten einsetzen. Und doch sprechen manchmal Gründe dagegen – vor allem zu wenig Zeit oder Geld. In solchen Fällen können so genannte Guerilla-Tests eine Alternative sein.

21.1   Warum Guerilla?

Von *Guerilla-Tests* oder *unkonventionellen Tests* spricht man, wenn man bewusst gegen Regeln verstößt, die für Usability-Tests eigentlich gelten – so wie Guerillas unkonventionelle Kampfmethoden nutzen und schnelle, kurze Aktionen bevorzugen, für die man wenig Leute braucht. Eine wichtige Regel, die Guerilla-Tests missachten, ist, dass die Testpersonen *aus der Zielgruppe* rekrutiert werden sollen. Das stellt sicher, dass Sie tatsächlich auch die Probleme finden, die für Ihre späteren Nutzer relevant sind. Ignorieren Sie das, und testen Sie dagegen mit Nutzern, die überqualifiziert sind, dann finden Sie viele Probleme nicht, die die späteren Nutzer haben werden. Oder testen Sie mit Nutzern, die weniger Vorwissen haben als die späteren Nutzer, halten Sie sich möglicherweise mit Problemen auf, die die späteren Nutzer gar nicht haben werden.

Und doch haben Guerilla-Tests ihre Berechtigung. Wie der Usability-Experte Steve Krug sagt:

> *»Jeder Test mit jedem noch so ungeeigneten Nutzer ist besser als gar kein Test.«*

Mythos »teure Usability-Tests«

Seit Mitte des 20. Jahrhunderts werden Usability-Tests von technischen Geräten durchgeführt, und in den Anfängen ähnelten sie sehr unseren Guerilla-Tests. Seit den 1960er Jahren hat sich die Szene professionalisiert, und es wurde vor allem in

Großkonzernen und an Universitäten getestet. Aus dieser Zeit stammt der Ruf, Usability-Tests seien teuer.

Doch schon bald gab es Versuche, methodisch korrekt zu arbeiten und trotzdem mit einem kleinen Budget auszukommen. Bekannt ist der Ansatz des Usability-Experten Jakob Nielsen, der seit 1989 *Discount Usability* propagiert. Diese liefert so gute Ergebnisse, dass die meisten Usability-Profis heute vor allem diese Methoden einsetzen – auch in Großkonzernen und an Universitäten. Kernpunkt ist, nur das Nötigste zu dokumentieren und nur die zentralen Erkenntnisse weiterzugeben. Auch wird die Anzahl der Testpersonen so weit wie möglich reduziert – fünf Nutzer pro Aufgabe und Testrunde sind genug.

21.1.1   Wann Guerilla-Tests nicht das Richtige sind

Im Zuge des *Lean Designs* sind Guerilla-Tests noch beliebter geworden. Gerade Start-ups haben am Anfang oft nicht viel Geld und wollen sehr schnell zu Ergebnissen kommen. Ist die Alternative, gar nicht zu testen, dann machen Sie auf jeden Fall Guerilla-Tests. Wenn Sie allerdings weitreichende Entscheidungen treffen, dann lohnt es sich, in einen klassischen Usability-Test zu investieren. Richten Sie Ihr Produkt neu aus, stellen Sie die Gestaltung radikal um oder investieren Sie viele Wochen Entwicklungszeit in ein neues Produkt, dann sollten Sie lieber auf Nummer sicher gehen und sich die Zeit für einen klassischen Test nehmen. Auch wenn Sie eine sehr spezielle Zielgruppe haben, sind Guerilla-Tests nur bedingt geeignet. Eine App speziell für Senioren können Sie sicher etwas verbessern, wenn Sie diese mit Teenagern testen. Denn die jungen Nutzer werden garantiert auf einige Probleme stoßen, wenn die Usability der App noch nicht ausgereift ist. Bei einem Test mit Senioren werden Sie aber auf *zusätzliche* Probleme stoßen. Etwa mit zu kleinen Schriftarten oder Buttons. Oder mit Bedienkonzepten, die die jungen Nutzer kennen, die älteren aber nicht, weil sie sich weniger mit Technik beschäftigen.

Lean UX – Agile UX

Die Schlagwörter *lean* (schlank) und *agil* (behände) werden heute für viele Vorgehensweisen genutzt, die weniger formell sind, kaum Zeit kosten und als besonders effizient gelten. So gibt es auch Lean User Experience oder Agile User Experience. Sie sind aber anders als die agile Entwicklung (siehe auch Kapitel 8, »Agil ans Ziel: Usability Engineering in agilen Prozessen«) nicht mit einem Manifest oder Ähnlichem begründet. Sie beschreiben einfach UX-Methoden, die z. B. auch in Start-ups gut zum Einsatz kommen können, weil sie schnelle Ergebnisse liefern und mit wenig Vorwissen einsetzbar sind. Zu diesen Methoden gehören auch die Guerilla-Tests.

21.2 Wie finde ich Probanden?

Testen kann man überall und zur Not mit Kollegen. Im Englischen spricht man dann vom *Hallway Test*, also vom Test auf dem Gang, bei dem ich einfach einen Kollegen auf dem Büroflur anhalte und mit ihm teste.

Generell ist es gut, dorthin zu gehen, wo Ihre Nutzer sind. Sie sprechen einfach Fremde an und bitten sie um ein paar Minuten ihrer Zeit. Geht es um eine Website im geschäftlichen Umfeld, ist Büroatmosphäre gut – also vielleicht der Eingangsbereich eines großen Bürohauses mit verschiedenen Mietern. Geht es um eine App für Freizeitsportler, ist ein Sportplatz, ein Schwimmbad oder ein Park gut geeignet. Sie können auch in ein Café, ein Einkaufszentrum oder in die Fußgängerzone gehen. Allerdings brauchen Sie jeweils eventuell die Genehmigung der Gemeinde oder der Geschäftsbetreiber.

In immer mehr Städten gibt es die so genannten *Usability-Testessen* (siehe Abbildung 21.1). Dabei treffen sich UX-Kollegen und essen gemeinsam Pizza – und jeder darf ein Testobjekt mitbringen. In kurzen Sitzungen wird dann reihum getestet. Eine repräsentative Zielgruppe findet man so selten, aber man bekommt schnell wertvollen Input von Kollegen, was man verbessern könnte.

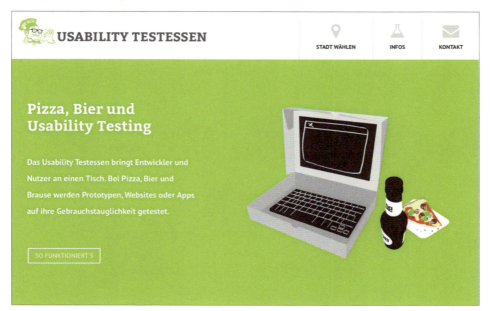

Abbildung 21.1 Die Website www.usability-testessen.de bringt UX-Kollegen zusammen, die gemeinsam bei Pizza und Getränken informelle Usability-Tests machen.

Zur Not nimmt man Freunde oder die Familie als Probanden – aber die sind immer stärker vorbelastet, weil sie etwas von mir und meiner Arbeit wissen. Außerdem kann man die nicht ständig mit meinen Tests behelligen.

Generell ist die Idee beim Guerilla-Test folgende: Sie sprechen Ihre Testperson an, erklären ihr ganz kurz, wer Sie sind und was Sie untersuchen. Um ihr Vertrauen zu gewinnen, müssen Sie einiges preisgeben über sich und Ihr Projekt. Eine Verschwiegenheitserklärung zum Unterschreiben wie bei klassischen Tests schreckt möglicherweise ab. Wenn sie gut formuliert ist, kann sie Ihre potenziellen Probanden aber auch überzeugen. Das gilt insbesondere, wenn Sie diese auf Video aufnehmen wollen. In dem Fall kann es sehr beruhigen, wenn man weiß, dass die Aufzeichnung nicht auf Konferenzen vor tausenden von Leuten gezeigt wird, sondern nur intern.

Üblicherweise bekommen die Probanden keine Bezahlung, höchstens einen Kaffee, einen Snack oder etwas Ähnliches. Um sie zu überzeugen, erklären Sie ihnen, wie wichtig ihre ganz persönliche Meinung ist und dass sie helfen, ein wichtiges Produkt besser zu machen. Sie haben die einzigartige Möglichkeit, es schon zu sehen, bevor es überhaupt irgendwo erhältlich ist. Das finden die meisten Menschen so ansprechend, dass sie gern mitmachen.

Abbildung 21.2 Guerilla-Tests können Sie überall durchführen. Am besten gehen Sie dorthin, wo Ihre potenziellen Probanden sind – die Cafeteria ist einer der beliebtesten Plätze dafür.

21.3 Was kann ich testen?

Testen lässt sich alles. Die Grundidee bei Guerilla-Tests ist, so früh wie möglich mit Tests zu beginnen, damit man die weitere Arbeit entsprechend den Ergebnissen optimieren kann. Häufig testet man:

▶ Informationsarchitektur (Karteikarten oder Ausdrucke von Sitemaps)

▶ Papierprototypen (handgezeichnet oder ausgedruckt)

▶ Klickdummys (auf Laptop, Tablet oder Smartphone)

▶ App-Prototypen

▶ bestehende Websites/Apps (eigene oder die der Konkurrenz)

Die Ausrüstung richtet sich nach Ihrem Testobjekt. Wenn Sie z. B. mit Laptop oder Smartphone arbeiten, ist es sinnvoll, den Bildschirm während der Testsitzungen aufzuzeichnen (*Screenrecording*), eventuell zusätzlich das Gesicht des Probanden. Das müssen Sie aber auf jeden Fall vorher erklären, und die Probanden müssen dem zustimmen – was Sie am besten mit aufnehmen, oder Sie nutzen eine kurze Zustimmungserklärung, die Sie unterschreiben lassen.

21.4 Tipps für die Durchführung

Im Grunde gehen Sie bei Guerilla-Tests genauso vor wie bei klassischen Usability-Tests (mehr dazu siehe Kapitel 19, »Usability-Tests – der Klassiker unter den Nutzertests«). Sie überlegen sich, was Sie herausfinden wollen, planen entsprechend die Testaufgaben, die Sie den Probanden geben, und bitten diese, laut zu denken. Dabei versuchen Sie, so genau wie möglich zu beobachten und die Nutzer möglichst wenig zu beeinflussen.

Achten Sie aber besonders darauf, sich am Anfang klare Fragestellungen zu überlegen. Guerilla-Tests sollen kurz und schnell sein, daher müssen Ihre Fragen besonders klar und fokussiert sein. Formulieren Sie zunächst, was Sie wissen wollen. »Verstehen die Nutzer das?« ist zu allgemein. Suchen Sie eher nach einer konkreten Fragestellung wie: »Wissen die Nutzer, auf welcher Seite sie die Adresse finden?«, oder »Verstehen die Nutzer, wie sie die Elemente umsortieren können?«. Davon ausgehend formulieren Sie Ihre Testaufgaben, mit denen Sie Antworten auf diese Fragen bekommen.

Halten Sie die Sitzungen kurz, zwischen 5 und 15 Minuten sollten reichen. Immerhin stehlen Sie den Probanden ihre Zeit, und sie bekommen dafür nur eine Kleinigkeit. Lassen Sie jeden Probanden nur einmal testen – was für Ihre Testergebnisse besser ist und auch für die Probanden. Gehen Sie also nicht immer an den gleichen Ort, um Testpersonen zu rekrutieren.

Abbildung 21.3 Einfach mal ins Nachbarbüro gehen und mit dem Kollegen einen schnellen Papierprototyp-Test machen – Guerilla-UX im Einsatz

21.5   Auswerten und präsentieren

Bei der Auswertung der Guerilla-Tests gehen Sie so vor wie bei klassischen Tests (siehe Kapitel 19, »Usability-Tests – der Klassiker unter den Nutzertests«). Was Sie stärker berücksichtigen müssen, ist, dass Ihre Testpersonen vielleicht nicht besonders gut mit der Zielgruppe übereinstimmen. Hinterfragen Sie also alle Erkenntnisse aus den Tests daraufhin – hätte sich ein Proband aus meiner Zielgruppe genauso verhalten? Und hätte dieser in der Umgebung, in der er meine Anwendung nutzen wird, das gleiche Problem gehabt?

Kapitel 22

Usability-Reviews – Expertenmeinung einholen statt Nutzer rekrutieren

Experten in ein Projekt einzubeziehen, kann ein sinnvoller Schritt sein. Nicht zuletzt, um die eigene Betriebsblindheit bei kleinen oder großen Fehlern zu umgehen und eine möglichst objektive Meinung einzuholen.

Beim *Usability-Review*, häufig auch *Expert-Review* oder – bei entsprechender Ausrichtung – auch *User-Experience-Review* genannt, handelt es sich um eine expertenbasierte Evaluation (Beurteilung) einer Anwendung. Klassischerweise durchleuchten Usability-Experten Ihre Anwendung aufgaben- sowie richtlinienbasiert und liefern Ihnen Erkenntnisse über kleinere bis schwere Usability-Probleme. Im Rahmen eines User-Experience-Reviews werden auch Aspekte vor und nach der Nutzung der Anwendung sowie Aspekte wie *Joy of Use* (Freude an der Nutzung), *Utility* (Nützlichkeit des Angebots) oder auch *Desirability* (Attraktivität der Anwendung) betrachtet (siehe Kapitel 1, »Von der Usability zur User Experience«).

22.1 Was sind Usability-Reviews?

Der Usability-Review ist eine Methode zur Einstufung und Verbesserung der Usability einer Anwendung. In der Regel wird die expertenbasierte Evaluation mit einem mehrstufigen Verfahren durchgeführt, bei dem sowohl typische Nutzungsszenarien als auch das Interface-Design betrachtet werden. Dies erfolgt mithilfe eines aufgabenbasierten Ansatzes (*Cognitive Walkthrough*) und einer richtlinienbasierten Herangehensweise (*heuristische Evaluation*). Die beiden Ansätze können auch unabhängig voneinander zum Einsatz kommen. Kombiniert man beide innerhalb eines Reviews, sind die Erkenntnisse und gefundenen Usability-Schwächen vielfältiger.

22.1.1 Cognitive Walkthrough (aufgabenbasierter Ansatz)

Beim *Cognitive Walkthrough* versetzen sich die Experten in die Lage des Nutzers und spielen typische Nutzeraufgaben (*Nutzungsszenarien*) mit der Anwendung durch. Die zentralen Szenarien werden vom Produktentwickler oder -verantwortlichen definiert oder von den Experten selbst, wenn sie ausreichendes Fachwissen aus dem

Bereich der Anwendung mitbringen. Bei diesem aufgabenorientierten Ansatz beurteilen die Experten, ob die einzelnen Handlungsschritte für den Nutzer erkennbar sind und ob die Aktionen ohne Hindernisse richtig durchgeführt werden können. Sie betrachten zudem, ob für den Nutzer immer sein Status bzw. Fortschritt im Prozess ersichtlich ist.

22.1.2 Heuristische Evaluation (richtlinienbasierte Herangehensweise)

Bei der *heuristischen Evaluation* begutachten die Experten das *User Interface* der Anwendung im Hinblick auf seine Konformität mit anerkannten Usability-Prinzipien wie der DIN EN ISO 9241 und mit den Usability-Heuristiken nach Nielsen (siehe Kapitel 2, »Erkenntnisse aus Studien, Forschung und Projekten liefern Fakten«).

Mithilfe der *heuristischen Evaluation* können Sie aus Usability-Sicht Probleme und Schwachstellen, aber auch Stärken Ihrer Anwendung identifizieren. Sie erfahren, ob Ihre Anwendung von den Nutzern »effizient, effektiv und zufriedenstellend« bedient werden kann und an welchen Stellen Sie notwendige Optimierungen erarbeiten sollten. Experten geben Ihnen zu jedem gefundenen Problem konkrete Lösungswege an die Hand, mit einer Priorisierung, in welcher Dringlichkeit und mit welchem Aufwand Sie die Thematiken angehen sollten.

Abbildung 22.1 Usability-Experten sammeln auf Basis der Usability-Heuristiken Schwachstellen einer Anwendung und entwickeln Lösungsansätze.

22.1.3 Usability-Review als Grundlage für weitere Methoden

Auch wenn ein Usability-Review aufgrund seiner schnellen Realisierbarkeit (u. a. wenig Vorbereitung) und einer meist kostengünstigeren Umsetzung (u. a. kein Tool-Einsatz notwendig) attraktiv ist, ersetzt er keinen *Usability-Test* mit Nutzern. In der Regel unterscheiden sich die gefundenen Probleme und Schwachstellen von denen, die ein Nutzer im Rahmen eines Usability-Tests findet. Vielmehr bildet ein *Usability-Review* häufig eine sinnvolle Grundlage für weiterführende *Usability-Tests* mit Nutzern. So können Sie im Vorfeld mithilfe der im Review gefundenen Punkte eine optimierte Version erstellen und diese mit den Nutzern testen.

22.2   Wie läuft ein Usability-Review ab?

Einen Usability-Review führen mindestens zwei Usability- bzw. UX-Experten durch. Je nach notwendigem Hintergrundwissen zu Ihrer Anwendung müssen Sie eventuell weitere Experten einplanen, so dass sowohl die Usability-Expertise als auch die spezifischen Branchenkenntnisse abgedeckt sind. Erfahrungsgemäß reichen in den meisten Fällen zwei bis drei Experten aus, um sehr gute Ergebnisse zu erhalten. Ein typischer Usability-Review verläuft in mehreren Schritten:

Exploration und individuelle Evaluation der Anwendung

In Vorbereitung auf die eigentliche Evaluation machen sich die Experten mit der Anwendung und dem Nutzungskontext vertraut und versetzen sich gedanklich in die Lage des Nutzers. Die Experten erkunden die Anwendung zunächst unabhängig voneinander, um gegenseitige Einflussnahme auszuschließen. Bei sehr komplexen Anwendungen empfiehlt es sich, Teilbereiche zur weiteren Betrachtung zu definieren und abzugrenzen.

Auch die eigentliche Evaluation erfolgt individuell und unabhängig voneinander. Die Anwendung wird dafür systematisch durchgegangen – beim *Cognitive Walkthrough* mit den ausgewählten Nutzungsszenarien, bei der *heuristischen Evaluation* schrittweise nach Funktionen. Werden Probleme identifiziert, hält der Experte diese in einer Kurzbeschreibung sowie per Screenshot fest. Zusätzlich ergänzt er die verletzte Heuristik oder Guideline und schätzt die Schwere des Problems ein.

Debriefing und Severity Rating der Experten

Die Experten tragen die gesammelten Usability-Schwächen und -Probleme zusammen, bewerten deren Dringlichkeit und Relevanz im Hinblick auf das Gesamtsystem und konsolidieren ihre Ergebnisse. Sie entwickeln gemeinsam konkrete Lösungsansätze. Empfehlenswert ist es, die Optimierungsvorschläge nicht nur zu beschreiben, sondern auch in Form von Wireframes zu visualisieren. Für die Bewertung der Auswirkung auf die Anwendung, auch *Severity Rating* genannt, existieren mehrere Skalen. Gängige Ansätze sind die Einstufung in Prio A (schwer), Prio B (mittel) und Prio C (leicht) oder in eine ähnliche 4er-Skala:

- kosmetisches Problem > Beheben nur bei ausreichender Zeit
- kleines Problem > geringe Priorität bei der Behebung
- großes Problem > hohe Priorität bei der Behebung
- gravierendes Problem > Beheben zwingend notwendig

Abbildung 22.2 Zwei oder drei UX-Experten diskutieren die gesammelten Usability-Schwächen und -Probleme aus dem Review und konsolidieren die Ergebnisse.

Berichtserstellung und abschließende Dokumentation

Die von allen Experten gemeinsam ausgewählten Probleme werden einheitlich aufbereitet mit kurzer Problembeschreibung, einem Screenshot und einem Optimierungsvorschlag. In der Regel werden die Usability-Probleme mit absteigendem Schweregrad dargestellt, d. h., die schwerwiegendsten sollten hervorgehoben und mit dem Auftraggeber bzw. der Fachabteilung diskutiert werden.

Ergebnispräsentation oder Workshop

Im Rahmen einer Präsentation der Ergebnisse können mit den Auftraggebern die Lösungsvorschläge weiter konkretisiert und diskutiert werden. Nicht selten entsteht im Rahmen eines Abschluss-Workshops eine Roadmap zur weiteren Optimierung oder einer Überarbeitung der Anwendung.

22.3 Wer sollte einen Usability-Review durchführen?

Sie sollten zur Durchführung eines Expert-Reviews auf jeden Fall ausgewiesene Experten hinzuziehen. Diese sollten nicht nur mit den Heuristiken und Guidelines vertraut sein und sie interpretieren können, sondern auch für Ihre Anwendung passendes Hintergrundwissen besitzen. Fehlt den Experten das Domänenwissen, sollten Sie noch entsprechende Mitarbeiter (u. a. Produktentwickler) einbeziehen, die den Usability-Review ebenfalls durchführen. Dann wächst das Team auf drei bis fünf Experten. Sehen Sie davon ab, komplette Neulinge in Usability-/UX-Themen einzubeziehen. Ein wertvoller Usability-Review entsteht meist nur mit viel Erfahrung, vor allem durch viele durchgeführte Usability-Tests.

22.4 Wann setze ich Usability-Reviews ein?

Einen Usability-Review können Sie bereits sehr früh im Entwicklungsprozess, also noch in der Konzeptionsphase, ansetzen. Bereits zu ersten Skizzen/Scribbles oder groben Wireframes können Ihnen Experten wertvollen Input liefern.

In der Umsetzungsphase dienen ein oder mehrere weitere Usability-Reviews zur Qualitätskontrolle und begleiten in beliebig großer Anzahl die Anwendungsentwicklung. Setzen Sie diese Methode aber nicht für einen finalen Freigabetest ein, wenn Sie zuvor nicht mit Nutzern getestet haben. Der Usability-Review kann dies nicht ersetzen.

Haben Sie im Zuge der Konzeption und/oder Umsetzung einen Usability-Review durchgeführt, kann ein erneuter Review im laufenden Betrieb ein gutes Bild vom Stand der Anwendung geben. Sie beleuchten, ob bestehende Probleme gelöst wurden oder unter Umständen neue hinzugekommen sind. Ist dies der Fall, planen Sie auf Basis der Ergebnisse aus dem Review einen umfassenden Nutzertest.

Kapitel 23
A/B-Tests – Varianten gegeneinander antreten lassen

Das letzte Wort haben immer die Nutzer – was sie nicht akzeptieren, ist nicht erfolgreich. Was liegt also näher, als die Nutzer im laufenden Betrieb einfach ausprobieren zu lassen, was besser funktioniert?

A/B-Tests sind aus der Website-Optimierung nicht mehr wegzudenken. Und auch für Apps kann man die Technik sinnvoll nutzen. Diese Tests liefern Fakten für Entscheidungen, bei denen früher das Bauchgefühl genügen musste. Manchmal liest man auch den Begriff *Split-Tests*, weil die Besucher in zwei Gruppen aufgesplittet werden. Vom Prinzip her sind A/B-Tests einfach zu konzipieren: Man entwickelt zwei Varianten (A und B) und spielt diese im Livebetrieb an die Nutzer aus. Der eine Teil der Nutzer bekommt Variante A zu sehen, der andere Variante B (siehe Abbildung 23.1). Nach einer Weile sieht man, welche Variante mehr Klicks bekommt oder mehr Umsatz bringt, und setzt diese dann für die ganze Anwendung um. Auch die technische Realisierung solcher Tests ist nicht schwierig.

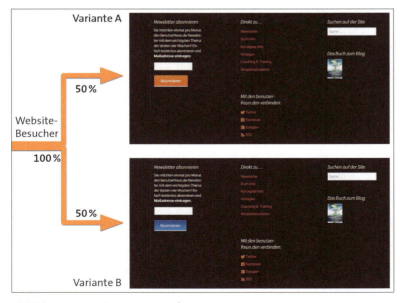

Abbildung 23.1 Schema eines A/B-Tests

Und doch: In den meisten Fällen, in denen A/B-Tests vorgeschlagen werden, kann man sie leider gar nicht einsetzen oder sie bringen nichts. Dahinter steckt die Statistik, die uns einen Strich durch die Rechnung macht. Was man für A/B-Tests meist braucht, sind viele Besucher bzw. Nutzer. Deshalb funktionieren sie vor allem bei großen Websites und Apps mit vielen Anwendern. Bei diesen macht eine kleine Verbesserung viel aus. Ein Shop, der dank A/B-Tests 1 % mehr Umsatz erreicht, hat übers Jahr mitunter hunderttausend Euro mehr verdient. Eine Site mit dreitausend Besuchern im Monat und einer hervorragenden Anmeldequote für den Newsletter von 10 Prozent hat nur wenig davon, wenn sich 1 % mehr Nutzer im Monat anmelden – das sind lediglich drei Abonnenten mehr. Wer wenig Nutzer hat, muss noch sorgfältiger planen, um einen Nutzen aus A/B-Tests zu ziehen.

23.1 Was bringen A/B-Tests?

Man liest immer wieder erstaunliche Erfolgsgeschichten: 93 Prozent mehr Umsatz, nachdem Shop X seinen Button blau eingefärbt hat. Diese Geschichten sind sicher wahr und machen Mut. Und doch liefert der Großteil aller A/B-Tests keine verwertbaren Ergebnisse – nur liest man von diesen nichts. Bis zu 90 Prozent der Tests, die bei Testanbietern laufen, erreichen keine statistische Signifikanz (siehe Abschnitt 23.7.1, »Woher weiß ich, dass es statistisch stimmt?«) und somit kein Resultat.

Die gute Nachricht: Diese Probleme lassen sich lösen. Durch gute Vorbereitung und vor allem dadurch, dass man nur das testet, was sich in einem A/B-Test überhaupt testen lässt.

23.2 Was kann man alles testen?

Von den Anwendungen her eignen sich A/B-Tests eigentlich für fast alles:

▶ Websites
▶ Landing Pages (spezielle Webseiten mit einem klar definierten Zweck, die meist nur kurzzeitig online sind – z. B. für eine Werbekampagne, Messe o. Ä.)
▶ Apps
▶ Adwords-Kampagnen (Suchmaschinenwerbung)
▶ Anzeigen/Banner
▶ E-Mail-Kampagnen

Dabei kommt es immer darauf an, zwei Varianten zu schaffen, die sich einerseits so stark voneinander unterscheiden, dass man deutliche Ergebnisse sieht, und die sich andererseits nur in einem einzigen Merkmal unterscheiden (sonst weiß man hinterher nicht, an welcher Änderung der Unterschied zwischen Variante A und Variante B liegt).

Üblich sind Varianten bezüglich dieser Merkmale:

- ▶ Texte (Überschriften, Button-Beschriftungen ...)

- ▶ Anordnung (Button links/rechts, über/unter anderen Elementen, oben/unten auf der Seite ...)

- ▶ Bilder (verschiedene Motive, verschiedene Bildstile)

Die Erfindung des A/B-Tests

Erfunden hat den A/B-Test in seiner heutigen Form der Amazon-Programmierer Greg Linden. Er hatte in den 1990er Jahren bei Amazon die Funktion entwickelt, die dem Kunden ausgehend von dem, was er gerade in seinen Einkaufswagen gelegt hat, dazu passende Dinge empfiehlt. Sein Chef meinte: Das lenkt die Käufer nur ab, dann wissen sie nicht mehr, ob sie die richtige Wahl getroffen haben, und brechen den Kauf ab.

Linden setzte hinter dem Rücken seines Chefs einen Versuch auf: Einige Tage lang wurde eine bestimmte Anzahl von Besuchern der Amazon-Site für seinen automatischen Test ausgewählt. Die eine Hälfte der Testpersonen sah den Standard-Einkaufswagen, die andere Hälfte sah den Einkaufswagen zusammen mit den neuen Empfehlungen. Nach Versuchsende war klar: Die Empfehlungen verbesserten den Umsatz so drastisch, dass es Lindens Chef jetzt gar nicht schnell genug gehen konnte, die neue Funktion umzusetzen. Seitdem setzt Amazon A/B-Tests im großen Umfang ein und begründet darauf auch einen Teil seines großen Erfolgs.

23.3   Was kann man nicht testen?

Um ästhetische Fragen zu beantworten, eignen sich A/B-Tests nicht. Wenn Sie sich im Team nicht einig sind, welches die richtige Schriftart ist, müssen Sie das anders entscheiden als in einem A/B-Test. Solche Dinge haben zwar mittelbar durchaus einen Einfluss auf den Erfolg, sie sind aber kein einzelner Parameter, der direkt bestimmt, ob eine Anwendung von den Nutzern angenommen wird und funktioniert oder nicht.

Planen Sie große Veränderungen und vor allem viele Veränderungen, können Sie keinen echten A/B-Test machen. Beim Relaunch einer Website oder der Umgestaltung einer App sollten Sie natürlich vergleichen, wie die Nutzungszahlen vor und nach der Änderung sind. Aber einen A/B-Test damit zu machen, ist sinnlos, weil Sie nie herausfinden, an welchen Änderungen die beobachteten Unterschiede in der Nutzung nun liegen.

Abbildung 23.2 Statt in großen Relaunches hat sich Amazon über die Jahre in kleinen Schritten verändert. Die meisten wurden mit A/B-Tests optimiert.

23.4 Wie sieht eine gute Fragestellung aus?

Entscheidend für den Erfolg eines A/B-Tests ist die richtige Fragestellung. Nicht selten hören wir in Besprechungen: »Ach, das testen wir dann einfach mit einem A/B-Test«, wenn man sich bei einer konzeptionellen Frage nicht einig wird. Das ist das Problem mit diesen Tests: Man kann nicht einfach irgendwas testen. Es ist viel besser, konzeptionelle Probleme zunächst zu lösen und das zu planen, was man für die beste Lösung hält. Dann entwickelt man davon ausgehend Varianten, die vielleicht noch besser funktionieren können.

Ziel eines A/B-Tests sollte immer sein, nicht nur herauszubekommen, *welche* Variante besser ist, sondern auch zu erfahren, *warum* eine Variante besser ist. Nur so kann man in Zukunft besser werden. Ansonsten muss man ständig ausprobieren, was Zeit und Geld kostet. Und man muss immer darauf hoffen, dass zufällig eine bessere Variante herauskommt.

Grundlage jedes A/B-Tests ist immer eine Hypothese. Die Erkenntnis ist erst der Anfang:

Die Seite bringt nicht genug Nutzer dazu, sich anzumelden.

Daraus müssen Sie eine Hypothese entwickeln. Etwa:

Die Nutzer übersehen den Anmelde-Button und wissen daher nicht, dass wir einen Newsletter haben.

Das war der nächste Schritt. Daraus wird schließlich konkret:

Die Nutzer übersehen den Anmelde-Button, weil er zu unauffällig gestaltet ist.

Oder:

Die Nutzer übersehen den Anmelde-Button, weil er so weit unten auf der Seite ist und sie gar nicht so weit nach unten scrollen.

Die letzte Hypothese lässt sich übrigens auch ohne A/B-Test überprüfen, z. B. in einem Usability-Test oder mit einer Analytics-Lösung, die nachverfolgt, wie weit die Nutzer jeweils nach unten scrollen. Daher würden wir sie nicht in einem A/B-Test untersuchen, weil wir die Frage schneller und einfacher anderweitig klären können.

Wichtig ist, die eigenen Hypothesen auch gut zu durchdenken. Warum sollte etwas einen Effekt haben? Warum sollte z. B. jemand auf einer Website mehr kaufen, wenn die Bilder links statt rechts vom Text stehen?

Auch klären Sie am besten vorab, was eine Änderung nach dem Test überhaupt bringen soll. Kann ich die Konsequenzen überhaupt ziehen und etwas zum Besseren ändern, wenn sich meine Hypothese bestätigt? Und wie groß ist der positive Effekt der Änderung? Hintergrund dieser Fragen ist, dass einem die Hypothesen praktisch nie ausgehen. Man kann immer etwas testen, und mit etwas Erfahrung und Können findet man auch häufig Optimierungspotenzial. Daher sollte man sich auf die Punkte konzentrieren, die einen großen Effekt haben. Das klingt offensichtlich, wird in der Praxis aber oft ignoriert. Da wird dann die Farbe eines Buttons getestet, weil man unsicher war bei der Gestaltung. Dabei hätte ein A/B-Test mit unterschiedlichen Texten auf dem Button vielleicht viel mehr gebracht – nur eben die Unsicherheit bei der Farbe nicht behoben. Und vielleicht hat die Site sowieso noch viel größere Probleme als diesen einen Button.

23.5   Wie definiere ich Erfolg?

Unbedingt *vor* dem Test müssen Sie bestimmen, wie Sie die Gewinnervariante küren. Einfach mal testen und nachher sehen, welche »besser läuft«, ist keine Option. Legen Sie fest, was Sie mit »besser« meinen: Mehr Umsatz pro Besucher? Mehr Klicks auf den »Abonnieren«-Button? Längere Verweildauer in der App?

Fokussieren Sie sich nicht auf den kleinsten möglichen Schritt. Sie wollen z. B. auf einer Shopping-Website nicht mehr Aufrufe der Kategorieseiten, Sie wollen letztlich mehr Produkte verkaufen. Daher sind mehr Klicks von der Startseite auf die Kategorieseite schön, aber letztlich bringt Ihnen das nichts, wenn Sie dadurch nicht mehr verkaufen.

Übliche Parameter sind:

- ► Konversionsrate (Anteil der Nutzer, die eine Aktion wie Kauf oder Abo ausführen)
- ► Umsatz (wie viel kaufen die Teilnehmer jeweils)
- ► Verweildauer (wie lange nutzen die Teilnehmer die Anwendung)
- ► Bearbeitungszeit (wie lange brauchen die Nutzer, um eine Aufgabe zu erledigen)

23.6   Bitte nicht stören – Fehlerquellen ausschließen

Wissenschaftler sprechen von Störvariablen – also Faktoren, die mein Ergebnis beeinflussen, die ich aber gar nicht erfasse. Wenn ich die Störvariablen nicht ausschalten kann, bestimmt etwas mein Ergebnis, das ich gar nicht kenne. Mögliche Störvariablen können sein:

▶ zufällige Schwankungen in der Stichprobe – die Teilnehmer am Test sind z. B. nicht repräsentativ (wenn man z. B. zu kurz oder nur tagsüber testet)

▶ periodische Schwankungen des Nutzerverhaltens (am Wochenende oder zur Ferienzeit haben Nutzer andere Interessen als in der Arbeitswoche)

▶ andere Einflüsse durch externe Faktoren (Wetter, politische/wirtschaftliche Nachrichten …)

Auch sollten die beiden Varianten unbedingt gleichzeitig getestet werden, um den Einfluss außergewöhnlicher Ereignisse möglichst gering zu halten. Achten Sie darauf, dass die Auswahl der Teilnehmer zufällig ist – solange Sie nicht über die Möglichkeiten verfügen, mit einem ausgeklügelten Verfahren eine repräsentative Stichprobe zusammenzustellen.

23.7   Wie viele Testpersonen/Aufrufe brauche ich?

Die wichtige Frage, wie viele Testpersonen ich für einen A/B-Test brauche, lässt sich leider nicht vorab beantworten, das liegt im Wesen der Statistik. Diese Antwort hört niemand gern, schon gar nicht Chefs – es hilft aber nichts: Wenn wir statistische Methoden einsetzen, müssen wir uns nach den Gesetzen der Statistik richten.

Je kleiner die Unterschiede, desto mehr Testpersonen brauche ich. Der wichtigste Tipp für kleine Sites und Apps mit wenig Anwendern ist also: Wählen Sie zwei Varianten aus, bei denen Sie einen großen Unterschied erwarten. Denn je kleiner die Unterschiede sind, desto mehr Teilnehmer am A/B-Test brauchen Sie (siehe Tabelle 23.1). Das ist nicht nur problematisch, weil Sie lange warten müssen. Zu lange Laufzeiten verfälschen zusätzlich das Ergebnis, weil dann saisonale Effekte wie Ferienzeiten, Änderungen in der wirtschaftlichen Lage oder Ereignisse aus den Nachrichten einen stärkeren Effekt haben können. Um das Ganze noch komplexer zu machen, gibt es mehrere unterschiedliche statistische Verfahren, um herauszufinden, ob die Ergebnisse Ihres A/B-Tests signifikant sind.

23.7.1   Woher weiß ich, dass es statistisch stimmt?

Knackpunkt jeder statistischen Auswertung ist die *Signifikanz*. Diese sagt aus, ob das beobachtete Ergebnis durch Zufall zustande gekommen ist oder nicht. Wir Menschen haben leider ein ausgesprochen schlechtes Bauchgefühl, wenn es darum geht, das zu beurteilen. Ein Beispiel: Kaufen von 100 Nutzern bei Variante A zehn das Produkt, bei Variante B dagegen elf, sind das 10 Prozent mehr. Ist das signifikant? Nein, der Unterschied ist so gering, dass das Ergebnis ebenso Zufall ist, wie wenn Sie bei 100 Münzwürfen 54-mal Zahl bekommen. Sie sollten also immer ausrechnen, ob Ihre Ergebnisse signifikant sind, und sich nie auf Ihr Gefühl verlassen. Einen groben Anhaltspunkt gibt Tabelle 23.1. Darin finden Sie die benötigte Laufzeit für Sites mit 100, 1.000 und 10.000 Besuchern pro Tag und Konversionsraten zwischen 3 und 6 Prozent. Wegen der erwähnten unterschiedlichen statistischen Verfahren und der gewünschten Genauigkeit bzw. Sicherheit können sich die Ergebnisse bei der Auswertung unterscheiden – sehen Sie die Tabelle also nur als Anhaltspunkt.

Besucher pro Tag	Konversion A [Prozent]	Konversion B [Prozent]	Laufzeit [Tage]
100	3	3,5	57
1.000	3	3,5	6
10.000	3	3,5	0,6
100	3	4	16
1.000	3	4	2
10.000	3	4	0,2
100	3	6	3
1.000	3	6	0,3
10.000	3	6	0,03

Tabelle 23.1 Benötigte Laufzeit, um Signifikanz zu erreichen je nach Besucherzahlen und Konversionsraten (stark vereinfachte Beispielwerte)

Die meisten kleineren Anwendungen testen mit allen Nutzern. Mit dem Start des A/B-Tests bekommen alle einfach eine der beiden Varianten gezeigt – A oder B. Normalerweise verteilt man die Nutzer zu gleichen Teilen. Manchmal hat man aber Sorge, dass eine Variante schlechter abschneidet, und will diese daher nicht zu vielen Nutzern zeigen. Dann kann man die Nutzer auch 70:30 verteilen oder sogar 90:10. Das heißt, nur 10 Prozent der Nutzer sehen Variante B. Das bedeutet aber auch, dass die Laufzeit sich verlängert, um signifikante Ergebnisse zu erreichen. Anwendungen mit sehr vielen Nutzern können sich auch den Luxus gönnen, nur mit einem Teil der

Nutzer zu testen. Dann nehmen z. B. nur 10 Prozent der Website-Besucher am Test teil, die anderen sehen das, was sie kennen.

Um auf die nötige Anzahl von Testpersonen zu kommen, bleibt während des Testlaufs nur, die Zeit zu verlängern. Sie lassen den Test also so lange laufen, bis Sie statistisch signifikante Ergebnisse erreichen. Und doch raten viele Experten dazu, noch etwas mehr Geduld mitzubringen. Sie lassen Tests über mehrere Wochen laufen, weil sich selbst signifikante Ergebnisse mit der Zeit wieder abschwächen können. Die Nutzer gewöhnen sich z. B. an die neue Gestaltung, und nach einer Zeit ist sie nur noch genauso erfolgreich wie die ursprüngliche.

Glücklicherweise unterstützen die meisten Tools Sie dabei, die richtige Stichprobengröße festzulegen, und werten die statistische Signifikanz aus. Und mit etwas Grundwissen in Statistik können Sie das auch selbst tun. Wichtig ist nur, die Signifikanz tatsächlich auszurechnen und sich nicht auf die Intuition zu verlassen.

> **Vertiefende Infos zur Statistik**
>
> Mehr zur Statistik für UX finden Sie auf der Site von Jeff Sauro (siehe Abbildung 23.3) oder in seinem empfehlenswerten Buch »Quantifying The User Experience: Practical Statistics For User Research«.
>
>
>
> **Abbildung 23.3** Die Site MeasuringU.com von Jeff Sauro bietet diverse Tools und viele Hintergrundinfos zur Statistik der User Experience. Keine leichte Lektüre, aber sehr hilfreich.

23.7.2 Darf ich A/B-Tests vorzeitig abbrechen?

Sobald Sie signifikante Ergebnisse erreichen, dürfen Sie die Tests beenden. Das wiederspricht dem vorigen Absatz, nach dem einige Kollegen die Tests lange laufen lassen, um die Veränderung über die Zeit zu erfassen. Wenn das Ihr Ziel ist, dann warten Sie länger. Wenn Ihr Ziel aber ist, schnell Verbesserungen umzusetzen, dann beenden Sie die Tests, sobald Sie signifikante Ergebnisse sehen.

Haben Sie saubere Hypothesen entwickelt und sinnvolle Varianten erstellt, können Sie direkt an die Umsetzung der Gewinnervariante gehen. Denn es geht nicht darum, wissenschaftlich korrekte Ergebnisse zu bekommen, sondern die Anwendung zu verbessern. Und im schlimmsten Fall ermitteln Sie einen Gewinner, obwohl es keinen gibt. Das heißt, die Varianten A und B sind gleich gut, die beobachteten Änderungen sind zufällig. Sollte das bei Ihnen der Fall sein, haben Sie eine Variante umgesetzt, die nicht besser ist als die andere – aber eben auch nicht schlechter. Dafür können Sie schneller wieder mit einem neuen A/B-Test an den Start gehen und diesmal vielleicht eindeutigere Ergebnisse erreichen. Nur wenn die Umsetzung einer Variante aufwendig ist und z. B. größere technische Anpassungen erfordert, sollten Sie auf Nummer sicher gehen und den Test auf jeden Fall noch länger laufen lassen.

23.8 Ergebnisse mit Hirn interpretieren

Selbst wenn wir ein signifikantes Ergebnis haben: Der gesunde Menschenverstand und Erfahrung sind außerdem unerlässlich, die Ergebnisse von A/B-Tests sinnvoll zu interpretieren. Denn wenn ein Ergebnis signifikant ist, bedeutet das eben nur, dass es nicht zufällig so ist. Ich weiß leider immer noch nicht, was die *Ursache* dieses signifikanten Unterschieds der zwei Varianten ist. Zum Beispiel kann der Grund, dass ein neuer Prototyp bei einem Test besser abschneidet, auch darin liegen, dass die Testbedingungen nicht gleich waren oder die Testpersonen nicht zufällig auf die beiden Varianten verteilt wurden.

Man spricht hier von *Kausalität* (ursächlichem Zusammenhang) und *Koinzidenz* (gleichzeitigem Auftreten). Wenn Sie mich auf der Straße dabei beobachten, wie ich meinen Schirm aufspanne, und es beginnt kurz darauf zu regnen, dann ist das eine Koinzidenz. Die Kausalität ist komplexer: Ich habe zuvor die Wettervorhersage gehört, und da ich meinen nagelneuen Anzug nicht ruinieren wollte, habe ich lieber schon mal den Schirm aufgespannt. Der eigentliche Zusammenhang liegt für Sie außerhalb dessen, was Sie beobachten können: Die Wettervorhersage habe ich zuhause im Radio gehört.

Abbildung 23.4 Sehr viel lernen kann man auf behave.org. Hier werden regelmäßig A/B-Tests vorgestellt – inklusive Hypothesen und Auswertungen.

23.9 Womit testen? – Tools

Für einen kleinen A/B-Test können Sie auch Excel nutzen, um Stichprobengrößen und Signifikanz zu errechnen. Wesentlich einfacher ist es aber, ein spezielles Tool zu nutzen. Für Content-Management-Systeme wie *Wordpress* gibt es Plug-ins, die A/B-Testing auf Websites ganz ohne Programmierung ermöglichen.

Mit Googles *Content-Tests* (jetzt Teil von Google Analytics, früher eigenständig als Website Optimizer) kann man jede Site mit wenig Aufwand für A/B-Tests vorbereiten. Für Apps gibt es mehrere Anbieter, die darauf spezialisiert sind. Oder man nutzt das Open-Source-Tool Piwik, mit dem sich praktisch jede Art von Auswertung realisieren lässt, was dann aber wieder etwas mehr Expertise erfordert.

> **Tools zur Umsetzung von A/B-Tests**
> Links zu verschiedenen A/B-Test-Tools finden Sie unter *bnfr.de/ux015*.

23.10 Erkenntnisse in Verbesserungen umsetzen

Die Umsetzung der Ergebnisse von A/B-Tests ist normalerweise sehr einfach: Man nutzt die Gewinnervariante. Was man aber auf jeden Fall zusätzlich tun sollte, ist zu hinterfragen, was man für die Zukunft lernen kann. So verbessert der A/B-Test nicht nur das untersuchte Detail, sondern er sorgt auch dafür, dass Sie in Zukunft bessere Lösungen entwickeln.

So müssen Sie nicht jedes Mal erneut die gleichen Fragestellungen untersuchen, sondern können immer wieder neue Details optimieren.

Wie vorher erklärt: Die besten Ergebnisse bei A/B-Tests erreicht man mit Änderungen an nur einer Stelle. Das bedeutet aber auch, dass man beim A/B-Testing sehr eng an der bestehenden Lösung optimiert. Das heißt, wenn ich ein größeres Problem habe, dann schaffe ich mit A/B-Tests vielleicht nur, dies zu verkleinern. Gelöst bekomme ich es aber nicht, weil dazu vielleicht ein ganz neuer Ansatz nötig wäre.

Man spricht hier vom *lokalen Maximum*, das man findet – die beste Lösung mit diesem Ansatz, aber eben nicht die bestmögliche Lösung überhaupt (die wäre das *globale Maximum*), siehe auch Abbildung 23.5.

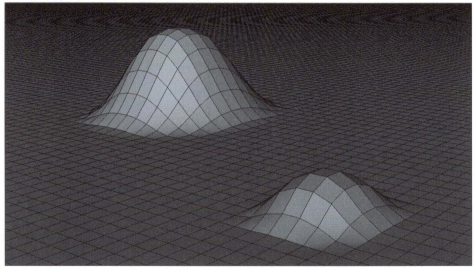

Abbildung 23.5 Die Gefahr beim A/B-Testing ist, ein lokales Maximum zu finden – den höchsten Punkt des vorderen Hügels. Zum globalen Maximum kommt man nur, wenn man auch ganz andere Varianten entwickelt.

Auch im Blick behalten sollten Sie den langfristigen Erfolg. Denn nicht selten sinkt die Erfolgskurve der Siegervariante nach einigen Wochen oder Monaten wieder ab. Das kann viele Gründe haben. Die Nutzer können sich an das Neue gewöhnt haben und nehmen es daher nicht mehr so gut wahr oder haben es z. B. ausprobiert. Es kann sein, dass Sie an eine Sättigungsgrenze gestoßen sind und einfach nicht mehr Nutzer davon überzeugen können, was Sie gerne tun würden. Oder Ihre Konkurrenz ist nachgezogen und hat von Ihnen abgekupfert. Dann geht es also wieder von vorn los mit neuen Hypothesen für Ihre nächsten A/B-Tests.

A/B-Test-Alternativen

▶ **Multivariate Tests**

Bei multivariaten Tests ändert man nicht nur eine Sache wie beim A/B-Test, sondern mehrere. Und, noch wichtiger: Man erfasst damit auch eventuelle Abhängigkeiten/Wechselwirkungen der Varianten untereinander. Auf einer Seite variieren Sie zum Beispiel nicht nur den Bestell-Button, sondern auch die Überschrift, die Produktbeschreibung und die Position der Empfehlungen. Solche Tests liefern noch mehr Erkenntnisse als A/B-Tests. Für sie brauchen Sie aber höhere Nutzerzahlen, weil viele Varianten auf einmal getestet werden. Haben Sie wenig statistische Expertise und kleinere Besucherzahlen, fahren Sie in den meisten Fällen mit A/B-Tests besser.

▶ **Design Thinking**

Wenn Sie nicht nur Details optimieren, sondern grundsätzliche Probleme lösen wollen, helfen Methoden des Design Thinking weiter. In Brainstorming-Sitzungen, Prototyp-Workshops und bei ausführlichen Nutzerbefragungen oder -beobachtungen kommen Sie auf Ideen, wie Sie ganz neu an Ihre Anwendung herangehen können. Siehe Kapitel 18, »Design Sprints, Design Thinking und ausgewählte Ideation-Methoden: Projektideen entwickeln und validieren«.

▶ **Usability-Test**

Um qualitative Ergebnisse zu bekommen, helfen Usability-Tests. Diese liefern das *Warum* mit – anders als durch A/B-Tests erfahren Sie auch etwas über die Zusammenhänge und darüber, was der Grund für die Probleme ist. Siehe Kapitel 22, »Usability-Reviews – Expertenmeinung einholen statt Nutzer rekrutieren«.

▶ **Usability-Review**

Wollen Sie schnelle Ergebnisse und haben Sie wenig Nutzer, sind Usability-Reviews eine gute Möglichkeit, Probleme aufzuspüren und Verbesserungspotenziale zu identifizieren. Siehe Kapitel 22, »Usability-Reviews – Expertenmeinung einholen statt Nutzer rekrutieren«.

Kapitel 24

Analytics – aus dem aktuellen Nutzerverhalten lernen

Aus Zugriffsstatistiken können Sie wertvolle Erkenntnisse über Ihren Nutzer und sein Verhalten ziehen. Auch sind die Daten eine gute Grundlage für Ihre User Research und zur Validierung qualitativer Analysen. In jedem Fall identifizieren Sie mithilfe der Daten Usability-Probleme Ihrer Anwendung.

Mit *Web-Analytics-Daten* haben Sie eines der mächtigsten Werkzeuge zur erfolgreichen Verbesserung einer digitalen Anwendung an der Hand. Es gibt keine Interaktion des Nutzers, die Sie nicht messen könnten – außer, der Nutzer widerspricht dem Tracking. Und das Beste daran ist, dass Sie sehen und verstehen (auch in *Echtzeit*), wie sich der Nutzer in Ihrer Anwendung verhält. Sie erhalten also belastbare Zahlen, mithilfe derer Sie Schwachstellen in der Anwendung identifizieren und beseitigen können. Allerdings haben Analytics-Auswertungen auch Grenzen: Sie liefern Ihnen nicht die Gründe für das Nutzerverhalten – (fast) keine Informationen zum Nutzungskontext, zur Motivation des Nutzers oder seinen Zielen beim Besuch Ihrer Anwendung. Daher lassen sich Analytics-Daten sehr gut mit weiteren qualitativen Methoden wie beispielsweise Usability-Tests kombinieren – als Grundlage oder auch zur Validierung der Erkenntnisse daraus.

24.1 Was kann man alles messen?

Gängige Web-Analytics-Tools liefern Ihnen deutlich mehr Daten, als Sie sinnvoll verwerten und interpretieren können – außer Sie haben ein ganzes Team, das sich damit beschäftigt. Basisdaten sind z. B. Seitenaufrufe, Besucher, Klicks, Aufenthaltsdauer, Herkunft, Quelle des Besuchs, Ausstiegs- und Absprungseiten. Außerdem sind – im Hinblick auf die Usability und User Experience – noch weitere Auswertungen wie Ereignisse (*Events*), Klickpfade (*Click Flows*) oder der Ereignisfluss (*Event Flows*) interessant. Sie geben Aufschluss darüber, welche Navigationswege durch die Anwendung der Nutzer wählt und was er auf einzelnen Seiten im Detail tut. Also was er sich beispielsweise per Mouseover anzeigen lässt, ob er bestimmte Filter setzt oder ein Video startet und pausiert.

Kleines Glossar zu Web Analytics

► **Ausstieg (engl. Exit)**
Als Ausstieg wird das Verlassen einer Anwendung bezeichnet, die Ausstiegsseite ist demnach die letzte vom Besucher betrachtete Seite vor dem Verlassen. Dies kann durch das Schließen des Browsers geschehen, das Aufrufen einer anderen Anwendung oder aber auch durch das Ablaufen der Sitzung. Ausstiegsseiten deuten darauf hin, dass der Besucher dort nicht das gefunden hat, wonach er suchte – oder im Gegenteil, dass er hier gefunden hat, was er gesucht hat. Ein Ausstieg setzt den vorherigen Besuch von mindestens zwei verschiedenen Seiten innerhalb der Anwendung voraus.

► **Absprung (engl. Bounce)**
Auch beim Absprung verlässt der Nutzer die Anwendung. Der Unterschied zum Ausstieg liegt darin, dass beim Absprung nur eine einzige Seite der Anwendung aufgerufen und gleich wieder verlassen wird. Nach dem Einstieg hat der Nutzer keine weitere Seite mehr aufgerufen.

► **Ereignisse (engl. Events)**
Ereignisse sind Nutzerinteraktionen mit Elementen oder Inhalten der Anwendung, die unabhängig von einem erneuten Laden einer Webseite oder eines Browserfensters erfasst werden können. Zu solchen Aktionen gehören Downloads, Videowiedergaben oder Eingaben in Formularen.

► **Ereignisfluss (engl. Event Flow)**
Ein Ereignisfluss fasst die Aktionen/Ereignisse zusammen, die ein Nutzer nacheinander ausübt, und visualisiert deren Abfolge. Mithilfe eines Ereignisflusses können auch Abbrüche während einer Interaktion mit mehreren Ereignissen und ohne Seitenwechsel, z. B. das Ausfüllen eines Formulars mit mehreren Feldern oder das Hinzufügen von Produkten aus einer Liste in den Warenkorb, analysiert werden.

► **Verhaltensfluss (engl. Behaviour Flow)**
Der Verhaltensfluss umfasst neben Ereignissen auch Seitenwechsel. Er zeigt den Pfad des Nutzers durch die Anwendung und visualisiert die Interaktion mit den Inhalten. Auf Basis des Verhaltensflusses können Sie Schwächen in der Aufbereitung und Darstellung der Inhalte lokalisieren, um diese dann näher zu untersuchen.

► **Trichter (engl. Funnel)**
Ein Trichter, auch Konversionspfad genannt, definiert die Seiten oder Ereignisse, die ein Nutzer bis zum Erreichen eines Ziels oder bis zum Ausführen einer Aktion (Konversion) durchlaufen soll. Typische Beispiele sind der Bestellprozess in Onlineshops, Newsletter-Anmeldungen oder Anfragen über Formulare.

► **Zielprozessfluss, Konversionspfadanalyse, Trichteranalyse**
Bei der Konversionspfad- oder Trichteranalyse werden die besuchten Seiten oder ausgeführten Ereignisse des Nutzers innerhalb des definierten Trichters bis zur Konversion betrachtet. Ziel ist es, eventuelle Abweichungen des Nutzers vom idealtypischen Verlauf, Abbrüche oder unerwartete Schleifen zu identifizieren.

Als Betreiber einer Anwendung sollten Sie die relevanten Analytics-Daten und Auswertungen auf jeden Fall kennen. Um die Anwendung unter dem Aspekt der Gebrauchstauglichkeit und des Nutzererlebnisses zu betrachten, können die folgenden besonders von Interesse sein:

24.1.1 Standard-Tracking

Zu den Standardauswertungen, die Sie bei Einsatz einer Analytics-Software ohne weitere Konfiguration erhalten, gehören Daten wie Anzahl der Besucher, Seitenaufrufe, Ein- und Ausstiege, Absprünge und weitere Daten wie die genutzte Technologie (Betriebssystem, Endgerät etc.). Auch den Verhaltensfluss können Sie nachvollziehen, also welche Wege der Nutzer in Ihrer Anwendung genommen hat.

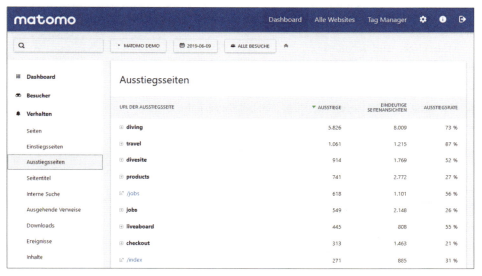

Abbildung 24.1 Ausstiegsseiten sollten Sie unbedingt näher betrachten. Sie deuten darauf hin, dass der Nutzer dort entweder nicht das gefunden hat, wonach er suchte. Oder aber er hat sein Ziel dort erreicht – dann sind die zuvor betrachteten Seiten interessant.

Schon mit diesen Basisdaten können Sie einiges über die Nutzerfreundlichkeit Ihrer Anwendung erfahren. Allein die Abbruchquoten (Welche Einstiegsseiten führen zu den meisten Absprüngen? Auf welchen Seiten passieren die meisten Ausstiege?) geben den Hinweis, welche Seiten Sie genauer betrachten sollten, um dort mögliche Usability-Schwächen zu beseitigen oder auszuschließen. Auch die (technische) Erreichbarkeit der Anwendung kann anhand der Zugriffsdaten bewertet werden. Wie hoch ist beispielsweise der Anteil mobiler Nutzer? Ist die Anwendung entsprechend optimiert, auch für die genutzten Endgeräte?

Einen Richtwert über die Nützlichkeit Ihrer Anwendung liefern Ihnen auch die wiederkehrenden Besucher, die Sie aus dem Standard-Tracking herauslesen können. Über welche Seiten sind Wiederkehrer wieder eingestiegen? Sind es immer wieder die gleichen Seiten und Inhalte, mit denen sie sich beschäftigen? Oder navigieren sie auch zu anderen, neuen Seiten?

24.1.2 Ereignisse und Ereignisfluss

Oft sind die Details entscheidend, um ein reibungsloses Nutzungserlebnis einer Anwendung zu gewährleisten. Mit dem Tracking von Nutzerinteraktionen, seien sie noch so minimal, können Sie bei Bedarf auch derartige Details optimieren. Solche Interaktionen nennt man Ereignisse (siehe Kasten) und können unabhängig von Seitenaufrufen und -wechseln gemessen werden. Messbare Ereignisse auf einer Seite sind unter anderem:

- ▶ Mausklicks und Scrollen
- ▶ Auswahl eines Formularfelds
- ▶ Verschieben und Zoomen in einer interaktiven Karte
- ▶ Nutzung von Blätterelementen, z. B. bei Bildergalerien
- ▶ Klick in Video-Bedienleiste (Play, Pause, Stopp usw.)

Mit dieser Auswertung können Sie ebenfalls Usability-Schwächen identifizieren. Beispielsweise werden Schwierigkeiten der Nutzer beim Ausfüllen und Absenden eines Formulars aufgedeckt. Sie finden auch heraus, ob Sortier- und Filterfunktionen genutzt werden und welche die meistgenutzten sind. So können Sie derartige Elemente auch verschlanken oder optimieren.

24.1.3 Verweildauer, Ladegeschwindigkeit

Der Faktor *Zeit* ist maßgeblich für eine gute *User Experience*, speziell auch für den Aspekt *Joy of Use,* also die Freude an der Nutzung der Anwendung. Langsame Anwendungen machen einfach wenig Spaß in der Bedienung. Gerade auch bei mobilen Nutzern ist die Erwartungshaltung an die Ladegeschwindigkeit extrem hoch. Nicht alle Analytics-Tools bieten eine Auswertung der Ladezeiten. Es gibt allerdings andere kostenfreie Tools dafür wie beispielsweise *webpagetest.org* (siehe Abbildung 24.2).

Aber auch die Dauer von Interaktionen des Nutzers hat hohe Aussagekraft. So können Sie analysieren, wie lange bestimmte Aufgaben oder Aktionen dauern, an welchen Punkten die Anwendung Nutzer warten lässt, bevor sie weiter agieren können, oder wie schnell ein Nutzer sein Ziel erreicht.

Qualitative Aussagen dazu, wie inspirierend und animierend eine Anwendung ist, lassen sich auch aus der Verweildauer eines Nutzers ableiten. Interessant sind auch

Vorher-nachher-Vergleiche nach Optimierungen einer Seite: Kann durch das Einfügen emotionaler Elemente wie Bildergalerien oder Videos in Ihre Anwendung die Verweildauer erhöht werden?

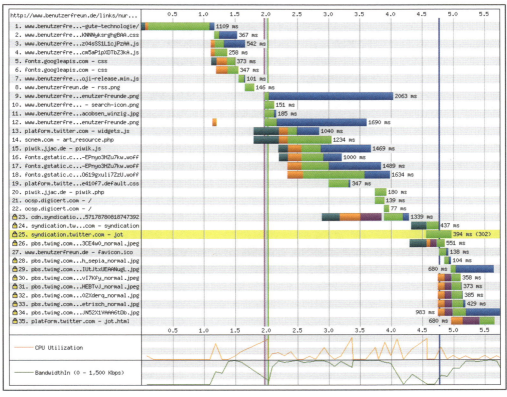

Abbildung 24.2 Auf webpagetest.org geben Sie die URL Ihrer Anwendung ein und erhalten kostenfrei eine Analyse der Ladegeschwindigkeit der Seiten Ihrer Anwendung.

24.1.4 Verhaltensfluss, Ereignisfluss

Mehr Details zum Nutzungsverhalten als aus den Basisdaten (siehe Abschnitt 24.1.1, »Standard-Tracking«) erhalten Sie aus dem Verhaltensfluss, also dem Pfad des Nutzers in der Anwendung. Konkret erkennen Sie, wie sich ein Nutzer an bestimmten Stellen Ihrer Anwendung verhält, was er zuvor und danach noch gemacht hat.

Aus der genauen Abfolge von Ereignissen, also dem Ereignisfluss, erkennen Sie, ob der Nutzer unnötige Schritte gemacht und zu vorangegangenen Zuständen der Seite (z. B. über den Browser-Zurück-Button) zurückgekehrt ist. Auch den Aktionen, die Sie in der Konzeption angedacht haben, die nun aber nicht in den Verhaltensflüssen des Nutzers auftauchen, sollten Sie Aufmerksamkeit schenken.

24 Analytics – aus dem aktuellen Nutzerverhalten lernen

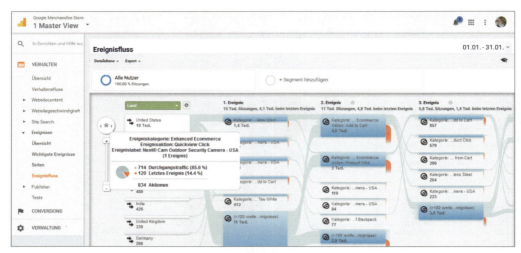

Abbildung 24.3 Der Ereignisfluss (hier in Google Analytics) zeigt Ihnen die Abfolge von Ereignissen an, also Interaktionen und Seitenbesuche des Nutzers.

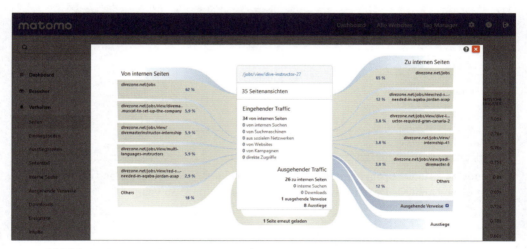

Abbildung 24.4 Wie die Nutzer sich in Ihrer Anwendung bewegen, welche Seiten sie aufrufen, wo sie vorher waren und wohin sie noch weiternavigieren – all das liefert wertvolle Erkenntnisse und Ansatzpunkte für Optimierungen. Hier die Visualisierung in matomo.

Ziele und Trichter

Definieren Sie Trichter und Ziele bzw. Konversionen für die zentralen Interaktionen und Prozesse Ihrer Anwendung, und hinterlegen Sie diese im Analytics-Tool. Damit wird Ihnen angezeigt, ob und wie viele Nutzer diese definierten Ziele/Konversionen (z. B. Newsletter-Anmeldung, Bestellung im Onlineshop, Downloads) erreicht haben.

24.1 Was kann man alles messen?

Abbildung 24.5 Definieren Sie Ziele (gezeigt in matomo), wie hier beispielsweise eine Newsletter-Anmeldung, um die Anzahl der Konversionen zu messen.

Die dazugehörigen Trichter zeigen Ihnen ergänzend an, welche Schritte die Nutzer unternehmen mussten, um das Ziel zu erreichen. Haben Sie nicht ausreichend Konversionen in Ihrer Anwendung, können Sie mithilfe der Analytics-Daten auswerten, an welchen Stellen die Abbrüche erfolgt sind. Dabei können Sie sowohl die jeweilige Seite als auch das eigentliche Ereignis eingrenzen, das zum Abbruch geführt hat.

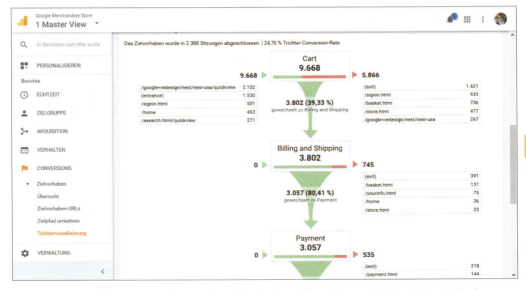

Abbildung 24.6 Über eine Trichteranalyse (hier in einer Visualisierung in Google Analytics) finden Sie heraus, an welchen Stellen auf dem Konversionspfad die Nutzer abbrechen.

24.2 Womit analysieren? – Tools

Web-Analytics-Anwendungen gibt es einige. Zu den bekanntesten und meistgenutzten Anwendungen in Deutschland gehören *Adobe Analytics* (Omniture), *etracker* und *matomo* – und natürlich *Google Analytics*, das mit Abstand den größten Marktanteil hat. Letzteres punktet dabei vor allem mit den zahlreichen Visualisierungsmöglichkeiten, der schnellen und leichten Einrichtung sowie der Konfigurierbarkeit nach den eigenen Bedürfnissen. In der (in den meisten Fällen völlig ausreichenden) Basisversion ist Google Analytics zudem kostenfrei.

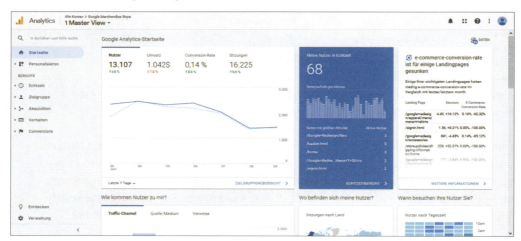

Abbildung 24.7 In Google Analytics können Sie sich einen personalisierten Einstieg über die so genannten Dashboards einrichten, hier beispielsweise mit Echtzeitdaten, die Ihnen zeigen, welche Nutzer sich aktuell in Ihrer Anwendung befinden.

matomo ist ein quelloffenes System, ebenfalls kostenfrei und umfangreich. Spannend ist es insbesondere im Hinblick auf die Datenhoheit. Die bleibt immer beim Betreiber der Site und die Daten landen nicht auf fremden Servern. Ein Grund, warum das System auch bei Bundesbehörden im Einsatz ist.

Kapitel 25
Metriken

Das Messen der UX von Anwendungen sowie des Erfolgs der eingesetz-
ten Methoden wird immer wichtiger. So kann man sich seinen Chefs
gegenüber rechtfertigen – und hat eine Möglichkeit, die eigene Arbeit
zu überprüfen.

Das Schöne an Usability und UX ist: Wir können immer auf Basis von Fakten diskutieren. Es geht nicht darum, aus dem Bauch zu entscheiden, was funktioniert. Wenn
wir uns im Team oder mit Auftraggebern uneinig sind, dann können wir immer eins
tun: mit Nutzern testen. Das macht viele Diskussionen überflüssig und ist die Grundlage für den Erfolg von UX – inzwischen muss man kaum jemandem mehr erklären,
was Usability ist oder warum User Experience wichtig ist bei allen Arten von Produkten.

25.1   Warum Metriken für UX?

UX-Experten reden daher in Unternehmen mehr und mehr bei wichtigen Entscheidungen über Produktplanung, -entwicklung und -marketing mit. Also bei strategischen Themen der Firma. Wenn wir ganz oben mitspielen wollen, müssen wir auch
nach den Spielregeln spielen, die dort gelten. Und so müssen wir manchmal unser
bequemes qualitatives Feld verlassen. In den Chefetagen will man Konkretes, Mess-
bares, Vergleichbares. Es wird zunehmend von UX-Researchern verlangt, *messbare*
Ergebnisse zu liefern. Das hat zwei Aspekte:

1. Vergleichbarkeit der Ergebnisse
2. Rechtfertigung der Ausgaben bzw. Return on Investment (ROI)

Definition Return on Investment (ROI)

Return on Investment (ROI) heißt auf Deutsch *Kapitalrentabilität* (was kaum jemand
sagt). Der ROI gibt an, wie lohnend eine Maßnahme ist. Vereinfacht nehme ich also
den Gewinn einer Maßnahme und teile sie durch meine Ausgaben dafür. Kostet
mich die Optimierung einer Website z. B. 10.000 € und kann ich dadurch den Gewinn
um 100.000 € steigern, habe ich einen ROI von 100.000 € / 10.000 € = 10. Für jeden
Euro, den ich in die Optimierung investiert habe, habe ich 10 € Gewinn gemacht.

Es geht bei den Metriken für UX um zwei Dinge, die eng miteinander zusammenhängen, aber doch von der Intention her unterschiedlich sind. Die *Vergleichbarkeit* ist gut in den Griff zu bekommen. Aus vielen Projekten hat sich gezeigt: Es gibt eine Reihe von UX-Metriken, die wir dafür sinnvoll einsetzen können. Dabei geht es sowohl um den *Vergleich unseres Produktes mit der Konkurrenz* als auch um den *Vergleich verschiedener Versionen des eigenen Produktes* – also z. B. bei Überarbeitungen/ Relaunches.

Schwieriger wird es beim zweiten Punkt, der Rechtfertigung oder dem *Return on Investment*. Wenn wir zeigen wollen, dass unsere Arbeit betriebswirtschaftlich sinnvoll ist, begeben wir uns auf dünnes Eis. Es gibt ein paar Metriken, die wir hier verwenden können. Aber wir müssen aufpassen, dass wir dabei nicht versuchen, Dinge in Zahlen zu fassen, die das nicht hergeben. Und: Fast alle Metriken taugen nur für den Vergleich, als absoluter Wert sagen sie wenig aus.

Vor allem dürfen wir nicht vergessen: Bei vielen UX-Aktivitäten liegt der Wert nicht in dem, was wir produzieren, sondern im Prozess. Wenn wir im Team zum Beispiel Personas erstellen, dann schaffen wir durch diesen Prozess mehr Verständnis unserer Zielgruppen bei allen Beteiligten. Darin liegt der Wert der Aktivität. Die Ausdrucke der Personas dagegen sind nur eine Erinnerung an den Prozess. Viel wichtiger als der Ausdruck ist, dass unser Team weiß, für wen es arbeitet und dass es ein Verständnis für deren Bedürfnisse und Anforderungen entwickelt hat. Bei Personas den ROI zu messen oder andere Metriken zu erheben, ist wenig sinnvoll.

25.2   Statistik auch für kleine Stichproben

Doch für manche UX-Aktivitäten gibt es durchaus sinnvolle Metriken, etwa für Usability-Tests. Beim Usability-Test arbeiten wir *qualitativ*, wir betrachten also inhaltliche Probleme. Aussagen über den Anteil der Nutzer, die diese Probleme haben, können wir nicht treffen. Theoretisch könnte man das tun, und also *quantitativ* arbeiten. Dann müssten wir aber Dutzende, möglicherweise sogar Hunderte von Probanden einladen. Das wird an Universitäten auch gelegentlich getan. Doch für die Praxis ist das nicht nötig. Denn uns interessiert nicht, wie viel Prozent der Nutzer genau den Kaufprozess nicht abschließen können. Wenn wir feststellen, dass dies bei zwei von fünf Probanden so ist, dann genügt uns das, um zu wissen, dass wir den Kaufprozess verbessern müssen.

Und dennoch: Usability-Tests sind wissenschaftlich fundiert. Ein weit verbreiteter Irrtum ist, dass man nur dann Metriken erheben kann, wenn man große Stichproben hat. Bei Usability-Tests und den meisten anderen Methoden in unserem Bereich arbeiten wir aber oft nur mit fünf Probanden oder maximal zwanzig bis dreißig. Doch auch hier kann man sinnvolle Metriken ermitteln. Bei fast jedem Test ist es sinnvoll, wenn Sie zumindest folgende Werte bestimmen:

- **Anteil der erfolgreich abgeschlossenen Testaufgaben** an der Gesamtzahl der gestellten Aufgaben (*Task Completion Rate*, TCR)
- **Durchschnittliche Bearbeitungszeit** pro Aufgabe (*Time On Task*, TOT)
- Durchschnittliche **subjektive Zufriedenheit** der Testpersonen

Die Zufriedenheit erheben Sie durch eine kurze Befragung nach Abschluss des eigentlichen Tests. Verwenden Sie eine bekannte Skala (z. B. Schulnoten) und bleiben Sie bei dieser, um vergleichbare Zahlenwerte zu erhalten.

Besonders wichtig bei kleinen Probandenzahlen ist das *Konfidenzintervall*, auch *Erwartungsbereich* genannt. Eine professionelle Darstellung einer statistischen Auswertung bildet dieses mit ab. Das Konfidenzintervall zeigt vereinfacht gesagt an, wie wahrscheinlich es ist, dass der tatsächliche Wert innerhalb eines gewissen Bereichs liegt. Streng genommen ist diese häufig gebrauchte Formulierung wissenschaftlich nicht ganz korrekt. Wenn Sie mehr dazu wissen wollen – sehr gut erklärt dies das Buch *Measuring the User Experience* von Bill Albert und Tom Tullis. Es ist eine hervorragende Praxisanleitung für alle, die noch wenig Erfahrung mit Statistik haben.

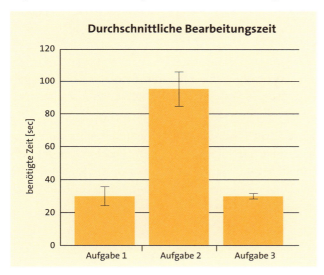

Abbildung 25.1 Die Fehlerbalken zeigen das 95 %-Konfidenzintervall. So sieht man auf einen Blick die Variabilität der Daten. Bei Aufgabe 3 z. B. waren alle Teilnehmer annähernd gleich schnell, der Fehlerbalken ist sehr klein. Bei Aufgabe 2 gab es die größten Unterschiede.

25.3 Die richtigen Metriken auswählen

Wenn Sie die Usability oder UX quantifizieren möchten, fragen Sie immer als Erstes, wozu Sie die Metrik überhaupt brauchen. Kommt die Anforderung von außen, stellen Sie folgende Fragen: Warum soll die Metrik erhoben werden? Muss es genau diese sein? Welche Konsequenzen hat es, wenn die Metrik bestimmte Werte erreicht oder unterschreitet? Wer soll die Werte nachher interpretieren?

Alle diese Fragen sind wichtig. Denn allzu oft kommt es vor, dass einfach irgendwelche Metriken erhoben werden, weil jemand das für eine gute Idee hielt und niemand nachgefragt hat, ob das so tatsächlich zielführend ist.

Entscheidend ist auch, dass die Nutzer der Metrik (also Kollegen und Chefs bzw. Auftraggeber) mit dieser auch umgehen können. Wenn Sie im Unternehmen neue Metriken erheben, dann sorgen Sie auch dafür, dass diese alle richtig verstehen und sie interpretieren können. Sonst ist die Gefahr groß, dass die falschen Schlüsse gezogen werden.

Für fast alle Metriken müssen Sie den Nutzern Fragen stellen oder sie Fragebögen ausfüllen lassen. Das macht den wenigsten Spaß. Mit zu vielen Fragen verärgern Sie die Probanden nicht nur, die Qualität und Zuverlässigkeit der Antworten nimmt auch ab, je mehr Fragen Sie stellen. Das ist ein weiterer Grund, nur die Metriken zu erheben, die Sie wirklich brauchen. Am häufigsten eingesetzt werden die Folgenden.

25.3.1 TCR & TOT

Sehr einfach zu erheben sind die zwei schon genannten Metriken *TCR*, *Task Completion Rate*, und *TOT*, *Time On Task*, also der Anteil der abgeschlossenen Aufgaben und die durchschnittliche Bearbeitungszeit pro Aufgabe.

Beide Metriken können Sie bei jedem Usability-Test erheben, der echte Aufgaben enthält. Wichtig bei TOT ist nur, dass Sie die Nutzer während der Bearbeitung der Aufgaben nicht mit Nachfragen aufhalten. Denn damit verfälschen Sie das Ergebnis – die Nutzer brauchen dann natürlich länger. Erheben Sie TOT, dann stellen Sie den Nutzern jeweils *nach* der einzelnen Aufgabe Fragen zu deren Vorgehen.

25.3.2 SEQ

Auch sehr einfach zu erheben ist der *SEQ*, *Single Ease Question*. Das ist lediglich die Ergänzung des Satzes »Ich fand diese Aufgabe ...«. Dazu gibt es meist eine Skala von *1 – sehr schwer* bis *7 – sehr leicht*.

25.3.3 SUS

Der *SUS*, *System Usability Scale* ist ein Fragebogen, den Sie am Ende des Tests von den Probanden ausfüllen lassen. Diese geben darin ihre Zustimmung zu zehn Aussagen auf einer Skala von 1 bis 5. Das sind Aussagen wie »Ich denke, dass ich dieses System gerne häufiger nutzen würde.« oder »Ich fand das System unnötig komplex.«. Details dazu finden Sie unter *bnfr.de/ux048*.

25.3.4 NPS

Besonders im Marketing beliebt ist der *NPS*, der *Net Promoter Score*. Dieser soll die Loyalität der Kunden angeben. Gefragt wird: »Wie wahrscheinlich ist es, dass Sie diese Anwendung Freunden oder Bekannten weiterempfehlen?«

Die Antwortmöglichkeiten liegen auf einer Skala von 0 (»überhaupt nicht wahrscheinlich«) bis 10 (»sehr wahrscheinlich«). Es gibt unter UX-Experten eine hitzige Debatte über Sinn und Unsinn des NPS. Zusammengefasst kann man sagen: Wenn Projektbeteiligte den NPS einfordern, kann man mit ihm arbeiten. Wenn man es sich selbst aussuchen kann, sind aber aus UX-Sicht andere Metriken besser geeignet. Details zu dieser Diskussion und zur Berechnung des NPS siehe ebenfalls *bnfr.de/ux048*.

25.3.5 VisAWI und AttrakDiff

Die beiden Fragebögen *VisAWI, Visual Aesthetics of Websites Inventory* und *AttrakDiff* erfassen das subjektive Urteil der Nutzer über die getestete Anwendung.

Der VisAWI hat 18 bzw. in der Kurzversion 4 Fragen zur Ästhetik einer Nutzeroberfläche. Der AttrakDiff erfasst die so genannte pragmatische und hedonische Qualität mit 28 gegensätzlichen Adjektivpaaren (wie »angenehm/unangenehm« oder »kreativ/phantasievoll«).

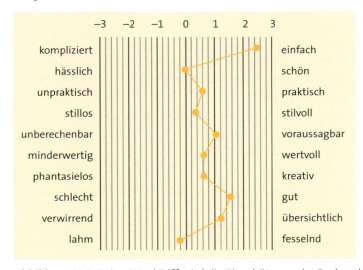

Abbildung 25.2 Beim AttrakDiff wird die Einschätzung der Probanden als so genanntes semantisches Differential dargestellt (also als Begriffspaare).

25.4 Signifikanz – ein Wort zur Statistik

Knackpunkt jeder statistischen Auswertung ist die Signifikanz. Diese sagt aus, ob das beobachtete Ergebnis durch Zufall zustande gekommen ist oder nicht. Ganz wichtig: Nur weil etwas statistisch signifikant ist, ist es noch lange nicht praktisch relevant. Und nur weil man eine Signifikanz beobachtet, weiß man noch lange nicht, was die *Ursache* dieser Beobachtung ist. Zum Beispiel kann der Grund, dass ein neuer Prototyp bei einem Test besser abschneidet, auch darin liegen, dass die Testbedingungen nicht gleich waren oder die Testpersonen nicht zufällig auf die beiden Varianten verteilt wurden.

Leider ist die Signifikanz ein Thema, bei dem Sie um etwas fortgeschrittene Statistik nicht herumkommen. Daher legen wir Ihnen das schon erwähnte Buch *Measuring the User Experience* ans Herz. Darin sind auch die wichtigsten statistischen Tests beschrieben, mit denen Sie herausbekommen, ob ein Ergebnis statistisch signifikant ist oder nicht.

Tipps zum Messen von Usability & UX

Messen Sie nichts, nur weil Sie es können. Überlegen Sie bei jeder Metrik, ob diese Ihnen wirklich weiterhilft. Und vor allem, ob diejenigen, die die Metrik schlussendlich bekommen, diese auch richtig interpretieren können.

Machen Sie klar, dass nicht alle UX-Aktivitäten sinnvoll messbar sind. Einen Workshop zu Nutzeranforderungen oder Personas z. B. können Sie nicht anhand der Qualität der Dokumentation beurteilen. Das ist, als würden Sie beurteilen, ob ihr letzter Urlaub schön war, indem Sie die Qualität der Fotos beurteilen, die Sie dort gemacht haben.

Denken Sie daran, dass eine Zahl alleine praktisch nichts aussagt. Sinnvoll werden UX-Metriken erst, wenn Sie die einzelnen Zahlen miteinander vergleichen. Also zum Beispiel Ihre aktuelle Version mit der vorigen Version Ihrer Software. Oder Ihre Website mit der Ihrer wichtigsten Mitbewerber.

Folgende Kriterien helfen bei der Auswahl, wenn Sie für ein Projekt oder Team erstmals Metriken einführen:

▶ *Time On Task* und *Task Completion Rate* eignen sich sehr gut, um Usability-Tests mit Metriken aufzuwerten.

▶ Für die subjektive Wahrnehmung der Qualität einer Anwendung nach einem Test oder auch ganz unabhängig davon hat sich der *SUS* bewährt.

▶ Um die Ästhetik zu erfassen, empfehlen wir oft den *VisAWI-S*, also die Kurzform des Fragebogens zur visuellen Qualität mit nur vier Fragen.

TEIL III

Usability-Guidelines – Anleitung für die Umsetzung

Im dritten und letzten Teil des Buches finden Sie alles, um nutzerfreundliche Anwendungen praktisch umzusetzen. Zunächst geht es um die **übergeordnete Ebene**, also um *Sitestruktur* und *Navigationslogik*. Sie erfahren, wie Sie Inhalte so strukturieren, dass die Nutzer die Ordnung verstehen und sich gut zurechtfinden (*Informationsarchitektur*). Es geht um *Gestaltungsraster* und *responsives Design* – also darum, wie Sie Inhalte so präsentieren, dass sie auf allen Geräten gut nutzbar sind.

Als Nächstes kommen wir zur **Seitenebene** und zeigen Ihnen, wie Sie die einzelnen Seiten nutzerfreundlich gestalten und den Anwender mühelos durch die Site oder App führen, z. B. durch sinnvolle *Kopf- und Fußzeilen*, durch gute *Schrift- und Farbgestaltung*.

Und schließlich präsentieren wir Ihnen die Elemente der **Inhaltsebene**. Sie sehen, wie *Bilder* aussehen und *Text* geschrieben sein sollte, damit Nutzer damit etwas anfangen können und die Seiten nicht nur gut aussehen. Es geht um *Formulare*, *Fehlermeldungen* und *Beschriftungen* (*Labels*) sowie um *Listen*, *Tabellen und Diagramme*. Und um kleine, aber wichtige Details wie *Animation*, *Suchfunktionen* für die Anwendung und den Einsatz von *Filtern* bzw. *Facetten*, um die Trefferliste sinnvoll einzugrenzen.

Sie können diesen Teil der Reihe nach durchlesen und ihn dann später bei der täglichen Arbeit immer wieder als praktische Referenz zum Nachschlagen nutzen.

Kapitel 26
Struktur der Anwendung – Informations- und Navigationsarchitektur

Die Anordnung der Inhaltselemente in einer App oder auf einer Site heißt Informationsarchitektur. Wie der Nutzer zu den Inhalten gelangt, das bestimmt die Navigationsarchitektur.

Ein solides Fundament brauchen Anwendungen genauso wie Häuser. Und wie beim Errichten von Gebäuden brauchen Websites und Apps einen Plan, damit etwas entsteht, in dem sich die Nutzer zurechtfinden und mit dem sie sich wohl fühlen. Eine Gartenhütte können Sie ohne Grundriss planen, ein Hochhaus nicht. Eine kleine App mit zwei, drei Funktionen können Sie einfach so anlegen, eine größere Website nicht. Und doch wird die Informationsarchitektur bei sehr vielen Websites nicht geplant. Die vorhandenen Informationen werden einfach in Gruppen eingeteilt. Diese Gruppen bilden dann die Menüeinträge. Wenn man Glück hat, weiß man selbst dann, was wo zu finden ist – andere werden es aber sicher nicht wissen. Wenn sich die Besucher nicht auf Ihrer Site zurechtfinden, geben sie möglicherweise frustriert auf. Oder sie glauben, dass eine bestimmte Information hier nicht zu finden ist, dass Sie ein Produkt nicht haben oder eine Dienstleistung nicht anbieten – dabei haben sie dies nur nicht gefunden.

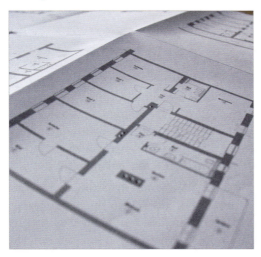 

Abbildung 26.1 Wie ein Gebäudegrundriss gibt eine Sitemap einen Überblick der zugrundeliegenden Architektur (Vorlage von cxpartners.co.uk).

Und auch bei Apps ist die Informationsarchitektur wichtig. Diese ist bei den meisten nicht ganz so komplex, da Apps meist weniger Screens haben als Websites Seiten. (Eine *Seite* bezeichnet eine HTML-Seite oder *Page*, die (*Web-*)*Site* alle Seiten zusammen, die unter einer Domain liegen.) Und doch ist es sinnvoll, auch die Anordnung der Screens genau zu durchdenken. Geben Sie Ihren Benutzern also von Anfang an die bestmögliche Orientierung, und überlassen Sie diese nicht dem Zufall.

26.1   Grobsortierung der Inhalte

Verschaffen Sie sich bei der Planung erst einmal einen Überblick. Versuchen Sie, die vorhandenen und die gewünschten Informationen in eine Struktur zu bringen. Das können Sie alleine tun oder besser noch mithilfe von Vertretern Ihrer Zielgruppe. Laden Sie für Letzteres immer nur eine Person auf einmal ein, und lassen Sie sie Ordnung in die Themenvielfalt bringen. Ordnung ist immer subjektiv, und Diskussionen darüber, wo etwas »hingehört«, sind fruchtlos. Am besten nutzen Sie Card Sorting – siehe das gleichnamige Kapitel 13 dazu. Kommen sehr unterschiedliche Zuordnungen zustande, ist das eine wichtige Information für Sie. Sie müssen dafür sorgen, dass sich möglichst alle Benutzer auf der Site zurechtfinden.

Wollen oder müssen Sie die Informationen allein ordnen, haben sich dafür einfache Listen bewährt, zunächst noch ungeordnet und ungegliedert. Schreiben Sie einfach die Themen, Inhalte und Funktionen auf, die Sie benötigen. Wir raten davon ab, gleich eine Sitemap zu zeichnen. Damit legen Sie sich zu früh fest – sortieren können Sie die Inhalte, wenn Sie alle zusammenhaben. Manche Konzepter arbeiten dann mit Mindmaps, um Ordnung in die Themenbereiche zu bringen. Listen wie Mindmaps können Sie zwar direkt am Computer anfertigen, allerdings fließen die Gedanken meist freier, wenn Sie mit Stift und Papier arbeiten.

26.2   Feingliederung der Inhalte

Für die Verfeinerung der Gliederung nehmen Sie die Ergebnisse Ihrer ersten groben und intuitiven Ordnung als Grundlage. Versuchen Sie, ein logisches System in die Ordnung zu bringen. Das größte Problem dabei ist, dass fast jede Sortierung subjektiv ist. Selbst wissenschaftliche Systematiken unterliegen immer wieder Änderungen, da neue Erkenntnisse zur Neueinordnung von manchen Elementen führen.

Es geht nicht darum, die perfekte Systematik zu finden, sondern darum, den Benutzern der Site so schnell wie möglich klarzumachen, was sie wo finden. Es bringt nichts, ein in sich völlig logisches System zu schaffen, das der Benutzer nicht versteht. Bauen Sie zum Beispiel einen Obsthandel im Internet auf, werden Sie kaum ein botanisches System zum Gliedern der Informationen verwenden. Sie können nicht davon ausgehen, dass der Benutzer unter dem Begriff »Sammelfrüchte« Äpfel sucht oder dass er weiß, dass Tomaten unter »Beeren« zu finden sind. Stattdessen werden Sie eher die übliche Einteilung nach »Obst« und »Gemüse« wählen. Für ein Unternehmen, das Training und Beratung anbietet, könnte die Informationsarchitektur aussehen wie auf der Sitemap in Abbildung 26.2.

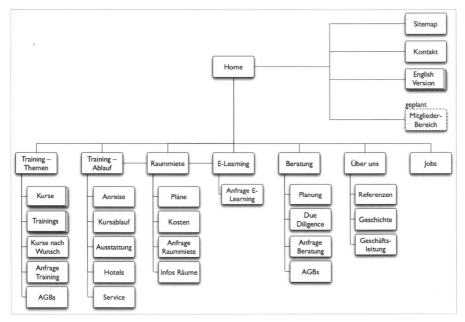

Abbildung 26.2 Typische Sitemap einer kleineren Website. Die Elemente oben rechts sind über die Metanavigation zugänglich, also abgesetzt von der Navigationsleiste.

26.2.1 Welche Gliederung verstehen meine Nutzer?

In den meisten Fällen werden die Informationen nicht starr und durchgehend nach einem System geordnet, sondern nach einer Mischung. Die einzelnen Bereiche einer Site können unterschiedliche Sortiersysteme verwenden.

Ein Beispiel: Die Startseite hat die Wahlmöglichkeiten »Wer wir sind«, »Was wir machen«, »Wer unsere Kunden sind« und »Wie Sie uns kontaktieren«. Im Bereich »Wer wir sind« folgt eine alphabetische Liste der Mitarbeiter, unter »Was wir machen« eine intuitive Liste aller Leistungen, die das Unternehmen anbietet. Bei »Wer unsere Kunden sind« steht eine chronologische Liste der Auftraggeber und bei »Wie Sie uns kontaktieren« eine ungeordnete Liste der verschiedenen Kontaktmöglichkeiten.

Wichtig ist, dass Sie keine logischen Brüche erzeugen. Wenn Sie »Was wir machen« als Option haben, sollten Sie das nicht mit einer anderen Option »Liste der Ansprechpartner« kombinieren. Der erste Punkt ist lösungsorientiert formuliert (die Frage des Kunden nach den Tätigkeiten wird beantwortet), der zweite systematisch. Achten Sie darauf, dass vor allem die Auswahlpunkte auf der Startseite konsistent sind, also einer durchgehenden Logik folgen. Die Startseite ist die Seite, die am häufigsten aufgerufen wird – und es bleibt oft die einzige besuchte Seite, wenn die Inhalte schlecht strukturiert sind.

26.2.2 Was tun mit nicht einzuordnenden Bereichen?

Verzweifeln Sie nicht, wenn Sie einen Unterpunkt haben, der sich einfach nicht vernünftig einordnen lässt. Sie können davon ausgehen, dass die Benutzer auch nicht genau wissen werden, wo sie nach ihm suchen sollen. Ist der Punkt wichtig, überlegen Sie, ob er eine eigene Kategorie bekommen sollte. Falls nicht, können Sie ihn zum Beispiel auf der Startseite außerhalb der Standardnavigation ankündigen. (Das wird zum Beispiel auf Einkauf-Sites oft mit Sonderangeboten gemacht.) Ist der Punkt nicht so wichtig, ordnen Sie ihn der Kategorie zu, in die er am wenigsten schlecht passt. In alle anderen Kategorien, in denen die Benutzer eventuell nach ihm suchen könnten, kommen Querverweise.

26.2.3 Schaffen Sie mehrere Wege zum Ziel

Generell sollten Sie bei größeren Sites (als Faustregel: mehr als 40 Seiten) mehrere Zugangsmöglichkeiten zu den Informationen vorsehen. Üblich ist, mindestens zwei Wege zur gesuchten Seite anzubieten. Der direkte Weg führt beispielsweise über die Suchfunktion oder eine alphabetische Liste. Diesen Weg wird der Benutzer wählen, wenn er schon genau weiß, was er sucht. Falls er das nicht weiß oder er die Bezeichnung für das, was er sucht, nicht kennt, wird er den assoziativen Weg wählen. Durch eine systematisch oder intuitiv gegliederte Liste wird er sich seinen Weg zum Ziel suchen. Berücksichtigen Sie auch, dass jemand, der die Site schon kennt, schneller zum Ziel gelangen möchte als ein neuer Besucher.

26.3 Sitestruktur festlegen und darstellen

Die Themen für die Site sind nun geordnet. Legen Sie jetzt fest, wie die Site strukturiert sein muss, um diese Ordnung wiederzugeben. Behalten Sie dabei im Hinterkopf, dass die Site wachsen wird. Ist die Site ein Erfolg, werden wahrscheinlich schnell immer mehr Informationen hinzukommen. Legen Sie die Site für den Erfolg aus, nicht nur für den ersten Start. Planen Sie so weit wie möglich ein, wo zusätzliche Punkte untergebracht werden können, ohne die gesamte Struktur zu zerstören.

Das übliche Hilfsmittel zur Strukturierung der Site ist die *Sitemap* – manche sprechen auch nicht ganz korrekt von *Flussdiagramm*, *Flowchart*, *Struktogramm* oder *Ablaufdiagramm*. Mit der Sitemap legen Sie fest, wie genau die Seiten Ihrer Site organisiert sind. Sie gibt an, wie die Inhalte auf Bereiche und Unterbereiche verteilt sind und welche Seiten Links zu welchen weiteren Seiten enthalten – das heißt, auf welchem Weg der Benutzer sich von der Startseite aus durch die Site bewegt.

26.4 Zeichnen der Sitemap

Idealerweise steht auf der Sitemap tatsächlich jede Seite, die erstellt werden soll. Allerdings können Sie gleichartige Seiten auch zusammenfassen. Zum Beispiel, wenn Sie viele Produkte haben, die alle im gleichen Format angezeigt werden. Diese kommen dann als Seitenstapel ins Diagramm (siehe Abbildung 26.3 unten links).

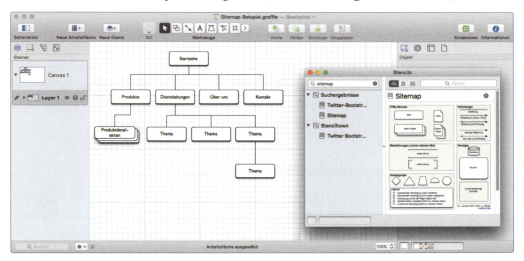

Abbildung 26.3 Für Programme wie OmniGraffle gibt es Vorlagen (»Stencils«) zum Zeichnen von Sitemaps.

Sie müssen nicht alle Querverlinkungen zwischen den Seiten einzeichnen, sonst wird die Sitemap schnell unübersichtlich. Dass jede Seite zur Startseite verweist, versteht sich von selbst und muss nicht eingezeichnet werden. Auch Verlinkungen, die nur als Zusatzinformation für wenige Benutzer gedacht sind, gehören nicht unbedingt auf die Sitemap. Sie müssen die Balance zwischen einer detaillierten und einer unübersichtlichen Sitemap finden. Auch technische Prozesse wie etwa das Anmelden registrierter Benutzer brauchen Sie nicht als perfektes Funktionsdiagramm anzulegen. Das können Sie, falls nötig, in einem eigenen Flussdiagramm für den Programmierer tun.

Sitemaps kann man mit Zeichenprogrammen wie Illustrator oder den Zeichenfunktionen von MS Office erstellen. Komfortabler arbeiten Sie mit Diagrammsoftware wie OmniGraffle oder MS Visio. Aber auch in Wireframing-Tools wie Axure lassen sich Sitemaps gut zeichnen.

> **Sitemap-Vorlagen zum Download**
> Vorlagen für Sitemaps mit verschiedenen Programmen finden Sie unter *bnfr.de/ux010*.

26.5 Zeige ich die Sitemap auf der Site?

Wer in ein Haus einzieht, fragt nicht nach einem Ausdruck des Grundrisses – er erwartet, dass der Architekt den so angelegt hat, dass er sich auch so zurechtfindet. Und genauso sollte sich der Nutzer mit Ihrer Anwendung zurechtfinden, ohne dass er einen Blick auf die Sitemap werfen muss. Zu Recht erwartet er, dass er über das Menü, über Links im Inhaltsbereich oder über die Suche direkt zum Ziel kommt.

Bei großen Sites wäre die Anzeige der Sitemap sicher oft hilfreich – aber gerade da sind sie schwer zu lesen, insbesondere auf kleinen Bildschirmen wie beim Smartphone. Es spricht nichts dagegen, dem Besucher eine Sitemap anzubieten, doch sollten Sie nicht davon ausgehen, dass er die auch ansieht. Orientierung geben und einen Überblick der Inhalte verschaffen muss man also anders – womit wir zum nächsten Teil des Kapitels kommen.

26.6 Navigation für den Nutzer planen

Die ersten Websites in den 1990er Jahren bestanden aus wenigen Seiten, die mit Links verknüpft waren. Bald etablierte sich die Navigation über vertikale und horizontale Leisten (siehe Abbildung 26.4).

Abbildung 26.4 Die Site Apple.com im Jahr 1997. Die Navigationsleiste ist hier nur vertikal, die Begriffe sind wenig klar gewählt.

Abbildung 26.5 Heute setzt Apple wie die meisten Sites auf eine horizontale Navigationsleiste.

Die vertikale Navigationsleiste sieht man heute seltener – auf kleinen Bildschirmen muss es ohnehin ohne sie gehen, zu schmal wird sonst der Inhaltsbereich (siehe das Thema »Mega-Dropdowns« in Kapitel 28, »Navigationskonzepte – Mega-Dropdowns, Flyouts, Hamburger-Menü, Off-Canvas«). Und so verzichten einige Sites ganz auf sie. Die gesamte Last ruht dann auf der horizontalen Navigationsleiste. Manch ein Eintrag eines Menüpunkts ist heute so groß wie früher die ganze Sitemap (siehe Abbildung 26.6).

Abbildung 26.6 Die Navigation auf Sport-Schuster.de, wenn man den Mauszeiger über »Produkte« bewegt

Das Menü hat nicht nur die Aufgabe, die Bewegung zwischen den Bereichen der Site zu ermöglichen. Sie hat auch die Aufgabe, dem Nutzer ein Gefühl dafür zu geben, welche Inhalte die Site ihm bietet. Findet der Nutzer bei den Begriffen, die er im Menü sieht, nichts, was ihn anspricht, dann ist die Gefahr groß, dass er die Site gleich wieder verlässt. Der Inhaltsbereich der Seiten sollte daher die Navigationsleiste dabei unterstützen, die Inhalte der Site zu präsentieren. Gut gemachte Teaserbereiche, Slider oder Diashows (dezent animiert) präsentieren dem Besucher die verschiedenen Inhalte. Das ist gerade bei Einkauf-Sites wichtig, um neuen Besuchern eine Vorstellung davon zu geben, welche Produkte man hier findet. Und auch der Seitenfuß lässt sich effizient nutzen, um Verweise auf andere Bereiche der Site anzubieten. Denn wer bis hierhin gekommen ist, hat entweder auf der Seite noch nicht gefunden, was er sucht, oder ihm hat der Inhalt so gut gefallen, dass er bis ganz zum Seitenende gelesen hat (mehr dazu in Kapitel 30, »Fußzeilen – Footer sinnvoll gestalten«).

Auf den Seiten in tieferen Ebenen, z. B. Kategorie-Übersichtsseiten, bietet es sich an, dem Besucher einen Überblick zu geben, welche Bereiche in den folgenden tieferen Ebenen liegen. Das kann in Form von Textlinks sein, es können aber auch Produktabbildungen o. Ä. verwendet werden (siehe Abbildung 26.7).

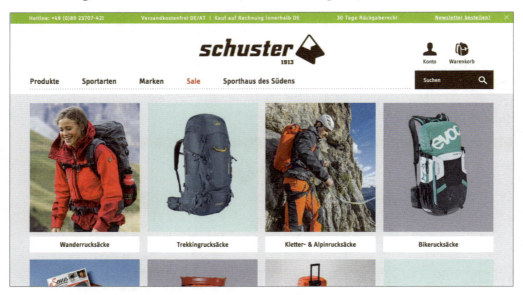

Abbildung 26.7 Kategorieseite auf Sport-Schuster.de

Wie Sie die Navigation dann praktisch umsetzen, lesen Sie in Kapitel 28, »Navigationskonzepte – Mega-Dropdowns, Flyouts, Hamburger-Menü, Off-Canvas«.

Kapitel 27

Ordnung auf den Seiten – Gestaltungsraster und responsives Design

Eine gute Struktur hilft Nutzern, Seiten schneller zu erfassen und sich zu orientieren. Dabei helfen Ihnen Gestaltungsraster, Ihrer Anwendung eine konsistente Struktur zu geben. Mit dieser wird sie für den Nutzer wiedererkennbar – und das plattformübergreifend und unabhängig vom Ausgabegerät.

Websites oder Apps bestehen aus unterschiedlichen Elementen und verschiedenen Seitentypen. Neben reinen Inhalten wie Text, Bildern oder Videos besteht eine Website aus zahlreichen Teilbereichen wie unter anderem Navigation und Unternavigation, Header und Footer und weiteren Elementen wie Buttons, Formularen und Eingabefeldern, Listenelementen und Filtern. Möchten Sie all diese Elemente und Inhalte auf einer Seite in einem ansprechenden Design unterbringen, sind Rastersysteme sehr nützlich. Sie garantieren eine einheitliche Struktur und ein wiedererkennbares Design über die unterschiedlichsten Seitentypen und Endgeräte bzw. Ausgabekanäle hinweg. Für den Nutzer ist das eingesetzte Rastersystem zwar nicht direkt sichtbar, die Anwendung wirkt auf ihn aber deutlich stimmiger und eingängiger. Das Nutzungserlebnis ist runder, insbesondere dann, wenn er die Anwendung mit verschiedenen Endgeräten aufruft. Auf allen Endgeräten wirkt die Anwendung dann wie »aus einem Guss«.

27.1 Gestaltungsraster helfen beim Anordnen von Inhalten und Elementen auf den Seiten

Gestaltungsraster (englisch *Grids*) sind äußerst gängig in der Gestaltung – ob im Printbereich oder bei digitalen Anwendungen wie Websites und Apps. Gestaltungsraster/Grids zu nutzen, bedeutet schlichtweg, zu Beginn der Gestaltungsphase, also schon bei Wireframes oder Mockups, ein Gitter aus Führungslinien zu definieren und anzulegen, entlang derer die Inhalte und Elemente ansprechend angeordnet und konsequent zueinander ausgerichtet werden. Dieses Gitter kann aus einfachen oder aber doppelten Hilfslinien bestehen (siehe Abbildung 27.1). Durch doppelte Hilfslinien können auch die Zwischenräume für das Raster festgelegt werden.

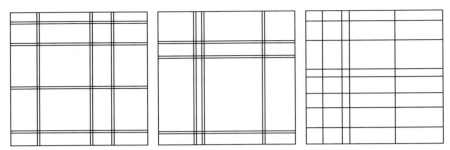

Abbildung 27.1 Verschiedene Gestaltungsraster mit einfachen und doppelten Führungslinien

Diese Raster geben dem Layout Struktur und Rhythmus. Die Führungslinien tauchen selbstverständlich im späteren Design nicht mehr auf. Dennoch erkennt der Nutzer eine durchgängige Struktur über die Unterseiten hinweg. Und das unabhängig davon, welche Elemente genutzt werden bzw. welchen Seitentyp er betrachtet. Damit sind Raster die Grundlage dafür, dass die Seiten eine gewisse Ordnung haben und für den Nutzer Orientierung und Wiedererkennungswert schaffen.

Nicht jedes Website-Projekt muss zwingend auf einem Rastersystem aufgebaut sein. Manche Websites möchten den kreativen Aspekt betonen, beispielsweise Portfolioseiten. In diesem Fall kann ein Raster einengen und das Layout wenig originell wirken lassen. Aber bei fast allen anderen Sites, und gerade bei umfangreichen Websites, auf denen viel Inhalt platziert werden muss, machen Raster Sinn. Verschaffen Sie sich daher zu Projektbeginn einen Überblick über die benötigten Elemente und Inhalte. Wie grob oder fein Sie das Raster definieren, hängt auch davon ab.

Bevor Sie ein Gestaltungsraster selbst anlegen, sprechen Sie mit den Entwicklern, die später Ihre Anwendung umsetzen. Häufig werden bei der Umsetzung so genannte *Frameworks* genutzt, also eine Rahmenstruktur für die Entwicklung. Diese Frameworks stellen grundlegende Codebestandteile bereit, auf die die Entwickler zurückgreifen und damit den Code leichter anpassen und pflegen können. Gängige Frameworks wie *Bootstrap* oder *Foundation* geben das Gestaltungsraster vor. Wird später also ein solches Framework eingesetzt, sollten Sie auf dieses vorgegebene Raster zurückgreifen. Ansonsten gibt es zahlreiche Vorlagen im Netz (siehe Kasten).

> **Gridsysteme und Tools zur Erstellung**
>
> **Vorlagen-Generatoren für pixelbasierte Rastersysteme**
>
> Sie geben die Gesamtbreite, Anzahl der Spalten sowie die Maße der Abstände zwischen den Spalten und zum Rand an und erhalten dann ein Raster zum Herunterladen:
>
> ▶ www.1200px.com
> ▶ www.gridinator.com
> ▶ www.gridcalculator.dk

Responsive, modulare Gridsysteme

Ein paar beispielhafte Gridsysteme, die komplett responsiv bzw. modular aufgebaut sind:

▶ *www.muellergridsystem.com*

▶ *www.responsivegridsystem.com*

▶ *www.modulargrid.org/#app*

Frameworks mit Gridsystemen/Rastern

Komplette Frameworks, die bereits Gridsysteme integriert haben:

▶ Bootstrap: *www.getbootstrap.com*

▶ Foundation: *https://foundation.zurb.com*

▶ Materialize: *www.materializecss.com*

▶ Unsemantic (CSS Framework): *www.unsemantic.com*

27.2 Wie ein Rastersystem aufgebaut ist

Wie Gestaltungsraster im Detail aufgebaut sind, zeigen wir Ihnen in den nächsten Absätzen. Auch wenn Sie auf ein bestehendes Grid zurückgreifen oder ein Tool nutzen, um ein Raster aufzusetzen (siehe Kasten), hilft Ihnen das Wissen, wie ein Raster entsteht, um zu verstehen, wie Ordnung auf den Seiten geschaffen werden kann.

Viele gängige Raster im Webdesign basieren auf 12, 16 oder 24 Spalten, im Webdesign auch als *Columns* bezeichnet (siehe Abbildung 27.2). 12 oder 24 Spalten haben den Vorteil, dass sie sich durch viele andere Zahlen teilen lassen. Damit sind sie sehr flexibel und lassen sich variabel mit Elementen befüllen. Sie können 1, 2, 3, 4, 6, 12 oder 24 gleich breite Elemente anordnen und erhalten keine ungleichen Abstände oder Abmessungen. Aus diesem Grund sollte ein Raster immer eine gerade Anzahl an Spalten haben. Es gilt: Je mehr Spalten Sie einfügen, desto flexibler wird das Raster.

Die Gesamtbreiten für die Desktop-Variante liegen üblicherweise bei 960, 1.100 oder auch 1.240 Pixel – Letzteres aufgrund der derzeit gängigen Auflösungen bei großen Bildschirmen. Zwischen den Spalten bleiben bei diesen Gesamtbreiten meist 10 bis 20 Pixel Freiraum. Damit haben die Elemente in zwei aneinandergrenzenden Spalten eine ausreichende Schutzzone. Die Abstände zwischen den Spalten – den Bereich zwischen den einzelnen Spalten nennt man *Gutter* – sind immer gleich groß. Diese Abstände zwischen den Spalten bzw. später zwischen den Elementen werden auch als *Weißraum* bezeichnet. Mithilfe von Weißraum kann man definieren, welche Elemente inhaltlich zusammengehören. Auch das gibt der Seite Struktur und Ordnung und erleichtert es dem Nutzer, die Seitenelemente schnell zu überblicken und wahrzunehmen.

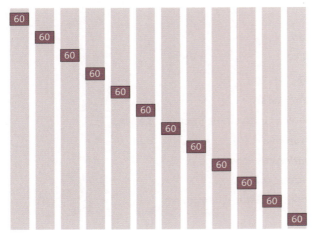

Abbildung 27.2 Beispiel für die Verteilung von Elementen im 12er-Raster von 960.gs

---

Kleines Glossar zu Gestaltungsrastern

Noch einige hilfreiche Übersetzungen, wenn Sie englische Vorlagen für Ihr Gestaltungsraster verwenden:

- *grid* = Raster
- *column* = Spalte
- *row* = Zeile
- *gutter* = Zwischenraum (zwischen Elementen bzw. Spalten)
- *margin* = Rand (normalerweise links und rechts von der ersten bzw. letzten Spalte)

Was im Printbereich dringend benötigt wird, sind horizontale Unterteilungen im Raster. Dann nennt man das Raster auch *Baseline Grid*, also ein Raster mit Grundlinien. Da im Webdesign häufig mit Elementen gearbeitet wird, die in der Höhe flexibel sind, kann hier auf diese horizontalen Führungslinien verzichtet werden. Hilfreich sind sie allerdings dann, wenn ein modularer Ansatz in der Gestaltung verfolgt wird. In diesem Fall ist das Baseline Grid die Vorstufe zum *modularen Rastersystem* (*Modular Grid System*). Das entsteht durch weitere horizontale Unterteilungen, die durch Zusammenfassen von mehreren Zeilen des Baseline Grids entstehen (siehe Abbildung 27.3).

Bei der Anordnung der Elemente im Gestaltungsraster sollten Sie sich immer vom Groben ins Feine vorarbeiten. Platzieren Sie als Erstes die Grundelemente wie Header und Footer, und definieren Sie die Aufteilung des Rasters in Teilbereiche wie Inhaltsbereich und gegebenenfalls Sidebar (siehe Abbildung 27.4).

Abbildung 27.3 Beispiel eines modularen Rastersystems, das auf der Demo-Website The Grid System über das Layout eingeblendet wird

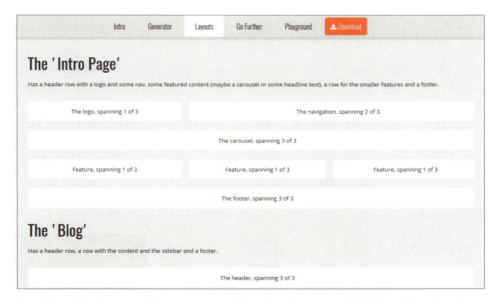

Abbildung 27.4 Die Website www.responsivegridsystem.com zeigt Beispiellayouts mit Modulen oder auch Teilbereichen der Website wie Logo, Navigation, Karussell, weiteren Funktionselementen und einem Footer.

Durch diese Einteilung in verschiedene Bereiche der Website definieren Sie auch so genannte *Templates*, also verschiedene Seitentypen Ihrer Anwendung: beispielsweise die Startseite, eine Artikel- oder Inhaltsseite oder auch Listenseiten. Das Grundraster dieser Seiten bleibt also bestehen, während die einzelnen Elemente in den Unterbereichen durchaus variieren können. Mit diesem Grundraster gewährleisten Sie wieder, dass sich der Nutzer trotz unterschiedlicher Inhalte schnell zurechtfindet. Er kann sich orientieren und kann das Muster der Seiten verinnerlichen.

> **Vorlagen für Raster**
>
> Unter *bnfr.de/ux014* finden Sie Vorlagen für Raster zum Download.

Traditionell werden Rastersysteme mit festen Breitenangaben in Pixel definiert. In Zeiten unzähliger verschiedener Endgeräte und mobiler Nutzungskontexte bedeutet das allerdings, dass Sie Ihr Webdesign für all diese Endgeräte oder zumindest eine Auswahl gängiger Auflösungen optimieren müssen. Entsprechend auch die zugrundeliegenden Rastersysteme, was angesichts der Vielzahl an Endgeräten schier unmöglich ist – sofern Sie in dieser traditionellen Art und Weise der Raster arbeiten. Die Vorgehensweise ist daher eine etwas andere im responsiven Webdesign.

27.3   Was bedeutet responsives Webdesign?

Responsives Webdesign ist ein Entwicklungsansatz, bei dem die Erscheinung der Website abhängig von der Screengröße und der Ausrichtung des genutzten Endgeräts dynamisch angepasst wird. Dem responsiven Webdesign liegt die Grundidee der so genannten *Breakpoints* zugrunde. Mit den Breakpoints werden die Stellen bzw. Werte festgelegt, an denen sich das Design grundsätzlich verändern muss, da es für die jeweilige Screengröße/Auflösung nicht mehr optimal ist. Breakpoints sind also Umbrüche im Design: Abhängig von der Breite des Browserfensters wird ein für diese Screengröße optimiertes Screendesign angezeigt. Gängige Breiten liegen bei 320 px, 480 px, 768 px, 1.024 px und 1.200 px (siehe Abbildung 27.5).

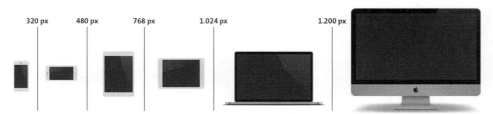

Abbildung 27.5 Gängige Breakpoints über die Endgeräte hinweg

27.3 Was bedeutet responsives Webdesign?

Zwischen diesen Umbruchstellen (Breakpoints) ist das Screendesign flexibel ausgelegt, indem es nicht auf festen, pixelgenauen Werten basiert, sondern mit prozentualen Werten skaliert. Damit passt sich die Website dem Nutzungskontext an und reagiert auf das Endgerät des Nutzers (siehe Abbildung 27.6).

Adaptives versus responsives Webdesign

Im Zusammenhang mit flexiblen Layoutstrukturen wird neben responsivem auch vom *adaptiven Webdesign* gesprochen. Beide Ansätze dienen dazu, das Screendesign und damit auch die User Experience auf verschiedenen Endgeräten mit unterschiedlichen Auflösungen und Kontexten zu optimieren. Sie funktionieren dabei aber über verschiedene Mechanismen:

▶ Eine **responsive Website** liefert ein auf das Ausgabegerät optimiertes Layout aus, indem Elemente entsprechend positioniert, skaliert oder auch ein- bzw. ausgeblendet werden – je nachdem, wie viel verfügbarer Platz vorhanden ist. Damit bedienen Sie sich eines *fluiden Layouts* oder *flexiblen Grids*. Die Website bzw. einzelne Module oder Elemente darin nutzen den verfügbaren Platz aus. Sobald beispielsweise drei Teaserelemente nicht mehr ausreichend Platz nebeneinander haben, erfolgt ein Umbruch (Breakpoint), und das Design ändert sich deutlich. Die Teaser werden dann möglicherweise untereinander über die volle Breite des Browserfensters angezeigt. Diese Anpassungen werden clientseitig über die so genannten *Cascading Stylesheets* (CSS) gesteuert. Das bedeutet auch, dass nicht benötigte Inhalte immer vom Server geladen werden, auch wenn sie in der aktuellen Ansicht nicht benötigt werden. Das kann hinsichtlich der Ladezeit/ -geschwindigkeit auch ein Nachteil sein.

▶ Bei **adaptiven Websites** wird auf das Ausgabegerät und dessen Fähigkeiten und tatsächliche Auflösung fokussiert. Adaptive Websites liefern ein komplett auf dieses Endgerät zugeschnittenes Design aus, das auf die Funktionalitäten oder Grafiken beschränkt ist, die im jeweiligen Kontext tatsächlich gebraucht werden. Unter Umständen also mit deutlich weniger Inhaltselementen als beim responsiven Webdesign. Häufig arbeiten adaptive Websites noch mit *fixierten Layouts*, die sich an gängigen Auflösungen für jedes Ausgabegerät (z. B. Desktop, Tablet, Mobile) orientieren. Hat ein Nutzer allerdings eine andere Auflösung, kann es sein, dass das Screendesign der adaptiven Website nicht 100 Prozent optimal ist. Beispielsweise können Überlappungen auftreten, oder Platz wird verschenkt. Zudem kann die Entwicklung einer adaptiven Website aufgrund der verschiedenen Layoutvarianten sehr aufwendig sein.

Beide Ansätze haben ihre Vor- und Nachteile. Ausschlaggebend für die Entscheidung, welchen Ansatz Sie der Entwicklung Ihrer Anwendung zugrunde legen, sind sicherlich Umfang der Inhalte und essenzielle Unterschiede bei den Nutzungsszenarien über die Endgeräte hinweg. Sofern Ihre Anwendung bereits im laufenden

Betrieb ist, nutzen Sie auch das Wissen über die mobile Nutzung. Welche Endgeräte werden am häufigsten genutzt? Worauf sollten Sie besonderen Wert legen?

Am Ende ist es die Usability und User Experience, die stimmen sollte – egal, für welchen Ansatz Sie sich entscheiden.

27.4 Das sollten Sie bei der Konzeption responsiver Websites bedenken

Wenn Sie an die Konzeption einer responsiven Website herangehen, klären Sie einige Fragen vorab, vor allem folgende: Wo soll die Anwendung überhaupt laufen? PC (Desktop, Laptop), Smartphone, Tablet, Smartwatch? Auch wenn Sie für manche Endgeräte separate Anwendungen entwickeln müssten, ist dies eine zentrale Frage. Planen Sie die Ausspielungskanäle immer vor Einstieg in die Konzeption, insbesondere bevor Sie mit Scribbeln oder dem Erstellen von Wireframes und Prototypen starten. Spätestens dann müssen Sie von konkreten Maßen ausgehen können.

Verfolgen Sie zudem den *Mobile-First-Ansatz* (siehe auch Kapitel 5, »Das mobile Zeitalter und die Auswirkung auf interaktive Konzepte«). Bei diesem Vorgehen betrachten Sie im ersten Schritt den kleinsten Screen, also das Smartphone. In der Regel ist es leichter, weitere Navigations- und Inhaltselemente hinzuzufügen, als diese später zu reduzieren – oder schlimmer noch, zu versuchen, sie später noch irgendwo unterzubringen. Fokussieren Sie sich daher zunächst auf den mobilen Nutzungskontext, wählen Sie nur die notwendigsten Inhalte, und gestalten Sie ausgehend davon. Arbeiten Sie sich dann zu den großen Bildschirmen/stationären Geräten vor.

Im Zuge der Konzeption sollten Sie sich bei responsiven Websites auch mit den folgenden drei Aspekten auseinandersetzen:

- ▶ **Kein festes Gestaltungsraster:** Das Design basiert nicht auf einem fixen, sondern auf einem flexiblen Gestaltungsraster. Eine auf das jeweilige Endgerät optimierte Gestaltung wäre ohne ein solches Raster kaum machbar oder zumindest extrem viel Aufwand.

- ▶ **Keine festen Schriftgrößen:** Die Schriftgrößen sind nicht über alle Endgeräte gleich. Sie müssen für das Endgerät angepasst werden. Am Ende muss der Nutzer die dargestellten Inhalte/Texte gut lesen können – egal, in welcher Situation.

- ▶ **Keine festen Bildgrößen:** Bilder müssen mit dem Design skalieren, abhängig von der (Re-)Positionierung im Template. Der Nutzer möchte Bilder auf mobilen Endgeräten erkennen können und auch nicht komplett auf sie verzichten.

27.4.1 Wo soll die Anwendung überhaupt laufen?

Das klingt einfacher, als es ist. Eine Anwendung kann heute auf unzähligen Geräten aufgerufen werden:

- PC (Desktop, Laptop)
- Smartphone
- Tablet
- Smartwatch
- Smart TV, Apple TV, Fire TV, Google Chromecast ...
- Spielkonsole

Im Idealfall sieht eine Website auf allen Geräten gut aus, ist problemlos zu benutzen und bietet alle Funktionen. Aber in der Praxis beschränkt man sich aus Zeitgründen oft darauf, die Site für die wichtigsten Anwendungen durchzuplanen und sich darauf zu verlassen, dass sie auf den anderen Geräten einigermaßen funktionieren wird. Zum Glück ist das heute auch meist so, weil die unterschiedlichen Browser immer besser werden und sauber umgesetzte HTML-/CSS-Programmierung von ihnen korrekt angezeigt wird.

Bei Apps leuchtet es jedem schnell ein, dass man bestimmen muss, auf welchen Geräten diese laufen sollen. Hier sind es nicht ganz so viele – meist beschränkt man sich auf die zwei gängigen Smartphone-/Tablet-Betriebssysteme:

- iOS (Apple iPhone, iPad)
- Android

Für die Konzeption fast noch wichtiger als das Betriebssystem ist aber die Bildschirmgröße. Denn diese bestimmt wesentlich, wie viele Elemente ich in welcher Größe so unterbringe, dass der Nutzer sie auf einen Blick sieht.

Schließlich sollten Sie daran denken, dass man mobile Geräte drehen kann. Das gibt einerseits zusätzliche Freiheiten, weil man z. B. Tabellen in der Queransicht besser unterbringt. Andererseits kann die Site oder App auch seltsam aussehen, wenn die Queransicht nicht geplant ist, sondern einfach die Standardmechanismen des jeweiligen Systems greifen.

Sorgen Sie also mit diesen Vorüberlegungen dafür, dass die Inhalte auf möglichst jedem Gerät gut aussehen und gut nutzbar sind.

27.4.2 Flexible Grids statt fester Gestaltungsraster

Wie zuvor beschrieben, werden beim responsiven Webdesign keine festen Pixelwerte und damit keine fixen Gestaltungsraster verwendet. Vielmehr wird das Screendesign über prozentuale Breitenangaben gesteuert und dynamisch an den verfügbaren Platz angepasst.

Dennoch will eine responsive Website gut geplant sein. So müssen Sie über wesentliche Muster für das Verhalten der Elemente innerhalb des responsiven Screendesigns entscheiden. Sie müssen sich über Fragestellungen wie etwa die folgenden Gedanken machen:

- Sollen Elemente eingeblendet oder einfach anders dargestellt werden?
- Werden bestimmte Inhaltselemente nebeneinander angeordnet, sobald sie in der Breite hineinpassen?
- Und wie lange werden die Elemente dann vergrößert, bevor sie anders angeordnet werden?
- Werden bestimmte Navigationselemente komplett anders platziert? Wie geht man beispielsweise mit Filtern um, die gängigerweise links neben den Listenelementen stehen? Werden sie oberhalb der Liste positioniert oder gar anders zugänglich gemacht?

Abbildung 27.6 Beim responsiven Webdesign passt sich das Layout flexibel an.

Bedenken Sie bei der Planung auch die Redaktionsarbeit, und involvieren Sie die Redakteure und/oder Verantwortlichen für den Inhalt. Worauf müssen Redakteure in der täglichen Arbeit achten? Sollten Prozesse eingeführt werden, um die Darstellung auf verschiedenen Endgeräten zu prüfen? Auch wenn Vorlagen für alle Elemente definiert sind, kann es Inhalte geben, bei denen eine geplante Darstellung durch das Befüllen mit Inhalten schwierig wird.

27.4.3 Flexible Typografie statt fester Schriftgröße

Das A und O einer jeden Website sind die Inhalte, insbesondere auch der Text. Ist dieser auf kleinen Bildschirmen wie Smartphones nicht gut leserlich, verlieren Sie viele Nutzer, und die Konversionen bleiben aus. Gewährleisten Sie also eine gute Leserlichkeit der Überschriften und Fließtexte auf allen wesentlichen Endgeräten, und arbeiten Sie auch bei der Schriftgröße mit prozentualen Werten oder alternativen Maßen wie *em*. Die Maßeinheit *em* wird in der Typografie zur Bestimmung der Zeichenbreite in Relation zur Schriftgröße verwendet. Alternativ können Sie auch fertige *Plug-ins* nutzen, die Ihren Text dynamisch skalieren (siehe Abbildung 27.7).

Abbildung 27.7 Fertige Plug-ins wie beispielsweise FitText unterstützen bei der dynamischen Anpassung der Schriften.

Als Richtlinie für eine sinnvolle Skalierung des Texts dient die Zeilenlänge, die für eine gute Leserlichkeit nicht zu lang sein darf. Der Standard im Web gibt vor, dass eine Zeile zwischen 45 und 85 Zeichen inklusive der Leerzeichen lang sein sollte. Mehr zum Thema Leserlichkeit finden Sie in Kapitel 32, »Schriftarten und Textformatierung«.

Bedenken Sie auch Anrisstexte in Teaserelementen, die durch Skalierung dieser Elemente gegebenenfalls abgeschnitten oder unleserlich werden können. In solchen Fällen sollten Sie entweder Anrisstexte kürzen, entfernen und vor allem die Schriftgröße anpassen (siehe Abbildung 27.8). Und nehmen Sie diesen Aspekt in einen Leitfaden für die Redakteure mit auf. Diese sollten die Leserlichkeit der Schriftart im Zuge ihrer redaktionellen Arbeit immer direkt auf allen Endgeräten überprüfen.

Abbildung 27.8 Schriftgrößen werden auf das jeweilige Endgerät optimiert ausgegeben, wie hier am Beispiel theguardian.com. Auf dem Desktop finden sich Anrisstexte bei den teaser-Elementen, auf der Smartphone-Ausgabe wird nur die Überschrift dargestellt.

27.4.4 Skalierbare Bilder statt fester Bildgrößen

Neben den Texten sind auch die Bilder ein wesentlicher Bestandteil eines gelungenen responsiven Webdesigns. Ein Bild auf allen Endgeräten und Formaten optimal auszuspielen, ist eine große Herausforderung. Die folgenden wichtigen Anwendungsfälle sollten Sie bei der Konzeption mit einbeziehen und bei der Gestaltung berücksichtigen:

- **Unterschiedliche Pixeldichte der Bildschirme**
  Mit zunehmend hochauflösenden Bildschirmen steigt auch der Anspruch an entsprechendes Bildmaterial. Gestochen scharf sollen die Grafiken angezeigt werden. Hochauflösendes Bildmaterial kostet allerdings Ladezeit, die auf mobilen Endgeräten nicht großzügig verspielt werden darf. Insofern sollten Sie planen, für normale und hochauflösende Bildschirme unterschiedlich optimierte Grafiken auszuliefern. Für normale Bildschirme in entsprechend geringerer Qualität und niedrigerer Dateigröße.

- **Unterschiedliche Breite des Anzeigebereichs** (*Viewport*)
  Die Dateigröße ist auch relevant, wenn es um unterschiedliche Abmessungen in der Breite, also auf unterschiedlichen Endgeräten, geht. So variiert der eigentliche Anzeigebereich (Viewport), also der Bereich der Anwendung, den der Nutzer auf seinem Endgerät in seinem Browserfenster tatsächlich sieht, so dass das Bereitstellen derselben Grafik in unterschiedlichen Versionen sinnvoll ist. Ein Bild sollten Sie immer mit den für die Bildschirmauflösung passenden Abmessungen ausliefern, für kleinere Bildschirme entsprechend mit geringerer Dateigröße.

- **Unterschiedliche Bildmotive** (siehe Abbildung 27.9)
  Auch kann es vorkommen, dass Sie abhängig von der Browserumgebung unter-

schiedliche Bildausschnitte ausliefern möchten. Auf kleinen Bildschirmen verlieren sich Details in einem Bild sehr schnell. Hier kann es attraktiv sein, ein kleineres Detail aus dem ursprünglichen Motiv in ausreichender Größe darzustellen.

Abbildung 27.9 Bilder mit unterschiedlichen Bildausschnitten und in optimierter Dateigröße je nach Endgerät auszuspielen, ist herausfordernd.

Technische Lösungen gibt es für alle drei Fälle. Relevant ist in diesem Zusammenhang aber wieder die redaktionelle Arbeit später. Mehrere Bildausschnitte manuell zu pflegen, ist enorm aufwendig. Prüfen Sie daher Ihre Anforderungen an responsives Bildmaterial genau. Letztlich kommt Ihre Arbeit dem Nutzer zugute – er erhält eine Anwendung, die er auf allen Endgeräten und in ihren jeweiligen Kontexten schnell überblicken und gut lesen kann, ohne auf gute Bilder zu verzichten.

Responsive Webdesign Patterns (Musterlayouts)

Seitdem sich der Ansatz des responsiven Webdesigns etabliert hat, haben sich auch gewisse Standards entwickelt. Diese zeigen sich in so genannten Design Patterns, also Musterlayouts, die sehr beliebt sind und wiederkehrend im Web zu finden sind. Luke Wroblewski und Brad Frost haben gängige Designmuster zusammengestellt:

- Die Liste von **Brad Frost** umfasst neben Seitenlayouts auch typische Muster für Navigation, Bild- und Videomaterial sowie Website-Elemente wie Formulare. Passende Demo- und Beispielseiten zur Veranschaulichung sind verlinkt: *bnfr.de/ux039*.
- **Luke Wroblewski** kategorisiert mitunter als Erster typische responsive Designmuster und liefert auch Links zu Beispielseiten, an denen das Muster nachvollzogen werden kann: *bnfr.de/ux040*.

Kapitel 28

Navigationskonzepte – Mega-Dropdowns, Flyouts, Hamburger-Menü, Off-Canvas

Die Navigation ist das zentrale Element jeder Anwendung. Sie ermöglicht dem Nutzer den Zugriff auf die Inhalte und sollte daher schnell, einfach und ohne Umwege möglich sein.

Eine Navigation muss nutzerfreundlich sein und die Inhalte der Website oder App so einfach wie möglich zugänglich machen. Die Gestaltung der Navigation kann noch so ansprechend und die Inhalte können noch so bedarfsgerecht und nützlich sein – erreichen die Nutzer über die Navigation nicht das, was sie suchen, werden sie abbrechen und höchstwahrscheinlich nicht wiederkommen.

Im Folgenden stellen wir Ihnen einige gängige Navigationskonzepte vor und geben Ihnen Guidelines an die Hand, was Sie bei der Auswahl und der Gestaltung des für Ihre Anwendung optimalen Navigationsansatzes beachten sollten. Sicherlich gibt es noch zahlreiche weitere Navigationskonzepte oder Varianten. In Zeiten des responsiven Webdesigns müssen Navigationskonzepte auch auf alle Endgeräte adaptierbar sein. Das macht sie nicht weniger komplex und leichter in der Umsetzung. Aus den folgenden Navigationskonzepten werden aber die wesentlichen Merkmale einer erfolgreichen Navigation deutlich, und so können Sie diese dann auf andere Konzepte übertragen.

28.1 Horizontale Navigationsleisten und Tableiste

Horizontale Navigationsleisten stammen noch aus reinen Desktop-Zeiten. Sie stehen oberhalb des Inhaltsbereichs, im Headerbereich, und listen die Hauptmenüpunkte in Form von Textlinks, Icons oder ursprünglich auch als Reiterlaschen.

Diese Navigationsform ist zwar recht effizient, hat aber folgende Nachteile:

► Horizontale Navigationsleisten funktionieren am besten mit wenigen Menüpunkten. Gibt es mehr Menüpunkte, als auf die Screenbreite passen, können nur die wichtigsten Menüpunkte (in einer Zeile) angezeigt werden. Das ist meistens schon bei vier bis fünf Menüpunkten der Fall, wenn die Menüpunkte noch gut per Touch bedient werden sollen. Gibt es mehr Menüpunkte, muss dann ein weiterer Zugang eingebunden sein (siehe Abbildung 28.1). Letzteres hat nicht nur den Nachteil, dass hier eine weitere Interaktion des Nutzers notwendig ist, um alle Menüpunkte zu sehen.

▶ Horizontale Navigationsleisten nehmen auch wertvollen Platz im sichtbaren Bereich ein. Gerade auf mobilen Endgeräten geht dies zulasten des Inhaltsbereichs. Weitere im Header platzierte Navigationselemente wie das Logo, die Suche oder Metanavigation müssen dann platzsparend gestaltet und positioniert werden. Aber gerade bei Onlineshops brauchen essenzielle Elemente wie Zugänge zum Login oder Warenkorb Platz, um wahrgenommen zu werden. In solchen Fällen sind horizontale Navigationsleisten nicht die beste Wahl.

Abbildung 28.1 Auf Portalen mit umfangreichen Inhalten wie theguardian.com oder zeit.de findet man häufig horizontale Navigationsleisten, nicht selten auch mit einem Link zu weiteren Menüpunkten (»mehr« / »More«).

Die Reiterleiste oder *Tableiste* (im Englischen *Tab Bar*) ähnelt der horizontalen Navigationsleiste, ist aber meist in Apps zu finden. Dort ist sie entweder am oberen (Android) oder unteren (iOS) Browserrand positioniert. Ergonomischer ist die Positionierung unten, da auf Smartphones überwiegend der Daumen zur Navigation verwendet wird und somit der untere Bildschirmbereich einfacher zu erreichen ist. Zudem sind unten auch die anderen Interaktionselemente wie der Home-Button bei Apple-Geräten bzw. drei Buttons bei Android-Geräten. Die Tableiste ist meist fixiert und auf allen Seiten der App zu finden. Das unterscheidet sie in der Regel auch von horizontalen Navigationsleisten, wenn diese nicht *sticky*, also am oberen oder unteren Browserrand feststehend, umgesetzt sind. Bei der Verwendung von Tableisten haben Sie dieselben Herausforderungen wie bei horizontalen Navigationsleisten.

28.2 Navigationsmenü mit Burger-Icon, Hamburger-Menü

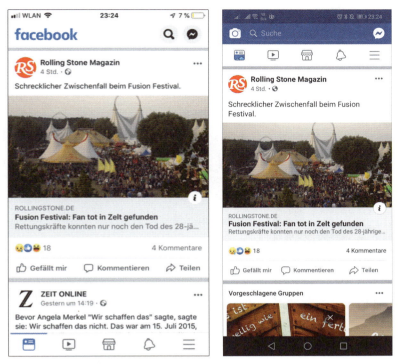

Abbildung 28.2 In der iPhone-App von Facebook ist die Tableiste am unteren Browserrand positioniert und fixiert (links). Bei Android-Geräten erscheint die Tableiste am oberen Browserrand (rechts). Dies entspricht den offiziellen Richtlinien der jeweiligen mobilen Betriebssysteme.

28.2 Navigationsmenü mit Burger-Icon, Hamburger-Menü

Das Navigationsmenü ist über ein entsprechendes Icon/Symbol als Menü gekennzeichnet; die Menüpunkte selbst sind versteckt und über das Icon aufrufbar. Bei Klick/Touch auf das Icon öffnet sich das Menü und legt sich über den Inhaltsbereich, auf Smartphones häufig seitenfüllend. Alternativ schiebt sich das Hauptmenü seitlich ein – als *Off-Canvas-Navigation* bezeichnet (siehe Abschnitt 28.6). Das Icon wechselt dann meist zu einem Schließen-Symbol, z. B. einem Kreuz (siehe Abbildung 28.3).

Vorteil dieses Navigationskonzepts ist, dass es eine große Anzahl an Menüpunkten unterbringt, wenn notwendig auch in einer zweistufigen Form (z. B. als Akkordeons, siehe Abschnitt 28.5). Allerdings hat diese Art der Navigation auch ihre Nachteile, die uns Nutzer in Usability-Tests mit ihrem Verhalten auch immer wieder bestätigen:

▶ Die Menüpunkte werden hinter einem Icon versteckt und sind nicht sofort ersichtlich. Der Nutzer muss also erst nachsehen, welche Informationen angeboten werden, um herauszufinden, was die Anwendung bietet.

- ▶ Das Hauptmenü muss per Klick/Touch auf das Icon explizit aufgerufen werden. Dies ist also mit einer Interaktion und damit Aufwand für den Nutzer verbunden.
- ▶ Der Nutzer muss sich die Menüpunkte merken, da sie nach dem Schließen des Hauptmenüs nicht mehr sichtbar sind. Das geht zulasten des Arbeitsgedächtnisses und erfordert höhere Konzentration.

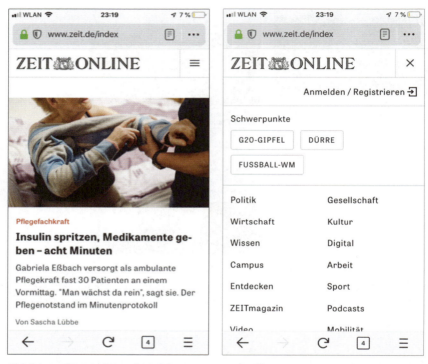

Abbildung 28.3 Bei Touch auf das Burger-Icon öffnet sich das Hauptmenü auf Zeit.de und legt sich über den kompletten Screenbereich.

Das bekannteste Icon, über das ein Navigationsmenü erreichbar ist, ist das so genannte *Hamburger-Icon* oder kurz *Burger-Icon*. Diese gibt es in unterschiedlichen Gestaltungen. Vereinzelt sieht man auch andere Symbole (siehe Abbildung 28.4).

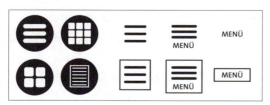

Abbildung 28.4 Neben dem weit verbreiteten Burger-Icon, das es in verschiedenen Varianten gibt, sieht man gelegentlich auch andere Symbole zur Kennzeichnung eines Navigationsmenüs.

Trotz seiner weiten Verbreitung ist das Burger-Icon (oder auch ein anderes Icon) nicht die beste Option zur Kennzeichnung. Aus Usability-Tests und auch Studien anderer wissen wir, dass Menüs mit solchen Icons häufig nicht gut genutzt werden – wobei es auf Desktop-Seiten, auf denen diese Navigationsform mit der Verbreitung des responsiven Webdesigns Einzug gehalten hat, häufiger zu Problemen führt. Auf dem Smartphone wird es besser angenommen. Gründe dafür sind zum einen, dass das Icon in Relation zur Screengröße auf Smartphones schneller auffällt und damit leichter auffindbar ist. Zum anderen ist dieses Navigationskonzept auf mobilen Endgeräten gängiger und nicht zuletzt aus Apps gelernt. Allerdings beobachtet man auch bei den verschiedenen Varianten des Burger-Icons Unterschiede in der Nutzung. Anstelle des alleinstehenden Icons funktioniert bei Nutzern die Variante mit einem Label (also Burger-Icon mit dem Label *Menü*) besser. Oder auch die bloße Textform ohne jegliches Icon, also einfach das Label *Menü*. Einen positiven Effekt auf die Nutzungshäufigkeit hat auch eine Umrandung (siehe Abbildung 28.4). Sie verdeutlicht, dass es sich um einen Button bzw. ein Navigationselement handelt und dieses also klickbar ist. Die Varianten mit Umrandung sind also denen ohne Rahmen vorzuziehen.

Aufgrund dieser Erkenntnisse sollten Sie die Nutzung des Navigationsmenüs mit Burger-Icon kritisch hinterfragen. Arbeiten Sie daher bei Desktop-Anwendungen immer mit einer sichtbaren Hauptnavigation, beispielsweise der horizontalen Navigationsleiste. Für die mobile Ausgabe auf Smartphones bieten sich entweder die Tableiste (siehe Abschnitt 28.1) oder auch das Wiederaufgreifen und Listen zentraler Menüpunkte am Ende des Inhaltsbereichs an (siehe Abschnitt 28.3).

28.3   Navigationshub

Ein *Navigationshub* (das englische *Hub* bedeutet Drehscheibe oder Drehkreuz) ist eine Seite, in der Regel die Startseite, die zentrale Menüpunkte enthält. Diese Art der Navigation findet sich häufig in Apps, wobei auf dem Startbildschirm die Menüpunkte aufgelistet werden, die am häufigsten gebraucht werden. Häufig ist die Startseite bei dieser Navigationsform nur diesen Hauptmenüpunkten gewidmet, weitere Inhalte sind meist nicht zu sehen (siehe Abbildung 28.5).

Möchte der Nutzer nach einer Interaktion einen weiteren Menüpunkt aufrufen, muss er bei dieser Menüform wieder zum Navigationshub zurückkehren und dann eine andere Option auswählen. Das ist sehr aufwendig und umständlich. Für Anwendungen, die viel Content anbieten oder bei denen keine spezifischen Interaktionen durchgeführt werden, ist diese Form daher nicht zu empfehlen. Allerdings kann dieser Navigationsansatz für Anwendungen interessant sein, auf denen Nutzer in der Regel wenige und sehr spezifische Aufgaben erledigen (z. B. das Buchen oder der

Check-in für einen Flug). Nach Erledigung dieser Aufgabe verlässt der Nutzer die Anwendung dann meist wieder und nutzt keinen weiteren Navigationspunkt. In diesem Fall ist ein Navigationshub ein sehr effizienter Verteilungspunkt.

Abbildung 28.5 Die Lufthansa-App bietet auf dem Startbildschirm zentrale Navigationspunkte, hier sind es häufige Anwendungsfälle der Nutzer. Zusätzlich gibt es noch ein Navigationsmenü mit einem Burger-Icon rechts oben.

28.4 Mega-Dropdown-Menü

Mega-Dropdown-Menüs nutzen viele Desktop-Anwendungen und machen dem Nutzer eine meist zweidimensionale Navigationsstruktur (Haupt- und gruppierte Untermenüpunkte) zugänglich. Bei Mouseover auf einen Hauptmenüpunkt öffnet sich das Mega-Dropdown und zeigt meist gruppierte Menüpunkte an. Die Punkte sind in Kategorien gruppiert – durch entsprechende Gestaltung, durch Typografie oder auch Icons. Mit gut gestalteten Mega-Dropdowns bekommt der Nutzer sofort einen Überblick über mehrere Ebenen (siehe Abbildung 28.6).

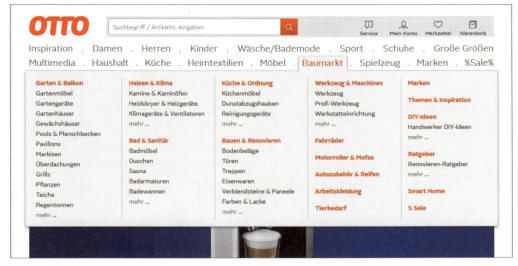

Abbildung 28.6 Otto.de macht dem Nutzer seine breite Produktpalette mit einem Mega-Dropdown-Menü zugänglich.

Für eine nutzerfreundliche Umsetzung des Mega-Dropdowns sollten Sie folgende Aspekte bei der Konzeption und Gestaltung berücksichtigen:

▸ Setzen Sie das Mega-Dropdown so um, dass es auf Interaktion (Mouseover) des Nutzers verzögert reagiert. Hintergrund ist, dass versehentliche Mausbewegungen des Nutzers die Anzeige des Mega-Dropdowns nicht auslösen sollten. Sprich: Bei Mouseover sollte es sich nicht zu schnell öffnen, sonst wirkt die Seite unruhig. Und bei Mouseout, also wenn der Mauszeiger die Fläche des Mega-Dropdowns verlässt, darf es sich nicht zu schnell schließen, da die Nutzer sonst Gefahr laufen, das Menü versehentlich zu verlassen. Don Norman von der Nielsen Norman Group empfiehlt z. B. eine Verzögerung von 0,5 Sekunden.

▸ Der Nutzer muss den Unterschied zwischen Mega-Dropdown und der restlichen Seite klar erkennen können. Im Hintergrund muss die aktuelle Seite noch zu sehen sein. Die Nutzer gehen sonst häufig davon aus, dass sie bereits auf der neuen Seite gelandet sind – weil sie denken, dass sie den Hauptmenüpunkt ausgewählt haben. Gestalten Sie daher das Mega-Dropdown nicht bildschirmfüllend (so wie in Abbildung 28.7). Das hat auch den Vorteil, dass der Nutzer das Mega-Dropdown durch Mouseout verlassen kann. Alternativ können Sie durch eine andere Hintergrundfarbe oder durch Rahmen und Schlagschatten kennzeichnen, dass es sich um ein Mega-Dropdown handelt.

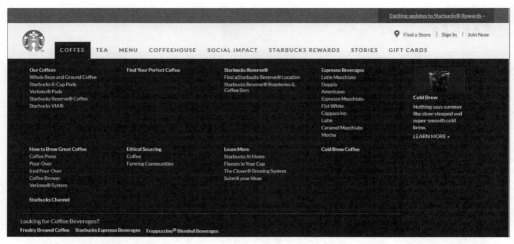

Abbildung 28.7 Ein Mega-Dropdown sollte nie bildschirmfüllend umgesetzt werden, so wie es hier bei Starbucks der Fall ist.

▶ Strukturieren Sie die Inhalte und Links im Mega-Dropdown sinnvoll, und vermeiden Sie zu viele Optionen. Ansonsten ist der Nutzer von der Vielfalt schnell erschlagen. Die Menüpunkte sollten für den Nutzer einfach zu scannen sein. Ordnen Sie daher die Menüpunkte bzw. Gruppierungen vertikal an, und heben Sie die Ebenen bzw. Gruppierungen visuell hervor (z. B. durch Abstände, Einrückungen, Aufzählungszeichen, Icons oder typografische Gestaltung). Die oberste Ebene sollte dabei stärker auffallen und ebenfalls klickbar sein (siehe rote Oberkategorien in Abbildung 28.6).

28.5 Akkordeonmenü

Das Akkordeonmenü wird meist auf mobilen Websites oder Apps mit vielen Kategorien/Menüpunkten eingesetzt und eignet sich für bis zu zwei Navigationsebenen (siehe Abbildung 28.8). Der Nutzer öffnet durch Touch bzw. Klick auf eine Oberkategorie im Bereich darunter die jeweiligen Unterkategorien. Durch erneutes Tippen auf die Oberkategorie schließt sich dieser Bereich wieder.

Vorteil dieser Umsetzung ist eine komprimierte Darstellung zahlreicher Menüpunkte, gerade auch auf mobilen Endgeräten. Häufig ist dies das mobile Pendant zum Mega-Dropdown. Diese Navigationsform kann auch weiter verschachtelt werden, um mehrere Navigationsebenen abzubilden. Vermeiden Sie aber nach Möglichkeit mehr als drei Ebenen, da der Aufwand für den Nutzer, sich einen Überblick durch Öffnen und Schließen der Menüpunkte zu verschaffen, sehr hoch ist.

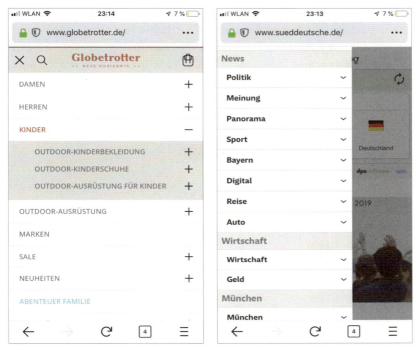

Abbildung 28.8 Verschiedene Formen von Akkordeonmenüs auf den mobilen Websites von Globetrotter (links) und Süddeutsche (rechts)

Zahlreiche Hinweise und weiterführende Details zum Akkordeonmenü finden Sie in Kapitel 44, »Aufklappelemente/Akkordeons richtig umsetzen«.

28.6 Off-Canvas-Navigation, Off-Canvas-Flyout

Unter einer *Off-Canvas-Navigation* oder einem *Off-Canvas-Flyout* versteht man ein Gestaltungsmuster, bei dem die Navigation seitlich außerhalb des Anzeigebereichs der Anwendung platziert ist und vom Nutzer über ein Menü-Icon (siehe Abschnitt 28.2, »Navigationsmenü mit Burger-Icon, Hamburger-Menü«) in den sichtbaren Bereich geholt werden kann. Meist fährt die Navigation von links herein und schiebt den Inhaltsbereich nach rechts weg. Es gibt aber auch die umgekehrte Richtung (siehe Abbildung 28.9).

Dieses Navigationskonzept hat vor allem den Vorteil, dass es viel Platz für die Navigation bereithält (die Navigation kann nach Einfahren vertikal gewischt werden), und bietet sich daher besonders auf mobilen Endgeräten an. Im Zuge der responsiven Website-Konzepte sieht man diese Form der Navigation auch auf Tablet- und sogar Desktop-Anwendungen. Wir raten allerdings davon ab, die Navigation auf großen Bildschirmen hinter einem Menü-Icon zu verstecken. Auch wenn Sie verschiedene Navigationsmechanismen für die unterschiedlichen Endgeräte vorhalten müssen, spricht die schlechte Auffindbarkeit und Sichtbarkeit dieser Navigationsart auf großen Bildschirmen dagegen. Hintergründe und Details dazu finden Sie in Abschnitt 28.2.

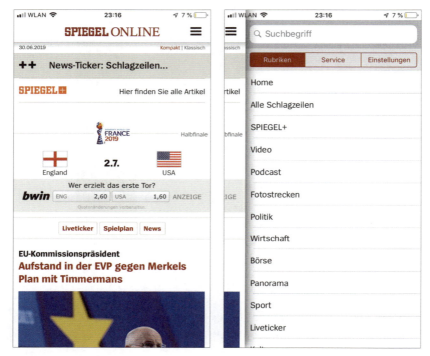

Abbildung 28.9 Der Spiegel nutzt in seiner App ebenfalls eine Off-Canvas-Navigation, allerdings fährt diese von rechts hinein und schiebt den Inhaltsbereich nach links weg.

Checkliste für die Gestaltung einer nutzerfreundlichen Navigation

Die Nielsen Norman Group hat eine Checkliste mit 15 UX-Guidelines entwickelt, die Sie bei der Gestaltung der Navigation berücksichtigen sollten. Diese Leitlinien gelten übergreifend und unabhängig vom gewählten Navigationskonzept.

Eine deutsche Übersetzung der in Englisch verfassten Checkliste finden Sie unter *bnfr.de/ux041*.

Kapitel 29

Kopfzeilen – Header nutzenstiftend umsetzen

Die Kopfzeile hat die Aufgabe, alle zentralen Elemente zur Navigation und Orientierung zu beinhalten: das Logo, das Hauptmenü, die Metanavigation sowie die Suchfunktion.

Die *Kopfzeile* – die Begriffe *Header* oder *Headerbereich* sind gängiger – ist der Bereich der Anwendung, der eine sehr prominente Platzierung genießt, und zwar am oberen Rand, im sofort sichtbaren Bereich der Anwendung. Von ihrer nutzerfreundlichen Gestaltung hängt es ab, ob ein Nutzer sich auf der Website oder in der App zurechtfindet, Zugang zu den gewünschten Inhalten erhält, sich in jedem Kontext orientieren und die Struktur der Anwendung verstehen kann. Zudem hat die Kopfzeile die Aufgabe, dem Nutzer auf den ersten Blick Orientierung zu geben und ihm zu zeigen, dass er auf der richtigen Website gelandet ist. Innerhalb von Bruchteilen von Sekunden muss sie vermitteln, dass die Anwendung seriös ist und die gesuchten Inhalte bieten kann. Dabei sind auch einige Standards hinsichtlich Aufbau und gelernten Elementen zu berücksichtigen, an denen der Nutzer dies festmacht.

29.1 Zentrale Elemente eines Headers auswählen und erwartungskonform platzieren

Um dem Nutzer Orientierung, Struktur und Zugang zu Inhalten zu bieten, müssen Sie in den *Header* bestimmte Elemente integrieren. Dabei gibt es einige Elemente, die zwingend vorhanden sein müssen, wie etwa das Logo, die Metanavigation oder die Suchfunktion. Darüber hinaus gibt es Elemente, die von Anwendung zu Anwendung variieren, je nachdem, welcher Art die Anwendung ist und welche Zielsetzung sie verfolgt. Bei einem Onlineshop müssen Sie beispielsweise im *Header* den Warenkorb unterbringen, bei internationalen Seiten dort die Sprachwahl.

29.1.1 Logo

Platzieren Sie das Logo durchgängig an derselben Stelle, und zwar oben links im Headerbereich (siehe Abbildung 29.1). Damit bieten Sie dem Nutzer Orientierung. Er weiß zu jeder Zeit und auf allen Unterseiten/Teilbereichen der Anwendung, um welche Site es sich handelt. Er kann sicher sein, dass er sich immer noch auf der gleichen Website befindet. Beachten Sie auch, dass das Logo verlinkt sein und auf die Startseite zurückführen muss. Dies ist eine gelernte Funktion.

29.1.2 Suchfunktion

Platzieren Sie die Suchfunktion, sofern Sie eine auf Ihrer Website anbieten, rechts oben im Headerbereich, unterhalb der Metanavigation (siehe Abschnitt 29.1.5). Ausnahme sind Onlineshops, bei denen die Suchfunktion aufgrund ihrer hohen Relevanz oben mittig erwartet wird (siehe Abbildung 29.2). Bei mobilen Anwendungen können Sie den Zugang zur Suche aufgrund des eingeschränkten Platzes auf ein Icon reduzieren; das ist mittlerweile vom Nutzer gelernt. Weiteres zur Ausgestaltung der Suchfunktion finden Sie in Kapitel 47, »Suchfunktionen zielführend gestalten«.

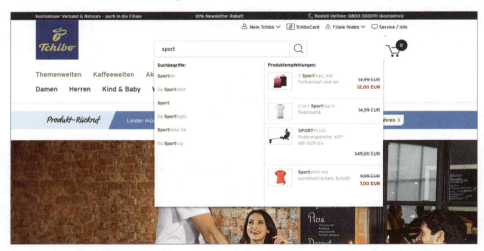

Abbildung 29.1 Tchibo positioniert seine Suchfunktion mittig im Headerbereich, direkt rechts vom Logo.

29.1.3 Sprachwahl

Bieten Sie Ihre Anwendung in unterschiedlichen Sprachen an, binden Sie die Sprachwahl ebenfalls im Header ein. Der Button zum Sprachwechsel wird üblicherweise oben rechts zusammen mit der Metanavigation positioniert. Wie Sie die Sprachwahl erwartungskonform und international verständlich umsetzen, lesen Sie in Kapitel 33, »Sprachwahl und mehrsprachige Sites«.

Abbildung 29.2 Auf dem offiziellen Tourismusportal von Tirol ist die Sprachwahl prominent auf gleicher Höhe wie die Hauptnavigation positioniert. Der Header ist sehr schmal gehalten.

29.1.4 Warenkorb

Onlineshops weichen von anderen Websites dahingehend ab, dass sie im Headerbereich den Warenkorb und weitere zentrale Zugänge zu kundenspezifischen Informationen (Registrieren, Login, Kundenkonto, Merkzettel) beinhalten. Platzieren Sie diese Funktionalitäten nicht an anderer Stelle, da sie vom Nutzer dort erwartet werden und zwingend im sichtbaren Bereich der Seite sein sollten.

Während Sie die Funktionen wie Registrieren/Login, »Mein Konto« oder einen Merkzettel als einfache Links in die Metanavigation integrieren können, muss der Warenkorb prominent, also idealerweise mit einem aussagekräftigen Symbol/Icon (z. B. Einkaufstüte, Einkaufswagen), dargestellt werden. *Interaktiv* bedeutet, dass mit einer Zahl die Anzahl der bereits hinzugefügten Produkte, teilweise auch der Gesamtbetrag, angezeigt wird.

29.1.5 Metanavigation, übergreifende Funktionalitäten

Websites verfügen oft auch über übergreifende Funktionalitäten, Dienste und Inhalte, die keiner inhaltlichen Hierarchie zugeordnet werden können und dem Nutzer dennoch Mehrwert stiften. Bündeln Sie derartige Dienste und Funktionalitäten in der so genannten *Metanavigation*, und binden Sie diese rechts oben in Form von Links ein. Zu den gängigen Inhalten einer Metanavigation gehören:

- Kontakt (teilweise Callcenter-Nummer)
- Hilfe
- Anmelden (Zugang zu personalisierten Inhalten)

Die Punkte variieren je nach Anwendung. Bei Medienseiten beispielsweise finden sich in der Metanavigation häufig Links zu Abonnenten-Informationen, zum Pressearchiv oder zu personalisierten Inhalten. Bei Onlineshops sind in der Metanavigation auch Zugänge zu Merkzettel, Bestellhistorie, Kundenkonto etc. eingebunden.

Setzen Sie die Links in der Metanavigation sehr bedacht ein. Sie dürfen keinesfalls von den zentralen Funktionalitäten wie der Hauptnavigation, dem Warenkorb, der Suchfunktion oder der Sprachwahl ablenken. Mit je weniger Elementen Sie hier auskommen, desto besser.

29.2 Darstellung auf mobilen Endgeräten

Auf mobilen Endgeräten haben naturgemäß aufgrund der geringeren Bildschirmgröße nicht alle zuvor genannten Elemente Platz. Das Minimum auf mobilen Endgeräten sind Logo und der Zugang zum Hauptmenü, der oft über das so genannte *Burger-Icon* erfolgt (was nicht unproblematisch ist, siehe Kapitel 28, »Navigationskonzepte – Mega-Dropdowns, Flyouts, Hamburger-Menü, Off-Canvas«). Auf der Mehrzahl der Anwendungen, die auch eine Suchfunktion anbieten, findet sich der Zugang zu dieser ebenfalls im Headerbereich der mobilen Ausgabe. Hier hat sich das Lupensymbol durchgesetzt (siehe Kapitel 47, »Suchfunktionen zielführend gestalten«). Bei E-Commerce-Anwendungen sind selbstverständlich auch der Warenkorb, der Login sowie gelegentlich auch die Merkzettel-Funktionalität im Header untergebracht. Dieser wird entsprechend größer und nimmt mehr Fläche auf der mobilen Ausgabe ein.

Die Metanavigation wird oft in die Hauptnavigation integriert bzw. ist über diese erreichbar. Die Sprachwahl erfolgt zunächst über eine Lokalisierung, d. h., je nachdem, in welchem Land der Zugriff auf die mobile Website erfolgt, wird die jeweilige Landessprache ausgespielt. Über das Menü sollte eine Änderung aber ebenfalls möglich sein.

29.3 Headerverhalten im Navigationsfluss

Bei einigen Anwendungen – Desktop wie mobil – finden sich fixierte Headerbereiche, so genannte *Sticky Header*. Scrollt ein Nutzer auf einer Seite, bleibt der *Header* oder eine reduzierte Form davon am oberen Browserrand stehen. Beim Scrollen verschwindet der Content dann unterhalb dieses fixierten Headers. Der Nutzer hat so die zentralen Navigationselemente (im Wesentlichen das Hauptmenü) immer im direkten Zugriff. Eine Studie hat gezeigt, dass Nutzer bei dieser Art der Umsetzung bis zu dreimal häufiger auf das Menü zugreifen. Ein weiterer Vorteil ist die Einbettung in den Kontext durch das Anzeigen des Logos. Der Nutzer weiß stets, auf welcher Seite er sich befindet.

Sticky Header haben sich vor allem auf Sites mit einer konkreten Zielsetzung, also beispielsweise dem Kauf eines Produkts, als nützlich erwiesen. Hier konnte durch Einsatz des fixierten Headers eine Steigerung der Konversionsrate um bis zu 10 Prozent nachgewiesen werden. Des Weiteren machen sie Sinn für Websites mit sehr langen Seiten, auf denen sich Nutzer schneller verlieren können. Das lange Heraufscrollen bis zum Header und damit zum Zugriff auf die Hauptnavigation kann ohne weitere Hilfen in Form von Sprungmarken sehr mühsam sein. Sie sollten aber in jedem Fall Ihre Nutzerschaft bedenken. Sind Ihre Nutzer versierte Internetnutzer oder tun sie sich ohnehin schon schwer, vor allem mit mobilen Anwendungen? Dann sollten Sie vor der Einführung eines Sticky Header unbedingt mit diesen testen.

Nachteilig kann ein Sticky Header dann sein, wenn der Headerbereich sehr hoch ist und viel Platz in der Vertikale einnimmt. In diesem Fall verdeckt er beim Scrollen viel vom eigentlichen Inhalt der Website, und Nutzer können sich dadurch eingeschränkt fühlen. Mobil umso deutlicher spürbar als auf dem Desktop.

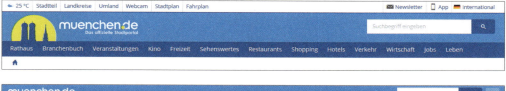

Abbildung 29.3 Nach dem Scrollen wird der Header auf dem Stadtportal von München um die Metanavigation reduziert. Es wird ein kleineres Logo verwendet und die Suchfunktion in der Breite verkleinert. Die zuvor in der Metanavigation positionierte Sprachwahl rutscht rechts neben die Suchfunktion.

Fixieren Sie aus diesem Grund beim Einsetzen des Scrollens den Header nicht nur am Browserrand, sondern verkleinern Sie ihn auch, und reduzieren Sie ihn auf die wesentlichsten Elemente. Bei sehr hohen Logos setzen Sie dann kleinere Varianten ein, reduzieren Menüpunkte in der Höhe oder ersetzen das Hauptmenü eventuell durch das *Burger-Icon*. Prüfen Sie für Ihre Anwendung, welche Elemente Sie umgestalten oder für eine schmale Variante Ihres Headers weglassen können.

> **So realisieren Sie einen nutzerfreundlichen Headerbereich**
>
> 1. Platzieren Sie das Logo durchgängig an derselben Stelle, und zwar oben links im Headerbereich, und verlinken Sie es seitenübergreifend auf die Startseite.
> 2. Platzieren Sie die Suchfunktion rechts oben im Headerbereich, auf mobilen Anwendungen aufgrund des reduzierten Platzes über ein Lupensymbol zu erreichen.
> 3. Bieten Sie Ihre Anwendung in unterschiedlichen Sprachen an, binden Sie die Sprachwahl oben rechts zusammen mit der Metanavigation ein.

4. Betreiben Sie einen Onlineshop, dann stellen Sie den Warenkorb prominent, also idealerweise mit einem aussagekräftigen Symbol/Icon (z. B. Einkaufstüte, Einkaufswagen), rechts oben dar.

5. Bündeln Sie zentrale Dienste und Funktionalitäten in der so genannten Metanavigation, und binden Sie diese rechts oben in Form von Links ein.

Kapitel 30
Fußzeilen – Footer sinnvoll gestalten

Die Fußzeile hat nicht nur die Aufgabe, eine Seite am unteren Rand abzuschließen. Vielmehr können und sollten Sie den Nutzer hier abholen und weiterführen – mit wichtigen übergreifenden Informationen und zusätzlichen Diensten.

Die *Fußzeile*, im Webdesign häufiger *Footer* genannt, schließt die Website am unteren Browserrand ab. Sie sollten dem Footer nicht weniger Aufmerksamkeit schenken als anderen Bereichen Ihrer Website. Der Footer hat die essenzielle Aufgabe, den Nutzer – sollte er bis unten gescrollt und noch weitere Fragen und Wünsche haben – entsprechend mit weiteren Informationen und Navigationswegen zu versorgen. Eine nicht zu unterschätzende Funktion, da sie den Nutzer weiterführt und unter Umständen vom Verlassen der Website abhält.

30.1 Elemente zweckgebunden im Footer platzieren

Je nach Zielsetzung und Art der Website sieht der Footer unterschiedlich aus. Er soll einen Zweck erfüllen, der zur Website passt. Demnach sind dort in Onlineshops auf jeden Fall Links zu den AGB, Lieferbedingungen sowie Zahlungsinformationen und Zertifikate untergebracht, während auf reinen (Produkt-)Portfolio- oder Marken-Websites eher Social-Media-Links, Kontaktdaten und eine Newsletter-Anmeldung zu finden sind. Umfangreiche Websites wie Medienportale oder Blogs bieten häufig kleinere Sitemaps, Sammlungen mit den meistgelesenen Artikeln oder Verlinkungen zu den neuesten Inhalten an.

Demnach zeigt die folgende Auflistung die Bandbreite der gängigsten Footer-Elemente. Aus den oben genannten Gründen werden Sie nie alle dieser Elemente in einem Footer finden. Wählen Sie die für Ihre Website relevanten Elemente aus.

30.1.1 Metanavigation

Die so genannte Metanavigation umfasst seitenübergreifende Links, die teilweise rechtlich relevant sind (z. B. Impressum) oder unabhängig von der Menüstruktur bzw. den Inhaltskategorien von Interesse sind (z. B. Zahlungsinformationen, AGB).

Die folgenden Informationen sollten Sie – je nach Art Ihrer Website – in der Metanavigation im Footer integrieren:

- **Über uns**
  Insbesondere auf B2B-Websites, Portfolio-Websites oder Blogs ist es sinnvoll, eine kurze Unternehmensdarstellung, eventuell auch mit einer Teamdarstellung, zu verlinken. Nur wenn Sie dies in wenigen Sätzen oder einem knappen Statement zusammenfassen können, integrieren Sie es direkt in den Footer. Meist nimmt dies aber zu viel Platz weg und geht zulasten anderer Elemente. Verlinken Sie dann auf eine eigene »Über uns«-Unterseite.

- **Kontakt**
  Ähnlich ist es mit den Kontaktdaten. Sie sollten auf jeden Fall auf eine ausführliche Kontakt-Unterseite verlinken, auf der Sie beispielsweise auch ein eigenes Kontaktformular integrieren können. Sinnvoll kann auch die direkte Nennung von E-Mail-Adresse und Telefonnummer sein. Bei Ladengeschäften und Ähnlichem geben Sie die volle Adresse an, und setzen Sie eine Verlinkung zu einer Kartennavigation.

- **Impressum**
  Verpflichtend für jeden Website-Betreiber ist ein Impressum, also die Anbieterkennzeichnung, die gemäß Telemediengesetz (TMG) für jeden Nutzer »leicht erkennbar, unmittelbar erreichbar und ständig verfügbar« auf der Website gehalten werden muss. Ein üblicher und für die Nutzer erwartungskonformer Zugriff ist über den Footer. Hier ist ein Link auf eine eigenständige Seite mit den geforderten Angaben (siehe TMG § 5 Allgemeine Informationspflichten) zum Impressum ausreichend.

- **Datenschutzerklärung**
  Ergänzend zum Impressum sollten Sie eine Datenschutzerklärung als separaten Link anbieten, in dem Sie die rechtlich notwendigen Angaben hinterlegen.

- **Allgemeine Geschäftsbedingungen (AGB)**
  Sofern Sie Produkte oder kostenpflichtige Dienstleistungen anbieten, empfiehlt es sich, Ihre allgemeinen Geschäftsbedingungen (AGB) über den Footer portalübergreifend für den Nutzer direkt erreichbar zu machen. Die Positionierung dort ist Standard und wird von den Nutzern erwartet.

- **Zahlungs- und Lieferinformationen**
  Bei Onlineshops erwarten die Nutzer im Footer zudem Angaben zu den Zahlungs- und Lieferbedingungen. Integrieren Sie sowohl die Bedingungen (z. B. Fristen, Lieferzeiten, Transportunternehmen) als auch die akzeptierten Zahlungswege (Rechnung, Überweisung, PayPal, Kreditkarte etc.) und gegebenenfalls Informationen zu den Zertifizierungen.

Abbildung 30.1 Amazon bietet in seinem Footer direkt Links zu allen Zahlungsarten sowie zu weiterführenden Informationen bezüglich Lieferung, Versand, Rückgabe und Ersatz an.

30.1.2 Kontaktdaten

Ergänzend zur Verlinkung auf eine Kontaktseite (siehe Abschnitt 30.1.1, »Metanavigation«) sollten Sie die jeweils relevanten Kontaktdaten auch direkt im Footer anzeigen.

Abbildung 30.2 Im Footer von Hugendubel.de finden sich die Hotline-Telefonnummern inklusive der verfügbaren Zeiten; auch Informationen zu akzeptierten Zahlungsarten und Lieferunternehmen werden angezeigt.

Wenn Sie ein Callcenter oder eine Service-Hotline betreiben, geben Sie die Telefonnummer an. Eine E-Mail-Adresse für weitere Anfragen und Services sollte ebenfalls direkt genannt werden sowie eine postalische Adresse, sofern Sie ein stationäres Geschäft oder ein Büro, eine Praxis o. Ä. haben.

30.1.3 Sitemap

Bei umfangreichen Seiten sollten Sie erwägen, eine Sitemap im Footer zu integrieren. Sie muss nicht alle Inhalte abbilden, aber sinnvolle Kategorien mit den meistgelesenen Artikeln.

Abbildung 30.3 Apple bietet in seinem Footer andere Kategorien als in der Hauptnavigation und eine Sitemap, die nach Produkten/Produktreihen strukturiert ist.

30.1.4 Newsletter-Anmeldung

Newsletter sind eine sehr attraktive Kundenbindungsmaßnahme. Um dem Nutzer direkten Zugriff auf die Anmeldung hierzu zu bieten, integrieren Sie die Anmeldemöglichkeit im Footer. Ein Eingabefeld für die E-Mail-Adresse mit einem aussagekräftigen Label wie »Newsletter bestellen«, »monatlichen Newsletter abonnieren« o. Ä. ist ausreichend. Bei Eingabe und Drücken von ⏎ oder Klick auf den entsprechenden Button sollte der Nutzer auf eine Folgeseite geleitet werden, auf der er freiwillige weitere Angaben (Vorname, Nachname, gegebenenfalls Themen im Newsletter) machen und die Datenschutzhinweise bestätigen kann. Zusätzlich sollten Sie einen Link zu weiteren Informationen zum Newsletter vorsehen.

30.1.5 Social Media

Nutzer, die Social-Media-Präsenzen zu einer Website besuchen möchten, suchen nach den Verlinkungen dahin im Footer. Dort erwarten sie vor allem die bekannten und gelernten Icons für die Portale Facebook, Twitter, Instagram etc. (siehe Abbildung 30.4). Integrieren Sie diese Icons, sofern Sie Social-Media-Präsenzen haben. Bei Marken-Websites, redaktionellen oder auch touristischen Websites bietet es sich zudem an, Inhalte aus den Social-Media-Präsenzen auf der Website zu integrieren, d. h. beispielsweise Bilder aus einem Instagram-Profil als Bildergalerie. Je nach weiteren Elementen kann der *Footer* diese mit beinhalten.

30.1.6 Sprungmarken nach oben

Eine *Sprungmarke* nach oben zum Anfang der Website, die im Footer erwartungskonform platziert wird, ist nutzerfreundlich und insbesondere bei langen Websites sinnvoll. Damit ersparen Sie dem Nutzer das Scrollen bis zum Anfang der Seite – auf der Desktop-Anwendung wie mobil. Diese Sprungmarke wird üblicherweise direkt oberhalb des Footers (siehe Abbildung 30.1) oder aber am unteren Ende (siehe Abbildung 30.4, dort rechts unten) platziert.

Abbildung 30.4 Tirol.at hat im Footer neben ihrer Metanavigation auch Verlinkungen auf Social-Media-Kanäle und eine Sprungmarke nach oben.

30.2 Darstellung auf mobilen Endgeräten

Der Footer auf mobilen Endgeräten beinhaltet im Wesentlichen dieselben Elemente wie der für Desktop-Anwendungen. Bieten Sie Sitemaps allerdings besser in reduzierter Form an, und stellen Sie diese vor allem anders dar. Anstelle von Linklisten sind hier Aufklappelemente gängig (siehe Abbildung 30.5; mehr dazu in Kapitel 44, »Aufklappelemente/Akkordeons richtig umsetzen«). Ebenso finden sich in mobilen Footern auch redundante Elemente aus dem *Header* wieder, z. B. der Zugriff auf die Volltextsuche.

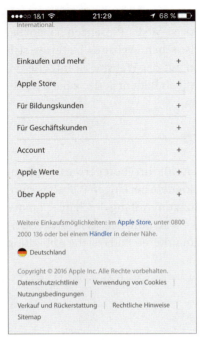

Abbildung 30.5 Die Sitemap wird bei der mobilen Website von Apple über Aufklappelemente dargestellt und ist damit auch bei Touchbedienung nutzerfreundlich.

Denken Sie zudem daran, per Link auf Ihre Desktop-Website zu verweisen. Das ist insbesondere dann relevant, wenn das Inhaltsangebot Ihrer mobilen Website nicht in vollem Umfang dem der Desktop-Variante entspricht.

> **So realisieren Sie einen nutzenstiftenden Footerbereich**
> 1. Nutzen Sie den Footerbereich sinnvoll. Gestalten Sie den Footer je nach Zielsetzung und Art der Website aus.
> 2. Binden Sie eine Metanavigation mit seitenübergreifenden Links (z. B. Impressum) sowie möglicherweise thematisch interessante Verlinkungen ein.
> 3. Integrieren Sie Verlinkungen zu Ihren Social-Media-Präsenzen als Icons.
> 4. Setzen Sie bei langen Websites eine Sprungmarke nach oben zum Anfang der Website ein.

Kapitel 31
Farbe, Ästhetik und Usability

Farbe ist etwas sehr Emotionales – jeder Mensch hat eine Meinung zur Farbe einer Anwendung. Und doch gibt es wissenschaftliche Kriterien, die uns helfen, Farben zu wählen, die nicht nur gefallen, sondern auch funktionieren.

Ist Blau Ihre Lieblingsfarbe? Dann sind Sie mit höherer Wahrscheinlichkeit männlich. Das ist nichts Angeborenes, und doch gibt es geschlechtsspezifisch starke Unterschiede bei den Vorlieben für bestimmte Farben. Bei einer Studie mit 232 Personen aus 22 Ländern sagten 57 Prozent der Männer, dass Blau ihre Lieblingsfarbe ist. Blau war aber nur von 35 Prozent der Frauen die Lieblingsfarbe – das reichte trotzdem auch bei ihnen für Platz eins. Auf Platz zwei kam bei den Frauen Lila mit 23 Prozent – 0 Prozent der Männer gaben das als Lieblingsfarbe an. Von solchen Studien liest man immer wieder, doch bei der Gestaltung von Apps oder Websites helfen sie kaum. Denn zu sehr hängt es von weiteren Faktoren ab, ob den Nutzern die farbliche Gestaltung gefällt. Es kommt auf den genauen Ton der Farbe an. Und es kommt darauf an, *wofür* Sie die Farbe einsetzen. Als Akzent sind leuchtende Farben gut geeignet – als Hintergrundfarbe können sie bewusst oder unbewusst auf Dauer stören.

Die Gründe für Farbpräferenzen sind vielfältig:

- Kulturkreis
- Geschlecht
- Alter
- Mode
- Erfahrung
- Persönlichkeit

Beim letzten Punkt sollten Sie vorsichtig sein: Hier liest man viel Küchenpsychologie in der Art, dass Farbvorlieben die Persönlichkeit widerspiegeln. Das ist wissenschaftlich kaum belegt, und klar ist, dass andere Faktoren als die Persönlichkeit eine viel größere Rolle spielen. Sie können also nicht auf bestimmte Farben zurückgreifen, weil Sie eine bestimmte Zielgruppe ansprechen wollen. Dass männliche Babys blau, weibliche rosa angezogen werden, ist z. B. Mode, Marketing und gesellschaftliche Konvention – und war vor hundert Jahren sogar umgekehrt.

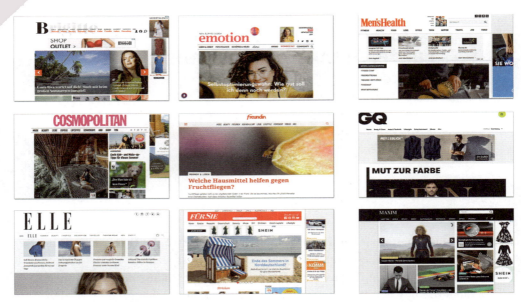

Abbildung 31.1 Sechs Frauenmagazine (links) und drei Männermagazine (rechts). Das Klischee Pink bzw. Blau findet sich hier nicht. Sogar die Männermagazine sind relativ hell gestaltet.

Und schließlich bedenken Sie, dass fast alle solche Angaben zu Farbpräferenzen aus Untersuchungen kommen, bei denen die Nutzer *sagen* sollten, welche Farben sie mögen oder nicht. Wie sie letztlich Anwendungen beurteilen und nutzen, das ist eine ganz andere Frage. Wählen Sie also Farben, die zum Stil Ihrer Marke und Ihrer Anwendung passen – und die aus Usability-Sicht gut funktionieren (dazu gleich mehr). Haben Sie Zweifel, ob Ihre Zielgruppe Ihre Farbwahl gut findet, dann bleibt ihnen nur, mit Nutzern zu testen.

31.1 Was ist Farbe überhaupt?

Farbe entsteht bei der menschlichen Wahrnehmung eines bestimmten Wellenlängenbereichs elektromagnetischer Strahlung – im Alltagsgebrauch sprechen wir von Licht. Das ist ein faszinierendes Thema aus Sicht der Physik, der Neurobiologie und der Psychologie. Aber für die Praxis der User Experience müssen wir nicht ganz so viel darüber wissen. Wichtig ist: Farbe kann Ihre Anwendung nicht nur schöner machen, sie kann auch dafür sorgen, dass sie manche Nutzer nicht mögen oder dass die Anwendung sogar unbenutzbar wird.

Bei der Auswahl von Farben für Anwendungen sind Sie gut beraten, sich zu beschränken – je mehr Farben Sie verwenden, desto unübersichtlicher wird es für die Nutzer. Gute Farbpaletten für Apps oder Websites kommen mit einer Handvoll Farben aus.

Und diese sollten zueinander passen. Mithilfe des Farbkreises (Abbildung 31.2) können Sie z. B. eine Grundfarbe wählen und dann zwei ergänzende Farben, die ganz in der Nähe liegen, als Abstufung. Also etwa ein Orange, dazu ein warmes Gelb und einen Rotton. Wenn unbedingt nötig, nehmen Sie noch eine Komplementärfarbe dazu, im Beispiel also Türkis. Damit können Sie einzelne Elemente hervorheben, die wirklich stark herausstechen sollen.

Abbildung 31.2 Farbe am Computer kann nach unterschiedlichen Systemen dargestellt und ausgewählt werden. Der Farbkreis hilft auch bei der Farbwahl.

Begriffe rund um Farbe

Die folgenden Begriffe begegnen einem immer wieder, wenn man sich mit Farbe beschäftigt:

▶ **Farbton**
Der Farbton oder Farbwert ist das, was wir umgangssprachlich einfach »Farbe« nennen, also etwa Rot oder Blau. Auf dem Farbkreis bezeichnet es die Position der Farbe auf dem Radius. Englisch: *Hue*.

▶ **Sättigung**
Die Sättigung bezeichnet die Intensität. Englisch: *Saturation*.

▶ **Helligkeit**
Die Helligkeit oder der Hellwert einer Farbe bestimmt, wie leuchtend eine Farbe wirkt. Englisch: *Brightness*.

▶ **Farbmodell**
Um die Farben, die Menschen wahrnehmen können, auf Papier oder auf dem Bildschirm darzustellen, gibt es verschiedene Methoden. Farbmodelle versuchen, die Farben möglichst reproduzierbar und nachvollziehbar zu beschreiben. Ein Beispiel ist das HSB-Modell (Hue, Saturation, Brightness – Farbton, Sättigung, Helligkeit).

Abbildung 31.3 Mit Vorsicht einsetzen sollten Sie Komplementärfarben – hier vier Paare, jeweils übereinandergestellt.

Abbildung 31.4 Die App Clear setzt auf Rot in leichten Abstufungen – die wichtigsten Aufgaben sind am intensivsten eingefärbt.

320

31.2 Welche Wirkung hat Farbe?

Farbe ist ein sehr subjektives Thema. Farbe ist ein wesentlicher Teil der visuellen Gestaltung – im Deutschen sprechen wir oft vom »Design«. (Dieser Begriff bezeichnet im englischen Sprachraum viel mehr – die Konzeption gehört mit dazu, daher gibt es dort auch viele UX-Designer, die nicht mit Photoshop und anderen visuellen Werkzeugen umgehen können.)

Die visuelle Gestaltung spielt eine Rolle bei der Usability und eine noch größere bei der User Experience. Gut eingesetzte Farbe kann aus einer gut funktionierenden App eine machen, von der die Nutzer begeistert sind. Und das kommt wiederum der Usability zugute – denn gut gestalteten Anwendungen verzeihen Nutzer leichte Usability-Probleme. Dieser Effekt heißt *Aesthetic-Usability Effect*, zu Deutsch Ästhetik-Usability-Effekt – leider keine sehr eingängige Bezeichnung.

Abbildung 31.5 Farben werden oft bestimmte Eigenschaften zugeordnet. Das ist aber nur ein grober Anhaltspunkt, da kulturell unterschiedlich – und etwas auch von Person zu Person.

Generell gibt es für jede Farbe bestimmte Eigenschaften, die die meisten Menschen mit ihnen verbinden (siehe Abbildung 31.5). Das kann aber immer nur ein grober Anhaltspunkt sein, die wissenschaftliche Grundlage dafür ist dünn. Je nach Kultur und persönlicher Präferenz empfinden unterschiedliche Nutzer möglicherweise die Farben jeweils nicht so wie von Ihnen beabsichtigt.

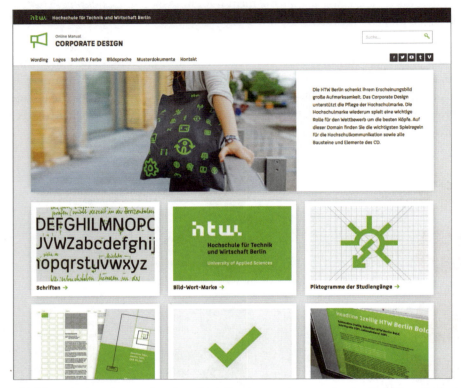

Abbildung 31.6 Farben und andere Gestaltungsvorgaben werden im Farbklima festgelegt, hier bei corporatedesign.htw-berlin.de. Dies ist Teil des Corporate Designs (CD), manchmal spricht man auch allgemeiner von der Corporate Identity (CI).

31.3 Die richtigen Farben für meine Nutzer finden

Aus Sicht der Usability gibt es bei der Farbwahl folgende Grundregeln zu beachten:

- Elemente, die unterschiedliche Farben haben, sollten unterschiedliche Eigenschaften haben (z. B. andere Funktion oder andere Hierarchie/Wichtigkeit).
- Wichtigere Elemente sollten auffälligere Farben haben.
- Insbesondere bei Anwendungen, mit denen man länger arbeitet, sollten die Farben nicht ablenken.
- Der Kontrast zwischen den verschiedenen Elementen muss hoch genug sein.

Die Frage des Kontrasts ist entscheidend. Ist dieser zu gering, machen Sie den Nutzern das Erkennen der Elemente schwer. Das beginnt im Fall von Text unbewusst, und die Lesegeschwindigkeit nimmt z. B. bei zu hellen Texten ab. Die Wahrscheinlichkeit steigt, dass Nutzer solche Texte nicht lesen. Sinkt der Kontrast unter einen bestimmten Wert, wird das auch wahrgenommen und negativ beurteilt. Dieser Wert ist nicht fix, sondern liegt bei jedem Nutzer anders – je nach Gewöhnung, Vorliebe, Sehvermögen und Alter. Und Buttons, die zu wenig Kontrast zu ihrem Hintergrund haben, werden von vielen Nutzern übersehen (mehr zu Buttons in Kapitel 39, »Links und Buttons formatieren und formulieren«).

Abbildung 31.7 Ist der Kontrast zu gering, ist Schrift kaum leserlich.

Alles Weitere ist vor allem eine Frage der visuellen Gestaltung, der Ästhetik, letztlich des Geschmacks. Grafikdesigner beherrschen den Umgang mit Farbe, alle anderen können z. B. mithilfe eines Werkzeugs wie Adobe Color (siehe Abbildung 31.8) Farben zusammenstellen, die zumindest den ästhetischen Grundregeln entsprechen und von den meisten Menschen als passend beurteilt werden.

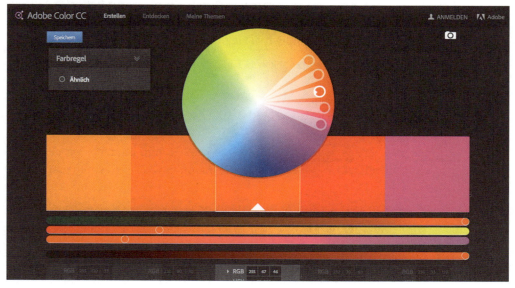

Abbildung 31.8 Adobe Color (color.adobe.com) hilft, passende Farben auszuwählen.

31.4 Fehler bei der Farbwahl vermeiden

Im Folgenden finden Sie Tipps, wie Sie Usability-Probleme vermeiden und die Barrierefreiheit (Accessibility) sicherstellen.

31.4.1 Zu wenig Kontrast

Geringe Kontraste sorgen für ein harmonisches Bild, daher verwenden einige Designer gern grauen Text z. B. vor blauem Hintergrund. Das wird aber schnell unleserlich. Und das nicht nur für Nutzer, die nicht (mehr) so gut sehen, sondern auch für solche, die z. B. im Freien auf ihr Smartphone schauen. Hier sorgen Reflexionen für noch geringere Kontraste – vor allem bei Sonnenschein. Auch schlecht eingestellte Bildschirme haben ungünstige Kontraste.

Abbildung 31.9 Feine Schriften brauchen höheren Kontrast – alle Buchstaben sind in der gleichen Punktgröße gesetzt.

Je kleiner ein Element, desto höher sollte sein Kontrast zum Hintergrund sein. Das bedeutet z. B., wenn Sie eine sehr schmale Schriftart wählen wie *Helvetica Narrow*, dann brauchen Sie einen höheren Kontrast, als wenn Sie z. B. *Gill Sans* verwenden (siehe Abbildung 31.9). Ebenso brauchen Sie mehr Kontrast, wenn Sie die Schrift kleiner setzen.

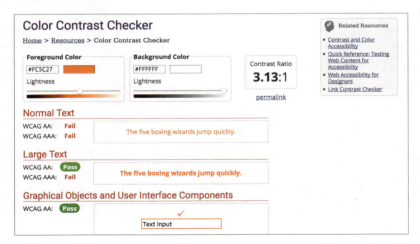

Abbildung 31.10 Auf webaim.org/resources/contrastchecker können Sie prüfen, ob Ihre Farben genug Kontrast haben. Erreichen Sie WCAG AA, ist das ganz gut, WCAG AAA ist sehr gut.

Mit Erfahrung lässt sich gut beurteilen, welche Kontraste ausreichen. Wer sichergehen will, der nutzt ein Werkzeug, um das abzuschätzen. Solche Werkzeuge errechnen, wie hoch der Kontrast bei den verwendeten Farben ist (z. B. für Schrift und Hintergrund). Für den errechneten Faktor gibt es Grenzwerte, die als unbedenklich gelten und für die meisten Nutzer gut erkennbare Kontraste bedeuten. Insbesondere wenn es nicht nur um Schwarz und Weiß geht, ist das sehr hilfreich, denn bei Braun auf Hellgelb zum Beispiel tun sich selbst Profis schwer damit, abzuschätzen, ob der Kontrast für eine gute Leserlichkeit ausreicht (siehe Abbildung 31.10). Die meisten Werkzeuge stützen sich auf die WCAG 2.0 (Web Content Accessibility Guidelines), die die Grundlage für barrierefreie Websites festlegen. Die Guidelines finden Sie unter *bnfr.de/ux017*.

Abbildung 31.11 Apps, bei denen der Inhalt im Vordergrund steht, nutzen Farbe sehr zurückhaltend (von links: Instagram, Dropbox, Twitter). Runtastic, WeatherPro und Duolingo dagegen wollen aktivieren und setzen auf viele kräftige Farben.

31.4.2 Ist Schwarzweiß zu intensiv?

Immer wieder liest man, dass der Kontrast zwischen Schwarz und Weiß zu intensiv sei, vor allem bei Text. Das belaste die Augen und sei schwer zu lesen. Trotz längerer Recherche haben wir dazu keinerlei wissenschaftliche Belege gefunden. Das meiste, was sich dazu findet, sind Aussagen von Designern, die argumentieren, in der Natur gebe es auch kein reines Schwarz – alle Schwarztöne seien dort in Wirklichkeit sehr, sehr dunkle Farben. Das stimmt, aber ein Beleg für Probleme mit der Wahrnehmung ist das nicht. Doch es spricht nichts dagegen, z. B. bei Schrift mit dunklen Grautönen zu arbeiten. Sorgen Sie dabei nur unbedingt für ausreichend Kontrast. Und verwenden Sie dunklen Text vor hellem Hintergrund. Denn dafür, dass weißer Text auf schwarzem Hintergrund schlechter zu lesen ist, gibt es durchaus Belege.

31.4.3 Zu geringe Unterscheidbarkeit – nicht nur bei Rot-Grün-Sehschwäche

Tests haben gezeigt, dass alle Benutzer sich generell schwer damit tun, Elemente nur aufgrund ihrer Farbe voneinander zu unterscheiden. Buttons sollte mal also niemals nur dadurch abgrenzen, dass man ihnen verschiedene Farben gibt. So gesehen ist eine Fußgängerampel besser als die für Autos: Hier unterscheidet sich Rot von Grün zusätzlich zur Position des Lichtsignals auch noch durch das Symbol (stehendes versus gehendes Männchen).

Ein weiteres Problem mit Farben: Fast jeder zehnte Mann und jede hundertste Frau haben eine Rot-Grün-Sehschwäche. Das heißt, sie können die Farben Rot und Grün nicht unterscheiden. Deuteranopie ist der Fachbegriff für Grün-Blindheit, Protanopie für Rot-Blindheit. Dabei sind jeweils die Sehzellen im Auge für die jeweilige Farbe defekt. Es gibt weitere Sehschwächen, die die Farbe betreffen, die aber seltener sind.

Für unsere Websites und Apps heißt das: Wollen Sie nicht knapp fünf Prozent unserer Nutzer vor Probleme stellen, sollten Sie darauf achten, dass Sie keine Farben kombinieren, die Rot-Grün-Blinde nicht auseinanderhalten können. Am einfachsten geht das mit einem Dienst wie *The Color Blindness Simulator – Coblis*. Hier lädt man eine Grafik hoch und kann dann selbst sehen, wie diese von Menschen wahrgenommen wird, die unterschiedliche Farbfehlsichtigkeiten haben. Eine Alternative ist das Chrome-Plug-in *I want to see like the colour blind*. Damit kann man ganze Websites so darstellen lassen, wie sie ein Farbenblinder sehen würde (siehe Abbildung 31.12).

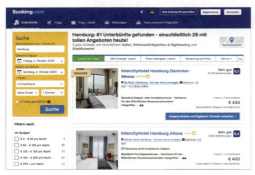

Abbildung 31.12 Booking.com für Normalsichtige (links) und für Menschen mit Deuteranopie (Grünblindheit, rechts)

Online-Tools zum Prüfen der Barrierefreiheit

Unter *bnfr.de/ux018* finden Sie Links zu Werkzeugen, mit denen Sie Ihre eigenen Farben auf Kontrast und Sichtbarkeit für Farbenblinde hin prüfen können.

Kapitel 32
Schriftarten und Textformatierung

Schrift übermittelt Informationen so effizient wie kein anderes Medium. Damit Schrift das aber auch kann, sind einige formale Kriterien zu beachten, die zu schönen wie benutzbaren Anwendungen führen.

Den ersten Eindruck, den Nutzer von unserer Anwendung haben, bestimmt neben der Farbe vor allem die Anordnung der Elemente auf dem Bildschirm. Und dabei spielt Schrift eine zentrale Rolle, weil sie der wichtigste Träger von Bedeutung ist. In vielen Fällen nimmt sie auch anteilig den meisten Raum ein. Aber selbst wenn nur wenige Buchstaben auf einem Screen stehen – sie bestimmen, ob der Nutzer die Anwendung versteht oder nicht. Dabei geht es zwar auch um Ästhetik und emotionale Wahrnehmung. Soll der Nutzer den Text aber lesen, geht es vor allem um Usability – ist die Schrift ohne Anstrengung zu lesen?

Abbildung 32.1 Typografie war ursprünglich die Kunst des Setzens von Typen, also beweglichen Lettern für den Druck. Heute bezeichnet der Begriff auch die digitale Textgestaltung.

32 Schriftarten und Textformatierung

Ob die Nutzer unsere Texte überhaupt entziffern können (Leserlichkeit), das bestimmen diese Faktoren:

▶ Kontrast zwischen Text und Hintergrund (siehe voriges Kapitel)

▶ Schriftgröße – hier sind die Anforderungen unterschiedlich je nach Lichtverhältnissen, Leseabstand und Sehvermögen

▶ Schriftart – Frakturschriften z. B. sind für Ungeübte deutlich schwerer zu lesen

Text sollte möglichst immer vor einem gleichförmigen Hintergrund stehen. Am besten ist dieser einfarbig, zumindest sollte er in sich kaum gemustert sein. Alles andere erschwert die Mustererkennung und damit die Leserlichkeit der Buchstaben. Hält man sich an die obigen drei Punkte, ist es nicht besonders schwer, gute Leserlichkeit zu erreichen, und sie wird praktisch nie mit Nutzern getestet. Will man das doch tun, ist es sinnvoll, die *relative* Lesegeschwindigkeit zu testen. Das heißt, man lässt mehrere Probanden jeweils mehrere Texte lesen und bewertet dann die Geschwindigkeitsdifferenzen zwischen den Texten. Denn die Lesegeschwindigkeit von Mensch zu Mensch unterscheidet sich stark und liegt bei durchschnittlichen bis guten Lesern zwischen 200 und 400 Wörtern pro Minute – Schnellleser erreichen bis zu 1.000 Wörter pro Minute.

32.1   Von Punkten und Pixeln – Grundlagen der Darstellung

Typografie hat eine jahrhundertelange Tradition, und es gibt darüber sehr viel zu wissen. Wir kümmern uns im Folgenden aber nur um die Aspekte, die für nutzerfreundliche digitale Anwendungen relevant sind. Für die gute Darstellung von Text brauchen wir etwas technisches Hintergrundwissen darüber, welche Eigenschaften Bildschirme haben und wie sie funktionieren. Zum einen ist entscheidend, wie viel Platz uns überhaupt zur Verfügung steht. Zum anderen, wie gut die Darstellung ist. Habe ich nur ein paar große Lichtpunkte, muss ich Schrift anders darstellen, als wenn ich ein ganz feines Raster an Pixeln habe.

Heimcomputer in den 1970er und 1980er Jahren nutzten Fernsehbildschirme zur Ausgabe – mit 640 × 200 Pixeln. Das VGA-Display mit 640 × 480 Pixeln war Ende der 1980er bis zur Mitte der 1990er Standard. Bis etwa zum Jahr 2000 waren 800 × 600 Pixel am weitesten verbreitet, und 1024 × 768 bis ca. 2008. Heute ist die Situation viel komplizierter. 2007 kam das erste iPhone auf den Markt, und damit brach das Zeitalter der Smartphones an. Mit 480 × 320 Pixeln war es ein Schritt zurück in die Vergangenheit – allerdings passte mit seiner deutlich höheren Auflösung deutlich mehr auf den Bildschirm, der nur knapp 9 Zentimeter in der Diagonale maß. Auf dem 163-ppi-Bildschirm (ppi: Pixel pro Inch) kann man mehr als doppelt so viel unterbringen wie auf den 2007 noch verbreiteten 72-ppi-Monitoren. Heute müssen Anwendungen auf extrem unterschiedlichen Gerätegrößen gut aussehen (siehe Abbildung 32.2). Und selbst bei gleicher Bildschirmbreite kann die Nutzererfahrung recht unterschiedlich sein: Ein Nutzer, dessen Browserfenster 1920 Pixel breit ist, kann entweder an einem großen Desktopmonitor sitzen und so einen Text in 14 Punkt Größe gut lesen, oder er sieht von seinem Sofa aus auf seinen Fernseher – und kann bei 14 Punkt überhaupt nichts erkennen. Versucht er dann noch, Ihre 20 × 20 Pixel großen Buttons mit der Fernbedienung anzusteuern, ist er vermutlich ziemlich schnell frustriert.

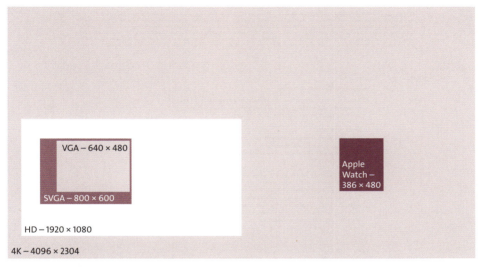

Abbildung 32.2 Heute übliche Bildschirmauflösungen von der Apple Watch zu 4K – und 8K-Monitore sind keine Exoten mehr

Wichtigster Ausgangspunkt bei der Gestaltung ist, welche Fenstergröße Sie beim Benutzer annehmen. Inzwischen kann man bei Desktop-PCs und Laptops von einer verfügbaren Bildschirmgröße von mindestens 1280 × 800 Pixeln ausgehen. Doch selbst wenn man annehmen würde, dass die meisten Nutzer 1920 × 1080 oder mehr zur Verfügung haben – die Zunahme an verfügbarem Platz sollte nicht zu immer breiter angelegten Webseiten führen. Denn zum einen ziehen die Nutzer großer Bildschirme die Browserfenster selten auf die volle Größe auf. Zum anderen sieht es seltsam aus, wenn der Text die ganze Breite eines großen Fensters einnimmt – und die Leserlichkeit nimmt rapide ab. Sinnvoll ist, die Textbreite zu beschränken und den gewonnenen Platz eventuell für anderes sinnvoll zu nutzen (siehe Abbildung 32.3).

Magazine und Zeitungen sind nicht umsonst in schmalen Spalten gedruckt. Das ist deutlich schneller zu lesen als breit laufende Texte, bei denen das Auge beim Zeilenwechsel jeweils die richtige Zeile suchen muss. Hinzu kommt, dass Seiten am Bildschirm schwerer zu lesen sind und fast alle Webseiten nur überflogen werden.

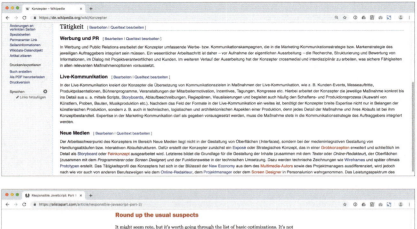

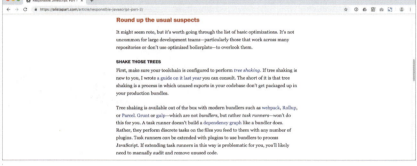

Abbildung 32.3 Wikipedia (oben) lässt Text einfach immer breiter werden. A List Apart (Mitte) beschränkt die Textbreite. Smashing Magazine (unten) nutzt die Breite des Fensters optimal aus.

32.1.1 Pixel ist nicht gleich Pixel

Ein einzelner Bildpunkt auf einem Monitor heißt *Pixel* (von *Picture Element*). Davon gibt es auf einem HD-Monitor mit 1920 × 1080 Pixeln über 2 Millionen – genau 2.073.600. Ein HD-Monitor kann recht handlich sein und nur 55 cm (21,5 Zoll) Bildschirmdiagonale haben. Oder er kann bei gleicher Zahl von Pixeln 80 cm (31,5 Zoll) haben. Ein einzelnes Pixel ist bei Letzterem also fast 1,5-mal so groß wie auf dem kleinen Monitor. Und vergleicht man das mit einem Smartphone, fällt der Unterschied noch drastischer aus: Ein iPhone 7 Plus hat z. B. die gleiche Anzahl von Pixeln, aber nur 5,5 Zoll Diagonale – und somit ist ein Pixel hier 5,7-mal kleiner als auf dem 31,5-Zoll-Bildschirm.

Das zeigt, dass die Angabe von z. B. Schriftgrößen in Pixeln nicht unproblematisch ist: Auf dem großen Monitor ist ein Buchstabe mit 16 Pixeln Höhe 6 Millimeter hoch, auf dem iPhone nur 1 Millimeter. Und doch ist das Problem geringer, als es scheint: Denn das Smartphone halte ich ca. 30 Zentimeter vom Gesicht, der große Fernseher steht in zwei bis drei Metern Entfernung.

32.2 Das Bildschirm-Grundstück – Screen Real Estate

Der Usability-Experte Jakob Nielsen hat das Konzept des *Screen Real Estate* (Bildschirm-Grundstück) eingeführt: Der Platz auf dem Bildschirm der Besucher Ihrer Site ist kostbar wie Baugrund in Manhattan und sollte dementsprechend überlegt genutzt werden. Sie müssen den besten Kompromiss finden zwischen folgenden Anforderungen:

- ▶ möglichst vielen Informationen
- ▶ optimaler Wirkung der wichtigsten Informationen, damit sie sofort gefunden werden
- ▶ möglichst wenig ungenutztem Platz
- ▶ angenehmer Anmutung durch großzügige Gestaltung
- ▶ möglichst vielen Inhalten
- ▶ guter Orientierung und ausreichend Navigationsmöglichkeiten

Textwüsten sind genauso abschreckend wie überladene Bildcollagen. Daher sollten Sie wohlüberlegt freie Flächen einsetzen, um den Rest der Seite richtig zur Geltung zu bringen. Freier Platz auf einer Seite (*Weißraum*) ist nicht überflüssig, sondern ein wichtiges Gestaltungsmittel – natürlich auch, wenn er nicht weiß, sondern farbig ist. Durch ihn wirken die anderen Bestandteile der Seite erst, er verhilft ihnen zu Aufmerksamkeit.

Unprofessionelle Gestaltung zeichnet sich häufig durch ein Zuviel aus. Zu viele verschiedene Elemente auf der Seite, zu viele Farben, zu viele Schriftarten.

32.3 Die richtige Schriftart aussuchen

Die Schriftart (englisch *Font*) gibt Ihrer Anwendung ein Gesicht. Daher muss ihr Stil zu dem Bild passen, das Sie abgeben wollen. Je nachdem, welche Art von Text und vor allem wie viel Text Sie haben, können Sie unterschiedliche Schriftarten einsetzen. Für wenig Text, Banner, als freistehender Blickfang (so genannte *Key Visuals*) oder auch für Überschriften können Sie auch auf auffällige Schriften zurückgreifen.

Der so genannte *Fließtext* sollte aber unbedingt in einer sehr gut leserlichen Schrift gesetzt sein. Nur so hat er eine Chance, gelesen zu werden. Je schlechter die Leserlichkeit der Schrift, desto früher brechen die Benutzer die Lektüre ab. Doch was ist eine gut leserliche Schrift? Dazu gibt es extrem wenige Untersuchungen. Letztlich verlässt sich jeder hier auf sein Gefühl – und das funktioniert ausnahmsweise in der Praxis recht gut. Nicht in Frage kommen Fraktur- und Schreibschriften. Auch solche mit übermäßigen Verzierungen oder extrem fette bzw. extrem schmale sind nicht geeignet. Sie können sich auch danach richten, was Nutzer von anderen Anwendungen gewöhnt sind, und z. B. Georgia oder Times New Roman verwenden, wenn Sie sich seriös und gediegen geben wollen. Oder Helvetica bzw. Verdana, wenn Sie modern wirken wollen. Oder Sie wählen die Schriften gerade anders aus als in Ihrer Branche üblich, um sich abzuheben. Aus Usability-Sicht ist alles möglich.

Abbildung 32.4 Die Zeitung standard.at nutzt die Schrift Roboto (Fließtext) bzw. Roboto Condensed (Überschriften). Diese wurden speziell für die Darstellung auf Smartphones entwickelt.

Sommervibes im privaten Pool: Wenn das Schwimmbad nach Hause kommt

Login

Wenn das Schwimmbad nach Hause kommt

VON STEFANIE VON WIETERSHEIM - AKTUALISIERT AM 06.07.2019 - 08:22

Die Sommer werden heißer, Badeseen und Freibäder voller. Ist der private Pool gesunde Sommerobsession oder Verschwendung knapper Ressourcen?

FACEBOOK TWITTER XING 0 5

Planschen in einem riesigen Plastikbecher auf dem Rasen des Reihenhauses. In einen mit kostbaren Mosaiken ausgekleideten Infinity-Pool tauchen. Oder den Tag im Biobecken mit Fröschen und Libellen beginnen? Das eigene Schwimmbad im Garten gehört zu den mehr oder weniger eingestandenen Sommerobsessionen vieler Menschen. Spätestens dann, wenn das Thermometer im Sommer mehr als 25 Grad anzeigt. Bei den meisten muss im real

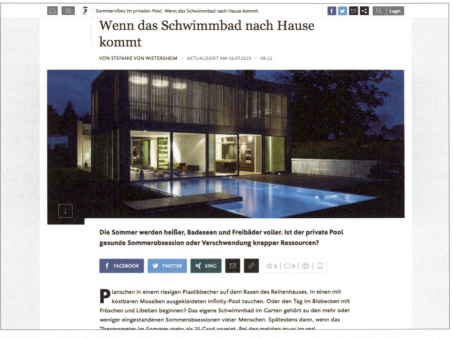

Abbildung 32.5 Bei FAZ.net kommt eine eigene Schrift zum Einsatz, FAZGoldSans – eine Variante der Gill Sans. Lediglich die Überschriften sind in Georgia gesetzt.

Studien mit wissenschaftlichem Hintergrund

Links zu Studien aus dem Bereich Typografie, Leserlichkeit und Usability siehe *bnfr.de/ux019*.

32.3.1 Fonts schaffen Vertrauen

In einer Untersuchung der New York Times zusammen mit dem Psychologieprofessor David Dunning von der Uni Cornell mit gut 45.000 Teilnehmern stellte sich heraus: Menschen glauben einer wissenschaftlichen Aussage eher, wenn sie in der Schriftart Baskerville dargestellt ist, als wenn man sie in Comic Sans setzt (siehe Abbildung 32.6). Das zeigt, dass wir unbewusst auch die Gestaltung von Anwendungen bewerten, wenn wir diese wahrnehmen.

Baskerville Fonts fördern Vertrauen.	Comic Sans Fonts fördern Vertrauen.

Abbildung 32.6 Aussagen in der Schriftart Baskerville schnitten in einem Test vertrauenswürdiger ab als solche in Comic Sans, Georgia oder Helvetica.

32.3.2 Sind Schriften mit Serifen besser leserlich?

Immer wieder liest man, dass Schriften mit Serifen leichter leserlich sind. Serifen sind die kleinen Füßchen an den Buchstaben, wie sie Times New Roman z. B. hat, Helvetica dagegen nicht. Die Serifen würden »das Auge leiten«. Offenbar ist das einer von vielen Mythen der Typografie, für die es keine wissenschaftlich haltbaren Belege gibt. Eine Studie aus den 1950er Jahren, die gelegentlich dazu zitiert wird, scheint sogar erfunden zu sein (siehe *bnfr.de/ux020*). Das heißt, Sie können Ihre Schrift danach aussuchen, was zu dem Bild passt und was Ihrer Zielgruppe gefällt – ob mit Serifen oder ohne.

Nur bei sehr geringer Schriftgröße sind Serifen problematisch, weil sie besonders auf Bildschirmen mit geringerer Pixeldichte dazu führen, dass die Buchstabenform schlechter erkennbar ist.

32.4   Schriftarten gut kombinieren

Bei der Kombination von Schriften gilt wie bei allen anderen Elementen auch: Beschränken Sie sich auf wenige. Zwei Schriftarten sind fast immer genug. Eine Schriftart für Überschriften, eine für Fließtext. Maximal noch eine weitere Schriftart, vielleicht für Buttons, Menüs oder Textkästen. Mehr führt zu einem unruhigen Bild und macht die Seiten schwerer zu erfassen.

Bewährt hat es sich, Schriften mit Serifen mit solchen ohne Serifen zu kombinieren. So ist der Unterschied zwischen den beiden Schriften deutlich – denn zu ähnlich sollten sie sich nicht sein, sonst wirkt die unterschiedliche Darstellung mehr wie ein Fehler. Bewährte Kombinationen von Schriften, die auf praktisch jedem Gerät verfügbar sind, sind für Überschriften/Fließtext:

▶ Georgia/Arial
▶ Times New Roman/Arial
▶ Courier/Arial
▶ Arial Bold/Georgia
▶ Trebuchet MS/Georgia

Verwenden Sie möglichst auch nur ein paar Schriftgrößen und Schriftfarben. Jeweils eine Größe für die Überschriften der unterschiedlichen Gliederungsebenen, eine für den Fließtext, eine für Bildunterschriften und maximal noch ein, zwei weitere für Sonderfälle. Wie immer sollte jeder Unterschied auch hier inhaltlich begründet sein, nicht nur ästhetisch.

32.5 Wie groß sollte Fließtext sein?

Über die richtige Schriftgröße wurde viel gestritten. Inzwischen sind die Fakten aber relativ klar, und unter UX-Experten herrscht Einigkeit, dass für Websites folgende Faustregel gilt: 16 Pixel ist eine gute Größe für Fließtext, und kleiner als 14 Pixel ist nicht mehr zeitgemäß. Moderne Browser stellen Schrift in 16 Pixeln Größe dar, wenn keine Größe angegeben wird. Auch empfiehlt Google Webentwicklern 16 Pixel als Standardgröße. Die Site *Medium.com* zum Beispiel (mit langen, hochwertigen Texten, die am Bildschirm gelesen werden sollen) nutzt sogar eine 21 Pixel große Schrift.

Das Argument, die Nutzer können die Schrift im Browser anpassen, zieht nicht. Denn aus Usability-Tests wissen wir: Die meisten Menschen machen das nicht. Einige wissen überhaupt nicht, dass das geht. Und die anderen sind einfach nur zu faul. Überschätzen Sie nicht die Zeit, die die Nutzer auf Ihrer Site verbringen. Viele Sites besuchen wir Menschen nur wenige Sekunden – dafür lohnt es sich nicht, die Schriftgröße zu ändern. Größere Schriften bedeuten, dass die Nutzer mehr scrollen müssen. Aber das ist in Ordnung. Bücher zu lesen bedeutet auch, dass man umblättern muss. Ist der Inhalt interessant, macht man es. Und ob der Inhalt interessant ist, kann man schneller beurteilen, wenn die Schrift eine vernünftige Größe hat.

Ein Grund, warum lange viel zu kleine Schriften im Web verwendet wurden, ist der Vergleich mit den Printgrößen. Bei einem Buch sind 10 Punkt eine ordentliche Größe. Auf dem Bildschirm ist das unleserlich. Denn der Bildschirm ist viel weiter weg vom Auge, daher muss die Schrift hier deutlich größer sein, um gleich groß zu wirken (siehe Abbildung 32.7).

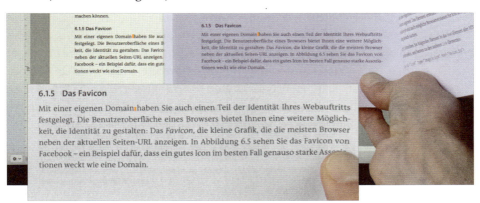

Abbildung 32.7 Buch vor dem Monitor – die Schriftgröße ist identisch. Unten das gleiche Buch im Leseabstand – die Schrift wirkt deutlich größer, da näher am Auge. Am orangen Quadrat sieht man: Die Schrift wirkt fast doppelt so groß.

Wollen Sie eine gute Leserlichkeit sicherstellen, müssen Sie aber noch weitere Dinge bedenken. Die tatsächliche Höhe unterscheidet sich von Schriftart zu Schriftart.

Manche Schriftarten brauchen einen höheren Pixelwert, um gleich groß dargestellt und/oder empfunden zu werden (siehe Abbildung 32.8). Es gibt etliche Schriften, die speziell für die Darstellung auf modernen Bildschirmen entworfen wurden. Diese haben meist eine geringere Laufweite, d. h., die Buchstaben und Abstände dazwischen sind relativ schmal. Und sie sind auch bei kleineren Pixelhöhen noch gut leserlich. Beispiele dafür sind Open Sans, Source Sans Pro oder Droid Sans und Roboto (für Android entwickelt) oder Segoe (für Windows).

Baskerville   **Helvetica**   **Comic Sans**   Times New Roman

Abbildung 32.8 Alle Schriften in 14 Pixeln Höhe – die Wirkung der Größe ist trotzdem unterschiedlich.

Wie Sie die Schriftgröße angeben, ist letztlich für den Nutzer nicht entscheidend – für ihn ist entscheidend, wie groß der Text letztlich auf dem Screen erscheint. Daher nur ganz wenige technische Details für die Angabe von Schriftgrößen auf Webseiten: Üblich ist die Größenangabe in Pixeln (px), weil das technisch eindeutig ist. Ein Buchstabe mit einer Höhe von 16 px ist eben genau 16 Pixel hoch. Wie groß ein Pixel in Millimetern auf dem jeweiligen Gerät ist, hängt ganz von dessen Eigenschaften ab (siehe oben) – deshalb sollte man CSS-Angaben in Millimetern oder Zoll nicht verwenden, sie stimmen immer nur annähernd. Gelegentlich liest man auch noch *Punkt* (pt). Das ist eine Größenangabe, die aus dem Druckbereich kommt und immer weniger gebräuchlich ist. Ein Punkt ist 1,25 Pixel groß.

Wenn Sie HTML-Seiten anlegen, definieren Sie die Basisschriftgröße, normalerweise 16 px. Davon ausgehend geben Sie alle anderen Schriftgrößen relativ in Prozent oder *em* an. Durch die relativen Angaben können die Schriftgrößen vom Nutzer/Browser skaliert werden, und es bleibt die logische Hierarchie erhalten. Eine wichtige Aufgabe ist, die Darstellung auf allen möglichen Geräten so anzupassen, dass die Schrift eine gut leserliche Größe hat – mehr dazu auch in Kapitel 27, »Ordnung auf den Seiten – Gestaltungsraster und responsives Design«.

32.6 Großbuchstaben und andere Hervorhebungen

Text, der durchgängig IN GROSSBUCHSTABEN GESCHRIEBEN IST, IST SCHLECHTER LESERLICH. Das liegt vor allem daran, dass wir viel mehr Text in korrekter Groß- und Kleinschreibung lesen. Die frühere Annahme, dass die geringere Abwechslung der Formen bei Text in Großbuchstaben eine Rolle spielt, ist widerlegt – nach kurzem Training können Testpersonen auch Text in Großbuchstaben genauso schnell lesen. Da Ihre Nutzer dieses Training aber wohl kaum absolviert haben, sollten Sie Text in

Großbuchstaben keinesfalls für längere Texte nutzen. Als Menüeinträge oder Button-beschriftungen dagegen sind sie vertretbar. Denn Großbuchstaben nehmen mehr Raum ein und haben damit den Vorteil, stärker ins Auge zu springen.

Gefetteter Text ist als Hervorhebung gut geeignet, er erleichtert Nutzern das Über-fliegen der Inhalte. *Kursiv* ist bei ausreichend großer Schrift auf heutigen Monitoren auch in Ordnung, bei kleinen Schriften kann das aber schlechter leserlich sein.

Eine farbliche Hervorhebung von einzelnen Wörtern ist weniger günstig, da viele Sites und Apps Links durch eine andere Farbe kenntlich machen. Nutzer könnten so denken, die farbigen Wörter bei Ihnen seien verlinkt, auch wenn Sie Ihre Links z. B. unterstrichen darstellen. Ganz ungünstig ist Blau als Hervorhebung, weil das die Standardfarbe für Hyperlinks ist, die auch viele Seiten, z. B. Google, immer noch ver-wenden.

Unterstreichungen als Hervorhebung sind aus dem gleichen Grund tabu – eine Unterstreichung steht bei vielen Nutzern immer noch für einen Link.

32.7 Blocksatz niemals, zentriert selten

Ausrichtung nennt sich die Anordnung der Wörter in einer Zeile – diese kann entwe-der linksbündig, rechtsbündig, zentriert oder im so genannten Blocksatz sein. Block-satz ist Standard bei gedruckten Büchern. Hier kann man bei der Produktion immer ganz sicher sein, wie der Text auf der Seite aussehen wird. Man kann die Abstände so einstellen, dass es perfekt ist, und durch Trennung von Wörtern für ein gleichmäßi-ges Schriftbild sorgen. Ganz anders auf Webseiten und auch bei Apps. Die Breite der Fenster ist von Anwender zu Anwender unterschiedlich. Und auch die Interpretation der verschiedenen Browser ist selbst auf dem gleichen Gerät nicht immer gleich. Das führt bei Blocksatz zu unschönen größeren Lücken zwischen den Wörtern und je nach Methode des anzeigenden Programms auch zwischen den Buchstaben (siehe Abbildung 32.9). Das ist nicht nur unschön, sondern auch schlechter leserlich. Fazit: Blocksatz scheidet aus.

Blocksatz ist Standard bei gedruckten Büchern. Hier kann man bei der Produktion immer ganz sicher sein, wie der Text auf der Seite aussehen wird. Man kann die Abstände so einstellen, dass es perfekt ist, und durch Trennung von Wörtern für ein gleichmäßiges Schriftbild sorgen. Ganz anders auf Webseiten und auch bei Apps. Die Breite der Fenster ist von Anwender zu Anwender unterschiedlich.	Blocksatz ist Standard bei gedruckten Büchern. Hier kann man bei der Produktion immer ganz sicher sein, wie der Text auf der Seite aussehen wird. Man kann die Abstände so einstellen, dass es perfekt ist, und durch Trennung von Wörtern für ein gleichmäßiges Schriftbild sorgen. Ganz anders auf Webseiten und auch bei Apps. Die Breite der Fenster ist von Anwender zu Anwender unterschiedlich.	Blocksatz ist Standard bei gedruckten Büchern. Hier kann man bei der Produktion immer ganz sicher sein, wie der Text auf der Seite aussehen wird. Man kann die Abstände so einstellen, dass es perfekt ist, und durch Trennung von Wörtern für ein gleichmäßiges Schriftbild sorgen. Ganz anders auf Webseiten und auch bei Apps. Die Breite der Fenster ist von Anwender zu Anwender unterschiedlich.

Abbildung 32.9 Linksbündiger, zentrierter und in Blocksatz gesetzter Text. Auf dem Bildschirm ist linksbündig immer am besten zu lesen.

Nur mit Vorsicht sollten Sie zentrierten Text verwenden. Denn der führt dazu, dass die Zeilenenden immer an unterschiedlichen horizontalen Positionen beginnen. Das Auge muss also jedes Mal den Zeilenanfang suchen, wenn man den Text liest. Und das Überfliegen solcher Texte ist sehr schwierig – denn dabei orientiert sich das Auge am linken Absatzrand, und der ist bei zentriertem Text ja unregelmäßig. Für längere Texte ist zentrierter Text kaum geeignet, bei zwei oder drei Zeilen kann das funktionieren. Ist Ihnen wichtig, dass Text gelesen wird, setzen Sie ihn linksbündig. Hat er eher illustrative Funktion, kann man ihn auch zentriert setzen.

32.8 Die richtige Zeilenbreite

Typografen sagen: Die optimale Breite einer Zeile sind zwei Alphabete, also 2 × 26 Zeichen. Für den Bereich Web liest man häufig die Faustformel 45 bis 85 Zeichen (inklusive Leerzeichen). Zu kurze Zeilen sind mühsam, weil sie den Lesefluss unnötig unterbrechen. Zu lange Zeilen sind mühsam, weil das Auge beim Zeilensprung länger braucht, bis es den Anfang der nächsten Zeile gefunden hat (siehe Abbildung 32.3). Diese Werte gelten vor allem für Webseiten bei der Anzeige auf größeren Monitoren.

Bei mobilen Geräten richtet sich die Zahl der Zeichen pro Zeile vor allem nach dem Platz, der in der Breite zur Verfügung steht. Meist bringt man dort keine 85 Zeichen unter, das macht aber nichts. Wichtiger für die Leserlichkeit ist hier, dass die Schrift groß genug ist.

32.9 Der richtige Zeilenabstand

Fast so wichtig für die Leserlichkeit wie die Schriftgröße ist der Zeilenabstand. Als Zeilenabstand wird die Entfernung zwischen den Grundlinien zweier Zeilen bezeichnet. Der Abstand zwischen den oberen und unteren Buchstabenkanten heißt *Durchschuss*.

Blocksatz ist Standard bei gedruckten Büchern. Hier kann man bei der Produktion immer ganz sicher sein, wie der Text auf der Seite aussehen wird. Man kann die Abstände so einstellen, dass es perfekt ist, und durch Trennung von Wörtern für ein gleichmäßiges Schriftbild sorgen. Ganz anders auf Webseiten und auch bei Apps. Die Breite der Fenster ist von Anwender zu Anwender unterschiedlich.	Blocksatz ist Standard bei gedruckten Büchern. Hier kann man bei der Produktion immer ganz sicher sein, wie der Text auf der Seite aussehen wird. Man kann die Abstände so einstellen, dass es perfekt ist, und durch Trennung von Wörtern für ein gleichmäßiges Schriftbild sorgen. Ganz anders auf Webseiten und auch bei Apps. Die Breite der Fenster ist von Anwender zu Anwender unterschiedlich.	Blocksatz ist Standard bei gedruckten Büchern. Hier kann man bei der Produktion immer ganz sicher sein, wie der Text auf der Seite aussehen wird. Man kann die Abstände so einstellen, dass es perfekt ist, und durch Trennung von Wörtern für ein gleichmäßiges Schriftbild sorgen. Ganz anders auf Webseiten und auch bei Apps. Die Breite der Fenster ist von Anwender zu Anwender unterschiedlich.

Abbildung 32.10 Dreimal derselbe Text mit unterschiedlichem Zeilenabstand. In der Mitte der Standard-Abstand des Betriebssystems (4 Pixel bei 16 Punkt Schriftgröße, links mit 3 Pixeln weniger, rechts mit 1 Pixel mehr). Typografen werden mit den Augen rollen – sie messen nicht mit Pixeln.

Ist der Zeilenabstand zu gering, kleben die Zeilen zu nah beieinander, und die Lesegeschwindigkeit sinkt. Bei den meisten Browsern ist er standardmäßig auf 1,2 em eingestellt (1 em ist ungefähr die Breite des Großbuchstabens M und wird verwendet, um relative Größenmaßstäbe von Schriften anzugeben). Dieser Standard ist bei fast allen Schriftarten zu niedrig angesetzt. Typografen empfehlen 1,3 bis 2,0 em. Je kleiner die genutzten Schriftgrößen sind, desto größer muss der (relative) Zeilenabstand sein.

32.10 Typografie für Legastheniker

Legasthenie, also Lese-Rechtschreib-Schwäche, betrifft Schätzungen zufolge vier Prozent aller Schüler. Aber auch unter Erwachsenen ist diese Einschränkung nicht selten. Für Legastheniker wirken Buchstaben anders als für Nicht-Legastheniker. Dazu gibt es verschiedene Visualisierungen, die mit Abständen, verschobenen Buchstabenteilen, Doppelungen von Konturen und anderen Effekten arbeiten. Sie alle dienen dazu, einen Eindruck davon zu vermitteln, wie schwer es für Betroffene ist, Text zu entziffern.

Legastheniker profitieren generell von allen Hinweisen, die Sie bisher in diesem Kapitel gefunden haben – halten Sie sich an diese, machen Sie Ihre Anwendung damit gleichzeitig leichter zugänglich für Menschen mit Legasthenie, aber auch für solche mit Einschränkungen des Sehvermögens (Farbsehschwäche, Kurz-/Weitsichtigkeit etc.). Wollen Sie zusätzlich etwas für Legastheniker tun, dann sollten Sie Schriftarten auswählen, bei denen sich die Buchstaben klar voneinander unterscheiden. Auch klare Ober- und Unterlängen sind wichtig (also z. B. lange Striche beim h nach oben oder beim p nach unten). Auf Basis solcher Erkenntnisse wurden etliche Schriftarten speziell für Legastheniker entwickelt, siehe *bnfr.de/ux021*.

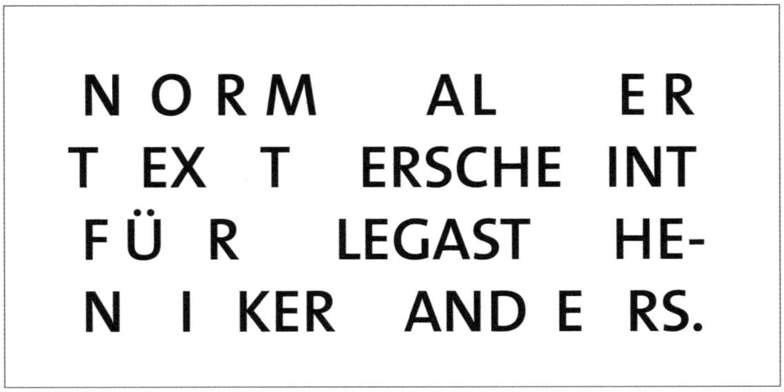

N O R M   AL   E R
T EX T   ERSCHE INT
F Ü R   LEGAST   HE-
N I KER   AND E RS.

Abbildung 32.11 Legastheniker müssen sich stark konzentrieren,
um Text zu entziffern. Diese Visualisierung soll Nicht-Legasthenikern
ein Gefühl geben, wie sich Lesen für sie anfühlt.

Kapitel 33
Sprachwahl und mehrsprachige Sites

Die Sprache einer Anwendung umzuschalten scheint eine einfache
Sache. Da die falsche Sprache aber für Nutzer eine große Hürde ist,
ist es wichtig, hier keine Fehler zu machen bei Konzeption und
Umsetzung.

Fast alle Nutzer fühlen sich am wohlsten in ihrer Muttersprache. Und selbst wer z. B. fließend Englisch spricht, fühlt sich persönlicher angesprochen und besser wahrgenommen, wenn eine Site oder App seine eigene Sprache nutzt. Deshalb ist es sinnvoll, Sites und Anwendungen, die sich an ein internationales Publikum richten, in mehreren Sprachen anzubieten.

Doch der Aufwand dafür ist nicht zu unterschätzen. Hinzu kommt, dass die Umschaltung zwischen den Sprachen gar nicht trivial zu lösen ist – hier lauern etliche Usability-Fallen.

33.1 Sprachumschaltung bei Apps

Beim ersten Starten einer frisch geladenen App hat man mehrere Indizien dafür, welche Sprache der Nutzer spricht. Da ist zum einen der App-Store, aus dem die App geladen wurde – wobei das zunächst nur Rückschlüsse auf das Land erlaubt, aus dem der Nutzer stammt. Und es gibt auch Länder, die haben keinen eigenen App-Store. Das zweite Indiz ist die Sprache des Betriebssystems. Doch gibt es Nutzer, die z. B. Englisch als Sprache für ihr Smartphone eingestellt haben, bestimmte Apps aber in einer anderen Sprache nutzen wollen. Eine Umschaltmöglichkeit sollten Sie also immer vorsehen. Üblicherweise ist sie bei EINSTELLUNGEN oder PROFIL zu finden (siehe Abbildung 33.1).

Generell können Sie aber davon ausgehen, dass der Nutzer die Sprache versteht, auf die das Gerät eingestellt ist.

Bei sehr großen Apps oder solchen mit Sprachausgabe kann die Datenmenge recht groß sein, die ein einzelnes Sprachpaket braucht. In dem Fall ist es sinnvoll, zunächst mit der App nur die Daten der Sprache des jeweiligen App-Stores herunterzuladen und eventuell Englisch. Bei der Auswahl einer anderen Sprache sollten Sie die Nutzer klar darauf hinweisen, dass die Sprachpakete nun nachgeladen werden müssen.

341

Geben Sie an, wie groß diese in Megabyte sind, damit der Nutzer weiß, wie lange er voraussichtlich warten muss und dass sein Transfervolumen belastet wird.

Abbildung 33.1 Bei der App Runkeeper gelangt man zur Sprachumstellung über das Profil – dort das kleine Rädchen anklicken und sich durch die Screens hangeln. Wer die derzeit eingestellte Sprache nicht (gut) spricht, tut sich schwer. Ist Ihr Spanisch so gut, dass Sie wissen, was »perfil« heißt?

Wichtig ist auch, dafür zu sorgen, dass ein Abbruch des Downloads möglich ist und die App danach in einen sinnvoll benutzbaren Zustand zurückkommt. Und dass man später die Sprachpakete nachladen kann.

33.2 Sprachumschaltung bei Websites

Bei der Planung von Websites sollten Sie von Anfang an die Option vorsehen, die Seiten mehrsprachig anzubieten – auch wenn das zunächst noch nicht geplant ist. Denn das später nachzurüsten, ist oft sehr viel Arbeit.

Generell denkt man, ein paar Übersetzungen einzubauen sollte kein großes Problem sein. Das ist es aber – aus gestalterischer Sicht, aus Programmiersicht und auch aus konzeptioneller Sicht. Hinzu kommen zu allem Überfluss auch noch Auswirkungen auf die Sichtbarkeit in den Suchmaschinen bzw. auf die SEO (Suchmaschinenoptimierung).

Global agierende Unternehmen lösen dieses Problem oft einfach, indem sie mehrere Sites betreiben, die voneinander weitgehend unabhängig sind. Doch das führt dazu, dass sich Angaben auf den verschiedenen Sites widersprechen können – wenn sie z. B. nicht gleichzeitig aktualisiert werden. Viele Unternehmen holen heute alles zurück auf eine Site. Apple.de etwa führt zu *apple.com/de/* oder BMW.de zu *bmw.de/de/home.html*. Aber gleich, ob die Sprachversionen in Unterverzeichnissen liegen oder auf eigenen Domains: Auch hier sind die Seiten nicht einfach nur übersetzt, sondern sie bieten teilweise auch ganz andere Inhalte, angepasst für das jeweilige Land.

Abbildung 33.2 Apple bietet für Länder, in denen mehrere Sprachen gesprochen werden, teilweise mehrere Optionen – für die Schweiz gibt es aber z. B. nur Deutsch und Französisch – Italienisch oder die vierte Amtssprache Rätoromanisch dagegen nicht.

Betreiber kleiner und mittelgroßer Sites dagegen brauchen oft nur eine Möglichkeit, zwischen einer Handvoll von Sprachen zu wechseln. Was gibt es dabei zu beachten?

33.2.1 Position des Sprachumschalters

Praktisch alle Sites haben den Button zum Sprachwechsel oben rechts – und zwar international (siehe z. B. Abbildung 33.3). Ganz wenige Sites setzen ihn nach oben links. Aber praktisch alle platzieren diese Funktion oberhalb jeder anderen Navigation oder zumindest als Teil der Metanavigation.

Abbildung 33.3 Auf Amnesty.org sitzt die Sprachwahl oben rechts – wie auf fast allen Sites.

33 Sprachwahl und mehrsprachige Sites

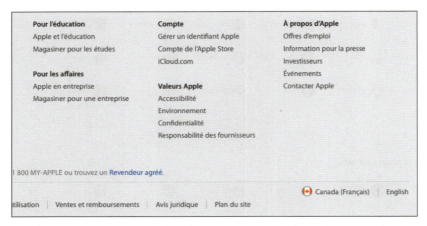

Abbildung 33.4 Apple tanzt aus der Reihe – hier sitzt der Umschalter unten rechts. Ist z. B. Kanada ausgewählt, kann man direkt die Sprache wechseln, ohne über die Auswahl aus Abbildung 33.2 zu gehen.

Bei komplexeren Websites, bei denen Nutzer einen Account anlegen müssen, ist die Sprachwahl oft auf der Profilseite des Nutzers möglich. Diese Sites funktionieren ähnlich wie Apps. Nutzer werden diese häufiger verwenden und die Sprache vermutlich meist nur einmal überhaupt ändern wollen. So wiegt der Vorteil schwerer, etwas Platz zu sparen in der Titelleiste, die immer sichtbar ist, und die Site einfacher zu halten. Bei den meisten Websites ist es aber für diejenigen entscheidend, die die Site nicht verstehen, den Sprachumschalter so schnell wie möglich zu finden.

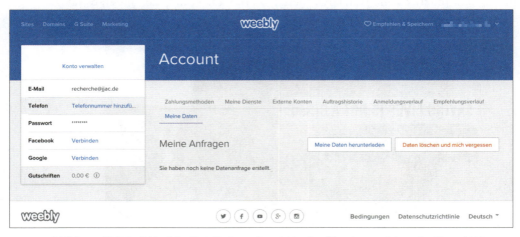

Abbildung 33.5 Bei Weebly sitzt die Sprachwahl im Profil unten rechts – die Site wird ja von eingeloggten Nutzern häufig besucht und so muss man die Sprache vermutlich eher selten umschalten.

33.2.2 Gestaltung und Beschriftung des Sprachumschalters

Immer noch sieht man als Icon für die Sprachauswahl gelegentlich eine Flagge. Doch das ist keine gute Lösung. Etliche Sprachen werden in mehreren Ländern gesprochen (Englisch, Spanisch, Französisch). Und es gibt umgekehrt einige Länder, in denen mehrere Sprachen gesprochen (Schweiz, Belgien, Kanada ...) werden. Und: Nur wer eine Site auf Englisch liest, der ist noch lange kein Engländer oder wohnt dort. Die meisten Europäer haben kein Problem damit, eine englische Site zu nutzen.

Wenn es also unbedingt ein Symbol sein soll, dann ist die Weltkugel oder eine Weltkarte besser geeignet, um den Sprach-Button zu kennzeichnen. Allerdings empfiehlt es sich immer, einen Text danebenzusetzen (Abbildung 33.7).

Abbildung 33.6 Der Bekleidungsshop Asos nutzt ein Menü für die Auswahl des Landes. Außerdem kann man hier direkt auch die Währung umstellen, in der die Preise angezeigt werden.

Die empfehlenswerteste Lösung ist, den Namen der jeweiligen Sprache in dieser Sprache als Text-Link zu verwenden. Also z. B. nicht »Englisch«, sondern »English« und nicht »Französisch«, sondern »Français«. Denn es soll sich ja der jeweilige Muttersprachler angesprochen fühlen.

Besonders geeignet ist die Lösung, wenn man nur zwei oder drei Sprachversionen hat – dann kann man die Links direkt nebeneinander in die Kopfzeile setzen und braucht nicht einmal ein Menü.

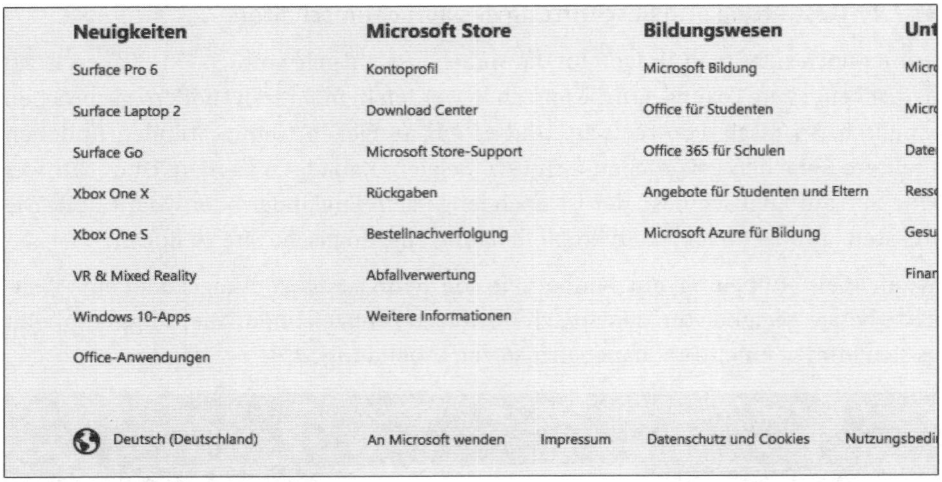

Neuigkeiten	Microsoft Store	Bildungswesen	Unt
Surface Pro 6	Kontoprofil	Microsoft Bildung	Micr
Surface Laptop 2	Download Center	Office für Studenten	Micr
Surface Go	Microsoft Store-Support	Office 365 für Schulen	Date
Xbox One X	Rückgaben	Angebote für Studenten und Eltern	Ress
Xbox One S	Bestellnachverfolgung	Microsoft Azure für Bildung	Gesu
VR & Mixed Reality	Abfallverwertung		Finar
Windows 10-Apps	Weitere Informationen		
Office-Anwendungen			

🌐 Deutsch (Deutschland)   An Microsoft wenden   Impressum   Datenschutz und Cookies   Nutzungsbedi

Abbildung 33.7 Microsoft.com nutzt das Globus-Icon, um die Sprachwahl auffälliger zu machen.

33.2.3 Funktion des Umschalters

Es klingt trivial, aber der Sprachumschalter sollte tatsächlich nur eines tun: die Sprache umschalten. Das macht er aber bei fast allen Sites nicht, die wir daraufhin getestet haben. Er springt vielmehr zusätzlich zurück zur Startseite. Das ist ausgesprochen ärgerlich.

Denn wenn Nutzer z. B. erst bemerken, dass ihr Italienisch nicht ausreicht, um die speziellen Feiertage zu kennen, an denen ein Museum in Rom geschlossen ist, suchen sie nach dem Button zur Sprachwahl. Sehr mühsam, wenn sie dann nach dem Sprachwechsel wieder zur Seite der Sehenswürdigkeit mit ihren Öffnungszeiten navigieren müssen.

Eine Ausnahme hiervon sind höchstens Sites, die tatsächlich unterschiedliche Inhalte für die verschiedenen Sprachen anbieten. Dann kann es sein, dass es die jeweilige Seite gar nicht gibt in der anderen Sprachversion. Aber auch hier wäre es besser, ein Overlay mit entsprechendem Hinweis oder eine eigene Seite dazwischenzuschalten, die das erklärt. Dort sollte man dann einen Link zur Startseite in der jeweiligen Sprache vorsehen.

33.2.4 Konzeption der Mehrsprachigkeit

Zeigen Sie Ihre Seiten in der Sprache und mit der Landeseinstellung an, die für den jeweiligen Besucher am wahrscheinlichsten richtig ist. Das heißt, sie prüfen, aus welchem Land der Seitenzugriff kommt (IP-Adresse des anfragenden Servers). Und Sie lesen die Sprache aus, die der Browser als bevorzugt angibt (das machen die meisten modernen Browser).

Dann sollten Sie auch daran denken, was passiert, wenn es die gewünschte Sprache nicht gibt. Der Tessiner hätte die Site gern auf Italienisch, aber Sie haben nur Französisch, Deutsch oder Englisch im Angebot. Generell nutzen praktisch alle internationalen Sites Englisch, wenn sie keine spezifische Information über den Besucher herausfinden. Bei speziellen Zielgruppen ist das aber nicht immer die beste Lösung.

Sinnvoll ist es, wenn sich die Site merkt, welche Sprache der Nutzer einstellt. Das kann man mithilfe von Cookies speichern. Trotzdem sollte er diese Einstellung jederzeit wieder ändern können. Auf keinen Fall sollten Sie die Sprachwahl verstecken, wenn sie einmal getroffen wurde. Denn das macht eine Korrektur unmöglich, wenn der Besucher aus Versehen die falsche Sprache angeklickt hat. Auch wenn er an einem Computer sitzt, den zuvor jemand anderes genutzt hat, möchte er diese Einstellung vielleicht ändern.

Denken Sie bei der Konzeption auch an folgende Stolpersteine:

▶ Je nach Land sind unterschiedliche Datumsformate üblich (24.12. versus 12/24).

▶ Es gibt unterschiedliche Währungen.

▶ Manchmal unterscheiden sich die Einheiten (von °C/°F über cm/inch bis hin zu Schuhgrößen).

▶ Lieferzeiten, Versandkosten, Zahlungsarten können sich unterscheiden.

33.2.5 Design/Gestaltung der Mehrsprachigkeit

Feste Schriftgrößen sind generell keine gute Idee. Aber auch, wenn Sie mit relativen Schriftgrößen arbeiten, kann es sein, dass es auf fremdsprachigen Sites Darstellungsprobleme gibt. Das gilt vor allem, wenn die anderen Seiten in einer nicht-lateinischen Schrift geschrieben sind (wie Chinesisch oder Arabisch). Chinesische, japanische und koreanische Zeichen etwa sind bei gleicher Punktgröße wie lateinische Buchstaben fast immer zu klein, um sie angenehm lesen zu können. Testen Sie am besten mit Muttersprachlern, ob diese mit Ihrer eingestellten Standardschriftgröße zurechtkommen – hier gibt es auch kulturelle Unterschiede, selbst wenn die gleichen Zeichen genutzt werden.

Auch die Anordnung der Elemente auf der Seite ist bei Mehrsprachigkeit nicht trivial. Das gilt natürlich vor allem für Schriften, die von rechts nach links laufen, wie Arabisch oder Hebräisch.

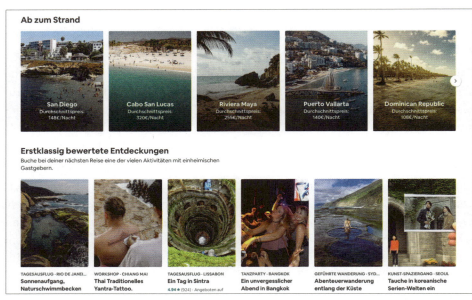

Abbildung 33.8 airbnb.com auf Deutsch. Die Unterschrift unter den Ortsnamen ist hier zweizeilig.

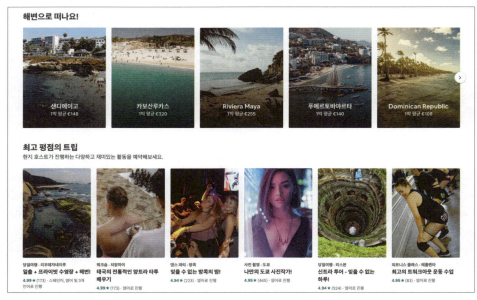

Abbildung 33.9 Die gleiche Site auf Koreanisch – die Zeichen sind deutlich größer, und doch braucht der Text in der Breite weniger Platz, weil ein Zeichen für ganze Wörter oder Wortteile steht.

Aber auch wenn die genutzten Sprachen alle lateinische Buchstaben verwenden, gibt es einiges zu beachten: Das deutsche »Suche« hat z. B. fünf Buchstaben, das französische »rechercher« dagegen hat mit zehn Buchstaben doppelt so viele. Doch normalerweise haben deutsche Texte deutlich mehr Buchstaben als ihre übersetzten Gegenstücke. Die englische Übersetzung kommt im Schnitt mit etwa 75 Prozent des Platzes der deutschen Variante aus, spanische und französische Texte brauchen um die 90 Prozent. Daher passen die übersetzten Texte meist gut in unsere Gestaltungsraster, wenn wir mit Deutsch gestaltet haben (siehe z. B. Abbildung 33.8 und Abbildung 33.9). Diese Prozentangaben gelten natürlich nur als Durchschnittswert, einzelne Begriffe können durchaus deutlich kürzer oder länger sein (wie das obige Beispiel »rechercher« versus »Suche« zeigt). Insbesondere bei Menüs und Buttons muss man das so früh wie möglich mit bedenken. Aber auch im Layout können unschöne Lücken entstehen, wenn man nicht rechtzeitig vorsorgt.

33.2.6 SEO (Suchmaschinenoptimierung)

Es ist sinnvoll, jeweils eine eigene Domain zu verwenden, die in der jeweiligen Region üblich ist, also z. B. ihre-site.de, ihre-site.fr, ihre-site.es usw. Das ist nicht nur aus Gründen der Akzeptanz sinnvoll, es kann auch Auswirkungen auf die SEO haben – die Suchmaschinen nutzen die Länderendungen zum Teil, um Nutzern Treffer anzuzeigen, die wegen der räumlichen Nähe für sie relevanter sind.

Richten sich einzelne Ihrer Seiten an eine Zielgruppe außerhalb der Länderdomain oder nutzen Sie die Domains .com, .net o. Ä., dann achten Sie besonders darauf, dass die Auszeichnung der Sprache der jeweiligen Seiten im HTML korrekt umgesetzt ist. So kann man sicherstellen, dass die Seiten von den Suchmaschinen mit der richtigen Sprache erkannt werden.

Was Sie auch beachten sollten: Google ist fast überall die wichtigste Suchmaschine – aber eben nicht in jedem Land. In China oder Russland zum Beispiel sind das Baidu bzw. Yandex, die hierzulande kaum jemand kennt. Wollen Sie hier auch gut gelistet sein, sollten Sie sich mit den Eigenheiten dieser Suchmaschinen ebenfalls befassen.

Idealerweise sind generell auch die Verzeichnisnamen übersetzt. Statt

/produkte/herren/pullover/

sollten Sie besser

products/men/jumper/

anbieten, wenn Sie sich an Briten richten. Bei Amerikanern als Zielgruppe nehmen Sie besser

products/men/sweater/

Das hat SEO-Vorteile, ist aber natürlich auch für die Nutzer besser.

33 Sprachwahl und mehrsprachige Sites

So realisieren Sie nutzerfreundliche Sprachumschalter

1. Setzen Sie den Button oder Link zum Sprachwechsel nach oben rechts auf alle Seiten.

2. Bei Sites oder Apps, die der Nutzer häufig verwendet, können Sie diesen auch auf die Seite mit den Profileinstellungen setzen.

3. Verwenden Sie keine Flagge als Icon für die Sprache. Wenn Sie ein Icon möchten, nehmen Sie den Globus.

4. Beschriften Sie die Sprachumschalter in der jeweiligen Sprache (also z. B. nicht »Französisch«, sondern »Français«).

5. Bei Klick auf den Umschalter wechseln Sie nur die Sprache und bleiben dabei auf der jeweiligen Seite.

6. Achten Sie darauf, dass von Anfang an genug Platz vorgesehen ist, um auch längere Texte anzuzeigen. Das ist insbesondere bei Menüs wichtig und wenn Sie auch Sprachen haben, deren Texte üblicherweise länger sind als im Deutschen.

7. Übersetzen Sie auch Seitentitel, URLs und Dateipfade/Verzeichnisse.

Kapitel 34
Nutzerfreundlich schreiben

Guter Text macht Mühe. Aber die lohnt sich. Denn ist der Text für die Zielgruppe geschrieben und für die Anwendung passend aufbereitet, überzeugt er.

Der größte Teil der Inhalte jeder Website besteht aus Text, und auch bei Apps spielt dieser eine entscheidende Rolle. Und doch wird Text immer wieder sehr vernachlässigt. Wenn die Gestaltung abgeschlossen ist und die Programmierung in den letzten Zügen liegt, wird irgendwann der Blindtext durch die endgültigen Texte ersetzt. Im schlimmsten Fall kommen diese aus unterschiedlichen Quellen, sind nicht redaktionell aufbereitet und von mangelhafter Qualität. Damit Ihre Anwendung gut ist, muss es aber auch ihr Text sein. Ob der Text gut ist, das richtet sich danach, ob er für die Benutzer hilfreich ist. Damit Text hilfreich ist, muss er mehrere Kriterien erfüllen:

1. Leserlichkeit
2. Lesbarkeit
3. Verständlichkeit
4. Relevanz

Die *Leserlichkeit* beschreibt, ob die Nutzer den Text überhaupt entziffern können – ist er zu klein oder steht der Text in Hellgrau vor mittelgrauem Hintergrund, ist das nicht der Fall. Um diese Dinge ging es in Kapitel 32, »Schriftarten und Textformatierung«. Die weiteren drei Aspekte stehen im Zentrum dieses Kapitels.

Ist ein Text *lesbar*, kann die Zielgruppe mit dem Text etwas anfangen. Er hat dementsprechend angepasste Satzlängen und verwendet Wörter, die die Nutzer kennen. Die *Verständlichkeit* beschreibt, ob die Nutzer verstehen, worauf Sie hinauswollen mit Ihrem Text, ob sie z. B. die korrekten Schlüsse daraus ziehen. Eine Bedienungsanleitung kann gut lesbar sein und doch vollkommen unverständlich.

Der Unterschied zwischen Lesbarkeit und Verständlichkeit wird aus diesem Beispiel klar: Auf Ihrer Website beschreiben Sie, wie Ihr neues Produkt entstanden ist. Sie erzählen die ganze Geschichte von Ihrer ersten Idee vor drei Jahren über verschiedene Anpassungen bis hin zum fertigen Produkt. Das alles in klarer, schöner Sprache – die *Lesbarkeit* des Textes ist hoch. Leider ist der Text so weitschweifig, und Sie erzählen so viel von sich und so wenig, was der Nutzer davon hat, dass kein Besucher bis zum Ende des Textes liest. Sie verstehen also gar nicht, was Ihr Produkt überhaupt macht – die *Verständlichkeit* des Textes ist also null. Und hier kommt die *Relevanz* mit ins Spiel: Haben Sie die im Blick, erreichen Sie damit auch Verständlichkeit. Beschreiben Sie in unserem Beispieltext von eben nicht nur, was Ihre Gedanken bei der Produktentwicklung waren, sondern auch, welche Vorteile die Nutzer haben, wenn sie das Produkt verwenden, dann wird das relevant. Beschreiben Sie also in unserem Beispiel lieber, wie Sie Nutzerbefragungen durchgeführt haben, mit welchen Problemen die Nutzer zu kämpfen hatten und wie Sie diese Probleme Schritt für Schritt gelöst haben.

Abbildung 34.1 So sehen gute Texte aus. Kurz, gut gegliedert und verständlich geschrieben (www.menexpert.de). Lediglich der obere Text ist etwas zu breit, um ihn schnell lesen zu können.

34.1 Vorgehen beim Schreiben

Guter Text ist kein Hexenwerk. Allerdings muss er, wie gute Grafik oder gute Programmierung, mit etwas Wissen und vor allem geplant entstehen. Schreiben haben wir in der Schule gelernt, aber wir müssen noch ein paar Dinge mehr beachten, damit wir gute Web- und App-Texte schreiben. Mehr und mehr werden in großen Tech-Firmen Menschen als *UX Writer* eingestellt. Die kümmern sich speziell um die Texte, haben dabei aber immer die ganze User Experience im Blick. Ein solcher Fachmann ist in der Regel nicht erforderlich. Damit aber guter, für die Nutzer relevanter Text entsteht, bedenken Sie die folgenden Punkte, bevor Sie mit dem Schreiben anfangen.

34.1.1 Ihre Zielgruppe

Für wen ist mein Text? Haben Sie Personas, die Ihre Zielgruppe klar definieren (siehe Kapitel 11, »Personas – aus Erkenntnissen prototypische Nutzer entwickeln«), dann sehen Sie sich diese vorm Schreiben unbedingt nochmal an. So schreiben Sie nicht ins Leere, sondern zielgerichtet für Ihre Adressaten. Treten Sie in einen Dialog mit den Personas, erzählen Sie ihnen, was sie interessiert, wählen Sie die Aspekte Ihres Themas, die bei Ihren Zuhörern das größte Interesse hervorrufen.

34.1.2 Der Ton/die Tonalität

Die Art und Weise, wie Sie mit Ihren Lesern sprechen, muss zu beiden passen – zu Ihnen und zu Ihren Lesern. Nur weil Ihre Nutzer coole 16-Jährige sind, ist es unpassend, wenn Sie deren Sprache sprechen. Selbst wenn Sie die aktuelle Jugendsprache überzeugend hinbekommen sollten – was meist selbst 25-Jährigen nicht mehr authentisch gelingt – wird eine Versicherung, die Jugendliche in Jugendsprache anspricht, bestenfalls als anbiedernd empfunden – meist aber nur als peinlich.

Denken Sie auf der anderen Seite aber auch daran, nicht zu fachlich oder zu formell zu schreiben. Ein Text, der sich an der gesprochenen Sprache orientiert, ist nicht nur leichter zu lesen. Er wirkt vor allem auch glaubwürdiger, weniger distanziert und damit angenehmer.

34.1.3 Ihr Ziel

Was wollen Sie mit diesem Text erreichen? Möchten Sie, dass die Nutzer nach dem Lesen einen Link anklicken und ein Produkt bestellen? Sollen sie bei Ihnen anrufen und einen Termin vereinbaren? Oder möchten Sie, dass sie Ihre Checkliste ausdrucken und damit arbeiten? Jeder einzelne Text kann ein anderes Ziel haben. Nur wenn Sie dieses vor dem Schreiben definieren, können Sie es auch erreichen.

34.1.4 Der Einstieg

Der Beginn eines Textes ist der kritischste Punkt. Wie schaffen Sie es, die Aufmerksamkeit der Nutzer zu fesseln? Überlegen Sie, was an Ihrem Thema das Spannendste ist. Oder überlegen Sie, welche witzige, unerwartete oder hilfreiche Information Sie am Anfang bringen können, um den Empfänger in den Text hineinzuziehen. Vermeiden Sie unbedingt Allgemeinplätze, wie man sie ständig liest: »Die Smartphone-Nutzung ist auf dem Vormarsch ...«, »Heute hat jeder WhatsApp ...«, »Mehr und mehr Menschen interessieren sich für Smart Home ...« – alle diese Formulierungen sagen nichts. Verzichten Sie auf solche langweiligen Sätze, fangen Sie nicht mit dem an, was der Leser schon weiß, sondern mit dem, was er *nicht* weiß.

34.1.5 Das Ende – die Handlungsaufforderung

Ihr Ziel bestimmt die Handlungsaufforderung (*Call to Action*), die am Schluss Ihres Textes stehen sollte. Überlegen Sie, wie Sie diese Aufforderung formulieren möchten. Und vor allem: welche Argumente Sie bringen müssen, um die Leser letztlich zu überzeugen.

Vielen fällt es leichter, wenn sie die Handlungsaufforderung gleich nach dem Einstieg schreiben. So wissen sie genau, wo sie mit ihrem Text hinwollen, und können den Inhalt darauf ausrichten.

34.1.6 Die Gliederung

Manchen reicht Anfang und Schluss, und sie schreiben den Text dazwischen flüssig herunter. Gelingt Ihnen das nicht oder ist Ihr Text länger als ein paar Zeilen, sollten Sie Ihre Texte vorab zumindest grob gliedern. Die Gliederung muss weder umfassend noch lang sein. Und halten müssen Sie sich auch nicht daran, wenn Ihnen während der Umsetzung etwas Besseres einfällt.

Oft genügen vier, fünf Halbsätze, um zu wissen, wie der Text aussehen soll. Haben Sie keine Gliederung, besteht die Gefahr, dass Sie zu lang brauchen und auch zu weitschweifig werden. Schreiben Sie direkt auf Ihr Ziel zu, und kommen Sie schnell zum Punkt.

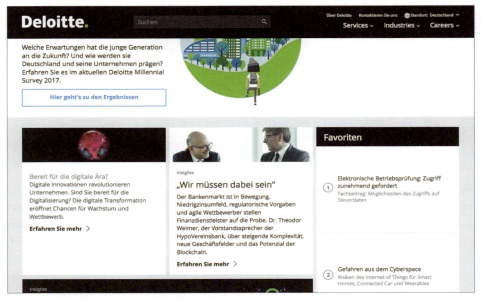

Abbildung 34.2 Sachlich, fachlich und doch nicht distanziert. So können Texte sein, hier auf deloitte.de.

Wichtig ist auch: Fragen Sie sich, ob Ihr Text nicht zu lang wird. Längere Texte teilen Sie in den meisten Fällen besser auf mehrere verlinkte Seiten auf. Dabei gibt es keine Faustformel für die Länge – die richtige Länge haben Sie, wenn die Nutzer den ganzen Text lesen. Das tun sie, wenn er relevant für sie ist (und er gut geschrieben ist). Versuchen Sie aber tendenziell, sich so kurz wie möglich zu fassen.

34.2   Wie schreibe ich lesbaren und verständlichen Text?

In der Schule lernen wir zwar, Aufsätze zu schreiben, aber leider nicht, wie man gute Texte schreibt. Doch die Grundregeln sind einfach: Als Erstes muss ich die eben genannten Vorbereitungen treffen. Dann sollte ich beim Schreiben selbst noch die folgenden Tipps beachten:

- ▶ Fassen Sie sich kurz. Kurze Wörter, kurze Sätze, kurze Seiten.
- ▶ Vermeiden Sie Nominalstil (»die Verwendung des …«, vor allem Wörter auf -heit, -keit, -ung, -ierung etc.).
- ▶ Formulieren Sie im Aktiv.
- ▶ Schreiben Sie so konkret und anschaulich wie möglich.
- ▶ Vermeiden Sie Füllwörter (z. B. nun, doch, wohl, allerdings, eigentlich …).

Wissenschaftlicher Hintergrund

Belege für den Zusammenhang von guter Usability mit gutem Text finden Sie unter *bnfr.de/ux022*.

Die Lesbarkeit lässt sich mithilfe von Formeln abschätzen – die können aber nur einen Anhaltspunkt geben (siehe Abbildung 34.3). Microsoft Word bietet das auch, allerdings müssen Sie die Funktion erst aktivieren. Gehen Sie auf EINSTELLUNGEN • RECHTSCHREIBUNG UND GRAMMATIK; dort setzen Sie das Häkchen bei LESBARKEITSSTATISTIK ANZEIGEN. Und dann müssen Sie einen kompletten Korrekturdurchlauf mit der Rechtschreibprüfung machen. Ganz am Ende kommt dann die Lesbarkeitsstatistik – und selbst das funktioniert manchmal aufgrund technischer Fehler nicht.

Es gibt über 50 verschiedene Formeln zur Bewertung der Lesbarkeit, in die vor allem Wort- und Satzlänge eingehen. Die resultierenden Maßzahlen sollten die Schwierigkeit eines Textes anzeigen. Sie eignen sich im Prinzip alle, um die Textqualität von verschiedenen Webseiten grob zu vergleichen. So können sie beispielsweise eingesetzt werden, um die Seiten innerhalb einer Website herauszufinden, bei denen eine Verbesserung des Textes am dringendsten ist. Allerdings muss man sich bewusst sein, dass die untersuchten Formeln lediglich die formalen Kriterien der Wort- und

Satzlänge berücksichtigen. Wenn etwa Fachwörter gebraucht werden, die die Benutzer nicht verstehen, erfassen das die Indizes nicht zuverlässig. Fachwörter verschlechtern die Indizes nur, wenn sie länger als gewöhnliche Wörter sind. Und solche Unsinnstexte ergeben z. B. auch gute Werte:

Der Text hier ist kurz. Das ist gut. Kurz gibt gute Werte. Aber Benutzerfreundlichkeit ist nicht.

Abbildung 34.3 Verschiedene Werkzeuge zeigen eine Bewertung der Lesbarkeit Ihrer Texte an, hier das Plug-in für Wordpress Yoast SEO.

Beginnen Sie Ihre Texte immer mit Ihrem wichtigsten Punkt – also Ihrer Hauptbotschaft. Sparen Sie sich Einleitung und Herleitung. Die liest keiner, und die Gefahr ist, dass Nutzer denken, es käme nichts Interessantes, wenn der Text nicht mit etwas für sie Interessantem startet.

Die Lesbarkeit unterstützt auch eine gute Struktur des Textes. Ein Absatz sollte jeweils nur einen Sinnabschnitt haben. Das heißt, kommt ein neues Thema bzw. ein neuer Aspekt hinzu, sollte das in einem neuen Absatz passieren. Ein Absatz hat idealerweise nicht mehr als vier, fünf Sätze.

Ein Satz besteht am besten nur aus einem Haupt- und einem Nebensatz. Das heißt nicht, dass man nicht auch gelegentlich kürzere Sätze machen sollte und nicht auch mal einen längeren machen darf.

Bei den absoluten Zahlen gibt es nur Angaben zur so genannten *Einfachen Sprache*. Das ist eine klar definierte Variante des Deutschen, die speziell für Menschen mit geringen Lesefähigkeiten gedacht ist. Also für funktionale Analphabeten, für Menschen mit geringer Bildung oder auch für Nicht-Muttersprachler. Gerade im mobilen Kontext sind leicht verständliche Texte mit kurzen Sätzen aber für alle Nutzer wichtig. Hier sind die Bildschirme kleiner, die Aufmerksamkeitsspanne ist kürzer, und die Umgebung lenkt mehr ab.

Anforderungen für Texte in Einfacher Sprache sind:

- kurze Sätze bilden (maximal ca. 15 Wörter)
- einfache Sätze verwenden (maximal ein Nebensatz/Komma)
- möglichst wenig Fremdwörter
- wenn Fremdwörter gebraucht werden, sie beim ersten Auftreten erklären

Diese Werte sind ein Anhaltspunkt für alle Texte, die sich an eine breite Zielgruppe richten. Mehr dazu auch in Kapitel 4, »ISO 9241 & Co. – Normen und Gesetze rund um Usability«, Abschnitt 4.8, »Leichte Sprache & Einfache Sprache«. Einfache Sprache ist auch für Durchschnittsnutzer nicht zu einfach, sondern im Gegenteil leicht verständlich. Auch wer ein Fachpublikum anspricht, sollte möglichst einfach formulieren. Kompetenz vermittelt man nicht durch komplizierte Sätze. Das belegt eine Studie, vorgestellt in der Veröffentlichung *Folgen des Einsatzes übermäßig gelehrter Fachsprache ohne Berücksichtigung der Notwendigkeit* (siehe *bnfr.de/ux023*). Dabei ist der Titel ein Scherz – die Studie belegt, dass solch unnötig komplexe Formulierungen dazu führen, dass Leser den Autor solcher Texte für weniger intelligent halten. Das heißt aber natürlich nicht, dass Sie die korrekten Fachbegriffe nicht nutzen sollten, wenn Sie über ein Fachthema für ein Fachpublikum schreiben sollten – im Gegenteil.

Abbildung 34.4 Menschen lesen lange Texte – wenn sie gut sind und Textlesen das ist, was sie gerade tun wollen (onezero.medium.com).

34.3 Überschriften

Die wichtigste Erkenntnis aus Usability-Tests bezüglich Text ist: Menschen lesen keine Texte auf Websites. Und auch in Apps nicht. Davon gibt es natürlich Ausnahmen, sonst bräuchten wir gar keinen Text zu schreiben. Aber wir Menschen versuchen unseren Arbeitsaufwand meist möglichst klein zu halten. Und da der meiste Text für uns irrelevant ist, wenn wir eine bestimmte Information suchen oder eine Aufgabe erledigen wollen, überfliegen wir die Seiten nur und nehmen nur einige wenige Wörter wahr, die ins Auge fallen. Seiten mit viel Text erfassen wir nach dem so genannten F-Muster (siehe Kapitel 3, »Menschliche Wahrnehmung – Gestaltgesetze & Co.«). Das heißt, wir lesen die Überschrift, gehen mit dem Blick den linken Seitenrand entlang und lesen eine Zwischenüberschrift oder einen Text im mittleren Seitenbereich, dann sehen wir noch nach ganz unten. Das erklärt, warum die meisten Webseiten nur wenige Sekunden angesehen werden, wie wir aus Analytics-Daten wissen.

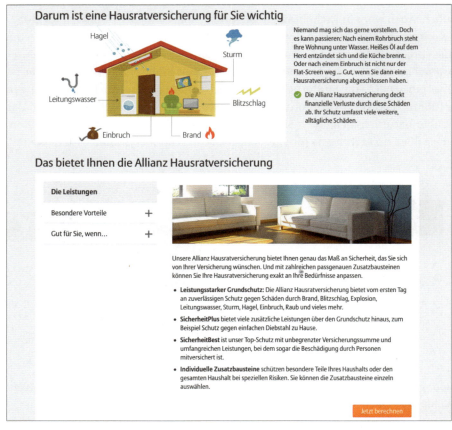

Abbildung 34.5 So sieht guter Webtext aus: gegliedert, mit Kästen und Listen, aussagekräftigen Überschriften und Illustrationen (allianz.de).

Dieses Verhalten können wir nicht ändern. Wir können aber unsere Texte so anpassen, dass sie das Beste daraus machen. Unterstützen Sie dieses Verhalten, indem Sie an den wichtigen Stellen die wichtigsten Informationen geben. Ganz zentral dafür sind die Überschriften. Diese stechen durch ihre Formatierung heraus und haben die größten Chancen, gelesen zu werden.

Insbesondere die erste Überschrift auf der Seite sollte ganz klar vermitteln, worum es auf der Seite geht. Verzichten Sie auf Humor, witzige Formulierungen oder Wortspiele. Die Überschrift muss zeigen, worum es auf dem Rest der Seite geht. Und sie muss den Leser überzeugen, dass es sich lohnt, den Text zu lesen. Schafft die Überschrift das nicht, können Sie sich alle weitere Mühe mit dem Text auf dieser Seite sparen.

Zwischenüberschriften gliedern den Text logisch. Sie beschreiben, was in den folgenden Absätzen steht. Außerdem lockern sie die Seite auf und verhindern, dass auch lange Texte wie Bleiwüsten erscheinen.

34.4 Listen und Kästen

Eine weitere Möglichkeit, Texte aufzulockern und leichter erfassbar zu machen, sind Listen. Immer, wenn Sie Informationen in Aufzählungen umwandeln könnten, tun Sie das.

- ▶ Das gibt der Seite Struktur,
- ▶ kommt mit weniger Wörtern aus und
- ▶ vermittelt schnell die wichtigsten Begriffe.

Auch abgesetzte Kästen haben sich bewährt als Strukturelemente für Seiten mit längeren Texten.

Vorteile von Textkästen

In Textkästen können Sie Hintergrundinformationen geben, die nicht für alle Leser wichtig sind. Oder eine Geschichte zu Ihrem Text erzählen, etwa eine Fallstudie oder einen beispielhaften Einzelfall. Sie machen den Haupttext schlanker und bieten gleichzeitig einen alternativen Einstiegspunkt für Nutzer, die den Text bisher nur überflogen haben.

34.5 Tabellen, Diagramme, Bilder und Videos

Einige Zusammenhänge lassen sich mit Abbildungen wesentlich besser darstellen. Bevor Sie umständlich erklären, wie man ein komplexes Gerät auseinandernimmt (oder zusammensetzt), zeigen Sie es lieber. Oder Sie machen beides – Sie beschreiben den Vorgang und illustrieren ihn mit Zeichnungen, Fotos oder Videos.

Vorsicht ist bei Tabellen und Diagrammen geboten. Diese sind sehr gut geeignet, komplexe Hintergründe übersichtlich darzustellen. Auf Durchschnittsnutzer können sie jedoch abschreckend wirken. Und sie müssen nutzerfreundlich aufbereitet sein, sonst schaden sie in den meisten Fällen mehr, als sie Nutzen bringen. Siehe hierzu auch das Kapitel 42, »Fehlermeldungen hilfreich umsetzen«. Sind die Seiten aber für ein Fachpublikum, das den Umgang mit Tabellen und Diagrammen gewöhnt ist, nutzen Sie diese unbedingt, wo immer möglich.

34.6   Hervorhebungen

Letzter Punkt, wie Sie Ihre Seiten strukturieren können, sind Hervorhebungen wie **fett**, *kursiv* oder farbig. Damit lassen Sie die jeweiligen Wörter ebenfalls herausstechen aus dem Text und bieten eine Hilfe für die Nutzer, die die Seite überfliegen. Markieren Sie also Schlüsselbegriffe, die für den jeweiligen Absatz am wichtigsten sind. Übertreiben Sie es aber nicht – heben Sie zu viel hervor, verliert das seine Wirkung. Ein, zwei Wörter alle drei, vier Absätze sind genug. Am besten eignet sich die Markierung in fetter Schrift – mehr dazu siehe auch Kapitel 32, »Schriftarten und Textformatierung«.

34.7   Text und SEO

Ein sehr wichtiger Aspekt von Text ist der der Suchmaschinenoptimierung (Search Engine Optimization, SEO). Dazu gibt es viele Bücher und viel zu beachten – und dafür kann man sehr viel Geld ausgeben. Wollen Sie aber einfach nur dafür sorgen, dass Ihre Seiten gefunden werden, wenn man nach diesen sucht, empfehlen wir Ihnen die gelassene Suchmaschinenstrategie. Diese hat den Charme, dass sie kaum Arbeit macht, weil sie sich daran orientiert, wie wir suchen. Und sie nutzt aus, dass die Suchmaschinen immer mehr suchen wie wir Menschen. Mit jedem Update seiner Suchroutinen macht Google den SEO-Profis das Leben schwerer. Google & Co. wollen möglichst viele Nutzer. Und die bekommen sie mit möglichst guten Suchergebnissen. Eine ideale Suchmaschine würde also genau die Treffer heraussuchen, die ein sehr gut informierter Mensch zu dem gerade gefragten Thema vorlegen würde. Und so passt Google seine Algorithmen laufend so an, dass sie immer mehr bewerten wie Menschen. Das Unternehmen ist laufend dabei, die Qualität seiner Ergebnisse zu verbessern – mithilfe von Beobachtungen, mit manuellen Auswertungen und vor allem mithilfe der Analyse der gigantischen Menge von Suchanfragen und anderen Daten, die dort anfallen.

Und so werden Seiten von den Suchmaschinen als gut bewertet, die sich an genau die Regeln halten, die Sie hier in diesem Kapitel gefunden haben. Ein paar technische Hintergründe müssen Sie noch beachten, dann steht Ihre gelassene Suchmaschinenstrategie. Mehr dazu auch unter *bnfr.de/ux024*.

Wer kompetitiv unterwegs ist und auch bei populären Suchbegriffen weit vorn in den Trefferlisten erscheinen will, muss tiefer einsteigen und braucht Fachliteratur und Expertenwissen. Aufpassen muss man nur, dass bei aller Optimierung die Lesbarkeit für Menschen erhalten bleibt und Nutzer sich nicht fragen, was die Texte sollen (siehe Abbildung 34.6).

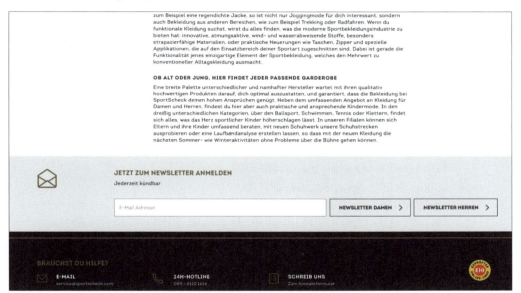

Abbildung 34.6 Das unterste Ende einer Produktseite auf sportscheck.de. Der graue Text ist viel zu klein, um ihn zu lesen – er ist auch für Suchmaschinen gedacht.

Checkliste für gute Texte

▶ **Überschrift**
Motiviert die Überschrift, den Text zu lesen? Verrät sie, worum es im Text geht?

▶ **Zwischenüberschriften**
Gibt es alle zwei bis fünf Absätze eine Zwischenüberschrift? Beschreiben diese, was in den jeweils folgenden Absätzen steht? Sind die Zwischenüberschriften für sich verständlich, wenn man sie nacheinander liest, ohne den Fließtext? Ziehen die Überschriften in den Text hinein?

▶ **Einstieg/erster Absatz**
Fesselt der erste Absatz den Leser? Motiviert er, weiterzulesen?

▶ **Fließtext inhaltlich**
Erzählt der Text eine Geschichte? Möchte man weiterlesen oder gibt es Punkte, an denen der Leser aussteigen würde?

▶ **Psychologie**
Sprechen Sie den Empfänger direkt an? Aktivieren Sie seine Erinnerungen oder Emotionen? Stellen Sie eine Verbindung mit ihm her, zeigen Sie, dass Sie ihn und seine Probleme verstehen? Vermeiden Sie, zu viel von sich zu erzählen?

▶ **Sprache**
Schreiben Sie im Aktiv? Gibt es in den Sätzen Menschen, die handeln? Sind die Sätze kurz? Haben Sie Fremdwörter, Anglizismen und unnötige Fachwörter vermieden? Verwenden Sie Füllwörter sparsam (wie also, durchaus, übermäßig, manchmal, doch etc.)?

▶ **Rechtschreibung und Grammatik**
Haben Sie ein Rechtschreibprogramm genutzt, um zumindest Flüchtigkeitsfehler zu vermeiden? Oder hat besser noch jemand anderes Ihren Text genau Korrektur gelesen?

▶ **Bildunterschriften**
Hat jedes Bild eine aussagekräftige Bildunterschrift? Leistet diese mehr, als nur das zu beschreiben, was man auf dem Bild sowieso sieht?

▶ **Schluss/Handlungsaufforderung**
Ist der Schluss des Textes befriedigend? Beantwortet er die Fragen, die der Text am Anfang aufgeworfen hat? Haben Sie alles geliefert, was Sie am Anfang versprochen haben? Weiß der Leser, was er als Nächstes tun soll? Ist die Handlungsaufforderung klar, realistisch und für den Nutzer schnell umzusetzen?

Kapitel 35
Bilder für Benutzer auswählen

Bilder fallen einerseits vermeintlich sofort ins Auge. Und doch sehen Nutzer sie oft nicht an – auf vielen Sites sind Bilder nur visuelles Füllmaterial. Richtig eingesetzt, verbessern Bilder die User Experience aber enorm.

Abbildungen, Illustrationen, Fotos – um all diese Elemente geht es im Folgenden. Animationen behandeln wir in Kapitel 46, »(Mikro-)Animation sinnvoll einsetzen«.

35.1 Was ist eigentlich ein Bild?

Ein *Bild* oder eine *Abbildung* zu definieren, ist gar nicht so einfach – und doch wissen wir sofort, wenn wir ein Bild vor uns haben. Ob Zeichnung, Gemälde oder Foto: Sie alle sind grafische, manchmal künstlerisch veränderte Abbildungen der Wirklichkeit.

Für die Praxis wichtig ist eigentlich nur die Abgrenzung von Bildern zu Diagrammen und Icons. *Diagramme* sind grafische Darstellungen von Daten – typischerweise als Linie/Kurve, Balken oder Torte. Auch Karten, Grundrisse, Ablaufschemata und Organigramme zählen zu den Diagrammen. Ein *Icon* oder *Piktogramm* ist eine stark vereinfachte Darstellung eines Objekts oder eines Vorgangs; es steht in Apps, Websites und Programmen als Symbol und hat oft die Funktion eines Buttons/Links. Mehr dazu in Kapitel 38, »Icons aussagekräftig auswählen«.

35.2 Wofür brauchen wir Bilder?

Auf Websites kommen Bilder oft zum Einsatz, um die Seiten ästhetisch aufzuwerten. Um etwa längere Textstrecken visuell aufzulockern. Und doch ist das aus Sicht der User Experience nicht optimal. Denn eigentlich sollte jedes Inhaltselement nur auf der Seite stehen, wenn es dem Nutzer weiterhilft. Eine Seite, auf der zu viel Text steht, wird auch durch ein Bild nicht besser. Besser ist es, zunächst die Ursache des Problems anzugehen: in dem Fall den Text. Vielleicht muss man ihn lediglich kürzen. Oder man gliedert ihn und bereitet ihn webgerecht auf (siehe Kapitel 34, »Nutzerfreundlich schreiben«). Oder man muss ihn leserlicher darstellen (siehe Kapitel 32, »Schriftarten und Textformatierung«). Man könnte ihn auch auf mehrere Seiten aufteilen, um ihn inhaltlich leichter erfassbar zu machen.

363

Abbildung 35.1 Themen wie Geld, Vorsorge oder Versicherung lassen sich schwer illustrieren. Sites wie hier die Deutsche Bank versuchen es mit Fotos von Computern und glücklichen Menschen. Inhaltlich helfen diese Bilder nicht weiter.

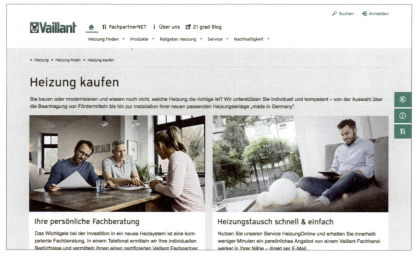

Abbildung 35.2 Auch Hersteller von Produkten zeigen diese nicht unbedingt. Der Heizungshersteller Vaillant setzt lieber auf schöne Fotos, die keine Information transportieren.

Das Problem von rein illustrativen Fotos: Sie machen Sites verwechselbar. Die Fotos von Menschen in den Abbildung 35.1 und Abbildung 35.2 sind so unspezifisch, dass man sie problemlos tauschen könnte. Zwar sind der Stil und der Farbton etwas anders – aber das ist ein rein ästhetischer Unterschied, der wenig mit dem Betreiber der Site zu tun hat und nichts mit den Interessen der Besucher.

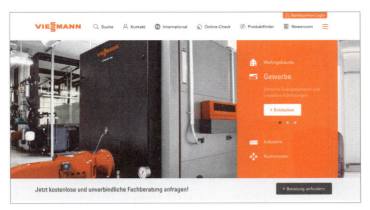

Abbildung 35.3 Bei Viessmann sieht man auf der Site das, worum es geht: Heizkessel. Nicht so stylish, aber unverwechselbar.

Unbestritten spielen Bilder ihre Stärken aus, wenn sie Vorgänge abbilden, Produkte zeigen oder Orte abbilden. Immer dann also, wenn sie *Inhalte* für den Nutzer transportieren. Gerade Produktfotos sind extrem hilfreich. Wie man etwa eine Kamera an einem Kameragurt befestigt, erklärt sich nur mit Worten recht mühsam. Ein einziges Foto genügt, das zu zeigen, siehe Abbildung 35.4.

Abbildung 35.4 Nutzer wollen wissen, wie Produkte funktionieren. Und zwar im Detail. Enjoyyourcamera zeigt das mit vielen Fotos aus der Praxis.

In Apps sehen wir Bilder seltener, vor allem, weil wir hier besser haushalten müssen mit dem knappen verfügbaren Platz. Ausnahme sind natürlich Foto-Apps, die rund um Bilder aufgebaut sind. Aber bei allen anderen machen es die Betreiber richtig: Sie beschränken sich auf die Aufgabe, die die Nutzer mit der App erledigen wollen. Bilder stören da meist nur. Davon können Website-Konzepter etwas lernen.

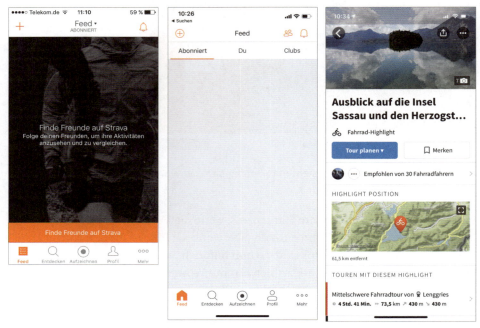

Abbildung 35.5 In der Fitness-App Strava stand früher auf der ersten Seite ein wenig aussagekräftiges Foto (links) – in der neuen Version wurde es entfernt (Mitte). Bei der App Komoot zeigen Bilder, wie die Aussicht bei den jeweiligen Touren ist (rechts).

35.3 Vorteile von Bildern

Insbesondere Fotos haben viele Vorteile:

▶ Sie sprechen Nutzer direkt und emotional an.
▶ Bilder können manche Informationen sehr schnell und ohne Missverständnisse übermitteln.
▶ Sie lockern Texte visuell auf und sorgen für Abwechslung.
▶ Sie können textlich transportierte Inhalte ergänzen oder durch Wiedergabe der gleichen Informationen mit einem anderen Medium verstärken.
▶ Sie bleiben besser im Gedächtnis als reiner Text.
▶ Bilder können die Aufmerksamkeit lenken. Wir sehen zum Beispiel unweigerlich dorthin, wohin eine Person auf einem Foto sieht. Damit können Sie zusätzliche Aufmerksamkeit für das schaffen, was Sie in Blickrichtung der abgebildeten Person platzieren.

Aber bedenken Sie: Benutzer sehen meist nicht als Erstes auf die Bilder, wie Blickverfolgungsstudien (Eyetracking) zeigen. Vermutlich hängt das damit zusammen, dass Nutzer gelernt haben, dass die meisten Bilder auf Websites überflüssig sind und die eigentlichen Informationen in den Texten zu finden sind.

Bilder, die zum Thema passen, machen eine Aussage allerdings glaubwürdig. Studien belegen, dass man eine Aussage eher glaubt, wenn neben ihr ein Bild steht, das den beschriebenen Sachverhalt abbildet. Dabei hat sich gezeigt: Die Aussage konnte dabei sogar falsch sein (siehe Abbildung 35.6). Mit irgendwelchen dekorativen Bildern funktioniert das aber nicht, die können der Glaubwürdigkeit sogar schaden (siehe nächster Abschnitt).

Abbildung 35.6 Die Aussage »Thermometer enthalten Magnesium« ist natürlich Unsinn, und doch halten diese Aussage mehr Testpersonen für wahr, wenn man ihnen gleichzeitig dazu ein passendes Foto zeigt.

35.4 Nachteile von Bildern

Der amerikanische Usability-Experte Jakob Nielsen hat in unzähligen Blickverfolgungsstudien gezeigt: Nutzer ignorieren Bilder, die keine relevanten Informationen enthalten und Webseiten lediglich aufpeppen sollen. Im Durchschnitt haben die Probanden in seinen Studien insgesamt nur 42 Prozent der Bilder angesehen. Und die meisten davon dann weniger als eine Zehntelsekunde.

Außerdem: Ein einziges schlechtes Foto zerstört den gesamten Eindruck einer Seite. Anders als ein schlecht formulierter Satz – den lesen sowieso nur wenige, und über diesen einen schlechten Satz liest man meist einfach hinweg. Rechtschreibfehler und unsaubere Formulierungen korrigiert unser Gehirn beim Lesen oft, ohne dass es uns bewusst wird. Bei störenden Elementen in einem Foto dagegen werden wir sofort stutzig.

Bilder können sogar das Vertrauen in Ihre Site nachhaltig stören. Der Web-Content-Experte Gerry McGovern zitiert eine Untersuchung der Vermögensberater von Fidelity Investment. Demnach bewerten Testpersonen Aussagen über den Ertrag einer Geldanlage als weniger glaubwürdig, wenn daneben das Foto eines Menschen abgebildet ist. Sie sahen die Seite zwar länger an als die Testpersonen, die die Version ohne Foto bekamen – aber sie glaubten den Aussagen weniger, wenn ein Foto danebenstand.

Das zeigt: Bilder können die Verweildauer auf Ihren Seiten erhöhen, und trotzdem können sie schaden. Besonders im journalistischen Umfeld unterminieren unspezifische Fotos von Bildagenturen ohne klare Beschriftung sogar die generelle Glaubwürdigkeit einer Site.

35.5 Tipps für richtigen Einsatz und Auswahl von Bildern

Was sind die gemeinsamen Merkmale von Bildern, die tatsächlich angesehen werden und die User Experience verbessern?

Solche Bilder sind:

▶ kontrastreich

▶ scharf

▶ konzentriert auf ein zentrales Motiv

▶ wenig detailliert, leicht zu entschlüsseln

▶ hochrelevant für den Inhalt der Seite

Das Vorurteil, Usability-Experten würden Bilder generell ablehnen, stimmt nicht. So wenig wie die Behauptung, emotionale Bilder wären aus Usability-Sicht ungünstig.

Im Gegenteil: Bilder sind hervorragend geeignet, die Usability und die User Experience, speziell die Nutzungsfreude (*Joy of Use*), zu verbessern.

Ein gutes Produktfoto kann hochemotional sein. Sehen Sie sich nur einmal an, wie Luxusprodukte im Web dargestellt werden. Ob Handtaschen oder Autos – die Inszenierung solcher Dinge ist auch im Web hochemotional. Im Englischen spricht man bei solchen Bildern vom *Hero Shot* – vom Heldenfoto (wie z. B. auf Abbildung 35.7).

Auch ein glückliches Paar auf der Couch kann in Ordnung sein – wenn es etwas mit Ihrem Produkt zu tun hat. Nutzen die beiden z. B. gemeinsam einen Tablet-PC, ist das als Illustration einer Site nicht schlecht, wenn sie Tablet-PCs verkaufen will.

35.5 Tipps für richtigen Einsatz und Auswahl von Bildern

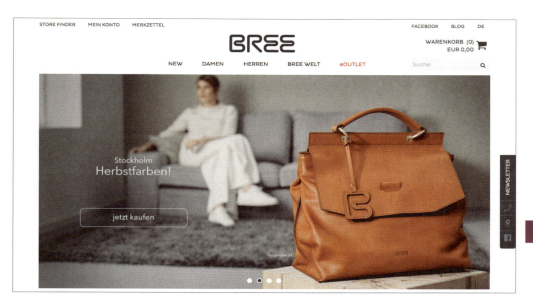

Abbildung 35.7 Hier beim Taschenhersteller Bree steht das Produkt im Wortsinn im Vordergrund. Ein klassischer Hero Shot.

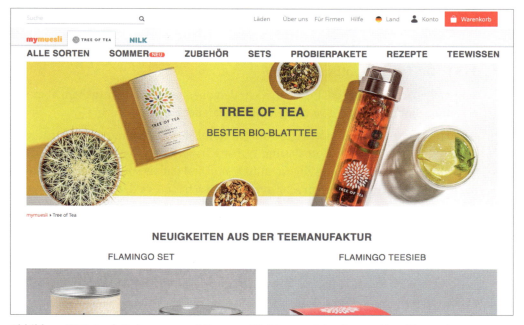

Abbildung 35.8 Auch Nahrungs- und Genussmittel lassen sich sehr emotional inszenieren. Gute Fotos können hier wesentlich zum Erfolg der Site beitragen, wie bei diesem Beispiel auf www.mymuesli.com/tree-of-tea.

Wobei das deutlich größere Bild auf der Seite dann aber immer das Gerät sein sollte – denn das ist, was die Nutzer im Web finden wollen.

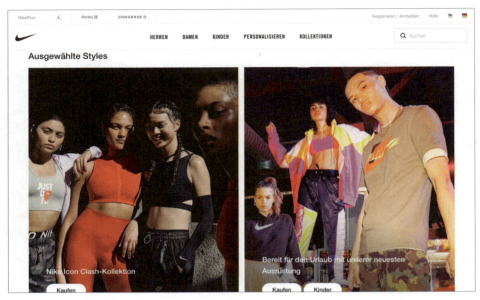

Abbildung 35.9 Menschen auf Fotos sind wunderbar – wenn die etwas mit dem Produkt zu tun haben, wie hier bei Nike.

35.5.1 Die falschen Fotos erkennen

Sehr viele Fotos im Web entsprechen nicht den oben genannten Vorgaben. Aber wie erkennen Sie zuverlässig, dass ein Bild nicht geeignet ist?

Ein klares Indiz für ein ungünstiges Foto ist, wenn Sie es von einer Bildagentur, von Flickr oder einer anderen Fotosharing-Website haben. Denn generische Bilder, die nicht auf den Inhalt der Seite zugeschnitten sind, auf der sie stehen, sind austauschbar. Und meist überflüssig – im schlimmsten Fall schaden sie der User Experience.

Setzen Sie zum Beispiel auf die Seite, auf der Sie die Grundsätze Ihres Unternehmens beschreiben, ein Foto lächelnder Menschen oder einen schönen Kugelschreiber in Großaufnahme, dann sagen Sie damit auch etwas wie: »Wir hatten leider kein passendes Foto, aber irgendwas brauchen wir auf der Seite, sonst sieht man gleich, dass wir hier viel zu viel Text haben, und so haben wir einfach irgendein hübsches Bild genommen.«

Ein weiteres ganz einfaches Indiz für überflüssige Fotos: Es geht keinerlei Inhalt für den Nutzer verloren, wenn Sie es weglassen.

35.5.2 Die richtigen Fotos finden

Verwenden Sie Fotos also nur, wenn Sie einen guten Grund dafür haben. Bei Produkten ist klar: Fotos sind hier Pflicht. Meistens braucht man sogar mehrere. Von vorn, von der Seite, von hinten. Vielleicht auch noch von innen etwa bei Autos, PCs usw. Oder Fotos des Produkts im Einsatz, etwa bei Kleidung, Schmuck oder Sportgeräten. Auch Anleitungen aller Art sind im Idealfall bebildert.

Abbildung 35.10 Wer Produkte hat, sollte sie auch zeigen, wie hier auf philips.de. Dafür interessieren sich Nutzer – nicht für hübsche Menschen.

Was aber ist mit Seiten wie der Erklärung der Firmengrundsätze (»Unsere Philosophie«, »Corporate Responsibility« oder Ähnliches)? Für solche Seiten gibt es kaum passende Bilder. Dazu können Sie auch klar stehen und auf Bilder verzichten. Die Seite wird nicht interessanter dadurch, irgendwelche Fotos dazuzusetzen. Das haben unzählige Nutzertests bewiesen. Eine typische Aussage von Nutzern ist: »Ach, Philosophie, sowas klicke ich nie an, da steht doch nur Blabla.« Wenn Sie Fotos auf so eine Seite setzen, sieht sie vielleicht besser aus, aber einen besseren Eindruck macht sie bei den Nutzern dadurch noch lange nicht. Arbeiten Sie lieber daran, die Inhalte zu optimieren – siehe Kapitel 34, »Nutzerfreundlich schreiben«).

Sieht eine Seite schrecklich aus, dann ist sie es meist auch. Drücken Sie sich nicht um die Überarbeitung der Inhalte, indem Sie ein paar Fotos verwenden. Wenn Sie unbedingt Bilder haben wollen auf solchen Seiten, dann versuchen Sie, diese möglichst aussagekräftig oder zumindest individuell zu machen. Bilden Sie den Geschäftsführer/Vorstand/Chef ab, und schreiben Sie eine Bildunterschrift dazu, die Bezug auf den Inhalt der Seite nimmt. Oder zeigen Sie Ihr Gebäude bzw. Ihre Räume. Oder Ihre Mitarbeiter (wie in Abbildung 35.11).

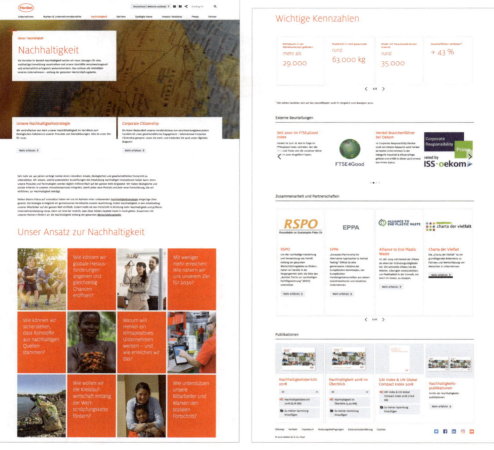

Abbildung 35.11 Hervorragendes Beispiel für gute Fotos auf der Seite »Nachhaltigkeit« bei Henkel. Hier sieht man Bilder echter Menschen und Projekte.

Haben Sie zum Beispiel hohe ökologische Standards (die Sie hoffentlich konkret erklären), dann ist das Foto einer Blumenwiese oder eines Baches im Wald überflüssig. Zeigen Sie besser, wie sich Ihr Engagement äußert. Sie recyceln alles? Perfekt, bilden Sie also eine Ihrer Mülltonnen ab statt der grünen Wiese. Und schreiben Sie darunter, was hineinkommt in diese Tonnen, wie viel CO_2, Abfall oder Sonstiges Sie damit sparen. Oder Sie fotografieren Ihre Fabrik und die grüne Umgebung.

Sie haben Solarzellen auf dem Dach? Zeigen Sie das Gebäude mit diesen. Ein nicht so gelungenes Foto von Ihren Solarzellen, das Sie gemacht haben, ist viel besser als ein perfektes Foto einer Bildagentur. Finden Sie keine guten Bilder, verzichten Sie besser auf sie (wie in Abbildung 35.12).

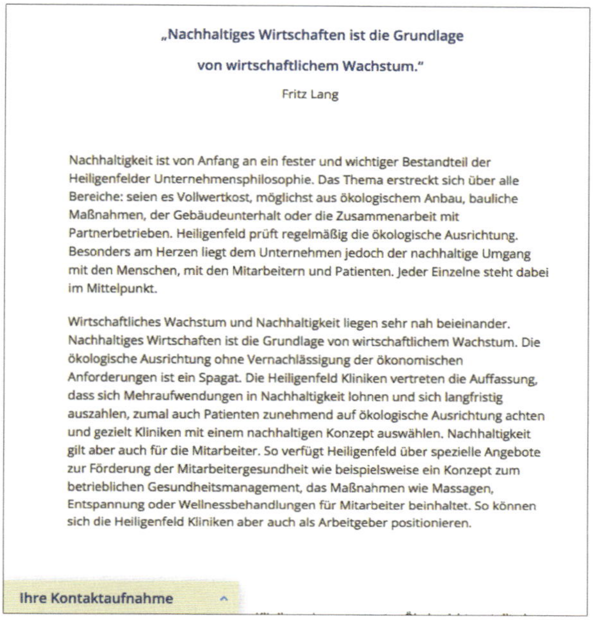

„Nachhaltiges Wirtschaften ist die Grundlage

von wirtschaftlichem Wachstum."

Fritz Lang

Nachhaltigkeit ist von Anfang an ein fester und wichtiger Bestandteil der Heiligenfelder Unternehmensphilosophie. Das Thema erstreckt sich über alle Bereiche: seien es Vollwertkost, möglichst aus ökologischem Anbau, bauliche Maßnahmen, der Gebäudeunterhalt oder die Zusammenarbeit mit Partnerbetrieben. Heiligenfeld prüft regelmäßig die ökologische Ausrichtung. Besonders am Herzen liegt dem Unternehmen jedoch der nachhaltige Umgang mit den Menschen, mit den Mitarbeitern und Patienten. Jeder Einzelne steht dabei im Mittelpunkt.

Wirtschaftliches Wachstum und Nachhaltigkeit liegen sehr nah beieinander. Nachhaltiges Wirtschaften ist die Grundlage von wirtschaftlichem Wachstum. Die ökologische Ausrichtung ohne Vernachlässigung der ökonomischen Anforderungen ist ein Spagat. Die Heiligenfeld Kliniken vertreten die Auffassung, dass sich Mehraufwendungen in Nachhaltigkeit lohnen und sich langfristig auszahlen, zumal auch Patienten zunehmend auf ökologische Ausrichtung achten und gezielt Kliniken mit einem nachhaltigen Konzept auswählen. Nachhaltigkeit gilt aber auch für die Mitarbeiter. So verfügt Heiligenfeld über spezielle Angebote zur Förderung der Mitarbeitergesundheit wie beispielsweise ein Konzept zum betrieblichen Gesundheitsmanagement, das Maßnahmen wie Massagen, Entspannung oder Wellnessbehandlungen für Mitarbeiter beinhaltet. So können sich die Heiligenfeld Kliniken aber auch als Arbeitgeber positionieren.

Ihre Kontaktaufnahme

Abbildung 35.12 Keine Bilder ist manchmal auch eine Lösung. Die Klinikgruppe Heiligenfeld konzentriert sich auf das, was Nutzer wissen wollen, die sich zu Nachhaltigkeit informieren wollen.

35.5.3 Schöne Fotos sind erlaubt

Dekorative Fotos sind immer gut, solange sie nicht austauschbar sind. Bilder aus den Räumen einer Praxis, einer Kanzlei oder eines Ladengeschäfts sind sogar ganz hervorragend. Es sollten qualitativ hochwertige Bilder sein, und es sollte klar sein, dass es Bilder von den eigenen Räumen sind.

Das Foto einer Blume auf dem Tresen kann also sehr gut wirken – wenn es Ihr Tresen ist und nicht der irgendeiner Bildagentur. Noch besser, wenn auf Ihrem Tresen tatsächlich immer Blumen stehen und der Nutzer das beim Besuch vor Ort wiedererkennt.

Fotos sind praktisch Pflicht, wenn Sie:

▶ Kontaktpersonen nennen

▶ zufriedene Kunden/Empfehlungsgeber zitieren

Es ist zwar nicht rational, aber wir Menschen glauben einer Aussage einer Person mehr, wenn daneben ihr Bild zu sehen ist. Deshalb sind Empfehlungen um ein Vielfaches wirksamer, wenn Sie die Menschen daneben abbilden, die die Empfehlung aussprechen.

Abbildung 35.13 Nutzer wollen wissen, wie es bei Ihnen aussieht. Zeigen Sie es ihnen, wie hier die Zahnarztpraxis Aalai.

Und Bilder mit lächelnden Menschen, die in Richtung Kamera sehen, erzeugen positivere Emotionen. Das Gleiche gilt für leckeres Essen oder attraktive Körper. Denken Sie nur daran, dass diese Bilder etwas mit Ihrer Site zu tun haben müssen, sonst wird dieser positive Effekt schnell überlagert von der Ablehnung der Besucher.

35.5.4 Woher die Fotos nehmen?

Achten Sie unbedingt darauf, dass Ihre Bilder qualitativ hochwertig sind. Ein Amateurfoto kann den professionellen Eindruck einer Website sofort zerstören. Wenn Sie sicher sind, dass Sie gut fotografieren können, dann machen Sie die Bilder selbst. Wenn Ihnen aber die Begriffe Weißabgleich, Ausleuchtung, Bildaufbau oder Goldener Schnitt nichts sagen, dann beauftragen Sie besser einen Fotografen. Dann müssen Sie vielleicht einmal einige hundert Euro zahlen, haben aber dafür Profifotos, die Sie auch für andere Zwecke mehrere Jahre lang verwenden können.

35.6 Tipps für die nutzerfreundliche Darstellung von Bildern

Haben Sie bestimmt, welche Bilder auf die Seiten kommen sollen, geht es darum, für jedes von ihnen folgende Merkmale festzulegen:

- Bildausschnitt/Beschneidung
- Größe
- Position

Dabei müssen Sie einerseits die Ästhetik, andererseits die Nutzerfreundlichkeit im Blick haben. Interessanterweise gehen diese fast immer Hand in Hand.

35.6.1 Crashkurs Bildbeschnitt

Im Folgenden die allerwichtigsten Regeln für das Zuschneiden von Bildern bzw. das Wählen des Bildausschnitts in Kürze. Zu diesem Thema gibt es ganze Bücher, aber wenn Sie sich an die allerwichtigsten Grundregeln halten, dann stellen Sie zumindest sicher, dass Sie Ihre Nutzer nicht verwirren, weil Sie deren Sehgewohnheiten stark widersprechen.

Unbewusst fällt uns auf, wenn ein Bild sich nicht an grundlegende Regeln hält. Wir haben dann das Gefühl, etwas stimmt nicht mit dem Bild. Das kann man sich zunutze machen, um die Aufmerksamkeit auf das Bild zu lenken. In den meisten Fällen lenkt das aber ab und ist daher nicht erwünscht.

Der häufigste Fehler, den die meisten Laien beim Bildausschnitt machen: Alles ist symmetrisch. Die *symmetrische Anordnung ist langweilig* und fühlt sich für fast alle Menschen seltsam an. Deshalb sind die meisten Fotos nicht symmetrisch aufgebaut. Sie wirken immer interessanter, wenn sie gerade nicht symmetrisch sind. Und so sind wir alle es gewöhnt, unsymmetrische Bilder zu sehen.

Abbildung 35.14 Links das Foto mit dem Hauptmotiv genau in der Mitte – langweilig. Rechts ins rechte Bilddrittel verschoben – schon besser.

Aber Bilder einfach nur irgendwie asymmetrisch zu gestalten ist keine Lösung. Denn dafür gibt es unendlich viele Möglichkeiten. Es gibt aber nur wenige, die der Mensch als ästhetisch wahrnimmt. Die einfachste Regel, Bilder interessant und gleichzeitig ästhetisch zu gestalten, ist die *Drittelregel*: Über das Bild wird ein Raster gelegt, das es vertikal und horizontal in jeweils drei Teile teilt – in der Summe also neun. Das Bild wird nun so beschnitten, skaliert und verschoben, dass dessen Elemente sich entlang dieser Linien ausrichten oder sich auf die neun Felder verteilen (siehe Abbildung 35.15).

Abbildung 35.15 Streng nach der Drittelregel komponiert. An den unteren Schnittpunkten steht jeweils ein Schiff.

Abbildung 35.16 Nach dem Goldenen Schnitt komponiert. Am wichtigsten dabei: Der Horizont ist nicht in der Bildmitte.

Diese Drittelregel kommt vom Goldenen Schnitt. Der *Goldene Schnitt* ist ein Teilungsverhältnis, das alle Menschen als ästhetisch wahrnehmen. Dabei wird eine Strecke so geschnitten, dass sich der kleinere Teil der Strecke zur größeren verhält wie der größere Teil zur ganzen Strecke. In Zahlen also: a : b = b : (a + b). Grob entspricht das einer Teilung in 2/3 und 1/3 – daher die einfache Drittelregel. Für Fotos arbeitet man oft mit einem Raster, das das Bild horizontal und vertikal in insgesamt neun Rechtecke teilt, die zueinander im Verhältnis des Goldenen Schnitts stehen (siehe Abbildung 35.16). Der Goldene Schnitt findet sich in der Natur auch z. B. beim Abstand der Blätter an den Stängeln vieler Pflanzen oder beim Aufbau ihrer Blüten, etwa bei der Sonnenblume.

Abgeleitet vom Goldenen Schnitt ist die *Goldene Spirale*, auch *Fibonacci-Spirale* genannt. Sie entsteht, wenn man ein Rechteck, dessen Seiten im Goldenen Schnitt zueinander stehen, immer wieder teilt. Auch die Goldene Spirale findet sich in der Natur, etwa beim Gehäuse des Ur-Tintenfischs Nautilus oder bei der Anordnung von Sternen in Galaxien. Bei der Bildkomposition kann die Goldene Spirale helfen, eine ästhetische Lösung umzusetzen (siehe Abbildung 35.17).

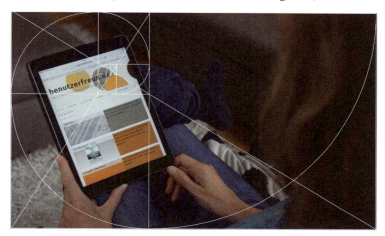

Abbildung 35.17 Die Goldene Spirale kann man auch verwenden, um alltägliche Fotos interessanter zuzuschneiden. Man ordnet die Elemente entlang der Linien an (z. B. Teppich oben oder iPad im Zentrum der Spirale).

Warum genau Menschen den Goldenen Schnitt und die Goldene Spirale ästhetisch finden, ist bis heute umstritten – machen Sie sich das einfach zunutze, um Bilder so darzustellen, dass sie bei den Nutzern gut ankommen.

Beim Zuschneiden von Bildern mit Personen gibt es noch ein paar wenige Tipps, wie Sie diese für die Nutzer besser machen: Setzen Sie die Menschen im Zweifel lieber groß ins Bild. Wenn Sie wenig Platz haben, zeigen Sie lieber nur den Kopf.

Und versuchen Sie auch hier, nicht allzu symmetrisch zuzuschneiden – das wirkt unnatürlich. Es ist bei Porträts sogar besser, einen Teil der Haare abzuschneiden, was Laien oft merkwürdig vorkommt – und doch nehmen praktisch alle Menschen solche Bilder als ästhetischer wahr.

35.6.2 Bilder sinnvoll auf der Seite platzieren

Worauf Sie bei Fotos von Menschen auch achten sollten, ist die Blickrichtung. Diese bestimmt mit, wie viel bzw. was die Nutzer auf Ihrer Seite lesen. Denn wir folgen mit unseren Augen unwillkürlich der Blickrichtung anderer Menschen (siehe Abbildung 35.18).

35 Bilder für Benutzer auswählen

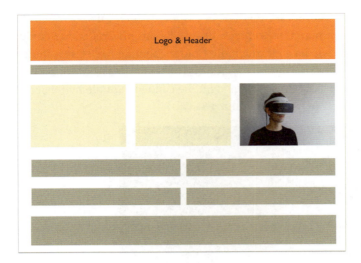

Abbildung 35.18 Zweimal die gleiche Seite – einmal mit falscher Blickrichtung (oben) und einmal mit korrekter (unten). Text, den Menschen auf dem Foto ansehen, wird eher gelesen.

Bedenken Sie auch, welchen Einfluss Bilder auf den Textfluss haben. Die meisten Sites setzen den linken Rand der Bilder bündig mit dem Text. Das ist bei Bildern, die über die ganze Spaltenbreite laufen, wenig problematisch. Ungünstig ist das aber, wenn der Text rechts neben dem Bild weiterläuft (wie in Abbildung 35.19 oben). Denn damit muss das Auge beim Lesen springen. Es kann dazu führen, dass der Leser den Teil rechts vom Bild übersieht und so den weiteren Text nicht mehr versteht.

Besser ist es daher, Bilder rechtsbündig zu setzen, wenn sie nicht die ganze Breite der Textspalte einnehmen (siehe Abbildung 35.19 unten).

Abbildung 35.19 Oben: Das Auge muss den Zeilenanfang mehrfach suchen, das Bild erschwert das Überfliegen des Textes. Unten: Deutlich besser zu lesen durch rechtsbündige Platzierung des Bildes.

35.6.3 Bilder auf verschiedenen Bildschirmgrößen richtig darstellen

Sie sparen sich viel Arbeit, wenn Sie bei der Bildauswahl darauf geachtet haben, dass die Bilder möglichst klar sind und nicht zu viele Elemente zeigen. Das kommt Ihnen sehr entgegen, wenn Sie bestimmen, wie die Bilder auf kleinen Displays angezeigt werden sollen, etwa auf dem Smartphone. Hier muss immer noch gut zu erkennen sein, worauf es bei dem jeweiligen Bild ankommt. Zum Beispiel sollte das Gesicht der Personen auf dem Foto nicht von einem Textfeld verdeckt sein, und die Gesichter sollten so groß sein, dass man sie auch erkennt.

Genaue Werte für die Abmessungen sind schwer zu geben, da diese immer vom jeweiligen Foto abhängen. Aber es gibt wenige Fotos, auf denen man noch etwas erkennen kann, wenn sie nicht mindestens 320 Pixel breit sind (die Breite der kleinsten Smartphones). Alles, was kleiner ist, kann oft nur als Teaser dienen, der per Tipp/Klick zu einer größeren Version des Bildes führt.

Abbildung 35.20 Thyssenkrupp.com arbeitet mit großen Fotos, auf denen fast immer Menschen zu sehen sind. Doch das sind immer Menschen in Aktion, und es sind nie Bildagenturfotos.

Technisch ist darauf zu achten, dass die Bilder so optimiert sind, dass ihre Übertragung auch bei Mobilverbindungen nicht zu lange dauert – Stichwort korrektes Dateiformat, korrekte Pixelmaße und Kompressionseinstellungen für JPEG-Dateien. Details dazu finden Sie im hervorragenden Buch »Designing for Performance: Weighing Aesthetics and Speed« von Lara Callender Hogan.

Abbildung 35.21 Auf Mobilgeräten zeigt die Site weniger Fotos, diese aber immer noch groß und gut erkennbar.

Abbildung 35.22 Auch kleine Unternehmen können mit großen Bildern arbeiten. Diese Polsterei stellt die Möbel, die Materialien und die Besitzerin ganz in den Mittelpunkt (www.martinasperl.at).

So arbeiten Sie mit Bildern, die den Nutzern nützen

Denken Sie bei der Auswahl vor allem an Fotos von:

1. Produkten
2. Produktdetails
3. Produkten, wie sie von Menschen benutzt werden
4. Produktionsstätten, Büros etc.
5. Mitarbeitern, mit denen Ihre Besucher zu tun haben (Service, Kundenbetreuung etc. sowie die Chefs)

Das sind die Bilder, die Ihre Nutzer immer sehen wollen. Hinzu kommen optional Bilder, die anderweitig mit Ihnen zu tun haben, wie zum Beispiel:

1. Orte, von denen Ihre Produkte herkommen
2. Rohstoffe, die Sie verwenden
3. Veranstaltungen, die Sie durchgeführt oder an denen Sie teilgenommen haben

Die wichtigste Frage, anhand derer Sie prüfen können, ob ein spezielles Bild auf Ihre Seite passt, ist die: Kann das Bild dem Nutzer helfen, seine Entscheidung für das Produkt oder die Dienstleistung zu fällen, um das bzw. die es auf der Seite geht? Gute Bilder erzeugen positive Emotionen, transportieren Informationen und tragen zu einer besseren User Experience bei. Sie sind nie nur aus ästhetischen Gründen auf der Seite, sondern transportieren immer eine Aussage, nicht nur Emotion.

Kapitel 36

Bildbühne, Karussell, Slideshow – mehrere Bilder an einer Stelle

Um viele Bilder auf eine einzige Seite zu bringen, eignen sich Bildbüh-nen. Aus UX-Sicht sind diese oft problematisch. Wenn Sie aber ein paar Regeln beachten, funktionieren Bildbühnen durchaus.

Meist spricht man von *Bildbühne* oder von *Karussell*. Manchmal hört man aber auch *Slideshow*, *Diaschau*, selten *(Image) Slider* oder *Image Rotator*.

Einige sehen Unterschiede zwischen den genannten Begriffen – in der Praxis sind diese aber kaum auszumachen. Auch versteht fast jeder ein bisschen etwas anderes darunter. Daher ist es wichtig, dass Sie immer genau beschreiben, wie Sie sich die Umsetzung einer Bildbühne konkret vorstellen.

36.1 Was ist eine Bildbühne?

Eine Bildbühne ist ein Element, das an einer festen Position auf der Seite verschie-dene Inhalte zeigt, meist Fotos. Diese Inhalte wechseln entweder automatisch oder nach Interaktion. Meist sitzen Bildbühnen ganz oben auf einer Webseite – dann prä-sentieren sie oft die verschiedenen Inhaltsbereiche der Site oder aktuelle Inhalte (siehe z. B. Abbildung 36.1). Manchmal werden sie auch für Produktabbildungen ein-gesetzt. In diesem Fall zeigen sie Fotos verschiedener Produkte oder mehrere Bilder desselben Produkts.

36.2 Wann nutzt man Bildbühnen?

Die meisten Bildbühnen sind eine Lösung für folgendes Problem: Wie bringe ich alle Infos auf der Start- oder Kategorieseite unter, die dort unbedingt hingehören? Wie zeige ich den Benutzern auf einen Blick, worum es auf den folgenden Seiten geht und was sie bieten?

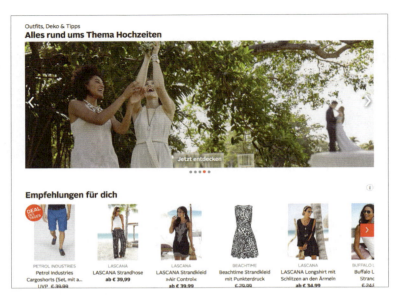

Abbildung 36.1 Otto.de nutzt eine große Bildbühne auf der Startseite. Hier laufen fünf aktuelle Angebote durch. Wer's weiß oder wem es auffällt, kann per Klick auf die Kreise unten zwischen diesen Angeboten wechseln – oder mit den Pfeilchen rechts und links.

Eine der ersten Bildbühnen war die des Medienverwaltungsprogramms iTunes (Abbildung 36.2). Die Ansicht namens *Cover Flow* zeigte die Albumcover der Musik in iTunes in einem Halbkreis. Bald fand sich diese Ansicht im Betriebssystem macOS, in iOS und wenig später auf vielen Websites. Inzwischen hat iTunes diese Ansicht übrigens längst abgeschafft. Und auch auf Websites oder in Apps sieht man so eine Ansicht kaum noch.

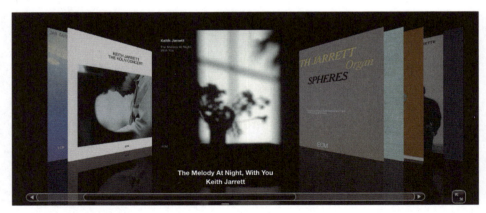

Abbildung 36.2 Bildbühne in früheren Versionen von iTunes, die stilbildend war. Hier sieht man, warum oft von »Karussell« die Rede ist: Die Coverbilder der Alben bewegen sich scheinbar kreisförmig durch. Heute nennt man Elemente auch Karussells, bei denen immer nur ein Bild auf einmal zu sehen ist.

36.2.1 Sonderfall Fotopräsentation – klassische Diaschau

Gehen Sie davon aus, dass die Nutzer wirklich alle Bilder sehen wollen, dann ist eine Bildbühne eine gute Idee. Auch dann, wenn es für die Nutzer gleich ist, welche Bilder sie in welcher Reihenfolge ansehen. Das ist zum Beispiel bei Fotos im Portfolio eines Fotografen der Fall – damit erklärt sich auch ein gelegentlich genutzter Name für Bildbühnen: *Diaschau*, englisch *Slideshow* (siehe Abbildung 36.3).

Abbildung 36.3 Geo.de zeigt in Diaschauen mehrere Fotos – der klassische Einsatzzweck für Bildbühnen. Die Navigationselemente könnten allerdings größer sein und die Werbung lässt die Fotos kaum zur Geltung kommen.

Abbildung 36.4 Auf der Startseite von fashionid.de stehen gleich zwei Karussells untereinander. Ob das obere nur die Marken durchscrollt oder auch den Bereich „Sale" darüber, erfährt man nur durch Ausprobieren.

Ebenso sind Fotos aus einem Restaurant, Blumensträuße eines Blumenladens oder in manchen Fällen auch Produktfotos gute Kandidaten für nützliche Bildbühnen.

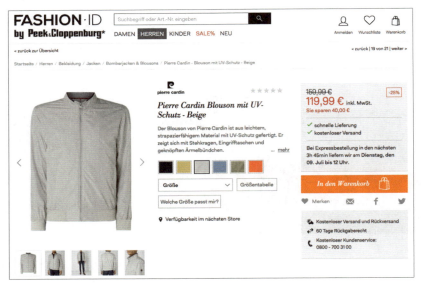

Abbildung 36.5 Die Steuerung der Bildbühne mit den Pfeilen auf der Produktdetailseite bei Fashion ID ist eindeutig. Darunter sieht man, welche Bilder man in Groß sehen kann – auch durch einen Klick kann man sie direkt anzeigen.

36.3 Vorteile von Bildbühnen

Oft gibt es hitzige Diskussionen darüber, was auf der Startseite zu sehen sein soll – und was an welcher Position. Der Platz auf der Startseite ist prestigeträchtig, und niemand möchte mit seiner Abteilung oder seinem Produkt zurückstecken.

Bildbühnen bieten einen guten Kompromiss: Wir zeigen einfach alle wichtigen Produkte/Bereiche/Abteilungen und lassen diese auf der Bühne wechseln. So kann man mehrere Elemente präsentieren, ohne viel Platz zu brauchen.

36.4 Nachteile von Bildbühnen

Gegen Bildbühnen sprechen eine Reihe von Usability-Problemen:

- Bewegung assoziieren viele Nutzer mit Werbung – und sie sehen diese Elemente daher gar nicht an (»Banner Blindness«).
- Die Zeit, um die Inhalte zu erfassen, unterscheidet sich von Nutzer zu Nutzer stark. Manche brauchen z. B. länger, um den Text zu lesen, andere wollen sich z. B. in Ruhe das Bild ansehen.

► Der Nutzer hat keine/wenig Kontrolle über die Elemente (je nach Umsetzung).

► Bewegung erschwert es Nutzern, die sich mit der Maus schwertun oder sie gar nicht benutzen können, eines der Elemente auszuwählen.

► Man hat keine exakte Kontrolle darüber, was der Nutzer sieht. Scrollt oder klickt er schnell, kann es sein, dass er nur eines der Elemente überhaupt je zu Gesicht bekommt.

In Nutzertests sehen wir, dass viele Probanden sofort nach unten scrollen und die Bildbühne am Seitenkopf schnell außerhalb des sichtbaren Bereichs landet. Nutzer haben vermutlich gelernt, dass die Bilder oben auf Webseiten oft wenig aussagekräftig sind und die eigentlichen Informationen erst weiter unten beginnen. Das lässt sich auch mit Klickzahlen belegen: Viele Website-Betreiber stellten fest, dass das erste Element einer Bildbühne 80 Prozent und mehr der Klicks bekommt, die folgenden Elemente jeweils nur 5 Prozent und weniger. Das heißt: Die Besucher nutzen Bildbühnen nicht. Wenn überhaupt, dann klicken/tippen sie auf das erste Element.

Wer nur ein Element sieht, der bekommt nicht das vollständige Bild des Unternehmens, das die Konzepter durch die ausgewählten Bilder gerne zeichnen wollten.

Eine Bildbühne sollte also idealerweise auch ihre Aufgabe erfüllen, wenn der Nutzer nur das erste Bild sieht. Gehen Sie nie davon aus, dass Nutzer alle Bilder der Bühne ansehen. Gehen Sie nicht einmal davon aus, dass die Nutzer überhaupt etwas von Ihrer Bildbühne ansehen. Sehen Sie alternative Zugänge zu den Inhalten vor – über die Navigation, Teaser o. Ä.

Heißt das alles, dass man Bildbühnen keinesfalls einsetzen sollte? Wir denken, Bildbühnen können durchaus funktionieren. Doch wenn Sie eine solche einplanen, dann achten Sie auf ein paar wichtige Punkte:

36.5 Tipps für die Gestaltung von Bildbühnen

Im Folgenden ein paar Hinweise, wie Sie Bildbühnen so konzipieren und umsetzen, dass sie die Besucher Ihrer Website sinnvoll nutzen können.

36.5.1 Fünf oder weniger Elemente

Je mehr Elemente in einer Bildbühne stecken, desto weniger Aufmerksamkeit bekommt jedes einzelne. Für Karussells, die Inhalte der Site präsentieren (z. B. Teaser mit Bild), empfehlen sich nicht mehr als fünf Elemente.

Nutzen Sie die Bühne für die Präsentation von Produkten, dürfen es auch doppelt so viele sein. Noch mehr können dazu führen, dass der Nutzer nicht mehr weiß, was er ansehen soll, und im schlimmsten Fall keine mehr ansieht. Nur in seltenen Fällen sind allzu viele Bilder sinnvoll (siehe Abbildung 36.6).

Abbildung 36.6 Auf Booking.com sieht man die Hotelfotos in einer Bildbühne – teilweise sehr viele. Aber die kleinen Vorschaubilder darunter ermöglichen den schnellen Sprung zu einem bestimmten Foto. Und es ist nicht wichtig, dass der Nutzer alle Bilder ansieht.

36.5.2 Klare Fotos

Damit Bildbühnen auch auf kleinen Screens z. B. von Mobilgeräten funktionieren, wählen Sie die Fotos so aus, dass sie in großer wie kleiner Darstellung gut wirken (etwa wie in Abbildung 36.7). Sind auf den Bildern zu viele Details, erkennt man auf dem Smartphone nichts.

Manchmal kann man nicht sicherstellen, dass die Bildauswahl optimal ist – etwa, weil die Inhalte sich öfter ändern. Sehen Sie dann bei kleineren Screengrößen besser eine andere Darstellung vor. Zum Beispiel nur ein Bild, das die ganze Seitenbreite einnimmt.

Überlegen Sie, ob Sie bei kleinen Screens auf die Bildbühne verzichten können und es ausreicht, hier nur das erste Element zu zeigen. Das kann auch einen weiteren Vorteil bei der mobilen Nutzung bringen: Es muss nur eine Bilddatei übertragen werden, was das mobile Datenvolumen schont und die Übertragungsgeschwindigkeit der Seite verbessert (je nach Programmierung).

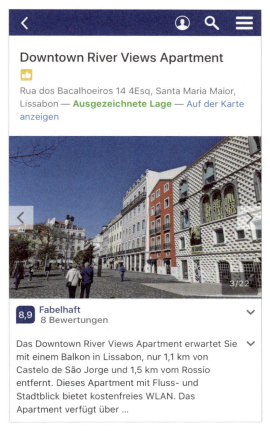

Abbildung 36.7 Bei Booking.com ist beim Smartphone die Steuerung halbtransparent über dem Bild, und die Auswahlliste der Desktop-Version unten fällt weg – sie wäre hier nicht nutzbar, weil die Bilder zu klein wären, um etwas zu erkennen, und zu klein, um sie mit dem Finger antippen zu können.

36.5.3 Deutliche Beschriftung

Sehr selten sieht man bei Bildbühnen eine Beschriftung der Elemente, die zu den nächsten Bildern führen. Das ist ungünstig, denn ein Pfeil verrät nichts darüber, was den Nutzer nach einem Klick erwartet. Überlegen Sie daher, ob Sie nicht eine aussagekräftige Beschriftung vorsehen können (wie in Abbildung 36.8).

Sorgen Sie dafür, dass der Text immer gut leserlich ist. Setzen Sie ihn groß genug, verwenden Sie einen (halbtransparenten) Hintergrund, um ihn von jedem Motiv an jeder Stelle klar abzusetzen. Oder testen Sie in allen relevanten Bildschirmgrößen, ob der Text auch wirklich vor dem Hintergrund leserlich ist.

Abbildung 36.8 Ungewöhnliche Lösung beim BMBI.de: Das Bild und der Text darunter wechseln zusammen. Das ist an sich eine gute Idee, nur müsste ein Rahmen o. Ä. deutlich machen, dass der Text zum Bild darüber gehört.

36.5.4 Klare Verortung

Machen Sie deutlich, wie viele Elemente die Bühne enthält und welches Element der Nutzer gerade sieht (Abbildung 36.9).

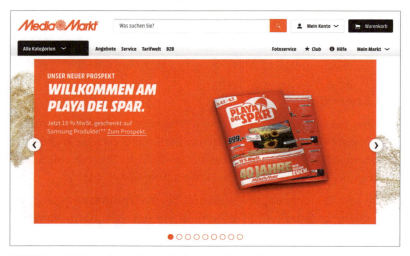

Abbildung 36.9 Auf mediamarkt.de sind die Punkte zur Positionsanzeige eindeutig – bei so einer Umsetzung ist man sicher, dass die mit allen Fotos funktioniert. Setzt man die Punkte auf die Fotos, gibt das immer wieder Probleme.

Deuten Sie durch geschickt gewählte Anschnitte an, dass weitere Inhalte vorhanden sind (»Overflow«), wie in Abbildung 36.10 zu sehen.

Abbildung 36.10 Auf ZDF.de verdeutlichen die aufgehellten angeschnittenen Bilder mit den Pfeilen nach rechts, dass weitere Elemente folgen.

36.5.5 Klare Navigation

Lassen Sie den Nutzer einfach von Element zu Element wechseln.

Bewährt haben sich zwei Konzepte:

1. die spitze Klammer als Navigationspfeil für Vorwärts und Rückwärts
2. seitliche Text-Buttons (gelegentlich sind sie auch unter der Bildbühne angeordnet)

Die häufig verwendeten Punkte unterhalb der Bildbühne sind in den meisten Fällen zu klein. Dadurch sind sie zu unauffällig und zu schlecht mit der Maus oder gar dem Finger zu treffen. Auf Mobilgeräten sollten Nutzer zusätzlich mit Wischgesten (»swipe«) zwischen den Elementen der Bildbühne wechseln können.

36.5.6 Kontrolle durch den Nutzer

Verlinken Sie immer das ganze Bild sowie den Text und nicht nur einen kleinen Button. Sinnvoll ist es, zusätzlich einen Button, einen Link bzw. eine Handlungsaufforderung auf das Bild zu setzen, damit jeder Nutzer die Verlinkung wahrnimmt, wie in Abbildung 36.11.

Bewegt der Besucher den Mauszeiger über ein Element oder die Navigation des Karussells (Mouseover), stoppen Sie sofort die Animation. Nur so hat der Nutzer die

Möglichkeit, genau anzusehen, was ihn interessiert. Und nur so hat er das Gefühl, selbst steuern zu können.

Abbildung 36.11 Bei Tchibo.de sind alle Bilder der Bühne mit einem Button versehen, der tiefer in die Site führt (»Zur Themenwelt«).

Bei Mobilgeräten stoppen Sie die Animation, sobald der Nutzer einen Teil der Bildbühne antippt – sei es, um zum nächsten Element zu wechseln oder um eines auszuwählen.

36.5.7 Gutes Timing

Ein zu schnelles Wechseln der Elemente verärgert die Nutzer. Wenn sie etwas anklicken wollen und dies in nächsten Moment schon wieder verschwunden ist, müssen sie erst einmal die Navigation der Bildbühne ergründen und dann zurücknavigieren. Ein zu langsamer Wechsel kann ebenfalls irritieren. Wenn sich plötzlich ein Element auf der Seite bewegt, das der Nutzer für statisch gehalten hat, kann ihn das verwirren.

Fazit: Wählen Sie leicht erkennbare Bildinhalte, und schreiben Sie kurze, einfache Texte. Dann ist es am leichtesten, das richtige Timing für den Bildwechsel zu finden. Als Faustregel: Kürzer als 5 Sekunden ist selten ausreichend, länger als 15 Sekunden ist meist zu lang.

Manche raten dazu, auf Mobilgeräten den automatischen Bildwechsel zu deaktivieren. Denn auf den kleinen Bildschirmen scrollen die Nutzer sowieso meist weiter, bevor sich etwas getan hat. Außerdem macht der Bildwechsel den Seitenaufbau auf langsameren Geräten und bei schlechten Verbindungen träge. Und: Hier gibt es keine Maus, somit kann der Nutzer nicht via Mouseover den Bildwechsel stoppen (siehe voriger Tipp). Hat die Bühne das letzte Bild erreicht, machen Sie mit dem ersten weiter. Lassen Sie auf keinen Fall die Animation schrittweise rückwärtslaufen; das verwirrt die Nutzer.

Manche Kollegen raten, beim letzten Element stehen zu bleiben. Sonst würde die Gefahr drohen, dass der Nutzer mehrmals die gleichen Bilder ansieht. Aus unserer Sicht droht diese Gefahr nur, wenn:

1. zu viele Elemente in der Bildbühne sind
2. die Elemente so nichtssagend sind, dass man gleich vergisst, dass man sie schon gesehen hat

36.5.8 Sinnvolles Ladeverhalten

Da viele Nutzer Bildbühnen nicht nutzen, laden Sie nur die Inhalte, die tatsächlich gebraucht werden. Das heißt, Sie laden zunächst nur das erste Bild. Die weiteren, wenn entweder der ganze Rest der Seite geladen ist oder sogar erst dann, wenn der Nutzer auf den Weiter-Button der Bühne klickt.

36.5.9 Klaren Fokus oder Übersicht geben

Ideal ist es, wenn Sie nicht nur ein Element zeigen, sondern in Klein (wie die Hotelfotos auf booking.com) oder als Text auch zeigen, welche weiteren Elemente im Karussell enthalten sind. Das gibt dem Nutzer einen Teil seiner Autonomie zurück.

36.5.10 Technisch zeitgemäße Umsetzung

Eigentlich selbstverständlich, aber sicherheitshalber noch der Hinweis: Setzen Sie Bildbühnen unbedingt mit HTML, CSS und eventuell JavaScript um. Technologien wie Flash oder Java oder noch exotischere sind dafür überflüssig, erschweren den Zugang für die Nutzer und können die Inhalte der Bildbühne zudem für Suchmaschinen unzugänglich machen.

36.6 Alternativen

Wollen Sie auf eine Bildbühne verzichten, bieten sich die folgenden Alternativen an.

36.6.1 Konzentration auf das Wesentliche

Überlegen Sie sich, was das wichtigste Element ist, und setzen Sie nur dieses oben auf die Seite. Alle weiteren Themen machen Sie über die Navigation oder über Links unter dem Element oben zugänglich.

36.6.2 Hero Shots

Ein großes, klares Foto, das eine Person oder ein Produkt in einer hochwertigen Aufnahme zeigt, nennt man *Hero Shot* (englisch für »Heldenbild«).

36.6.3 Bilder untereinander

Die klassische, einfache Lösung ist oft die beste: Man kann Bilder auch einfach neben- und untereinander auf die Seite setzen. Das bedeutet, Sie müssen sich beschränken und die Bilder aussuchen, die am schönsten, interessantesten oder nützlichsten für die Nutzer sind (Abbildung 36.12).

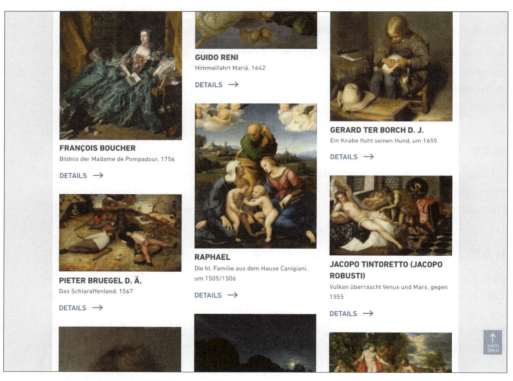

Abbildung 36.12 Wenn jemand wirklich viele Bilder zu zeigen hat, dann sind es Museen. Pinakothek.de zwängt sie nicht in eine Bildbühne, sondern gibt jedem einzelnen Platz auf der Seite.

Genau das ist Ihre Aufgabe, wenn man eine nutzerfreundliche Site plant: Entscheidungen für die Nutzer treffen, alles so aufbereiten, dass diese möglichst wenig Arbeit damit haben. Und sich durch eine Bildbühne zu klicken, ist mehr Arbeit, als ein paar Bilder auf der Seite zu überfliegen.

36.6.4 Führung über die Seite

Gestalten Sie für die Seite eine klare Abfolge, und strukturieren Sie diese logisch von oben nach unten – und zwar nach den Bedürfnissen der Nutzer. Bei einem Onlineshop etwa die aktuellen Produktangebote oben, danach Einstiege in verschiedene Produktwelten (über konkrete Produkte) und dann Hinweise auf Servicebereiche, Hilfeseiten und Hintergrundinformationen. So führen Sie die Nutzer über die Seite und geben ihnen eine klare Orientierung. Das erleichtert ihnen, schnell zu sehen, worum es auf der Seite geht.

36.6.5 Themenkacheln

So genannte Kacheln sieht man häufig auf Seiten, die eine große Vielfalt von Themen präsentieren. Meist als Kombination von Text und Bild umgesetzt, bieten sie den weiteren Vorteil, dass Sie die Elemente ganz einfach gewichten können: Die wichtigsten Themen stehen weiter oben und sind größer (Abbildung 36.13 und Abbildung 36.14).

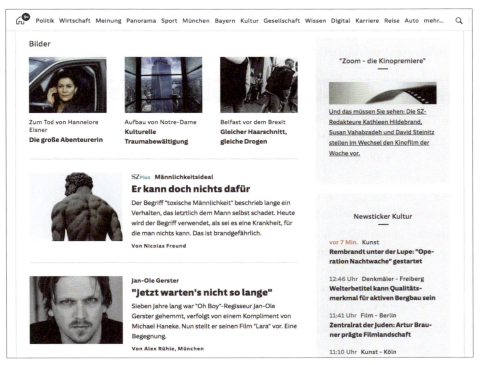

Abbildung 36.13 Die meisten seriösen Mediensites wie sueddeutsche.de sind schon vor Jahren von Bildbühnen abgekommen. Stattdessen setzen sie ganz auf Themenkacheln. Das stellt jedes Thema für sich hochwertig dar und wirkt nicht austauschbar.

36 Bildbühne, Karussell, Slideshow – mehrere Bilder an einer Stelle

Abbildung 36.14 Thyssenkrupp.com setzt auf Themenkacheln mit Links zu Texten, Bildern, Videos, Berichten und Unterbereichen der Site.

So realisieren Sie nutzerfreundliche Bildbühnen

1. Gestalten Sie die Bildbühne klar erkennbar als solche.
2. Verwenden Sie maximal fünf Bilder.
3. Wählen Sie Bilder aus, deren Inhalt schnell erfassbar ist und nicht zu detailliert.
4. Beschriften Sie jedes einzelne Bild.
5. Zeigen Sie deutlich an, welches Element gerade zu sehen ist und wie viele Elemente die Bildbühne enthält.
6. Machen Sie deutlich, wie man hin und her wechselt. Nutzen Sie dazu große, gut erkennbare und von anderen Sites vertraute Steuerelemente.
7. Verlinken Sie das ganze Bild und die Beschriftung.
8. Stoppen Sie den automatischen Bildwechsel, sobald der Mauszeiger sich über das Element bewegt oder der Nutzer darauf klickt bzw. tippt.
9. Passen Sie die Animationsgeschwindigkeit an die Inhalte wie auch an die Zielgruppe an.
10. Laden Sie nur die Inhalte, die tatsächlich bzw. wahrscheinlich gebraucht werden.

Kapitel 37
Audio & Video einbinden und steuern

Audio und Video bieten Auflockerung und manchmal eine überlegene Form, Inhalte zu vermitteln. Aber diese Medien bringen eigene konzeptionelle Herausforderungen mit sich. Ihre Steuerung nutzerfreundlich zu machen, ist jedoch recht einfach.

Audio und Video sind aus unserem Alltag nicht wegzudenken. Für viele beginnt der Tag mit dem Radiowecker, für die meisten endet er entweder vor dem Fernseher, mit einer gestreamten Serie oder mit Musik, Hörbüchern oder Podcasts zum Einschlafen. Die meisten Kinder können Tablet, Fernseher und Radio einschalten, bevor sie sprechen können. Praktisch jeder nutzt Audio und Video für Unterhaltung und Informationen – über Smartphone, Tablet, PC, Fernseher oder über Geräte wie *HomePod* und *Amazon Echo*.

Im Folgenden geht es vor allem um statische Audio- und Videoinhalte, das Thema Sprachsteuerung und Sprachassistenten haben wir in Kapitel 6, »Von Smartwear, Sprachsteuerung & anderen Revolutionen«, kurz behandelt.

37.1 Wann sind Audio & Video überhaupt sinnvoll?

Nur weil Audio und Video viel genutzt werden, heißt das nicht, dass Sie diese Medien möglichst viel einsetzen sollten. Vor allem, wenn es ums Vermitteln von Informationen geht, hat gedruckter Text immer noch viele Vorteile. Die wird er immer haben, völlig unabhängig vom technischen Fortschritt. Sein wichtigster Vorteil ist: Text lässt sich sehr schnell überfliegen. Wir Menschen sind hervorragend darin, aus einem langen Text die Wörter herauszusuchen, die uns interessieren. Dazu müssen wir nicht viel lesen, wir erkennen die Wörter an ihrer Gestalt. Und das gilt sogar dann, wenn der Text überhaupt nicht gegliedert ist. Haben Sie den Text ordentlich aufbereitet (siehe Kapitel 34, »Nutzerfreundlich schreiben«), dann fällt es uns Menschen noch viel leichter, aus solch einem Text das Gewünschte herauszufischen. Und steht noch eine Suchfunktion zur Verfügung, wird es zum Kinderspiel.

Text in der Form von Audio ist dagegen immer dann sinnvoll, wenn:

▶ Der Text als Ganzes gelesen werden soll (wie etwa bei einer Geschichte).

▶ Es auf den Klang oder die Stimmung ankommt (etwa bei einem Interview mit einem Prominenten oder wenn es um die Atmosphäre an einem Ort geht).

▶ Der Nutzer nicht oder nicht längere Zeit auf einen Bildschirm sehen kann (etwa weil er blind ist oder er sich auf das Autofahren konzentrieren muss).

Inhalte in der Form von Video sind immer sinnvoll, wenn:

▶ Visuelle Informationen vermittelt werden, die schwer zu beschreiben sind (z. B. Vorführen einer handwerklichen Tätigkeit, Präsentation eines Ortes, einer Person oder eines Kunstwerks).

▶ Die Inhalte komplex, schwer zu erfassen oder abstrakt sind (dann können Sie die Bildspur einsetzen, um dem Nutzer Zusatzinformationen zu vermitteln bzw. Erklärungen und Visualisierungen zu zeigen).

Abbildung 37.1 Wenn man handwerkliche Tricks vermitteln will, eignet sich ein Video besser als umständliche Textbeschreibungen. Unter dem Video finden Sie die typischen, nutzerkonformen Steuerelemente.

37.2 Audio & Video zugänglich machen

Eine wichtige konzeptionelle Frage bei Audio und Video ist immer: Was passiert, wenn der Nutzer Audio und Video nicht nutzen kann oder will? Das betrifft zum einen Blinde bzw. Gehörlose. Zum anderen Nutzer, die gerade keinen Sound hören können – weil sie z. B. in der Fabrikhalle vor einer ratternden Maschine stehen oder vor der tosenden Brandung. Oder weil sie im Büro oder in der Bahn sind und ihre Mitmenschen nicht stören wollen. Oder einfach, weil sie ihre Kopfhörer vergessen haben.

Daher ist es immer sinnvoll, den Sprechertext zusätzlich in Textform bereitzustellen. Bei Webseiten hat das den weiteren Vorteil, dass auch Suchmaschinen den Text in dieser Form leicht erfassen können. Bei Video binden Sie den Text am besten (zusätzlich) in Form von Untertiteln (auf Englisch *captions*) ein.

37.3 Audio & Video steuern

Ein gekipptes Dreieck und ein Quadrat erkennt jeder Nutzer als Start- bzw. Stopp-Taste. Doch damit hören die Quasi-Standards auch schon auf. Schon beim Verhalten der Pause-Taste scheiden sich die Erwartungen der Benutzer – und auch das Verhalten, das Geräte und Anwendungen an den Tag legen. Das ist ungünstig, denn die Benutzer von Audio und Video sind besonders leicht frustriert, weil diese linearen Medien Probleme mit sich bringen, die Text nicht hat.

Viele Geräte, die es heute nicht mehr oder kaum noch gibt, haben die Art und Weise geprägt, wie wir mit Audio und Video umgehen: Der Begriff »Vorspulen« z. B. stammt aus der Ära der Tonband- bzw. Kassettenrecorder. Das »Vorspringen« oder »Skippen« kam mit der Audio-CD auf, da es bei dieser erstmals möglich war, in definierten Schritten auf dem Medium voranzuspringen (nämlich zum nächsten Lied). Der Begriff und das dazu gehörige Symbol setzten sich damals durch und sind auch heute noch üblich.

Abbildung 37.2 Vor allem bei Fernbedienungen zur Videosteuerung scheint jeder Hersteller seine eigene Bedien-Philosophie zu verfolgen. Die Mehrfachbelegung von Tasten je nach Kontext verringert zwar die Zahl der Tasten, trägt aber oft zu noch mehr Unklarheit bei.

Eine eigene Stopp-Taste findet sich bei Steuerelementen auf Displays nur noch selten. Meist wechselt das Symbol auf einem zentralen Bedienelement zwischen Play und Pause bzw. Stopp, je nachdem, ob die Wiedergabe gerade läuft oder nicht. Logischer erscheint den meisten Nutzern Pause, nicht Stopp – denn Stopp heißt eigentlich, dass die Wiedergabe zurück an den Anfang springt. Und der Sprung zurück ist selten das gewünschte Verhalten.

Die Tasten zum Vorspulen und Vorwärtsspringen (»Skip«) werden oft auf eine Taste gelegt – entsprechend das Zurückspulen und das Zurückspringen. Ein Klick/Tipp bedeutet Springen, längeres Drücken bewirkt Spulen.

Der Lautstärkeregler ist meist ein Kreis auf einer Schiebeleiste (»Slider«).

37.4 Normen zur Steuerung von Audio & Video

In der Norm *ISO 14915 – Software-Ergonomie für Multimedia-Benutzungsschnittstellen* steht:

> *Wenn bei der Entwicklung von Software-Steuerungselementen auch Hardware-Steuerungselemente für die gleichen Aufgaben vorgesehen werden, dann sollten die Software-Steuerungselemente in Verhalten und/oder Erscheinung mit den Hardware-Steuerungselementen vergleichbar sein.*

Das heißt, hier wird gefordert, dass sich Software-Interfaces an die Steuerungen aus dem Hardware-Bereich anpassen. Eine Audiosteuerung auf einer Website sollte somit analog der bei einem CD-Player aussehen.

In der Norm *ISO 18035 – Informationstechnik – Bildschirmsymbole und Funktionen zur Kontrolle multimedialer Software-Anwendungen* finden sich Abbildungen für die Icons/Symbole der Steuerelemente. Diese decken sich im Wesentlichen mit den beschriebenen Buttons. Abweichend davon wird hier für die Lautstärkeregelung ein Keil mit senkrechtem Balken empfohlen, statt des weit verbreiteten Schiebereglers/Sliders. Nach unserer Einschätzung ist diese abweichende Form mit dem Slider aber etabliert und auch nicht schwerer verständlich als die Empfehlung der Norm. Worauf man aber achten muss, ist dass der Slider nicht verwechselt werden darf mit dem Slider, mit dem der Nutzer die Wiedergabeposition steuert. Das stellen Sie z. B. sicher, indem der Lautstärkeregler nicht dauerhaft zu sehen ist oder Sie ihn senkrecht anordnen.

Abbildung 37.3 Typische Elemente zur Steuerung von Audio: Zurückspringen, Wiedergabe/Pause, Vorspringen und darunter der Slider zur Anzeige und Steuerung der Wiedergabeposition (https://codepen.io/emilcarlsson/full/WdRRMX).

Kapitel 38
Icons aussagekräftig auswählen

Icons sind von Websites und Apps kaum mehr wegzudenken. Nur wenige Navigationskonzepte kommen gänzlich ohne Icons aus. Sie sind platzsparend, und viele von ihnen sind gelernt. Aber auch bei Icons drohen Usability-Fallen.

Icons sind beliebte und weitverbreitete Elemente im Website- und mindestens genauso im App-Design. Zahlreiche Icons sind von den Nutzern gelernt und international anerkannt, so beispielsweise die Symbole für das Schließen einer Anwendung oder eines Fensters (X), für das Starten und Pausieren von Audio oder Bewegtbild (> und II) oder für das Teilen von Inhalten über die Social-Media-Kanäle (in der Regel das Icon der jeweiligen Plattform). Sie signalisieren auch, dass Dokumente z. B. in PDF- oder DOC-Format heruntergeladen werden können. Icons sind platzsparend, was gerade auch im mobilen Kontext mit begrenztem Platz auf dem Screen hilfreich ist. Gleichzeitig sind sie aber ausreichend groß und entsprechend geformt, so dass sie sowohl mit der Maus als auch per Touch einwandfrei bedient werden können – ganz im Gegenteil zu manchem Label. Sorgfältig ausgewählte Icons geben einer Website oder App den letzten Schliff, und sie fallen im Gesamtdesign nicht auf, weil sie sich nahtlos einfügen. Trotz dieser positiven Aspekte kann der Einsatz von Icons auch Usability-Probleme erzeugen, wenn sie unüberlegt eingesetzt werden.

38.1 Icons nutzenstiftend einsetzen

Um potenziellen Usability-Problemen durch den Einsatz von Icons entgegenzuwirken, sollten Sie diese sehr bewusst und überlegt einsetzen. Verwenden Sie Symbole, die leicht verständlich und sofort wiederzuerkennen sind. Beachten Sie zudem folgende Aspekte bei der Auswahl:

▶ Vermeiden Sie Icons, die eine missverständliche Bedeutung haben (können). Icons müssen auf Anhieb verstanden werden. Muss der Nutzer zunächst überlegen, was das Symbol bedeuten könnte, ist der Einsatz des Icons nicht mehr hilfreich, sondern problematisch.

▶ Idealerweise sind die gewählten Icons international einheitlich und haben dieselbe Bedeutung. Das ist insbesondere dann wichtig, wenn Ihre Anwendung mehrsprachig ist und in unterschiedlichen Kulturkreisen genutzt wird.

- Reduzieren Sie grafische Details in den Icons, und halten Sie sie so einfach und schematisch wie möglich. Eine schnelle Erkennbarkeit ist wichtiger als das detaillierte, realistische Abbild. Gleichzeitig sollen sich die Icons gut ins Gesamtbild einfügen und mit dem Design der Anwendung verschmelzen. Mehr zur Gestaltung von Icons im Abschnitt 38.4.

- Verwenden Sie die »5-Sekunden-Regel«. Wenn Sie mehr als fünf Sekunden benötigen, um für einen bestimmten Anwendungsfall an ein passendes Icon zu denken, ist die Eignung eines Icons sehr fragwürdig.

- Nutzen Sie Labels beim Icon, wenn diese dem Nutzer weiterhelfen. Das kann bei komplexen Anwendungen der Fall sein. Mehr zum Kombinieren von Icons und Labels im Abschnitt 38.2.

- Testen Sie Ihre Anwendung, auch im Hinblick auf die Wiedererkennbarkeit und langfristige Einprägsamkeit der Icons. Erst durch Tests mit potenziellen Nutzern wissen Sie, ob die Icons sinnvoll eingesetzt und aussagekräftig ausgewählt sind.

Internationale Standards

Die Internationale Organisation für Normung (ISO) bietet in mehreren Veröffentlichungen international gültige Vorgaben an *User-Interface-Elemente*. Ein Teil davon sind Icons. Zu den Veröffentlichungen im Bereich »Information technology«, die sich mit User-Interface-Guidelines und Icons beschäftigen, gehören folgende ISO-Standards:

- ISO/IEC 11581-1:2000: *Information technology – User system interfaces and symbols – Icon symbols and functions – Part 1: Icons – General*

- ISO/IEC TR 11581-1:2011: *Information technology – User interface icons – Part 1: Introduction to and overview of icon standards*

- ISO/IEC 17549-2:2015: *Information technology – User interface guidelines on menu navigation – Part 2: Navigation with 4-direction devices*

Eine Übersicht sowie die Links zum Onlineshop, in dem Sie diese ISO-Standards kostenpflichtig erwerben können, finden Sie unter *bnfr.de/ux016*.

38.2   Icon mit oder ohne Label – das ist die Frage

In der Branche wird vielfach diskutiert, ob Icons mit Labels nutzerfreundlicher sind oder diese alleinstehend immer selbstbeschreibend sein müssen. Die Usability kann durch das Hinzufügen eines Labels beim Icon deutlich gesteigert werden. Eine Studie von UserTesting fand heraus, dass 88 Prozent der Testpersonen korrekt vorhersagten, was bei Touch/Klick auf das Icon passieren würde, wenn ein Label beim Icon platziert war. Nur 60 Prozent der Testpersonen gelang dies bei unbeschrifteten, aber gängigen Icons; bei individuellen Icons, die speziell in der Anwendung verwendet wurden, waren es nur noch 34 Prozent.

Da Nutzer, insbesondere nicht die mobilen Nutzer, in der Regel nicht geduldig und neugierig genug sind, um alle Icons in einer Anwendung auszuprobieren, müssen Icons demnach auch ohne Interaktion verständlich sein. Wählen Sie daher nicht den Ansatz, das Label erst bei Mouseover anzuzeigen – was auf mobilen Endgeräten sowieso nicht geht.

Dem extremen Schritt, Icons komplett wegzulassen und stattdessen ausschließlich Labels respektive beschriftete Buttons einzusetzen, stehen wiederum Designaspekte entgegen. Häufig gewinnt ein Design durch den Einsatz von Icons: Sie tragen dazu bei, dass die Nutzung der Anwendung Spaß macht (*Joy of Use*). So mag der Wechsel von Icons zu Labels zwar funktional sinnvoll, aber der gesamten *User Experience* nicht zuträglich sein. Berücksichtigen Sie daher den Kontext der Anwendung bei der Entscheidung, ob Labels zu den Icons hinzugefügt oder aber nur Labels genutzt werden. So kann bei internationalisierten Anwendungen ein Label zu Herausforderungen führen: Übersetzungsschwierigkeiten oder Schwierigkeiten bei der Positionierung aufgrund unterschiedlicher Lauflängen des Worts. Sind die technischen Fertigkeiten Ihrer Nutzer gering und das Alter eher hoch, sollten Sie am besten immer Labels hinzufügen. Gerade Nutzer höheren Alters haben oft andere Vorstellungen von Symbolen als die jüngeren, so genannten *Digital Natives*. Das kann die Wahl des Icons erschweren.

Ein möglicher Weg ist es aber auch, bei den zentralen Funktionalitäten nur Icons mit Labels oder gar Labels (z. B. gängig im E-Commerce für Login, Registrierung) einzusetzen, bei sonstigen gegebenenfalls nur Icons (siehe Abbildung 38.1).

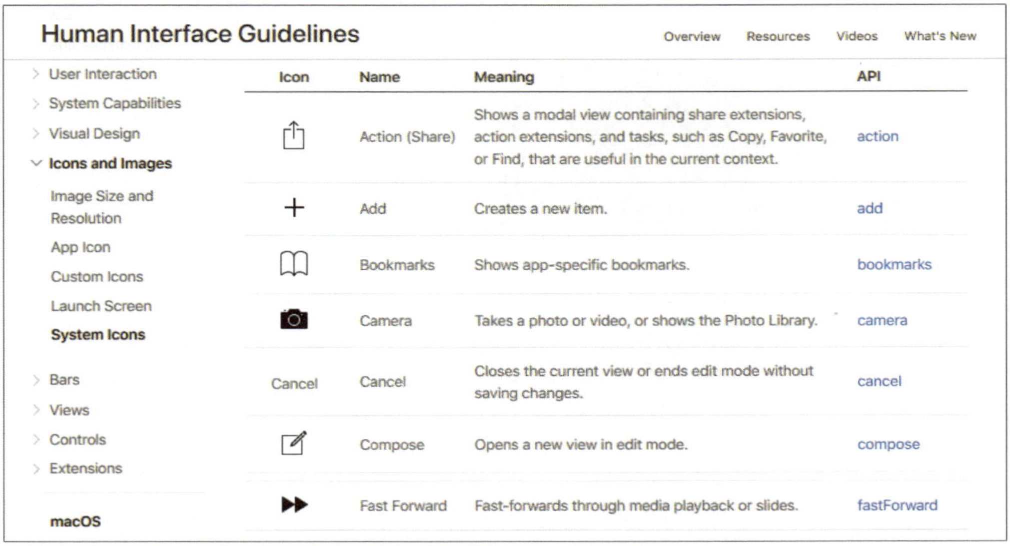

Abbildung 38.1 Apple nutzt Icons und Labels gleichermaßen. Ist kein eindeutiges Symbol zu finden oder eine Funktion von zentraler Bedeutung, greifen sie auf Labels zurück.

38.3 Labels bei Icons bewusst positionieren

Icons zu beschriften, erleichtert den Nutzern das Auffinden und die Verständlichkeit, sofern die Labels richtig positioniert sind. Die Platzierung des Labels ist abhängig vom Einsatzzweck des Icons:

▶ Bei Icons, die als Navigationselemente fungieren, gerade auch in Apps, positionieren Sie die Labels zentriert unterhalb des Icons (siehe Abbildung 38.2).

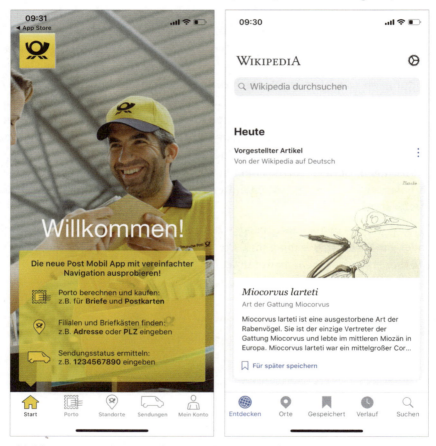

Abbildung 38.2 In den Apps der Deutschen Post und Wikipedia sind die Icons mit passenden Labels ergänzt. In beiden Fällen sind die Labels (aus Platzgründen) zentriert unterhalb der Icons platziert.

▶ Bei allen Icons, die mit ausreichend Raum platziert sind, positionieren Sie das Label im natürlichen Lesefluss zum Icon, also rechts davon. Damit unterstützen Sie die Funktion des Labels als Hilfe beim Überfliegen; sie werden noch vor dem Label wahrgenommen.

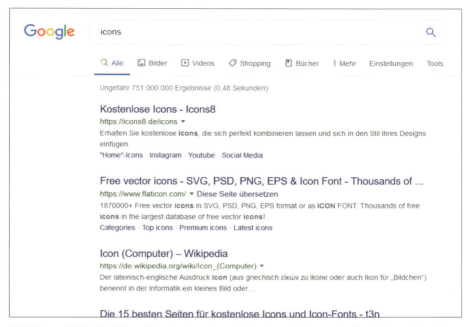

Abbildung 38.3 Die Filter-Tabs in den Google Suchergebnissen sind mittlerweile mit einem Label ergänzt – gemäß des natürlichen Leseflusses jeweils Icons links, Label rechts daneben.

▶ Gehört das Icon zu einem Teasertext, richten Sie es an der Headline oder obersten Zeile aus und nicht mittig zum gesamten Text. So fördern Sie die Überfliegbarkeit der Seite (siehe Abbildung 38.4).

Abbildung 38.4 Auf dem Tourismusportal von Tirol sind Informationsboxen mit großen Icons integriert.

38.4 Icons eindeutig gestalten

Icons sollten vom Nutzer schnell wiedererkannt werden und ohne weiteres Nachdenken genutzt werden können. Um dem gerecht zu werden, helfen Ihnen folgende Hinweise:

▶ Halten Sie Icons einfach und schematisch. Minimieren Sie grafische Details in den Icons, und arbeiten Sie die wesentlichen Charakteristiken des Objekts heraus. Wählen Sie im Zweifelsfall immer das einfachere.

▶ Nutzen Sie bekannte oder gängige Icons. Nutzerverhalten ist geprägt durch Erfahrung. Nutzer verstehen Icons, die sie kennen und zuvor genutzt haben. Recherchieren Sie daher, welche Icons sich im Umfeld Ihrer Anwendung etabliert haben.

▶ Wenn Sie eine native App entwickeln, greifen Sie immer auf die plattformspezifischen Icons zurück, die vom jeweiligen Endgerät bereitgestellt werden. Dazu gehören Icons für das Teilen von Inhalten, das Neuladen einer Seite oder das Löschen von Dokumenten.

Sind die gewählten Icons inhaltlich stimmig und konsistent zu Ihrem Design, widmen Sie sich unbedingt der Größe der Icons. Eine Rolle dabei spielen:

1. **Relative Größe zum Screenbereich sowie zu anderen Elementen**
Icons fallen tendenziell auf mobilen Screens deutlicher auf als auf Desktop-Anwendungen. In der mobilen Anwendung nimmt ein Icon, beispielsweise das Burger-Menü-Icon, deutlich mehr Platz ein als ein vergleichbar großes Icon auf dem Desktop. Damit büßen sie meist aber an schneller Erkennbarkeit ein, auch weil auf einer Desktop-Seite deutlich mehr Inhalte und weitere Elemente platziert sind. Lösen Sie dies darüber, dass Sie auf Ihrer Desktop-Variante die Navigation mit den Hauptmenüpunkten wieder direkt platzieren, anstatt sie hinter dem Hamburger-Menü-Icon verschwinden zu lassen. Ein weiterer positiver Nebeneffekt ist die Reduktion der Interaktionskosten. Näheres zum Hamburger-Menü-Icon finden Sie in Kapitel 28, »Navigationskonzepte – Mega-Dropdowns, Flyouts, Hamburger-Menü, Off-Canvas«.

2. **Ausreichende Größe zum gezielten Ansteuern bei Touchbedienung**
Icons als Interaktionspunkte müssen ausreichend groß gestaltet sein, damit sie bei Bedienung per Touch direkt getroffen werden und beim Nutzer keine Frustration aufgrund von ungewollten Aktionen oder zu kleinem Zielbereich eintritt. Empfehlenswert bei Touch-Bedienung sind Objekte mit einer Zielgröße von 7–10 mm beziehungsweise 44–48 Pixeln. Diese Angaben beinhalten etwa 10–12 Pixel Umrandung um das eigentliche Icon, das selbst minimal 24 Pixel Größe haben sollte.

3. **Ausreichender Abstand zwischen zwei oder mehreren Icons zur Vermeidung von Fehlbedienung**
Wenn Sie zwei oder mehrere Icons nebeneinander platzieren, geben Sie ausreichend Zwischenraum, um ungewollte Aktionen des Nutzers zu vermeiden. Lassen Sie mindestens 2 mm Abstand zwischen den Icons.

So integrieren Sie aussagekräftige und nutzenstiftende Icons

1. Halten Sie Icons einfach und schematisch. Minimieren Sie grafische Details in den Icons.

2. Vermeiden Sie Icons, die eine missverständliche Bedeutung haben (können). Wenn Sie mehr als fünf Sekunden benötigen, um für einen bestimmten Anwendungsfall an ein passendes Icon zu denken, ist die Eignung eines Icons sehr fragwürdig. Greifen Sie nach Möglichkeit auf bekannte oder gängige Icons zurück, die von den Nutzern gelernt sind.

3. Wenn Sie eine mehrsprachige Anwendung betreiben, wählen Sie Icons, die international einheitlich sind und dieselbe Bedeutung haben.

4. Nutzen Sie Labels beim Icon, wenn diese dem Nutzer weiterhelfen. Berücksichtigen Sie den Kontext und die Nutzergruppe(n) der Anwendung bei der Entscheidung, ob Labels zu den Icons hinzugefügt oder ausschließlich Labels genutzt werden.

5. Gestalten Sie die Icons so groß, dass sie in Relation zur Screengröße ausgewogen erscheinen und der Abstand zwischen zwei oder mehreren Icons ausreichend ist. Die Größe der Icons sollte zudem die Bedienung per Touch unterstützen.

Kapitel 39

Links und Buttons formatieren und formulieren

Links und Buttons sind die elementaren Interaktionselemente. Sie scheinen einfach, und doch lauern hier einige Usability-Fallen. Diese lassen sich aber mit etwas Hintergrundwissen leicht umgehen.

Links sind, was das Web ausmacht. Sie waren der Grund, warum es sich Anfang der 1990er so rasend schnell vergrößerte. Heute scheinen uns Links nichts Besonderes mehr zu sein, und es fällt schwer, die frühere Begeisterung nachzuvollziehen. Sie scheinen auch nicht mehr so wichtig zu sein, weil sie nicht mehr besonders auffallen – Sites sehen nicht mehr so aus wie auf Abbildung 39.1. Und doch machen erst die Links das WWW zu einem interaktiven Medium. Sie erlauben es den Nutzern, das auszusuchen, was sie jeweils gerade interessiert.

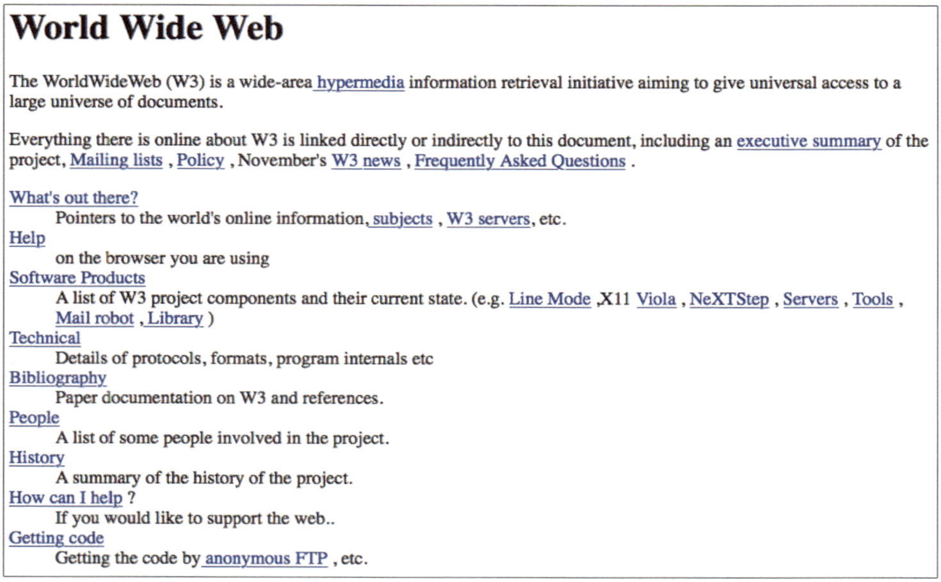

Abbildung 39.1 Die erste Website überhaupt, von 1991. Links sind darauf auch rein visuell ganz zentral.

Einen Link zu klicken, hat etwas Befriedigendes. Die Nutzer haben die Anwendung unter Kontrolle, wenn sie das macht, was sie ihr sagen – sei es eine komplexe App oder eine simple Website. Früher las man oft, dass Nutzer mit so wenigen Links wie möglich ans Ziel kommen sollten. Heute weiß man: Lieber ein paar Klicks mehr, aber dafür muss jeder Klick befriedigend sein. Und das ist er, wenn wir das Gefühl haben, wir haben die Kontrolle und wir kommen mit dem Lösen unserer aktuellen Aufgabe voran.

39.1   Welche Links biete ich an?

Jeden Link, den Sie setzen, sollten Sie mit Bedacht setzen. Warum bieten Sie ihn an? Welchen Nutzen hat der Besucher Ihrer Site davon? Bringt er ihn weiter? Diese Fragen überraschen Sie vielleicht – aber wenn Sie die Links auf einigen Sites daraufhin überprüfen, werden Sie feststellen, dass viele Links ohne Nachdenken gesetzt wurden. Links sind so einfach zu erstellen, dass die meisten dazu neigen, *zu viele* zu verwenden. Einerseits ist ein Link ein Dienst am Nutzer: Sie bieten ihm etwas an. Andererseits ist es auch immer ein Stück Arbeit, das wir an den Nutzer delegieren. Wir wissen nicht, ob den Nutzer die Zusatzinformation A oder B interessiert – kein Problem, bieten wir ihm einfach beide an. Damit bürden wir dem Besucher die Entscheidung auf – die er nie so gut treffen kann wie wir, weil er die Inhalte noch gar nicht kennt. Natürlich ist es keine Riesenarbeit, sich für einen Link zu entscheiden. Aber wir wollen ein möglichst reibungsloses Nutzererlebnis. Jedes Mal, wenn der Nutzer nachdenken muss, laufen wir Gefahr, ihn zu verlieren. Wenn er schon beim Denken ist, fällt ihm vielleicht auf, dass er sowieso gerade etwas anderes tun wollte. Oder dass ihm die Site doch nicht so gefällt.

Zu viele Links sind immer ein Zeichen für fehlende Zielgruppenrecherche oder für unklare eigene Zielsetzungen. Machen Sie sich Gedanken darüber, welche Links Ihre Zielgruppe wirklich braucht.

39.2   Wo kommen Links hin?

In den Anfangstagen des Web sahen viele Texte so aus wie auf Abbildung 39.1; man sprach auch von *Hypertext*, der mit *Hyperlinks* verknüpft war. Der Hype hat sich schon lange gelegt. Inzwischen weiß man, dass Nutzer jedes Mal einen Sekundenbruchteil zögern, wenn sie beim Lesen über einen Link stolpern. Sie müssen sich jedes Mal entscheiden, ob sie weiterlesen oder den Link klicken. Das sollten wir vermeiden, deshalb ist es besser, die Links am Ende jedes Sinnabschnitts gesammelt anzubieten. So kann der Nutzer erst in Ruhe den Text lesen (oder überfliegen) und dann entscheiden, ob er einen der Links anklicken will. Außerdem hat man hier die

Möglichkeit, den weiterführenden Link mit einer Abbildung zu ergänzen – also einen so genannten *Teaser* einzubauen.

> Links im Text bedeuten immer, dass der Benutzer nachdenken muss. Er muss bei jedem Link entscheiden, ob er weiterliest oder den Link klickt. Damit sagen Sie auch, dass Ihr Text vielleicht gar nicht lohnend ist, und dass Sie möglicherweise viel interessantere Informationen haben, die Sie hinter Links verstecken. Die Gefahr ist auch, dass die Nutzer den Link klicken und nie mehr zurückkommen, um den Text fertig zu lesen.
> Die andere Gefahr: Nutzer finden Ihren Text gut, lesen ihn zu Ende und haben dann aber vergessen, dass darin ja noch ein viel versprechender Link war.
>
> Es ist besser, die Links außerhalb des Fließtextes anzuordnen. Zum Beispiel in einem Kasten am rechten Rand oder innerhalb des Textes, aber deutlich abgesetzt.
> Am üblichsten ist es, die Links einfach am Ende des Texts als Liste anzuführen.
>
> Mehr zum Thema:
> Tipps für Links
> Die perfekte Verlinkung
> Links für Profis

Abbildung 39.2 Links im Text machen diesen unruhig – und auch den Leser (links). Besser sind die Links am Ende aufgehoben (rechts).

39.3 Wie sehen Links aus?

Ursprünglich waren Links blau und unterstrichen, siehe Abbildung 39.1. Noch immer erkennen Nutzer so am leichtesten, dass die jeweiligen Wörter verlinkt sind – daher sind blaue Texte und Unterstreichungen auch tabu, wenn sie *nicht* verlinkt sind. Aber inzwischen wissen Nutzer, dass Links alle möglichen Farben haben können und selten unterstrichen sind. Damit sie Links aber sicher als solche erkennen, beschränken Sie sich bei Farben im Text: Ausschließlich Links dürfen eine auffällige Farbe haben. Wollen Sie andere Texte in einer anderen Farbe als in der des Fließtextes setzen, sollte das immer ein gedeckter Farbton sein, und Sie sollten dann immer ganze Absätze in dieser Farbe setzen. So ist die Verwechslungsgefahr mit einem Link am geringsten.

Abbildung 39.3 Links müssen sich nur deutlich genug vom Text unterscheiden, damit man sie erkennt (von oben links nach rechts unten: spiegel.de, zeit.de, faz.net, loreal.de).

Außerdem ist ein wichtiger Hinweis für Nutzer, dass es sich um einen Link handelt, der so genannte *Mouseover*-Effekt (auch *Rollover* genannt). Mouseover ist, wenn der Mauszeiger (Cursor) über den Link bewegt wird. Diesen Effekt sieht man natürlich nur bei Geräten mit Maus – auf Touchscreens müssen die Nutzer Ihre Links anders erkennen können. Bei Links im Browser wird der Mauszeiger automatisch zur Hand (siehe Abbildung 39.4). Dieses Verhalten sollten Sie bei eigener Programmierung auch vorsehen – aber eben nur bei Links, nicht bei anderen interaktiven Elementen. So erwarten es die Nutzer, und so schreiben es die Richtlinien von Microsoft und Apple für ihre Betriebssysteme vor.

Zusätzlich können Sie bei Links den aktiven Bereich bei Mouseover hervorheben. Das gibt dem Nutzer noch einen deutlicheren Hinweis, dass er sich über einem Link befindet. Und Sie können damit auch signalisieren, welche Elemente zusammengehören und auf Klick reagieren (wie in Abbildung 39.4).

Abbildung 39.4 Teaserkästen bei Hamburgerabendblatt.de – steht der Mauszeiger über Bild oder Text, erscheint die Unterstreichung der Überschrift. So ist klar, dass alle Teile klickbar sind.

39.4 Links formulieren

Ein Link sollte verraten, wohin er führt. Aus Usability-Tests wissen wir: Nutzer lesen oft *nur* die Links. Das heißt, sie überfliegen die Seite und sehen die Überschriften und die Links an, eventuell noch fett oder farblich hervorgehobene Wörter. Daher sollten die Links so formuliert sein, dass sie verraten, wohin sie führen – ohne notwendigen Kontext. Das hilft auch denjenigen, die den ganzen Text lesen. Und schließlich hilft es der Suchmaschinenoptimierung, weil Google & Co. dann auch gleich wissen, zu welchem Thema die verlinkte Seite gehört.

Verlinken Sie nur so wenige Wörter wie nötig. Zu lange Links sehen nicht gut aus und sind schwerer zu erfassen. Ausnahmen gelten nur, wenn Sie wie in Abbildung 39.4 ganze Bereiche verlinken. Dann stellen Sie dennoch nur einen kleinen Link dar – in dem Fall das »mehr«.

»Mehr« ist aber ein ausgesprochen schlechter Linktext. Er findet sich zigtausendfach auf Webseiten, was es nicht besser macht. Ein »mehr« verrät nicht, warum man hier klicken sollte. Etwas wie »klicken Sie hier«, »weitere Infos« oder »PDF« ist auch nicht besser. In den meisten Fällen sind solche Links einfach aus Unachtsamkeit oder aus Faulheit so benannt. Wenn irgend möglich, machen Sie es besser. Nutzen Sie klare Formulierungen wie »jetzt buchen«, »unsere Produkte« oder »Datenblatt herunterladen«. Idealerweise steht das wichtigste Wort am Anfang des Links – so erkennt der

Nutzer beim Überfliegen schneller, wo er hinmuss. Also z. B. nicht »alle detaillierten Daten zu unserem Drucker finden Sie *hier*«, sondern besser »*Datenblatt HG-39 4-Farb-Laserdrucker*« oder noch besser »*4-Farb-Laserdrucker HG-39 – Datenblatt* (PDF, 1,2 MB)«.

Sehen Sie sich am besten auch die Seite an, auf die Sie verlinken. Der Nutzer muss nach dem Klick sofort das Gefühl haben, auf der richtigen Seite gelandet zu sein. Steht dort zum Beispiel die Überschrift »Was zufriedene Kunden über uns sagen«, dann nennen Sie den Link nicht »Referenzen« oder »Kundenstimmen«. Nehmen Sie besser etwas wie »Kunden über uns«. Wenn Sie auf »Referenzen« bestehen, ändern Sie die Überschrift auf der Zielseite zu »Referenzen – was zufriedene Kunden über uns sagen«. Hier geht es wieder darum, beim Nutzer auch nur Sekundenbruchteile von Zweifeln auszuräumen.

39.5 Seitennamen

Seitennamen von HTML-Seiten (`title`-Element) stehen im Code und sind im Inhaltsbereich nicht sichtbar für den Nutzer. Sie werden aber als Titel von Browsertabs angezeigt (siehe Abbildung 39.5), als Lesezeichen bzw. in der Chronik, und auch Google zeigt die Titel in seinen Trefferlisten an. Daher sollten die Seitentitel den Inhalt der Seite in wenigen Zeichen beschreiben. Mit der Überschrift müssen sie nicht übereinstimmen. Üblich ist, ans Ende des Titels den Namen der Site oder des Unternehmens zu setzen, abgetrennt durch ein Zeichen wie -, –, | oder andere. Nach vorn setzen sollte man den Namen nie, denn hat der Nutzer viele Tabs offen, sieht er jeweils nur die ersten Buchstaben des Titels. Auch sollten Sie den Titel nicht mit JavaScript ändern. Das machen einige vermeintlich schlaue Programmierer – aus einem sinnvollen Titel wird dann etwas wie »nicht vergessen zu lesen!«. Hat der Nutzer mehrere Tabs von dieser Site offen, kann er nur raten, welcher welchen Inhalt hat.

Abbildung 39.5 Die Tabs im Browser zeigen den Titel der jeweiligen HTML-Seiten.

Ein Screen in einer App braucht keinen Titel. Den sollte er haben, wenn der Nutzer ansonsten nicht genau weiß, wo er ist und was er hier tun kann. Im Normalfall sollten ihm die Inhalte des Screens aber diese Orientierung geben. Tun sie das nicht, überlegen Sie, ob Sie den Screen überarbeiten sollten. Nur wenn es keine bessere Lösung gibt, setzen Sie einen Titel oben auf den Screen.

39.6 Dateinamen, URLs und Pfade

Mit der URL setzen sich die wenigsten Nutzer heute auseinander. Im Usability-Labor beobachten wir seit Jahren, dass die Nutzer praktisch alle mit Google starten – selbst wenn sie eine Website aufrufen wollen von einem Unternehmen mit wenigen Buchstaben, die sie auch kennen. Statt der URL BMW.de, Siemens.de oder SZ.de tippen sie die Namen ins Suchfeld. Und mit den genauen Pfaden zu einzelnen Seiten befassen sie sich schon gar nicht. Der Browser Safari blendet die Pfade auch in der Voreinstellung aus und zeigt nur die Top Level Domain (also z. B. www.meinserver.de, nicht www.meinserver.de/verzeichnis/kontakt.html).

Mit den Pfaden und Dateinamen sollten Sie sich dennoch Mühe geben. Für Suchmaschinen sind diese z. B. hochrelevant. Außerdem ist es günstig für diejenigen, die doch einen Blick auf die URL werfen, wenn Sie hier sinnvolle Begriffe vorsehen. Wird ein Link z. B. per Mail verschickt, dann sehen ihn sich die Nutzer durchaus genauer an – und wer ihn bekommt, erst recht. Verschachteln Sie die Seite nicht zu tief – in Abbildung 39.5 wäre die URL statt *www.heise.de/newsticker/meldung/Android-geht-auch-ohne-Google-3614512.html* besser *www.heise.de/newsticker/Android-geht-auch-ohne-Google.html*. Und der Seitentitel sollte in jedem Fall das wichtigste Schlagwort aus dem Inhaltsbereich der Seite enthalten – für die Nutzer und für Suchmaschinen.

39.7 Buttons – Schaltflächen, Tasten oder Knöpfe?

Was ist ein Button? Im Web ist es meist einfach nur ein Link, der etwas anders dargestellt ist. Also nicht als unterstrichener oder farbiger Text, sondern als grafisches Element. Button heißt auf Deutsch *Schaltfläche* – was so ungelenk klingt, dass den Begriff fast niemand verwendet. Und auch von Knöpfen oder Tasten spricht man nicht, weil die meisten dabei an physische Knöpfe denken, die man mit dem Finger herunterdrücken kann.

Buttons in digitalen Anwendungen haben zwei Bestandteile:

1. Form
2. Text

Ohne grafische Form ist ein Button kein Button. Und nur ganz, ganz selten haben Buttons keinen Text. Zumindest ein + oder ein anderes Symbol steht praktisch auf bzw. neben jedem Button.

Abbildung 39.6 Buttons haben eine lange Geschichte – ihr Grundprinzip ist gleich geblieben (rechts aus den Richtlinien Google Material Design).

Ein digitaler Button wirkt idealerweise, als könne man ihn drücken – man spricht von *Affordanz* oder *Angebotscharakter*. Als drückbar wahrgenommen wird ein Button, wenn er wirkt, als würde er aus der Bildschirmfläche hervorstehen. Dazu wird z. B. die obere Begrenzungslinie hell und die untere dunkel dargestellt. Man kann den Button sogar noch mit einem zusätzlichen Schatten mit Verlauf nach unten rechts betonen (siehe Abbildung 39.6 rechts). So wirkt er realistisch, weil die meisten Gegenstände in unserem Alltag von oben beleuchtet sind, also einen Schatten nach unten werfen. Die Konvention, dass der Schatten rechts ist und nicht links, rührt vermutlich von der Leserichtung her. Rechts fällt er uns mehr auf, weil wir Screens von links nach rechts ansehen. Im aktiven Zustand stellt man Buttons oft heller dar, um ein Leuchten anzudeuten wie bei einem physischen Leuchtschalter.

Die strikte Orientierung an realen Objekten heißt *Skeuomorphismus* und stammt von den ersten grafischen Benutzeroberflächen – ist aber mittlerweile nicht einmal mehr bei den üblichen Desktop- und Laptop-Betriebssystemen zu finden. Bei mobilen Betriebssystemen, Apps und im Web sehen Buttons schon länger ihren Vorbildern aus der realen Welt kaum noch ähnlich. So erkennt man hauptsächlich an der länglichen Form und an der Beschriftung einen Button (siehe Abbildung 39.7). Und daran, dass er an gelernten Stellen steht. Diese Definition ist wenig befriedigend, und das ist auch ein Problem mit diesen reduzierten Buttons im *Flat Design* – gerade wenn sie vor Fotos oder gemustertem Hintergrund stehen, erkennt man sie mitunter nicht besonders gut. Sorgen Sie dafür, dass sie durch ihre Größe, ihre Farbe und den Kontrast zum Hintergrund sowie durch erwartungskonforme Platzierung Nutzern gut auffallen. Das *Material Design* von Google versucht, ein paar Probleme zu lösen, indem es mit leichten Schatten arbeitet, aber doch eine Anmutung erreicht, die striktem Flat Design nahekommt (siehe auch *bnfr.de/ux034*).

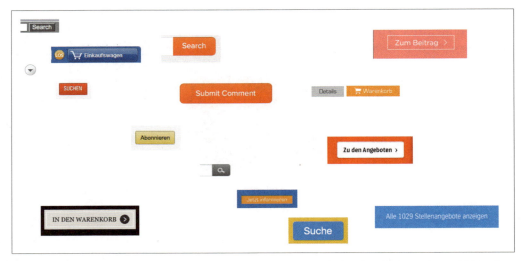

Abbildung 39.7 Buttons auf heutigen Webseiten. Nur links oben haben wir zwei historische Beispiele eingebaut – früher waren Buttons viel näher an ihren physischen Vorbildern.

Von der Form her sind Sie recht frei in Ihrer Gestaltung – wichtig ist nur, dass die Buttons länglich sind. Ob die Ecken gerade oder mehr oder weniger abgerundet sind, ist egal und eher der Mode unterworfen. Sorgen Sie nur unbedingt dafür, dass Buttons innerhalb Ihrer App oder Site immer die gleiche Form haben. Alles andere verwirrt unnötig.

39.8 Nicht jeder ist gleich wichtig – Hierarchie

Worin sich Buttons unterscheiden können, ist die Farbe. Auch bei der Größe können Sie leichte Variationen machen. Beides allerdings nur, wenn Sie tatsächlich eine funktionale Aussage mit diesem Unterschied treffen wollen. Mit abgestuften Farben können Sie dem Nutzer die so genannte Button-Hierarchie signalisieren. Man spricht von *primären* und *sekundären* Buttons. Primäre, also wichtige Buttons sind auffälliger gestaltet als weniger wichtige. Dabei orientieren Sie sich an dem Weg durch die Anwendung, wie ihn Nutzer üblicherweise gehen. Buttons für Korrekturen oder zu zusätzlichen Bereichen sind dann unauffälliger angelegt (siehe Abbildung 39.8).

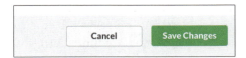

Abbildung 39.8 Der wichtige Button steht rechts und ist auffälliger gestaltet (www.slack.com).

Je weniger Hierarchieebenen Sie haben, desto leichter verständlich ist es für den Nutzer. Gut ist es, wenn Sie mit primären und sekundären Buttons auskommen. Wollen Sie noch stärker abschwächen, können Sie statt Buttons auch Links verwenden. Es ergibt sich dann die Reihenfolge *primärer Button – sekundärer Button – Link*. Auf Abbildung 39.9 sieht man primäre Buttons (UPGRADE), sekundäre (ADD TASK) sowie Links (VIEW INCOMPLETE TASKS). Hinzu kommen die Buttons des Menüs oben rechts sowie die zum Umschalten zwischen LIST, CALENDAR und FILES. Das ist alles etwas viel – für eine Website, die man aber regelmäßig nutzt und mit der man somit umzugehen lernt, ist es jedoch aus unserer Sicht noch in Ordnung.

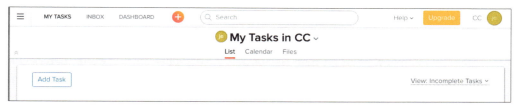

Abbildung 39.9 Asana nutzt eine Vielzahl von Button-Hierarchien – mehr sollten es nicht werden.

39.8.1 Position und Text

Was sollte zuerst stehen, der OK-Button oder der zum Abbrechen? Hier besteht leider keine Einigkeit – die Windows-Richtlinien sehen OK–ABBRECHEN vor, die von macOS, iOS und Android fordern ABBRECHEN–OK. Für die erste Variante spricht, dass wir von links nach rechts lesen und daher die wichtigere Option an erster Stelle stehen soll. Für die zweite Variante spricht, dass wir bei zwei Optionen beide nacheinander ansehen und dann die letzte die ist, auf der unser Blick ruht. Für die Usability macht es keinen großen Unterschied, und Sie sollten sich daher an dem orientieren, was Ihre Nutzer kennen. Da Windows weiter verbreitet ist als Macintosh, spricht das für die Anordnung OK–ABBRECHEN. Aber die mobilen Betriebssysteme machen die Empfehlung schwieriger, und nach unserer Wahrnehmung tendieren UX-Experten eher zur Reihenfolge ABBRECHEN–OK.

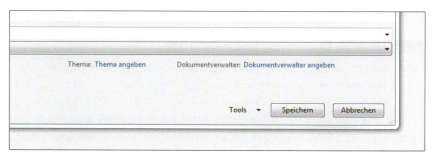

Abbildung 39.10 Unter Windows steht der Abbrechen-Button immer rechts.

Abbildung 39.11 Beim Mac steht der Abbrechen-Button links.

Einfacher ist die Lage bei Buttons, die den Nutzer durch die Anwendung leiten. Es hat sich bewährt, die Buttons, die zum nächsten Schritt führen, unten rechts anzuordnen. Manchmal wiederholt man sie zusätzlich noch oben rechts, wenn man davon ausgeht, dass die Nutzer vielleicht die Seite gar nicht ganz ansehen – sie können dann, ohne zu scrollen, sofort oben auf den Button zum Weitergehen klicken (siehe Abbildung 39.12).

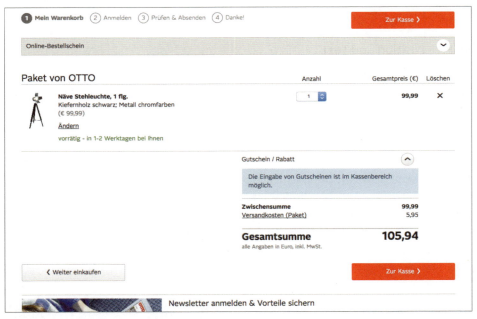

Abbildung 39.12 Auf Otto.de ist der Bezahlprozess wie bei den meisten Shops sehr effizient. Die Buttons zum Weitergehen sind immer rechts.

Buttons, die zurückgehen, stehen unten links. Beim Bezahlprozess (*Checkout*) und anderen Vorgängen, die Schritt für Schritt ablaufen, sieht man oben meist noch einen Verlaufsanzeiger vor (siehe Abbildung 39.12). Die Elemente hierauf sind ebenfalls Buttons, allerdings gestaltet man sie sehr zurückhaltend. Denn man möchte den

Benutzer zum Abschluss führen und nicht zurück. Das macht die Button-Hierarchie ganz deutlich.

Solche Vor- und Zurück-Buttons sind am linken und rechten Rand gut aufgehoben. Der Zurück-Button soll, wie erwähnt, wenig Aufmerksamkeit bekommen, und man kann die Seite gut bedienen, auch wenn man ihn gar nicht wahrnimmt. Im Normalfall setzt man zusammengehörige Buttons aber nebeneinander, damit der Nutzer nicht hin- und herspringen muss mit seinem Blick – so wie in Abbildung 39.8 oder Abbildung 39.13. Zur Positionierung von Buttons in Formularen siehe Kapitel 40, »Formulare zielführend realisieren«.

Wer Nutzern zusieht, stellt fest, dass sie Buttons oft klicken, ohne zu lesen, was darauf steht – gerade bei Anwendungen, die sie kennen, oder bei Bereichen, die sie zu kennen meinen, wie bei Einführungsdialogen oder Tutorials. Hier lauert eine große Usability-Falle: Trifft der Nutzer mit einem Button-Klick eine schwerwiegende Entscheidung, sollte der Button dafür im Normalfall *nicht* derjenige sein, der am auffälligsten ist. Ein Button zum Löschen etwa sollte weniger auffällig sein als der zum Speichern. Und/oder er sollte nicht an der Stelle sitzen, wo der Nutzer normalerweise als Erstes hinklickt: unten rechts. Und fragen Sie vor dem Durchführen von großen Änderungen sicherheitshalber immer nochmal nach (siehe Abbildung 39.13).

Abbildung 39.13 Bevor Sie etwas tun, was der Nutzer vielleicht nur aus Versehen angestoßen hat, fragen Sie besser nach. Der »Löschen«-Button sitzt hier bei Dropbox mit Absicht links, damit der unüberlegte Nutzer auf »Abbrechen« klickt.

Abbildung 39.14 Beim Entleeren des Papierkorbs steht der Button für die gefährlichere Option auch bei Windows links.

Ein weiterer wichtiger Punkt gerade bei solch wichtigen Buttons ist die Beschriftung. Diese sollte so klar wie möglich sein, und man muss sie immer im Zusammenhang mit dem darüberstehenden Text sehen. Liest man den Text bzw. die Frage, muss die Antwort darauf zum einen dem üblichen Sprachgebrauch entsprechen, und sie muss vor allem eindeutig sein. »Ja«, »Nein« und »OK« sind oft nicht die beste Wahl. Denn sie zwingen die Nutzer, den Text darüber zu lesen – was viele nicht tun, weil sie denken, sie wissen ja schon, was dort steht. Beschriften Sie Ihre Buttons also am besten immer mit einem Verb wie z. B. in Abbildung 39.15.

Abbildung 39.15 Geben Sie am besten wie hier auf dem Button immer an, was beim Klick passiert – OK wäre nur eine Notlösung.

39.8.2 Die Handlungsaufforderung – Call to Action

Ein ganz wichtiger Button auf Websites ist derjenige, der zur so genannten *Handlungsaufforderung* (*Call to Action, CTA*) gehört. Das ist der Button, den der Besucher am liebsten anklicken soll, wenn es nach dem Betreiber der Site geht. Also normalerweise der, auf dem »Jetzt kaufen« oder »Kostenpflichtig bestellen« steht. Zu diesen Buttons gibt es sehr, sehr viel zu sagen, und es wurde zu ihnen sehr, sehr viel geschrieben. Lassen Sie sich davon nicht verunsichern. Für solche Buttons gilt das Gleiche wie für alle anderen auch: Sie funktionieren gut, wenn Sie sie benutzerfreundlich anlegen.

Und alle vermeintlich einfachen Weisheiten diesbezüglich können Sie getrost ignorieren. »Orange Buttons funktionieren am besten«, »Shop A verkauft 129 % mehr, seitdem der Button rechts statt mittig steht« – solche Erfolgsgeschichten gelten fast immer nur für die Sites, auf denen sie getestet wurden. Ob ein Button funktioniert oder nicht, das hängt extrem vom Kontext ab. Von dem, was vorher auf der Seite steht. Eine Handlungsaufforderung funktioniert nur dann, wenn davor die richtigen Informationen stehen. Sie müssen auf der Seite einen Besucher z. B. davon überzeugen, dass Sie genau der richtige Dienstleister für ihn sind. Sie beschreiben, was Sie bieten, warum Sie gut sind und was Ihre bestehenden Kunden über Sie sagen. Folgt dann ein auffällig gestalteter Button, auf dem steht »Jetzt unverbindliches Angebot anfordern«, wird dieser Button wahrscheinlich recht gut funktionieren. Ob »Nehmen Sie Kontakt auf« vielleicht sogar noch mehr Klicks bringt, kann niemand seriöserweise vorhersagen. So etwas finden Sie am besten mit einem A/B-Test heraus – siehe das gleichnamige Kapitel 23 hier im Buch.

Abbildung 39.16 Klassische Landing Page mit Handlungsaufforderung – was der Besucher hier anklicken soll, daran besteht kein Zweifel.

39.9 Man sieht nicht immer gleich aus – Button-Zustände

Ein Button kann folgende Zustände haben:

- aktiv
- inaktiv
- Mouseover (Mauszeiger ist darüber)
- Fokus (mit Tab-Taste aktiviert)
- gedrückt
- losgelassen bzw. in Aktion

Aktiv bedeutet, der Button kann gedrückt werden – der Grundzustand jedes Buttons. Buttons, die man aktuell nicht aktivieren kann, sollten Sie abgedunkelt oder entfärbt darstellen. Das ist z. B. der Fall, wenn der Nutzer erst noch eine Auswahl treffen muss, bevor er weitergehen kann. Häufig nutzt man das z. B., damit der Nutzer nicht übersieht, dass er erst das Häkchen zur Zustimmung zu den AGB setzen muss, bevor er zum nächsten Schritt der Bestellung gehen kann.

Inaktive Buttons sollten Sie keinesfalls ausblenden, verkleinern oder verschieben – das verwirrt Nutzer nachhaltig. Sie können auch eine Fehlermeldung vorsehen oder eine farbliche Markierung der Elemente anzeigen, wenn der Nutzer trotzdem auf den inaktiven Button klickt. Besser ist aber, wenn Sie den Button so klar als inaktiv darstellen können, dass der Nutzer sofort versteht, dass er erst etwas tun muss.

Abbildung 39.17 In seinen Richtlinien zum Material Design gibt Google klare Vorgaben zur Gestaltung von Button-Zuständen.

Nutzern, die an einem Gerät mit Maus arbeiten, können Sie zusätzliche Hinweise zu Buttons geben. Hier können Sie einen *Mouseover*-Zustand vorsehen, den der Button annimmt, wenn der Mauszeiger über ihm ist. Man spricht statt von Mouseover auch von *Mouse Hover* (*hover* heißt »schweben« auf Englisch) oder von *Rollover* (weil die Maus darübergerollt wurde). Da das bei Touchscreens sowieso nicht geht und der Button generell auch ohne Mausbewegung klar als solcher zu erkennen sein sollte, ist der Mouseover-Zustand optional.

Zudem bietet sich beim Mouseover die Möglichkeit, nicht das Aussehen des Buttons zu ändern, sondern einen Zusatztext anzuzeigen, einen so genannten *Tooltip*. Dieser erklärt, was der Button macht. Das kann insbesondere bei Buttons sinnvoll sein, die nur mit Icons arbeiten (siehe Abbildung 39.18). Das ist bei Apps und Programmen vertretbar, weil der Nutzer sie regelmäßig benutzt und den Umgang mit ihnen lernt. Auf Websites sollten sie mit solch erklärungsbedürftigen Buttons vorsichtig sein – die wenigsten haben so regelmäßige Besucher, dass diese dort tatsächlich Button-Funktionen lernen. Wichtig ist in jedem Fall, die Tooltips nicht sofort, sondern erst nach ca. einer Sekunde Verzögerung anzuzeigen. Ansonsten ergibt sich ein wildes Geflacker von Tooltips, wenn der Nutzer die Maus über den Bildschirm bewegt.

Abbildung 39.18 Ein so genannter Tooltip erscheint, wenn der Mauszeiger über dem Button ist – normalerweise nach einer kurzen Verzögerung (hier in Word).

Viele Anwendungen sehen keinen *Fokus*-Zustand vor. Dieser ist vor allem für Nutzer wichtig, die mit der Tastatur arbeiten. Sie können durch Drücken der Tab-Taste alle interaktiven Elemente einer Seite durchgehen und das Element, das jeweils im Fokus ist, per Return-Taste auswählen. Der Fokus-Zustand sollte daher auffälliger als der Mouseover-Zustand sein – denn der Nutzer weiß vorher nicht, welches Element als Nächstes den Fokus bekommen wird – anders als beim Mouseover, wo der Nutzer den Mauszeiger über das Element bewegt.

Ebenfalls oft nicht vorgesehen ist ein eigener Zustand, wenn der Button *gedrückt* ist. Das ist aber auf jeden Fall immer sinnvoll. Der Nutzer sollte sofort eine Rückmeldung bekommen, dass er den Button getroffen hat. Das ist bei Touchscreens sogar besonders wichtig. Und der Button sollte sich auch so verhalten, dass es sich der Nutzer anders überlegen kann: Bewegt sich der Mauszeiger bzw. Finger weg vom Button, bevor er den Finger von der Maus bzw. vom Bildschirm gehoben hat, sollte der Button zurück in seinen Standardzustand springen und die entsprechende Aktion nicht auslösen.

Der letzte Zustand ist schließlich der Zustand, den man sieht, wenn der Nutzer den Button losgelassen hat, die dazugehörige Aktion aber noch nicht erfolgt ist. Im Idealfall ist dieser Zustand unnötig, weil die Anwendung sofort nach dem Loslassen die entsprechende Aktion ausgeführt hat. In der Praxis kommt es aber dennoch immer wieder zu Verzögerungen, vor allem, wenn Netzwerkprozesse beteiligt sind und z. B. Daten vom Server angefordert werden. Der Nutzer sollte dann unbedingt sehen, dass sein Button-Klick bzw. -Tipp geklappt hat und die Anwendung im Hintergrund arbeitet. Weitere Möglichkeiten für diesen Fall auch in Kapitel 46, »(Mikro-)Animation sinnvoll einsetzen«.

Abbildung 39.19 Auf ABB.com zeigen die beiden rechten Reiter-Buttons mit einem animierten Icon, dass hier noch Inhalte geladen werden.

39.10 Klick – Buttons und Sound

Bei Mouseover sollten alle Buttons bei jeder Anwendung stumm bleiben – alles andere wäre für den Nutzer nach kurzer Nutzung sehr irritierend. Buttons im Web sollten generell lautlos ihren Dienst verrichten. Lediglich in Apps kann man manche Buttons mit Toneffekten ausstatten. Das sollten aber nur sehr wichtige sein, die z. B. einen ganzen Arbeitsschritt abschließen. Die Tastatureingaben am Smartphone sind vor allem deshalb mit Soundeffekten versehen, weil die Buttons der Tastatur ein großes Problem haben: Sie sind zu klein. Und wie alle Touchscreen-Tasten geben sie kein haptisches Feedback, man spürt nicht, ob man mit dem Finger auf der Taste ist oder ob man sie gedrückt hat. Als Ausgleich dafür hat man den Buttons hier Soundeffekte spendiert. Wichtig: So ein Sound muss leise und unaufdringlich sein. Sounddesigner für Betriebssysteme tüfteln sehr lange, bis sie hier den richtigen Klang getroffen haben. Wollen Sie also Button-Sounds, sollten Sie hier viel Erfahrung haben oder ausreichend Zeit für Nutzertests einplanen.

Gut ist auch, den Sound einfach deaktivieren zu können (wie mit der Lautlos-Taste am Smartphone).

39.11 Wie groß darf's denn sein?

Wie groß muss ein Button sein? So groß, dass er auffällig genug ist und zugleich mit dem Mauscursor oder dem Finger gut getroffen wird. Dabei ist *Fitts' Gesetz* zu beachten (siehe Kapitel 3, »Menschliche Wahrnehmung – Gestaltgesetze & Co.«). Es besagt, dass Elemente umso schwerer zu treffen sind, je weiter weg und je kleiner sie sind. Und je wichtiger Buttons sind, desto größer und auffälliger sollten sie sein. Diese Zusammenhänge sind sehr einfach und leicht nachvollziehbar – und doch ignorieren sie sehr viele Anwendungen.

Die Richtlinien der Desktop-Betriebssystem-Hersteller sehen für Buttons eine Höhe zwischen 21 und 23 Pixeln vor – als Minimalgröße. Kleiner sollte die Darstellung also niemals werden.

Bei Touchbedienung braucht man deutlich größere Buttons. Und die Fakten sind eigentlich klar: Studien zeigen, dass der durchschnittliche menschliche Zeigefinger (auch für Affen liegen Daten vor) 16 bis 22 Millimeter breit ist – manchmal aber auch deutlich breiter. Die Fingerspitze, mit der wir Touchscreens bedienen, ist zwischen 8 und 10 Millimetern breit. Davon ausgehend gibt es mehrere Richtlinien. Für die Praxis sind Werte in Pixel am praktischsten, nur leider ist die Größe eines Pixels von Gerät zu Gerät sehr unterschiedlich, gerade bei Smartphones. Auf alten Computermonitoren hat man 72 Pixel pro Zoll, ältere Smartphones liegen bei 163 Pixeln und moderne Oberklasse-Smartphones bei 400 Pixeln und mehr. Deshalb hat man zu den physischen Pixeln (*Device Pixel*) noch die *CSS-Pixel* festgelegt. Ein Device Pixel ist ein Sechzehntel der Standardschriftgröße (die auf 16 Pixel Höhe festgelegt ist). Abgeleitet von den Fingergrößen wäre ein Button mit etwa 60 Pixeln Breite ideal. Soll ein Button mit dem Daumen bedient werden, dann sollte man sogar nochmal 10 Pixel drauflegen.

Unterschieden werden müssen die reaktive Fläche und die Darstellung des Buttons. Oft wird die reaktive Fläche, also der Bildschirmbereich, der auf Tipp reagiert (*Touch Target*), größer gemacht als der dargestellte Button. So ergibt sich ein weniger dichtes Layout – aber es wird schwerer, die Buttons zu sehen, wenn man mit den Fingern über oder auf dem Screen ist.

Die Hersteller der Smartphone-Betriebssysteme empfehlen als Höhe für die reaktive Fläche 44 Pixel (Apple), 48 Pixel (Google/Android) bzw. 34 Pixel plus einen Mindestabstand zum nächsten Button von 8 Pixeln (Microsoft).

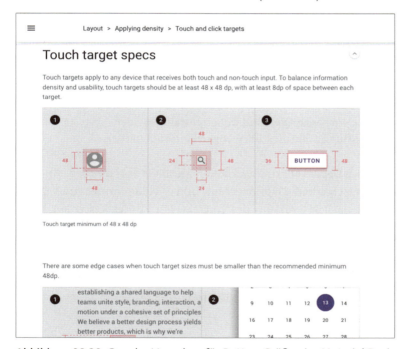

Abbildung 39.20 Googles Vorgaben für Button-Größen im Material Design

Selten benötigte Buttons können auch etwas kleiner sein, dann ist aber unbedingt darauf zu achten, dass der Abstand zu anderen aktiven Elementen groß genug ist, um Fehlbedienung auszuschließen.

Werden Ihre Anwendungen vor allem genutzt, wenn die Nutzer in Bewegung sind (z. B. Fitness- oder Navigations-Apps), dann sollten Sie noch größere Buttons verwenden, weil es für die Nutzer in solchen Situationen noch schwerer ist, Elemente exakt anzusteuern.

39.12 Spezielle Buttons – Checkboxen, Radiobuttons, Selektoren

Neben den Standard-Buttons gibt es noch weitere Typen. *Checkboxen* sind eckig. Sie dürfen abgerundete Ecken haben, aber nie ganz rund sein, denn sonst könnte man sie mit Radiobuttons verwechseln. Checkboxen können einzeln stehen, in Gruppen untereinander oder auch in Gruppen nebeneinander als Matrix von Buttons. Sind sie ausgewählt, sollten sie ein Kreuz oder einen Haken zeigen (siehe Abbildung 39.21). Die Checkbox selbst steht immer links, das dazugehörige Label linksbündig rechts davon. Auf Klick reagieren sollten die Box selbst und das Label.

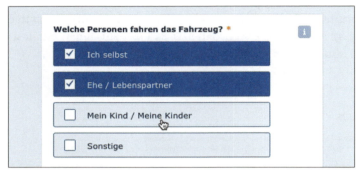

Abbildung 39.21 Checkboxen können auch individuell gestaltet werden. Wichtig: Auch die Beschriftung sollte auf Klick reagieren (hier auf ruv.de).

Radiobuttons können im Gegensatz zu Checkboxen nie allein vorkommen. Sie wählen immer zwischen verschiedenen Optionen aus, und es sollte immer eine Option aktiv sein – jedenfalls nach Interaktion des Nutzers. Ein Zurücksetzen auf keine gewählte Option ist nicht möglich. Radiobuttons müssen immer rund dargestellt werden, und sind sie ausgewählt, haben sie in der Mitte einen ausgefüllten Kreis bzw. einen Punkt. Man kann sie untereinander darstellen oder nebeneinander (siehe Abbildung 39.22). Das Schaltelement steht immer links, das dazugehörige Label linksbündig rechts davon – und beide sollten auf Klick bzw. Tipp reagieren.

Abbildung 39.22 Der Klassiker: Radiobuttons für die Auswahl der Anrede

39.12 Spezielle Buttons – Checkboxen, Radiobuttons, Selektoren

Selektoren oder *Segmented Controls* sind Schalter, die zwischen verschiedenen Zuständen hin und her schalten (siehe Abbildung 39.23). Dabei sollte immer ein Zustand ausgewählt sein. Üblich sind sie vor allem bei Apps, und normalerweise sind sie horizontal angeordnet. Mehr als drei Zustände sollten sie nicht haben, sonst wird es unübersichtlich.

Abbildung 39.23 In der App Castro (links) schaltet der Selektor oben zwischen den zwei möglichen Ansichten um. Bei Ebay (rechts) sieht das mehr aus wie ein Link – und wechselt tatsächlich auch auf einen neuen Screen.

429

Kapitel 40
Formulare zielführend realisieren

Formulare begegnen Ihnen tagtäglich. Auch mobil sind Nutzer oft mit der Eingabe per Touch konfrontiert. Und sie sind eine wichtige Möglichkeit, um vom Nutzer Daten zu erhalten. Ohne sie würde Onlineshoppen nicht funktionieren. Umso wichtiger, dass sie nutzerfreundlich umgesetzt sind.

Ohne Formulare hätten Nutzer keine Möglichkeit, Kontaktanfragen zu verschicken, etwas zu buchen oder zu bestellen oder auch einen Newsletter zu abonnieren. Formulare sind zentraler Bestandteil im digitalen Umfeld geworden. Umso wichtiger, dass sie nutzerfreundlich gestaltet sind und den Nutzer bei seiner Eingabe unterstützen, anstatt ihm Steine in den Weg zu legen, und dass sie ihm den Weg bis zum Abschicken so leicht wie möglich machen.

40.1 Formulare – vielfach angewandt und bekannt

Ein *Formular* ist ein Element auf einer Unterseite, ein Overlay oder Teilbereich einer Webseite zur Erfassung von Nutzerdaten oder zum Tätigen einer Auswahl zu einem bestimmten Zweck. Diese Eingaben beeinflussen den Inhalt der Seite und/oder werden an den Server übermittelt. Dabei kann das Formular je nach Anwendungsbereich beliebig umfangreich sein – von einem einfachen Textfeld zur Eingabe einer Kontaktanfrage über ein Feld für die Eingabe einer E-Mail-Adresse und optional weiterer Daten zur Anmeldung für einen Newsletter bis hin zu umfangreichen Buchungsstrecken, bei denen persönliche Daten, Rechnungs- und Lieferadressen sowie Bezahlangaben abgefragt werden.

Für die unterschiedlichen Verwendungszwecke gibt es in Formularen unterschiedliche Arten von Eingabefeldern:

- einzeiliges Texteingabefeld für Freitext, z. B. für Name, Vorname, Adressdaten
- mehrzeiliges Texteingabefeld (kann hinsichtlich Textmenge begrenzt werden), z. B. für Kommentare, Anfragetext
- Feld für Passwörter (Eingaben werden maskiert auf dem Bildschirm ausgegeben)

- Auswahllisten (in der Regel als Dropdown realisiert), z. B. für Anfragegrund, Anrede, Größenangaben
- Radiobuttons (zur Auswahl einer einzigen Option aus mehreren Angaben), z. B. für Farbauswahl oder andere Kriterien eines Produkts
- Checkboxen (zur Auswahl mehrerer Optionen), z. B. für Bestätigung von Datenschutz-Richtlinien oder zur Auswahl mehrerer Kriterien
- Auswahlfelder zum Upload von Dateien, Fotos oder Videos

Zum Übermitteln der eingegebenen Daten wird ein Bestätigungs-Button angeboten und in der Regel rechts unten unterhalb der Eingabefelder platziert. Bei mehrseitigen Formularen werden – außer bei der letzten Seite des Formulars – häufig Vor- und Zurück-Buttons eingefügt, mit denen man zwischen den einzelnen Seiten wechseln kann (z. B. bei Bestellungen oder Buchungsstrecken).

Weitere, spezifische Arten von Feldern grenzen die Eingabe auf ein bestimmtes Format ein, indem die eingegebenen Daten direkt, d. h. während des Eingebens, oder beim Absenden der Daten geprüft werden:

- Zahlen, z. B. Telefonnummern
- E-Mail-Adressen
- Datumsauswahl (häufig über eine Kalenderfunktion realisiert)

40.2 Wofür werden Formulare eingesetzt?

Formulare kommen für die unterschiedlichsten Zwecke zum Einsatz. Sie begegnen dem Nutzer alltäglich auf Websites und dienen dazu, Daten zu erheben (z. B. im Zuge einer Bestellung oder einer Gewinnspielteilnahme), zu verarbeiten (z. B. bei einer Anfrage, einem Textbeitrag) oder auch zu schützen (durch Login/Anmeldemaske). Sie bilden damit die Grundlage für eine Kommunikation mit dem Nutzer – nicht zuletzt auf Social-Media-Kanälen ist ein Eingabefeld notwendig für das Veröffentlichen einer Nachricht.

Im Wesentlichen kommen Formulare in den folgenden Kontexten vor:

- Transaktionen (Bestellungen, Überweisungen etc., siehe Abbildung 40.1)
- Login- und Registrierungsmasken (siehe Abbildung 40.2 und Abbildung 40.3)
- Kontaktformulare (Fragen, Support, Rückruf, Anfragen etc., siehe Abbildung 40.4 und Abbildung 40.5)
- Datensammlung (Gewinnspiele, Newsletter-Bestellung, Umfragen etc., siehe Abbildung 40.6)
- Beitragseinstellung (Blogbeiträge, Kommentare, Posts etc., siehe Abbildung 40.7 und Abbildung 40.8)

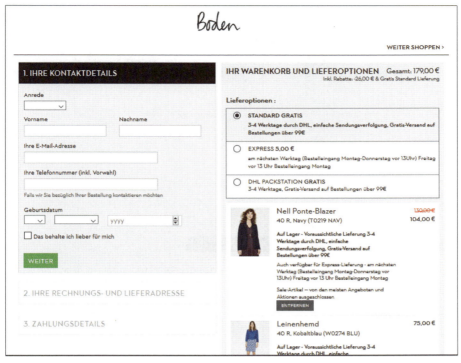

Abbildung 40.1 Webshops wie Bodendirect.com benötigen für die erfolgreiche Transaktion vom Nutzer zahlreiche Daten wie Kontaktdaten, Rechnungs- und Lieferanschrift sowie Zahlungsdetails.

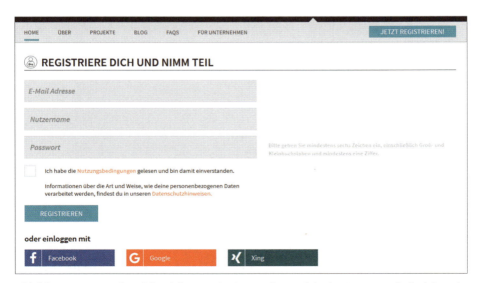

Abbildung 40.2 Nach erfolgreicher Registrierung kann sich ein Nutzer mehrfach in seinen persönlichen Bereich einloggen, wie hier auf ISPO.com.

40 Formulare zielführend realisieren

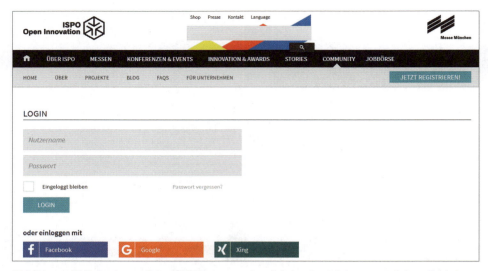

Abbildung 40.3 Loginmaske auf ISPO.com nach erfolgter Registrierung auf dem Portal

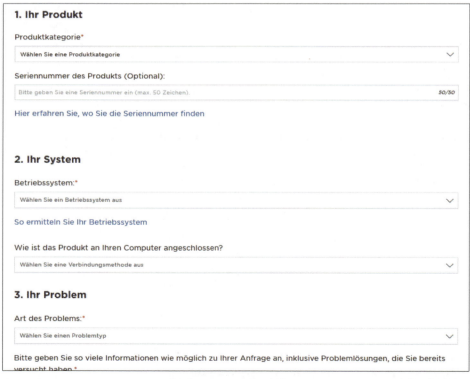

Abbildung 40.4 Canon bietet auf seinem Portal die Möglichkeit, über ein standardisiertes Formular eine Support-Anfrage zu stellen.

40.2 Wofür werden Formulare eingesetzt?

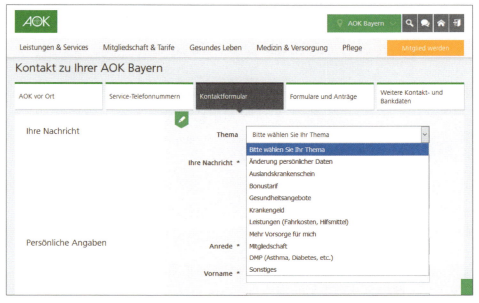

Abbildung 40.5 Im Kontaktformular der AOK können Nutzer gezielt das Thema Ihres Anliegens auswählen und ergänzend etwas dazu schreiben.

Abbildung 40.6 Die Drogeriemarktkette Müller bietet regelmäßig Gewinnspiele auf ihren Seiten.

Abbildung 40.7 Artikel auf Zeit Online können – nach einer Registrierung – kommentiert werden.

Abbildung 40.8 Posts in Form von Text, Bild oder Video in sehr reduzierter Form als kleinstmögliches Formular – hier auf LinkedIn

40.3 Tipps für die Gestaltung von Formularen

Die beste Gestaltungslösung für ein Formular hängt von einigen Aspekten ab: von der Länge des Formulars, von Art und Umfang der zu erhebenden Daten sowie vom Kontext bzw. der Art der Einbindung auf der Website. So ist es ein Unterschied, ob Sie für Desktop oder mobile Anwendungen entwickeln. Setzen Sie eine responsive Anwendung um, sollten Sie den größtmöglichen Fokus auf die mobile Nutzbarkeit der Formulare setzen.

Denken Sie immer daran, wie der erste Eindruck auf den Nutzer ist: Wirkt das Formular unübersichtlich und wenig strukturiert, weiß der Nutzer nicht sofort, was er zu tun hat, und gibt es viele optionale Eingaben, dann vergraulen Sie den Nutzer gleich zu Beginn. Eine schnell erfassbare, übersichtliche Struktur, gut erkennbare, klar beschriftete Eingabefelder sowie eindeutig ausgewiesene Pflicht- und optionale Felder machen dem Nutzer das Leben leichter.

40.3.1 Übersichtliche, schnell erfassbare Struktur des Formulars

Hilfreich bei der Gestaltung sind die allgemeinen Gestaltgesetze. Für Formulare sind dabei die Gesetze der Prägnanz, Nähe, Ähnlichkeit, Kontinuität und Geschlossenheit besonders relevant (siehe Kapitel 4, »ISO 9241 & Co. – Normen und Gesetze rund um Usability«).

Grundsätzlich sollten Sie Formulare immer so kurz wie möglich halten und keine unnötigen Daten abfragen. Je kürzer, umso schneller kann der Nutzer das Formular überblicken und erkennt, was von ihm gefordert ist.

Hinterfragen Sie jedes Feld hinsichtlich des Mehrwerts der Daten, die Sie erheben möchten. Können Sie dem Nutzer mithilfe der Angaben sinnvolle Leistungen anbieten, belassen Sie das Eingabefeld im Formular. Bietet eine – wenn auch optionale – Angabe keinen Zusatznutzen, sollten Sie diese auch nicht abfragen. Sie erhöhen die Chance, dass der Nutzer das Formular vollständig ausfüllt. Ziehen Sie alternativ in Erwägung, (optionale) Daten zu einem späteren Zeitpunkt abzufragen – mit dem Ziel, die Hürde des Ausfüllens im ersten Schritt für den Nutzer gering zu halten. So können Sie beispielsweise bei einer Newsletter-Anmeldung ausschließlich die E-Mail-Adresse erheben (im Übrigen aus Datenschutzgründen die einzige Information, die Sie als Pflichtfeld abfragen dürfen). Hat der Nutzer dieses Feld ausgefüllt und sich damit erfolgreich zu einem Newsletter angemeldet, können Sie auf einer Folgeseite um Anrede, Vor- und Nachnamen bitten und erläutern, dass Sie damit den Nutzer im Newsletter persönlich ansprechen können.

Durch die Anordnung der Formularfelder und Beschriftungen entstehen vertikale Achsen, die die Struktur des Formulars bestimmen. Durch Leerräume (auch *Weiß*-

raum genannt) zwischen den Elementen können alle Elemente harmonisch aneinander ausgerichtet werden. Die Achsenverläufe, die durch diese Ausrichtung der Elemente entstehen, lassen sich so auf ein Minimum reduzieren. Den Weißraum sollten Sie großzügig wählen, so dass die Elemente einheitlich bzw. gleich groß im Formular ausgerichtet bleiben.

Mithilfe von Weißraum können Sie auch inhaltlich zusammengehörige Einheiten (z. B. Adressfelder) gemeinsam gruppieren und logisch zu trennende Elemente (z. B. Gewinnspielfrage und persönliche Daten) optisch voneinander distanzieren.

Sie sollten vermeiden, ein Formular mehrspaltig zu gestalten und mehrere Formularfelder nebeneinander zu platzieren – insbesondere dann, wenn diese inhaltlich nicht zusammengehören. Sie weichen damit von den Achsen ab und erschweren dem Nutzer die Orientierung in der gelernten Struktur des Formulars. Solche zusätzlichen Felder werden vom Nutzer schnell übersehen. Nur vereinzelt gibt es Kombinationen wie PLZ und Ort, Straße und Hausnummer (falls getrennt zu erfassen) oder Vorname und Nachname, bei denen Sie eine Ausnahme machen können.

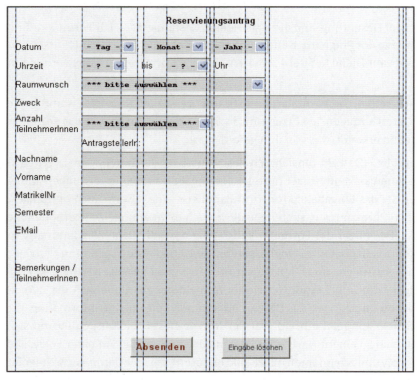

Abbildung 40.9 Die unterschiedlichen Breiten der Eingabefelder im abgebildeten Formular lassen es sehr unruhig wirken. Optisch entstehen durch die unterschiedlichen Zeilenlängen mehrere Achsen.

Abbildung 40.10 Die E-Commerce-Lösung von Klarna ordnet mehrere Felder nebeneinander an, wenn es inhaltlich Sinn ergibt: Anrede, Vor- und Nachname sowie zusammengehörige Adressfelder.

40.3.2 Eingabefelder ausreichend groß gestalten

Passen Sie das Formularfeld an die Größe der gewünschten Eingabe an. Gestalten Sie das Eingabefeld ausreichend lang und hoch genug, so dass Eingaben vollständig sichtbar sind und zur Kontrolle leserlich bleiben. Überlegen Sie daher, welche Länge die erwartete Eingabe haben kann, und gestalten Sie das Feld entsprechend lang. Nachnamen zum Beispiel können sehr lang werden (z. B. wegen Doppelnamen oder Adelstiteln, die zum Nachnamen gehören).

Berücksichtigen Sie dabei auch das Ausgabemedium – die optimalen Ausmaße können zwischen Desktop und Mobile variieren. Bedenken Sie auch bei Radiobuttons oder Checkboxen, dass diese auf mobilen Endgeräten gut per Touch bedienbar sind. Gestalten Sie sie groß genug (mindestens 7 mm bzw. 48 Pixel), und platzieren Sie sie weit genug auseinander (ca. 5 mm), um eine fehlerhafte Auswahl zu vermeiden. Auf mobilen Endgeräten eignen sich auch horizontal angeordnete Buttons sehr gut, um Auswahloptionen zu realisieren. Genauere Angaben und Maße für touchfreundliche Elemente finden Sie auch in Kapitel 39, »Links und Buttons formatieren und formulieren«.

40.3.3 Formularelemente und Auswahloptionen richtig wählen

Ebenso wichtig wie eine angepasste Größe des Eingabefelds ist die richtige Wahl der Art des Formularelements.

Vermeiden Sie Dropdown-Menüs bei nur zwei oder drei Optionen. Diese können Sie als (Radio-)Buttons neben- oder untereinander platzieren (z. B. bei der Auswahl der Anrede). Dies hat den Vorteil, dass die möglichen Attribute auf den ersten Blick zu sehen sind und der Nutzer nicht erst das Dropdown-Menü öffnen muss. Ein Klick/Touch mehr als notwendig. Bei mehr als vier Optionen sind Dropdown-Menüs wiederum eine gute Wahl, um Platz zu sparen. Dies gilt allerdings nur bis zu einer bestimmten Anzahl an Optionen. Insbesondere wenn Sie an die mobilen Screengrößen denken, wissen Sie, dass zu lange Dropdowns nicht sehr nutzerfreundlich sind. Diese mögen noch funktionieren, wenn die Liste alphabetisch/chronologisch bzw. erwartungskonform sortiert ist (z. B. Listen mit Jahreszahlen, Länderauswahl), so dass der Nutzer weiß, bis wohin er scrollen/wischen muss. In anderen Fällen sollten Sie erwägen, das Dropdown durch eine Suche mit Vorschlagsfunktion zu ersetzen. Der Nutzer tippt den gewünschten Begriff und erhält die relevanten Ergebnisse im Autocomplete. Interessant ist dies beispielsweise bei der Auswahl eines Flughafens, vor allem wenn es mehrere Flughäfen in einer Stadt gibt. Sie tippen den Namen der Stadt und erhalten die Flughäfen, deren Namen nicht zwingend mit dem Städtenamen beginnen müssen (siehe Abbildung 40.11).

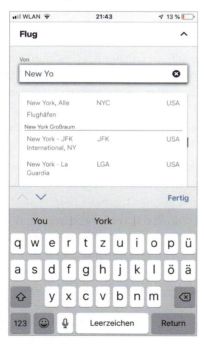

Abbildung 40.11 Anstelle eines langen Dropdown-Menüs können in Fällen, in denen die korrekte Bezeichnung des gesuchten Begriffs (wie hier bei Flughäfen) nicht bekannt ist, auch Suchfelder mit einer Vorschlagsfunktion weiterhelfen (lufthansa.de).

Generell gilt ansonsten: Checkboxen, Radiobuttons oder Dropdown-Menüs sind ideal bei festen Auswahloptionen. Muss der Nutzer seine Auswahl in ein Textfeld eingeben, können Tippfehler passieren. Oder es tritt der Fall auf, dass der Nutzer nicht versteht, welche Eingabe von ihm gefordert ist.

Ordnen Sie Optionen in einer intuitiven Reihenfolge an, beispielsweise Wochentage entsprechend ihrer Abfolge von Montag nach Sonntag. Gibt es keine allgemeingültige Reihenfolge, sind eine alphabetische Sortierung oder inhaltlich sinnvolle Gruppierungen der Optionen zu empfehlen.

40.3.4 Pflichtfelder ausweisen

Pflichtfelder sollten Sie als solche zwingend kennzeichnen, um zu vermeiden, dass der Nutzer bei Nichtausfüllen durch eine Fehlermeldung überrascht und frustriert wird. Ob Sie anstelle der Pflichtfelder optionale Felder ausweisen, sollten Sie davon abhängig machen, wie viele Felder der jeweiligen Art Sie im Formular haben. Die Art der Felder, von denen weniger vorhanden sind, wird gekennzeichnet. Haben Sie mehr Pflichtfelder, sollten Sie demnach die optionalen Felder ausweisen. Damit reduzieren Sie notwendige Hinweise und ermöglichen, dass der Nutzer das Formular schneller erfassen kann. Trennen Sie nach Möglichkeit Pflichtfelder von optionalen Feldern. Ist es inhaltlich nicht sinnvoll, die Felder zu trennen, markieren Sie die Pflichtfelder, und fügen Sie eine Legende zur Erläuterung der Markierung ein. Als Kennzeichnung haben sich Sternchen oder alternativ der Hinweistext »erforderlich« etabliert.

Abbildung 40.12 Consorsbank markiert Pflichtfelder mit einem Sternchen und ergänzt eine entsprechende Erläuterung rechts oben.

40.3.5 Beschriftungen (Labels) platzieren

Die Platzierung von Beschriftungen wird unter Experten immer wieder ausführlich diskutiert. Zahlreiche Nutzertests inklusive *Eyetracking* wurden durchgeführt, und doch hat sich kein eindeutiger Gewinner unter den möglichen Platzierungen von

Beschriftungen in Formularen herauskristallisiert (oberhalb, linksbündig oder rechtsbündig links neben den Formularfeldern). Vielmehr hängt die Empfehlung von Kontext, Internationalität und Länge des Formulars ab: Bei längeren Formularen hat sich die Variante der seitlichen Beschriftungen (rechtsbündig zu den Formularfeldern ausgerichtet) bewährt, für kurze, wenig komplexe Formulare sowie bei mobilen Endgeräten die Variante oberhalb des Formularfelds.

Aufgrund der zahlreichen Nutzungskontexte und unterschiedlichen Platzierungsmöglichkeiten haben wir diesem Thema ein eigenes Kapitel gewidmet, nämlich Kapitel 41, »Labels und Auszeichnungen formulieren und positionieren«.

40.4 Tipps zur Unterstützung des Nutzers bei der Eingabe

Hat sich der Nutzer dafür entschieden, ein Formular auszufüllen, und es auch gut überblickt, ist viel gewonnen. Doch der Teufel steckt bekanntlich im Detail. Daher sollten Sie darauf viel Wert legen und sich auch damit beschäftigen, wie es dem Nutzer bei der Eingabe der Daten ergeht. Hier können Sie unterstützen, indem Sie die Anforderungen an die Dateneingabe klar kommunizieren, direktes Feedback zu erfolgten Eingaben geben oder aussagekräftige Fehlermeldungen mit Hilfestellung zur Korrektur einbinden.

40.4.1 Anforderungen an Eingaben klar erkennbar machen

Nicht immer reicht die Art des Formularelements (siehe Abschnitt 40.3.3, »Formularelemente und Auswahloptionen richtig wählen«), um dem Nutzer zu verdeutlichen, welche Eingabe von ihm erwartet wird. Gerade wenn eine bestimmte Formatierung notwendig ist, sollten Sie dies erläutern (z. B. TT.MM.JJJJ für Datumseingaben); platzieren Sie diesen Hinweis ergänzend zur Beschriftung (neben, vor oder oberhalb des Felds) oder als Formatangabe innerhalb des Eingabefelds. Sie sollten derartige Angaben im Formularfeld allerdings immer nur ergänzend zur eigentlichen Beschriftung des Felds realisieren. Wählt der Nutzer ein Feld aus, verschwindet dieser Platzhalter und erschwert dem Nutzer den Abgleich mit der geforderten Eingabe. Bei Platzhaltertexten in Formularen beobachten wir bei Nutzertests häufig Probleme.

Abbildung 40.13 In der Lösung von Klarna ist in der Feldbeschriftung hinter »Geburtsdatum« die geforderte Formatangabe ergänzt. Zugleich wird noch beim Tippen die Formatangabe weiter angezeigt.

Idealerweise vermeiden Sie Fehlermeldungen durch eine optimale Datenverarbeitung. Bevor Sie den Nutzer bei falsch formatierten Eingaben erneut sein Glück versuchen lassen, passen Sie seine Daten programmatisch auf das benötigte Format an; beispielsweise Telefonnummern, die mit Leerzeichen oder Bindestrichen eingegeben werden, wenn Sie ein reines Zahlenformat erwarten.

Alternativ können Sie Fehleingaben direkt abfangen, indem Sie entsprechende Formularelemente wählen, die eine fehlerhafte Eingabe gar nicht erst erlauben. Bieten Sie dem Nutzer beispielsweise bei Datumseingaben eine Kalenderfunktion oder ein Dropdown-Menü zur Auswahl des Datums.

40.4.2 Auswahloptionen ein-/ausblenden

Wie bereits thematisiert, sollten Sie jedes Formular so effizient und knapp halten wie möglich. Gleichzeitig müssen Formulare individuelle Angaben und verschiedene Auswahloptionen ermöglichen, so dass Nutzer ihre spezifischen Daten auch wirklich eingeben können.

Typische Fälle sind die Zahlungsoptionen bei Bestellungen oder auch die Angabe von Kindern als Reisende bei Hotelbuchungen. Im letzteren Fall muss in der Suchmaske das Alter der Kinder angegeben werden – um mögliche Rabatte zu berechnen. Diese Angabe macht aber nur Sinn, wenn überhaupt Kinder mitreisen, und interessiert beispielsweise Geschäftsreisende überhaupt nicht. Gängige Portale blenden deswegen die Altersauswahl erst ein, wenn überhaupt Kinder ausgewählt werden (siehe Abbildung 40.14).

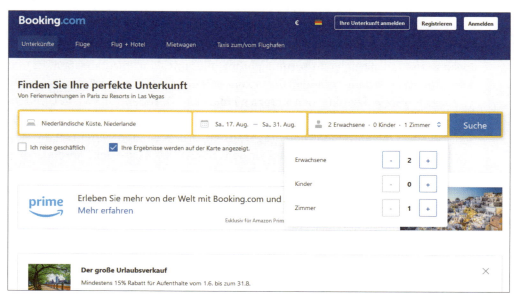

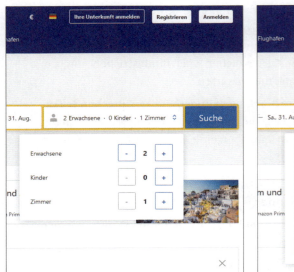 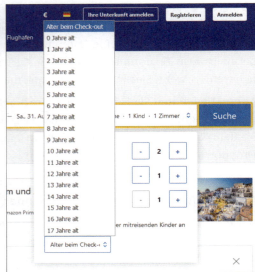

Abbildung 40.14 Erst wenn der Nutzer auswählt, dass Kinder mitreisen, erscheinen die Felder zur Angabe des Kindesalters (booking.com).

Gestalten Sie daher Ihr Formular flexibel, und realisieren Sie – wenn sinnvoll – ein- und ausblendbare Formularbereiche. Bieten Sie zu Beginn immer nur die für alle Nutzer notwendigen Formularelemente an, auch um falsche Angaben oder unnötige Fehlermeldungen zu vermeiden. Sind auf eine vorangegangene Auswahl hin mehrere Optionen möglich, dann blenden Sie diese erst nach dieser ersten Auswahl ein.

40.4.3 Validierung als Feedback für den Nutzer

Idealerweise füllen Nutzer Ihr Formular problemlos mit allen Pflichtangaben aus und schließen das mit dem Absenden der Daten ab. Beim Ausfüllen von Formularen treten aber immer wieder aus den unterschiedlichsten Gründen Fehler auf. Um dem frühzeitig entgegenzuwirken, sollten Sie die eingegebenen Daten prüfen – idealerweise auch als dynamische Validierung realisiert, d. h., die Daten werden schon während der Eingabe geprüft. So können Sie dem Nutzer bereits vor dem Absenden des Formulars ein Feedback dazu geben, ob beispielsweise ein gewählter Nutzername noch verfügbar ist, ob eine E-Mail-Adresse korrekt eingegeben wurde (mit @ und korrekter/vorhandener Top Level Domain) oder ob ein Format stimmt (z. B. nur Zahlen bei Telefonnummer oder TT.MM.JJJJ bei Datumsangaben).

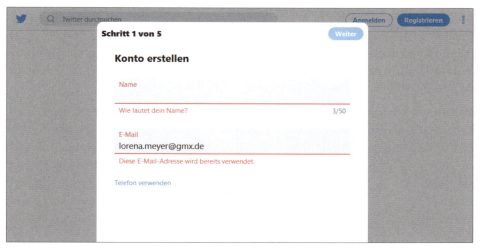

Abbildung 40.15 Bei der Registrierung auf Twitter erhält der Nutzer direktes Feedback zu seinen Eingaben mit konkreten Hinweisen zur Korrektur.

40.4.4 Fehlermeldungen/Hilfe bei fehlerhaften Eingaben

Sollte dennoch ein Formular mit fehlerhaften Daten abgeschickt werden, so sind aussagekräftige, schnell erfassbare Fehlermeldungen essenziell zur weiteren Nutzerführung. Detaillierte Hinweise und Empfehlungen zur Umsetzung von Fehlermeldungen finden Sie im gleichnamigen Kapitel in diesem Teil. Drei zentrale Punkte sind dabei:

- Sie sollten nicht nur alle Fehler auflisten, sondern dem Nutzer in einfacher Sprache auch eine Hilfestellung geben, wie er den Fehler beseitigen kann.
- Vermeiden Sie abstrakte Fehlermeldungen wie beispielsweise »falscher Nutzername« oder »Fehler bei der Kreditkartennummer« – dies hilft dem Nutzer nicht, zu verstehen, was er ändern muss.
- Markieren Sie zusätzlich die jeweiligen Stellen im Formular, an denen Daten oder Auswahlen korrigiert werden sollen.

40.5 Tipps zur Unterstützung des Nutzers beim Abschicken des Formulars (Aktionen)

Die Daten sind eingegeben, doch an dieser Stelle endet es noch nicht. Der Nutzer ist erst fertig, wenn die Formularinhalte sicher auf dem Server eingetroffen sind. Bedenken Sie daher folgende Hinweise:

40.5.1 Buttons platzieren und gestalten

Ein Button in Formularen ist notwendig, um die eingegebenen Daten zu übermitteln – die primäre Aktion in Formularen. Zahlreiche Nutzertests haben ergeben, dass die Positionierung dieses Buttons links und bündig zu den Eingabefeldern visuell am besten zu erfassen ist.

Buttons für sekundäre Aktionen wie das Abbrechen oder das Zurücksetzen der eingegebenen Daten sind mit Vorsicht zu genießen. In der Regel verwirrt ein derartiger Button den Nutzer mehr, als er Mehrwert bieten kann. Entscheiden Sie sich dennoch für einen solchen Button, platzieren Sie ihn rechts von der primären Aktion und damit nachrangig bei einer Bedienung per Tab-Taste. Heben Sie zudem die primäre Aktion visuell gegenüber der sekundären Aktion deutlich hervor: durch die Hintergrundfarbe des Buttons, durch Fetten der Button-Beschriftung sowie durch Zurücksetzen der sekundären Aktion (z. B. als Link statt Button).

Abbildung 40.16 Die primäre Aktion sollte optisch deutlich hervorgehoben, links und bündig mit den Formularfeldern positioniert sein (Luke Wroblewski).

Beschriften Sie die Buttons in klarer Sprache, die die jeweilige Aktion genau beschreibt, also beispielsweise »Anfrage absenden« oder »Kostenpflichtig bestellen«. Das beugt Unsicherheiten beim Nutzer vor, wie sie bei ungenauen Labels wie »OK« auftreten könnten.

40.5.2 Fortschrittsanzeige bei mehrseitigen Formularen einbinden

Mehrseitige Formulare, wie sie in Onlineshops oder auf Reisebuchungsportalen auftreten, sind für den Nutzer eine besondere Herausforderung. Er muss nicht nur viele Daten preisgeben und diese korrekt eingeben, sondern auch über mehrere Seiten dazu motiviert werden. Deshalb ist es bei solchen Formularen besonders wichtig, dem Nutzer Orientierung und einen Ausblick zu geben, wie weit er mit dem Ausfüllen jeweils gerade ist. Realisieren Sie dies über eine Fortschrittsanzeige oberhalb der

Formularelemente, die seinen aktuellen Status wiedergibt und dem Nutzer dadurch zeigt, wo er steht und was noch vor ihm liegt.

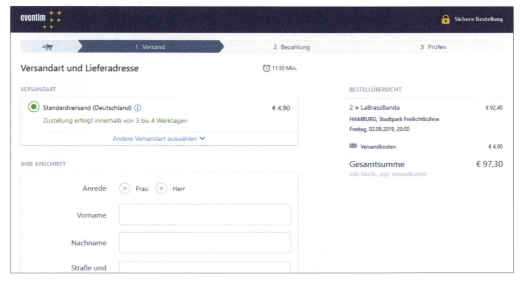

Abbildung 40.17 In drei Schritten zum Ziel - blau hervorgehoben sieht der Nutzer, an welcher Stelle er sich im Buchungsprozess befindet (eventim.de).

So gelingen Ihnen nutzerfreundliche Formulare

1. Halten Sie das Formular so kurz wie möglich, und fragen Sie keine unnötigen Daten ab.
2. Gestalten Sie Formulare einspaltig zugunsten einer schnellen Orientierung für den Nutzer.
3. Platzieren Sie Formularfelder untereinander und nicht nebeneinander.
4. Gruppieren Sie logisch zusammengehörige Felder, und trennen Sie inhaltlich weniger eng zusammengehörige Elemente durch Weißraum voneinander.
5. Passen Sie das Formularfeld an Art und Größe der gewünschten Eingabe an.
6. Nutzen Sie bei bis zu vier feststehenden Optionen Radiobuttons oder Checkboxen. Bei mehreren zur Auswahl stehenden Begriffen stellen Sie diese über ein Dropdown-Menü zur Auswahl.
7. Kennzeichnen Sie Pflichtfelder (oder optionale Felder, falls weniger davon vorhanden sind) mit Sternchen, und ergänzen Sie eine erläuternde Legende.
8. Versehen Sie jedes Formularelement mit einer eindeutigen Beschriftung. Bei längeren Formularen positionieren Sie diese links vor dem Element mit rechtsbündigem Text. Bei kurzen, wenig komplexen Formularen sowie bei mobilen Endgeräten positionieren Sie die Beschriftung oberhalb des jeweiligen Formularfelds.

9. Platzieren Sie Hinweise zu einzuhaltenden Formatierungen (z. B. Datumsformat) beim jeweiligen Formularfeld, oder fangen Sie Angaben in falschem Format (z. B. Telefonnummern mit Leerzeichen) programmatisch ab.

10. Gestalten Sie Formulare flexibel, und realisieren Sie – sofern inhaltlich möglich – ein- und ausblendbare Formularbereiche. Bieten Sie zu Beginn immer nur die für alle Nutzer notwendigen Formularelemente an.

11. Prüfen Sie die eingegebenen Daten dynamisch (d. h. direkt bei Verlassen eines Felds und Sprung in das nächste) auf Plausibilität und gegebenenfalls Formatierung.

12. Im Falle fehlerhafter Daten listen Sie alle Fehler auf, und geben Sie dem Nutzer in einfacher Sprache eine Hilfestellung, wie er die Fehler beseitigen kann.

13. Heben Sie die jeweiligen Stellen im Formular optisch hervor, an denen Daten oder eine Auswahl korrigiert werden müssen.

14. Löschen Sie im Fall eines Fehlers niemals die bereits eingegebenen Daten aus den Formularfeldern.

15. Platzieren Sie den Button für die primäre Aktion (Absenden des Formulars) links und bündig zu den Eingabefeldern.

16. Beschriften Sie die Buttons in klarer Sprache, die die jeweilige Aktion genau beschreibt. Also etwa »Anfrage absenden« oder »Kostenpflichtig bestellen«.

17. Integrieren Sie eine Fortschrittsanzeige oberhalb der Formularelemente, die den aktuellen Status signalisiert und dem Nutzer dadurch zeigt, wo er steht und was noch vor ihm liegt, bis er die Formularstrecke erfolgreich abgeschlossen hat.

Kapitel 41
Labels und Auszeichnungen formulieren und positionieren

Einige Website-Elemente sind erklärungsbedürftig und brauchen ein Label bzw. eine Beschriftung, um vom Nutzer eindeutig verstanden zu werden. Gerade auch, wenn vom Nutzer eine Aktion oder Eingabe erwünscht ist.

Auch wenn Selbstbeschreibungsfähigkeit eine der Anforderungen der Normen der Gebrauchstauglichkeit ist (siehe Kapitel 4, »ISO 9241 & Co. – Normen und Gesetze rund um Usability«), sind manche Elemente einer Website oder App auf ein so genanntes *Label* bzw. eine klare Beschriftung angewiesen, die es dem Nutzer erklärt. Dazu gehören Formularelemente, Buttons, Filterelemente, Boxen oder auch Klappelemente. Für diese gelten ähnliche Überlegungen wie bei den Labels, die wir bei Formularen verwenden. Im Folgenden konzentrieren wir uns daher auf diese – sie sind der komplexeste Anwendungsfall für Labels.

41.1 Labels zielführend positionieren

Während es für die Auszeichnung von Buttons eine unstrittige Platzierung gibt – nämlich direkt auf dem Button –, ist die korrekte Positionierung der Labels für Formularelemente (siehe Kapitel 40, »Formulare zielführend realisieren«) nicht ganz so einfach. Tatsächlich gibt es je nach Zielsetzung und Inhalt des Formulars unterschiedliche Empfehlungen.

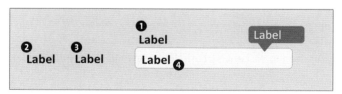

Abbildung 41.1 Es gibt verschiedene Möglichkeiten, um das Label zum Eingabefeld zu positionieren.

So haben zahlreiche Tests gezeigt, dass jede der folgenden Platzierungen unterschiedliche Auswirkungen darauf hat, wie Nutzer das Formular wahrnehmen und die Daten eingeben:

41.1.1 Label oberhalb des Eingabefelds

Die Platzierung des Labels oberhalb des Eingabefelds ❶ empfiehlt sich, wenn Sie den Fokus bei Ihrer Konzeption auf mobile Endgeräte legen und erwarten, dass die meisten Nutzer das Formular auch mobil ausfüllen. An dieser Stelle kann man das Label auch noch lesen, wenn die Seite nach dem Auswählen/Antippen automatisch auf das Eingabefeld zoomt. Die direkte Zuordnung von Label und Feld ist so gut möglich. Der Nutzer weiß stets, wo er die geforderten Daten eintragen soll.

Ebenso sollten Sie diese Platzierung erwägen, wenn Sie Ihre Website oder App in mehreren Sprachen anbieten. Dann haben Sie keine Schwierigkeiten mit verschiedenen Lauflängen von Labels – die Begriffe sind in verschiedenen Sprachen unterschiedlich lang. Bei einer Platzierung links vom Eingabefeld können unschöne Umbrüche entstehen. Längere Labels sind bei dieser Positionierung oberhalb auch einfacher zu lesen, da das Auge weniger springen muss in Bezug auf das Eingabefeld.

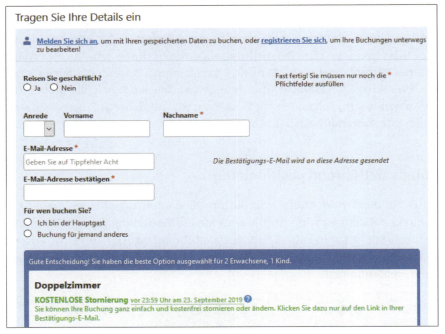

Abbildung 41.2 Auf Booking.com stehen die Labels oberhalb der jeweiligen Formularfelder.

Das gesamte Formular bleibt schmaler und damit leichter überschaubar. Sie sollten allerdings bedenken, dass das Formular dadurch auch recht lang werden kann. Diese Platzierung von Labels eignet sich daher gut bei kurzen Formularen, die schnell ausgefüllt werden können und sollen.

Diese Positionierung funktioniert im Übrigen auch bei anderen Formulartypen, neben Eingabefeldern beispielsweise auch für Radiobuttons, Checkboxen und Dropdowns.

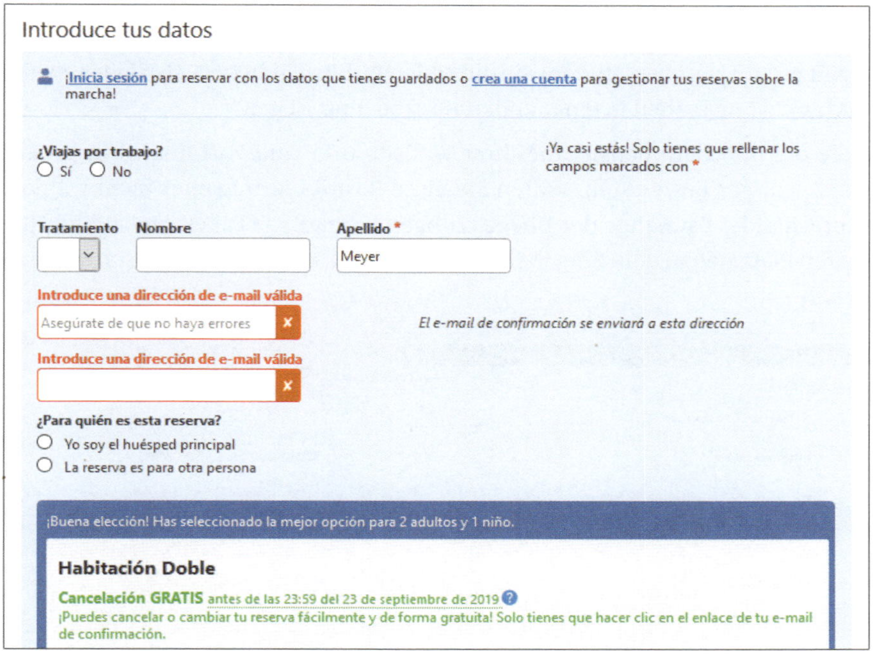

Abbildung 41.3 Booking.com bietet sein Unterkunftsbuchungsportal in über 40 Sprachen an. Durch die Platzierung der Labels oberhalb der Felder können die Texte fast beliebige Längen haben.

41.1.2 Label links vom Eingabefeld, linksbündig

Ein entscheidender Unterschied der Label-Platzierung links vom Eingabefeld ➋ zur zuvor beschriebenen Platzierung ist das Einsparen von Platz in der Höhe. Entsprechend empfiehlt sich die Position des Labels links vom jeweiligen Feld vor allem bei langen, eher komplexen Formularen. Allerdings sollten Sie bei der Gestaltung bedenken, dass diese Formulare auch deutlich breiter sind und entsprechend Platz benötigen. Nutzer können solche Formulare in der Regel schneller scannen und den Umfang abschätzen als bei der Positionierung der Labels oberhalb, da die Felder nicht zwischen den Labels stehen.

Im Vergleich zur Positionierung innerhalb des Eingabefelds (siehe Abschnitt 41.1.4, »Label innerhalb des Eingabefelds«) sind die Labels während des Ausfüllens noch sichtbar. Der Nutzer weiß also jederzeit, welche Daten gefordert sind. Jedoch funktioniert dies nicht bei mobilen Endgeräten, wenn bereits das automatische Zoomen auf das Eingabefeld erfolgt ist.

Bei dieser Variante kann der Nutzer die Beschriftung zwar eindeutig dem jeweiligen Eingabefeld zuordnen, allerdings muss er unter Umständen mehrfach mit den Augen hin und her springen. Die Zuordnung ist vor allem dann schwierig, wenn ein Label im Vergleich zu den anderen eher kurz ist. In diesem Fall sind Label und Eingabefeld weit voneinander entfernt (aufgrund der Achsen). In solchen Fällen können Sie den Nutzer unterstützen, indem Sie die Zeilen farblich abheben, also jedes zweite Label inklusive Eingabefeld in einer anderen Farbe hinterlegen.

Planen Sie die Internationalisierung Ihrer Website und sind Formulare ein großer und/oder wichtiger Bestandteil, sollten Sie diese Positionierung eher nicht wählen. Bei entsprechender Lauflänge der Übersetzungen können die Labels zu lang für den verfügbaren Platz neben dem Eingabefeld werden. Sie kämpfen dann mit unschönen Umbrüchen.

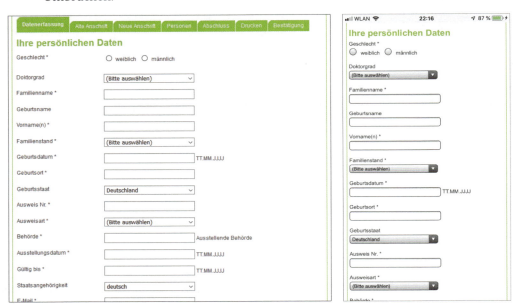

Abbildung 41.4 Das Bürgerserviceportal löst die Frage der Positionierung von Labels in Formularen abhängig vom Endgerät. Während am Desktop die Labels links vom Eingabefeld und linksbündig platziert sind, stehen sie in der mobilen Variante oberhalb des Eingabefelds.

41.1.3 Label links vom Eingabefeld, rechtsbündig

Für diese Positionierung treffen die Aussagen zur vorherigen Positionierung weitestgehend auch zu. Allerdings ist die rechtsbündige Ausrichtung der Beschriftungen ❸ besser, weil der Nutzer sich mit der Zuordnung von Label und Eingabefeld etwas leichter tut. Diese stehen naturgemäß näher beieinander.

Nachteilig ist diese Positionierung bei langen Beschriftungstexten. Mehrzeilige Texte sind bei einer rechtsbündigen Ausrichtung schwerer zu lesen, da das Auge die jeweilige nächste Zeile immer erst suchen muss.

41.1.4 Label innerhalb des Eingabefelds

Die meisten Einschränkungen der oben beschriebenen Positionierungen kann die Platzierung des Labels innerhalb des Eingabefelds ❹ aufheben. Bei der Nutzung auf mobilen Endgeräten ist das Label auch nach dem Zoomen noch zu lesen. Die Zuordnung von Label und Eingabefeld ist eindeutig. Die Positionierung des Labels innerhalb des Eingabefelds beansprucht zudem am wenigsten Platz für das Formular.

Diese Variante hat aber einige wesentliche Nachteile: Das ausschlaggebendste Argument gegen diese Platzierung ist das Verschwinden des Labels, sobald das Eingabefeld ausgewählt wird (per Touch oder Klick in das Feld). In diesem Fall muss sich der Nutzer daran erinnern, welche Daten er nun eingeben soll. Auch nach der Eingabe kann der Nutzer nicht mehr seine Eingabe mit der gewünschten Angabe abgleichen. Um dies zu umgehen, könnten Sie das Label nach Auswahl des Eingabefelds verkleinern und oberhalb des Tippbereichs stehen lassen (siehe Abbildung 41.5).

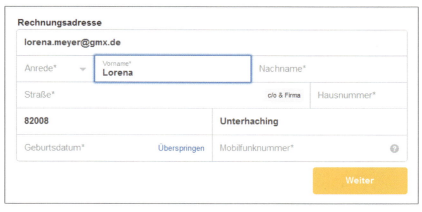

Abbildung 41.5 Klarna löst die Label-Platzierung intelligent. Solange das Feld nicht ausgewählt ist, wird die Beschriftung inline angezeigt. Sobald der Nutzer ein Eingabefeld ausgewählt hat und zu tippen beginnt, wird das Label noch innerhalb des Eingabefelds, aber oberhalb der Eingabezeile angezeigt.

Sehr lange Beschriftungen (auch bei Übersetzungen im Falle einer Internationalisierung) passen nicht mehr in das Eingabefeld. Das Eingabefeld müsste daher bei dieser Variante länger sein als das Label. Bedenken Sie allerdings: Je länger die Zeile, umso schwieriger ist der Text zu lesen.

Auch steigt die Fehlerrate bei dieser Variante in Formularen deutlich an, sobald die Umsetzung mangelhaft ist. Wird das Label nicht in einer anderen Farbe (z. B. grau) als die sonstige Schrift auf der Website (z. B. schwarz) angezeigt, wirken die Felder, als wären sie bereits ausgefüllt. Dann übersehen Nutzer schnell ein Feld beim Ausfüllen.

Entscheidungshilfen für eine optimale Positionierung

Jede der zuvor beschriebenen Varianten hat ihre Vor- und Nachteile. Die Positionierung des Labels innerhalb des Eingabefelds ist jedoch mit Abstand am wenigsten zu empfehlen. Wenn Sie die Usability-Problematiken nicht geschickt lösen, verursacht diese Variante meist Probleme beim Nutzer. Sie sollten sich daher zwischen den ersten drei Varianten (oberhalb des Eingabefelds, links neben dem Eingabefeld linksbündig oder links neben dem Eingabefeld rechtsbündig) entscheiden. Bei der Entscheidung hilft Ihnen die nachstehende Tabelle. Letztlich hängt es etwas davon ab, wie Sie den Nutzer durch Ihr Formular leiten möchten und worauf Sie den Fokus legen.

Beschreibung	Oberhalb des Eingabefelds	Links neben dem Eingabefeld (rechtsbündig)	Links neben dem Eingabefeld (linksbündig)
Mobiler Fokus; Formular wird mobil ausgefüllt	X		
Wenig Platz in der Breite verfügbar	X		
Übersetzung bzw. Internationalisierung geplant	X		
Labels als Fragestellungen oder Sätze formuliert	X	X	
Lange Formulare		X	X
Labels überwiegend kurz formuliert		X	X
Hohe Komplexität (Nutzer soll das Formular aufmerksam ausfüllen und sich Zeit lassen)			X

Tabelle 41.1 Entscheidungsmatrix für die Positionierung von Labels in Formularen

41.2 Labels verständlich formulieren

Um Ihre Labels und Beschriftungen – egal, ob Beschriftungen von Formularelementen, einzelne Menüpunkte oder Kennzeichnen von Navigationselementen – so verständlich wie möglich zu gestalten, berücksichtigen Sie einige Punkte:

▶ Formulieren Sie die Labels so klar, eindeutig und einfach wie nur möglich.

▶ Schreiben Sie Labels niemals durchgehend in Großbuchstaben. Das führt dazu, dass Ihr Formular oder das Menü schlecht bis gar nicht gescannt werden kann.

▶ Wählen Sie, wenn irgend möglich, einzelne Wörter als Labels. Fragen oder Sätze in Formularen, die dann durch den Nutzer beantwortet bzw. vervollständigt werden müssen, sollten Sie nur in Ausnahmefällen verwenden. Das kann z. B. sinnvoll sein, wenn ein einzelnes Wort missverstanden werden könnte.

▶ Sie sollten Begriffe wählen, die den meisten Nutzern geläufig oder im entsprechenden Kontext gelernt oder üblich sind. In diesem Zusammenhang kann auch ein so genanntes *Card Sorting* mit Nutzern Aufschluss darüber geben, was die Nutzer unter dem Begriff verstehen und ob dieser in der entsprechenden Verwendung die beste Wahl ist.

▶ Verwenden Sie dabei unbedingt Begriffe, die der Nutzer auch ohne Kontext verstehen kann. Der Nutzer sollte niemals die Überkategorie oder den in der Hierarchie voranstehenden Menüpunkt benötigen, um die Bedeutung des Labels komplett zu verstehen.

▶ Wählen Sie nur Begriffe, die den Nutzer nicht zum Nachdenken herausfordern. Sobald der Nutzer darüber nachdenken muss, was das Label bedeutet, in welchem Kontext es steht oder ob dieser für seine weitere Nutzung der Website relevant ist, haben Sie diesen Nutzer bereits verloren. Er wird sein Ziel nur sehr schwer oder überhaupt nicht erreichen und die Website vermutlich verlassen.

So realisieren Sie aussagekräftige und erkennbare Labels

1. Wählen Sie eine für Ihren Anwendungsfall passende Positionierung in Bezug auf das zu beschreibende Element — abhängig davon, wie Sie den Nutzer durch Ihr Formular leiten möchten und worauf Sie den Fokus legen.
2. Formulieren Sie die Labels so klar, eindeutig und einfach wie nur möglich.
3. Wählen Sie einzelne Wörter als Label, und vermeiden Sie Fragen oder Sätze.
4. Nutzen Sie geläufige oder im entsprechenden Kontext übliche Begriffe. Der Nutzer sollte nie über den Begriff nachdenken müssen.

Kapitel 42
Fehlermeldungen hilfreich umsetzen

Fehlermeldungen sollen den Nutzer unterstützen und ihn nicht mit Fragezeichen zurücklassen. Leider kommt Letzteres immer noch häufig vor: kryptische Meldungen, fehlende Hinweise für eine mögliche Korrektur oder schlichtweg kein Bezug zum fehlerhaften Datensatz. Wie Sie Fehlern vorbeugen und Fehlermeldungen optimal umsetzen, lesen Sie im Folgenden.

Fehler treten auf, auch bei perfekt nutzerfreundlich umgesetzten Websites und Anwendungen. Ursachen sind dann Ablenkung, Müdigkeit oder Eile des Nutzers, vor allem wenn es sich um komplexere Anwendungen wie ein mehrseitiges Formular oder die Installation einer Software handelt. Durch frühzeitiges Anzeigen der Fehlermeldungen, eine aufmerksamkeitsstarke Gestaltung, optimale Positionierung und verständliche Formulierung können Sie allerdings den Fehler schnell beheben, seine Konsequenzen minimieren und weitere Fehler vermeiden. So stellen Sie nicht nur den Nutzer zufrieden, sondern Sie steigern auch die Abschlussrate eines Formulars bzw. die Konversionsrate der jeweiligen Interaktion mit dem Nutzer, bei der der Fehler aufgetreten ist.

42.1 Fehlern vorbeugen (Inline-Validierung)

Sie sollten Fehler so früh wie möglich anzeigen. Besser noch, Sie zeigen dem Nutzer bereits vor dem Auftreten des Fehlers an, dass dieser nach Abschicken der Daten auftreten würde: Das ist die so genannte *Inline-Validierung*. Sie prüfen dabei in Echtzeit, also noch während des Ausfüllens eines Formulars, die Eingaben des Nutzers hinsichtlich Plausibilität und gegebenenfalls Format und geben ihm direkt Feedback dazu – sowohl bei korrekten Eingaben als auch bei notwendigen Korrekturen. So können Sie den Nutzer zu einer Bestätigung auffordern, ihm Korrekturvorschläge machen oder auch Hinweise für das korrekte Ausfüllen geben.

Studien haben gezeigt, dass die Quote derer, die ein Formular vollständig ausfüllen, deutlich ansteigt, wenn sie laufend Feedback zu ihren Eingaben erhalten. Gleichzeitig können Sie die Fehlerrate und die Zeit zum Ausfüllen des Formulars senken. Fast am wichtigsten jedoch: Sie erhöhen dabei auch die Zufriedenheit des Nutzers.

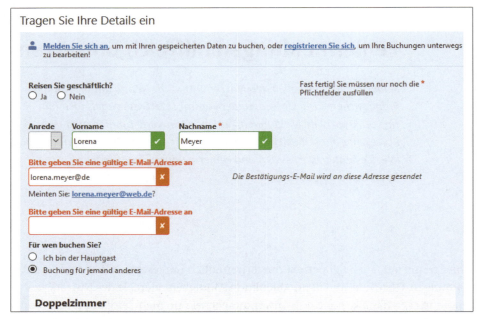

Abbildung 42.1 Booking.com gibt dem Nutzer im Buchungsformular eindeutige Hinweise in Echtzeit, ob das Format der E-Mail-Adresse korrekt und alle Pflichtfelder ausgefüllt sind. Ebenso erhält der Nutzer einen konkreten Vorschlag für eine gültige E-Mail-Adresse, wenn diese in einem unvollständigen Format eingegeben wurde.

Setzen Sie die Inline-Validierung allerdings mit Bedacht ein. Sinnvoll ist sie sicherlich bei mehrseitigen, komplexen Formularen, wenn eine oder mehrere Fehlermeldungen pro Seite dazu führen, dass der Nutzer viele Eingaben korrigieren und die Formularseite wiederholt abschicken muss. Im schlechtesten Fall muss er einzelne Felder neu ausfüllen, wie z. B. ein zuvor eingegebenes Passwort, das aus Sicherheitsgründen gelöscht wurde. Dies würde erneut zu einem Fehler führen, und der Nutzer müsste seine Eingaben ein weiteres Mal überprüfen. Dies kann eine langwierige und demotivierende Aufgabe und die bloße Menge an abgefragten Daten überwältigend sein.

Auch bei Registrierungsformularen sind Hinweise, ob ein Nutzername schon vergeben ist und welche noch verfügbar sind, genauso willkommen wie Anmerkungen zur geforderten Länge oder Sicherheit eines gewählten Passworts. Solche Angaben haben häufig unterschiedliche Anforderungen, so dass das Feedback durch die Inline-Validierung Sicherheit beim Ausfüllen gibt.

Standardangaben, z. B. persönliche Daten (Vorname, Name), wie Sie sie beispielsweise bei einer Onlinebestellung abfragen, sollten Sie nicht in Echtzeit prüfen. Ein Feedback wäre hier verwirrend und in den wenigsten Fällen nutzenstiftend.

42.2 Fehlermeldungen optimal positionieren

Nicht immer können Sie Fehlern vorbeugen. Wenn sie auftreten, können Sie den Nutzer allerdings unterstützen, den Fehler schnell zu korrigieren und sein Anliegen zügig abzuschließen. Dazu gehört auch, dass der Nutzer erkennt, dass er einen Fehler gemacht hat, und die zu korrigierende Stelle schnell findet.

Daher sollte eine Fehlermeldung immer in unmittelbarer Nähe zum jeweiligen Eingabefeld angezeigt werden (siehe Abbildung 42.1) – und nicht, wie man es noch manchmal sieht, am oberen Seitenrand bzw. zu Beginn eines Formulars. Bei langen Formularen kann es sonst passieren, dass die Fehlermeldung zwar zu sehen ist, nicht aber das Feld, in dem eine Korrektur oder Neueingabe notwendig ist. Oder aber, wenn Sie eine Autoscroll-Funktion umgesetzt haben, ist die Fehlermeldung nicht mehr im sichtbaren Bereich. Dann ist es für den Nutzer beschwerlich, die Fehlermeldung zuzuordnen, und er muss scrollen.

Haben Sie keine Autoscroll-Funktion eingesetzt, sollten Sie neben der allgemeinen Fehlermeldung (»Es ist an folgenden Stellen zu einem Fehler gekommen: ....«) am Kopf des Formulars immer auch beim jeweiligen Feld selbst einen spezifischen Hinweis einblenden. Ergänzend können Sie zur Unterstützung des Nutzers bei der allgemeinen Meldung oben Sprungmarken einfügen, so dass der Nutzer schnell zu den jeweiligen Feldern kommt.

42.3 Fehlermeldungen aufmerksamkeitsstark gestalten

Neben einer sinnvollen Positionierung ist die Gestaltung der Fehlermeldung ausschlaggebend dafür, dass sie für den Nutzer sichtbar und schnell auffindbar ist.

Markieren Sie das betreffende Eingabefeld deutlich, indem Sie es rot umranden und einfärben. Der Text der dazugehörigen Fehlermeldung sollte ebenfalls rot sein (siehe Abbildung 42.2). Rot hat sich als Signalfarbe für Fehler etabliert und ist sehr aufmerksamkeitsstark. Um den Nutzer noch deutlicher auf die fehlerhafte Stelle hinzuweisen, können Sie ergänzend mit Icons arbeiten, beispielsweise mit einem roten Kreuz, einem Dreieck mit Ausrufezeichen oder ähnlichen Symbolen.

Fehlermeldungen können auch in Form eines *Tooltips* bzw. einer Sprechblase beim Eingabefeld selbst eingefügt werden. Das macht auch Sinn, wenn Sie mit der so genannten *Inline-Validierung* arbeiten. In diesem Fall können Sie direkt beim Wechsel in ein nächstes Feld die Fehlermeldungen anzeigen. Dies fällt deutlich ins Auge, vor allem wenn Sie mit Farbe arbeiten (siehe Abbildung 42.2).

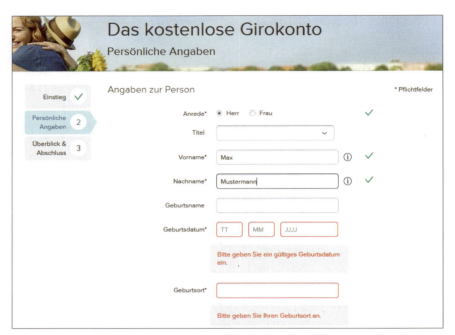

Abbildung 42.2 In der Registrierungsstrecke der Consorsbank werden Fehlermeldungen (hier: übersprungene Pflichtfelder) direkt unterhalb des jeweiligen Eingabefelds angezeigt – in roter Schrift. Zusätzlich sind sie rot umrandet. Korrekt eingegebene Daten werden mit einem grünen Häkchen symbolhaft bestätigt.

42.4 Fehlermeldungen verständlich formulieren

Wenn der Nutzer Eingabefeld und Fehlermeldung wahrgenommen hat, muss er auch noch verstehen, was schiefgegangen und was genau zu tun ist, um den Fehler zu beheben. Sie sollten daher Fehlermeldungen und Hilfestellungen so eindeutig, verständlich und informativ formulieren wie möglich. Beachten Sie dabei die folgenden Aspekte:

▶ Nehmen Sie in die Fehlermeldung mit auf, ob eine Information fehlt (z. B. übersprungenes Pflichtfeld) oder eine Information nicht dem gewünschten Muster entspricht (z. B. Geburtsdatum TT.MM.JJJJ), und geben Sie Hilfestellung, wie die richtige Eingabe aussehen kann. Idealerweise fangen Sie solche nicht der Formatvorgabe entsprechenden Eingaben ab und passen sie bereits im Hintergrund an (z. B. 83 als Geburtsjahr in 1983 umwandeln).

▶ Gehen Sie so spezifisch wie möglich auf die Eingabe des Nutzers ein, und zeigen Sie konkrete Korrekturmöglichkeiten auf. Schlagen Sie beispielsweise bei einem vergebenen Nutzernamen noch verfügbare Optionen vor, oder geben Sie z. B. Hinweise, wie ein Passwort aussehen muss.

42.4 Fehlermeldungen verständlich formulieren

- Formulieren Sie die Fehlermeldung in der jeweiligen Sprache des Nutzers. Bei mehrsprachigen Websites in der jeweils ausgewählten Sprache.
- Vermeiden Sie unbedingt auch technische Formulierungen oder gar kryptische Programmiercodes. Dies verunsichert den Nutzer und hilft ihm nicht weiter.
- Sprechen Sie nicht von »Fehler« oder »Problem«, und machen Sie dem Nutzer keinen Vorwurf. Bleiben Sie höflich und freundlich.

Abbildung 42.3 Bei der Auswahl des Passworts erhält der Nutzer (auch schon vor der Eingabe) konkrete Hinweise darauf, wie das Passwort aussehen muss. In roter Schrift, falls die Eingabe noch nicht den Kriterien entspricht.

So gestalten Sie hilfreiche Fehlermeldungen

1. Beugen Sie Fehlern vor, indem Sie Nutzern durch Inline-Validierung so früh wie möglich den Hinweis auf einen (möglichen) Fehler anzeigen.
2. Positionieren Sie Fehlermeldungen immer in unmittelbarer Nähe zum jeweiligen Eingabefeld.
3. Markieren Sie das betreffende Eingabefeld deutlich, indem Sie es rot umranden und einfärben und den Hinweistext ebenfalls rot einfärben.
4. Nehmen Sie in die Fehlermeldung mit auf, ob eine Information fehlt (z. B. übersprungenes Pflichtfeld) oder eine Information nicht dem gewünschten Muster entspricht (z. B. Geburtsdatum TT.MM.JJJJ), und geben Sie Hilfestellung, wie die richtige Eingabe aussehen kann.
5. Gehen Sie so spezifisch wie möglich auf die Eingabe des Nutzers ein, und zeigen Sie konkrete Korrekturmöglichkeiten auf.
6. Vermeiden Sie unbedingt technische Formulierungen oder gar kryptische Programmiercodes.

Kapitel 43
Listen und Tabellen formatieren

Listen und Tabellen geben Seiten Struktur und stellen große Datenmengen übersichtlich dar. Beachtet man ein paar Grundregeln, sind sie für Nutzer ausgesprochen hilfreich und werden von diesen gern genutzt.

Listen klingen langweilig, Tabellen ebenso. Und doch sind sie ein einfaches und bewährtes Mittel, die Usability von Webseiten zu verbessern. Und auch die wenigsten Apps kommen ohne Listen aus – schließlich ist jedes Menü letztlich eine Liste.

43.1 Listen lockern Texte auf

Als Gestaltungselement sind Listen im Text sehr wertvoll:

▶ Sie gliedern die Inhalte.

▶ Sie machen den Inhalt der Seite beim Überfliegen leichter erfassbar.

▶ Sie lockern das Erscheinungsbild der Seite auf.

Deshalb sollten Sie in Texten, wo immer es sinnvoll ist, Aufzählungen verwenden. Mehr dazu auch in Kapitel 34, »Nutzerfreundlich schreiben«.

43.2 Von eindimensionalen zu mehrdimensionalen Listen

In manchen Fällen ist die Liste selbst die Information. Zum Beispiel eine Aufzählung der Pflanzenarten, die in einem botanischen Garten zu finden sind – von Ackerwinde bis Zyperngras. Für den botanisch Interessierten ist diese Liste alles, was er braucht. Man spricht bei solchen Aufzählungen von eindimensionalen Listen, weil sie nur Elemente enthalten, die keine Unterelemente haben. Ähnlich wäre eine Liste mit E-Mail-Adressen von Teilnehmern einer Veranstaltung. Solche Listen kann man nur nach einem Kriterium sortieren, weil es eben für jedes Element nur ein Kriterium gibt. Man kann also die Pflanzennamen oder Mail-Adressen nur alphabetisch sortieren, und das *aufsteigend* von A bis Z oder *absteigend* von Z bis A.

Sobald eine weitere Information hinzukommt, bieten sich durch mehr Dimensionen mehr Möglichkeiten: Ergänzen wir die Mail-Adressen der Veranstaltungsteilnehmer

z. B. noch mit deren Namen, sind wir auf einmal bei drei Dimensionen: Name, Vorname, E-Mail. Und nach allen können wir sortieren. Noch immer ist das nicht besonders aussagekräftig. Eine weitere Information (und damit Listendimension) wäre z. B. das Unternehmen, für das der jeweilige Teilnehmer arbeitet.

43.3 Von Listen zu Tabellen

Und damit sind wir auch schon bei Tabellen – wenn eine Liste mehr als eine Dimension hat, brauchen Sie zusätzliche Spalten und haben damit eine Tabelle. Mit den Dimensionen kommen wir zu dem wichtigen Punkt: Welche Informationen braucht der Nutzer überhaupt? Es ist keine gute Idee, ihm einfach alles anzubieten, was Sie haben. Denn wollen wir eine gute Usability, sollten wir uns vorher Gedanken machen über unsere Nutzer und deren jeweiligen Nutzungskontext. Wenn wir nicht relevante Informationen anbieten, erschweren wir die Nutzung unnötig. Andererseits sollten alle notwendigen Informationen vorhanden und möglichst auf einen Blick sichtbar sein.

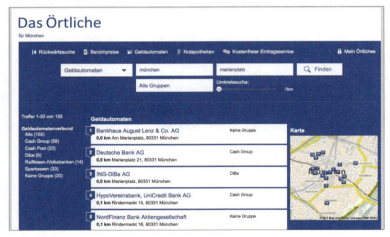

Abbildung 43.1 Selbst eine Liste von Geldautomaten hat mehrere Spalten – und auch die Entfernung könnte man in eine weitere Spalte einordnen.

Eine Liste mit Druckertreibern im Support-Bereich einer Website zum Beispiel enthält ähnlich wie eine Liste mit Ansprechpartnern nur gleichartige Elemente. Alle haben die gleichen Metadaten und lassen sich nach diesen sinnvoll sortieren. Wichtig ist hier, dem Nutzer möglichst schnell klarzumachen, welches Element das ist, was er sucht. Der Begriff, nach dem die meisten Nutzer suchen werden, sollte demnach in der ersten Spalte der Tabelle stehen. Und die Liste sollte nach diesem Element sortiert sein, und zwar aufsteigend (von A nach Z bzw. von kleinen zu großen Zahlen).

43.4 Listen fürs Lesen formatieren

Die erste Frage beim Anlegen jeder Tabelle ist: Was kommt in Zeilen, was in Spalten? Das, was man vergleichen will, sortieren Sie am besten in Spalten. Also z. B. die Funktionen eines Geräts – in die Zeilen kommen dann die unterschiedlichen Modelle. Wollen Sie sehr viele Eigenschaften, aber nur wenige Dinge vergleichen, dann müssen Sie die Anordnung umgekehrt anlegen. Denn horizontales Scrollen sollten Sie vermeiden – das ist für die Nutzer immer ungewohnt und daher schwierig. Achten Sie bei langen horizontalen Tabellen dann aber unbedingt auf eine lockere Anordnung wie in Abbildung 43.2.

Die oberste Zeile jeder Tabelle, der so genannte *Tabellenkopf*, darf nicht fehlen. Ohne diesen versteht der Nutzer nicht, was die Tabelle angibt. Gehen Sie nicht davon aus, dass die Nutzer den Text lesen, der vor der Tabelle steht. Eine Tabellenüberschrift ist sinnvoll, aber die Tabelle ist idealerweise auch ohne diese verständlich. Lediglich auf sehr kleinen Bildschirmen können Sie bei ganz einfachen Tabellen auf den Kopf verzichten. Bei Tabellen auf Smartphones müssen Sie sich generell fragen, ob sie hier überhaupt sinnvoll einsetzbar sind. Tabellen sollen eine Übersicht vieler Daten geben – reicht der Platz dafür nicht aus und muss der Nutzer viel hin und her wischen, ist vielleicht eine Suche, ein Diagramm oder ein Berechnungstool eine bessere Darstellungsmöglichkeit.

Die Kopfzeile einer Tabelle können Sie bei Apps *fixieren*. So sieht der Nutzer immer, was in welcher Spalte steht, auch wenn er weiter nach unten scrollt. Auf Webseiten sollten Sie das aber nur mit Vorsicht tun, denn hier haben Sie schon einen fixierten Seitenkopf: den oberen Teil des Browsers. Aus Tests wissen wir, dass Fenster im Fenster oft problematisch sind und die Nutzer nie genau wissen, was jeweils gescrollt wird. Daher verzichten Sie hier besser auf fixierte Kopfzeilen (Header) oder testen Ihre Umsetzung mit Nutzern, um Usability-Probleme frühzeitig aufzuspüren.

Den *Text in der Kopfzeile* setzen Sie zentriert oder linksbündig – im Zweifel immer lieber linksbündig. Beim Text in den einzelnen Spalten gilt für Formatierung und Ausrichtung:

▶ Texte, die in jeder Zeile unterschiedlich lang sein können – linksbündig

▶ Preise mit Tausendertrennzeichen formatieren (2.099) – möglichst ausgerichtet am Komma (3,99), sonst rechtsbündig

▶ Daten durchgehend als Zahlen und mit Nullen angeben (01.03.2018, damit sie etwa gleich lang sind) – rechtsbündig

▶ andere Zahlenwerte – rechtsbündig

Abbildung 43.2 Tabelle zum Produktvergleich auf Apple.com/de/. Lang, aber gut gestaltet und übersichtlich.

Kürzen Sie *Nachkommastellen* auf ein sinnvolles Maß. Für eine Umfrage ist es nicht relevant, ob 31,03 Prozent der Nutzer für etwas gestimmt haben oder 31 Prozent. Je mehr Stellen Sie angeben, desto schwerer lesbar wird die Tabelle.

Ob *Einheiten* in jede Zelle gehören oder nicht, darüber gehen die Meinungen auseinander. Wissenschaftlich üblich ist, die Einheit in den Tabellenkopf zu schreiben, und zwar in eckige Klammern, z. B. [h] für Stunden. Ebenso denkbar ist, in jeder Zelle die

Einheit mit anzugeben (19 h, 4 h …). Wenn die Nutzer die Abkürzung kennen, nehmen Sie diese raus – das ist übersichtlicher. Wenn nicht, schreiben Sie sie lieber aus (19 Stunden, 4 Stunden). Gerade in diesen Fällen ist die Einheit im Tabellenkopf besser aufgehoben.

Ist Ihre Tabelle länger als ein paar Zeilen, geben Sie ihr mit Hilfe von *abwechselnden Zeilenfarben* mehr Struktur (im Englischen gibt es dafür den schönen Begriff *Zebra Stripes*, siehe Abbildung 43.11). So lassen sich zusammengehörige Werte leichter finden, und die allermeisten Nutzer ziehen diese Darstellung vor – auch wenn Designer manchmal die Version mit einheitlichem Hintergrund schöner finden (Untersuchungen dazu siehe *bnfr.de/ux031*).

Die Tarife unserer ambulanten Zusatzversicherung im Vergleich

Zuzahlungen für	Premium	Komfort	Basis
Sehhilfen Brillen, Gläser, Kontaktlinsen	100 % der Restkosten (bis zu 330 €, alle 36 Monate, auch ohne Vorleistung der GKV)	100 % der Restkosten (bis zu 175 €, alle 24 Monate, auch ohne Vorleistung der GKV)	80 % der Restkosten (bis zu 155 € pro Versicherungsjahr, ohne Vorleistung der GKV alle 36 Monate oder bei Änderungen um mind. 0,5 Dioptrien)
Heilmittel Massagen, Fango, Krankengymnastik	100 % der Zuzahlungen	100 % der Zuzahlungen	100 % der Zuzahlungen
Hilfsmittel Arznei-, Verband- und Hilfsmittel (außer Sehhilfen)	100 % der Zuzahlungen	100 % der Zuzahlungen	---
Alternative Heilmethoden inkl. verordneter Medikamente	90 % Erstattung (bis zu 2.500 € Rechnungsbetrag innerhalb von zwei Jahren beim Heilpraktiker)	60 % Erstattung (beim Heilpraktiker)	50 % Erstattung (bis zu 260 € pro Versicherungsjahr beim Heilpraktiker)

Abbildung 43.3 Tabelle mit so genannten Zebra Stripes auf ARAG.de

43.5 Was kommt nach der Liste?

Mit den meisten Listen will der Benutzer mehr tun, als sie nur anzusehen. Das beginnt schon bei der einfachen Telefonliste. Sieht er diese auf seinem Smartphone an, dann möchte er wahrscheinlich eine Person anrufen. Die Liste sollte demnach die Telefonnummern so verlinken, dass das Smartphone auf Tipp die entsprechende Nummer wählt. Zumindest sollten Sie sicherstellen, dass der Nutzer die Nummer problemlos kopieren kann.

Solche Listen mit gleichartigen Elementen lassen sich gut strukturieren und sinnvoll aufbereiten. Schwieriger wird es, wenn ich viele verschiedene Elemente habe. Das ist z. B. der Fall bei Trefferlisten der internen Suche auf einer Website. Auf den Listen finden sich dann etwa Infos über Orte, Personen, Telefonnummern, Druckertreiber,

Bücher, Elektrogeräte und vieles mehr. Die große Kunst ist hier, dem Nutzer die Metainformationen zu präsentieren, anhand derer er beurteilen kann, hinter welchem Treffer sich das verbirgt, was er sucht. Mehr dazu siehe in Kapitel 47, »Suchfunktionen zielführend gestalten«.

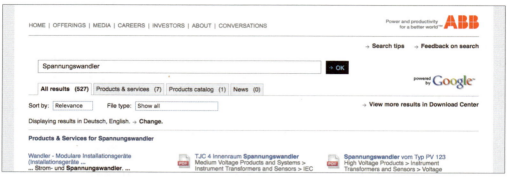

Abbildung 43.4 Auf ABB.com sind die Suchergebnisse mit Reitern unterteilt.

Abbildung 43.5 Microsoft.com teilt die Suchergebnisse in Bereiche und bietet am linken Seitenrand Sprungmarken an, um direkt zu den verschiedenen Listen zu gelangen.

43.6 Keine Liste ohne Sortierung

Jede Liste ist irgendwie sortiert. Ihre Listen sollten aber nicht einfach irgendwie sortiert sein, sondern so, wie es für die meisten Nutzer am hilfreichsten ist. Zusätzlich ist es fast immer sinnvoll, den Nutzern eine Sortiermöglichkeit zu geben. So können sie die Einträge nach ihren jeweiligen Bedürfnissen ordnen.

Dass dies bei Ihrer Liste geht, zeigen Sie den Nutzern am besten durch ein kleines Dreieck nach dem Text in der Kopfzeile der jeweiligen Spalten. Das Dreieck, nach dem die Liste derzeit sortiert ist, sollte hervorgehoben (meist dunkler) dargestellt sein, die anderen etwas zurückgenommen. Ein Klick auf den Spaltentitel, nach dem die Liste sortiert ist, kehrt die Sortierung um (also von Z nach A statt vorher von A nach Z). Ein Klick auf eine der anderen Spaltentitel sortiert die Tabelle nach diesem Kriterium um, am besten aufsteigend von A nach Z. Eine Alternative sind Pfeilchen nach oben bzw. unten, siehe Abbildung 43.6.

Abbildung 43.6 Auf Google Drive kennzeichnet ein Pfeil nach unten oder oben die Sortierung der Spalte. Das Dreieck nach unten erscheint nur bei Mouseover und öffnet das Menü mit den Sortierkriterien.

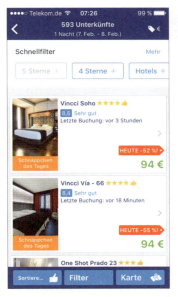 

Abbildung 43.7 In der App Booking.com wählt man die Sortierung unten links. Die Bedeutung des Daumen-hoch-Icons erkennt man erst, wenn man mit den Kriterien herumgespielt hat. Es bedeutet: sortiert nach Beliebtheit.

43.7 Lange Listen bändigen

Sind die Listen sehr lang, überlegen Sie als Erstes, ob Sie diese sinnvoll auf mehrere aufteilen können – oder ob Sie nicht manche Einträge weglassen können.

Manche lange Liste besteht eigentlich aus mehreren Listen, die untereinander dargestellt werden sollen. Ein Beispiel dafür sind die Tarifdetails von Versicherungen (siehe Abbildung 43.8). Bei diesen werden Akkordeons oft sinnvoll eingesetzt. Mehr zu dieser Technik in Kapitel 44, »Aufklappelemente/Akkordeons richtig umsetzen«.

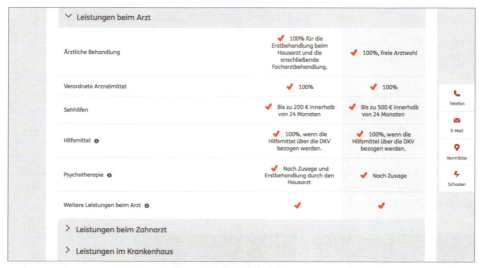

Abbildung 43.8 Liste mit Akkordeons auf ERGO.de. Ungünstig ist hier nur die zentrierte Ausrichtung der Einträge, so sind die zwei rechten Spalten schwer zu lesen.

43.8 Listen filtern und Spalten ein-/ausblenden

Die Trefferlisten von Webshops machen es vor: Bei sehr vielen Elementen in der Tabelle ist es sinnvoll, die Benutzer die Ergebnisse filtern zu lassen. Das kennen und erwarten Nutzer inzwischen von fast allen Listen – online Einkaufen macht praktisch jeder. Sie können sich an dem orientieren, was wir in Kapitel 48, »Filter und Facetten integrieren und positionieren« empfehlen.

Alternativ können Sie den Nutzer Spalten ein- und ausblenden lassen. Das ist nicht ganz unproblematisch, weil die Funktion nur wenige Anwendungen nutzen, die Nutzer kennen sie also normalerweise nicht. Orientieren Sie sich an gut gemachten Beispielen wie Apple iTunes, und testen Sie mit Nutzern aus Ihrer Zielgruppe, damit die Funktion auch tatsächlich benutzbar ist.

Wie in iTunes können Sie auch die Möglichkeit vorsehen, die Reihenfolge der Spalten per Drag & Drop zu ändern. Nutzer, die viel mit Tabellen arbeiten, kennen diese Möglichkeit. Für andere wird das schwierig, weil sie nirgends erkennen können, dass dies möglich ist. Manche arbeiten mit kleinen Anfasselementen in der Kopfzeile – aber auch diese haben für die meisten Nutzer nicht genügend Affordanz (Angebotscharakter). Die Nutzer erkennen nicht, dass sie die Elemente mit der Maus verschieben können. Daher bleibt Ihnen außer der Erwähnung auf Hilfeseiten und Tutorials nicht viel übrig, als diese Funktion nur für die Profis vorzusehen – diese werden sich darüber aber freuen. Ähnliches gilt für die Veränderung der Spaltenbreite. Einige Nutzer kennen und schätzen das aus Programmen wie Excel. Dass man diese Möglichkeit hat, erkennt man aber nur, wenn man mit dem Mauszeiger über die Trennlinie zwischen zwei Spalten fährt und er dort zu zwei Pfeilchen nach links und rechts wird – was aus Usability-Sicht problematisch ist. Denkbar wäre hier, dieses Icon dauerhaft im Spaltenkopf einzublenden. Dies führt allerdings zu mehr visueller Unruhe. Sind komplexe Tabellen für Ihre Anwendung zentral, empfehlen sich ausführliche Nutzertests mit Vertretern Ihrer Zielgruppe.

Abbildung 43.9 In Apple iTunes kann man Musiktitel nach sehr vielen Kriterien sortieren. Damit es übersichtlich bleibt, ist standardmäßig ein Großteil der Spalten ausgeblendet.

Orientieren Sie sich bei der Schriftgröße an den Empfehlungen aus Kapitel 32, »Schriftarten und Textformatierung«. Wenn die Tabelle sehr breit oder sehr lang wird, bringt es wenig, sie in einer kaum erkennbaren Schriftart zu formatieren. Auch das Abkürzen von Begriffen im Tabellenkopf nützt niemandem.

Für fortgeschrittene UX-Designer gibt es die Variante, mehr als eine Information pro Zelle zu bringen. Das macht Tabellen manchmal schwerer verständlich, kann aber sehr viel Platz sparen und die bessere Lösung sein. Wollen Sie ein solches Layout einsetzen, testen Sie dies aber unbedingt mit Anwendern aus Ihrer Zielgruppe.

43.9 Vergleichstabellen, die zum Kauf motivieren

Haben Sie ein Produkt, von dem es verschiedene Ausführungen gibt, sind Vergleichstabellen ein wichtiges Werkzeug zum Überzeugen der Besucher Ihrer Website. Denn solche Tabellen ermöglichen es dem Nutzer, seine Entscheidung für eine der Varianten zu treffen. Zu diesem Thema kann man eigene Bücher schreiben, im Folgenden nur ein paar grundlegende Hinweise.

Abbildung 43.10 Wrike.com bietet mit fünf Optionen eher viele Varianten – mehr sollten es nicht werden. Gut ist die Hervorhebung der besten Option.

43.9 Vergleichstabellen, die zum Kauf motivieren

Bieten Sie nicht zu viele Optionen an, sonst fällt den Nutzern die Entscheidung zu schwer, und die Wahrscheinlichkeit sinkt, dass sie etwas kaufen. Bekannt geworden ist dieses Phänomen als *Paradox of Choice* – Paradox der (zu großen) Auswahl. Viele Anbieter setzen auf drei Varianten, aber bis zu fünf funktionieren (siehe Abbildung 43.10). Wichtig ist auch, eine der Varianten hervorzuheben und klarzumachen, welches diejenige ist, die Sie als Anbieter als am besten für den Durchschnittsnutzer erachten.

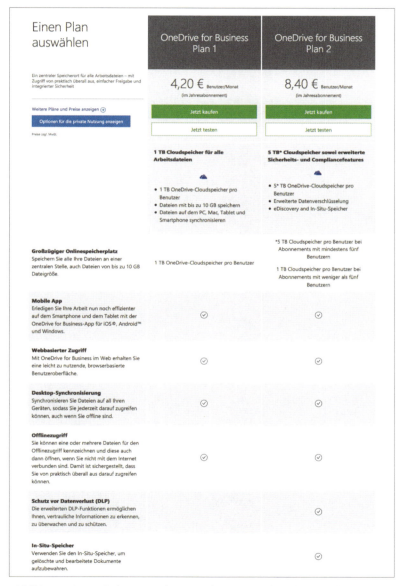

Abbildung 43.11 Nüchtern und gut strukturiert wirken die Angebote bei OneDrive von Microsoft.

Kapitel 44
Aufklappelemente/Akkordeons richtig umsetzen

Viel Inhalt auf überschaubarem Platz und jeglichen Bildschirmgrößen strukturiert unterzubringen, ist eine Herausforderung. Aufklappelemente, auch Akkordeons genannt, können helfen.

Aufklappelemente, Akkordeons, Elemente mit Akkordeoneffekt werden vielfach und an den unterschiedlichsten Stellen in digitalen Anwendungen eingesetzt. Bei entsprechender Verwendung spricht man auch von *Akkordeonmenüs;* diese sind insbesondere auf mobilen Websites/Apps beliebt. Mithilfe von Akkordeons werden deren Inhalte in Unterbereiche bzw. Zwischenüberschriften strukturiert und komprimiert dargestellt. Die Nutzer können Unterbereiche per Klick oder Tipp, in der Regel auf die Überschrift, öffnen und wieder schließen.

44.1 Akkordeons zeigen und verstecken Inhalte nach Interaktion des Nutzers

Ein *Akkordeon* ist ein Website-Element, das dazu dient, umfangreichen Inhalt in Teilbereiche unterteilt darzustellen, so dass der Nutzer diesen schnell überblicken kann. Er kann die Überschriften der Teilbereiche überfliegen und den für sich relevanten Inhalt auswählen, indem er mit Klick auf die Überschrift den dazugehörigen Inhalt anzeigen lässt. Die nachfolgenden Teilbereiche werden auf der Website nach unten verschoben.

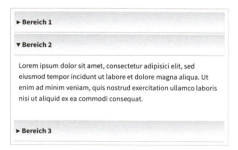

Abbildung 44.1 Bereich 2 der oben gezeigten Abbildung ist der geöffnete Bereich des Akkordeons. Bei Klick auf eines der anderen Sektionen wird der jeweilige Bereich geöffnet und der zugehörige Inhalt dazu angezeigt (https://jqueryui.com/accordion).

Ähnlich verhält sich ein *Akkordeonmenü*. Der eben beschriebene Mechanismus wird für die Hauptnavigation/das Menü einer Website genutzt. Die Hauptmenüpunkte sind vertikal aufgelistet, die Untermenüpunkte sind zunächst versteckt. Bei Klick auf einen der Hauptmenüpunkte öffnet sich das Menü nach unten, wo die zugehörigen Untermenüpunkte (oft eingerückt oder visuell anders dargestellt) angezeigt werden. Die nachfolgenden Hauptmenüpunkte werden nach unten verschoben.

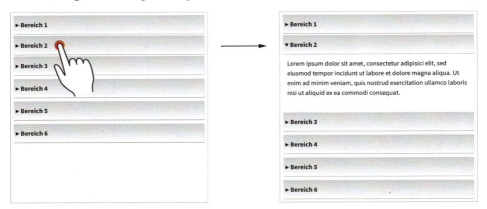

Abbildung 44.2 Der Mechanismus eines Akkordeonmenüs schematisch dargestellt

44.2 Akkordeons für Menüs, FAQ-Listen und komplexe Formulare – vor allem mobil im Einsatz

Während der Einsatz von Akkordeons bei Desktop-Anwendungen gut überlegt werden sollte (siehe Abschnitt 44.4), sind sie auf mobilen Endgeräten ein sinnvolles Designelement, um viel Inhalt auf überschaubarem Platz unterzubringen. Insbesondere bei einer responsiven Umsetzung kann Inhalt auf dem Desktop ohne ein strukturierendes Element auskommen (eine Überschrift mal davon ausgenommen), während das für mobile Geräte durchaus notwendig wird.

Akkordeons sind unter anderem bei folgenden Anwendungsfällen auf Websites zu finden:

- **Akkordeonmenü**
  Insbesondere bei mobilen Websites mit vielen Kategorien ist der Akkordeoneffekt geeignet zur Strukturierung, sofern nicht zu viele Unterebenen in der Menüführung vorhanden sind.
- **FAQ-Listen**
  Weit verbreitet ist der Akkordeoneffekt auch bei FAQ-Listen zu den unterschiedlichsten Themen. Anstelle von Überschriften bilden die Fragen die Headerbereiche für jeden Abschnitt. Bei Klick auf die Frage öffnet sich darunter die passende Antwort.

44.2 Akkordeons für Menüs, FAQ-Listen und komplexe Formulare

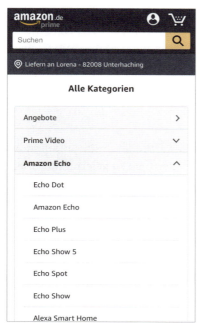

Abbildung 44.3 Ausschnitt aus Amazons Hauptmenü mit einem aufgeklappten Untermenübereich (mobile Darstellung)

Abbildung 44.4 Microsoft bietet dem Nutzer u. a. beim Upgrade auf das neueste Betriebssystem Unterstützung mithilfe von Fragen und Antworten in der Akkordeonfunktion.

▶ **Mehrseitige/umfangreiche Formulare**
Gelegentlich sieht man Akkordeonelemente auch bei umfangreichen Formularen wie beispielsweise Checkout-Prozessen – als Alternative zum horizontal angeordneten Fortschrittsbalken, der dann häufig mehrfaches Seitenladen nach sich zieht.

44.3   Vorteile von Akkordeons

Akkordeons haben den Vorteil, dass sie durch ihren verbreiteten Einsatz auf mobilen Websites (dort insbesondere als Hauptmenüs) mittlerweile zu gelernten Elementen und daher für den Nutzer leicht verständlich geworden sind. Eine nutzerfreundliche Umsetzung vorausgesetzt, ist die Bedienung auch für wenig erfahrene Nutzer gut möglich.

Ein wesentlicher Aspekt ist ebenfalls die platzsparende Eigenschaft von Akkordeons. Beim Einsatz für die Hauptnavigation hilft sie dabei, die gesamte Informationsarchitektur (siehe Kapitel 26 zur Informations- und Navigationsarchitektur) der Seite abzubilden, und ermöglicht dem Nutzer, sich einen Überblick zu verschaffen und frühzeitig zu entscheiden, ob relevante Informationen für ihn dabei sind. So kann der Nutzer direkt und schneller auf tieferliegende Informationen zugreifen, als wenn leidglich die oberste Navigationsebene abgebildet wäre. Dieser Vorteil kommt insbesondere bei überschaubarem Raum, wie auf mobilen Endgeräten, zum Tragen. Um unnötig langes Scrollen zu vermeiden, kann das Komprimieren von Inhalten mithilfe von Akkordeonelementen ein sinnvoller Ansatz sein.

Die Akkordeons müssen aber zwingend nutzerfreundlich umgesetzt sein, da sonst die Hauptpunkte mit Links verwechselt werden können. In diesem Fall käme es zu einem Bruch mit der Erwartungskonformität: Bei Links erwarten die Nutzer neue Seiten, bei Akkordeons öffnen sich lediglich die Unterpunkte.

44.4   Nachteile von Akkordeons

Akkordeons haben allerdings auch einige wesentliche Nachteile:

▶ Sie erhöhen den Interaktionsaufwand durch den Nutzer. Um alle Inhalte einer Seite oder eines Menüs einsehen zu können, muss der Nutzer jeweils auf die Hauptpunkte klicken und den Bereich öffnen. Dies ist aufwendig und ärgerlich, wenn der Nutzer nach Öffnen eines Bereichs entscheidet, dass die dort enthaltenen Inhalte für ihn nicht relevant sind. Im schlimmsten Fall bricht der Nutzer ab oder öffnet keine weiteren Unterbereiche; er empfindet das Öffnen der Bereiche als verschwendete Zeit.

So platzsparend Akkordeons auch sind, sie machen Inhalte schlechter zugänglich. Sind die Hauptpunkte wenig aussagekräftig oder decken sie nicht alle Unterpunkte ab, wird der Nutzer nach den ersten Bereichen keine weiteren öffnen und die restlichen ignorieren. In diesem Fall bleiben dann möglicherweise wertvolle Informationen unbeachtet.

▶ Ist ein sehr umfangreicher Bereich oder ein Untermenü mit vielen Punkten geöffnet, verschwinden die weiteren Inhalte aus dem Sichtfeld des Nutzers und erschweren es ihm, den Überblick zu behalten. Er muss unter Umständen viel scrollen, um diese wieder zu sehen – eine Aktivität, die durch Akkordeons eigentlich minimiert werden sollte.

▶ Akkordeons können bei einer mittelmäßigen Umsetzung schnell mit Links verwechselt werden. Ist dies der Fall, erwartet der Nutzer, dass eine neue Seite geladen wird, und ist womöglich irritiert durch die Animation des Akkordeons.

44.5 Tipps für die Gestaltung von Akkordeons

Beachten Sie die nachfolgenden Hinweise für eine nutzerfreundliche Umsetzung, um Akkordeons nutzergerecht einzusetzen. Dem Nutzer muss der Bedienmechanismus klar sein, und er muss innerhalb des Elements zielgerichtet und schnell navigieren können.

44.5.1 Bedienmechanismus für den Nutzer steuerbar realisieren

Wenn Sie Akkordeons einsetzen, sollten Sie dem Nutzer Flexibilität bei der Bedienung lassen und ihm einen erwartungskonformen Bedienmechanismus bieten. Dazu gehört, dass er mehrere Bereiche gleichzeitig öffnen kann. Bereiche sollten sich nicht automatisch schließen, wenn ein weiterer geöffnet wird. Geöffnete oder geschlossene Elemente sollten in diesem Zustand bleiben, bis der Nutzer das explizit ändert. Um den Zustand des Bereichs erkennen zu können, sollte der geöffnete/aktive Bereich (farblich) hervorgehoben sein, um diesen von den geschlossenen Elementen schnell unterscheiden zu können.

44.5.2 Elemente ausreichend groß gestalten

Setzen Sie die sich öffnenden Unterelemente flexibel um, so dass diese sich je nach Umfang an den Inhalt anpassen, also in der Höhe größer oder kleiner werden können. Definieren Sie eine feste Höhe, kann es sein, dass Text abgeschnitten wird oder – bei wenig Text – viel Weißraum vorhanden ist. Beides sind unschöne Effekte.

44.5.3 Animationen erkennbar einsetzen

Animationen können dabei helfen, das Verhalten des Akkordeons nachvollziehen zu können. Bei Klick sollte sich der Unterbereich daher mit einer Animation erkennbar nach unten schieben. So kann der Nutzer auch verstehen, dass die nachfolgenden Bereiche nach unten verdrängt werden. Die Animation sollte allerdings nicht zu lange dauern (max. 250 ms). Der Nutzer darf dabei nicht das Gefühl haben, warten zu müssen.

Eine Animation, von der Sie Abstand nehmen sollten, ist der Autoscroll-Effekt. Die Überschrift oder den Menüpunkt nach Klick an den oberen Seitenrand zu verschieben, kann für Nutzer verwirrend sein. Sie könnten meinen, es habe sich eine neue Seite geöffnet. Versucht der Nutzer dann, zum Akkordeon zurückzukommen, und nutzt dafür den Zurück-Button des Browsers, gelangt er – wenn nicht anders umgesetzt – nicht zur Ansicht mit den geschlossenen Akkordeonelementen zurück, sondern auf die vorherige Seite. Der Nutzer bricht möglicherweise ab. Setzen Sie diesen Effekt daher nur nach Abwägung ein, oder passen Sie das Verhalten des Akkordeons bei Nutzen des Zurück-Buttons an.

44.5.4 Nächsten Inhaltsbereich im Akkordeon schnell ansteuern

Ein zentraler Erfolgsfaktor für den Einsatz von Akkordeons ist das einfache Ansteuern der nachfolgenden Bereiche, um dem Nutzer den weiteren Inhalt schnell zugänglich zu machen. Sind die Unterbereiche eines Akkordeons sehr lang, kann es je nach Bildschirmgröße vorkommen, dass der Nutzer weder die Überschrift des aktuell geöffneten Bereichs zum Schließen noch die des nachfolgenden Bereichs zum Öffnen des nächsten Inhalts sehen kann. Er müsste also scrollen, wie es beispielsweise bei Wikipedia auf mobilen Endgeräten der Fall ist (siehe Abbildung 44.5).

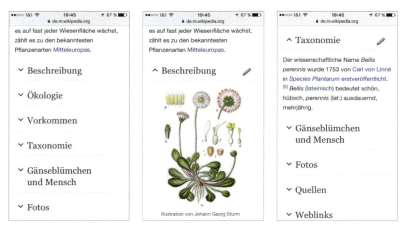

Abbildung 44.5 Hat der Nutzer auf Wikipedia den Bereich »Beschreibung« geöffnet, muss er eine Weile scrollen, bis er die anderen Akkordeonelemente wieder sieht und öffnen kann.

In dieser Situation kann ein zusätzliches schwebendes (auch *sticky* genannt) Element helfen, über das der Nutzer das aktuell geöffnete Akkordeonelement schließen kann, ohne durch Scrollen zur Überschrift zurückzukehren. Oder aber, Sie setzen das Akkordeon so um, dass die einzelnen Elemente durch Klick des Zurück-Buttons im Browser oder die Zurück-Taste geschlossen werden können (siehe Abschnitt 44.5.3, »Animationen erkennbar einsetzen«).

Zusätzlich sollten Sie unbedingt ermöglichen, die Cursor-Tasten der Tastatur für die Navigation zu nutzen. Belegen Sie die Tasten so, dass der Nutzer mit den Pfeilen nach oben und unten von Überschrift/Element zu Überschrift/Element im Akkordeon springen kann.

44.5.5 Bedienelemente auswählen

Bedienelemente sind essenziell, um dem Nutzer die Funktion des Akkordeons zu vermitteln. Ähnlich wie die Unterstreichung bei Links zeigen sie an, dass geklickt werden muss; zusätzlich sollten sie signalisieren, was passiert. Und zwar, dass sich das Element nach unten hin aufschiebt.

Sehr weit verbreitet sind hierfür Pfeile (siehe beispielsweise Abbildung 44.5 oder Abbildung 44.6):

▶ ein nach unten gerichteter Pfeil beim geschlossenen Akkordeonelement, der anzeigt, dass sich der Inhalt nach unten hin öffnet

▶ ein nach oben gerichteter Pfeil beim geöffneten Element, der das Schließen veranschaulicht

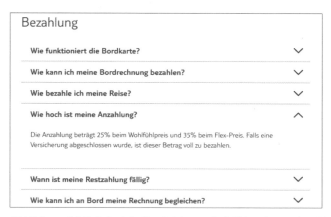

Abbildung 44.6 Sehr häufig sieht man bei Akkordeons den Einsatz von Pfeilen – wie hier am Beispiel der Website von TUI Cruises.

Allerdings haben Pfeile den entscheidenden Nachteil, dass sie auch häufig bei Buttons oder Links verwendet werden, um das Öffnen (auf einer neuen Seite) zu signalisieren. Damit besteht grundsätzlich Verwechslungsgefahr. Dies haben Studien auch gezeigt. Bei Pfeilen in Akkordeons erwarten Nutzer, dass sich der Inhalt in einem neuen Fenster öffnet; bei Plus-Zeichen erwarten sie, dass sich das Element verändert. Eine weitere Studie belegt, dass Nutzer häufiger das Plus-Zeichen anklicken als Pfeile.

Setzen Sie also Plus-Zeichen im geschlossenen Zustand des Akkordeons ein. Wenn das Element geöffnet ist, sollte sich das Plus-Zeichen anpassen, um dem Nutzer anzuzeigen, dass er das Element wieder schließen kann. Verwenden Sie hier ein X als Icon. Zwar bietet sich bei einem Plus auch das Minus für die umgekehrte Aktivität an, allerdings ist ein Minus-Zeichen missverständlich. Es könnte sich um eine bloße Aufzählung handeln oder sogar mit der Aktion *Löschen* verwechselt werden. Das X ist zudem gelernt als Icon, um etwas zu schließen – ein Programm, ein Fenster oder eben auch ein Akkordeonelement.

44.5.6 Bedienelemente erwartungskonform platzieren

Ebenso wichtig wie das Symbol/Icon selbst ist auch dessen Platzierung innerhalb des Akkordeons. Setzen Sie das Plus-Zeichen und das X-Icon links vom Label bzw. der Überschrift. Studien haben gezeigt, dass das Klicken des Icons deutlich länger gedauert hat, wenn die Bedienelemente rechts statt links platziert waren. Nutzer dachten, dass sie das Zeichen klicken müssen und nicht das Label (siehe dazu auch Abbildung 44.7). Anders bei der Platzierung links vom Label: Hier klickten Nutzer häufig auf das Label selbst, auch weil die Entfernung zwischen Icon und Label sehr gering war.

Abbildung 44.7 Auf der Seite der Allianz werden Akkordeons mit Pfeilen eingesetzt, die am rechten äußeren Rand platziert waren. Der Nutzer muss mit den Augen zwischen Symbol und Label hin- und herspringen – ein erhöhter Aufwand.

So setzen Sie Akkordeons nutzerfreundlich um

1. Realisieren Sie das Akkordeon so, dass sich die einzelnen Elemente erst mit der Interaktion des Nutzers öffnen oder auch schließen. Lassen Sie den Nutzer mehrere Bereiche gleichzeitig öffnen.

2. Setzen Sie Animationen ein, um dem Nutzer den Bedienmechanismus des Akkordeons nahezubringen.

3. Belegen Sie die Cursor-Tasten mit Funktion, so dass der Nutzer mit den Pfeilen nach oben und unten im Akkordeon von Element zu Element springen kann.

4. Verwenden Sie im geschlossenen Zustand des Akkordeons Plus-Zeichen, im geöffneten Zustand ein X als Icon. Das Plus signalisiert Öffnen, das X Schließen der Akkordeonelemente.

5. Platzieren Sie die Icons links vom Label/der Überschrift. Die Zeit zum Öffnen der Elemente ist dadurch deutlich geringer als bei einer Positionierung am rechten Rand.

Kapitel 45
Diagramme auswählen & gestalten

Diagramme helfen, Informationen schnell auf einen Blick zu erfassen – wenn sie gut umgesetzt sind. Auch sollten Sie ein paar Regeln beachten, um fachlich korrekt zu bleiben und Fehlinterpretationen zu vermeiden.

Diagramme sind Visualisierungen von Informationen – meist von Daten – typischerweise als Linie bzw. Kurve, Balken oder Torte. Auch *Karten*, *Grundrisse*, *Ablaufschemata* und *Organigramme* zählen zu den Diagrammen. Eine *technische Zeichnung* ist ein Diagramm, das einen Ort, Raum oder Gerät maßstäblich wiedergibt. Von *Illustration* spricht man, wenn ein Diagramm künstlerisch und/oder abstrahiert ist. Ein *Piktogramm* ist ein Bildsymbol, das einen Ort, eine Tätigkeit oder ein Objekt vereinfacht darstellt. Ein *Icon* (deutsch *Symbol*) ist ein Piktogramm oder ein kleines Bild, das für eine Datei, einen Ordner oder ein Programm steht – oder für eine Funktion in einem Programm. Mehr dazu im Kapitel 38, »Icons aussagekräftig auswählen«.

Eine *Infografik* schließlich ist eine Kombination aus Bild und Text. Genau genommen von Diagrammen und Textelementen. Ob die Infografik damit zu den Diagrammen zählt oder doch umgekehrt, darüber kann man sich streiten. Generell ist die Abgrenzung zwischen allen genannten Begriffen nicht immer ganz klar – aber in der Praxis auch nicht so wichtig. Im Folgenden geht es vor allem darum, wie Sie die typischen Diagramme richtig einsetzen, die aus Torten, Linien, Balken oder Säulen bestehen.

Abbildung 45.1 Piktogramme sind an öffentlichen Plätzen allgegenwärtig – sie informieren textlos über Möglichkeiten, Angebote und Verbote. Manche sind weitgehend universell verständlich.

45.1 Wann Diagramm, wann Tabelle?

Prinzipiell sind Tabellen eine sehr gut lesbare, übersichtliche Darstellungsform. Dies wird oft unterschätzt – man neigt dazu, für alles ein Diagramm zu erstellen, auch wenn eine Tabelle die sinnvollere Alternative wäre. Sobald die Daten aber komplexer werden oder die Zielgruppe wenig zahlenaffin ist, spielen Diagramme ihre Stärken aus. Der große Vorteil bei interaktiven Anwendungen: Sie müssen sich nicht zwingend zwischen Tabelle und Diagramm entscheiden, sondern können ein Diagramm anbieten und zusätzlich eine auf Klick angezeigte Tabelle mit den Rohdaten. Mehr zur nutzerfreundlichen Darstellung von Tabellen siehe Kapitel 43, »Listen und Tabellen formatieren«.

Tabellen und Diagramme sollten immer beschriftet sein. Nur so weiß der Nutzer, was er hier sieht, und kann die Inhalte sinnvoll einordnen. Es ist üblich, die Beschriftung bei Grafiken darunter zu setzen, bei Tabellen darüber. Halten Sie sich möglichst an diese Regel – vor allem, wenn Sie sich an Experten richten, da diese das erwarten.

45.2 Das richtige Diagramm für meine Daten

Viele Diagramme, die wir täglich sehen, sind nicht nur ästhetisch mangelhaft, sondern auch unnötig schwer verständlich und häufig sogar wissenschaftlich inkorrekt.

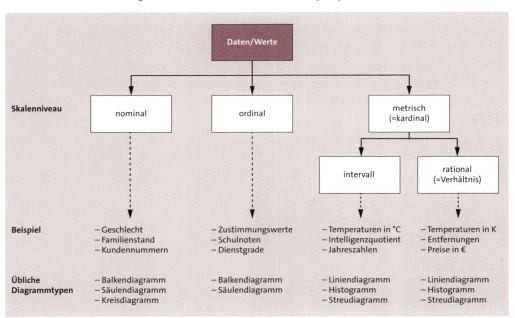

Abbildung 45.2 Einteilung von Daten in Skalenniveaus und Beispiele sowie jeweils übliche Diagrammtypen

45.2 Das richtige Diagramm für meine Daten

Einige Diagrammtypen oder Darstellungsarten sind nämlich für bestimmte Daten nicht geeignet. Damit Sie sich nicht blamieren und beurteilen können, welcher Diagrammtyp der richtige ist, müssen Sie wissen, welche Art an Daten Sie überhaupt haben. Eine entscheidende Grundlage zur Beurteilung ist das so genannte *Skalenniveau*. Klingt wissenschaftlich und vielleicht langweilig, ist aber nicht kompliziert und sehr hilfreich.

45.2.1 Skalenniveau bestimmen

Die möglichen Skalenniveaus von Daten sind:

Nominal: Werte, die willkürlich benannt oder nummeriert sind. Die Benennung oder Nummerierung könnte auch anders sein, und es würde genauso funktionieren. Zum Beispiel also Postleitzahlen, die Haarfarbe oder das Geschlecht – solche Werte lassen sich in keine natürliche Reihenfolge bringen. Die qualitativen Daten, mit denen wir es im Bereich der User Research zu tun haben, fallen oft in diesen Bereich.

Ordinal: Werte, die geordnet sind. Also z. B. die Reihenfolge der meistverkauften Produkte oder der am besten bewerteten Unternehmen. Der Abstand zwischen den einzelnen Werten ist nicht gleich, sondern kann recht unterschiedlich sein. Beim Beispiel der Produktbewertung liegen zwischen dem erst- und dem zweitplatzierten Produkt vielleicht nur ein paar Prozentpunkte, das vorletzte Produkt verkauft sich aber dreihundertmal besser als das letzte. Genauso können die Kunden mit dem am besten bewerteten Unternehmen tausendmal so zufrieden sein wie mit dem zweitplatzierten – bei ordinalen Werten ist alles möglich, nur die Reihenfolge ist festgelegt. Schulnoten gehören übrigens auch zu den ordinalen Daten. Eine 3 ist nicht doppelt so gut wie eine 6.

Intervall: Sind die Abstände zwischen den Werten immer gleich, dann haben wir mit einer Intervall-Skala zu tun. Das sind z. B. Temperaturwerte oder Preise. Der Unterschied zwischen 20 und 22 Grad ist genau so groß wie der zwischen 35 und 37 Grad.

Ratio(nal): Man spricht auch von Verhältnis-Skala. Das ist die Kategorie mit der höchsten Ordnung: Die Werte sind nicht nur gleich weit voneinander entfernt, sie haben auch einen Nullpunkt, bei dem das entsprechende Merkmal 0 ist. Ein Beispiel ist die Temperaturskala Kelvin (K): Sie beginnt am absoluten Nullpunkt, also wenn sich die Moleküle überhaupt nicht mehr bewegen, somit die Wärmeenergie 0 ist. (Die Celsius-Skala beginnt bei 0, wenn Wasser gefriert – eine willkürliche Festlegung, denn Eis hat immer noch Wärme und kann bis zum absoluten Nullpunkt von −273 Grad Celsius abgekühlt werden.) Die Anzahl der Besucher einer Website z. B. folgt der Ratio-Skala: Hat keiner die Site besucht, ist der Wert 0.

Intervall- und Ratio-Skala werden manchmal zusammengefasst zur *metrischen Skala*, auch als *Kardinalskala* bezeichnet.

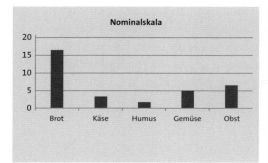
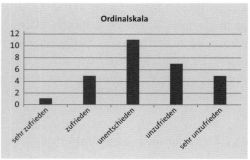
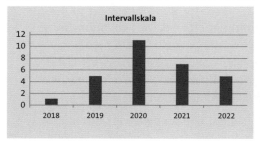
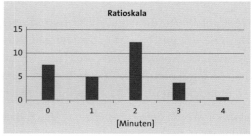

Abbildung 45.3 Säulendiagramme sind für praktisch alle Skalenniveaus geeignet. Hier sehen Sie vier Beispiele für die jeweiligen Skalenniveaus.

45.2.2 Kreis-, Torten- & Donut-Diagramm: Anteile darstellen

Für einfache Fragen/Werte mit nur zwei möglichen Ergebnissen bieten sich *Kreisdiagramme* (*Tortendiagramme*) an – z. B. also ja/nein, männlich/weiblich etc. Besonders geeignet sind Kreisdiagramme für Daten, die zusammen 100 Prozent ergeben. Also z. B. der Anteil von Betriebssystemen, mit welchen die Nutzer eine Site besucht haben. Oder die Verteilung der Testteilnehmer auf vier bis fünf Alters- oder Einkommensklassen.

Ihren großen Vorteil spielen Kreisdiagramme aus, wenn es darum geht, Mehrheiten auf einen Blick zu erkennen. Also z. B. bei Wahlergebnissen oder der Zusammensetzung eines Parlaments. Schwer tun wir uns damit allerdings, die Größe der einzelnen Tortenstücke zu vergleichen – das geht bei Flächen von Rechtecken z. B. bedeutend leichter. Ungünstig sind Kreisdiagramme auch, wenn die Summe nicht auf 100 Prozent kommt. Etwa wenn man den Anteil der Eingeladenen darstellen will, die erschienen sind. Denn der Kreis suggeriert etwas Vollständiges. In solchen Fällen wäre ein Säulendiagramm besser. Auch nicht geeignet sind Kreisdiagramme für sehr viele Antwortmöglichkeiten/Reihen. Am besten funktionieren sie mit zwei bis vier Segmenten, ab sechs wird es unübersichtlich. Je mehr Datenreihen Sie darstellen, desto größer muss das Diagramm werden, damit man es noch entziffern kann.

Abbildung 45.4 Typisches Problem von Kreisdiagrammen: Bei zu vielen Werten sind sie kaum noch lesbar. Nutzbar ist eigentlich nur die Legende – das Diagramm bringt keinen Mehrwert.

Donut-Diagramme sind Kreisdiagramme, in denen die Mitte frei bleibt. Bei ihnen sind die Anteile noch schwerer korrekt abzuschätzen, wenn sie mehr als zwei Segmente haben. Daher sind Kreisdiagramme normalerweise die bessere Wahl.

45.2.3 Säulen- & Balken-Diagramme: Zustimmung, Nutzungshäufigkeit etc. darstellen

Generell eignen sich *Balken-* und *Säulendiagramme* gut für so genannte *diskrete Daten*. Das ist z. B. die Häufigkeit, mit der sich Befragte bestimmte Funktionen wünschen oder auf welchen Websites sie online Kleidung einkaufen. Generell sind diese zwei Diagrammformen universell und eigenen sich fast immer. Nutzen Sie sie also, wenn Sie sich nicht ganz sicher sind.

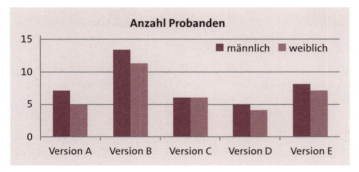

Abbildung 45.5 Säulendiagramm mit zwei Säulen. Mehr als 4 sollten Sie besser nicht darstellen, sonst wird es wieder unübersichtlich.

Von *Säulendiagramm* spricht man, wenn die rechteckigen Kästen aufrecht stehen wie eine Säule – von *Balkendiagramm*, wenn sie waagrecht liegen. Eine spezielle Form von Säulendiagramm ist das *Histogramm*, das die Häufigkeitsverteilung bestimmter Merkmale zeigt.

Ein Vorteil von Säulendiagrammen gegenüber Kreisdiagrammen ist auch, dass man in Balken- und Säulendiagrammen *Fehlerbalken* verwenden kann. Wichtig ist dabei die Angabe, ob der Standardfehler oder die Standardabweichung dargestellt ist. (Die Standardabweichung ist fast immer die bessere Wahl, da sie leichter verständlich und meist aussagekräftiger ist.) Für Balkendiagramme spricht, dass man bei ihnen lange Texte bei der Beschriftung der Datenreihen besser unterbringt als bei Säulendiagrammen (also etwa Vor- und Nachnamen). Für die Darstellung von Entwicklungen im Zeitverlauf sind Balkendiagramme aber weniger geeignet – die Zeit-Achse sollte bei jedem Diagramm die horizontale Achse sein.

Gestapelte Säulen oder Balken sollte man nur in Ausnahmefällen verwenden. Sie sind zwar platzsparend, aber schwerer zu interpretieren. Insbesondere wenn man z. B. mehrere Säulen nebeneinander hat, sind deren Segmente nicht einfach zu vergleichen. Gut geht das eigentlich nur beim untersten. Verwenden Sie dennoch gestapelte Balken, beschriften Sie die Segmente.

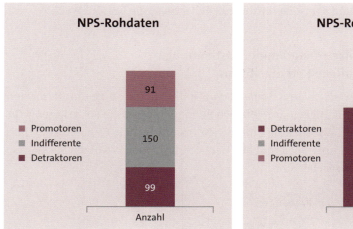
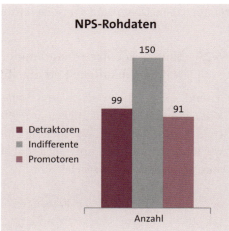

Abbildung 45.6 Der NPS (Net Promoter Score) einmal mit gestapelten Säulen dargestellt, einmal in einzelnen Säulen. Die Größenverhältnisse lassen sich in der rechten Darstellung wesentlich leichter erfassen.

In der Wissenschaft üblich sind *Boxplots* (*Kastengrafiken*). Die wenigsten Nutzer haben aber Übung darin, diese zu interpretieren, daher setzen Sie diese nur mit Vorsicht ein. Grundsätzlich ist diese Darstellungsform jedoch sehr gut, und wenn Sie z. B. ein Dashboard planen, mit dem Nutzer immer wieder arbeiten sollen, sollten Sie überlegen, ob Sie Ihren Nutzern Boxplots nicht näherbringend können.

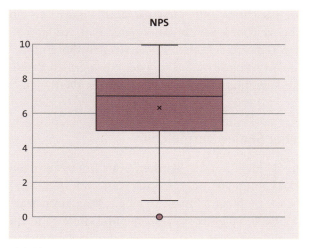

Abbildung 45.7 NPS als Boxplot dargestellt. Der Mittelwert ist das Kreuz, die oberen und unteren Balken geben den Normalbereich an. Der Punkt unten bei 0 zeigt einen Ausreißer. Der Kasten umschließt die Hälfte der Werte.

45.2.4 Liniendiagramme: Veränderung über die Zeit darstellen

Ein *Liniendiagramm* (*Kurvendiagramm*) eignet sich gut, um die Änderung im Zeitverlauf zu zeigen. Das ist nur bei so genannten *stetigen Daten* korrekt. Solche Werte können theoretisch an beliebigen Punkten im Diagramm liegen, nicht nur bei festen Werten wie ganzen Zahlen. Beispiele für solche Daten sind Einkommen oder Körpergröße – generell Zeit, Länge, Gewicht usw.

Abbildung 45.8 Kursverläufe werden sinnvoll als Liniendiagramm dargestellt, hier auf deutsche-bank.de.

Wollen Sie sich nicht durch das Einzeichnen einer Linie festlegen, eignet sich ein *Streudiagramm* (*Scatterplot*). Dabei zeichnen Sie die Datenpunkte als Punkte ein, ohne diese mit Linien zu verbinden. Der Nutzer kann bzw. muss so selbst interpretieren, wie der Zusammenhang ist. Meist ist diese Darstellung der Wissenschaft vorbehalten – eben weil Sie damit die Last der Interpretation auf den Nutzer übertragen.

45.3 Werte unterschiedlicher Skalen vergleichen

Sollen Nutzer Werte vergleichen, die nicht auf der gleichen Skala unterzubringen sind, sollte man vorsichtig sein. Das kommt vor, wenn z. B. die Werte von zwei Messreihen so unterschiedlich sind, dass sie nicht sinnvoll in einem Diagramm Platz haben. Eine Website hat z. B. im Monat um die 10.000 Besucher und eine zweite um die 100.000. Stelle ich das einfach auf einer Achse dar, erkennt man bei der unteren Linie kaum noch Schwankungen. Dazu gibt es drei Lösungsansätze:

1. Zwei Achsen verwenden. Links geht sie von 0 bis 10.000, rechts von 0 bis 100.000.

2. Die Skala in der Mitte durchbrechen. Das heißt, ich zeige z. B. unten die Werte zwischen 0 und 10.000, breche dann die Skala ab und beginne kurz darauf bei 90.000 und lasse das bis 100.000 gehen.

3. Eine logarithmische Skala. Das heißt, die Abstände zwischen den Werten auf der Achse werden nach oben hin immer größer – 0, 1, 10, 100, 1.000, 10.000 statt 0, 1, 2, 3, 4 ...

Die letztere Methode ist wissenschaftlich korrekt, aber für Laien schwer zu erfassen. Die beiden anderen Methoden sollte man eigentlich gar nicht verwenden, weil sie es nicht erlauben, die Daten sinnvoll zu vergleichen, und die Möglichkeiten für Fehlinterpretationen groß sind. Die beste Methode kostet leider am meisten Platz: Setzen Sie mehrere Diagramme untereinander. Jedes kann dann die jeweils passende Skalierung der vertikalen Achse haben und die horizontalen Achsen sind identisch. Alternativ können Sie auch zwei Diagrammtypen kombinieren, z. B. ein Säulendiagramm mit einem Liniendiagramm. Am besten nutzen Sie dann die vertikale Achse für eine Datenreihe und verzichten auf eine zweite Achse. Stattdessen beschriften Sie die Datenpunkte der zweiten Datenreihe.

45.4 Formatierung nach Usability, nicht Ästhetik

Generell gilt für die Formatierung von Diagrammen: so zurückhaltend wie möglich. Tabu sind dreidimensionale Darstellung, Verläufe und farbige Hintergründe. Sie alle erschweren das Lesen der Diagramme und wirken immer unprofessionell. Unterschiedliche Farben sollte man nur für unterschiedliche Dinge einsetzen. Alle Säulen einer Datenreihe sollten also die gleiche Farbe haben, verschiedene Datenreihen auch verschiedene Farben. Generell sind unterschiedliche Abstufungen einer Farbe oft die bessere Wahl, weil die Farben dann nicht so stark ablenken. Abgestufte Farben können auch Farbenblinde gut unterscheiden. Damit haben Sie auch gleich allen einen Gefallen getan, die die Diagramme schwarzweiß ausdrucken oder auf einem E-Book-Reader lesen.

Wenn Sie schließlich gestrichelte Linien einsetzen, achten Sie darauf, dass diese dennoch eindeutig zu verfolgen sind. Meist sind Farbabstufungen, verschiedene Farben oder unterschiedliche Breiten der Linien besser zur Unterscheidung geeignet.

Kapitel 46
(Mikro-)Animation sinnvoll einsetzen

Es sind die vermeintlich kleinen, unwichtigen Dinge, die Nutzer begeistern. Kleine bewegte Buttons, Ladeanimationen und ähnliche Details können die User Experience deutlich verbessern.

46.1 Animation belebt

Animation heißt wörtlich, etwas zum Leben zu erwecken (vom lateinischen Wort *animare*). Im Umfeld von Websites und Apps bedeutet Animation, dass der Nutzer nicht nur ein statisches Bild sieht, sondern Bewegung. Im Folgenden betrachten wir keine Videos – weder Realbilder noch Animationsfilme. Animationsfilme sind Videos, die nicht durch Filmaufnahmen entstehen, sondern indem (oft computergenerierte) Einzelbilder aneinandergereiht werden. Im Folgenden geht es nur um Animation als Teil der Nutzeroberfläche.

46.2 Was ist eigentlich Animation?

Animation bedeutet, eine Anwendung erzeugt durch die schnelle Wiedergabe von Einzelbildern beim Betrachter den Eindruck von Bewegung. In vielen Fällen wird nur ein einzelnes kleines Element animiert, z. B. ein Button.

Bei einfachen Informations-Websites spielen Animationen keine große Rolle. Gerade bei komplexen Diensten und Apps sind Animationen heute aber sehr wichtig. Animationen machen den Unterschied aus zwischen einer App, die lediglich funktioniert, und einer, die wir gern benutzen. Das ist besonders relevant, wenn es viel Konkurrenz gibt. Warum benutzen wir eine bestimmte Wetter-App? Oder eine für To-dos? Wir benutzen die, die die benötigten Funktionen bietet. Noch lieber benutzen wir aber die, die beim Benutzen am meisten Spaß macht. Und diesen Spaß, den bringen vor allem gute *Mikro-Interaktionen*.

Mikro-Interaktionen nennen sich Interaktionen, die sich nicht mehr in weitere Schritte unterteilen lassen. Ein Beispiel ist, in einer Mail-App neue E-Mails abzurufen. Oder eine Mail zu löschen.

Fast immer nutzt man in Apps und vermehrt auch auf Websites Animationen, um Mikro-Interaktionen besser zu gestalten. Man spricht dann von *Mikro-Animationen*.

Abbildung 46.1 Bei der Anmeldung auf PayPal sieht man diese Animation eines Kreises, der sich langsam blau einfärbt. Sie erklärt dem Nutzer, was gerade passiert, wie lang es noch dauert, und sie vermittelt ihm auch Sicherheit.

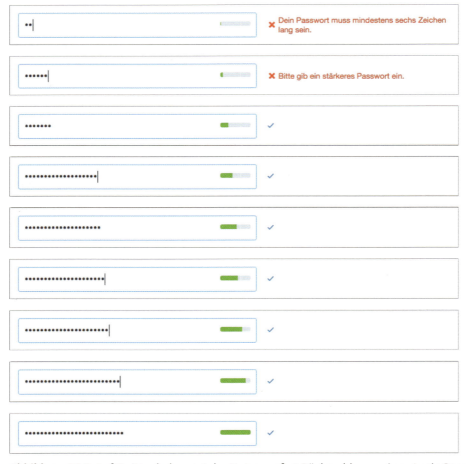

Abbildung 46.2 Auf Twitter bekommt der Nutzer sofort Rückmeldung, wie gut sein Passwort ist. Der Fortschritt des Balkens ist dabei animiert.

46.3 Anwendung von Animationen

Eine gute Animation hat folgende Eigenschaften:

- verdeutlicht den Status bzw. gibt Feedback
- gibt dem Nutzer das Gefühl, die Kontrolle zu haben
- zeigt das Ergebnis der Interaktion bzw. was der Nutzer tun kann
- macht die Interaktion angenehmer, leichter reproduzierbar und die Anwendung als Ganzes leichter erlernbar
- ist schön anzusehen und unterstützt den Stil der Anwendung/Site

Eine Animation sollte nie nur deshalb eingebaut werden, weil sie jemand aus dem Entwicklerteam schön findet. Schönheit ist subjektiv – die Animation muss den Endnutzern gefallen. Außerdem: Die Einschätzung, was schön ist, ändert sich im Lauf der Zeit. Sehen wir eine Animation zum hundertsten Mal, beurteilen wir sie anders, als wenn wir sie zum ersten Mal sehen.

Eine Animation sollte immer etwas ausdrücken. Sie sollte dem Nutzer im weitesten Sinne ein Gefühl dafür geben, was passiert bzw. passiert ist.

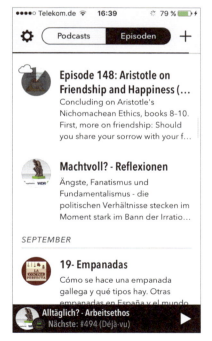

Abbildung 46.3 Die Podcast-App Castro zeigt hier zwei Animationen: Der dezente schwarze horizontale Balken oben unter der Kopfleiste läuft von links nach rechts (Aktualisierung der Liste unten), und das Tortendiagramm bei Episode 148 füllt sich (Download der Folge).

Eine Animation lenkt z. B. den Blick des Nutzers an eine Stelle, die für ihn wichtig ist. Klicke ich auf einen Button, um eine Liste zu verändern, ist es hervorragend, wenn die Liste sich nicht einfach plötzlich ändert, sondern wenn der neue Zustand z. B. eingeblendet wird. Oder sich die Farbe der Elemente ändert. So sehe ich sofort, *wo* etwas passiert. Das gibt mir das Gefühl von Kontrolle, und ich werde die Anwendung deutlich besser beurteilen.

Außerdem können wir den Nutzer mit einer Animation auch ablenken, wenn das nötig ist. Sie kann z. B. längere Ladezeiten überbrücken. Zeige ich dem Nutzer in solch einer Situation eine Animation, ist er einen Moment damit beschäftigt, überhaupt zu erfassen, was er sieht. Dann bekommt er durch die Animation die Information, dass etwas passiert. Im Idealfall erfährt er auch durch die Animation, wie lange er warten muss.

46.3.1 Wann sind Animationen sinnvoll?

Bei fast jeder Interaktion des Nutzers kann man eine winzige Animation vorsehen, um ihm zu zeigen, dass seine Eingabe registriert wurde, z. B.:

▶ Zustände ein- und ausschalten

▶ Buttons anklicken/antippen

▶ Checkboxen, Radiobuttons etc. anklicken

▶ Einstellungen ändern

▶ Nachricht zeigen

▶ Elemente kopieren, löschen oder hinzufügen

▶ Elemente markieren, weiterleiten oder kommentieren

▶ Elemente nachladen oder aktualisieren

▶ Ansichten ändern

▶ Dateien hoch- oder herunterladen

▶ Elemente zuordnen

▶ Produkte dem Warenkorb hinzufügen

Am wirkungsvollsten sind Animationen bei Tutorials, also kurzen Einführungen in die Bedienung einer App oder einer komplexeren Website. Dabei kann man dem Nutzer dann wortwörtlich vor Augen führen, wie es aussieht, wenn er mit der Anwendung arbeitet.

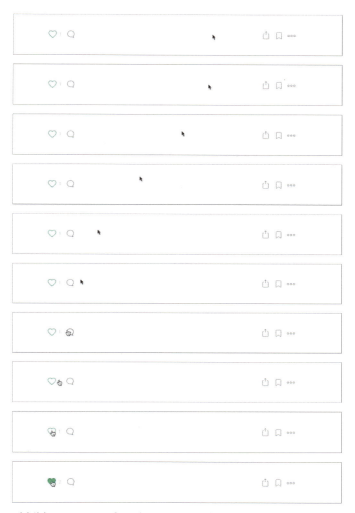

Abbildung 46.4 Auf Medium.com läuft am Ende jedes Textes diese dezente Mikro-Animation, um den Nutzer zum Liken zu animieren.

46.4 Wie sieht eine gute Animation aus?

Eine gute Animation ist vor allem eines: so einfach wie möglich. Das hat den großen Vorteil, dass sie dem Nutzer auch dann nicht auf die Nerven geht, wenn er sie zum tausendsten Mal sieht. Ein schönes Beispiel dafür sind die drei Punkte, die anzeigen, wenn der Gesprächspartner in einem Chat o. Ä. gerade tippt (siehe Abbildung 46.5).

Eine solche Animation verbraucht auch nicht viele Ressourcen und führt damit weder zu längeren Ladezeiten noch zu Verzögerungen bei der Darstellung auf älteren Geräten.

Je weniger Elemente man hinzufügen muss, umso besser. Schafft man es, nur mit schon vorhandenen Elementen auszukommen, ist das am allerbesten.

Abbildung 46.5 Bei Nachrichten unter iOS sieht man wie bei vielen Chat-Anwendungen drei animierte Punkte, die zeigen, dass der Gesprächspartner gerade tippt.

46.4.1 Vorsicht mit Humor

Beim Konzipieren findet man es vielleicht lustig, wenn eine Fehlermeldung aufwendig animiert ist. Ist der Nutzer aber frustriert und sieht immer wieder die vermeintlich witzige Animation, kann das schnell in Ärger umschlagen.

Auch kulturelle Unterschiede gibt es: Amerikanische Sites und Apps sind oft sehr kumpelhaft in ihrer Nutzeransprache. Auch viele Business-Anwendungen setzen auf witzige Animationen. In anderen Kulturen kann das aber die Glaubwürdigkeit der Anwendung beschädigen. Bleiben Sie im Zweifel lieber sachlich, wenn Sie Ihre Zielgruppe nicht hundertprozentig kennen.

46.4.2 Sound oder nicht?

Gerade im Arbeitsumfeld kann Sound bei Animationen Nutzer verärgern. Wer im Büro mit mehreren anderen sitzt, dem ist es meist peinlich, wenn sein Computer auf einmal Geräusche von sich gibt. Wenn das dann auch noch eine verspielte Fanfare ist, kann das die UX sehr negativ beeinflussen.

Bei Websites verzichten Sie generell am besten auf Töne. Bei Apps dagegen können Sie diese nutzen. Gerade wenn es Apps sind, die der Nutzer im Freien verwendet, wenn er Kopfhörer trägt oder er zuhause auf dem Sofa sitzt. Spielen Sie aber alle denkbaren Nutzungsszenarien durch, und überlegen Sie, ob es nicht welche gibt, bei denen der Sound stören könnte.

Generell gilt im Kontext mit Mikro-Animationen: Auch die Geräusche sollten so kurz wie möglich sein – maximal so lang wie die visuelle Animation. Dezente, vorsichtige Sounds sind fast immer die beste Wahl. Verspielte oder vermeintlich witzige Geräusche gehen den Nutzern noch schneller auf die Nerven, wenn sie diese regelmäßig hören, als witzige Animationen.

Abbildung 46.6 Die Sprachlern-App Duolingo nutzt Audio, um das Hörverständnis der Anwender zu schulen. Daher sind sie in einer Umgebung, in der Sound erwartet wird und in Ordnung ist. So arbeitet die App auch mit Sounds, die Mikro-Animationen unterstützen, etwa beim Abschluss einer Lektion.

46.4.3 Das richtige Timing

Entscheidend ist, dass die Animation sofort nach der Interaktion des Nutzers startet – also innerhalb von 0,1 Sekunden (100 Millisekunden). Alles, was länger dauert, empfindet der Mensch nicht mehr als sofort, sondern nimmt er als Verzögerung wahr. Können Sie das aus technischen Gründen nicht sicherstellen, verzichten Sie besser auf die Animation. Denn sonst wirkt Ihre App träge oder gar defekt.

Eine gute Mikro-Animation ist kurz, aber nicht zu kurz. Üblicherweise dauern solche Animationen ab 150 Millisekunden bis zu einer halben Sekunde (500 Millisekunden). Länger sollten sie nur in Ausnahmefällen sein.

Die Dauer der Animation kann sich von Gerät zu Gerät unterscheiden. Auf einem kleinen Smartphone-Display kann die Bewegung eines Elements quer über den Bildschirm z. B. nur 150 Millisekunden dauern, auf dem viermal so großen Tablet im

Querformat sollte sie dann etwa 300 Millisekunden dauern, damit sich die Bewegung natürlich anfühlt. Ein drehendes Element dagegen wird sich auf jedem Screen gleich schnell bewegen.

Eine Animation darf den Nutzer nie am Weiterarbeiten hindern. Wenn er das Gefühl hat, er muss auf die Animation warten, ist sie zu lang. Daher ist gerade bei solchen Details ein Usability-Test sehr wichtig.

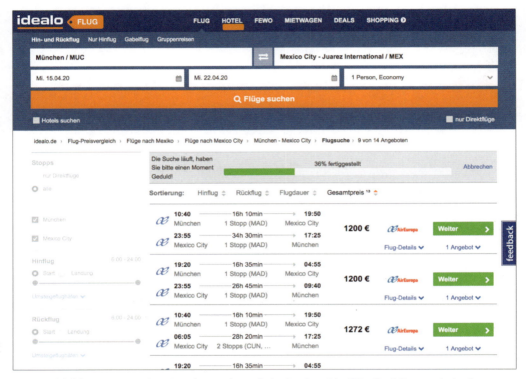

Abbildung 46.7 Animation der Suche auf Idealo. Gut: Die Filterfunktionen sind schon sichtbar, aber noch ausgegraut, solange man sie noch nicht nutzen kann.

Manchmal ist schnell aber auch zu schnell. Der Nutzer muss die Animation wahrnehmen und verstehen, was passiert. Schließlich kommt hinzu, dass jeder Nutzer eine Erwartungshaltung hat, was wie lange dauert. Daher arbeiten manche Anwendungen sogar mit künstlichen Verzögerungen. Man hört häufig, dass z. B. bei der Suche nach günstigen Flügen mit solch einer technisch nicht nötigen Ladeanimation gearbeitet wird, weil die Nutzer dann das Gefühl haben, es werden wirklich alle Möglichkeiten für sie persönlich geprüft. Ob das beim Beispiel in Abbildung 46.7 der Fall ist, kann man nicht sagen, ohne die Hintergründe zu kennen.

Was man in Abbildung 46.1 auch schön sieht, ist ein Tipp für befriedigende Ladeanzeigen: Lassen Sie die Fortschrittsanzeige nicht linear zunehmen, sondern machen

Sie sie gegen Ende immer schneller. Denn gegen Ende der Wartezeit erscheint uns das Warten subjektiv länger – sehen wir also am Ende einen schnellen Fortschritt, sind wir positiv überrascht.

Generell sind Animationen in linearer Geschwindigkeit fast immer ungünstig. Denn in unserer Umgebung kommt das praktisch nicht vor. Fast alle Gegenstände bewegen sich so, dass sie zunächst langsam beschleunigen, eine Grundgeschwindigkeit erreichen und dann am Ende abbremsen und nicht plötzlich zum Stillstand kommen. Genauso sollten Sie auch Ihre Mikro-Animationen anlegen. Wenn Sie es hier zur Perfektion bringen wollen, empfiehlt sich ein Blick in die Richtlinien zum *Material Design* von Google, die generell für alle Animationen nützlich sind (siehe *bnfr.de/ux009*).

So realisieren Sie Mikro-Animationen mit guter UX

1. Die Animation muss sofort nach der Interaktion starten.
2. Sie darf nicht zu lang sein, bewährt haben sich 150 bis 300 Millisekunden.
3. Sie darf nicht zu kurz sein. Je komplexer, desto länger muss sie dauern, damit der Nutzer sie versteht.
4. Hat der Nutzer die Erwartung, dass etwas länger dauert, sollte die Animation dem Rechnung tragen.
5. Eine optimale Animation fügt keine Elemente hinzu, sondern arbeitet mit den vorhandenen Elementen.
6. Die Animation muss auch dann noch positiv wahrgenommen werden, wenn der Nutzer sie zum hundertsten oder tausendsten Mal sieht.
7. Vorsicht mit Humor. Dieser ist gerade im geschäftlichen Umfeld oft nicht angebracht.
8. Vorsicht bei Animationen, die erscheinen, wenn es ein Problem gibt. Diese können einen Nutzer dann verärgern, wenn er sich nicht ernst genommen fühlt.

Kapitel 47
Suchfunktionen zielführend gestalten

Websites bieten dem Nutzer häufig eine Suche. Sie ermöglicht, umfangreiche Inhalte zielgerichtet zu durchsuchen. Sind die Suchfunktion und insbesondere die Ergebnisse nicht nutzerfreundlich umgesetzt, wird die Suche schnell zum frustrierenden Erlebnis.

Eine Suchfunktion kann sehr vorteilhaft sein. Ist eine Website sehr umfangreich (z. B. Medienportale) oder sucht der Nutzer etwas Spezifisches (z. B. in einem Onlineshop), bietet sie die Möglichkeit, den Inhalt schnell einzugrenzen und den gewünschten Inhalt auszuwählen. Greift die Suchfunktion aber nicht auf alle Inhalte zu oder bietet die Suchergebnisliste keine weitere Filtermöglichkeit, kann die Suchfunktion wiederum zu einem negativen Nutzungserlebnis führen.

47.1 Was ist eine Suchfunktion?

Die *Suchfunktion,* auch *Suche* oder *Volltextsuche* genannt, ist die jeweils anwendungsbezogene Suche über sämtliche Inhalte einer Website, App oder sonstigen digitalen Anwendung. Der Nutzer hat dabei über ein Eingabefeld die Möglichkeit, mit einem oder mehreren Suchbegriffen den für ihn relevanten Content zu finden – alternativ zur Hauptnavigation oder zu sonstigen Navigationswegen wie einer interaktiven Karte, einem Bildteaser auf der Startseite etc.

Abbildung 47.1 Der Suchschlitz inklusive Lupen-Icon ist bei heise.de auf der Desktop-Variante rechts oben platziert.

Das Eingabefeld befindet sich in der Regel ganz oben – mittig oder rechts – auf Desktop-Anwendungen und ist damit Teil des *Headers*. Bei mobilen Anwendungen befindet sich diese Suche häufig hinter einem Icon und öffnet sich bei Auswahl dieses Icons; durchgesetzt hat sich hier eine Lupe als Symbol.

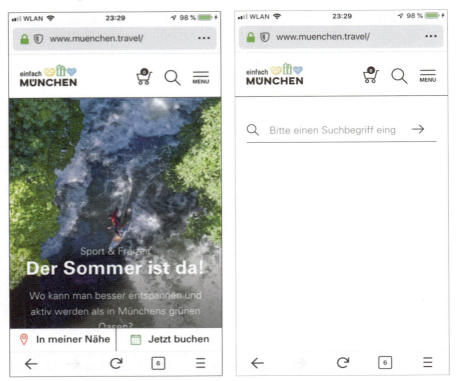

Abbildung 47.2 Bei der mobilen Website von muenchen.travel ist anfangs nur das Lupen-Icon zu sehen. Tippt man es an, öffnet sich unterhalb flächendeckend der Suchschlitz für die Eingabe der Suchbegriffe.

47.2 Wofür werden Suchfunktionen eingesetzt?

Die Suchfunktion in digitalen Anwendungen ist einer von häufig mehreren Navigationswegen und bietet dem Nutzer die Möglichkeit, den vorhandenen Inhalt gezielt nach seinen Bedürfnissen oder Wünschen zu durchsuchen. Gerade bei umfangreichen Inhalten, wie etwa bei großen Onlineshops, redaktionellen Seiten oder Magazinen, bietet diese Funktion eine sehr gute Alternative zur vorgegebenen Menüstruktur und unterstützt den Nutzer dabei, schnell zum gewünschten Inhalt zu gelangen.

Die Suchfunktion hat sich mit der Verbreitung von Google zunehmend etabliert; inzwischen wird das Wort *googeln* häufig auch synonym zur Suche im Web verwandt. Anders als bei Google durchsucht eine Suchfunktion einer Website oder App nur den Inhalt eben dieser Site und kommt nicht portalübergreifend, d. h. über mehrere Websites hinweg, zum Einsatz.

47.2.1 Sonderfall kontextuelle Suche

In der Regel wird eine Suche dafür eingesetzt, den gesamten Inhalt einer Anwendung durchsuchbar zu gestalten. Gerade bei einem umfangreichen Inhaltsangebot wird die Suche so eingebaut, dass sie auf einen bestimmten Kontext eingeschränkt ist. Sie durchsucht z. B. nur einen konkreten Unterbereich der Website (siehe Abbildung 47.2 und Abbildung 47.3) oder bei einer spezifischen, thematischen Suche eine bestimmte Kategorie (z. B. Wanderwege-Suche bei Tourismusportalen, siehe Abbildung 47.4). Dadurch kann der Nutzer dann bereits bei der Sucheingabe den Suchumfang und damit die Treffermenge einschränken.

Abbildung 47.3 Bei einer Suche auf Amazon.de kann man die Warengruppe auswählen, in der der gewünschte Artikel gesucht werden soll.

Abbildung 47.4 Ähnlich handhabt es das Portal chefkoch.de, bei dem Sie das Gesuchte in einer konkreten Unterrubrik suchen können.

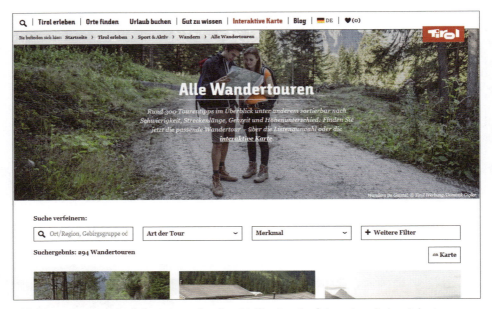

Abbildung 47.5 Zusätzlich zur portalweiten Volltextsuche (hier: oben links, siehe Lupensymbol) kann der Nutzer auf der Wandertouren-Suche gezielt einen konkreten Wanderweg suchen (tirol.at).

47.3 Tipps für die Auffindbarkeit von Suchfunktionen

Findet der Nutzer Ihre Suche nicht, kann er sie auch nicht benutzen. Daher ist die Auffindbarkeit der Suchfunktion A und O bei der Gestaltung. Berücksichtigen Sie daher folgende Tipps.

47.3.1 Erwartungskonforme Platzierung

Platzieren Sie die Suchfunktion rechts oben auf Ihrer Desktop-Anwendung, außer Sie betreiben einen Onlineshop. Hier erwarten Nutzer die Suchfunktion, auch bedingt durch die hohe Relevanz auf diesen Seiten, oben mittig (siehe Abbildung 47.3). Sie sollte aber immer im Headerbereich integriert sein.

Bei mobilen Anwendungen wird die Suchfunktion ebenfalls im Headerbereich erwartet, auch dort rechts oben. Hier können Sie den Zugang zur Suche aufgrund des eingeschränkten Platzes auf ein Icon reduzieren; das ist mittlerweile vom Nutzer gelernt.

47.3.2 Portalübergreifend zugänglich machen

Bieten Sie die Suchfunktion auf allen Seiten und immer an derselben Stelle an. Häufig ist es Nutzern nicht bewusst, dass sie sich bereits auf einer Unterseite befinden (vor allem dann, wenn sie aus einer Suchmaschine direkt dort eingestiegen sind). Haben Sie die Suchfunktion lediglich auf der Startseite platziert, verlieren Sie diesen Nutzer unter Umständen schnell, wenn er von alleine nicht mehr weiterkommt.

47.4 Tipps für die Gestaltung der Suchfunktion

Hat der Nutzer die Suchfunktion gefunden, muss er sie auch schnell und zielführend bedienen können. Beachten Sie daher die nachfolgenden Anregungen zur Gestaltung – diese fördern zudem auch die Erkennbarkeit und Auffindbarkeit:

47.4.1 Mindestens ein Suchen-Button

Bieten Sie dem Nutzer direkt das Eingabefeld an, und ergänzen Sie es durch einen Suchen-Button rechts vom Eingabefeld. Anstelle eines Buttons mit dem Wort *Suchen* können Sie das Lupensymbol verwenden; das hat sich mittlerweile durchgesetzt. Mehr dazu weiter unten. In dieser Ausführung benötigen Sie auch keine weitere Beschriftung »Suchen« vor dem Eingabefeld; der Nutzer erkennt dies als Suchfunktion.

Das Lupensymbol kann alleine stehen, wenn es der Platz bzw. die Auflösung (z. B. bei mobilen Anwendungen) bedingt. Dann muss ein Klick oder Touch auf dieses Symbol die Suchbox direkt öffnen – nach links oder unterhalb. Wenn möglich, integrieren Sie auch bei geringem Platz in einer Desktop- oder Tablet-Anwendung eine kleine Suchbox, die sich bei Aktivierung (Cursor innerhalb des Suchfelds) vergrößert. Damit wird die Suche schneller als solche erkannt.

47.4.2 Gestaltung des Lupensymbols

Wenn Sie die Lupe als eindeutiges Symbol für die Suche verwenden, wählen Sie eine schematische Darstellung. Je weniger grafische Details es hat, umso besser die Erkennbarkeit.

Wählen Sie einen hohen Kontrast zum Hintergrund, insbesondere dann, wenn Sie das Icon in die Suchbox integrieren und keinen eigenen, abgesetzten Button umsetzen. So kann sich die Lupe genügend vom Hintergrund abheben.

Abbildung 47.6 Das Lupensymbol bei Holidaycheck.de ist kontrastreich und schematisch gestaltet, so dass es sich ausreichend von Hintergrund und Suchbox abhebt.

Bedenken Sie, das Symbol touchfähig umzusetzen und in ausreichender Größe anzubieten. Eine größere Fläche erleichtert dem Nutzer die Auffindbarkeit und die Nutzung. Trotz Button erwarten viele Nutzer, dass sie nach Eingabe des Suchbegriffs die Suche mit der Eingabetaste starten können. Ermöglichen Sie das bei der technischen Umsetzung.

47.5 Tipps zur Unterstützung des Nutzers bei der Sucheingabe

Je schneller der Nutzer Ergebnisse zu seinen Suchbegriffen bekommt, desto lieber und häufiger wird er sie wieder nutzen – und auch Ihre Website wieder besuchen. Bedenken Sie daher die folgenden Aspekte bei der Umsetzung:

47.5.1 Den gesamten Inhalt berücksichtigen

Achten Sie darauf, dass bei der technischen Umsetzung der Suchfunktion immer der vollständige Inhalt indiziert und dem Nutzer ausgegeben wird. Das erwartet auch der Nutzer. Optional können Sie ihm auch anbieten, seine Suche auf bestimmte Teilbereiche einzugrenzen. Dies wird häufig durch ein entsprechendes Dropdown-Menü innerhalb der Suchbox realisiert, in dem Sie Unterrubrik oder Teilbereiche auswählen können (Beispiele siehe Abbildung 47.3 und Abbildung 47.4). Für eine bessere Wahrnehmung als solches sollten Sie dieses Dropdown farblich von der Suchbox abheben.

47.5.2 Vorbelegung des Suchfelds

Vermeiden Sie Überforderung beim Nutzer. Ein möglicher Weg ist es, im Suchfeld einige mögliche Suchbegriffe vorzubelegen und damit den Nutzer bei der Wahl seiner Suchphrase zu unterstützen, beispielsweise durch Angabe der Art des Suchbegriffs. Damit geben Sie dem Nutzer einen Hinweis darauf, welche Begriffe auch Treffer ergeben. Gerade bei Seiten, auf denen unterschiedliche Objektarten zum Inhalt gehören, ist dies eine wertvolle Hilfestellung.

Abbildung 47.7 Kino.de bietet neben Filmen auch Infos zu Kinos und Stars; dies wird durch die Vorbelegung der Suchbox verdeutlicht und hilft dem Nutzer, seinen Suchbegriff entsprechend einzugeben. Unterhalb der Suchbox zeigt Kino.de zudem mögliche Suchbegriffe an.

47.5.3 Autosuggest/Autocomplete anbieten

Bieten Sie dem Nutzer eine Vorschlagsfunktion an (oft *Autosuggest* oder auch *Autocomplete* genannt). Dies ist eine Funktion, die die Eingabe des Nutzers automatisch ergänzt und während des Tippens eines Suchworts über ein Dropdown unterhalb der Suchbox beliebte oder mögliche Suchphrasen listet. Bei generischen Begriffen wird das eventuell ergänzt durch eine zu erwartende Trefferanzahl bei Auswahl des Begriffs.

Fetten oder heben Sie den Teil des jeweiligen Vorschlags hervor, den der Nutzer bereits eingegeben hat. Damit geben Sie Hilfestellung, wonach er eigentlich gesucht hat und wie weit sich die Vorschläge davon abheben. Je nach Inhalten können Sie auch konkrete, zum Suchbegriff passende Objekte anzeigen, z. B. einzelne Artikel bei einem Onlineshop (siehe Abbildung 47.8) oder Angebote oder Veranstaltungen bei einer touristischen Website (siehe Abbildung 47.9):

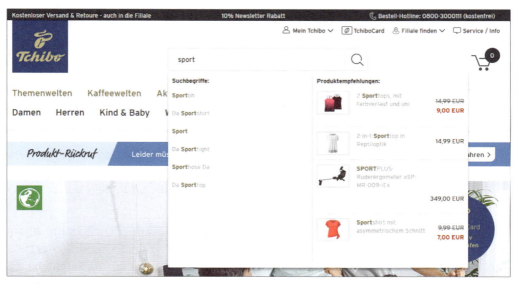

Abbildung 47.8 Tchibo.de trennt nach generischen Begriffen (links) und konkreten Produktempfehlungen (rechts) im Dropdown.

Abbildung 47.9 Bei den Suchvorschlägen auf niederoesterreich.at wird zusätzlich die gefundene Treffermenge angegeben.

47.6 Tipps für eine eindeutige, gut strukturierte Trefferdarstellung

Die Suche an sich ist noch kein Garant für das Auffinden der gesuchten Inhalte. Vielmehr tragen eine sinnvoll strukturierte Trefferdarstellung sowie mögliche Sortier- und Filteroptionen dazu bei, schnell zum gewünschten Inhalt zu gelangen. Beachten Sie daher die nachfolgenden Hinweise.

47.6.1 Listenform mit zentralen Angaben

Die optimale Darstellung der Suchergebnisse ist maßgeblich von der Intention Ihrer Anwendung abhängig. Betreiben Sie einen Onlineshop, sollten Sie unbedingt direkt die zum Suchbegriff gefundenen Suchergebnisse darstellen. Mit konkreter Preisangabe und Verfügbarkeit sowie einer Möglichkeit, die Artikel direkt in den Warenkorb zu legen. Ist Ihre Anwendung ein Magazin, eine Zeitung oder ein sonstiges Medienformat, dann sind für die Treffer sicherlich die Aktualität sowie der zu erwartende Inhalt relevant. Geben Sie also das Veröffentlichungsdatum mit an. Haben Sie sehr umfangreiche Inhalte mit unterschiedlichsten Objektarten, kann die Angabe der jeweiligen Unterrubrik hilfreich sein. Überlegen Sie vorab, was für den Nutzer bei der Suche wichtig ist.

Alle Anwendungen haben eines aber gemeinsam: Die Suchtreffer sollten mit einem eindeutigen Titel, einer aussagekräftigen Beschreibung sowie einem Bild dargestellt werden. Bilder erhöhen die Klickwahrscheinlichkeit. Je klarer Titel und Beschreibung, umso besser wird der Nutzer wissen, was ihn erwartet, und er braucht weniger Klicks zum gewünschten Inhalt, weil er nicht unnötig zu den Suchergebnissen zurückkehren muss, was sowieso die wenigsten Nutzer machen.

47.6.2 Sortieren der Ergebnisse

Sortieren Sie die Suchergebnisse zunächst immer nach absteigender Relevanz. Die Übereinstimmung mit der Suchphrase ist ausschlaggebend. Zusätzlich sollten Sie dem Nutzer die Möglichkeit bieten, die Suchergebnisse nach anderen Kriterien zu sortieren. Bei Shops macht die Sortierung nach Preis Sinn (siehe Abbildung 47.11), bei Medienportalen nach Aktualität (siehe Abbildung 47.10). Haben Sie beispielsweise Kundenbewertungen auf der Seite integriert, bieten Sie eine Sortierung danach an (siehe Abbildung 47.11).

Abbildung 47.10 Zeit.de gibt bei den Suchergebnissen Titel, Beschreibung sowie Veröffentlichungszeitraum mit an. Oberhalb des Titels wird zusätzlich die Rubrik angezeigt.

Abbildung 47.11 Neben der Sortierung nach Preis bietet der Shop Zalando.de auch die Sortierung der Suchergebnisse nach Kundenbewertung (Beliebteste), nach Neuheiten und »Sale«-Angeboten.

47.6.3 Trefferdarstellung inklusive Anzeige der Suchwörter mit Ergebnissen

Platzieren Sie oberhalb der Trefferliste eine gut sichtbare Angabe dazu, wie viele Treffer das Suchergebnis geliefert hat. Das ermöglicht dem Nutzer einzuschätzen, ob es sinnvoll ist, nochmal mit konkreteren Begriffen eine neue Suche zu starten oder die Ergebnisse zu filtern.

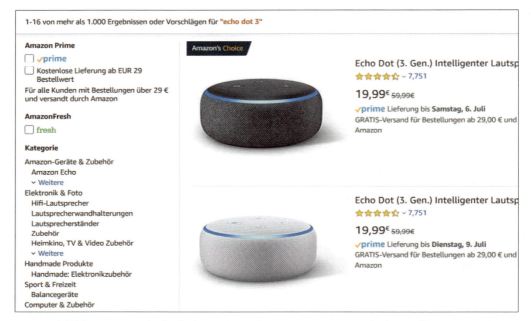

Abbildung 47.12 Oberhalb der Suchergebnisse zeigt Amazon.de die Treffergesamtmenge zum jeweiligen Suchbegriff sowie die Anzahl der auf der aktuellen Seite angezeigten Suchergebnisse an.

47.6.4 Nachfiltern der Suchergebnisse

Nutzer überfliegen die Suchergebnisse nur und in der Regel auch nur die erste Seite. Finden sie keinen für sie interessanten Treffer, ist die Abbruchrate sehr hoch. Es sei denn, Sie bieten eine gute Filterfunktion, um die Suchergebnisse nach den Wünschen des Nutzers weiter einzugrenzen. Über die Filteroptionen lernt der Nutzer auch die vorhandenen Inhalte und mögliche Attribute kennen.

Gerade bei Shops hat sich dies längst etabliert (siehe Abbildung 47.12: Amazon bietet links von der Ergebnisliste diverse Filtermöglichkeiten). Bieten Sie aber auch bei anderen Anwendungen dem Nutzer an, die Suchergebnisse nach bestimmten Merkmalen zu filtern, z. B. nach Art des Inhalts. So ist er es auch von Google gewohnt.

47.6 Tipps für eine eindeutige, gut strukturierte Trefferdarstellung

Abbildung 47.13 Zeit.de bietet dem Nutzer die Möglichkeit, die Suchergebnisse durch Auswahl des Inhaltstyps, hier nach Artikel, Fotostrecke und Video, einzugrenzen.

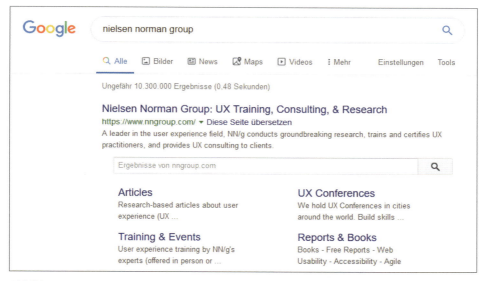

Abbildung 47.14 Prominentestes Beispiel für das Nachfiltern von Suchergebnissen ist sicherlich Google.

Dieses Nachfiltern von Suchergebnissen wird auch Facettensuche oder facettierte Suche genannt, d. h. eine erweiterte Suche nach bestimmten Kriterien oder Eigenschaften eines Produkts, und ist insbesondere bei Onlineshops unumgänglich. Best Practices und weitergehende Informationen dazu finden Sie in Kapitel 48, »Filter und Facetten integrieren und positionieren«.

47.6.5 Umgang mit null Treffern

Ein sehr frustrierendes Erlebnis für den Nutzer ist es, keinerlei Ergebnisse zu seiner Suche zu bekommen. Idealerweise ist Ihr Suchalgorithmus so intelligent, um solche Fälle auf ein Minimum zu reduzieren. Zieht eine sehr spezielle oder kryptische Sucheingabe oder ein Tippfehler dennoch ein Nullergebnis nach sich, ist die Abbruchrate sehr hoch.

Daher sollten Sie Nullergebnis-Seiten gut aufbereiten, um den Nutzer auf Ihrer Site zu halten:

▶ Machen Sie dem Nutzer klar, dass die Sucheingabe keine Treffer ergab. Ähnlich der Anzeige der Treffermenge bei erfolgreichen Suchen sollte dies oben im Inhaltsbereich platziert und deutlich erkennbar gestaltet sein.

▶ Nehmen Sie die Suchanfrage des Nutzers ernst. Es ist nicht die Schuld des Nutzers, dass keine Inhalte zu seiner Suche vorhanden sind. Sie bieten einfach keine Ergebnisse dazu. Das sollten Sie auch entsprechend formulieren: »Leider konnten wir zu Ihrem Suchbegriff keine Ergebnisse finden ...«

▶ Bieten Sie dem Nutzer direkt unterhalb Optionen, um die Suche anzupassen oder anderweitig auf Ihrer Website fündig zu werden.

▶ Wiederholen Sie den ursprünglichen Suchbegriff, idealerweise direkt in einer im Inhaltsbereich integrierten Suchbox, so dass der Nutzer seinen Suchbegriff schnell anpassen kann.

▶ Bieten Sie Hilfestellung dabei, wie der Nutzer seinen Suchbegriff sinnvoll anpassen kann, um zu Ergebnissen zu kommen (z. B. weniger Suchbegriffe).

▶ Bieten Sie dem Nutzer ähnliche Suchbegriffe zur Auswahl, die Treffer ergeben. Bei Suchphrasen, d. h. mehr als einem Suchbegriff, bieten Sie dem Nutzer die einzelnen Begriffe zur Auswahl an – aber nur, wenn diese auch Treffer ergeben.

▶ Bei Tippfehlern bieten Sie den korrekten Begriff zur Auswahl (siehe Abschnitt 47.7.2, »Did-you-mean-Funktion«).

▶ Bieten Sie unterhalb auch direkte Einstiegsmöglichkeiten ins Portal an. Das können zum Suchbegriff verwandte Rubriken sein, die Sie als Bildteaser unterhalb platzieren; alternativ die Hauptrubriken aus dem Hauptmenü als Links oder Bildteaser.

47.7 Tipps für eine technisch zeitgemäße Umsetzung

Über die vorangegangenen Hinweise hinaus gibt es auch technische Aspekte, die die Nutzung der Suchfunktion zufriedenstellend und zielführend machen. Nehmen Sie die folgenden Funktionalitäten in Ihre Anforderungen mit auf:

47.7.1 Stammwort-Reduktion

Nutzer unterscheiden nicht zwischen Groß- und Kleinschreibung, berücksichtigen nicht, ob sie ein Wort konjugiert oder ob sie es in Singular oder Plural eingeben. Aus diesem Grund sollten Sie bei der technischen Umsetzung das *Stemming*-Verfahren nutzen (auch *Stammwort-Reduktion* genannt). Die Suche wird dann fehlertoleranter bzw. flexibler in der Trefferausgabe. Bei Eingabe von Wörtern im Plural (z. B. Campingplätze) wird im Index auch nach Treffern mit dem Wort im Singular (z. B. Campingplatz) und dem Wortstamm (z. B. Camping) gesucht. So erhöht sich gegebenenfalls die Treffermenge.

47.7.2 Did-you-mean-Funktion

Nicht alle Nutzer sind fit in Rechtschreibung oder sie geben versehentlich einen Suchbegriff falsch ein. Letzteres passiert auch leicht beim Tippen auf einer Smartphone-Tastatur. Fangen Sie solche Fehler ab, indem Sie dem Nutzer auf der Suchergebnisseite den korrekten Begriff direkt zur Auswahl anbieten.

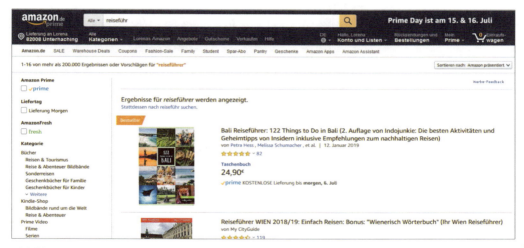

Abbildung 47.15 Den eingegebenen Suchbegriff »Reiseführ« korrigiert Amazon.de automatisch und bietet dem Nutzer die Treffer für den Suchbegriff »Reiseführer« an, weist dieses aber auch entsprechend oberhalb der Trefferliste aus.

So realisieren Sie eine nutzerfreundliche Suchfunktion

1. Platzieren Sie die Suchfunktion rechts oben auf Ihrer Desktop-Anwendung oder zumindest im Headerbereich.
2. Bieten Sie die Suchfunktion auf allen Seiten und immer an derselben Stelle an.
3. Bieten Sie dem Nutzer direkt das Eingabefeld an, und ergänzen Sie dieses durch einen Suchen-Button rechts vom Eingabefeld.
4. Wenn Sie anstelle des Suchen-Buttons die Lupe als eindeutiges Symbol für die Suche verwenden, wählen Sie eine schematische Darstellung.

5. Achten Sie darauf, dass immer der vollständige Inhalt der Webseite indiziert und dem Nutzer bei den Treffern ausgegeben wird.

6. Unterstützen Sie den Nutzer bei der Wahl eines sinnvollen Suchbegriffs, und geben Sie ihm Hinweise durch Vorbelegung des Suchfelds.

7. Bieten Sie dem Nutzer eine Vorschlagsfunktion an (oft *Autosuggest* oder auch *Autocomplete* genannt).

8. Ergänzen Sie die Suchtreffer zusätzlich zu einem eindeutigen Titel, einer aussagekräftigen Beschreibung sowie einem Bild durch sinnvolle Angaben (z. B. Preis bei einem Webshop mit Produkten).

9. Geben Sie dem Nutzer die Möglichkeit, seine Suchtreffer nach relevanten Kriterien (z. B. Preis aufsteigend, Art des Inhalts) zu sortieren.

10. Platzieren Sie oberhalb der Trefferliste eine gut sichtbare Angabe dazu, wie viele Treffer das Suchergebnis geliefert hat.

11. Bieten Sie eine gute Filterfunktion, um umfangreiche Suchergebnisse nach den Wünschen des Nutzers weiter einzugrenzen.

12. Bereiten Sie im Falle eines Nullergebnisses die Ergebnisseite gut auf, um den Nutzer auf Ihrer Site zu halten.

13. Integrieren Sie bei der Suche die Funktion einer Stammwort-Reduktion, um die Trefferausgabe fehlertoleranter bzw. flexibler zu gestalten.

14. Fangen Sie Tipp- oder Rechtschreibfehler ab, indem Sie dem Nutzer auf der Suchergebnisseite den korrekten Begriff direkt zur Auswahl anbieten.

47.8   Alternativen

Zu einer Suchfunktion gibt es keine echten Alternativen. Sie wird von den meisten Nutzern schlichtweg erwartet, wenn es sich nicht gerade um eine Anwendung mit wenigen Unterseiten handelt, die schnell über ein Menü erfasst werden kann.

Bevor Sie allerdings eine schlecht umgesetzte Volltextsuche in Ihre Anwendung integrieren, verzichten Sie lieber ganz darauf. Oder greifen Sie auf bestehende Widgets von etablierten Suchmaschinen zurück. Damit können Sie eine Suchbox in Ihrer Anwendung auf deren Technologiebasis integrieren.

Sollten Sie ganz auf eine Suchfunktion verzichten wollen, stecken Sie umso mehr Energie in Ihre Hauptnavigation als zentrales Navigationselement auf Ihrer Seite. Testen Sie die Begrifflichkeiten mit Nutzern, so dass diese auch ihrem mentalen Modell, also ihren Erwartungen zum Verhalten des Systems, entsprechen. Dadurch können Sie Sackgassen oder Irrwege der Nutzer vermeiden.

Kapitel 48

Filter und Facetten integrieren und positionieren

Große Datenmengen und anspruchsvolle Nutzer erfordern Lösungen für ein schnelles Auffinden gewünschter Inhalte auf Websites oder Apps. Filter/Facetten erlauben es, Suchergebnisse schnell zu überblicken und die Treffer auf die individuellen Bedürfnisse einzugrenzen.

In zahlreichen Anwendungen, insbesondere im Onlinehandel sowie bei jeglichen Suchtrefferlisten, sind inzwischen Filter und *Facetten* (auch *Facettensuche* oder *Facettennavigation* genannt) integriert. Mit diesen kann der Nutzer die Suchergebnisse nach verschiedenen Kriterien eingrenzen und/oder sortieren. Bei umfangreichen Daten, Produktpaletten oder einer umfassenden Artikelvielfalt ist es sinnvoll, dem Nutzer so die Möglichkeit zu geben, schnell zu den Inhalten zu gelangen, die seinen Interessen und Anforderungen entsprechen. Sind Filter/Facetten allerdings schlecht umgesetzt und wenig nutzerfreundlich gestaltet, helfen sie dem Nutzer nicht und können ihn sogar frustrieren. Lesen Sie daher, wie Sie Filter/Facetten gut strukturieren, sie optimal positionieren und gestalten.

48.1 Filter grenzen schnell ein, Facetten unterstützen bei der Suche

Filter grenzen Inhalte einer Website (z. B. Produkte in einem Shop oder Suchtreffer einer Volltextsuche) ein und selektieren diese mit bestimmten Kriterien. Dabei gibt es verschiedene Vorgehensweisen, dies zu tun – eine davon ist die *Facettensuche*.

Während bei einer *hierarchischen Filterung* Suchtreffer schrittweise eingeschränkt werden (auch *Drill-down* genannt) und dann auf die Unterkategorien anderer Filterkriterien nicht mehr zugegriffen werden kann, bleibt dies dem Nutzer bei einer *Facettensuche* offen. Bei dieser können mehrere Filtereinschränkungen aus verschiedenen Kriterienkatalogen parallel getroffen und einzeln wieder aufgehoben werden. Das heißt, die Filterkategorien sind unabhängig voneinander, und bei jeglicher Filterung wird wieder der gesamte Datenbestand durchsucht statt – wie bei der *hierarchischen Filterung* – nur noch der jeweils verbleibende Datenbestand.

Das klingt komplizierter, als es ist. Ein Beispiel: Ein digitaler Produktkatalog eines Onlineshops für Sportbekleidung enthält Datensätze zu verschiedenen Outdoorjacken mit Angaben zu Art der Jacke, Geschlecht des Käufers, Größe, Marke, Preis, Farbe und einzelnen weiteren Kriterien (siehe Abbildung 48.1). Während das Kriterium »Art der Jacke« in Form eines hierarchischen Filters selektiert werden kann (also entweder Fleecejacken oder Softshelljacken oder Freizeitjacken etc.), sind die weiteren Kriterien als Facetten realisiert. Wählt man also eine Jackenart (z. B. Fleecejacken) aus, wird die Menge der Datensätze auf diese beschränkt. Die ausgewählten Facetten werden dann nur noch auf die Produkte dieser Jackenart angewandt (siehe Abbildung 48.2). Der Nutzer kann somit alle Fleecejacken nach einer bestimmten Jacke durchsuchen, die seinen individuellen Kriterien entspricht. Er setzt also die Filter entsprechend und sucht beispielsweise nach einer Jacke in den Größen M und L, in den Farben Grün oder Türkis, die nicht mehr als 160 Euro kostet (siehe Abbildung 48.3 und Abbildung 48.4).

Abbildung 48.1 Eine umfangreiche Auswahl an Kriterien findet sich im linken Seitenbereich; rechts werden die Produkte angezeigt. Im Beispiel sind noch keine Filter gesetzt.

48.1 Filter grenzen schnell ein, Facetten unterstützen bei der Suche

Abbildung 48.2 Die Produktpalette wurde auf eine Unterkategorie (hier: Fleecejacken im Bereich aller Outdoorjacken) eingegrenzt. Bei Auswahl einer anderen Unterkategorie würde die Kategorie Fleecejacken wieder verworfen.

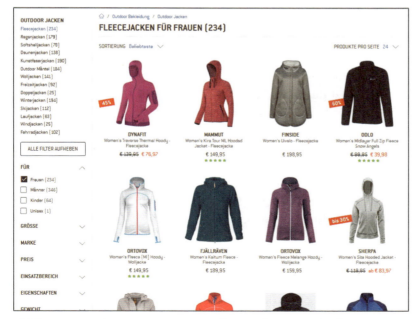

Abbildung 48.3 Eine erste Eingrenzung (hier: auf Frauenjacken) grenzt das Suchergebnis innerhalb der Fleecejacken ein.

48 Filter und Facetten integrieren und positionieren

Abbildung 48.4 Weitere Kriterien grenzen das Suchergebnis weiter ein. In diesem Fall können mehrere Kriterien in den Kategorien ausgewählt werden – eine Facettensuche nach mehreren Größen und Farben innerhalb der vorherigen Auswahl.

Typischerweise bietet eine *Facettensuche* deutlich umfangreichere Kriterienkataloge, um den gewünschten Inhalt einzugrenzen, als dies bei einer *hierarchischen Suche* möglich ist. Dies ist durch die Vorgehensweise bedingt: Bei einer *hierarchischen Filterung* werden die Suchergebnisse sehr schnell heruntergebrochen und auf eine überschaubare Anzahl an Treffern eingegrenzt. Um Nullergebnisse zu vermeiden, können Sie demnach nicht allzu viele Filterkriterien anbieten. Ganz anders läuft es bei einer *Facettensuche* ab. Bei diesem Vorgehen kann der Nutzer die Treffermenge durch Auswahl weiterer Kriterien sogar wieder erhöhen, da alle Treffer dieses neuen Kriteriums zusätzlich angezeigt werden. Er kann so lange fortfahren, bis er alle für sich relevanten Kriterien ausgewählt hat.

48.2 Unerlässlich im Onlinehandel und auch sonst weitverbreitet

Der sicherlich häufigste Anwendungsbereich für Filter/Facetten ist im Onlinehandel das Durchsuchen und Eingrenzen einer Produktpalette. Auch Suchmaschinen und Metasuchen zu bestimmten Themen (z. B. Reisen) greifen ebenso auf unterschiedlichste Filterfunktionen zurück wie Volltextsuchen auf Portalen zur Filterung von Suchergebnissen jeglicher Art (siehe dazu auch Kapitel 47, »Suchfunktionen zielführend gestalten«). Weitere Anwendungsgebiete sind beispielsweise Nachrichtenportale, Blogs oder sonstige Portale mit einer großen Anzahl an Artikeln, die nach passenden Themen kategorisiert bzw. mit so genannten *Tags* (Schlagwörter) versehen werden und über diese dann gefiltert und durchsucht werden können (siehe Abbildung 48.5).

Abbildung 48.5 Rechts stehen unter Blogthemen die Schlagwörter oder Tags, nach denen die Blogartikel gefiltert werden können.

Eine *Filternavigation* oder *Facettensuche* sollten Sie erst ab einer bestimmten Datenmenge (Sortimentsgröße, Produktmenge, Artikelanzahl etc.) integrieren. Solange der Nutzer Ihre Produkte ohne mehrfaches Nachladen oder Durchblättern von Seiten sichten und sich einen Überblick verschaffen kann, benötigen Sie in der Regel keine Filterung. In diesem Fall würden Sie den Nutzer sogar unnötig verwirren oder gar frustrieren, da er bei Auswahl der Filter schnell auf Nullergebnisse stößt. Für größere Sortimente, die sinnvoll nach verschiedenen Dimensionen wie z. B. Größe, Farbe, Material und Preis differenziert werden können, ohne dass Nullergebnisse beim Filtern entstehen, ist die *Filternavigation* oder *Facettensuche* sinnvoll.

48.3 Tipps für die Auswahl und Benennung von Filtern/Facetten

Von zentraler Bedeutung bei der erfolgreichen Umsetzung von Filtern/Facetten sind deren Auswahl, Strukturierung sowie die Benennung der Kategorien, Attribute und angrenzenden Labels (z. B. zum Anwenden oder Zurücksetzen der Filter). Nutzer sollten an keiner Stelle über die Begrifflichkeiten stolpern oder nachdenken müssen, sonst droht der Abbruch oder Wechsel auf eine Mitbewerber-Site. Insofern sollten Sie sich vor der Gestaltung, Positionierung und technischen Umsetzung stets mit der dahinterliegenden Informationsarchitektur beschäftigen.

48.3.1 Filterkriterien sinnvoll auswählen und strukturieren

Bei der Überlegung, welche (Filter-)Attribute als Filterkriterien sinnvoll sind, können Sie mehrere Wege einschlagen. Mit Methoden wie einer klassischen (Online-)Kundenbefragung oder einem *Card Sorting* (siehe Kapitel 13, »Card Sorting – Entwicklung der Informationsarchitektur«) mit ausgewählten Nutzern finden Sie deren *mentale Modelle* heraus. Das heißt, Sie erfahren, welche Denk- und Ordnungsstrukturen die Nutzer im Kopf haben und welche Sortierung sie erwarten. Bereits fünf oder sechs Interviews können ausreichen und stärken Sie in dem Wissen über die Herangehensweise Ihrer Nutzer. Oder spielen Sie relevante Anwendungsfälle/*Nutzungsszenarien* auf Basis zuvor definierter *Personas* durch (siehe Kapitel 11, »Personas – aus Erkenntnissen prototypische Nutzer entwickeln«). Alternativ kann Ihnen auch ein Blick in Ihr Webanalyse-Tool oder ein Benchmark mit Ihren Mitbewerbern Aufschluss geben. Sie sollten auf jeden Fall eine Analyse der Suchanfragen Ihrer Nutzer durchführen und die häufigsten Keywords heranziehen. Diese Suchwörter oder -phrasen geben Ihnen Aufschluss darüber, wie Ihre Nutzer suchen, welche Wörter sie benutzen und welche Wörter als Kategorie demnach naheliegend sind. Im Übrigen auch eine hervorragende Vorgehensweise im Hinblick auf die Suchmaschinenoptimierung Ihrer Anwendung.

Auf dieser Grundlage lassen sich die passenden Keywords/Begrifflichkeiten gemäß den Nutzerbedürfnissen auswählen, strukturieren und gruppieren. Achten Sie bei dieser inhaltlichen Ausarbeitung unbedingt auf folgende Aspekte:

▶ **Gruppierung**: Fassen Sie die ausgewählten Attribute bzw. Produkteigenschaften sinnvoll zusammen, und weisen Sie diesen Kategorien eindeutige Begriffe zu. Filterkategorien wie beispielsweise »Eigenschaften« und »Material« liegen sehr nah beieinander; Nutzern könnte der Unterschied nicht sofort klar sein (siehe Abbildung 48.6).

▶ **Anzahl/Umfang**: Bilden Sie Gruppierungen, die eine ähnlich große Anzahl an Attributen aufweisen. Zu viele Kriterien in einer Kategorie sind schwer zu überblicken; zu wenige wirken schnell überflüssig. Kategorien sollten nicht mehr als 15 Filterattribute umfassen. Um den Nutzer nicht zu erschlagen, machen Sie pro Kategorie maximal 5 bis 6 Attribute sichtbar und bieten dem Nutzer die Möglichkeit, sich alle Attribute anzeigen zu lassen.

► **Redundanzen**: Vermeiden Sie Wiederholungen bei den Filterkriterien, und achten Sie darauf, dass sich Gruppierungen nicht überschneiden.

► **Reihenfolge**: Ordnen Sie die definierten Kategorien in einer Reihenfolge an, die der Relevanz und der Ordnungsstruktur des Nutzers entspricht. Bedenken Sie dabei, dass – je nach Umfang der Filter – beim initialen Aufruf der Seite nicht alle im sichtbaren Bereich sind. Weniger wichtige Filterkategorien können Sie anfangs auch eingeklappt darstellen, um für mehr Übersichtlichkeit in den Filtern zu sorgen.

48.3.2 Filterkriterien selbsterklärend benennen

Die Verständlichkeit und Eindeutigkeit der Begrifflichkeiten ist von großer Bedeutung für den Erfolg Ihrer Facettensuche/Filternavigation. Je umfangreicher die zu filternden Inhalte (Produkte, Artikel etc.) sind, desto selbsterklärender sollten die Kategorien und Attribute benannt sein.

Wählen Sie kurze Begriffe in der Grundform (z. B. Farbe) anstelle von zusammengesetzten Wörtern (z. B. Farbauswahl), und vermeiden Sie Handlungsaufforderungen, die unnötige Verben beinhalten (z. B. Farben auswählen). Beschriftungen sollten nicht missverständlich gewählt sein, so dass der Nutzer stutzig werden könnte. So sind beispielsweise »Filter zurücksetzen« oder »Filter aufheben« besser als »Filter löschen«.

Weitere Hinweise zur optimalen Formulierung von Beschriftungen finden Sie in Kapitel 41, »Labels und Auszeichnungen formulieren und positionieren«.

48.4 Tipps für die Gestaltung von Filtern/Facetten

Bei der Gestaltung einer Filternavigation oder Facettensuche sind verschiedene Aspekte zu berücksichtigen. Neben der Positionierung auf der Seite und der Gestaltung der Filter-/Facettenelemente selbst ist es enorm wichtig, dem Nutzer durch die Gestaltung den Mechanismus der Filter/Facetten kenntlich zu machen. Dazu gehört auch, dass dieser versteht, welche Filter bereits ausgewählt sind und wie er sie wieder aufheben kann.

48.4.1 Erwartungskonform positionieren

Sie können die Filternavigation bzw. Facettensuche bei Desktop-Anwendungen an zwei verschiedenen Positionen platzieren: links im Inhaltsbereich oder horizontal angeordnet oberhalb der Treffer. Letztere Position hat den Vorteil, dass die Elemente hier eine hohe Aufmerksamkeit erhalten (siehe Abbildung 48.7). Allerdings werden dadurch je nach Umfang der Filterfunktionalitäten die Ergebnisse weiter nach unten und damit außerhalb des sichtbaren Bereichs geschoben. Hier punktet die Positionierung links. Sie ist auch erwartungskonform für den Nutzer.

Abbildung 48.6 Zalando hat links die Kategorien und die Unternavigation und oberhalb der Treffermenge weitere Filter wie Farbe, Preis und Größe positioniert. Im sichtbaren Bereich sind dadurch lediglich die ersten drei Treffer zu erahnen.

Die optimale Umsetzung für mobile Endgeräte sieht aufgrund der geringen Auflösung etwas anders aus als beim Desktop:

▶ Die Ergebnislisten nehmen auf mobilen Endgeräten die gesamte Screenfläche in der Breite ein, so dass die Filter dort keinen Platz mehr finden. Zeigen Sie die Filter daher nicht initial an, sondern machen Sie sie über ein entsprechendes Menüelement aufrufbar (siehe Button FILTER rechts oben in der App von Amazon in Abbildung 48.8).

▶ Realisieren Sie die Filter/Facetten als Overlay (erscheint) oder Off-Canvas-Element (schiebt sich von rechts hinein), das sich auf der rechten Seite über die Ergebnisliste legt. Die Ergebnisse sollten im Hintergrund immer noch sichtbar sein. Dunkeln Sie diese ab, um eine bessere Wahrnehmung der Filter zu gewährleisten. So machen Sie die Anpassung der Ergebnisse nach Auswahl eines oder mehrerer Filter für den Nutzer sichtbar (siehe Abbildung 48.8).

48.4 Tipps für die Gestaltung von Filtern/Facetten

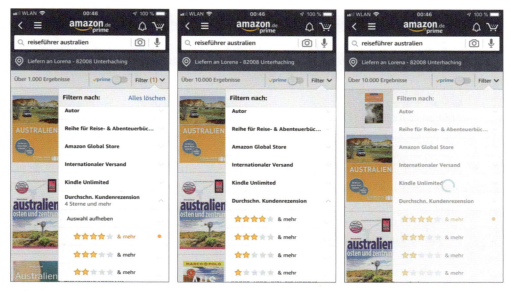

Abbildung 48.7 Amazon realisiert die Filternavigation in seiner App als Overlay, aufrufbar über den Button »Filter« rechts oberhalb der Ergebnisliste. Die Ergebnisliste im Hintergrund ist noch sichtbar, wenn auch abgedunkelt. Die Auswirkung durch gesetzte Filter ist für den Nutzer so weiterhin sichtbar.

48.4.2 Filtermechanismus kenntlich machen

Das Verständnis dafür, wie Filter gesetzt werden, wird maßgeblich durch die Gestaltung beeinflusst. Essenziell wichtig ist, dass der Nutzer auch versteht, ob es sich um einen *hierarchischen Filtermechanismus* (*Drill-down-Mechanismus*, siehe Abschnitt 48.1) handelt oder ob es eine *Facettensuche* ist, bei der zahlreiche Attribute ausgewählt und parallel gesetzt werden können. Einfache Textlinks kennzeichnen in der Regel, dass es sich um hierarchische Filter (z. B. Unterkategorien wie Fleecejacken) handelt. Der Nutzer kann jeweils nur einen der Textlinks anklicken. Checkboxen signalisieren, dass eine Mehrfachauswahl möglich ist, und sind daher die beste Wahl, um Facetten auszuweisen. Dies ist ein gelerntes Verhalten und hat sich so etabliert. Weitere typische Filterelemente haben sich darüber hinaus durchgesetzt:

- Schieberegler bzw. *Slider* sind beispielsweise für die Eingrenzung von Minimal- und Maximalpreisen bei Onlineshops oder für die Angabe von gewünschten Zimmern bei einer Immobiliensuche nützlich. Bieten Sie dem Nutzer ergänzend zwei Eingabefelder an, über die er den Minimal- und Maximalwert eintippen kann. Dies kann gerade auch auf mobilen Endgeräten die Eingabe erleichtern.

Abbildung 48.8 Ein Schieberegler zur Eingrenzung auf einen bestimmten Preisbereich, ergänzt durch Eingabefelder zum Eintippen der Werte (bergfreunde.de)

▶ Die Auswahl einer gewünschten Farbe ist weit verbreitet in Onlineshops (z. B. für Mode, Schuhe, Gebrauchsgegenstände). Erleichtern Sie dem Nutzer die Auswahl, indem Sie statt Textlinks Felder in der jeweiligen Farbe anbieten. Zeigen Sie bei Mouseover über ein solches Feld den Namen der Farbe an, vor allem wenn Sie eine sehr differenzierte Farbpalette anbieten.

Abbildung 48.9 Farbpalette mit farbigen Flächen zur Auswahl im Onlineshop von Sportscheck. Bei Mouseover werden die Farbbezeichnung sowie die verfügbaren Treffer angezeigt.

▶ Nutzen Sie so viele gelernte Elemente wie möglich. Falls Sie dem Nutzer eine Eingrenzung nach Bewertungen anbieten, greifen Sie auf die Darstellung mit der Sternskala zurück. Diese ist nicht nur gelernt, sondern auch aufmerksamkeitsstärker und damit schneller erfassbar.

Abbildung 48.10 Die Auswahl von Treffern anhand von Kundenbewertungen, wie sie Amazon anbietet. Hier sind keine Checkboxen vorhanden, da die Auswahl immer nur einer Option Sinn macht.

48.4.3 Filter/Facetten nutzerfreundlich gestalten

Neben den zuvor erwähnten Aspekten zur Gestaltung sollten Sie folgende Hinweise berücksichtigen, um der Erwartung und dem gelernten Verhalten der Nutzer gerecht zu werden:

▶ Kennzeichnen Sie die jeweilige Treffermenge in Klammern hinter dem jeweiligen Attribut. So bekommt der Nutzer ein Gefühl dafür, was ihn bei den Ergebnissen erwartet.

▶ Stellen Sie mindestens die erste Filter-/Facettenkategorie ausgeklappt bzw. geöffnet dar. Zeigen Sie bei umfangreichen Attributen die ersten fünf bis sechs Filterkriterien an, und machen Sie alle weiteren über einen Textlink zugänglich (siehe Abbildung 48.6). Tests haben gezeigt, dass die Nutzungswahrscheinlichkeit deutlich niedriger ist, wenn die einzelnen Filterkriterien nicht sichtbar sind und nur die jeweilige Kategorie angezeigt wird.

▶ Bei einer hierarchischen Filterung kann es vorkommen, dass Filterkriterien in der verbleibenden Ergebnismenge nicht mehr relevant sind, weil keiner der übrigen Treffer dieses Attribut hat. Bei Auswahl dieser Filterkriterien wäre ein Nullergebnis die Folge. Blenden Sie daher solche Kriterien komplett aus, oder stellen Sie sie als inaktiv dar.

▶ Trennen Sie die einzelnen Filtergruppen/Kategorien optisch voneinander, damit der Nutzer diese leichter und schneller erfassen kann. Dies kann – abhängig vom gesamten Design der Website – durch Hervorheben der Titel der Filterkategorien erfolgen (z. B. durch Fettsetzen oder farbliches Hinterlegen) oder aber durch feine Trennstriche.

48.4.4 Filter auswählen und zurücksetzen

Das Auswählen und Zurücksetzen von Filterkriterien/Facetten ist sicherlich die zentrale Funktionalität, und entsprechend wichtig ist es, dem Nutzer diese Interaktionen eindeutig und klar zu signalisieren:

▶ Heben Sie nach Auswahl eines Filterkriteriums dieses optisch in der Filternavigation hervor. Bei einem hierarchischen Filterelement, das als Textlink realisiert ist, setzen Sie diesen Textlink fett oder hinterlegen Sie ihn farblich. Im Falle einer Facette, die in der Regel durch eine Checkbox auswählbar ist, ist der Zustand durch das X in der Checkbox ersichtlich.

▶ Zusätzlich sollten Sie die ausgewählten Kriterien oberhalb der Treffermenge in Form eines Buttons mit einem X zum Zurücksetzen des Filterwerts anzeigen. Der Nutzer sieht damit immer seine Auswahl, ohne die gesamte Filternavigation durchzugehen, und kann per Klick seine Auswahl anpassen (siehe Abbildung 48.11). Ergänzend zu dieser Auflistung der Filterauswahl sollten Sie dem Nutzer die Möglichkeit anbieten, alle Filter auf einmal zurückzusetzen (siehe Abbildung 48.7).

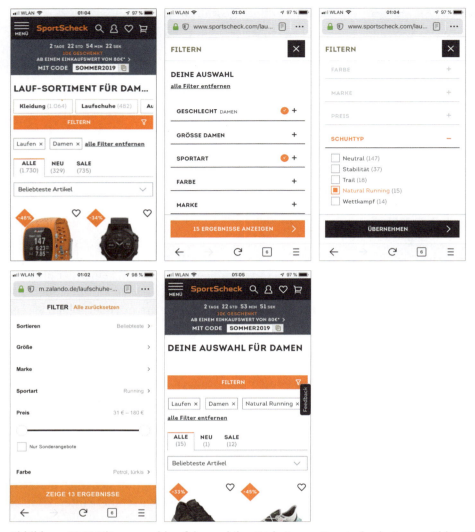

Abbildung 48.11 Filterauswahl auf der mobilen Website von Sportscheck: Ausgewählte Filter werden im geöffneten Filtermenü direkt bei der Kategorie und bei geschlossener Filternavigation oberhalb der Trefferliste angezeigt.

Aufgrund der Screengröße müssen Sie im mobilen Kontext die Gestaltung etwas anpassen:

▶ Da Sie in der mobilen Ausgabe die Filternavigation nicht dauerhaft geöffnet darstellen können, signalisiert eine Zahl beim Menüpunkt FILTER, wie viele Filter bereits ausgewählt wurden (siehe Abbildung 48.8). Nach Öffnen des Filtermenüs kann der Nutzer dann die gewählten Filter im Detail prüfen und anpassen.

48.4 Tipps für die Gestaltung von Filtern/Facetten

▶ Mangels Platz auf dem mobilen Screen können Sie zum Zurücksetzen der Filter anstelle der einzelnen gelisteten Filter oberhalb der Trefferliste auch dazu übergehen, nach Auswahl eines Filterkriteriums in der Attributliste die Option »alle [Filterkategorie]« zu ergänzen. So kann der Nutzer mit einem Klick die Filter dieser Kategorie zurücksetzen.

So setzen Sie Filter/Facetten nutzerfreundlich um

1. Fassen Sie die ausgewählten Attribute bzw. Produkteigenschaften sinnvoll zusammen, und weisen Sie diesen Kategorien eindeutige Begriffe zu.

2. Bilden Sie Gruppierungen, die eine ähnlich große Anzahl an Attributen aufweisen. Um den Nutzer nicht zu erschlagen, machen Sie pro Kategorie maximal fünf bis sechs Attribute sichtbar und bieten dem Nutzer die Möglichkeit, sich alle Attribute anzeigen zu lassen.

3. Vermeiden Sie Wiederholungen bei den Filterkriterien, und achten Sie darauf, dass sich Gruppierungen nicht überschneiden.

4. Ordnen Sie die definierten Kategorien in einer Reihenfolge an, die der Relevanz und der Ordnungsstruktur des Nutzers entspricht.

5. Wählen Sie für die Filterbenennung kurze Begriffe in der Grundform (z. B. Farbe) anstelle von zusammengesetzten Wörtern (z. B. Farbauswahl), und vermeiden Sie Handlungsaufforderungen, die unnötige Verben beinhalten (z. B. Farben auswählen).

6. Die Positionierung der Filternavigation/Facettensuche links neben der Trefferliste ist für die meisten Nutzer erwartungskonform.

7. Machen Sie die Filter auf mobilen Screens über ein eigenes Menüelement aufrufbar. Realisieren Sie die Filter/Facetten als Overlay (erscheint) oder Off-Canvas-Element (schiebt sich von rechts hinein), das sich auf der rechten Seite über die Ergebnisliste legt. Die Ergebnisse sollten im Hintergrund immer noch sichtbar sein.

8. Einfache Textlinks kennzeichnen in der Regel, dass es sich um hierarchische Filter (z. B. Unterkategorien wie Fleecejacken) handelt. Der Nutzer kann jeweils nur einen der Textlinks anklicken. Checkboxen signalisieren, dass eine Mehrfachauswahl möglich ist, und sind daher die beste Wahl, um Facetten auszuweisen.

9. Geben Sie die jeweilige Treffermenge in Klammern hinter dem jeweiligen Attribut an.

10. Stellen Sie mindestens die erste Filter-/Facettenkategorie ausgeklappt bzw. geöffnet dar. Zeigen Sie bei umfangreichen Attributen die ersten fünf bis sechs Filterkriterien an, und machen Sie alle weiteren über einen Textlink zugänglich.

11. Zeigen Sie die ausgewählten Kriterien oberhalb der Treffermenge in Form eines Buttons mit einem X zum Zurücksetzen des Filterwerts an.

Kapitel 49

Design-Systeme,
Styleguides & Pattern Libraries

*Die Berücksichtigung von Standards im Webdesign bietet Vorteile –
vor allem Konsistenz und damit Orientierung für den Nutzer. Damit
Ihre Anwendung in sich konsistent bleibt, sind Design-Systeme mit
Styleguides und Pattern Libraries hilfreich.*

Standards helfen ihren Nutzern. Standards entstehen, indem sich Funktionalitäten
in vielen Anwendungen durchsetzen, und vom Nutzer deshalb sofort verstanden
und in der gleichen Art und Weise bedient werden. So sind beispielsweise – um nur
ein paar zu nennen – Links in der Regel unterstrichen, Suchfunktionen standardmäßig rechts oben und Logos links oben platziert. Bei Checkboxen können mehrere ausgewählt werden, während bei Radiobuttons immer nur einer pro Gruppe aktivierbar
ist. Standards unterstützen Nutzer also dabei, sich schnell auf Websites oder in Apps
zurechtzufinden, Funktionsweisen von Elementen direkt zu verstehen und nicht
unnötig Zeit damit zu verbringen, sich mit unbekannten Bedienelementen zu
beschäftigen.

Standards sind die Grundlage für *Styleguides*, *Pattern Libraries* und letztlich *Design-Systeme* (mehr dazu in Abschnitt 49.2, »Wie unterscheiden sich Design-System,
Styleguide und Pattern Library?«). Alle drei dieser Dokumentationsformen sind allerdings unternehmens- bzw. produktspezifisch und bilden den Rahmen für Ge-
staltungs- und Entwicklungsprozesse im Unternehmen.

Standards sollen gleichzeitig keine Innovationen verhindern und nicht zu stark einschränken. Daher ist es wichtig, dass sie sich mit neuen Technologien und verändertem Nutzerverhalten weiterentwickeln. Sie sollen zudem dem Team den notwendigen Freiraum lassen.

49.1 Standards berücksichtigen

Berücksichtigen Sie Standards im Web-/App-Design bei der Entwicklung Ihrer Anwendung. Nutzer möchten, dass Ihre Anwendung genauso funktioniert wie all die
anderen Anwendungen, die sie bereits kennen. So wie der dänische Usability-Ex-

perte Jakob Nielsen es treffend in dem nach ihm benannten *Jakob's Law of the Web User Experience* zusammenfasst: »Nutzer verbringen die meiste Zeit auf anderen Websites.« Nutzer gewöhnen sich an die vorherrschenden Designstandards und -konventionen und bringen beim Nutzen Ihrer Anwendung entsprechende Erwartungen an die Bedienung mit. Weicht Ihre Anwendung in wesentlichen Teilen davon ab, wird sie für Ihre Nutzer schwieriger zu bedienen.

Aus diesem Grund gehören »Konsistenz und Standards« auch zu den zehn Usability-Guidelines von Nielsen (siehe Kapitel 2, »Erkenntnisse aus Studien, Forschung und Projekten liefern Fakten«). Sie fordern einen konsistenten Gebrauch von Terminologie, Bildsprache, Symbolen und sonstigen wiederkehrenden Elementen innerhalb einer Anwendung.

> **Wichtige Human/User Interface Guidelines**
>
> Bekannte Unternehmen wie Google, Apple und Microsoft prägen Nutzererwartungen und Interaktionsmuster durch ihre Plattformen und Betriebssysteme stark. Allein schon aus diesem Grund sollten Sie einen Blick in deren Human Interface Guidelines werfen:
>
> - Google Material Design
> - Apple iOS Human Interface Guidelines
> - Microsoft Universal Platform Design
>
> Diese drei Vorgaben sind die Grundlage für das, was Nutzer an interaktiven Elementen heute erwarten und am häufigsten benutzen.

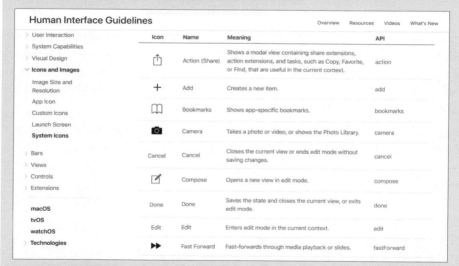

Abbildung 49.1 Auszug aus Apples iOS Human Interface Guidelines. Eine Auswahl an weitverbreiteten Icons, die für Interaktionen wie Suchen oder das Abspielen von Videos generell verwendet werden.

49.1.1   Warum Standards Sinn machen

Der Sinn von Standards ist es also, Nutzern das Leben zu erleichtern. Ist Ihre Anwendung konsistent – in der Art, zu interagieren, zu navigieren oder Aktionen durchzuführen –, stellt sie damit sicher, dass Ihre Nutzer nicht permanent neu dazulernen und sich umstellen müssen. Weichen Sie davon ab, beispielsweise aufgrund einer Entscheidung, die im visuellen Design Ihrer Anwendung begründet liegt, müssen Sie gut abwägen (und idealerweise testen), ob Sie damit Nutzer frustrieren oder irritieren. Ist das der Fall, besteht die Gefahr, dass Nutzer Ihre Anwendung verlassen und nicht wiederkehren. Vermeiden Sie daher Abweichungen von oder Brüche mit allgemeinen Webdesign-Standards sowie Inkonsistenzen innerhalb Ihrer Anwendung.

Aber nicht nur die Nutzerzufriedenheit sollte Sie motivieren, sich an Standards zu halten. Auch unternehmerisch macht es Sinn. Anstelle einzelner Seiten und Individualentwicklungen werden bei einer zeitgemäßen Website einheitliche Seiten-Templates und Elemente programmiert, die dann innerhalb Ihrer Anwendung mehrfach verwendet werden. So machen Standards auch den Betrieb, die Wartung und die Redaktion einer Website einfacher und sparen Zeit und Geld. Zeit, die Sie für den Feinschliff Ihrer Anwendung investieren können oder dafür, sich neuen Herausforderungen zu stellen.

49.1.2   Wie Sie Konsistenz in Ihrer Anwendung erreichen

Wie genau setzen Sie Ihre Anwendung nun um, so dass sie konsistent ist und Standards berücksichtigt? Setzen Sie früh in der Konzeption Ihrer Anwendung an. Es geht im Wesentlichen um die grundlegenden Entscheidungen auf übergreifender Ebene, also um die Wahl der Formulierungen (*Wording*), um die Art der Gestaltung grafischer Elemente und deren konsequente Umsetzung auf der Seite sowie die Seitenstruktur und Navigationslogik.

Formulierungen (Wording)

Bedenken Sie, dass Sie die Formulierungen für wiederkehrende Interaktionen (z. B. Login, Registrierung) sowie die Sprache Ihrer Anwendung (z. B. direkte Ansprache der Nutzer, Sie versus Du) konsequent einheitlich halten. Auf allen Buttons und Navigationspunkten sollten Begriffe konsistent verwendet werden. Ansonsten stolpert der Nutzer darüber und fragt sich, ob hier andere Funktionalität dahintersteht. Beispiel: »Ist mit *Login* etwas Anderes gemeint als mit *Anmelden*?«

Grafische Elemente

Prüfen Sie, falls nicht ohnehin bekannt, ob es bestehende Standards für grafische Elemente gibt, die Sie verwenden möchten. Elemente und deren Funktionalität wie *Radiobuttons*, *Checkboxen*, zahlreiche *Icons* (siehe Kapitel 38, »Icons aussagekräftig auswählen«) oder auch eine Suchfunktion sind von den Nutzern gelernt. In zahlreichen Kapiteln in diesem Buch finden Sie hier konkrete Anhaltspunkte. Machen Sie die von Ihnen letztlich definierten Elemente allen Projektbeteiligten bzw. Produktteams in Ihrem Unternehmen zugänglich, z. B. in Form einer Pattern Library (siehe Abschnitt 49.2.2, »Was ist eine Pattern Library?«).

Layout und Seitenstruktur

Benutzeroberflächen folgen bestimmten Mustern, die sich in der Seitenstruktur und dem Gesamtlayout widerspiegeln. Diese Muster verändern sich mit der Zeit und mit verändertem Nutzerverhalten. Dies sind meist aber schleichende Prozesse, denen sich auch die *mentalen Modelle* der Nutzer anpassen (müssen). Bedenken Sie demnach bei der Gestaltung, dass Nutzer eine feste Vorstellung davon haben, an welchen Stellen Elemente angeordnet sind (siehe Kapitel 27, »Ordnung auf den Seiten – Gestaltungsraster und responsives Design«).

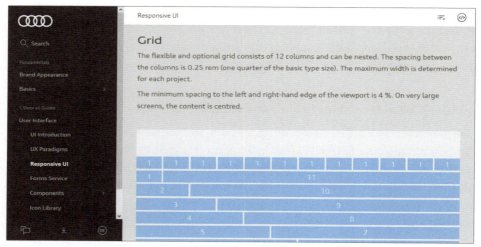

Abbildung 49.2 Audi geht in seinen CI-Guidelines stark auf die Marke und die Darstellung in verschiedenen Ausgabeformaten ein, zeigt aber auch sehr praktische Richtlinien wie das Grid (Raster), das der Website zugrunde liegt.

Visuelles Erscheinungsbild

Das visuelle Erscheinungsbild Ihrer Website sollte über verschiedene Anwendungen hinweg einheitlich gestaltet sein. Auch das hat Wiedererkennungswert und ist Orientierungshilfe für den Nutzer. Dazu gehören neben der Schriftart, den Farben und dem Hintergrund auch alle zentralen Funktionalitäten und Elemente. Zusammen sollten sie eine harmonische und in sich konsistente Gestaltung ergeben. Um dies zu dokumentieren, ist ein Styleguide sinnvoll – gerade auch bei großen Anwendungen für alle Teams, die an der Entwicklung beteiligt sind.

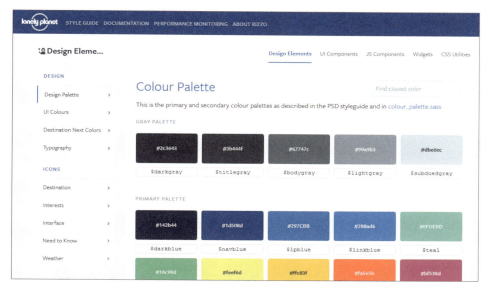

Abbildung 49.3 Lonely Planet hat eine sehr umfassende Farbpalette für seine unterschiedlichen Produktlinien sowie Destinationen, unterschieden nach Web und App.

49.2 Wie unterscheiden sich Design-System, Styleguide und Pattern Library?

Standards sind die Grundlage für *Design-Systeme*, *Styleguides* und *Pattern Libraries*, also für Richtlinien zur Gestaltung von (digitalen) Anwendungen. Manchmal hört man auch andere Begriffe wie *Design Patterns*, *UI Patterns*, *UI Toolkit*, *UI Guidelines* – um ein paar zu nennen. Häufig werden diese Begriffe identisch verwendet. Tatsächlich unterscheiden sich einige von ihnen jedoch in ihrer Ausrichtung und ihrem Umfang voneinander. Gemeinsam haben sie, dass sie die Leistung des Teams verbessern. Sie ermöglichen eine effiziente und klare Kommunikation und helfen dabei, dass alle Projektbeteiligten ein gemeinsames Verständnis der Nutzeroberfläche haben. Damit beugen sie Missverständnissen vor. Und nicht zuletzt helfen sie auch neuen Teammitgliedern, sich schnell zurechtzufinden und richtlinienkonform zu arbeiten.

49.2.1 Was ist ein Styleguide?

Ein Styleguide ist eine allgemeine Beschreibung der Gestaltungsgrundlagen und legt fest, wie das Gesicht des Unternehmens bzw. der Anwendung aussieht. Damit wird eine konsistente Gestaltung erreicht und das Wiedererkennen sichergestellt. Er ist eher statisch und ein in sich abgeschlossenes Dokument.

Ein Styleguide beschreibt unter anderem:

- Typografie mit Vorgaben zu Schriftarten und -größen, Abständen, Verwendungsarten (H1, Titel, Fließtext, Bildunterschriften etc.)
- Farben bzw. Farbpalette mit passenden Angaben (für digitale Web-Anwendungen als HEX-Code, für iOS-Apps als UIColor) inklusive Hinweis auf den Kontext für die Verwendung
- (Gestaltungs-)Raster, Grid System
- Bildsprache & Icons

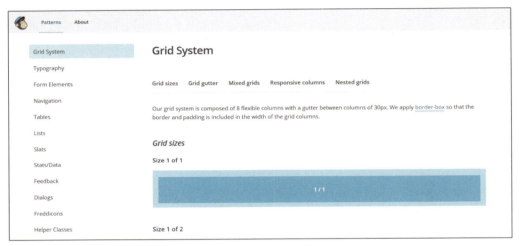

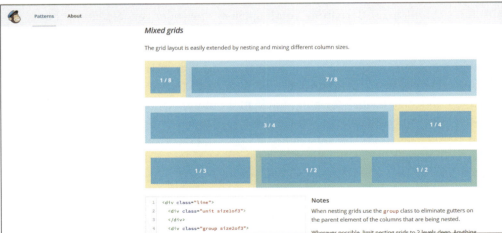

Abbildung 49.4 Mailchimp definiert in seinem Styleguide genau mögliche Layoutoptionen auf Basis eines Grids (Rasters).

Styleguides gibt es schon länger als das Web, sie wurden (und werden) benutzt, um das Aussehen von Drucksachen wie Broschüren, Kataloge, Briefpapier, Logos, Verpackungen festzulegen. Der Styleguide ist damit eng verwandt mit dem Corporate Design Manual (CD Manual). Häufig fällt in diesem Kontext auch der Begriff des noch weiter gefassten Corporate Image (CI). Das Corporate Image gibt nicht nur Visuelles vor, sondern umfasst auch Aspekte von Text und Marke. Kurzum, wie man sich nach außen hin präsentiert und welches Image man der Öffentlichkeit vermitteln will. Verglichen mit dem CD Manual aber ist der Styleguide in der Regel detaillierter und auf ein oder mehrere spezielle Anwendungen fokussiert.

Neben dem »klassischen« Styleguide gibt es noch den *Living Styleguide*. Er enthält die gleichen Elemente wie ein Styleguide, ist aber – wie der Name schon sagt – ein lebendes Dokument, das mit der Weiterentwicklung der Anwendung erweitert, aktualisiert und erneuert wird. Der Fokus liegt in der Regel weiterhin auf dem visuellen Erscheinungsbild, die Grenzen zu einer Pattern Library sind aber fließend.

49.2.2 Was ist eine Pattern Library?

Ein Design Pattern ist ein Element einer digitalen Anwendung, das innerhalb dieser Anwendung (oder bei Produktfamilien in mehreren Anwendungen) wiederholt auftreten kann. Ein (Design-)Pattern ist aber nicht nur das Bild eines Buttons, sondern es beschreibt, wie interaktive Elemente auf der Website funktionieren. Das Paradebeispiel für ein Pattern ist der Button. Dieser kommt in Anwendungen in der Regel in unterschiedlichem Kontext (Kontaktformular, Suche, Login) und mit unterschiedlichen Inhalten (»Absenden«, »Suchen«, »Anmelden«) vor.

Damit kann ein Design Pattern durchaus umfassend dokumentiert sein. Für jedes dieser Elemente sollten Sie den Nutzungskontext definieren und von ähnlichen Elementen abgrenzen. Spezifizieren Sie, wie Elemente positioniert werden sollen und welcher Abstand zu anderen Elementen gehalten werden soll. Hinterlegen Sie bestenfalls für jedes Element so genannte *Code Snippets*, also den Auszug aus dem Programmiercode – ein enormer Mehrwert für Entwickler im Team. Das erleichtert die Arbeit, sichert die Konsistenz, beugt Fehlern und Code-Redundanzen vor und beschleunigt die Implementierung. Gibt es weitere Verhaltensregeln für die Elemente (*Dos and Don'ts*) und konkrete Verwendungsbeispiele, sollten Sie diese ebenfalls mit aufnehmen.

Die Sammlung dieser Design Patterns nennt man Pattern Library. Spezifizieren Sie dort alle einzelnen Elemente der Nutzeroberfläche. Dazu zählen typischerweise:

▸ Navigationselemente/Menü, Brotkrumen-Navigation

▸ Icons, Buttons, Dialoge

- Formularelemente, Kalender- und Zeitauswahl, Checkboxen und Radiobuttons, Dropdown-Menüs, Slider
- Tabellen, Listenelemente (Artikel, Bilder, Videos)
- Fortschrittsbalken, (Lade-)Animationen, Tooltips, Warnhinweise

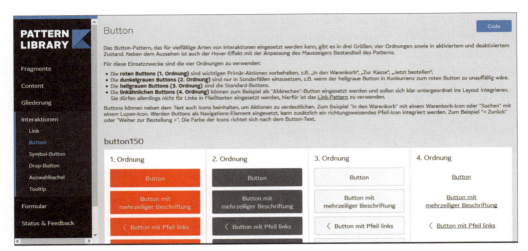

Abbildung 49.5 In der Pattern Library von OTTO.de findet sich auch die Spezifikation für alle Formen und Einsatzzwecke (inkl. der Spezifika für unterschiedliche Endgeräte) von Buttons.

49.2.3 Was umfasst ein Design-System?

Ein Design-System ist allumfassend für ein Unternehmen und dessen Anwendungen/Produktfamilien. Neben den allgemeinen Gestaltungsrichtlinien (in der Regel im Styleguide definiert) enthält ein Design-System zusätzlich meist eine oder mehrere so genannte Pattern Library. Aber auch übergreifende Design-Prinzipien, Guidelines sowie Entscheidungsbäume und Prozesse sind dort festgeschrieben.

Design-Systeme sind demnach umfassende und komplexe Dokumentationen. Mithilfe eines Design-Systems gelingt es (meist größeren) Unternehmen, das Design von mehreren Produkten und auf mehreren Plattformen (auch nicht-digitalen) zu harmonisieren. Gleichzeitig haben die verantwortlichen Teams untereinander eine gemeinsame Basis, mit der sie arbeiten können. Das ist gerade dann hilfreich, wenn es um große und ggf. verteilte Design-Teams geht.

49.2 Wie unterscheiden sich Design-System, Styleguide und Pattern Library?

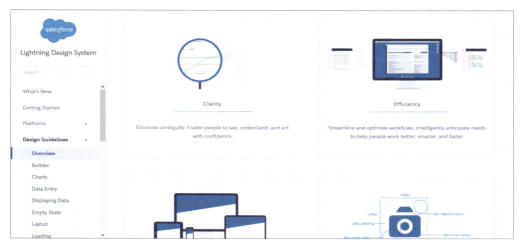

Abbildung 49.6 Das Lightning-Design-System von Salesforce beinhaltet neben übergreifenden Design-Prinzipien und Richtlinien eine sehr strukturierte und ausführliche Dokumentation der Grundelemente der Gestaltung, Patterns und Komponenten für eine komplexe Produktfamilie (www.lightningdesignsystem.com).

Sammlungen von Pattern Libraries/Design-Systemen

Auf den folgenden beiden Websites finden Sie eine Sammlung bestehender Styleguides und Pattern Libraries – als Inspiration und als Einblick, falls Sie eine eigene aufbauen möchten:

- *http://styleguides.io/examples.html*
- *https://designsystemsrepo.com/design-systems*

Beispielhaft genannt und empfehlenswert sind folgende, öffentlich einsehbaren Design-Systeme/Styleguides:

- Mozilla Firefox: *https://design.firefox.com/photon*
- MailChimp: *http://ux.mailchimp.com/patterns*
- OTTO: *www.otto.de/pattern-library*
- Salesforce: *www.lightningdesignsystem.com*

Diese Unternehmen stellen ihre Vorgaben öffentlich zur Verfügung. Sie müssen aber dennoch das Urheberrecht beachten und dürfen die Farben und Inhalte nicht einfach kopieren. Außerdem müssen Sie immer damit rechnen, dass die Websites von heute auf morgen verändert werden oder nicht mehr zugänglich sind.

49.3 Design-Systeme nachhaltig etablieren

Styleguide und Pattern Library sind Handwerkszeug für das gesamte Projektteam, das eine Anwendung (weiter-)entwickelt. Viele unterschiedliche Personengruppen arbeiten mit dem Styleguide – Entwickler, Designer, UX-Experten, Content-Verantwortliche bzw. Redakteure und auch Partnerunternehmen oder Dienstleister. Dieser dient nicht nur dazu, Bestehendes zu dokumentieren, sondern auch Veränderungen und Neuerungen zu kommunizieren.

Wollen Sie Ihre Anwendung konsistent halten, kommen Sie kaum darum herum, eine solche Dokumentation aufzubauen und diese bei allen Beteiligten zu etablieren. Es gibt aber auch Situationen, in denen Sie davon Abstand nehmen sollten – beispielsweise, wenn Ihre Anwendung sehr schlank und wenig komplex ist (wenige Seiten, One Pager) oder wenn es sich um kurzlebige Produkte wie Landing Pages oder Kampagnenseiten handelt. Aber auch wenn Sie eine neue Anwendung entwickeln und Sie sich noch in einem sehr frühen Stadium befinden. Investieren Sie hier die Zeit lieber in Nutzertests und warten Sie, bis das Design ausgereift ist.

Entscheiden Sie sich jedoch dafür, eine solche Dokumentation zu erstellen, gilt – wie bei allen digitalen Anwendungen auch: schlank starten, testen und iterieren. Beginnen Sie mit den wichtigsten, meist genutzten Patterns und erweitern Sie die Pattern-Bibliothek dann nach und nach. Und: Die Pattern Library muss wachsen. Eine Struktur entsteht mit der Zeit und wird sich dann auch kontinuierlich weiterentwickeln (müssen).

Setzen Sie Ihre Pattern Library und/oder Ihren Styleguide am besten digital um und geben Sie allen Beteiligten Zugriff darauf. Ist der Styleguide und die Pattern Library als digitale Anwendung, z. B. im Intranet oder einem Wiki, umgesetzt, fällt den Beteiligten die Weiterentwicklung und auch die Recherche leichter.

Index

7-plus-minus-2-Regel 44

A

A/B-Test 245
   Anzahl Probanden 250
   bei Amazon 247
   Erfindung 247
   Fehlerquellen 250
   Grenzen 247
   Hypothesen 248
   interpretieren 253
   Konversionsrate 249
   korrekte Fragestellung 248
   Landing Pages 246
   Signifikanz 250
   Tools 254
Abbildungen → Bilder
Abbrechen-Button 419
Abbruchquoten 259, 516
Ablaufdiagramm 276
Absatz 356
Absprung 258
Absteigende Liste 463
Abwechselnde Zeilenfarben (Tabelle) 467
Accessibility → Barrierefreiheit
Achsen 438
Adaptive Views (Axure) 169
Adaptives Webdesign 287
Adobe Color (Dienst) 323
Aesthetic-Usability Effect 321
Affordanz 417, 471
agile Entwicklung 89
Agile UX 234
Ähnlichkeit (Gestaltgesetz) 45
Akkordeon 470, 475
   Akkordeoneffekt 475
   Akkordeonmenü 302, 475
Aktiv (Button) 423
Aktiv vs. Passiv (Sprache) 355
Aktivierungsmessung 205
Aktivvariablen 121
Alter 323
Amazon Echo 81, 399
Amazon und A/B-Tests 247
Analytics 118
Anforderungen 121

Anforderungserhebung 232
Angebotscharakter 417
Animation 480, 495
   Änderungen ersichtlich machen 498
   Geschwindigkeit 501
   und Sound 500
Ansprechpartner-Liste 464
Anspruchserfüllung 52
Anwendergruppe 215
Anwenderprofile, prototypische 113
Anwendertyp 214
Anzeigebereich 292
Apprenticing 111
Arbeitsschutz 64
Arbeitsstättenverordnung (ArbStättV) 65
Areas of Interest 209
aRUT 226
Ästhetik 317, 323, 327
Ästhetisches und minimalistisches
   Design 40
Asynchroner Remote-Usability-Test 226
AttrakDiff 269
Audio 399
Aufenthaltsdauer auf Websites 52
Auffindbarkeit 509
aufgabenangemessen 59
Aufgabenorientierter Ansatz 240
Aufklappelemente 475
Auflösung (Bildschirm) 328
Aufmerksamkeitsverteilung 209
Aufsteigende Liste 463
Aufzählung 463
Ausrichtung 337
   zentriert 470
Ausschlusskriterien 216
Ausstieg 258
Ausstiegsseite 258
Auswahloptionen 439, 443
Auswertung 144
Auszeichnung 449
Autocomplete 440, 511
Autoritäten 52
Autoscroll-Effekt 480
Autoscroll-Funktion 459
Autosuggest 511
Axure
   responsives Design 168
   Software 159

543

B

Balkendiagramme 490
Balsamiq (Software) 159
Banner Blindness 48, 388
Barrierefreiheit 64, 66, 67, 324
  und Farbe 324
Baseline Grid 284
Basisschriftgröße 336
Baskerville (Schriftart) 333
Bedienelement 481
Bedienfehler 38
Bedienmechanismus 75, 479
Bedürfnisse 121
Befragung 97, 98
Begrifflichkeiten 524
Behaviour Flow 258
Behindertengleichstellungsgesetz (BGG) 66
Benutzerfreundlichkeit 57
Benutzungsmotivation 62
Beobachter 179, 223
Beobachtung, teilnehmende 111
Beobachtungsraum 206, 223
Beschneidung 374
Beschriftung 453
Beschriftung (Buttons) 421
Bestätigungsdialog 421
Betriebssicherheitsverordnung (BetrSichV) 65
Bewährtheit, soziale 53
Bewertungen 53
Bezahlprozess 420
Bibliothek beim Wireframing 170
Bildagentur 372
Bildausschnitt 374
Bildbühne 385
  auf Smartphones 390
  Ladeverhalten 395
  Navigation 393
Bilddarstellung 374
Bilder 359, 363
  als Bildbühne präsentieren 387
  auswählen 370
  in Apps 365
  optimieren 381
  platzieren 377
  symmetrische Anordnung 375
  und Glaubwürdigkeit 367
  und Textfluss 378
  von Bildagenturen 372
  zuschneiden 375
Bildgrößen 288

Bildschirmarbeitsverordnung
  (BildscharbV) 65
Bildschirmauflösung 329
Bildschirme, Eigenschaften 328
Bildschirmgröße für Wireframe festlegen 289
Bildunterschriften 334
Bildwelten 181
BITV 66
Blickpfad 49
Blickrichtung 366, 377
Blickverfolgungsstudien 50
  mit Bildern 367
Blickverlaufsmessung 205, 209
Blindtext 164
Blocksatz 337
Bounce 258
Boxplots 490
Brand Experience 34
Breakpoint 286
Brightness 319
Browserfenster 329
Browsertabs 415
Buchungsstrecken 431
Burger-Icon 298, 308
Button-Hierarchie 421
Buttons 416, 446
  aktive Fläche 427
  Anordnung 419
  Beschriftung 421
  Farbe 418
  Formatierung 417
  Größe 418, 426
  Hierarchie 418
  Positionierung 421
  primäre 418
  Schatten 417
  sekundäre 418
  Touchbedienung 426
  und Sound 426
Button-Zustände 423

C

Call to Action (CTA) 354, 422
Callouts 164
Captions 400
Card Sorting 135, 143, 274, 524
  evaluierendes 140
  offenes 140
  Reverse 138
  unmoderiert 135

Cascading Stylesheets 287
  und Schrift 336
Certified Professional for Usability and
  User Experience (CPUX) 22
Checkboxen 428
Checkliste 304
Checkout 420
Cialdini, Robert 52
Clear (App) 320
Click Flow 257
Clusteranalyseverfahren 118, 121
Cognitive Walkthrough 239
Comic Sans (Schriftart) 333
Content-Tests (Anwendung) 254
Context First 74
Contextual Inquiry 111
Cookies 347
Corporate Design 322
Corporate Identity 322
Cross-Device-Nutzung 75, 204
CSS → Cascading Stylesheets
Cursor 413
Customer Journey 75, 134
Customer Journey Map   123, 125, 126, 131, 132

D

Dateinamen 416
Daten
  formatieren 465
  quantitative 219
  Skalenniveaus 487
Daten visualisieren 485
Datenanalyse 219
Datenerfassung 216, 219
Datenschutzerklärung 312
Datumsformate 347
Daumengröße 427
Denken, logisches 52
Denkmodell 137
Design Sprints 193, 194
Design Thinking 193, 197, 198, 256
Design-Begriff 321
Designkonventionen 534
Design-Prozess 61
Designstandards 534
Design-Systeme 533
Desirability 34, 239
Detaillierungsgrad 183
Deuteranopie 326
Diagramme 485
  Typ auswählen 486

Diagramme vs. Tabellen 486
Diaschau 385
DIN → ISO
Discount Usability 234
diskrete Daten 489
Dissonanz, kognitive 54
Dokumentation 40
Donut-Diagramme 489
Double Diamond 197
Drahtgittermodell 157
Drill-down-Mechanismus 527
Dringlichkeit 54
Drittelregel (Gestaltung) 375
Droid Sans (Schriftart) 336
Dropbox (App) 325
Dropdown-Menü 439
Dual Track Agile 93
Duolingo (App) 325
Durchschuss 338
Dynamische Validierung 444

E

Echo 81
Echtzeit 257
Effizienz 39, 62
Einfach intuitiv – Usability für den
  Mittelstand 66
Einfache Sprache 68, 356
Eingabe 453
Eingabefeld 450, 460, 505
Einheiten 347, 466
Einstieg (Text) 353
em 336, 339
Empathy Map 125, 127, 128, 131
EN 301 549 66
Endgerät 287
  mobiles 73
Entscheidungen 44
Entscheidungsfällung 52
Entwicklung, nutzerzentrierte 35, 83
Entwicklungsstadium, frühes 177
Ereignis 258
Ereignisfluss 258
Erfolgsmessung 265
Ergebnisliste 514, 526
Ergebnis-Workshop 218
Ergonomie 38, 58
Ergonomie der Mensch-System-
  Interaktion 59

545

Erhebung	217
Erhebungsverfahren	220
Erscheinungsbild	536
Erwartungskonform	59
Erwartungskonformität	508, 525
Evaluation	241
expertenbasierte	239
heuristische	240
Evaluierendes Card Sorting	140
Event Flow	257, 258
Events	257, 258
Experience Map	125, 128, 131
Expertenzitat	52
Expert-Review	239
Exploration	62, 214
Extreme Programming	90
Eyetracking	205, 209

F

Facetten	519
Facettenkategorie	529
Facettennavigation	519
Facettensuche	515, 519
Fachbegriffe	357
Fachpublikum	357
Farbe	317
auswählen	318
Eigenschaften	322
und Hierarchie	322
von Text	337
Farbklima	322
Farbkreis	319
Farbmodell	320
Farbpräferenzen	
Frauen	318
geschlechtsspezifische	317
Männer	318
Farbton	319
Farbwert	319
Fehler, Hilfe beim Erkennen, Diagnostizieren und Beheben	40
Fehlerbalken	267, 490
Fehlermeldungen	457, 500
und Humor	500
Fehlertolerant	59
Fehlervermeidung	39
Feldphase	217
Fenstergröße	329
Fettschrift	337, 360

Fibonacci-Spirale	377
Figur und Grund (Gestaltgesetz)	46
Filter	519
Filterattribute	524
Filterelement, hierarchisches	529
Filterfunktion	523
Filtergruppen	529
Filterkategorien	524
Filterkriterien	519
Filtermechanismus	527
Filtermöglichkeiten	514
Filterung, hierarchische	519
Fingergröße	426
Fitts, Paul	49
Fitts' Gesetz	49, 426
Fixation	209
Fixierter Tabellenkopf	465
Fixiertes Layout	287
Flagge, Symbol für Sprache	345
Flexibilität	39
Flexibilität und Effizienz	39
Flexibles Grid	287
Fließtext	332, 334
Flowchart	191, 276
Fluides Layout	287
Flussdiagramm	191, 276
F-Muster	50, 358
Fokus (Button)	423
Fokusgruppe	97
Font	332
Footer	311
Formatangabe	442
Formular	431, 457
Formularelemente	455
Formularfelder	438
Formularseite	458
Forschung	35
Fortschrittsanzeige	502
Fotos als Bildbühne präsentieren	387
Fragebogen	211, 214
Fraktur	332
Frakturschrift	328
Framework	282
Frauen, Farbpräferenzen	318
Fremdwörter	357
Führungslinien	281
Füllwörter	355
Funktionalität	62, 183
Fußzeile	311

Index

G

Gazeplot 209
Gebärdensprache 66
Gebrauchstauglichkeit 32, 57
Gedächtnis 43
Gedrückt (Button) 423
Gegenseitigkeit 54
Gehirn 44
Gemeinsame Region (Gestaltgesetz) 47
Gemeinsames Schicksal (Gestaltgesetz) 48
Georgia (Schriftart) 332
Geräusche → Sound
German UPA 219
Gesamtbewertung 214
Geschenke an Nutzer 54
Geschlechtsspezifische Farbpräferenzen 317
Geschlossenheit (Gestaltgesetz) 46
Geschmacksfragen 35
Gesetze zu Usability 63
Gesichter 51
Gestalten, visuelles 44
Gestaltgesetze 44, 437
Gestaltung 321
mit Farbe 317
visuelle 183, 321
Gestaltungslösung 85
Gestaltungsraster 190, 281, 288
Gesten in Wireframes 167
Gestensteuerung 76
Gliederung beim Schreiben 354
Gliederung der Inhalte 275
Goldene Spirale 377
Goldener Schnitt 376
Google 360
Google Analytics 254
Grafische Elemente 535
Grid 190, 281
flexibles 287
Gridsystem 282
Großbuchstaben 336
Grundgesamtheit 103
Gruppendiskussion 98
Guerilla-Usability-Test 223, 233
Durchführung 237
Guidelines 404
Gutenberg-Diagramm 49

H

Hallway Test 235
Halo-Effekt 56

Hamburger-Icon 298
Hamburger-Menü 295, 297
Handlungsaufforderung 50, 354, 422, 525
Hauptkategorie 138
Hauptnavigation 299, 476
Hautleitwiderstandsmessung 205
HD-Monitor 331
Header 305, 465, 506
fixierter 465
Headerbereich 305
Heatmap 209
Helligkeit 319
Helvetica (Schriftart) 332, 334
Hero Shot 368, 396
Herunterladen 498
Hervorhebungen 360
Heuristiken für das Interface Design 39
Heuristische Evaluation 240
Hicksches Gesetz 44
Hierarchie bei Buttons 418
Hierarchie und Farbe 322
High-Fidelity-Prototyp 183, 184, 232
Highlight-Videos 221
Hilfe und Dokumentation 40
Hilfslinien 281
Hintergrundinformationen vermitteln 359
Hochladen 498
HomePod 399
Horizontale Navigationsleiste 295
Horizontales Scrollen 465
Hover 300, 424
How might we (HMW) 200
HSB-Modell 320
HTML-Seite, Definition 274
Hue 319
Human-Computer Interaction (HCI) 39, 78
Humor 359, 500
Hyperlinks 337, 412
Hypertext 412
Hypothese 103
Hypothesen bei A/B-Tests 248

I

I want to see like the colour blind
(Plug-in) 326
Icon 403, 482, 485, 506
Illustration (Definition) 485
Illustrationen → Bilder
Image Rotator 385
Image Slider 385

547

Impressum 311	Kastengrafiken 490
Inaktiv (Button) 423	Kategorien 523, 529
Incentive 142, 216	Kategorienamen 136
Incentivierung 216	Kausalität 253
Individualisierbar 60	Key Visuals 332
Infografik 485	Keywords 524
Informationsarchitektur 135, 139, 273	Klickpfade 138, 257
Inhalte	Klicks, Anzahl 412
gliedern 275	Klicktracking 205
strukturieren 274	Klickverhalten 205
Inhaltskategorien 311	Knappheit 54
Inline-Validierung 457	Knöpfe 416
Insights 206	Kognitive Dissonanz 54
Instagram (App) 325	Koinzidenz 253
Interaktionen 535	Komplementärfarben 320
Interaktionskonzept 76, 232	Konfidenzintervall 267
Interaktionskosten 408	Konsistenz 39, 54, 534
Interaktionsmuster 75	Konsistenz und Standards 39
Interface Design 39	Kontaktanfrage 431
Internationale Standards 404	Kontrast 322, 324
Intervallskala 487	*Schwarzweiß* 325
Interview, retrospektives 214	Kontrolle durch den Nutzer 39
Interviewer 221, 228	Konventionen 40
Interviewführung 222	Konversion 258, 262
Interviewleitfaden 213	Konversionspfad 258
InVision (App) 156	Konversionspfadanalyse 258
ISO 59, 404	Konversionsrate und A/B-Tests 249
ISO 14915 .... 61, 402	Konzeption 173
ISO 18035 402	Konzeptionsphase 243
ISO 25000 62	Kopfzeile 305
ISO 9000 und 9001 63	Kreisdiagramme 488
ISO 9241 59	Kriterien 118, 522
ISO/IEC 40500 66	Kundenbewertungen 53
Iterationen 191	Kundenkonto 307
iterative Entwicklung 61, 90	Kursivschrift 337, 360
	Kurvendiagramme 491
	Kurzzeitgedächtnis 43

J

Jakob's Law of the Web User Experience ... 534	
Joy of Use 239, 260, 405	
Jugendsprache 353	

L

Labels 403, 405, 409, 449	
Ladeanzeige 502	
Ladezeit überbrücken 498	

K

Kacheldesign 47	Landing Page 423
Kacheln 397	Landing Pages in A/B-Tests 246
Kahneman, Daniel 52	Längsschnittstudie 98
Karteikarten 141	Laptop 73
Karussell 385	Laufweite in verschiedenen Sprachen 347
Kästen 359	Lautes Denken 208
Kasten als Gestaltungselement 47	Layout 181, 536
	fixiertes 287
	fluides 287

Lean Design 234
Lean UX 91, 234
Legasthenie 68, 339
Leichte Sprache 68
Leitlinien zur Gestaltung von Benutzungs-
     schnittstellen für das World Wide Web
     (Norm) 59
Lernförderlich 60
Lesbarkeit 351
     Formeln 355
Lesbarkeitsstatistik 355
Lesegeschwindigkeit 328
Lese-Rechtschreib-Schwäche 339
Leserlichkeit 328, 332, 335
Leseschwäche 68
Licht, Wahrnehmung 318
Liniendiagramme 491
Links 337, 411
     auswählen 412
     Formatierung 413
     formulieren 414
     im Text 412
     Länge 414
     Position 412
     und Buttons 419
Linksbündig 337, 465
Linktext
     Klicken Sie hier 414
     Mehr 414
     Weiter 414
Linkziel 415
Listen 359, 463
     absteigende 463
     aufsteigende 463
     formatieren 465
     mehrdimensionale 463
     Sortierung 468
     und Akkordeons 470
logarithmische Skala (Diagramm) ... 492
Login 307
Logisches Denken 52
Logo 306
Losgelassen (Button) 423
Low-Fidelity-Prototyp 179, 183

M

Management Summary 220
Männer, Farbpräferenzen 318
Marker für Scribbles 151
Marvel (App) 156

Maschinenrichtlinie (MRL) 65
Material Design 424, 503
Mausbewegungen 301
Mauszeiger 413, 423
McGovern, Gerry 368
Medium-Fidelity-Prototyp 183, 184
Medizingeräte und Usability 67
Mega-Dropdown-Menü 295, 300
Mehrdimensionale Listen 463
Mehrsprachige Sites 341
Mehrsprachigkeit konzipieren 346
Meister-Lehrling-Prinzip 111
Menschliche Wahrnehmung 44
menschzentrierte Gestaltung 60
Mentales Modell 109, 210, 524, 536
Menü 476
Menüeinträge festlegen 273
Menüpunkte 295
Merkzettel 307
Messung der UX 265
Metanavigation 275, 306, 311, 343
Metasuche 522
Metriken 265
Mikro-Animation 495
Mikro-Interaktion 495
Miller, George 43
Millersches Gesetz 43
Minimalistisches und Design 40
Minimum Viable Product (MVP) 91
Mirroring 228
Mittelwert 219
Mobile Endgeräte 73
Mobile First 73, 288
Mockup 158, 181
Moderator 99, 135, 179
Modular Grid System 284
Modulares Rastersystem 284
Moments of Truth 131
Mouseout 301
Mouseover 300, 413, 424
Multivariater Test 256
Mustererkennung 46

N

Nachexploration 208
Nachfiltern 514
Nachkommastellen 466
Nachladen 498
Nähe (Gestaltgesetz) 44
Navigation 278

549

Navigationsarchitektur 273
Navigationsebenen 302
Navigationselemente 406
Navigationshub 299
Navigationskonzepte 295
Navigationsleiste 278
   horizontale 295
Navigationsmechanismus 304
Navigationsstruktur 139
Newsletter-Anmeldung 314
Nielsen, Jakob 39, 234, 331, 367
Nominalskala 487
Nominalstil 355
Normen 57
NPS (Net Promoter Score) 269
Nullergebnis 516, 522
Nutzer, Selbsteinschätzung 36
Nutzeranforderungen 97
Nutzerbedürfnisse 524
Nutzerbefragung 36
Nutzerfreundlichkeit 32, 404
Nutzergruppe 113
Nutzerinteraktionen 258
Nutzeroberfläche 539
Nutzerperspektive 85
Nutzertagebuch 111
Nutzerverhalten 257, 408
Nutzerwünsche hinterfragen 36
Nutzerzentrierte Entwicklung 35, 58, 83
Nutzerzentrierter Design-Prozess 61, 85
Nutzerzufriedenheit 535
Nutzungsanforderungen 85
Nutzungserlebnis 31
Nutzungsgewohnheiten 78
Nutzungshäufigkeit 299
Nutzungskontext 73, 85, 109, 206, 207, 232
Nutzungskontextanalyse 109
Nutzungsszenarien 111, 123, 187,
                              214, 239, 524
Nutzungsverhalten 111, 121, 232, 261

O

Oberkategorie 137
Off-Canvas 295
Off-Canvas-Flyout 303
Off-Canvas-Navigation 303
Offenes Card Sorting 136, 140
OK-Button 419
OmniGraffle (Software) 161, 277
Onlineumfrage 98

Onsite-Befragung 98
Open Sans (Schriftart) 336
Ordinalskala 487
Ordnungsstruktur 525
Orientierung 305, 438
Overflow 393

P

Page, Definition 274
Panel 229
Papiermodell 174
Papierprototyp 173, 191
Papierprototypen-Test 179
Paradox of Choice 44, 473
Pattern Libraries 533
Performance 381
Persona 113, 353, 524
Persona-Entwicklung
   qualitative Methoden 118
   quantitative Methoden 118
Personalisierbarkeit 60
Pfade 416
Pflegbarkeit 62
Pflichtfelder 441
Phablet 73
Piktogramm 485
Piwik (Tool) 254
Pixel 331
   Schriftgröße 336
Pixeldichte 292
Plus-Zeichen 482
Portierbarkeit 62
Positionierung 449
Positionierung von Buttons 421
Präsentationsprogramme für Wireframes 162
Preise formatieren 465
Pretest 214, 217
Primäre Buttons 418
Probanden 141, 176, 205, 214, 215
   gewinnen 235
Produktfotos 365, 371, 388, 389
Produktsicherheitsgesetz Maschinenverord-
   nung (9. ProdSV) 65
Produktvergleich in Tabelle 466
Protanopie 326
Protokolle lauten Denkens 208
Prototyp 181
   Detaillierungsgrad 183
   High-Fidelity-Prototyp 183
   Low-Fidelity-Prototyp 183
   Medium-Fidelity-Prototyp 183

Index

Prototyping-Tools 182
Prototypische Anwenderprofile 113
Prozess zur Gestaltung gebrauchstauglicher
    interaktiver Systeme 60
Psychologie 38, 43
pt 336
Punkt, Schriftgröße 336
px 336

Q

Qualitätsmanagement 63
Quantitative Daten 219
Querschnittstudie 98
Querverlinkungen 277

R

Radiobuttons 428
Rapid Prototyping 191, 223
Rapid User Testing 219, 223
Raster (Bilder) 375
Rastersystem, modulares 284
Ratio(nal)skala 487
Rationalität 52
Rechtsbündig 337, 465
Referenzen 53
Rekrutierung 141, 215, 216, 229
Rekrutierungskriterien 215
Relevanz 352
Remote-Usability-Test 206, 223, 225
    asynchroner 226
    synchroner 227
    Testaufbau 227
Responsives Design 73, 476
    mit Axure 168
    Wireframes 168
Responsives Webdesign 286, 299
Retrospektives Interview 214
Return on Investment (ROI) 265
Reverse Card Sorting 138
Reziprozität 54
Richtlinienbasierte Herangehensweise 240
Roboto (Schriftart) 336
Rollover (Button) 423
Rot-Grün-Sehschwäche 326
Runtastic (App) 325
RUT-Software 230

S

Satisficing 52
Sättigung 319
Saturation 319
Satzlänge 356
Säulendiagramme 490
Scarcity 54
Scatterplots 492
Schalter 429
Schaltfläche 416
Schatten bei Buttons 417
Schieberegler 527
Schlagwörter 523
Schreiben 351
Schreibschriften 332
Schrift 327
    Hervorhebungen 336
    Hintergrund 328
    in verschiedenen Sprachen 347
Schriftart 332
Schriftarten kombinieren 334
Schriftfarben 334
Schriftgröße 288, 331, 334, 335
    em 336
    in Tabellen 472
    Pixel 336
    Punkt 336
Schritt-für-Schritt-Anzeige 420
Schwartz, Barry 44
Schwarz als Textfarbe 325
Schwarzweiß, Kontrast 325
Schweregrad 218
Screen 163, 274
    Definition 163
Screen Real Estate 331
Screener 216, 230
Screengröße 440
Scribbeln
    im Team 154
    mit dem Tablet 152
Scribble 145, 173, 191
    beschriften 153
    korrigieren 153
    Marker 151
    Stifte 151
    Tipps zum Zeichnen 149
Scrollen, horizontales 465
Scrum 90
Search Engine Optimization → Suchmaschi-
    nenoptimierung

551

Second Screen	74
Sedcard	116
Segmented Controls	429
Segoe (Schriftart)	336
Sehgewohnheiten	375
Sehvermögen	323
Seite, Definition	274
Seitenbreite in Wireframes	168
Seitennamen	415
Seitenskizze	145
Seitenstruktur	535, 536
Seitentitel, Trefferlisten	415
Sekundäre Buttons	418
Selbst beschreibend	59
Selbstbeschreibungsfähigkeit	404, 449
Selbsteinschätzung der Nutzer	36
Selbsterklärung vor Erinnerung	39
Selektoren	429
Semantisches Differential	269
SEO → Suchmaschinenoptimierung	
Serifen	334
Service Blueprints	125, 129, 131
Severity Rating	241
Sichtbarkeit des Systemstatus	39
Signifikanz	250, 253, 270
Site, Definition	274
Sitemap	135, 143, 273, 276, 314
zeichnen	277
Sitestruktur festlegen und darstellen	276
Skalen vergleichen (Diagramme)	492
Skalenniveaus	487
Skalierung	291
Sketch	145
Skeuomorphismus	417
Skill (Sprachsteuerung)	80, 81
Skizze	145
Slider	385, 527
Slideshow	385
Slots	216
Smart Home	207
Smartphone	73, 77
Smartwatch	77, 207
Social Media	314
Social Proof	53
Software-Engineering – Qualitätskriterien und Bewertung von Softwareprodukten	62
Software-Entwicklung	90
Software-Ergonomie	58
für Multimedia-Benutzungsschnittstellen	61
Sortiersysteme	275
Sortierung (Listen)	468

Sound	
bei Animationen	500
und Buttons	426
Source Sans Pro (Schriftart)	336
Soziale Bewährtheit	53
Sozialpsychologie	52
Soziologie	38
Spalten	329, 465
ein-/ausblenden	470
Spalten, Sortierung	469
Spaltenbreite	471
Spaltentitel	469
Split-Test	245
Sprache, Symbole	345
Sprachpakete downloaden	341
Sprachsteuerung	81
Usability-Test	79
Sprachumschalter	343
Sprachwahl	306, 341
Sprint	90
Sprint Null	92
Sprungmarke	309, 459
sRUT	227
Standardabweichung	219
Standardisierung	99
Standards	39, 40, 533
beachten	37
internationale	404
Startseite mit Bildbühne	388
Statistik	266, 270
Stemming	517
stetige Daten	491
Steuerbar	59
Stichprobe	103, 231, 232, 250
Stichprobengröße	137
Sticky	296
Sticky Header	308
Stifte für Scribbles	151
Störvariablen	250
Storyboard	156
Streudiagramme	492
Struktogramm	276
Studien	35
Styleguides	533
subjektive Zufriedenheit	210, 267
Success Rate	205
Suche	505
Trefferliste	467
Suchergebnisse	519
Suchfunktion	306, 505

Index

Suchmaschinenoptimierung 349, 360,
414, 416
Suchtreffer 519
Suchwörter 514
Symbole 403, 485
Symmetrie (Gestaltgesetz) 47
Symmetrische Anordnung (Bilder) 375
Synchroner Remote-Usability-Test 227
System 1 und 2 52
System und Realität 39
System Usability Scale (SUS) 211
Systematik 268, 274
Systemstatus 39

T

Tabellen 464
auf dem Smartphone 465, 467
Kopf 465
Schriftgröße 472
Zeilenfarben 467
zum Vergleich 472
Tabellen vs. Diagramme 486
Tabellenkopf 465
fixierter 465
Tableiste 295
Tablet 73
zum Scribbeln 152
Tab-Taste und Buttons 425
Tagebuchstudie 109, 111
Tags 523
Task Completion Rate (TCR) 210, 267, 268
Tastaturkürzel 60
Tasten 416
Team, Zusammenstellung 61
Teaser 389
Teaserkästen 414
technische Zeichnung (Definition) 485
Technologien, neue 77
Teilnehmende Beobachtung 111
Template 286
Test
moderierter 226
multivariater 256
Testaufbau 227
Testbericht 220
Testergebnisse 220
Testleiter 228
Testmethode 220
Testpersonen → Probanden

Testraum 206
Text 351, 358
Farbe 337
fettgedruckter 337
in Schwarz 325
Kontrast 325
kursiver 337
Laufweite in verschiedenen Sprachen 347
Lesen von 50
Leserlichkeit 323
und Bilder platzieren 378
und Links 412
unterstrichener 337
visuell auflockern 366
Text und Bilder → Bilder
Textausrichtung 470
Texten 68
Textkästen 359
Textlänge 355
The Color Blindness Simulator – Coblis
(Dienst) 326
Themenkacheln 397
Thinking aloud 208, 209, 226
Time On Task (TOT) 210, 267, 268
Times New Roman (Schriftart) 332, 334
Timing 501
title-Element 415
Tonalität 353
Töne → Sound
Toneffekte für Buttons 426
Tooltip 424, 459
Tortendiagramme 488
Touch 75, 439
Touch Target 427
Touchbedienung 408
Buttons 426
Touchfreundlich 439
Touchpoint 75, 123, 126
Tree Testing 138
Treffer 522
Trefferdarstellung 514
Trefferliste 470, 514
der internen Suche 467
Seitentitel 415
Treffermenge 516, 522
Trichter 258, 262
Trichteranalyse 258
Tutorials 498
Twitter (App) 325
Typografie 181, 291, 327, 538

553

U

Überschriften 334, 358, 359
Übersetzung 342
   von Buttons und Menüs 347
UCD 83
Umfrage 97, 98
Unfälle und UX 38
Unmoderiert 135
Unterkategorie 137
Unterstreichungen 337, 413
Untersuchungsgegenstand 216
Untertitel 400
URL 416
Usability 22, 31
Usability, Definition 57
Usability, Gesetze 63
Usability-Engineering 58
Usability-Experte 241
Usability-Guidelines 534
Usability-Labor 206
Usability-Metriken 210, 219
Usability-Review 239
Usability-Test
   Anzahl Probanden 234
   Guerilla 233
   Kosten 233
   ortsungebundener 225
Usability-Testessen 235
Use Cases 123, 212, 213
User Experience 31, 58, 405
   Grundregeln 38
   Methoden für neue Technologien 78
User Experience & agile Entwicklung 92
User Experience Design 22
User Experience Questionnaire 211
User Experience, Definition 58
User Interface 404
User Research 97, 99
User Scenarios 186, 213
User Stories 123
User-Centered Design 58, 83
User-Experience-Review 239
Utility 34, 239
UX Mapping 125
UX → User Experience
UX Writer 352
UX-Designer 321
UX-Experte 241

V

Validierung 444
   dynamische 444
Verdana (Schriftart) 332
Vergleichstabellen 472
Verhaltensfluss 258, 261
Verhaltensmuster 75, 115
Verhaltensweisen 121
Verhältnisskala 487
Verlaufsanzeiger 420
Verordnung zur Schaffung barrierefreier
   Informationstechnik (BITV) 66
Verständlichkeit 351, 406, 525
Verwendbarkeit 62
Verzögerung 501
Video 399
Viewport 292
Virtual Reality 207
VisAWI 269
Visio (Software) 161
Visual Aesthetics of Website Inventory 211
Visuelle Gestaltung 44, 183, 321
Voice Interfaces 207
Volltextsuche 505
Vorbelegung 510
Vor-Ort-Beobachtung 109
Vorschriften zu Usability 64

W

Wahrnehmung
   emotionale 327
   menschliche 44
Wahrnehmungspsychologie 43
Währungen 347
Warenkorb 307, 498
Wartezeit 503
Wasserfall-Modell 89
WCAG 2.0 .... 66, 325
WeatherPro (App) 325
Web Accessibility Initiative (WAI) 66
Web Analytics 257
Web-Content-Accessibility-Guidelines
   (WCAG 2.0) 66
Webdesign
   adaptives 287
   responsives 286, 299
Website Optimizer (Anwendung) 254
Website, Definition 274

Website-Optimierung 245
Weißraum 283, 331, 438, 479
Weiter-Button 420
Werbebanner 48
Werbung 48
Whiteboarding 173
Widgets 518
»Wie können wir ...?«-Fragen 200
Wiedererkennbarkeit 404
Wireflow 171
Wireframe 157, 173, 181, 191
  Bibliotheken 170
  Bildschirmgröße festlegen für 289
  dokumentieren 164
  Farbe 165
  Gesten 167
  responsives Design 168
  Seitenbreite 168
  Teamwork 170
  Unterschied zu Scribble 157
  Vorlagen 163
Wireframing-Programme 159
Wizard of Oz 180
Wizard-of-Oz-Methode 79

WKW → »Wie können wir ...?«-Fragen
Wording 535
Wortspiele 359

Z

Zahlenwerte formatieren 465
Zebra Stripes (Tabelle) 467
Zeichnung → Scribble
Zeigefingergröße 426
Zeilen 465
Zeilenabstand 338
Zeilenanfang 338
Zeilenbreite 338
Zeilenfarben (Tabelle) 467
Zelle 466
Zentriert 337, 465
Zickzackmuster 49
Zielgruppe 103, 353
Z-Muster 49
Zurück-Button 420
Zustände ein- und ausschalten 498
Zuverlässigkeit 62
Zwischenüberschriften 359

Machen Sie Ihre Website besser – von Anfang an!

Das Internet ist voll mit schlechten Webseiten. User Experience? Fehlanzeige. Es sei denn, Sie stehen auf 404-Seiten, undurchsichtige Navigationen und öde Textwüsten. Wehren Sie den Anfängen! Sie finden in diesem Buch zahlreiche Rezepte und Praxisbeispiele sowie Dos und Don'ts. Mehr noch profitieren Sie von wertvollen Insights, die Ihnen helfen, die Theorie und Psychologie guter Websites zu verinnerlichen, Ihre Zielgruppe besser zu verstehen, Usability-Kriterien umzusetzen und bereits bei der Konzeption die richtigen Entscheidungen zu treffen.

555 Seiten, gebunden, 39,90 Euro, ISBN 978-3-8362-7141-7
www.rheinwerk-verlag.de/4932

Legen Sie den Grundstein für gutes Webdesign!

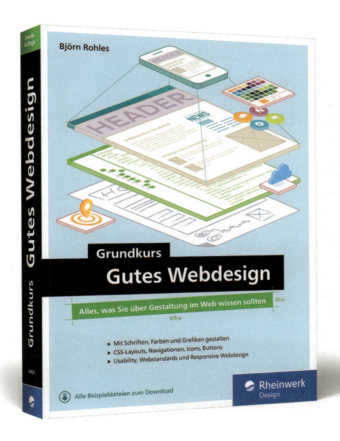

Was macht aus einer Website einen echten Hingucker, der im Gedächtnis bleibt? In diesem Buch lernen Sie die Gestaltungsgrundlagen für gutes Webdesign – vom perfekten Layout über die Wahl der richtigen Farben und der passenden Schrift bis hin zum Design von Grafiken und Icons. Dass dabei mit HTML5 und CSS3 gearbeitet wird, versteht sich von selbst. Anschaulich bebildert, hilfreiche Grafiken, hochwertig in der Ausstattung – dieses Buch zeigt, wie gutes Webdesign funktioniert.

511 Seiten, broschiert, 29,90 Euro, ISBN 978-3-8362-4404-6
www.rheinwerk-verlag.de/4272

So gestalten Sie moderne erfolgreiche Android-Apps

Wie machen Sie aus einer App ein Highlight, das die Bestenlisten der App-Stores stürmt? Hier erfahren Sie es, denn hier lernen Sie die Gestaltungsgrundlagen für attraktive und moderne Apps – von benutzerfreundlicher Usability über eine ausgeklügelte User Experience bis hin zum attraktiven Design von Grafiken und Icons. Inkl. Progressive Web Apps (PWAs), User Journey, Hand off und Atomic Design.

600 Seiten, gebunden, 39,90 Euro, ISBN 978-3-8362-7050-2
www.rheinwerk-verlag.de/4905

Online-Marketing
Bücher für Ihre Weiterbildung

Content-Marketing, Social Media, SEO, Monitoring, E-Commerce – wir bieten zu allen Marketing-Disziplinen fundiertes Know-how, das Sie wirklich weiterbringt.

Nehmen Sie Ihre Weiterbildung in die Hand!
Mit unseren Büchern können Sie sich teure Kurse sparen. Oder Sie nutzen sie als wertvolle Ergänzung zum Seminar.

Hochwertiges Marketing-Wissen
Unsere Autoren zählen zu den führenden Experten im Digitalmarketing und zeigen Ihnen, wie Sie Ihre Kampagnen erfolgreich umsetzen.

Offline und online weiterbilden
Unsere Bücher gibt es in der Druckausgabe, als E-Book oder als Online-Buch. Lernen Sie jederzeit und überall im Webbrowser.

rheinwerk-verlag.de/marketing